Politique d’organisation du système de santé en France

Éthique et pratique médicale
fondée par Richard Moreau
Collection dirigée par Roger Teyssou

La collection « Éthique et pratique médicale » est une tribune qui permet à tous les acteurs du monde de la santé, professionnels, enseignants, administrateurs, économistes et patients d'exposer leurs opinions, de décrire leur expérience et de proposer des solutions aux problèmes posés par une profession en pleine mutation, et ce en toute indépendance et en conformité avec la déontologie et les bonnes pratiques médicales.

Dernières parutions

Patrice COUZIGOU, *Écologie interne et relation soignante, Médecine de la personne et de ses comportements*, 2022.
Julie LENOBLE-MARTIN, *Le droit d'accès aux soins des personnes sourdes en France*, 2021.
Alain GOLDCHER, *Bien vivre avec un « oignon ». Questions/réponses illustrées sur l'hallux valgus, le trouble statique le plus fréquent*, 2021.
Jeannot BAANITSE, *Soins palliatifs en RD Congo et en Afrique. Appel à la promotion et l'intégration,* 2021.
François MATH, *La recherche médicale française. Hier on la trouvait, aujourd'hui on la cherche,* 2021.
Jacques MORNAT, *Choix et médecine*, 2021.
Philippe VIARD, *On n'est jamais assez vieux pour faire un mort, Repenser les soins pour les personnes dans les services de longue durée*, 2021.
Justine DIEHL, *Vaccins, Entre méfiance et adhésion*, 2021.
Jean-Yves DE LA CAFFINIERE, *50 ans de pratique chirurgicale. Pensées parallèles,* 2021.
David LERICHE, *Equilibre et motricité chez les personnes âgées, la liaison œil-pied*, 2020.
Bernard JURTH, *Vivre mieux à tout âge grâce à l'ostéopathie, Suivi de Journal d'un voyage aux sources de l'ostéopathie*, 2020.
Claire GRAND, *Les maladies expliquées aux enfants. Microbes et compagnie,* 2020.

Bernard MARROT

POLITIQUE D'ORGANISATION DU SYSTEME DE SANTE EN FRANCE

L'Harmattan

Du même auteur

« Décentralisation et action sanitaire et sociale » (in colloque « Le département et la décentralisation » Institut français de science administrative Val de Loire. IRA de Nantes (septembre 1984)
« Les services extérieurs de l'action sanitaire et sociale face à la réforme » (in « L'administration française face aux défis de la décentralisation » sous dir. J.P Costa et Y.Jegouzo. Ed STH. Paris 1988
« L'expérimentation du schéma régional d'organisation sanitaire dans les Pays de la Loire ». Revue « Echanges » » N° 65 Ministère de la santé. Mars 1992
« L'administration de la santé en France ». Ed L'Harmattan (coll. Logiques juridiques) Paris. 1995
« Refonder une politique de santé ? » Revue « Prévenir ». Cahiers d'étude et de réflexion n°30 Coopérative d'édition de la vie mutualiste. 1996
« Territoire de l'hôpital ou territoire de santé ». Revue Projet. Juin 1998
« Administrer le système hospitalier ou administrer le système de santé ? ». Revue française d'administration publique. N°174. Décembre 2020

5-7, rue de l'École-Polytechnique ; 75005 Paris

http://www.editions-harmattan.fr

ISBN : 978-2-343-25345-9

EAN : 9782343253459

A Nolven

J’adresse mes plus vifs remerciements à Jens et Yann Grabowski, à Nolven pour l’aide importante qu’ils m’ont apportée dans la mise en forme de cet ouvrage.

Liste des principaux sigles utilisés

AGGIR : « autonomie, gérontologie, groupe iso-ressources
ALD : affection de longue durée
AMM : autorisation de mise sur le marché
AMP : assistance médicale à la procréation
ANAP : agence nationale d'appui à la performance des établissements de santé et médicosociaux
ANSES : Agence nationale de sécurité sanitaire de l'alimentation, de l'environnement et du travail
ANSM : agence nationale de sécurité du médicament
ANSP : agence nationale de santé publique
ARH : agence régionale de l'hospitalisation
ARS : agence régionale de santé
ASMR : « amélioration du service médical rendu »
ASN : Autorité de sûreté nucléaire
ATIH : Agence technique de l'information hospitalière
CAARRUD : centres d'accueil et d'accompagnement à la réduction des risques pour les usagers de drogue
CADES : Caisse d'amortissement de la dette sociale
CAF : Caisses d'allocations familiales
CAMSP : centres d'action médicosociale précoce
CCAM : Classification des actes médicaux
CCNE : Comité consultatif national d'éthique pour les sciences de la vie et de la santé
CEDH : Cour européenne des droits de l'homme
CEPS : Comité économique des produits de santé
CHU : Centres hospitalo-universitaires
CIM : classification internationale des maladies
CIRE : cellules interrégionales d'épidémiologie
CJUE : Cour de justice de l'Union européenne
CLCC : Centres de lutte contre le cancer
CLIN : comités locaux de lutte contre les infections nosocomiales
CME : commission médicale d'établissement
CMP : centres médicopsychologiques
CNAMTS : Caisse nationale d'Assurance maladie des travailleurs salariés
CNSA : Caisse nationale de solidarité pour l'autonomie
CODERST : comité départemental de l'environnement et des risques sanitaires
COG : convention pluriannuelle d'objectifs et de gestion
CPAM : Caisse primaire d'Assurance maladie
CPOM : contrat pluriannuel d'objectifs et de moyens
CPTS : communautés professionnelles territoriales de santé »

CSAPA : centres d'accueil, d'accompagnement et de prévention en addictologie
CSG : contribution sociale généralisée
CSMF : Confédération des syndicats médicaux français
CSP : Code de santé publique
DCI : dénomination commune internationale (principes actifs médicaments)
DDASS : Direction départementale des affaires sanitaires et sociales
DGCS : direction générale de la cohésion sociale
DGOS : Direction générale de l'offre de soins
DGS : Direction générale de la santé
DIM : Département d'information médicale
DMP : dossier médical partagé
DNS : Délégation ministérielle du numérique en santé
DPC : développement professionnel continu
DRASS : Direction régionale des affaires sanitaires et sociales
DREES : Direction de la recherche, des études, de l'évaluation et des statistiques
DSS : Direction de la sécurité sociale
ECDC : European Center for disease prevention and control
ECHA : European Chemical Agency
EFS : Etablissement français du sang
EFSA : European Food Safety Authority
EHPAD : établissement d'hébergement pour personnes âgées dépendantes
EIG : « évènements indésirables graves »
ESP : équipes de soins primaires »
ESPIC : établissements de santé privés d'intérêt collectif
GCS : groupement de coopération sanitaire
GHM : groupement homogène de malades
GHS : groupement homogène de séjours
GHT : groupement hospitalier de territoire
GPA : gestation pour autrui
HAD : hospitalisation à domicile
HAS : Haute Autorité de santé
HCAAM : Haut conseil pour l'avenir de l'Assurance maladie
HCSP : Haut Conseil de santé publique
HPST : loi « Hôpital, patients, santé, territoires »
IDH : indice de développement humain
IGAS : Inspection générale des affaires sociales
INCA : Institut national du cancer (INCA)
INDS : Institut national des données de santé
INED : Institut national d'études démographiques
INSEE : Institut national de la statistique et des études économiques
INSERM : Institut national de la santé et de la recherche médicale

LFSS : loi de financement de la sécurité sociale
Médecine générale de France (syndicat MG-France)
MIGAC : missions d'intérêt général et aide à la contractualisation
MILDECA : Mission interministérielle de lutte contre les drogues et les conduites addictives
MSA : Mutualité sociale agricole
NGAP : Nomenclature des actes professionnels
OCDE : Organisation de coopération pour le développement économique
OFDT : Office français des drogues et toxicomanies
OIT : Organisation internationale du Travail
OMC : Organisation mondiale du commerce
OMS : Organisation mondiale de la santé
ONDAM : objectif national d'évolution des dépenses de l'assurance maladie ONDAM
ONG : organisations non gouvernementales
ONIAM : Office national d'indemnisation des accidents médicaux, des affections iatrogènes et des infections nosocomiales
OPESCT : Office parlementaire d'évaluation des choix scientifiques et technologique
ORS : Observatoire régional de la santé
PASS : permanences d'accès aux soins de santé
PDSA : permanence des soins en médecine ambulatoire
PIB : produit intérieur brut
PMI : protection et promotion de la santé maternelle et infantile
PMSI : programme de médicalisation des systèmes d'information
PNNS : programme national relatif à la nutrition et à la santé
PNSE : plan national santé-environnement
PRAPS : programme régional pour l'accès à la prévention et aux soins des plus démunis
PRS : projet régional de santé
PTS : projet territorial de santé
PUM : protection universelle maladie
REAAP : réseaux d'écoute, d'appui et d'accompagnement des parents
REACH : « Registration, evaluation, authorisation and restriction of chemicals »
RMO : références médicales obligatoires
ROSP : rémunération sur objectifs de santé publique
SAMU : service d'aide médicale urgente
SAS : service d'accès aux soins
SDIS : service départemental d'incendie et de secours
SMR : « service médical rendu »
SMUR : service mobile d'urgence et de réanimation
SNDS : système national de des données de santé

SNIIRAM : système national d'information inter-régimes de l'assurance maladie
SPH : service public hospitalier
SROS : schéma d'organisation sanitaire
SRS : schéma régional de santé
SSIAD : services de soins infirmiers à domicile
SUMPPS : service universitaire de médecine préventive et de promotion de la santé
UNCAM : Union nationale des caisses d'assurance maladie
UNESCO: United Nations Educational, scientific and cultural Organization
URCAM : Union régionale des Caisses d'Assurance maladie
URPS : Union régionale des professions de santé

Note importante : Les textes législatifs et réglementaires, décisions de jurisprudence, articles de presse et rapports administratifs sont cités en notes de bas de page. Les références bibliographiques complètes des auteurs cités en notes de bas de page figurent dans la bibliographie consultée. Celle-ci recense, par ailleurs, l'ensemble des ouvrages et articles de revues spécialisées auxquels l'auteur a eu recours.

SOMMAIRE

Introduction générale

« La Nation garantit à tous la protection de la santé » (Préambule à la Constitution de la République, 27 octobre 1946).

« La société a le droit de demander compte à tout agent public de son administration » (Déclaration des droits de l'Homme et du Citoyen, 26 août 1789, point XV).

L'idée que les choix d'organisation du système de santé ont une forte incidence sur sa performance qualitative ne s'est imposée que récemment. Elle n'a été développée par l'Organisation mondiale de la santé (OMS) elle-même que dans son « Rapport sur la santé dans le monde en 2000 ».[1]

La politique d'organisation de la santé, pensée dans sa globalité, n'est qu'esquissée aujourd'hui encore en France. Elle est néanmoins devenue, avec le développement d'une politique de l'environnement qui en est indissociable, un des enjeux majeurs de toute politique publique. Les problèmes posés par l'organisation du système de santé sont d'une redoutable complexité. Son fonctionnement repose, en effet, sur des équilibres aussi nécessaires que précaires entre ses différentes fonctions et ses différents acteurs. En dépit d'un apport grandissant des sciences, ou à cause de lui, son domaine d'action - la vie humaine - lui impose une part inévitable de résultats aléatoires.

Les problèmes d'organisation du système de santé revêtent un aspect méthodologique et technique important. Mais celui-ci ne saurait occulter le fait qu'il s'agit évidemment de choix éminemment politiques. Les réponses diffèrent profondément selon le modèle de société envisagé. Mais il est intéressant de constater que beaucoup de pays, et particulièrement les pays membres de l'OCDE,[2] ont choisi de mettre en œuvre, en les adaptant à leur contexte national, les propositions formulées par l'OMS. Ceux qui ont les meilleurs résultats au point de vue de la santé publique sont ceux qui se sont le plus engagés dans le *modèle de promotion de la santé* préconisé par l'institution internationale. Il implique un changement profond dans notre modèle de société mais les différents pays s'efforcent de l'engager avec la même précaution observée à l'égard des politiques de transition écologique.

[1] « Rapport sur la santé dans le monde 2000 : pour un système de santé plus performant » (OMS).

[2] L'Organisation de coopération pour le développement économique (OCDE) réunit une quarantaine de pays, essentiellement occidentaux, dont la France, aux structures économiques et sociales développées.

Le projet de promotion de la santé, tel qu'il est formulé de manière consensuelle, repose en effet sur l'amélioration des conditions de vie et de travail des populations. C'est la seule voie efficace à terme pour une meilleure santé publique mais elle implique une réforme de nos modes de production et de consommation qui nécessite évidemment de nombreuses étapes tenant compte de l'état de la société. Difficulté supplémentaire et considérable : la problématique de la santé ne se limite pas à un questionnement de notre modèle économique et social, elle interroge notre conception de la condition et de l'espèce humaine. C'est un défi anthropologique qui est posé par les découvertes des sciences du vivant et les technologies de l'information. La problématique *bioéthique* est ainsi devenue un élément essentiel de la politique et du droit de la santé.

Un débat s'est ouvert sur la définition de la santé comme *« bien public mondial »*. La préservation de ces biens et leur usage, inséparables des droits fondamentaux des êtres humains, n'autorisent pas une appropriation privée ou, à tout le moins, exigent une régulation internationale. Le problème se pose particulièrement à l'égard de la diffusion des médicaments et des vaccins. En l'état actuel du droit international, la notion de bien commun mondial reste cependant sans portée juridique positive même si, comme nous le verrons, des exceptions au droit de la propriété intellectuelle ont été admises.

L'organisation du système de santé est l'une des missions essentielles de l'Etat moderne. Mais quel est aujourd'hui le pouvoir dont il dispose ? Il y a une demande permanente - et croissante - d'Etat protecteur. Paradoxalement, elle s'accompagne d'une méfiance à l'égard d'une institution qui n'existe en démocratie que par la délégation de pouvoir que nous lui consentons. L'évolution de l'Etat-Providence nourrit et exacerbe la contradiction : il lui faut être présent partout et ne peser nulle part. Il doit s'effacer devant la constante expansion du droit au libre usage de son corps sans pour autant omettre de fixer les normes de sécurité sanitaire que chacun exige. Il est sommé de déléguer l'exercice de ses responsabilités mais la forme que prendrait cette délégation est loin de faire consensus.

Que faut-il entendre par système de santé ? Tout système se caractérise par le jeu des interactions entre les éléments qui le composent. Par système de santé on entendra ici un vaste ensemble de professions, d'institutions, d'établissements, de services engagés dans une dynamique d'interactions multiples due à la complexité des fonctions sanitaires, sociales et médicosociales. Ces interactions s'inscrivent dans un jeu des acteurs, alternant ou associant coopération et conflit. Cette définition est classique. Ce qui caractérise plus particulièrement le système de santé c'est l'importance de *l'autonomie* de ses acteurs au sein d'une économie qui reste largement *administrée.* L'Etat leur a longtemps consenti une très large délégation de responsabilité. Les effets pervers de l'éclatement de cette responsabilité entre une multitude de micro-pouvoirs l'a contraint intervenir dans la régulation du système. Il l'a fait, au gré des changements de majorités politiques, en construisant un *compromis entre la loi et le contrat.* Les techniques contractuelles ont supplanté les formes classiques de la tutelle administrative sans que la tradition dirigiste de la puissance publique se soit estompée. Pourtant, en dépit des idées reçues, les rapports entre l'Etat et les acteurs du système sont essentiellement négociés.

Très souvent, le système de santé est confondu avec le système de soins qui n'en est qu'une composante, si considérable soit-elle. La perception commune tend à le réduire à un système bipolaire constitué de la médecine de ville, d'une part, de l'hôpital, d'autre part. Le système de santé comprend pourtant un ensemble de fonctions primordiales qui n'appellent pas nécessairement le concours de professionnels de santé. Bien que faisant l'objet d'un faible investissement dans notre pays les stratégies de promotion de la santé et de prévention, de réadaptation et de réinsertion sociale, en sont des éléments majeurs. La puissance publique porte, depuis trois décennies, un projet de restructuration de ce système à travers l'idée de « parcours de santé et de soins coordonnés », une réhabilitation des enjeux de santé publique (notamment environnementale) et une conception de la « démocratie sanitaire » qui reste à affirmer. Le fonctionnement du système de santé était en progrès par rapport à la situation qui était la sienne au moment des graves crises sanitaires du début des années 1980. La pandémie du SARS-CoV-2 a montré la fragilité d'un processus de reconstruction loin d'être achevé.[3] Pour le conforter ce n'est pas seulement du côté de l'hôpital qu'il faudrait regarder. Les études comparatives sur les systèmes de santé, trop peu diffusées et trop peu analysées en France au sein même des administrations de la santé, tendraient à montrer l'avantage pris par les systèmes de santé disposant de services de santé primaire, axés sur la promotion de la santé et sur la prévention, fonctionnant sur le mode pluridisciplinaire, ne séparant pas l'action sanitaire et sociale.

Cette approche est l'œuvre en France d'une poignée de spécialistes et d'administrateurs de la santé publique, parfois trop vite classés comme « technocrates ». Dans un Etat dont la tradition centralisatrice est forte et ancienne, l'initiative du changement provient souvent plus de catégories de cadres situées en marge du pouvoir. Un bon exemple en santé publique,

[3] Le virus qui est cause de la pandémie qui sévit depuis 2020 est dénommé SARS-Cov-2 par la commission internationale de taxonomie des virus ou, plus couramment Covid 19. Il appartient à une famille de virus dite des coronavirus.

méconnu, est l'action des ingénieurs du génie sanitaire au sein du ministère de la Santé.

Cette stratégie de santé publique remet logiquement en cause, non pas l'hôpital mais l'hospitalocentrisme qui structure notre système de santé. *Il s'agit moins de bâtir un développement a priori de l'offre de soins que d'analyser les causes multifactorielles des pathologies et des inégalités face à la santé - ce qu'on appelle les « déterminants de la santé » - pour y apporter une réponse adéquate*. Mais le projet est lourd de malentendus. Le virage, modeste, vers l'ambulatoire, à travers la tentative de formation d'un niveau de santé primaire, repose en l'état, en grande partie, sur la médecine libérale. La pensée critique du néo-libéralisme y voit un projet de démantèlement du service public, tant du service public hospitalier que de la Sécurité Sociale, c'est-à-dire une aggravation des inégalités face à la santé. Mais, outre que notre modèle de sécurité sociale n'a pas fait disparaître les inégalités face à la santé durant les décennies où prévalait une forme d'économie « mixte », on observera que des pays appartenant à la sphère de l'économie libérale ont un taux d'inégalité en santé moindre que celui de la France, dont le niveau de dépenses sociales se situe parmi les plus élevés au monde. Il serait préférable de se poser la question du *modèle* de service public qu'il conviendrait de promouvoir. Est-ce au seul service public hospitalier de répondre aux problèmes de santé publique ou à un *service public de santé* (qui l'inclurait) ? Celui-ci n'existe pas et ne semble pas avoir d'avocats bien nombreux.

Notre système de santé est, par ailleurs, beaucoup trop complexe. Cette complexité est le fruit de profonds et anciens clivages politiques et sociaux. Didier Tabuteau évoque une « dyarchie » formée par l'Etat et l'Assurance maladie : le système est piloté en « double commande » en quelque sorte et le guide d'emploi est opaque. On pourrait aussi évoquer un système multipolaire au sein duquel on cherche avec difficulté qui fait quoi. Il faut en effet y ajouter le rôle croissant des assureurs complémentaires. En pratique, le pilotage du système de santé repose sur un équilibre précaire maintenu entre les différentes forces que sont le corps médical et ses divisions entre généralistes et spécialistes, le secteur hospitalier et ses clivages entre hospitalisation publique et privée, les collectivités territoriales, notamment les communes abritant un établissement public de santé et les départements, gestionnaires avec l'Etat et la Sécurité sociale de ce système hybride qu'est le secteur médicosocial. Le résultat est la faible lisibilité du système, des pertes de temps de recours aux acteurs pertinents, qui sont parfois des pertes de chance de vie.

Il faut aussi comprendre pourquoi le niveau élevé des dépenses publiques consacrées aux soins en France est jugé encore insuffisant et pourquoi il va de pair avec un des taux de mortalité prématurée « évitable » les plus importants, pourquoi il existe de telles disparités inexpliquées dans le traitement d'une même pathologie ou dans la répartition des prestataires de services, pourquoi, malgré l'ampleur du financement public, d'importantes disparités de rémunération persistent entre professionnels de santé, pourquoi l'investissement public dans la promotion et la prévention de la santé ne représente qu'une part infime des dépenses, pourquoi nous en sommes venus à une surconsommation de produits présentant un risque avéré pour la santé.

Les prémisses d'une politique de santé publique apparaissent véritablement au XVIIIème siècle. Ce moment de l'histoire marqué par l'analyse de Michel Foucault, correspond à un fort engagement d'une élite médicale nouvelle, éprise de l'esprit des Lumières, pour qui une politique de santé publique est un facteur d'émancipation des individus. Mais la Révolution a créé les conditions d'un libéralisme médical qui portait en germe l'échec du projet de service de santé publique. Il est consommé un siècle plus tard sous un Etat républicain issu d'une société dominée par le libéralisme. Le paysage sanitaire est structuré par un système hospitalier héritier d'une tradition millénaire d'assistance et par une médecine qui, éthiquement et économiquement, est une société autonome. D'un point de vue sociologique, aucune des deux institutions n'avait un intérêt objectif au développement d'une politique de santé publique. La création de la Sécurité Sociale sur le principe assurantiel, immense progrès social, prolonge l'échec d'une politique de santé publique, la logique de remboursement du soin l'emportant sur celle de la prévention. C'est depuis la fin du XXème siècle que la puissance publique est sommée de garantir le bon fonctionnement d'une administration de santé publique marginalisée. La crise du financement des soins de santé, celle du sang contaminé, celles de l'environnement imposent un retour de l'Etat en tant que garant de la santé de la population.

Le champ d'action d'une politique de santé est potentiellement considérable puisqu'il concerne la plupart des aspects de la vie en société. Nombre de programmes de santé n'appellent pas d'intervention médicale mais des stratégies de promotion du meilleur état de santé possible, de prévention des risques, mobilisant les ressources des différents secteurs de la société. Cette forme de « politique de la vie » nourrit un débat intense sur son sens et sa portée. Didier Fassin résume l'état du débat en évoquant les deux grandes approches actuelles de la santé. La première, classique, qui trouve ses fondements dès l'Antiquité gréco-latine, est une approche opératoire : face aux risques sanitaires, elle constitue une série de savoirs et de méthodes susceptibles de les maîtriser. Son rôle est essentiel (c'est l'étude de celui-ci qui guidera notre travail) mais, notre expérience pratique confirmant bien des analyses de Didier Fassin, nous ne cesserons de rappeler la nécessité d'analyser, d'interroger les données statistiques, les « indicateurs » qui renvoient à des causes multifactorielles, et, en dernier ressort, à des options politiques. Faute de cet effort critique, la discipline tombe dans les travers « positivistes » qu'il met justement en évidence. La seconde approche qu'il évoque est l'approche « généalogique » inaugurée par Foucault, illustrée par le concept de « biopolitique ». A partir de son analyse de la rupture fondamentale qui s'opère au XVIIIème siècle, marquée par le passage « d'un Etat ayant le droit de tuer à un Etat s'assignant le devoir d'assurer la vie de la population », elle a nourri une riche réflexion sur son caractère de construction sociale, au risque de récuser dans une critique du pouvoir la problématique spécifique de santé publique. A ces deux approches Didier Fassin oppose sa démarche d'analyse de la santé publique à partir d'un repérage de ses enjeux. Alors que Foucault tend à faire du biopouvoir surtout un marqueur du libéralisme, Fassin, sans cesser d'interroger ce qu'a de construction sociale et intellectuelle la santé publique, ni d'analyser la dimension politique d'une problématique spécifique de santé publique, l'étudie comme un champ légitime d'action. Par ailleurs, un certain nombre d'auteurs s'interrogent depuis des décennies sur «l'utopie de la santé parfaite » et ses conséquences. On évoque nos sociétés comme des sociétés « médicalisées ». Il est vrai que la peur de la maladie et de la mort, qui croît à la mesure de l'effondrement des religions dans nos sociétés, est, avec le pouvoir des industries de santé, constitutive d'une forme de pouvoir biomédical.

Les démocraties, au lendemain de la seconde guerre mondiale, ont entendu promouvoir une stratégie de paix fondée sur le multilatéralisme et la proclamation de l'universalité des droits humains. Elles ont identifié les droits sociaux comme des droits nécessaires à la dignité de l'être humain. La Charte de l'OMS en est une application quand elle définit la santé comme un « état complet de bien-être physique, mental et social, qui ne consiste pas seulement en une absence de maladie ou d'infirmité ». Ce dernier texte, qu'il est important de lire in extenso, a les vertus et les limites de l'utopie et de l'idéologie au sens de Paul Ricoeur: il est au fondement du droit sanitaire international contemporain. Il est une source d'inspiration pour les institutions européennes et nationales.

Le Préambule à la Constitution française de 1946 affirme que « la nation garantit à tous la protection de la santé ». Le droit à la protection de la santé est un droit fondamental, comme le droit à la protection sociale qui n'en n'est pas dissociable. Il constitue une norme de valeur constitutionnelle. Il est au fondement d'une nouvelle discipline juridique, le droit de la santé, qui embrasse aussi bien les questions de régulation du système de santé que les droits des usagers ou les lois de la bioéthique. Son originalité réside principalement dans la construction politique et juridique du rapport entre l'institution médicale et l'Etat, ce que montrent de façon éclairante, selon des approches différentes, Alexandre Jaunait[4] et Pierre Hassenteufel.[5] L'institution médicale s'est structurée comme une « personne institutionnelle » permettant à la fois la préservation de son autonomie (elle est productrice de normes qui, même intégrées dans l'ordre juridique public, lui sont spécifiques) et une capacité d'adaptation de son système de valeurs aux exigences de la société. Le droit français de la santé intègre également un nombre croissant de normes européennes. Le droit de l'Union européenne est régi dans ce domaine par le principe de subsidiarité. Mais les compétences communautaires relatives au marché des biens et services ou à la liberté de circulation des personnes ont de multiples effets sur le secteur de la santé. Les décisions de la Cour de justice de l'Union européenne ont pris d'autant plus d'importance que les Traités reconnaissent la primauté du droit de l'Union sur le droit interne. Il en va de même s'agissant de la Convention européenne des droits de l'homme dont la définition étendue des droits individuels fait l'objet d'une jurisprudence de la Cour européenne des droits de l'homme qui s'impose aux juridictions des Etats signataires.

Notre objet d'étude implique un éclairage sur l'approche systémique du domaine sanitaire et sur la nature du système français. Un certain nombre de travaux ont esquissé une typologie des systèmes de santé dans le monde. Bruno Palier distingue les systèmes de santé libéraux, les systèmes nationaux de santé et les systèmes de sécurité sociale.[6]Toute typologie est nécessairement relative, chaque modèle admettant des variantes liées à l'histoire de chaque société et à la multiplication des emprunts à d'autres systèmes. Une certaine hybridation s'opère ainsi dans le système français, système de sécurité sociale, et un système national de santé.

Le type des systèmes libéraux se caractérise par la prééminence du marché, l'Etat ayant un rôle résiduel limité à l'assistance aux populations les plus pauvres. Des assureurs privés proposent une couverture du risque maladie suivant des règles actuarielles. Il en résulte de fortes inégalités d'accès aux soins et, en conséquence, des résultats sanitaires médiocres pour les pays concernés. Ce modèle prévaut, hormis le cas particulier des USA,[7] essentiellement dans des pays dont le niveau de développement économique est dit « intermédiaire ».

Les systèmes de sécurité sociale[8]reposent sur le principe de l'assurance solidaire obligatoire par la mutualisation de la couverture des risques

---

[4] A. Jaunait « Comment pense l'institution médicale » ?
[5] P. Hassenteufel « Les médecins face à l'Etat ».
[6] B.Palier, « Gouverner la sécurité sociale ».
[7] Les USA s'éloignent partiellement de ce modèle depuis la réforme Obama.
[8] France, Allemagne, Autriche, Belgique, pays de l'Europe de l'est, Japon…

d'accident, de maladie, d'invalidité, ou face à la maternité. Ils entendent garantir une égalité d'accès aux soins de l'assuré et de ses ayants-droits quel que soit son niveau de cotisation. Le financement de cette solidarité repose sur une contribution des assurés assise sur leurs revenus, des employeurs et, le cas échéant, de l'Etat. La sécurité sociale est liée, dans son principe originel, à la condition d'une activité professionnelle : c'est un système conçu pour la protection des travailleurs,[9]Système assurantiel, il n'a pas de vocation première à développer la prévention sanitaire.

Les « systèmes nationaux de santé »[10]correspondent à une forme de gestion de la santé par l'Etat. Ils reposent sur un principe d'accès universel aux soins, la condition de résidence étant seule requise pour y accéder. Ils sont financés par l'impôt, l'usager n'ayant, en principe, pas d'avance de frais à effectuer. Dans leur principe, les systèmes nationaux de santé forment une organisation en réseau structurée selon une graduation des prises en charge, le niveau de santé spécialisé obéissant au principe de subsidiarité. Le premier niveau dit de « santé primaire » est fondé sur la coopération interdisciplinaire des professionnels dans, et à partir de centres locaux de santé. Le rôle du médecin généraliste est important : il est le coordonnateur des équipes médico-psycho-sociales et il oriente les patients, si nécessaire, vers les structures spécialisées auxquelles ces derniers n'ont, sauf urgence, pas accès librement[11]. Mais des professionnels spécialisés en santé publique (notamment en éducation sanitaire) jouent un rôle de plus en plus important en matière de promotion et de prévention en santé. Les « systèmes nationaux de santé » se distinguent en moyenne par un bon niveau d'espérance de vie sans handicap, eu égard à leur investissement dans la promotion de la santé et la prévention. Leur coût de fonctionnement est, sauf exception, un peu moindre que celui des systèmes d'assurance maladie obligatoire.[12] Les choix des usagers et des offreurs de soins sont plus fortement régulés que dans les systèmes de sécurité sociale.

Les politiques publiques des pays de l'OCDE s'engagent pratiquement toutes sur une panoplie de mesures ayant beaucoup en commun : renforcement des services de santé du niveau du premier recours, coordination accrue entre opérateurs, développement des méthodes

---

[9] Nous emploierons parfois l'expression « système bismarckien » parce que l'on doit au chancelier allemand Bismarck la création du premier système généralisé de sécurité sociale à la fin du XIXème siècle.

[10] En vigueur dans la plupart des pays scandinaves et anglo-saxons et dans l'Europe du sud (Italie, Espagne, Grèce, Portugal)

[11] Il est souvent rémunéré à la capitation, système d'abonnement annuel des patients auprès d'un praticien.

[12] Le système de santé britannique constitue une exception par un sous-financement ancien. Il est à noter que la Suède a introduit des éléments de privatisation de son système de santé, avec des résultats peu probants, semble-t-il.

d'évaluation des procédures de soins, mise en œuvre de procédures de sélection des médicaments et dispositifs médicaux remboursables, recherche de modes de rémunération et de tarification incitant à une plus grande efficience du système de santé, politiques de contractualisation, réorientation des services vers de nouveaux besoins liés à l'évolution démographique, au développement des pathologies chroniques, réexamen de la pertinence des règles de prélèvement sociaux destinés à financer l'assurance maladie.

Dans la typologie des systèmes de santé, le système français appartient au modèle de sécurité sociale mais il emprunte aux systèmes nationaux de santé un certain nombre d'outils. Il tient, dans les comparaisons internationales, une place globalement excellente en termes d'efficacité : l'accès aux soins y est aussi bien assuré que dans la moyenne des pays comparables, la qualité des soins y est considérée comme une des meilleures au monde et l'espérance de vie y est une des plus élevées.[13]Mais les indicateurs globaux d'efficacité du système de soins tendent à occulter une efficience moindre en termes de santé publique. La France se situe parmi les quatre pays membres de l'OCDE qui allouent au secteur de la santé les plus grandes ressources. Mais son système d'assurance maladie obligatoire connaît depuis sa création un déficit quasi-permanent. Les inégalités sociales et territoriales en termes d'espérance de vie et d'espérance de vie sans handicap sont importantes, le taux des décès prématurés et évitables reste élevé, malgré une amélioration.[14] Par ailleurs, notre système de soins est fragilisé par des déséquilibres croissants dans la répartition des spécialités et par son insuffisante coordination.

Pour assurer un fonctionnement répondant aux principes d'égalité d'accès aux soins et aux normes de qualité et de sécurité du système de santé, il est sans doute un niveau de dépenses publiques en deçà duquel on ne peut descendre. *Le problème qui se pose à la France n'est pas tant le niveau des dépenses de santé - leur part dans le produit intérieur brut (PIB) place notre pays sensiblement au-dessus de la moyenne de l'OCDE mais la dépense par habitant la situe dans cette moyenne -* [15] *que l'usage qui est fait de ces dépenses*. Ce sont les déséquilibres observés dans la répartition des moyens, dans l'organisation des filières de soins, dans le développement des différentes fonctions du système de santé qui réduisent son efficience. La

[13] Dans son rapport précité sur la santé dans le monde (2000) l'OMS classait la France au premier rang, ce qui paraissait surestimé. En 2002, un nouveau rapport lui attribuait la quatrième place, ce qui semblait plus conforme aux observations.

[14] On estime à au moins 75 000/an le nombre de décès prématurés évitables (Panorama de la santé 2019 de l'OCDE).

[15] Selon les données de l'OCDE qui calculent la dépense par habitant en termes de « parité de pouvoir d'achat » en dollars, unité de mesure permettant une base commune de comparaison entre les pays.

part du PIB consacrée à la santé – actuellement d'environ 12% - continuera probablement à croître en raison des progrès technologiques, du vieillissement de la population, de la nécessité d'améliorer la rémunération des personnels soignants et du secteur médico-social, de la nécessité aussi de disposer d'une réserve permettant de parer aux situations imprévues.[16] Le niveau de l'objectif national d'évolution des dépenses de l'assurance maladie (ONDAM) a été jusqu'au début des années 2010 deux fois plus élevé en moyenne que le niveau de progression du PIB. Si l'on rapporte cette évolution à un indice de développement moins fruste, c'est-à-dire l'indice de développement humain (IDH),[17] cette progression forte des dépenses de santé peut apparaître comme un progrès, à la condition que les prestations du système de santé français, dans son ensemble, soient pertinentes. Or, en dépit de l'excellence de ses résultats médicaux, la médiocrité des indicateurs sanitaires qui, précisément, mesurent le « développement humain », démontre que le système n'a pas l'efficience qu'on peut en attendre.

L'affirmation récente de l'Etat dans le domaine de la santé a au moins trois causes. La première est économique, la maîtrise des dépenses de sécurité sociale s'étant imposée au moment où la France s'engageait à respecter les règles qui garantissent la solidité de l'union monétaire européenne. La seconde est inhérente aux défaillances du contrôle exercé par la puissance publique sur l'organisation sanitaire à partir de 1980. La troisième résulte des spectaculaires progrès des sciences du vivant qui posent des problèmes inédits de conciliation des droits individuels et de l'ordre public. Ce rôle nouveau de l'Etat, ravivé par la crise du SARS-CoV-2, pose l'inévitable question, eu égard à la complexité du pilotage du système de santé, de son rapport avec les institutions de la Sécurité Sociale et avec les collectivités territoriales. Est-il possible d'amender indéfiniment un système devenu difficilement lisible, dont l'efficience est en cause ou faut-il envisager une profonde réforme structurelle ?

---

[16] Selon les projections de l'OCDE (Panorama de la santé 2019), les dépenses de santé en France devraient atteindre 13% du PIB en 2030 (la projection de la moyenne des pays de l'OCDE est, pour la même période de 10%). Avec l'épidémie du SARS-Cov 2 une forte demande d'accroissement des ressources pour la santé se manifeste. Il n'est pas exclu que cette projection à 13% soit dépassée compte-tenu des besoins de rattrapage dans certains secteurs (médico-social, santé mentale…). Cela imposera de difficiles arbitrages dans l'allocation des ressources entre les différents secteurs de l'action publique.

[17] L'indice de développement humain a été établi par deux économistes, Amartya Sen et Mahbad Ul Haq, pour mieux mesurer la réalité du développement que ne le fait le PIB. Il intègre des données essentielles sur la santé, l'éducation et le niveau de vie. Il a été adopté en 1990 par le Programme des nations unies pour le développement (PNUD) et perfectionné en 2010 (indice de développement humain ajusté IDHI). En France, un rapport remis au président de la République (septembre 2009) par la « commission sur les mesures des performances économiques et du progrès social » (P. Stiglitz, A. Sen, JP Fitoussi) établit des propositions en ce sens.

PREMIERE PARTIE

LA POLITIQUE NATIONALE DE SANTE ET SES ELEMENTS CONSTITUTIFS

La politique nationale de santé est déterminée par les données épidémiologiques, socio-sanitaires, sociodémographiques, sociogéographiques, économiques (Titre II, chapitre II). Mais elle l'est aussi par les orientations des institutions internationales et par les décisions européennes (titre I, chapitres I à III). Elle l'est également par les données de l'histoire, que nous retrouverons tant en ce qui concerne la santé publique que l'hospitalisation et la médecine (Titre II, chapitre I, Deuxième partie, Titre II, Troisième partie, Titre I, chapitre II).

Cette politique est une obligation de l'Etat. Elle définit un certain nombre de priorités qu'il doit mettre en œuvre dans le cadre d'une stratégie à moyen-long terme (Partie I, Titre II, chapitre III). Elle lui assigne en premier lieu une mission de protection des droits des malades, (Titre III, chapitre II). Celle-ci se trouve aujourd'hui élargie à la formation d'un droit du citoyen à participer à l'élaboration et à l'application de la politique de santé. Le concept de « démocratie sanitaire » en est l'expression (Titre III, chapitre I).

Enfin, l'Etat, confronté aux questions que posent les découvertes scientifiques sur le vivant, sur le statut de la personne humaine et l'avenir de l'espèce humaine, d'une part, l'évolution du système des valeurs sociales d'autre part, organise la réflexion « bioéthique » et le droit nouveau qui en découle (Titre III, chapitre III).

Titre I
La part du droit international et européen dans la politique nationale de santé

La politique française de santé intègre les principes et les objectifs de santé dégagés au niveau international et au niveau européen. Par son importance, le phénomène est relativement récent. On ne peut exposer aujourd'hui la politique nationale sans se référer à ces sources.

La coopération sanitaire internationale s'est développée dès le milieu du XIXème siècle, avec les modèles des sociétés savantes et du congrès international. L'ampleur et la nature du crime nazi contre l'espèce humaine ont conduit les démocraties à fonder l'action des institutions internationales sur le principe de la préservation de la dignité humaine. En conséquence, au lendemain de la seconde guerre mondiale, l'organisation internationale s'est ouverte à tous les aspects de la vie humaine et sociale. C'est dans ce contexte que s'est formé un véritable droit international de la santé, avec la création de l'Organisation mondiale de la santé (OMS). La création du Conseil de l'Europe et de l'Union européenne intègre cette vision.

La multiplication des relations économiques et sociales internationales et des échanges interindividuels entre les différents pays a permis la naissance d'une opinion publique internationale qui s'est mobilisée au travers d'organisations internationales non gouvernementales (ONG) de plus en plus puissantes sur des enjeux sociétaux, dont la santé. La sensibilité nouvelle aux problématiques de l'écologie est indissociable de ces problématiques.

Seront évoqués au chapitre I le rôle de l'Organisation mondiale de la santé (OMS) et des institutions de l'ONU contribuant à l'action sanitaire internationale, celui du Conseil de l'Europe et de la Cour européenne des droits de l'homme (CEDH) au chapitre II. Le chapitre III traitera du rôle croissant de l'Union européenne en la matière.

Chapitre I
Le rôle des institutions internationales

I. Le rôle de l'OMS dans l'élaboration de normes sanitaires communes

L'OMS est l'institution spécialisée de l'ONU pour la santé.[18] Le but qui lui est assigné par l'article 1 de sa constitution est « d'amener tous les peuples du monde au niveau de santé le plus élevé possible ». Une compétence relativement étendue lui est reconnue à cette fin. En vertu de l'article 66 de sa constitution « elle jouit sur chaque territoire de la capacité juridique nécessaire à l'accomplissement de sa mission ». Mais celle-ci n'a pas été précisée et il est vite apparu que le pouvoir souverain des Etats imposait de sérieuses limites à l'action de l'institution.

Les attributions de l'OMS ont néanmoins une importance certaine pour les politiques nationales de santé sur plusieurs points essentiels. En premier lieu, elle établit des règlements internationaux qui s'imposent aux Etats membres, et notamment le très important *Règlement sanitaire international*, qui est le code commun des Etats, notamment dans leur lutte contre les pandémies. Le Règlement sanitaire international du 23 mai 2005 élargit considérablement le champ de la surveillance sanitaire en abandonnant la liste de maladies obligatoires devant lui être notifiées au profit de la notion « *d'urgence de santé publique à portée internationale* », qui inclut *toute menace sanitaire susceptible d'une propagation mondiale : maladies existantes, émergentes, résurgentes, menaces environnementales, bioterrorisme.* Elle a le *pouvoir de prendre toutes mesures d'urgence* (quarantaine et autres procédures) en cas de risque grave de propagation d'une épidémie.

L'organisation peut prendre un *règlement fixant des normes relatives à la sûreté et à la qualification des productions biologiques, pharmaceutiques ou assimilées applicables au commerce international,* marquant ainsi la prééminence, en principe, des impératifs de santé sur ceux du commerce. Les Etats membres sont tenus de prendre, dans les 18 mois suivant la notification de l'adoption d'un Règlement par l'Assemblée mondiale de l'OMS, des mesures conformes à ses dispositions, sauf à lui faire connaître leur refus motivé.

L'OMS a également la capacité juridique de négocier des conventions et des accords internationaux. Elle agit en collaboration avec les principales

---

[18] Sa création résulte d'un acte constitutif approuvé par les Etats fondateurs le 7 juillet 1948. Elle comprend 197 Etats membres réunis en Assemblée mondiale de la santé.

organisations de l'ONU en vue de réaliser les objectifs qui lui sont assignés. Cela englobe aussi bien des mesures visant une alimentation plus saine (en collaboration avec l'Organisation des Nations unies pour l'alimentation et l'agriculture) que la gestion des brevets dans le domaine de la santé avec l'Organisation mondiale du commerce (OMC), les stratégies de santé au travail avec l'Organisation internationale du Travail (OIT) ou les conférences sur la protection de l'environnement.

Elle définit une *stratégie mondiale de santé publique*[19] fixant parmi ses priorités le renforcement du système de santé, l'amélioration de l'accès aux médicaments, la lutte contre les maladies spécifiques aux pays en développement. La *promotion de la santé* « à toutes les étapes de la vie » vient compléter un mode d'intervention jusqu'ici centré sur le traitement des pathologies. Elle a une mission de conseil et d'aide à l'organisation des systèmes de santé. A ce titre, elle *établit des standards scientifiques et techniques*, notamment en matière de méthodes diagnostiques.

L'institution dispose d'instruments essentiels à la gestion mondiale de la santé publique, notamment la gestion d'un réseau mondial d'alerte et d'action en cas d'épidémie,[20]le recueil et l'analyse de données statistiques et épidémiologiques, mises à disposition de tous les acteurs de la santé par la publication annuelle des statistiques sanitaires mondiales,[21]la liste de médicaments « accessibles et d'efficacité reconnue », le registre des molécules qui sont les principes actifs des médicaments sous la dénomination commune internationale (DCI),[22]la « classification internationale des maladies » (CIM), outil de référence des études épidémiologiques et la base mondiale commune d'identification des pathologies.

L'action de l'OMS est cependant limitée par le jeu des intérêts nationaux et la puissance des entreprises multinationales, notamment dans le secteur de la pharmacie. Elle est contrainte par des procédures lourdes visant à protéger la

---

[19] Le plan d'action mondiale (2013-2030) contre les maladies chroniques vise l'élimination de la part « évitable » de ces maladies et le plan « Action 21, adopté lors de la conférence de Johannesburg en 2002, fait de la promotion de la santé une condition et un axe déterminants du « développement durable ».

[20] Le GOARN (« Global Outbreak Alert and Response Network »).

[21] Notamment avec l'Observatoire mondial de la santé et ses centres de recherche, dont le centre international de recherche sur le cancer (CIRC).

[22] Les molécules selon la DCI sont regroupées par familles caractérisées par un signe de reconnaissance (comme la terminaison commune de l'appellation pour une classe thérapeutique) et par la similarité des mécanismes d'action thérapeutique, des effets indésirables et des contre-indications. Cette classification évite les erreurs d'interprétation et permet aussi une plus grande indépendance du prescripteur face aux techniques de commercialisation des médicaments (en France on recense plus de 8000 médicaments pour 1700 DCI).

souveraineté des Etats au détriment de sa capacité de réaction en cas de crise grave. L'institution est souvent critiquée pour sa gestion. Son indépendance est mise en cause. Elle est dépendante pour 80% de son budget des « contributions volontaires » à des programmes spécifiques provenant des Etats ou de fondations privées et d'entreprises multinationales. La pandémie du SARS-CoV2 a mis en évidence les faiblesses du système international de prévention et le coût élevé de l'affaiblissement du multilatéralisme. Une mission diligentée par l'Assemblée mondiale de la santé émet d'importantes propositions de réforme.[23]Mais les conditions politiques de leur application ne sont toujours pas réunies, en dépit de l'urgence. Le principe de la levée temporaire des brevets au profit des pays les plus pauvres se traduit par des concessions très limitées des entreprises productrices des vaccins et médicaments contre le virus, alors même que celles-ci ont bénéficié de fonds publics considérables pour leur mise au point. L'analyse du processus de gestion internationale de distribution des vaccins montre les limites du pouvoir de l'OMS face aux intérêts des grandes firmes productrices et des Etats qui les hébergent.

II. Les Organisations non gouvernementales (ONG), pouvoir complémentaire et contre-pouvoir

L'ouverture aux relations multilatérales après la seconde guerre mondiale, l'explosion des moyens de communication ont favorisé l'éclosion d'un grand nombre d'ONG ayant le statut soit d'association, soit de fondation à vocation professionnelle, scientifique, culturelle, sociale, économique, environnementale. Elles forment l'embryon d'une « société civile internationale ».

Le rôle consultatif des ONG est reconnu par l'article 71 de la Charte des Nations Unies et par les documents constitutifs d'un certain nombre d'organisations internationales publiques spécialisées comme l'OMS. Certaines ONG peuvent être associées à l'application de normes internationales qu'elles ont contribué à faire adopter. Mais elles exercent également, par leur pouvoir d'influence et d'information, une fonction de contre-pouvoir face aux institutions internationales publiques et face aux puissants lobbies économiques multinationaux.[24]

---

[23] Rapport du groupe d'experts mandatés par le directeur général de l'OMS pour évaluer l'action de l'institution face à la pandémie du SARS-CoV2 (« Panel for pandemic preparedness and response »-13.5.2021). Il préconise le renforcement de l'indépendance de l'institution, des procédures d'intervention rapide et la création d'un « Global Health Threats Council » réunissant les représentants des chefs d'Etat et de gouvernement afin d'assurer une alerte immédiate des gouvernants en cas de crise sanitaire grave.

[24] L'ONG « Médecins sans frontières-MSF » (23.3.2015) a mis en évidence les failles de l'organisation de lutte contre le virus Ebola en Afrique, ce qui a entraîné une première

Les ONG sont nombreuses dans les secteurs de la santé, de l'environnement, de la défense des consommateurs et des travailleurs. Le rôle des sociétés savantes est important dans la formation des recommandations en matière de santé. Certaines ONG s'opposent aux lobbies de l'industrie pharmaceutique ou de l'agroalimentaire, dénonçant notamment les obstacles mis par l'industrie pharmaceutique à la diffusion de médicaments dans les pays pauvres ou encore le lobbying des entreprises de l'agrochimie auprès des autorités nationales et internationales en faveur de produits phytosanitaires représentant un danger avéré pour la santé humaine.

Ainsi la mobilisation des ONG a-t-elle joué dans le renoncement à l'action en justice intentée par de grandes entreprises pharmaceutiques invoquant leur droit au brevet contre l'Afrique du sud qui, en 1994, avait importé des médicaments antirétroviraux génériques.[25] Cette mobilisation a favorisé la conclusion, dans le cadre de l'OMC, d'un accord plus favorable aux pays dépourvus des moyens techniques nécessaires. Cet accord sert aujourd'hui de base à la revendication d'un classement des vaccins contre le SARS-CoV2 parmi les « biens communs », avec le succès très limité que nous évoquions précédemment.

III. La profonde interpénétration entre le droit international et le droit français de la bioéthique

Le tribunal formé à Nuremberg en 1947 pour juger des crimes des dirigeants nazis a été amené à fixer un ensemble de principes qui ont formé ce qu'on a appelé le *« code de Nuremberg ».* Celui-ci peut être considéré comme une des sources essentielles des normes de bioéthique. En affirmant la dignité par essence de l'être humain, il interdisait que celui-ci soit traité comme objet et posait le principe directeur qui irrigue le droit moderne de la santé.

---

réorganisation du système des urgences sanitaires internationales. Rapport du Groupe d'experts chargé de « l'évaluation intérimaire de la riposte à Ebola » (8.5.2015).

[25] L'OMS a dressé, à partir de 1977, une liste de molécules peu coûteuses permettant de traiter les maladies à forte prévalence, malgré l'opposition de l'industrie pharmaceutique. Ainsi, 39 entreprises ont intenté un procès à l'Afrique du Sud qui avait décidé d'importer des médicaments antirétroviraux génériques. La protestation des ONG a permis la conclusion au sein de l'OMC d'un accord sur les « aspects des droits de propriété intellectuelle » (ADPIC) qui admet deux exceptions au droit au brevet en matière de médicament : 1 la *« licence obligatoire »* permettant à un gouvernement la fabrication d'un médicament sans l'autorisation du titulaire du brevet, à condition d'avoir protégé ses intérêts et d'avoir tenté d'obtenir auprès de lui « dans des délais raisonnables », sans succès, une *« licence volontaire »*; 2 la possibilité d'une *« importation parallèle »* auprès d'un pays détenant un stock, reposant sur le principe que, le médicament ayant déjà été vendu, l'auteur du brevet ne peut plus prétendre à un droit sur celui-ci. Les conditions d'application de ce régime dérogatoire sont cependant très restrictives, difficiles à mettre en œuvre.

L'influente Association médicale mondiale, fondée au lendemain de la seconde guerre mondiale s'est donnée pour mission de promouvoir des normes éthiques fondées sur ce principe. Ces normes ont été réunies dans la *« Déclaration d'Helsinki »* (1964) qui jouit d'une autorité telle que de nombreux contrats de recherche comportent des clauses s'y référant explicitement. Elle a acquis par elle-même et en raison de l'autorité intellectuelle et morale de ses auteurs, une force quasi-obligatoire.

L'intégration des normes de bioéthique dans le droit international positif demeure un processus lent et aléatoire. Elles doivent être acceptées par des sociétés aux valeurs culturelles et religieuses différentes. S'il est possible de parvenir à la signature d'une Déclaration, document juridique non contraignant, la signature et la ratification par la majorité des Etats d'un Traité à portée universelle, comportant des sanctions, est beaucoup moins fréquente. Les Etats s'accordent plus facilement sur le texte, moins contraignant, d'une convention manifestant leur volonté d'inscrire leur action dans le cadre international. Sa signature engage le pays signataire sous réserve de ratification par son parlement.

Les découvertes de la biologie moléculaire et de la génétique ont rendu possibles les techniques de manipulation du patrimoine génétique, notamment le clonage reproductif ou thérapeutique. Les conséquences de ce bouleversement des connaissances humaines rendaient impérieuse l'édiction de règles de portée universelle puisque c'est la conception même de l'espèce humaine qui est en cause.

La France a joué un rôle précurseur dans ce domaine avec sa législation de bioéthique de 1994. Le premier grand texte du droit international de la bioéthique - la *Déclaration sur le génome humain* - est adopté en 1997 à l'UNESCO puis par l'Assemblée générale de l'ONU en 1998.

La Déclaration ne définit pas rigoureusement la notion juridique de « génome humain » mais, se fondant sur la primauté de la dignité humaine, elle proclame dans son article 6 que *« Nul ne doit faire l'objet de discriminations fondées sur des caractéristiques génétiques, qui auraient pour objet de porter atteinte à ses droits et à ses libertés fondamentales et à la reconnaissance de sa dignité ».* Affirmant que *« le génome humain appartient au patrimoine de l'humanité »,* elle exclut toute réduction de l'être humain à la somme de ses caractéristiques génétiques en rappelant l'importance qu'il convient d'accorder à son environnement naturel et social dans le développement de sa personnalité.

On y retrouve l'essentiel de ce qui forme le droit français de la bioéthique : le droit à la sécurité qui impose aux praticiens et aux chercheurs de n'intervenir sur le génome qu'après évaluation rigoureuse des risques et avantages potentiels, le droit de l'individu de consentir, après avoir reçu une information précise, à une telle intervention, le droit pour lui de refuser de connaître les résultats d'un examen génétique, celui de ne pas faire l'objet de discriminations fondées sur des caractéristiques génétiques individuelles, le droit à la confidentialité des données génétiques individuelles, le droit à la réparation des dommages ayant pour cause directe et déterminante une intervention sur le génome.

Une recherche sur le génome ne peut être entreprise que « si la personne concernée peut en tirer un bénéfice direct pour sa santé ». La Déclaration prohibe les « gains pécuniaires sur le génome humain en son état naturel », ce qui implique la non-brevetabilité d'un gène. La liberté de recherche est affirmée mais soumise au principe de responsabilité des chercheurs et des Etats. La Déclaration préconise à cette fin la généralisation des comités d'éthique. Enfin, les devoirs de solidarité des Etats à l'égard des individus et des familles ou des populations vulnérables aux maladies ou handicaps de nature génétique leur imposent de concourir aux recherches « non rentables » (maladies rares ou maladies endémiques dans les pays pauvres). La coopération internationale en matière de recherche, la diffusion et le partage des connaissances sont des « impératifs éthiques ».[26]

La Conférence générale de l'UNESCO a adopté le 16 octobre 2003 une *« Déclaration sur les données génétiques humaines »* qui affirme les principes de protection des données génétiques des individus et de leur famille et délimite les conditions de réutilisation des données génétiques.[27]A l'initiative de la France et de l'Allemagne fut constitué un comité chargé d'élaborer un projet de convention internationale contre le clonage reproductif.[28] Faute de consensus, l'Assemblée générale de l'ONU n'a pu adopter qu'une Déclaration (8 mars 2005) incitant les Etats à interdire toutes les formes de clonage humain, y compris celui d'embryons humains à des

---

[26] La Déclaration confie à un « Comité international de bioéthique » (CIB), composé de personnalités scientifiques et philosophiques nommées par le directeur général de l'UNESCO (United Nations Educational, scientific and cultural Organization), la mission d'évaluer les effets de ses dispositions, de formuler des recommandations auprès de la Conférence générale des Etats membres.

[27]L'OIT a publié un « Recueil de directives pratiques » précisant que « les travailleurs et leurs représentants doivent être informés de tout recueil de données les concernant », qu'ils ne peuvent renoncer à leur droit au respect de leur vie privée et que « les données médicales, dans le respect du secret médical, ne peuvent être fournies qu'en cas de besoin » (évaluation de l'aptitude à un emploi, de la conformité aux règles de sécurité ou liquidation de droits en matière de prestations sociales).

[28] Résolution de l'Assemblée générale de l'ONU n°56/93 du 12.12.2001

fins thérapeutiques. Une nouvelle proposition, émanant du Comité de bioéthique de l'UNESCO en 2011 n'a pas eu plus de succès.[29]

La question des limites à la brevetabilité des transformations d'organismes vivants, pluricellulaires ou non, qu'elles concernent les organismes entiers ou leurs composants génétiques, n'est pas résolue. Les opposants à la brevetabilité considèrent que la prohibition doit porter sur tout le vivant. Ceux pour qui les découvertes du génie génétique promettent des progrès thérapeutiques décisifs font valoir que ces derniers ne pourront être obtenus que par de lourds investissements, impossibles à mettre en œuvre sans la protection d'un brevet. Le droit international de la propriété intellectuelle l'exclut pour les animaux et les végétaux mais pas pour les micro-organismes. Les Etats signataires demeurent libres d'exclure toute possibilité de brevet portant atteinte à l'ordre public ou à la moralité, à la santé ou à la vie des personnes. Les méthodes diagnostiques, thérapeutiques et chirurgicales sont expressément exclues du champ brevetable. La position française est stricte à l'égard des dérogations au principe de non brevetabilité du vivant. Elle l'est nettement moins dans les pays anglo-saxons.[30]

---

[29] Des chercheurs chinois ont procédé en 2015 à des modifications génétiques sur des embryons humains (non viables). Un chercheur chinois a affirmé le 26.11.2018 avoir fait naître des jumelles par fécondation *in vitro* à partir d'un embryon modifié. Il a été sanctionné par les autorités chinoises.

[30] L'arrêt « Diamond contre Chakrabarty » de la Cour suprême des USA (16.6.1980) reconnaît qu'une bactérie peut être brevetée comme « composition de la matière ». En 1991, la Cour suprême de Californie reconnaît le droit de faire breveter des tissus prélevés sur un sujet humain.

Chapitre II
Le rôle du Conseil de l'Europe et de la Cour européenne des droits de l'homme

Avant même la constitution de la communauté européenne, l'enjeu politique majeur au lendemain de la seconde guerre mondiale, est de conforter les démocraties libérales face à la stratégie de l'URSS. Un premier ensemble institutionnel de coopération européenne est établi par la voie de conventions. La création du Conseil de l'Europe obéit à ce but.[31]

I. Le Conseil de l'Europe, prescripteur du droit des personnes en matière de biomédecine.

Le Conseil de l'Europe établit des projets d'harmonisation des droits nationaux pouvant faire l'objet d'une convention entre les Etats membres. C'est à son initiative que fut signée le 4 novembre 1950 la *« Convention de sauvegarde des Droits de l'Homme et des libertés fondamentales »,* entrée en vigueur le 3 septembre 1953, qui garantit l'application d'une conception étendue des droits individuels dans tous les pays qui l'ont ratifiée. Il est également à l'origine de l'institution de la Cour européenne des droits de l'homme (CEDH) en 1959 et de l'importante *« Convention pour la protection des droits de l'homme et de la dignité de l'être humain à l'égard des applications de la biologie et de la médecine »* signée le 4 avril1997 à Oviedo, qui proclame que « l'intérêt et le bien de l'être humain doivent prévaloir sur le seul intérêt de la société ou de la science ». [32]

Le Conseil de l'Europe a reçu des pouvoirs spécifiques dans le domaine de la santé. Sur le fondement de la *« Convention relative à l'élaboration de la pharmacopée européenne »,* adoptée en 1964, il lui revient, sur proposition d'une instance d'experts des pays membres - la commission européenne de la pharmacopée- d'établir le recueil des normes communes de contrôle de la qualité des médicaments à usage humain et animal, d'édicter sur cette matière des normes qui s'appliquent obligatoirement dans les Etats

---

[31]Le Conseil de l'Europe est une institution dotée de la personnalité juridique de droit international. Créé par le Traité de Londres du 5 mai 1949 ce n'est pas une institution de l'Union européenne. Il réunit 47 Etats et a pour but de promouvoir le droit comme instrument de la démocratie et la coopération entre les Etats réunis par les valeurs démocratiques. Il est doté d'un organe de décision, le comité des ministres, et d'une assemblée parlementaire formée de représentants des parlements nationaux.

[32] Elle a été ratifiée par la France en 2011.

signataires[33] L'un des objectifs du Conseil est également de promouvoir la participation des citoyens à la gestion des systèmes de santé.

La Convention d'Oviedo, dans son chapitre IV consacré au « génome humain », proscrit toute discrimination à l'encontre d'une personne « en raison de son patrimoine génétique ». Elle pose en principe que les tests prédictifs de maladies génétiques ou permettant soit d'identifier le sujet comme porteur d'un gène responsable d'une maladie soit de détecter une prédisposition ou une susceptibilité génétique à une maladie « ne peuvent être réalisés qu'à des fins médicales ou de recherche médicale, et sous réserve d'un conseil génétique approprié ». Elle affirme qu'une intervention ayant pour but de modifier le génome humain « ne peut être entreprise « que pour des raisons préventives, diagnostiques ou thérapeutiques (...) seulement si elle n'a pas pour but d'introduire une modification dans le génome de la descendance ». L'interdit de la sélection des sexes par les techniques d'assistance médicale à la procréation est posé « sauf en vue d'éviter une maladie héréditaire grave liée au sexe ».

En matière de recherche médicale sur l'être humain, le principe fixé est celui de *l'exceptionnalité.* S'agissant de la recherche sur les embryons in vitro la Convention impose, lorsqu'elle est admise par une loi, une « protection adéquate de l'embryon » et prohibe la constitution d'embryons humains aux fins de recherche. Enfin, elle prononce *l'interdiction de la marchandisation du corps humain ou d'une de ses parties.*

La Convention consacre l'engagement des parties à assurer une protection juridictionnelle des personnes contre toute atteinte aux principes et aux droits qu'elle reconnaît. Les Etats signataires s'engagent à sanctionner les manquements à la Convention. Ils s'engagent également à ce que toutes les questions fondamentales soulevées par les développements de la biomédecine fassent l'objet d'un débat public régulier. Enfin, la CEDH dispose, en dehors de toute saisine pour le règlement d'un litige, d'un pouvoir d'avis à la demande d'une partie à la Convention ou du Comité directeur pour la bioéthique du Conseil de l'Europe.

---

[33] En 1994, un protocole additionnel à la Convention prononce l'adhésion de l'Union européenne et de ses Etats membres et leur introduction au sein de la Commission européenne de la pharmacopée. Les règles édictées par le Conseil de l'Europe conditionnent l'autorisation de mise sur le marché des produits de santé. Un lien étroit est ainsi créé entre la Commission de l'UE et le Conseil de l'Europe.

II. Le rôle croissant de la Cour européenne des droits de l'homme (CEDH)

La CEDH veille au respect de la Convention européenne des Droits de l'Homme par les Etats signataires. Elle peut être saisie d'une requête émanant d'un Etat ou de toute personne physique ou morale qui s'estime victime d'une violation de ses droits ou de ses libertés garanties par la Convention. Elle ne peut être saisie qu'après épuisement de tous les recours en droit interne en vertu du principe de subsidiarité. Les arrêts de la Cour - arrêts dits de « violation » des droits - ont un caractère obligatoire : les Etats condamnés sont tenus d'exécuter ses décisions. Le Comité des ministres du Conseil examine avec l'Etat sanctionné les mesures législatives et réglementaires de nature à éviter le renouvellement de la violation du droit. Le retentissement croissant des décisions de la CEDH conduit le plus souvent les Etats à adapter leur législation aux règles de la Convention européenne des droits de l'homme telles qu'elles sont interprétées par la Cour.[34]

La France n'a ratifié, en l'assortissant de plusieurs réserves, la Convention européenne des Droits de l'Homme qu'en 1974. Le droit de recours individuel devant la Cour ne fut accepté qu'en 1981. Celui-ci a été largement ouvert par un protocole adopté en 1998.[35]

La définition des droits dans la Convention européenne étant très large, la CEDH dispose d'une importante marge d'interprétation de leur violation, ce qui n'a pas manqué de susciter des réactions parmi les Etats membres dont les législations se trouvaient mises en cause.[36]Un nouveau protocole[37] tente d'apporter une réponse au problème de l'équilibre à trouver entre les ordres juridiques internes et l'ordre juridique supérieur de la Cour en recourant à la théorie de la « marge nationale d'appréciation ». Combinant le principe de subsidiarité et celui de la souveraineté de chaque Etat, cette approche accorde une place au pluralisme des interprétations et à la spécificité juridique de chaque Etat. Il revient à la Grande Chambre de la CEDH de trouver les interprétations qui tiennent compte de cette pluralité des ordres juridiques en Europe.

Parmi les droits fondamentaux énoncés par la Convention européenne des Droits de l'Homme, il en est deux qui sont souvent invoqués dans des

---

[34] Un indice de l'audience acquise en peu d'années par la Cour est fourni par le nombre de requêtes qui lui sont adressées annuellement : environ 50 000.

[35] Le protocole n°11 signé le 11 mai 1994 et entré en vigueur le 1er novembre 1998 après ratification de tous les Etats signataires de la Convention européenne des droits de l'homme.

[36] Entre 1959 et 2014, 935 arrêts ont été rendus contre la France - ce qui représente un taux de condamnation élevé- lié essentiellement au fonctionnement des juridictions françaises.

[37] Protocole n°15

affaires mettant en cause des problématiques de santé : l'article 2 qui affirme le « droit à la vie » et l'article 8 relatif au « droit au respect de la vie privée et familiale ».

L'article 2 entendait encadrer strictement la peine de mort, aujourd'hui abolie, grâce, en partie à la CEDH.[38] Mais les juges ont eu aussi à se prononcer sur de nombreuses situations touchant au *début et à la fin de la vie.* Considérant l'absence de consensus sur la définition scientifique et juridique des débuts de la vie, la CEDH a estimé que cette question relevait de la « marge nationale d'appréciation » des Etats.[39]Puis elle a jugé que l'on ne pouvait déduire de l'article 8 de la Convention un droit à l'avortement.[40]

Confrontée aux problèmes posés par le suicide assisté et l'euthanasie, la CEDH a émis des jugements nuancés selon les circonstances. Si le suicide relève de la liberté de l'individu et ne saurait « saisir » le droit, elle considère que l'article 2 crée une obligation de protéger un individu dans certaines circonstances particulières contre lui-même.[41] Sur le sujet de l'euthanasie, le fait de donner la mort, même dans le souci de soulager des souffrances insupportables chez une personne dont la fin de vie est reconnue médicalement inéluctable, est réprimé pénalement dans certains pays et admis, à de strictes conditions, par d'autres. Saisie de cette question, la CEDH a eu recours au mécanisme conventionnel de subsidiarité, notamment dans un arrêt majeur (arrêt Pretty) par lequel elle a choisi de ne pas imposer aux Etats un devoir de protéger la vie en toute circonstance, leur laissant une « marge d'appréciation ».[42] C'est en ce sens qu'elle tranchera dans l'affaire Vincent Lambert en 2015, validant la décision du Conseil d'Etat d'autoriser l'arrêt des traitements maintenant ce dernier artificiellement en vie[43]

L'article 8 instaurant un « droit au respect de la vie privée et familiale »[44] a conduit la CEDH à préciser sa doctrine à l'égard des questions soulevées par

---

[38] Notamment son arrêt Ocälan c/Turquie du 12.3.2003. L'arrêt précité a été confirmé par la Grande Chambre de la CEDH du 12 mai 2005.

[39] CEDH, Gde Ch, 8.7.2004, Vo c/France ; CEDH, 7.3.2006, Evans c/Royaume-Uni ; CEDH, Gde Ch, 10.4.2007, Evans c/Royaume-Uni

[40] CEDH, Gde Ch, 6.12.2010, A.B.C c/Irlande, §214

[41] CEDH, 16.11.2000, Tanribilir c/Turquie, §70

[42] CEDH, 29.4.2002, Pretty c/Royaume-Uni. La requérante soutenait que l'article 2 de la Convention, parce qu'il protège le droit à la vie et non la vie en soi, reconnaissait un droit de choisir de vivre ou non et qu'il y aurait une obligation pour l'Etat d'admettre un droit à mourir comme corollaire d'un droit à la vie.

[43] CEDH, Gde Ch, 5.6.2015, V. Lambert et autres c/France. Voir note sous chapitre II, Titre III.

[44] « Toute personne a droit au respect de sa vie privée et familiale, de son domicile et de sa correspondance. Il ne peut y avoir d'ingérence d'une autorité publique dans l'exercice de ce droit que pour autant que cette ingérence est prévue par la loi et qu'elle constitue une mesure qui, dans une société démocratique, est nécessaire à la sécurité nationale, à la sûreté publique,

les techniques de reproduction. Elle s'est prononcée en faveur du droit des parents à bénéficier des techniques d'assistance médicale à la procréation, suivant en cela l'évolution de la plupart des droits internes.[45] Mais ce sont ses décisions dans des affaires touchant à la « gestation pour autrui » (GPA) qui conduisent à s'interroger sur l'étendue de son pouvoir, en l'occurrence à l'égard du droit français.[46] Le droit français prohibe la GPA en raison du risque de marchandisation du corps humain. Or deux couples français ayant conclu aux USA une convention en vue d'une GPA avec des mères porteuses entendaient faire reconnaître le lien de filiation des enfants ainsi nés en demandant leur inscription à l'état-civil des français nés à l'étranger. La Cour de Cassation a rejeté leur demande considérant qu'il était contraire au principe d'indisponibilité de l'état des personnes de faire produire des effets de filiation lorsque celle-ci résulte d'une GPA frappée de nullité d'ordre public.[47] La CEDH a condamné la France à procéder à la transcription dans l'état civil français de l'acte de naissance des enfants sur le fondement de l'article 8, considérant que « l'intérêt supérieur de l'enfant » implique « qu'il puisse établir la substance de son identité, y compris sa filiation ».[48]

Les décisions de la CEDH ont également des effets importants en matière de protection sanitaire liée à l'environnement. Ainsi l'arrêt Öneryildiz[49]qui, prenant pour base de son raisonnement, l'article 2 de la Convention, fait obligation aux Etats d'informer les populations des dangers encourus en matière environnementale. Cette « obligation positive » est confirmée dans un nouvel arrêt de 2008.[50] La Cour ne s'interdit pas de recourir au fondement de l'article 8 dans d'autres affaires ayant une incidence sanitaire

---

au bien-être économique du pays, à la défense de l'ordre et à la prévention des infractions pénales, à la protection de la santé ou de la morale, ou à la protection des droits et libertés d'autrui ».

[45] CEDH, Gde Ch, 4.12.2007, Dickson c/Royaume-Uni ; CEDH, Gde Ch, 3.11.2011, S.H et al c/Autriche

[46] CEDH, 26.6.2014, Mennesson c/France ; CEDH, 26.6.2014 Labassée c/France

[47] Selon la Convention internationale des droits de l'enfant, un Etat ne peut contester un acte d'état-civil étranger légalisé et traduit par un traducteur assermenté. Mais il n'est pas tenu de valider un acte contraire à ses lois. La Cour de Cassation observait que le refus de transcription à l'état-civil français ne privait pas les enfants concernés de la filiation maternelle et paternelle que leur reconnait le droit étranger et ne portait pas atteinte à leur droit au respect de leur vie privée et familiale.

[48] Parmi les critiques adressées à la CEDH, celle de Bertrand Mathieu, constitutionnaliste, qui, se référant à un certain nombre de ses décisions, considère que « dans une démocratie, c'est au législateur qu'il appartient de définir l'intérêt général (…) et que ce pouvoir glisse entre les mains des juges quand la CEDH décide qu'un Etat ne prend pas en compte correctement l'intérêt collectif ». (B. Mathieu in « La Gaztte du Palais ».25.26/09/2015. N°268-269).

[49] CEDH, 18.6.2002, Öneryildiz c/Turquie

[50] CEDH, 20.3.2008, Budayeva c/Russie

évidente,[51]invoquant la nécessité de l'accès du public aux études d'impact sur l'environnement et le principe de précaution, évoquant un droit à la « jouissance d'un environnement sain et protégé ». [52].

[51] CEDH, 10.112004, Taskin c/Turquie ; CEDH, 27.1.2009, Tatarc/Roumanie
[52] L. Burgogue-Larsen, « La convention européenne des droits de l'homme »p 141.

Chapitre III
La place importante de l'Union européenne dans la politique française de la santé

I. Les compétences de l'Union

Instituée par le Traité de Maastricht (1992), l'Union européenne a été dotée de la personnalité juridique par le Traité de Lisbonne (2007). Elle exerce des compétences que les Etats membres lui ont transférées, ce qui, s'agissant de ces compétences, la rapproche d'un système fédéral. Mais elle demeure fondamentalement une association d'Etats souverains qui se sont entendus pour combiner un ensemble de compétences de type fédéral et de compétences de type intergouvernemental.

Dans cette hiérarchie complexe des compétences partagées entre l'Union et les Etats, celles qui relèvent de la santé ont une place limitée. Elles sont cependant loin d'être négligeables, comme nous le verrons ci-après, et sont appelées à s'étendre à la suite de la pandémie du SARS-CoV-2. Les agences sanitaires européennes apparaissent comme les organes essentiels d'orientation et de coordination de l'action des agences nationales. Les moyens budgétaires de l'UE en matière de prévention, d'observation et de traitement des pandémies sont considérablement augmentés. Enfin, le principe de la création d'une Autorité européenne de réaction aux urgences sanitaires » fin 2021 (HECA) est acquis dans le projet « Construire une Union européenne de la santé » arrêté le 11 novembre 2020.[53]

1. L'Union, communauté de valeurs soumises aux principes généraux du droit

L'Union est régie par les principes de *subsidiarité* et de *proportionnalité* dans ses décisions. Mais le droit qu'elle produit dans le cadre de ses compétences s'impose aux droits internes des Etats membres.

Elle ne se définit plus comme une simple union économique mais comme une *« communauté de valeurs »*. Le Traité du 13 décembre 2007 réformant les institutions européennes[54] se réfère à la Convention européenne des droits

---

[53] « Health Emergency Response Authority » (HECA)

[54] Les Traités signés à Lisbonne (13.12.2007) comprennent le Traité de l'Union européenne (TUE) relatif aux institutions et aux politiques de coopération en matière de politique étrangère, de sécurité et de défense et le Traité sur le fonctionnement de l'Union européenne (TFUE) qui remplace le Traité relatif à la Communauté européenne. Ils comprennent aussi des protocoles ayant même valeur juridique que les traités.

de l'homme. [55] Son article 3 lui fixe des objectifs conformes aux dispositions de la « Charte des droits fondamentaux » adoptée à Nice en 2000, à laquelle l'article 6 confère *la même valeur juridique que les Traités.*

Ces principes, et la clause sociale générale (article 9 du traité de fonctionnement de l'UE) qui prévoit que *la dimension sociale doit être prise en compte dans chaque politique de l'Union,* sont difficiles à concilier avec ceux qui ont fondé l'Union dès l'origine et qui sont les seuls qui relèvent des compétences de type fédéral : la libre circulation des biens, des marchandises et services, des capitaux et des hommes. Mais nous verrons que la jurisprudence de la Cour de justice de l'Union européenne oppose de plus en plus souvent des limites à ces derniers.

2. La répartition des compétences entre l'Union et les Etats membres

Le Traité de Lisbonne du 13 décembre 2007 répartit les compétences entre l'Union et les Etats-membres en trois grandes catégories :

-Les *« compétences exclusives »*

Ce sont des compétences *fédérales* : les Etats membres ont transféré leurs compétences à l'Union pour règlementer la concurrence au sein du marché intérieur, la politique commerciale, l'union douanière, (la monnaie pour les Etats de l'Euro zone).

-Les *« compétences partagées »*

Ce domaine de compétences recouvre les activités suivantes : énergie, transport, cohésion économique, sociale et territoriale, sécurité et justice, politique agricole commune, *protection des consommateurs, environnement*, recherche, espace, aide humanitaire et certaines dispositions des politiques sociales. Dans ces matières, l'Union a, par un vote à la *majorité qualifiée* des Etats membres, un *pouvoir d'harmonisation des législations nationales*. Le principe qui préside à l'exercice des compétences « partagées » est que lorsque l'Union a légiféré sur une matière relevant de l'une des compétences précitées, les Etats membres n'ont plus compétence pour légiférer sur elle, sauf si elle abroge tout ou partie de sa législation. Dans de tels cas, la situation s'apparente à celle des « compétences exclusives ».

---

[55] En vertu de l'article 49 du Traité, les Etats membres sont tenus à leur respect et l'article 7 définit les règles permettant de sanctionner les Etats contrevenant à leurs devoirs. Mais les sanctions ne peuvent être prises qu'à l'unanimité des membres.

-Les *« compétences d'appui »*

Dans ce domaine, chaque Etat membre conserve sa pleine compétence. Le pouvoir de l'Union se limite à un *pouvoir de coordination et de recommandation.* La réalité, illustrée par les réunions régulières des ministres compétents sur des programmes d'action précis, montre que nombre de questions se règlent désormais au niveau européen. *Le domaine de la santé humaine relève précisément de cette catégorie de compétences.*[56] L'action de l'Union est donc complémentaire de celle des Etats membres.[57]Il est possible qu'à la lumière des conclusions qui seront tirées de la pandémie précitée, une partie des politiques de santé bascule dans la catégorie des compétences partagées.

Les Etats disposent, de surcroît, du pouvoir de limiter la circulation des personnes[58] et des marchandises pour protéger la santé publique.[59] L'Union assure une coordination minimale en matière de sécurité sociale pour les migrants. L'obligation d'assurer la sécurité sanitaire des travailleurs est posée dès les premiers traités.[60]

3. Le système normatif européen

Les instruments juridiques dont dispose l'Union sont le *règlement* qui s'impose dans toutes ses dispositions immédiatement à tous les Etats membres, la *directive* qui énonce des objectifs à atteindre laissant à chaque Etat membre le choix des moyens pour atteindre les buts fixés. Elle fait l'objet d'une *transposition en droit interne* (généralement par la voie législative). Le troisième instrument de pouvoir est la *décision*, de portée générale ou individuelle. Enfin, la *recommandation et l'avis*, actes non contraignants, n'en sont pas moins influents : à défaut de portée juridique, leur portée symbolique et politique est grande et leur adoption, expression d'un large consensus, prélude généralement à une application plus ou moins étendue dans les Etats membres.

---

[56] Article 152. Titre XII du TFUE (outre la santé, y figurent l'éducation, la culture, la formation professionnelle, le sport, le tourisme, l'industrie, la protection civile, la coordination administrative)
[57] Article 168 du TFUE
[58] Article 45 du TFUE
[59] Article 36 du TFUE
[60] Article 55 du Traité de la CECA (communauté européenne du charbon et de l'acier).

4. Les institutions de l'Union

Cinq organes assurent les missions de l'Union : le Conseil européen, le Parlement européen, la Commission européenne, le Conseil des ministres et la Cour de justice de l'Union européenne.[61]

Le Conseil européen réunit les chefs d'Etat et de gouvernement en vue de définir les orientations stratégiques de l'Union et d'arrêter les principales décisions politiques. Il approuve les règlements et directives préparés par la Commission, généralement en codécision avec le Parlement européen.

Le Parlement européen approuve les règlements et directives et le budget de l'Union. Il élit le président de la Commission sur proposition du Conseil et peut voter une motion de censure à l'encontre de la Commission, la contraignant à démissionner.

La Commission européenne est l'organe central de l'Union. Elle a le monopole de l'initiative législative et des compétences étendues dans tous les domaines, en particulier la régulation du marché intérieur et la gestion des relations commerciales de l'Union avec les autres Etats. Son président, désigné par le Conseil, élu par le Parlement, dispose de pouvoirs importants à l'égard des commissaires et jouit d'une position forte au niveau international.

Le Conseil des ministres comporte autant de conseils qu'il y a de départements ministériels parmi les Etats (dont un conseil des ministres de la santé, un autre des affaires sociales). C'est au sein de ces conseils que se prennent les décisions dans les domaines concernés. Chaque conseil des ministres est assisté d'un comité des représentants permanents, où siègent les ambassadeurs auprès de l'Union, qui assure la préparation et la continuité administrative de ses décisions.

Le Tribunal et la Cour de justice de l'Union européenne (CJUE) sont les organes juridictionnels réglant les litiges nés de l'application de la législation européenne. Le Tribunal de l'UE est l'organe de jugement en première instance, un pourvoi étant possible devant la CJUE. Dans certains cas le Tribunal juge en premier et dernier ressort. La CJUE peut examiner, sur saisine de la Commission, d'un Etat membre ou de toute personne physique ou morale, tout « manquement » dans l'application de la législation européenne, notamment en matière de transposition des directives par les

[61] Un sixième organe a pris une place prépondérante mais il ne concerne que la zone euro : il s'agit de la Banque centrale européenne, organe indépendant des autres institutions. Réunissant les gouverneurs des banques centrales de chaque pays membre de la zone euro, elle détient le pouvoir de réguler la monnaie. Son intervention a probablement assuré la survie de l'euro, sinon l'existence même de l'Union.

Etats dans leur législation. Elle contrôle les actes du Conseil européen. Elle peut, à la demande des juridictions nationales, se prononcer à titre préjudiciel sur la validité des actes adoptés par les institutions européennes ou donner une interprétation du droit de l'Union. Associée à la création du statut de citoyenneté européenne, elle a permis l'élaboration d'une jurisprudence plutôt favorable aux droits sociaux et environnementaux.[62]Son pouvoir s'est considérablement élargi dans la mesure où elle a fait reconnaître la primauté du droit européen sur les droits nationaux dans les domaines de compétence de l'Union.[63]

La Constitution française tire les conséquences de ce principe avec son article 88-1 qui dispose que « les Etats de l'Union européenne ont choisi d'exercer en commun certaines de leurs compétences et qu'il n'appartient qu'au juge communautaire de contrôler le respect par une directive communautaire tant des compétences définies par les Traités que des droits fondamentaux garantis par le Traité de l'Union ».

II. Les principaux éléments de l'action européenne dans le domaine de la santé

1. Le droit européen des usagers des services de santé

Tout citoyen européen a le droit de se faire soigner dans un Etat membre de l'Union autre que son Etat d'affiliation à un régime de sécurité sociale en se prévalant de son droit à bénéficier de la libre prestation de services au sein de l'Union. Une directive de 2011 fixe les règles en la matière.[64]

Deux cas de figure sont principalement envisagés. Dans le premier cas, des soins sont dispensés au profit d'une personne résidant temporairement dans un Etat membre autre que son Etat d'affiliation. Les frais afférents sont acquittés directement ou remboursés par l'Etat d'affiliation sur la base de de son propre régime. Dans le second cas, il s'agit de soins programmés à la demande d'un citoyen européen dans un Etat membre autre que son Etat. Afin de limiter les abus un règlement prévoit une autorisation de soins nécessaires. Elle est accordée si l'Etat où réside l'intéressé ne peut lui dispenser les soins « dans un délai acceptable » sur le plan médical, compte

---

[62] Elle peut, sur la base d'un recours de la Commission européenne ou d'un Etat, sanctionner financièrement un Etat défaillant.

[63] La Déclaration n°27 du traité de l'UE précise que « selon une jurisprudence constante de la CJUE, les traités et le droit adopté par l'Union sur la base des traités priment le droit des Etats membres dans les conditions définies par la dite jurisprudence ».

[64] Directive 2011/24/UE du Parlement et du Conseil européen relative à l'application des droits des patients en matière de soins de santé transfrontaliers.

tenu de son état et de l'évolution probable de la maladie[65] Par ailleurs, une directive relative aux droits des patients transfrontaliers prévoit la reconnaissance et le remboursement des prescriptions médicales délivrées dans un autre Etat.[66]La CJUE précise ce droit dans plusieurs arrêts[67] estimant que le principe de l'autorisation préalable ne se justifie que pour un « risque d'atteinte grave à l'équilibre financier de la sécurité sociale » ou pour des « motifs de santé publique ».

Le Conseil européen a établi plusieurs recommandations à l'adresse des Etats membres pour garantir l'égalité d'accès à la prévention et à des soins de qualité.[68] Le Parlement européen a multiplié les « chartes de droits » des personnes placées dans des situations particulières.[69] Ces chartes n'ont pas d'effet juridiquement contraignant mais ont un pouvoir d'influence certain sur les législations internes. Le droit au respect de la vie privée est précisé par plusieurs directives relatives à la protection du traitement des données personnelles,[70]au droit d'accès au dossier médical.[71]L'harmonisation des règles de bonnes pratiques cliniques et de conduite d'essais de médicaments à usage humain a également été réglementée.[72]

La Commission européenne a créé en 1991 un groupe de travail sur l'éthique biomédicale, devenu en 1998 le *« Groupe européen pour l'éthique de la science et des nouvelles technologies »*.[73] La législation de l'UE reprend les principes fondamentaux de bioéthique, ce qui n'empêche pas certains

---

[65] Règlement n°883/2004, art.20 §2. Dans son arrêt « Watts » du 16.5.2006, la Cour affirme que l'intérêt du patient prévaut sur les impératifs de gestion de la liste d'attente du service national de santé britannique. CJCE, 16.5.2006, aff. C-372/4

[66] JOUE, L88 du 4.4.2011

[67] Arrêts Grogan du 4.10.1991(C-159/90, Rec. I-4685) ; « Kohll et Union des caisses d'assurance maladie » C-158/96 ; « Decker » C-120/95, Rec I-1831 du 28.4.1998

[68] JOCEL 245, 25.4.1992. JOUEC, 146 du 22.6.2006

[69] La « Charte européenne des droits des patients » adoptée le 19.1.1984 exprime, dans sa nouvelle rédaction du 22 octobre 2011, une conception large des droits individuels et collectifs. De même, la « Charte européenne des droits des enfants hospitalisés » (13 mai 1986) est-elle remarquable pour ses prescriptions aux équipes soignantes. On peut citer également la Charte des droits des parturientes (8.7.1988) ou celle des droits des personnes autistes (9.5.1996).

[70] Directives n°95/46/CE du 24.10.1995 ; Directive n°2002/58/CE du 12.7.2002. Une importante Résolution du Parlement européen relative à cette protection a été adoptée le 12.3.2014.

[71] Règlement 2016/679 du 27.4.2016 relatif à la protection des personnes physiques à l'égard du traitement des données à caractère personnel et à la libre circulation de ces données, JOUE L 119 du 4.5.2016. Directive UE 2016/680 du 27.4.2016. JOUE L 119 du 4.5.2016

[72] Directive 2001/20 du 4.4.2001 relative aux bonnes pratiques cliniques dans la conduite des essais de médicaments à usage humain. JOCE L, 121, 1er.5.2001

[73] Il est composé de quinze personnalités indépendantes nommées « intuitu personae » par le président de la Commission. Il émet des avis soit sur saisine de la Commission, soit par auto-saisine et répond aux demandes d'avis émanant tant du Conseil que du Parlement.

désaccords entre la Commission et les Etats membres. Il en est ainsi de la directive sur la brevetabilité des inventions biotechnologiques (1998).[74] La CJUE a rejeté en 2001 le recours formé par les Pays-Bas contre la directive et a condamné les restrictions apportées par la France, l'Allemagne et l'Autriche à son application. La loi française de bioéthique du 6 août 2004 la transpose, tout en maintenant ses réserves de principe.

2. Le droit de libre circulation et d'installation des professionnels de santé au sein de l'Union : portée et limites

Le principe général de liberté de circulation au sein de l'Union implique pour les professionnels de santé la liberté d'établissement et la liberté de prestation de services. Le principe de reconnaissance mutuelle des qualifications professionnelles des professions indépendantes est posé à cette fin.[75] Plusieurs directives instituent un mécanisme de reconnaissance mutuelle des diplômes et une harmonisation minimale des régimes de formation. Les conditions de l'exercice permanent des professions exercées à titre indépendant ou salarié sont précisées.[76] Est admise une « reconnaissance de l'expérience professionnelle » (un examen comparatif des diplômes peut être assorti d'une obligation de stage ou d'épreuves d'aptitude en cas de différences substantielles entre les diplômes).[77]Les professionnels doivent avoir les connaissances linguistiques nécessaires à l'exercice de leur métier dans l'Etat d'accueil. Une carte professionnelle européenne facilite la libre circulation des professionnels à l'intérieur de l'Union. Un mécanisme d'alerte des Etats membres vise les professionnels faisant l'objet d'une suspension ou d'une interdiction d'exercer.

Les conditions de formation et de délivrance des diplômes restent de la compétence des Etats. La CJUE, prenant acte de l'absence d'une réglementation communautaire en la matière, admet que chaque Etat demeure libre de régler l'exercice des activités de santé sur son territoire dès lors qu'il n'opère aucune discrimination entre ses ressortissants et ceux des Etats membres[78] ou ne porte pas une atteinte injustifiée à la liberté

---

[74] « Un élément isolé du corps humain ou autrement produit par un procédé technique, y compris la séquence partielle d'un gène, peut constituer une invention brevetable, même si la structure de cet élément est identique à celle d'un élément naturel » (art. 5(2. Directive n°98/44/CE du 6.7.1998. Le 7.6.2000, le ministre français de la justice déclare l'incompatibilité de la législation française avec la directive.

[75] Art.53 et 62 du TFUE.

[76] Directive 200536 du 7.9.2005 relative à la reconnaissance des qualifications professionnelles

[77] La directive 2013/55 du 20.11.2013, élargit les cas de reconnaissance « automatique » des qualifications en instaurant un cadre commun de formation. JOUE L 28, 28.12.2013

[78] CJCE, 3.10.1990, Bouchoucha, aff C-61/89, Rec. I-3551

d'établissement[79] ou à la libre prestation de services.[80]Le pouvoir de réglementation de chaque Etat demeure très large ainsi qu'en témoigne la jurisprudence de la Cour.

3. Le rôle important de l'Union en matière de médicament

La production des soins représente environ 10% du PIB de l'UE. Le droit de l'Union pose en principe que la qualité, la sécurité et l'efficacité thérapeutiques des produits de santé imposent des limitations à la liberté du commerce et de l'industrie. L'impératif de protection de la santé publique justifie la définition de normes strictes s'imposant à tous les produits fabriqués au sein de l'Union ou importés par elle.

La pandémie du SARS-CoV-2 a montré la dépendance de l'UE à l'égard des pays étrangers en matière de fabrication et d'approvisionnement de médicaments et produits de santé. Le principe d'une politique de relocalisation d'un certain nombre de productions est désormais intégré à la stratégie européenne de santé.

La Commission européenne a pris un certain nombre de règlements créant à partir de 1993 un ensemble d'agences communautaires auxquelles elle délègue, sous sa responsabilité, des missions d'expertise technique. Ces organismes ne se substituent pas aux organismes nationaux traitant des mêmes questions mais, selon le *principe de subsidiarité*, exercent les compétences que le niveau national ne peut exercer pleinement. Ils ont aussi une fonction de *coordination* et de diffusion des informations, des propositions, jouant un rôle de plus en plus affirmé d'animation du réseau d'agences nationales. Un pas important a été franchi avec la création de l'Agence européenne de l'évaluation du médicament.[81]

A. L'Agence européenne des médicaments : un rôle central.

L'Agence a pour mission de proposer l'autorisation de mise sur le marché (AMM) des médicaments nouveaux dans les principales catégories thérapeutiques. Elle est administrée par un conseil d'administration comprenant deux représentants de chaque Etat, deux de la Commission et deux du Parlement européen. Elle est dirigée par un directeur exécutif nommé pour cinq ans, coordonnant l'action de deux comités scientifiques (médicaments à usage humain et médicaments vétérinaires), composés également de deux représentants experts par Etat.

---

[79] CJCE, 16.6.1992, Commission c. Luxembourg. Aff. C-35/90, Rec. I-3945 (l'intuitu personae inhérent à la relation médicale ne justifie pas l'interdiction absolue de l'exercice médical en cabinet secondaire)
[80] CJUE, 12.9.2013, Konstandinides, aff. C-475/11
[81] Règlement n° 2309/93. L'agence est entrée en fonction en 1995.

B. La définition européenne du médicament s'impose aux Etats-membres

Dès 1965, une directive européenne donne une définition harmonisée du médicament au sein de la communauté.[82] Conformément au principe d'harmonisation des législations nationales, sa transcription en droit français est rédigée dans des termes pratiquement identiques.[83]La définition communautaire a évolué avec l'apparition des biotechnologies et la jurisprudence de la CJUE, dont les décisions sont guidées par la recherche d'une protection maximale de la santé publique. Elle est au fondement du régime actuel fixé par un texte de 2001 instituant un Code communautaire relatif aux médicaments à usage humain. Le droit européen du médicament à usage humain et vétérinaire forme aujourd'hui un corpus considérable.[84]

Le médicament y est défini comme « toute substance ou composition présentée comme possédant des propriétés curatives ou préventives à l'égard des maladies humaines ou toute substance ou composition pouvant être utilisée chez l'homme ou pouvant lui être administrée en vue soit de restaurer, de corriger ou de modifier des fonctions physiologiques en exerçant une action pharmacologique, immunologique ou métabolique, soit d'établir un diagnostic médical ».

C. Les compétences européennes en matière d'AMM

L'Agence européenne du médicament détermine et contrôle les règles relatives aux essais des produits de santé, préalable indispensable à toute AMM. Elle instruit les dossiers en coopérant avec les agences nationales.

Le processus d'essai d'un nouveau produit comporte classiquement trois étapes : 1. Les essais chimiques, pharmaceutiques, biologiques. 2. Les essais toxicologiques et pharmacologiques destinés à vérifier l'absence de toxicité pour l'être humain. 3 Les essais cliniques qui ont pour but de vérifier sur l'homme l'efficacité et l'innocuité du produit.

La directive de 2001 relative à l'application de bonnes pratiques dans la conduite des essais cliniques de médicaments à usage humain, modifiée par

---

[82] Directive n°65/65 du 26 juillet 1965

[83] La définition française s'en distingue cependant quant au contenu de la « substance » constituant le médicament, un régime juridique spécial étant appliqué aux produits d'origine humaine en droit français.

[84] Directive 2001/83 instituant un Code communautaire relatif aux médicaments à usage humain. JOCEL, 311, 28.11.2001 modifiée plusieurs fois, notamment par la directive 2011/62/UE du 8.6.2011. La matière est régie par d'importants textes relatifs à l''autorisation et à la surveillance des médicaments à usage humain, notamment les règlements 726/2004 du 31.3.2004, 1235/2010 du 15.12.2010, 536/2014 du 16.4.2014.

celle de 2014, précise les conditions de l'harmonisation des procédures nationales.[85] Les règles de protection des personnes se soumettant à des essais cliniques sont comparables aux règles du droit français (voir Partie II, Titre II, chapitre III).

L'AMM relève, selon les cas, soit de la procédure « centralisée », soit de la procédure « décentralisée ». Les médicaments homéopathiques et les médicaments similaires à des médicaments déjà autorisés font l'objet d'une procédure « simplifiée ».

Dans la procédure « centralisée » une AMM est délivrée, sur la proposition de l'Agence européenne, par la Commission et vaut pour tous les Etats de l'Union. Cette procédure est obligatoire pour tout médicament de « haute technologie » ou tout « médicament orphelin » ainsi que pour les médicaments contenant une nouvelle substance active destinée à traiter les pathologies graves. Le rôle de la procédure européenne dans l'évolution de la pharmacopée est donc déterminant. Un règlement de 2007 institue un Comité des thérapies innovantes qui donne son avis sur les projets de thérapies génique, cellulaire, les produits issus de l'ingénierie tissulaire, les médicaments incorporant l'un de ces éléments à un dispositif médical.[86]

Relèvent de la « procédure décentralisée » (compétence des Etats), les autres médicaments. La libre appréciation de chaque Etat est cependant limitée par le *principe de la reconnaissance mutuelle* : dès qu'un premier Etat a accordé l'AMM à un médicament, tout autre Etat recevant une demande d'autorisation pour le même médicament est tenu de se prononcer au vu du rapport d'évaluation que lui fournit le premier Etat. Si un fabricant présente une demande d'AMM simultanément auprès de plusieurs Etats, ceux-ci devront désigner un Etat de référence pour l'instruction du dossier. Il devra constituer un groupe de coordination des Etats concernés qui devra établir un accord sur une proposition d'AMM. En cas de désaccord entre eux, la Commission arrête, après avis du Comité des médicaments à usage humain, une décision qui s'impose à tous.

Quelle que soit la procédure suivie, l'AMM est accordée pour une durée de cinq ans, renouvelable, à charge pour les Etats membres d'assurer la pharmacovigilance (surveillance et notification des effets indésirables) des médicaments autorisés. Un délai de réponse impératif aux demandes

[85] JOUE 121.1er.3.2001

[86] Règlement n°1394/2007 du 13.11.2007 relatif aux thérapies innovantes

d'AMM et une obligation de motiver la décision sont exigés par le juge européen.[87]

La mise en évidence d'effets indésirables graves peut aboutir à la suspension ou au retrait de l'autorisation. La pharmacovigilance a fait l'objet de directives et règlements importants.[88]L'autorité qui délivre l'AMM peut l'assortir de conditions, dont l'obligation d'effectuer des études de sécurité et d'efficacité. Les médicaments contenant une nouvelle substance active ne sont autorisés que sous réserve d'une surveillance supplémentaire. Les titulaires de l'AMM sont tenus de soumettre des rapports réguliers aux autorités compétentes et aux agences nationales qui doivent diffuser les incidents enregistrés sur un réseau dit « EudraVigilance ». L'Agence européenne des médicaments dispose du pouvoir de proposer à la Commission, y compris en urgence, la suspension ou le retrait d'un médicament, même pour les médicaments relevant de la procédure décentralisée. Sur ces sujets cruciaux, la CJUE reconnaît un large pouvoir d'appréciation à la Commission, qui peut fonder ses décisions sur le principe de précaution.[89]. Un règlement de l'Union protège les patients contre les risques engendrés par les médicaments falsifiés : les médicaments, soumis à prescription ou non, doivent comporter des dispositifs de sécurité permettant d'en vérifier l'authenticité, de déceler toute manipulation et d'en assurer la traçabilité.[90]

L'arsenal réglementaire européen n'est cependant pas infaillible. Dans le cadre de la procédure d'AMM, ce sont les entreprises elles-mêmes qui réalisent les études devant garantir l'absence de toxicité ou de contre-indication d'un nouveau médicament. Une législation stricte de vérification des possibles conflits d'intérêts chez les experts appelés à collaborer à la gestion publique du médicament a été établie au cours de ces dernières années. L'efficacité des contrôles requiert une attention particulière en premier lieu sur la qualité du contrôle de la méthodologie des enquêtes préalables à l'obtention d'une AMM et en second lieu sur la qualité du contrôle de pharmacovigilance. Une présence accrue des associations de défense des usagers au sein des instances de contrôle des agences peut être un élément de contre-pouvoir utile face au poids considérable de l'industrie pharmaceutique.

---

[87] CJCE, 20.1.2005, aff. C-245/03, « Merck, Sharp et Dohme, BV », Rec. I-637, Europe, mars 2005, n°82, E. Bernard

[88] Directive 2010/84. Règlement n°1235/2010 du 15.12.2010. Directive 2012/26. Règlement n°1027/2012 du 25.10.2012

[89] CJUE, 10.4.2014, « Acino AG», aff. C-269/13P

[90] Règlement publié au JOUE L 174, 1er.7.2011

D. Les rôles respectifs de l'UE et des Etats membres dans la distribution du médicament

L'Union n'est compétente ni pour la fixation du prix des médicaments, ni pour l'établissement de conditions de remboursement par la Sécurité Sociale. Mais une directive de 1988 impose des règles de transparence dans ces domaines.[91]Il résulte de la liberté de fixation des prix laissée aux Etats des différences de prix entre eux allant du simple au double pour un même produit. La CJUE juge licites les réglementations nationales dès lors qu'elles ne sont pas discriminatoires.[92]

Le régime de distribution des médicaments relève également de la réglementation de chaque Etat membre. Le monopole des officines de pharmacie en France a pu poser question au regard du principe de libre concurrence mais a été finalement admis par la CJUE.[93]En tout état de cause, la primauté de la protection de la santé publique autorise chaque Etat à réserver l'exercice de la pharmacie aux pharmaciens diplômés, à détenir et exploiter des officines dans le cadre de ce monopole, et à fixer des règles de répartition géographiques pour ces dernières,[94]sous la réserve classique d'absence de discrimination. La CJUE ne considère illégale ni l'importation par un citoyen de médicaments autorisés dans un autre Etat ni des « importations parallèles » par des distributeurs s'approvisionnant dans un autre Etat membre (principe de libre circulation des marchandises).[95] Les Etats ne peuvent apporter de restrictions que pour des raisons de santé publique « proportionnées à cet objectif ».[96]

La directive de 2001[97]modifiée, fixe les conditions d'autorisation pour la distribution en gros des médicaments classés en fonction d'une prescription

---

[91] Directive 89/105 du 21.12.1988

[92] CJCE, 7.2.1984, « Duphar », 238/82, Rec 52

[93] CJCE, 24.11.1993, aff.C-267 et 268/91, Rec.I-6097

[94] CJUE, 1er.6.2010, « Pérez et Gomez », aff. C-570/07 et C-57/107; 13.2.2014, « Sokoll-Seebacher », aff. C-367/12

[95] CJCE, 7.5.1989, « Schumacher », 215/87, Rec.613 ; CJCE, 20.5.1976, « de Peijper », 104/75, Rec.613, aff dite « Centrafarm ».

La conciliation entre le principe de liberté de circulation des marchandises et le droit au brevet a donné lieu à une jurisprudence s'efforçant de définir les situations dans lesquelles le titulaire du droit au brevet peut s'opposer à la diffusion du produit breveté.

Voir C.Hénin « Le médicament à usage humain », Jurisclasseur Europe, fasc.570, n°314 et s ; C.Legal « Le mécanisme des importations parallèles à travers le prisme de la jurisprudence communautaire », Rev.Droit san et soc, 2005, p732

[97] Directive 2001/83 du 6.11.2001. Elle impose aux Etats membres de soumettre à prescription médicale la délivrance de médicaments susceptibles d'être dangereux sans surveillance médicale. Les Etats ont la faculté de soumettre à prescription spéciale des substances classées comme stupéfiants ou psychotropes et de réserver certains médicaments à la prescription hospitalière.

médicale préalable, de l'étiquetage des médicaments, de l'information par notice sur les effets indésirables et des précautions d'emploi des médicaments. La publicité auprès du public pour les médicaments délivrés sur ordonnance médicale, les incitations financières dans un but de promotion commerciale auprès des professionnels et toute référence de manière « abusive, effrayante ou trompeuse » à des attestations de guérison sont interdites. La Cour européenne a jugé cependant qu'un Etat ne pouvait interdire la vente par correspondance ou la publicité de médicaments non soumis à prescription médicale.[98].

E. Le problème du contrôle des « dispositifs médicaux »

Les « dispositifs médicaux » ont pris dans l'activité médicale contemporaine une importance considérable : il y a environ 10 000 catégories d'équipements (estimation OMS).

La réglementation européenne s'est révélée - comme la plupart des réglementations nationales - insuffisante dans ce domaine. Elle n'inclut pas dans le champ des règles de contrôle du médicament de nombreux dispositifs médicaux pouvant engendrer des effets indésirables graves. Une vaste enquête internationale relative à leurs conditions d'autorisation et d'utilisation en fournit la démonstration.[99]

Par « dispositifs médicaux », il faut entendre, selon le règlement européen de 2017, *« des produits de santé d'utilisation humaine ayant pour finalité diagnostique et thérapeutique de compenser un handicap ou d'être des moyens de conception ».* Ces produits doivent agir de façon « mécanique », et non pharmaceutique, immunologique ou métabolique. Cette définition est reprise par les droits internes.

Les dispositifs médicaux se présentent sous la forme, notamment, d'implants, d'équipements, d'applications mobiles, certifiés selon des normes techniques répondant aux règles spécifiques de sécurité et de bénéfice clinique fixées par les autorités européennes et traduites par le marquage CE sur les produits concernés. Ils sont classés en 4 catégories allant du degré de risque le plus faible au risque le plus élevé.[100]

---

[98] CJCE, 11.12.2003, « Deutscher Apothekerverband e V, aff. C-322/01, Rec I-14887

[99] Voir Note du Ministère des Solidarités et de la santé (26.11.2018) et « Le Monde » du 27.11.2018 (pp1 et 7 et pp 8 à 12).

[100] Catégorie 1 à risque faible : lunettes correctrices, béquilles, véhicules pour personnes handicapées...Catégorie 2 A à risque potentiel, modéré : lentilles de contact, appareils d'échographie, couronnes dentaires...Catégorie 2 B à risque potentiel élevé : préservatifs, produits de désinfection des lentilles ...Catégorie 3 à risque plus élevé : implants mammaires, stents, prothèses de hanche...

Les règles d'autorisation auxquelles ces équipements sont soumis n'imposent pas au préalable des essais cliniques codifiés et contrôlés en vue d'établir leur balance bénéfice-risques. La norme CE est accordée par des « organismes désignés » (ON) par les autorités des différents Etats membres et rémunérés par les fabricants pour évaluer, sur dossier, le produit et certifier sa conformité aux conditions fixées pour obtenir cette norme. Or l'enquête internationale « Implant Files » a mis au jour des incidents graves, en nombre croissant, imputables à l'insuffisance du système de contrôle de la sécurité sanitaire de ces produits.[101]

Les deux faiblesses principales sont la qualité très inégale des organismes de certification[102] et l'absence d'un système de traçabilité des produits. Le signalement des incidents ne serait que de 1% en matière de dispositifs médicaux. Au sein de l'UE, les signalements d'incidents font l'objet de documents confidentiels[103]selon une procédure ne garantissant pas l'impartialité.

La Commission européenne a renforcé son contrôle par deux règlements de 2017[104]Le principal maintient le système de certification par les « ON » mais leur impose le respect d'un cahier des charges et de niveaux de compétence plus exigeants. Des contrôles inopinés seront organisés. L'évaluation clinique préalable est rendue obligatoire pour tout nouveau dispositif médical implantable. Celle-ci devra être soumise aux instances d'expertise européenne pour les dispositifs les plus complexes. Les fabricants devront notifier tout incident au niveau européen et produire des « résumés périodiques de sécurité ». Un « Groupe européen de coordination des Autorités nationales » est chargé d'organiser la surveillance du marché des « dispositifs médicaux ». Enfin, une nouvelle base européenne de données sera créée et un identifiant unique sera établi pour chaque dispositif.[105]

---

[101] Voir E. Cazi, M. Ferrer, Ch Hecketsweiller, St Horel « Le Monde, p 12

[102] La Commission européenne n'avait pas, jusqu'aux révélations de l'enquête « Implant Files », l'appui d'une majorité d'Etats dans son projet de renforcement du contrôle des dispositifs médicaux. L'enquête révèle également des pratiques de corruption.

[103] Les « National Competent Authority Reports » (NCAR). Près d'un millier de rapports sont adressés annuellement à un organisme réunissant des régulateurs et des industriels - le « Forum international des régulateurs des dispositifs médicaux » - dont le fonctionnement et la composition ne garantissent pas l'impartialité.

[104] Le règlement UE 2017/745 du 5.4.2017 relatif aux dispositifs médicaux (applicable en 2020) remplace les directives 90/385 et 93/42 CEE et modifie d'autres textes de 2001,2002 et 2009. Le règlement UE 2017/746 du 5.5.2017 relatif au contrôle des dispositifs médicaux de diagnostic in vitro est applicable en 2022.

[105] L'ensemble de ces mesures constitue un premier progrès. La FDA américaine soumet ces produits à des essais comparatifs plus poussés que les contrôles européens, selon les experts.

4. Vers un renforcement du système européen de veille sanitaire et d'aide à la recherche

L'UE s'est dotée depuis une quinzaine d'années de moyens d'observation épidémiologique. Elle a lancé d'importants programmes de prévention. La pandémie du SARS-CoV-2 a montré cependant qu'il était indispensable de développer le système de veille sanitaire au niveau européen. Une première décision est intervenue avec la création de *« l'Autorité européenne de réaction aux urgences sanitaires »*.

A. Le Centre européen de prévention et de contrôle des maladies

Créé par un règlement de 2005, le *« Centre européen de prévention et de contrôle des maladies »* (ECDC)[106] a pour mission d'identifier et d'évaluer les menaces potentielles que représentent les maladies infectieuses (surveillance de 52 maladies infectieuses à déclaration obligatoire), de coordonner les activités du réseau européen des institutions nationales ayant le même objet, d'apporter son aide scientifique aux Etats membres du réseau et de diffuser les informations nécessaires à l'élaboration de plans de lutte. Il a créé et gère plusieurs systèmes d'information[107] et collabore avec les agences sanitaires européennes et l'OMS. L'ECDC reprend, dans une certaine mesure, le modèle américain des « centers for disease control and prevention ». S'il n'a pas reçu initialement de compétences opérationnelles, la pandémie du SARS-CoV-2 a conduit au renforcement de son rôle : surveillance épidémiologique en *temps réel*, planification des réponses en urgence à des crises sanitaires, création d'une cellule de pilotage et d'appui aux Etats membres.[108]

B. Les programmes européens d'appui aux politiques nationales de santé publique

Parmi les programmes d'appui, figurent la lutte contre le tabagisme,[109] la prévention de l'alcoolisme, de l'obésité. Un Registre européen pour les organes, les cellules et les tissus -EUROCET- garantit aux donneurs et aux

---

[106] ECDC ; European Center for disease prevention and control.

[107] EWRS : alerte après détection précoce, EPIS : renseignements sur les épidémies, TESSY : surveillance des maladies transmissibles.

[108] Projet « Construire une Europe de la santé » (11.11.2020).Un règlement européen de gestion des menaces sanitaires transfrontalières doit préciser les conditions de mise en œuvre des plans sanitaires d'urgence, de coordination et d'appui des agences sanitaires européennes aux agences nationales, de mise en place de systèmes de recueil et d'analyse des données sanitaires et de nouvelles techniques de surveillance sanitaire (intelligence artificielle).

[109] Les directives 89/622 du 13.11.1989, 90/239 du 17.5.1990, 92/41 du 15.5.1992 sont contemporaines de la loi Evin et s'en inspirent mais l'effort d'harmonisation fiscale à des fins dissuasives demeure insuffisant et l'interdiction générale de publicité s'est heurtée au principe de libre circulation des marchandises, sanctionné par la CJUE.

receveurs des données fiables pour les transplantations d'organes. Des recommandations de normes de traçabilité intégrale du sang et de ses composants ont été éditées. L'UE intervient dans le domaine des maladies rares, ayant à 80% une origine génétique identifiée, et génératrices d'handicaps sensoriels, moteurs ou mentaux par l'édiction de recommandations destinées à faciliter la recherche et la mise sur le marché de médicaments dits « orphelins » (à faible rentabilité économique), la création de réseaux européens de référence, l'aide à la constitution de registres nationaux (tel le réseau français Orphanet) et aux associations de malades.

C. L'aide à la recherche médicale

La recherche fait partie du projet global de libre circulation des hommes et des idées.[110] Selon l'article 180 du Traité de Lisbonne, l'UE intervient en complément des actions entreprises par les Etats membres. Le « programme-cadre de recherche et de développement technologique » (PCRD) vient abonder de manière décisive, à côté de financements par les Etats et les organismes privés, de nombreux programmes. Le 8ème PCRD « Horizon 2020 » (2014-2020), doté d'environ 80 milliards d'euros, a consacré au moins 10% de cette dotation au secteur de la santé.

5. La protection de la santé et de la sécurité des consommateurs

De nombreux travaux scientifiques ont établi des liens entre des pathologies graves (cancers, maladies cardio-neuro-vasculaires, diabète...) et la consommation excessive de produits comportant des teneurs élevées en sel, en sucre et en graisses, des additifs, et particulièrement des produits préparés par l'industrie agroalimentaire. Les hypothèses avancées sur les risques encourus du fait de la teneur en pesticides, produits antibiotiques, hormonaux d'un certain nombre d'aliments se vérifient de plus en plus. Les emballages des produits alimentaires peuvent contenir des « perturbateurs endocriniens » dont les effets sanitaires néfastes commencent à être bien documentés. Enfin, des fraudes ou erreurs peuvent affecter la chaîne des produits alimentaires. La protection des consommateurs comporte donc une dimension sanitaire majeure.[111]

---

[110] L'art.179 du TFUE précise : « L'Union a pour objectif de renforcer ses bases scientifiques et technologiques, par la réalisation d'un espace européen de la recherche dans lequel les chercheurs, les connaissances scientifiques et les technologies circulent librement... »,

[111] Selon le rapport OCDE sur le commerce des biens de contrefaçon (2016), cité par B.Assemat, le secteur alimentaire est, avec l'électronique et le médicament, l'un des trois secteurs que le crime organisé s'efforce de contrôler (Institut national des hautes études de la sécurité et de la justice). « Le Monde » 19.04.2018

A. Les principes de la politique européenne de protection des consommateurs

Au sein de l'UE la protection des consommateurs relève des « compétences partagées ». L'administration de la Commission européenne comprend une direction générale qui associe logiquement la santé et la sécurité alimentaire. Assez tôt des textes ont été édictés en la matière mais plusieurs crises sanitaires ont nécessité un nouveau règlement en 2002.[112]Celui-ci fixe les principes généraux de la sécurité alimentaire : transparence de l'information, principes de consultation des citoyens et de traçabilité des produits. Obligation est faite aux Etats membres d'assurer un contrôle rigoureux du respect de ces exigences.[113]

a) Le principe de responsabilité sans faute du producteur du fait des produits défectueux

Le régime européen de responsabilité en cas de dommage causé aux personnes ou aux choses par un produit se fonde sur le principe de la responsabilité sans faute du producteur.[114] La responsabilité du fournisseur peut être engagée dès lors qu'il « n'a pas communiqué à la victime de sa propre initiative, de manière diligente l'identité du producteur ».[115]

Ce système de présomption de responsabilité du producteur signifie que ce dernier ne peut s'exonérer de celle-ci qu'en établissant la faute de la victime, le défaut postérieur à la mise en circulation ou la conformité du produit à une réglementation antérieure.

---

[112] Crise de la « vache folle » en1998, crise des poulets contaminés par des toxines provenant de graisses animales en1999. Règlement n°78/2002 du 28.1.2002 établissant les principes, prescriptions générales, procédures de la sécurité alimentaire et créant l'autorité européenne de sécurité des aliments ; JOCEL 31 du 28.1.2002

[113] De nombreux textes sont venus compléter le règlement de 2002 parmi lesquels les règlements du 29.4.2004 (JOCEL 139 du 30.4.2004), les règlements n°853/2004 et n°854/2004 du 29.4.2004 (JOUE 30.4.2004) établissant des normes générales d'hygiène s'imposant aux exploitants à chaque étape de production, transformation, importation et distribution des produits ou des règles d'hygiène applicables aux denrées d'origine animale, les règlements relatifs à l'étiquetage des produits (1169/2011-JOUE du 22.11.2011 et 2019/787 du 17.4.2019, le règlement 1935/2004 du 27.10.2004 relatif aux matériaux d'emballage servant au transport et à la transformation des produits, le règlement 2019/1381 relatif à la transparence et à la pérennité de l'évaluation des risques dans la chaîne alimentaire (JOUE L 231 du 6.9.2019).

[114] Directive 85/374 du 25.7.1985 ; JOCE L 120 du 7.8.1985 ; directive 99/34 du 10.5.1998

[115] CJCE, 2.12.2009, « Aventis Pasteur », aff. C-358/08, Rec. I-11305 CJUE, 21.12.2011. La définition de la responsabilité exclut le prestataire de service qui cause un dommage du fait de l'utilisation d'un produit défectueux. « CHU de Besançon », aff. C-495/10, Europe 2012, n°100, Larché.

b) L'obligation de mettre sur le marché des produits « sûrs »

Un produit est considéré comme « sûr » quand il est conforme à la réglementation nationale de l'Etat sur le territoire duquel il est commercialisé, en application du principe de confiance mutuelle entre Etats membres. Les producteurs sont tenus de fournir aux consommateurs les informations utiles leur permettant d'évaluer les risques inhérents au produit. Les distributeurs ont l'obligation de ne pas fournir des produits qu'ils savent ne pas être sûrs et de participer au suivi de l'usage de ces produits. Le respect de ces obligations incombe aux Etats qui doivent notifier à la Commission, en cas de danger avéré, les mesures qu'ils ont prises. Toute interdiction de mise sur le marché doit être notifiée à la Commission qui, après consultation, décide si la mesure est justifiée ou non. Celle-ci peut, après consultation des Etats et du comité scientifique compétent, imposer aux Etats les mesures appropriées.[116]

c) Le recours au principe de précaution

Particulièrement invoqué lorsque la santé des populations est en jeu, notamment par la jurisprudence,[117]ce principe implique que, face à *l'incertitude* quant à la nocivité d'un produit, la Commission et les Etats membres prennent des mesures de prévention sans attendre la manifestation des dommages (article 191du TFUE).

Le retentissement de l'épidémie d'encéphalopathie spongiforme bovine a conduit les autorités communautaires à édicter de nouvelles dispositions autorisant les Etats à fixer des règles spécifiques dès lors qu'elles entendent protéger la santé publique et ne sont pas « disproportionnées » à l'égard du principe de libre concurrence. [118]

B. L'autorité européenne de sécurité alimentaire (EFSA) au cœur d'enjeux sociaux et économiques considérables[119]

L'EFSA a pour mission « d'évaluer les risques encourus par la chaîne alimentaire humaine et animale, de proposer à la Commission européenne les normes de sécurité sanitaire de l'alimentation, de diffuser auprès du public les résultats des travaux scientifiques qui en relèvent et de renforcer la

---

[116] Directive 2001/95 du 3.12.2001 ; JOCE L 11.15.1.2002.

[117] CJCE, 9. 9. 2003, « Monsanto », aff. C-236/01, Rec. 18105; TPIICE, 21.10.2003, « Solvay », T 382/02. Rec. II- 455; CJCE, 7.9.2004, « Waddenvereniging, aff. C-127/02, Rec. I-17405 ; CJCE, 1er.4.2008, « Parlement et Danemark c. Commission, aff. C-14/06 et C-295/06, Rec. I-1649

[118] Directive n°2002/99 du 16.12.2002 relative aux règles et au contrôle sur la production, la transformation, la distribution et l'importation de produits d'origine animale ; Règlement n°178/2002 du 28.1.2002

[119] « European Food Safety Authority » (EFSA).Elle a été créée par un Règlement du 17.8.2002.

confiance de la population dans les systèmes de sécurité sanitaire en émettant des avis fiables ».

L'institution, qui bénéficie du principe d'indépendance scientifique et technique, collabore avec toutes les institutions internationales et nationales ayant une vocation similaire et avec les associations de protection des consommateurs. Son conseil d'administration comprend 15 membres[120] nommés par le Conseil de l'UE sur proposition de la Commission après consultation du Parlement européen. Il vote le programme de travail annuel préparé par le directeur exécutif en concertation avec la Commission, le Parlement européen et les Etats membres. Le directeur exécutif est assisté par un « Forum consultatif » formé de représentants des organismes nationaux ayant les mêmes attributions dans leur pays. Un comité scientifique coordonne les travaux des groupes thématiques d'experts.[121]

Mis en cause pour sa perméabilité aux intérêts économiques tant par des associations que par le Parlement européen et la Cour des Comptes de l'UE, l'EFSA a renouvelé la liste des experts auxquels elle recourt, non sans souligner la difficulté d'en trouver qui ne soient pas sollicités pour leurs conseils par des entreprises finançant la recherche appliquée.[122]

La Commission européenne elle-même se heurte à l'opposition des Etats membres disposant d'une puissante industrie chimique et agro-alimentaire quand elle prépare l'édiction de normes contraignantes. De nombreux produits suscitent des interrogations mobilisant les compétences de plusieurs agences européennes. A titre d'exemple, on peut évoquer les difficultés rencontrées par l'EFSA et par la Commission pour deux catégories de produits ayant une incidence sur l'alimentation : les produits phytosanitaires (dont le glyphosate) et les « perturbateurs endocriniens » (PE).

Le glyphosate est le désherbant le plus utilisé au monde. En 2015 une étude exhaustive du Centre international de recherche sur le cancer (CIRC) a établi son caractère cancérogène « probable ».[123] L'EFSA, qui se prononce principalement sur la base d'études fournies par les producteurs conclut en

---

[120] Ils ne représentent pas leur pays

[121] Le champ de compétences de l'EFSA pourrait rappeler celui de la « Food and Drug Administration » (FDA) américaine mais il s'en distingue sur deux points principaux : le domaine du médicament relève d'une agence européenne spécifique alors qu'il fait partie des compétences de la FDA, d'une part et d'autre part l'EFSA n'a qu'un rôle consultatif alors que son homologue dispose d'un pouvoir d'autorisation.

[122] « Corporate Europe Observatory » citée par « Le Monde » (24.10.2013) concluait que 59% des experts intervenant auprès de l'EFSA étaient en situation de conflits d'intérêts.

[123] Lee travaux du CIRC sur le glyphosate ne se réfèrent qu'aux études conduites par des centres de recherche publics. La justice de Californie a reconnu le 10.8.2018 le glyphosate, « facteur substantiel » du cancer d'un plaignant, ajoutant que « les risques induits par ce produit étaient généralement admis par la communauté scientifique ».

l'occurrence à un risque cancérogène « improbable ». A l'analyse des différences méthodologiques, l'OCDE considère que l'étude du CIRC est la seule pertinente.[124]Sur la base des conclusions de l'étude EFSA la Commission européenne a cependant renouvelé en 2017 l'autorisation d'utilisation du glyphosate pour 5 ans, laissant chaque Etat membre libre d'autoriser ou d'interdire son emploi sur son territoire.[125]Or le règlement européen du 11/07/2009 précise que le simple classement d'un produit comme « cancérigène probable » suffit à l'exclure en vertu du principe de précaution. Plusieurs Etats ont demandé une réforme des procédures européennes d'autorisation des produits phytosanitaires.

Le dossier des « perturbateurs endocriniens » est un autre exemple. Les PE sont des composés chimiques susceptibles d'interférer sur le système hormonal. On les retrouve dans de nombreux produits.[126] Leurs effets sur la santé humaine sont difficiles à analyser et à isoler d'autres facteurs mais de nombreuses études scientifiques établissent l'existence d'un risque sanitaire élevé.[127]En 2002, l'OMS arrête une définition scientifique des PE : « est perturbateur endocrinien une substance (ou un mélange de substances) qui altère les fonctions endocriniennes et, de ce fait, induit des effets néfastes dans un organisme intact, chez sa progéniture ou au sein d'une population ». Un rapport de l'institution recense en 2012 des pathologies touchant les êtres humains dans leurs fonctions reproductives, thyroïdiennes, métaboliques et surrénaliennes. Les risques identifiés concernent les cancers hormonaux-dépendants, l'obésité, le diabète, des troubles neurocomportementaux, l'infertilité.

Dès 1999 la Commission a établi un plan de réduction des PE mais n'est parvenue à trouver un consensus entre Etats sur une définition européenne

---

[124] Une étude d'une ONG autrichienne -« Global 2000 »- (« Le Monde » (3.4.12.2017) révèle que l'étude EFSA reproduit largement les études réalisées par les industriels pour le dossier d'homologation du glyphosate. La presse fait état de manipulations des données scientifiques par la firme productrice (« Le Monde du 7.3.2017 »).

[125] Le gouvernement français a limité l'emploi de cet herbicide sur le territoire national à compter de 2021, différant une interdiction totale jusqu'à l'arrivée de solutions alternatives économiquement viables.

[126] La chaîne alimentaire, les cosmétiques, emballages, revêtements plastiques, insecticides.

[127] « Le Monde » (7.3.2015) se rapporte au « Journal of Clinical Endocrinology and Metabolism » évoquant les travaux présentés au Congrès de San Diego (2015) et à « l'International Journal of Gynecology and Obstetricology » (1.10.2015) établissant un taux élevé d'exposition aux PE des enfants dès la grossesse. Un second rapport de « l'Endocrinolgy Society » confirme la toxicité de nombreux produits, notamment d'hygiène et de beauté (50%contiennent des PE). Le 12.7.2016, 50 chercheurs publient une « déclaration de consensus » dans « Environmental Health Perspectives » rappelant, avec l'appui de 9 sociétés savantes internationales, la nocivité des PE pour les enfants et demandant la révision de la régulation des substances chimiques.

qu'après plus de quinze années d'âpres discussions.[128]Finalement, abandonnant le principe de précaution, elle a opté pour une démarche d'évaluation des risques, qui implique que les effets nocifs d'une substance soient démontrés. Sur sa proposition de distinguer entre PE au « risque présumé » et PE au « risque avéré », le Conseil de l'UE a décidé le 13 décembre 2017 que « pour être identifiée comme PE, une substance chimique devra produire un effet négatif et avoir un mode d'action qui altère les fonctions du système hormonal » et il faudra « démontrer que cet effet négatif est une conséquence directe de ce mode d'action ». Aucun effet juridique n'est attaché à la notion de « risque présumé ».

Le choix du recours à la classique méthode d'évaluation bénéfices-risques a le mérite de mettre un terme à une situation de blocage. Mais les sociétés savantes, dans leur grande majorité, considèrent que le seuil fixé pour apprécier le risque est trop élevé, ce qui ouvre l'accès au marché à de nombreux produits comportant un risque potentiel sérieux.[129] Les Etats demeurent toutefois libres de prononcer sur leur territoire des interdictions de produits au-delà du champ tracé par le Comité permanent. La France a ainsi publié une liste de 1600 produits contenant des PE.

6. La protection de l'environnement et ses liens avec la protection sanitaire

La Charte européenne des droits fondamentaux fait de la protection de l'environnement une obligation de l'UE et des Etats membres. Celle-ci figure au nombre des « compétences partagées ».[130]La jurisprudence de la CJUE en fait « un objectif transversal et fondamental ».[131]

A. Les principes européens de protection de l'environnement

L'UE ayant pour objectif de « contribuer à un niveau élevé de protection de l'environnement, à la protection de la santé, à l'utilisation prudente et rationnelle des ressources naturelles » fait reposer sa législation sur quatre grands principes : le principe de précaution, le principe du « développement

---

[128] En 2009, le Parlement européen fixait à la Commission jusqu'à décembre 2013 pour établir celle-ci. Faute d'y être parvenue, elle était condamnée par la CJUE en 2015.

[129] La communauté scientifique préconise une échelle graduée, comparable à l'échelle de classification des substances à risque cancérogène.

[130] Au lendemain de la Conférence des nations Unies sur l'environnement de 1972, les autorités européennes reconnaissent la nécessité d'inclure cette dimension dans le développement économique. L'Acte Unique de 1986 reconnaît la protection de l'environnement comme compétence communautaire. Le Traité d'Amsterdam (1997) introduit dans la mise en œuvre des politiques européennes le principe du « développement durable » énoncé à la Conférence de l'ONU à Rio de Janeiro (1992).

[131] CJUE « Commission c/Autriche. C320/03.

durable », le principe « pollueur-payeur » et le principe de la participation du public.

Le principe du « pollueur-payeur » est mis en œuvre par une directive du 21 avril 2004.[132] Toute activité présentant un risque identifié pour la santé humaine et/ou l'environnement (figurant sur une liste annexée à la directive) engage la responsabilité de l'exploitant pour tout dommage qu'elle provoquerait. Hors ce cas de figure, la responsabilité est engagée pour faute ou négligence, seulement pour les dommages causés aux espèces et habitats naturels protégés. L'exploitant a *l'obligation de prévenir le dommage* ou son renouvellement, de le traiter, de remettre en l'état initial les eaux, espèces ou habitats naturels protégés. Les particuliers ou organismes œuvrant en faveur de la protection de l'environnement sont habilités à demander à l'autorité publique d'agir en cas de nécessité. Une directive de 2008 impose aux Etats de sanctionner la violation des règles de protection de l'environnement commise intentionnellement ou résultant d'une négligence grave.[133]

Le principe de participation et d'information du public, consacré dès une directive de 1985, a été amendé et complété à plusieurs reprises.[134]Il connaît avec la CJUE une interprétation large.[135].Les autorités publiques sont tenues de mette à la disposition de toute personne qui en fait la demande les informations environnementales qu'elles détiennent, sous réserve des informations confidentielles (qui représentent cependant un domaine important : défense nationale, sécurité publique, justice, secret commercial et industriel, protection des données personnelles). La CJUE, dans un arrêt rendu en 2010, pose des limites au droit au secret commercial et industriel, souvent opposé aux demandes de communication de documents au public.[136]La Commission initie et finance de nombreux programmes de protection de l'environnement. Elle a créé le label « Ecolabel » attribué aux produits répondant aux normes communautaires.

B. L'Agence européenne de l'environnement

L'Agence européenne de l'environnement a pour mission de réunir une information exhaustive sur l'état de notre environnement et sur son évolution au sein du territoire de l'UE. Cet organisme scientifique et technique de

---

[132] Directive 2004/35 du 214.2004 relative à la responsabilité environnementale et à la réparation des dommages causés à l'environnement.

[133] Directive 2008/99 du 19.11.2008 ; JOUE L 328, 6.12.2008

[134] Directives 2003/35 du 26.5.2003 élargissant la participation du public à l'élaboration des projets en matière d'environnement ; directive 2003/4 du28.1.2003 relative à l'accès du public à l'information en la matière ; règlement n°1367/2006 du 6.9.2006 assujettissant les institutions et organisations communautaires au même régime.

[135] CJCE, 28.2.2008, « Abraham ea. », aff. C-2/07, Rec. I-1197

[136] CJCE. Arrêt « Stichting Natuur en Milieu » du 16.12.2010. C-266/09

collecte et d'analyse de données a une fonction d'alerte des autorités sur les risques environnementaux, d'avis et de proposition, soit à l'initiative des institutions européennes soit de sa propre initiative. Il coordonne l'action des organismes publics ou privés membres du réseau EIONET, réseau européen d'information et d'observation de l'environnement.[137]

C. La réglementation européenne de l'environnement : un rôle désormais prépondérant

Le domaine de la protection de l'environnement est, avec celui de la protection des consommateurs, un de ceux qui produisent le plus grand nombre de normes, ce qui ne va pas sans paradoxe : l'UE est sans cesse critiquée pour cette production de normes mais elle est sans cesse mise en demeure d'en édicter de plus rigoureuses pour assurer la protection des populations...

L'action de l'UE ne se limite pas à l'édiction de normes. L'instrument budgétaire européen est aussi utilisé pour la réalisation des objectifs de transition écologique. Le budget de l'Union pour 2021-2027 prévoit notamment la réorientation de 40% des crédits de la politique agricole commune vers de tels objectifs. De même, le plan de relance économique décidé afin de parer aux conséquences de la crise sanitaire du SARS-CoV-2 prévoit environ 100 milliards d'euros affectés à des projets de transition écologique.

Les aspects de la politique européenne de protection de l'environnement qui ont une dimension sanitaire sont nombreux. Nous en retiendrons quatre pour leur importance et pour l'incidence que cette politique a sur les politiques des Etats membres de l'Union.

a) La lutte contre la pollution atmosphérique

La pollution atmosphérique est la première cause de décès prématurés liée à l'environnement au sein de l'UE (environ 400 000 décès par an).[138]L'action de l'Union est significative en dépit des obstacles rencontrés : alors que depuis 2000, le PIB de l'Union a augmenté de 32%, les émissions de polluants atmosphériques ont baissé de 10 à 70% selon le type de polluant. La politique de l'UE, qui se fixe de nouveaux objectifs de baisse de la pollution à 2020 et 2030, repose sur trois « piliers » :

---

[137] L'Agence a été créée par le règlement n°1210/90du7.5.1990. JOCE L 120, 11.5.1990, et est entrée en service en 1993.

[138] Communication de la Commission européenne au Conseil, au Comité économique et social européen et au Comité des régions « Une Europe qui protège : de l'air pour tous » (17.5.2018).

- L'édiction de normes contraignantes de qualité de l'air ambiant déterminant des seuils de rejets de polluants à ne pas dépasser.[139]

- L'obligation pour les Etats membres d'établir des objectifs nationaux de réduction des émissions des principaux polluants atmosphériques conformément à la directive du 24.11. 2010 sur les émissions industrielles.[140]

- L'édiction de normes d'émissions applicables aux principales sources de pollution : véhicules automobiles, navires, production d'énergie et activité industrielle.[141]

Après la publication d'un rapport du « Groupe d'experts intergouvernemental sur l'évolution du climat » (GIEC),[142] le Conseil des ministres et le Parlement européen se sont accordés en 2020 sur un objectif de réduction des émissions de gaz à effet de serre de 55% en 2030 par rapport à 1990 (l'objectif initial de 2018 était de 40%), la perspective étant d'atteindre la neutralité des émissions en 2050. Des pénalités pourront être infligées *directement* par la Commission, en cas de carence des Etats membres, aux producteurs ne respectant pas cette norme.

b) *La protection de l'eau*

La directive-cadre pour la politique communautaire de l'eau du 23 octobre 2000 impose aux Etats membres « d'assurer un approvisionnement en eau de surface et en eau souterraine de bonne qualité pour les besoins d'une utilisation durable, équilibrée et équitable ».[143] La protection des eaux destinées à la consommation humaine relève des règles de sécurité alimentaire.

De nombreuses exceptions à la règle sont toutefois ménagées pour répondre aux demandes des secteurs économiques concernés, particulièrement ceux de l'agriculture et du tourisme (la demande en eau douce provient à 70% environ du secteur agricole). Les objectifs communautaires de protection de

---

[139] Directive 2004/107/CE et 2008/50/CE fixant les normes à ne pas dépasser en ce qui concerne une douzaine de polluants.
[140] Directive 2010/75.
[141] Directive 2010/75/CE ; 2015/2193 ; règlements CE n°44/309 et CE n°510/2011concernant les véhicules à moteur ; directive 97/70/CE concernant la qualité des carburants ; directive 2009/125/CE sur l'écoconception ; règlements UE 2016/427, 2016/646 et 2017/1154 renforçant les normes et les contrôles à la suite du scandale du « Dieselgate ».
[142] Ce rapport démontre l'impossibilité de réaliser l'objectif de maintien du niveau de réchauffement de l'atmosphère à 1,5° à la fin du siècle, sauf à prendre des mesures impliquant, en pratique, un changement de notre modèle de production et de consommation.
[143] Directive n°2000/60/CE, complétée par une directive relative aux eaux de surface (2008/105 du 20 octobre 2008) fixant les seuils limites à ne pas dépasser pour plus de 30 substances polluantes. Des règlementations spécifiques sont intervenues pour les eaux de baignade, les eaux piscicoles, conchylicoles, le traitement des eaux résiduaires.

l'eau nécessitent une profonde refonte de la politique agricole commune, axée jusqu'ici sur l'agriculture intensive, grande consommatrice d'eau et d'intrants chimiques qui se déversent dans les eaux souterraines et les rivières.[144] C'est l'un des buts assignés au prochain budget européen 2021-2027 mais l'opposition du secteur agro-alimentaire à un rythme de changement du modèle de production qu'il juge trop rapide a imposé, comme dans les précédentes négociations budgétaires, un compromis assez éloigné des intentions initiales. L'urbanisation excessive des rivages maritimes est aussi source de pollutions et de stress hydrique.

Dès lors que les compétences européennes en la matière relèvent du domaine « partagé » les conditions de mise en œuvre des directives et de contrôle de leur application dépendent de la volonté politique des Etats membres. Celle-ci a longtemps manqué aux pouvoirs publics français confrontés à la résistance des organisations professionnelles dominant les secteurs agricole et touristique. La France a d'ailleurs été condamnée pour son inapplication prolongée des directives sur l'eau.[145]La Commission hésite de moins en moins à saisir la CJUE de manquements persistants de certains Etats. Celle-ci est en mesure de leur infliger des sanctions financières lourdes. L'organisation progressive des associations de défense des consommateurs et de défense de l'environnement est également un fait nouveau. Une première initiative citoyenne (droit d'accès à l'eau et à l'assainissement) a été reçue favorablement le 29.5.2014.[146]La Commission s'est engagée à améliorer la législation protectrice dans une perspective de « développement durable ».

c) La prévention des risques industriels majeurs

La catastrophe provoquée à Seveso (Italie) en 1976 par une diffusion accidentelle de dioxine est à l'origine de la réglementation européenne.[147] Elle concerne 10 000 installations, dont 1200 en France, qui ont l'obligation de se conformer aux règles édictées en matière de prévention des risques. Les industriels, qui font l'objet d'inspections, doivent notifier aux autorités compétentes toute information concernant des risques potentiels ainsi que les mesures prises pour les prévenir et les plans d'intervention en cas d'accident. Toutes les personnes susceptibles d'être victimes d'un accident doivent être informées des risques comme de tout incident. La directive « Seveso III » reprend, dans sa nouvelle classification des substances dangereuses, celle des Nations Unies. Tout en allégeant les contrôles, elle renforce les obligations d'information et la participation du public.

---

[144] On estime que l'agriculture compte, en France, pour les 2/3 dans la pollution des eaux

[145] Voir Partie II, Titre I, chapitre IV.

[146] Initiative « Right 2 Water »

[147] Directives « Seveso I» (1982), "Seveso II"(1996), "Seveso III" 2012/18 du 4.7.2102. JOUEL 197, 24.7.2012

d) La protection contre les rayonnements ionisants et le traitement des déchets radioactifs

Le Conseil de l'Union a compétence pour arrêter les normes élaborées par la Commission, notamment les seuils maxima d'exposition aux rayons ionisants de la population et des travailleurs de l'industrie nucléaire. La principale directive (1996) est complétée par des directives en matière de protection radiologique des personnes soumises à des examens et traitements médicaux,[148]et de protection de la santé concernant les substances radioactives contenues dans les eaux destinées à la consommation humaine[149]

En principe, chaque Etat est responsable de la sûreté des installations nucléaires installées sur son sol. L'évaluation du fonctionnement des installations doit se faire en liaison avec l'Agence internationale de l'énergie atomique et selon le cadre communautaire fixé.[150]

Une réglementation spécifique au traitement des déchets radioactifs instaure une procédure d'autorisation préalable à tout mouvement de déchets.[151] La Commission est informée de l'état des législations nationales de protection contre les rayonnements ionisants, des contrôles organisés et peut adresser aux Etats des recommandations ou, en cas d'urgence, des injonctions. Elle émet un avis préalable à la réalisation de toute installation susceptible de rejet des effluents radioactifs. Les accidents nucléaires de Tchernobyl (1986) et Fukushima (2011) ont conduit l'Union à renforcer considérablement son intervention auprès des Etats, l'Europe disposant du plus important parc nucléaire au monde.

7. La réglementation des substances chimiques : le règlement « REACH » et l'Agence européenne des produits chimiques (ECHA)

Du point de vue de la prévention sanitaire, un progrès a été réalisé avec l'adoption du règlement REACH entré en vigueur en 2007.[152]Il unifie et renforce la législation communautaire en ce qui concerne la protection contre les risques inhérents aux produits chimiques. Ce ne peut être qu'une

---

[148] Directives 84/466 du 3.9.1984, et 96/29 du 13.5.1996 modifiée par la directive 97/43 du 30.6.1997, JOCEL 180, 9.7.1997

[149] Directive 2013/51 du 22.10.2013 JOUEL 296, 7.11.2013

[150] Directive 2009/71 du 25.6.2009, JOUEL 172 du 2.7.2009

[151] Directive 2006/117 du 20.11.2006

[152] Règlement n°1907/2006 du 18.12.2006 dit REACH (« Registration, evaluation, authorisation and restriction of chemicals » ou Enregistrement, évaluation, autorisation des substances chimiques). Sont exclues de cette règlementation, les produits pharmaceutiques, substances radioactives), les substances non dangereuses ou naturelles, relevant d'un autre règlementation.

première étape eu égard au champ immense des produits chimiques (plus de 150 000 molécules en circulation) mais le pas franchi est décisif.

Chaque molécule mise en circulation doit faire l'objet d'un enregistrement auprès de l'Agence européenne des produits chimiques (ECHA).[153] Celle-ci a pour mission de vérifier la conformité des dossiers d'enregistrement aux normes fixées, de coordonner les processus d'évaluation et d'établir la liste de produits « particulièrement dangereux » (notamment cancérigènes). Elle fait connaître son avis et sa proposition à la Commission qui prend la décision d'autorisation ou non de mise sur le marché du produit. Les Etats exportateurs de produits chimiques dangereux doivent obtenir le consentement préalable de l'Etat importateur. Des règles précises d'information obligatoire des Etats et de l'Agence sont fixées en matière d'importation-exportation de tels produits.[154]Chaque entreprise doit produire les données relatives à chaque substance importée ou fabriquée.[155] A défaut, la fabrication ou l'importation n'est plus autorisée en Europe. Ce principe a été validé par la CJUE.[156]

Le règlement repose sur un principe d'une grande portée puisqu'il renverse la charge de la preuve en matière de dangerosité d'un produit. C'est aux industriels d'en démontrer l'innocuité et d'assurer une veille quant au risque de toxicité à l'usage. L'évaluation des risques demeure une compétence propre à chaque Etat, qui conserve le droit de restreindre ou interdire la mise sur le marché d'un produit qu'il estime dangereux. Il doit signaler à l'autorité européenne toute substance potentiellement dangereuse, qui est alors placée, si les autres Etats ne s'y opposent pas, sur une liste des substances devant faire l'objet d'un retrait progressif du marché.[157]

L'objectif fixé par le règlement est de contrôler au moins 5% des dossiers.[158] L'ECHA a formulé plus de 4000 demandes de mise en conformité (à fin 2018) et estime que celles-ci ont été suivies d'effets dans plus de 85% des cas.[159]Dans le cadre du projet européen de transition écologique, les

---

153 ECHA : European Chemical Agency

154 Directive n°649/2012 du 4.7.2012

155 Dès lors que les tonnages produits ou importés sont supérieurs à une tonne par an.

156 CJCE 7.7.2009, arrêt SPCM, affC-558/07, Rec. I-5783

157 Elle peut, néanmoins, être autorisée pour des usages « spécifiques » s'il est démontré que le risque est contenu ou si l'impact économique de son retrait est estimé supérieur aux risques encourus et qu'il n'existe pas de substitut.

158 A la fin de 2018, la conformité de moins de 2000 dossiers avait été vérifiée. L'agence européenne doit examiner plusieurs dizaines de milliers de substances.

159 Une étude de l'institut fédéral allemand d'évaluation des risques conclut que 32% des substances en circulation ne sont pas conformes aux normes REACH. Il s'agit, notamment, de produits susceptibles d'être cancérigènes, mutagènes, reprotoxiques, ou d'avoir des effets perturbateurs endocriniens. Ils sont utilisés dans de nombreux objets de consommation courante. (« Le Monde » 13.10.2018).

directives européennes relatives aux produits chimiques doivent être révisées dans un sens plus protecteur pour la population.

Titre II
La politique nationale de santé, données historiques et épidémiologiques

Un projet de santé publique s'est esquissé au XVIIIème siècle. Il s'est trouvé marginalisé par la révolution scientifique de la médecine à la fin du XIXème siècle et par le libéralisme issu de la Révolution, renvoyé à son long passé indissociable de l'assistance aux pauvres dans une société qui les marginalise. La santé publique resurgit récemment à l'agenda politique avec les défaillances du système sanitaire et l'impératif de sécurité des soins, d'une part, avec la revendication diffuse de démocratisation du système de santé, d'autre part.

Chapitre I
L'ombre portée de l'assistance sur la politique de santé publique

Les historiens retrouvent dès la plus haute antiquité des mesures d'hygiène collective. L'époque médiévale livre un corpus important de règles ducales ou municipales, notamment en pharmacie, jusqu'à l'affirmation d'un pouvoir monarchique à partir des XIVème-XVème siècles. Les premières règles de prévention sanitaire s'appliquant progressivement à l'ensemble du royaume relèvent du pouvoir de police, de mieux en mieux défini par les juristes. Mais l'idée d'une politique de santé publique considérée comme une politique de protection de la population n'apparaît véritablement qu'au XVIIIème siècle en même temps que l'essor de la médecine clinique et que l'émancipation de la société.

Elle s'est épanouie dans les « social-démocraties » du nord de l'Europe. Elle s'est étiolée en France. Les raisons de cette évolution sont complexes. Elles tiennent, à la formation scientifique de la médecine, qui l'a orientée vers le curatif au détriment du préventif, à sa constitution libérale, renforcée par le libéralisme issu de la Révolution, à l'histoire indissociable de l'hôpital et de l'assistance aux pauvres, à cette libération du besoin et du risque que fut, pour les classes populaires, une sécurité sociale conçue selon le modèle assurantiel, orientée vers le remboursement du soin plus que vers la prévention.

I Naissance de la santé publique comme utopie médicale

1. L'idée de santé publique indissociable de la philosophie des Lumières

La santé, comme l'éducation, est un thème important du XVIIIème siècle. Le concept de santé publique est un produit de cette recherche des vérités par l'expérimentation et par l'analyse des faits qui caractérisent le siècle des Lumières. Michel Foucault souligne aussi combien la naissance de la clinique débouche sur une conception politique et sociale du rôle du médecin. La naissance de la clinique est également une naissance de la santé publique, c'est-à-dire d'un projet sanitaire pour les populations et pas seulement un projet médical pour les corps.[160] Ce projet s'exprime dans les termes de l'utopie. Il est porté par une élite nouvelle, nourrie des idées des Lumières, qu'on rencontre à tous les étages d'une administration qui tente d'insuffler une dynamique de réforme sociale. Alexis de Tocqueville observe qu'à la veille de la Révolution le vieil édifice administratif de la

[160] Michel Foucault « Naissance de la clinique ».

France médiévale était encore debout formellement mais « qu'on en avait bâti un autre en sous-œuvre : un corps unique et placé au centre du royaume, qui réglemente l'administration publique dans tout le pays ; le même ministre dirigeant presque toutes les affaires intérieures ; dans chaque province, un seul agent qui en conduit tout le détail ».[161] C'est au sein de cet appareil que prend corps la première administration de santé publique.

A partir de 1750 et surtout 1770, l'intendant du Roi, est assisté par plusieurs médecins qui consignent et centralisent sous l'autorité du médecin chef de la généralité toutes les observations de nature épidémiologique. Il n'y a pas encore de législation nationale de protection sanitaire mais des administrations municipales, se fondant sur une doctrine de plus en plus affirmée, édictent des règlements visant l'assainissement urbain. Leur application reste inégale mais reçoit l'appui d'une jurisprudence de plus en plus fournie. Les propositions des médecins sont généralement relayées par des architectes, ingénieurs et administrateurs. C'est pourquoi dans de nombreuses villes sont engagés de grands travaux d'urbanisme ayant une visée d'assainissement. Alain Corbin dresse un tableau de ce nouvel urbanisme « hygiénique » : on veut « paver, drainer, ventiler, désentasser, désinfecter ». Les études cherchant à établir les rapports existant entre un territoire et sa morbidité se multiplient. Beaucoup d'entre elles sont adressées à la nouvelle Société royale de médecine, devenue la référence des réformateurs regroupés au sein des académies locales et des sociétés savantes. Cette évolution participe d'un mouvement européen entretenu par des échanges de plus en plus fréquents entre savants des différents pays.

Parmi les raisons de la formation d'une administration de la santé figure la baisse de la natalité qui préoccupe les autorités. Le phénomène est mieux appréhendé par le développement des statistiques démographiques et sanitaires, apparues à la fin du XVIIème siècle. La littérature professionnelle ou destinée à un public éduqué se diffuse considérablement. On développe la formation des sages-femmes et des maternités. Rien n'illustre mieux l'évolution des mentalités que le changement des attitudes à l'égard des épidémies de variole qui causent à chaque fois la mort d'environ 18 à 20% des enfants. La technique d'inoculation, pratiquée avec succès en Angleterre dès 1720, suscite en France un vif débat. Mais il est significatif que le bien-fondé de la méthode ait été admis grâce au recours à la statistique en 1725, à l'appui des élites « éclairées » et de nombreuses autorités locales. Pour la première fois, une maladie contagieuse recule fortement (la mortalité se trouve souvent divisée par dix). On a pu dire que s'opère alors un glissement d'une conception de police administrative de la salubrité publique vers une attitude générale de prévention.

[161] Alexis de Tocqueville « L'ancien régime et la révolution ».

2. La santé au XIXème siècle : entre les ambiguïtés et les illusions de l'utopie sanitaire, les usages sociaux de la médecine et l'héritage charitable du christianisme

Le projet de santé publique porté par une élite médicale et philosophique nouvelle aurait pu trouver dans le projet révolutionnaire les conditions de son épanouissement. La dérive des élites révolutionnaires vers la Terreur devait sceller l'échec de la Révolution et d'un projet de santé publique qui, par certains aspects, préfigurait les modèles de systèmes nationaux de santé publique.

Pour les penseurs de la médecine du temps, le législateur est « le médecin du corps social ». L'un des plus éminents d'entre eux, Cabanis, va jusqu'à former le projet d'une sorte de gouvernance thérapeutique de la société dans son grand ouvrage « Rapports du physique et du moral de l'homme » (1802) [162]*« Il faut que l'hygiène aspire à perfectionner la nature humaine ».* Il sera suivi par une cohorte de médecins exprimant une forme de « scientisme » médical, dérivant parfois vers l'idéologie raciale propre au XIXème siècle. Mais pour l'élite médicale d'alors, plus qu'un programme technique, l'hygiène publique est une application du « Contrat social ». Ce qui fait écrire à Pierre Rosanvallon que « la perspective d'un Etat hygiéniste marque une rupture fondamentale dans la façon d'envisager les rapports de l'Etat et de la société civile ».

Poursuivant l'œuvre des Lumières, cette élite rend possible l'avènement ultérieur d'un champ intellectuel de la santé publique. Mais elle ne détient ni le pouvoir politique ni le pouvoir économique et social. Elle n'est que la pointe avancée d'un monde médical qui se forme, comme nous le verrons (partie II, titre II, chapitre I), sur les bases du libéralisme de la loi de 1803.

Pierre Rosanvallon montre son immersion dans une société qui a sa dynamique propre. La Révolution projetait une société d'individus libres et égaux réunis dans un peuple formant la Nation. L'Etat était le lieu où s'exprimait la souveraineté de la Nation. Entre l'individu et le peuple il ne pouvait y avoir de pouvoir intermédiaire. Là est le fondement de *l'interdiction d'association* prononcée par les gouvernements révolutionnaires destinée à empêcher la reconstitution des corporations et des corps intermédiaires. Mais, dès lors que s'engageait une révolution capitalistique et industrielle bouleversant toutes les structures sociales, la fiction laissait place à la réalité du conflit entre classes sociales. En l'absence d'un droit syndical, les conditions de travail et de logement des travailleurs,

---

[162] « Rapports du physique et du moral de l'homme » in « œuvres philosophiques de Cabanis, Paris, PUF, « Corpus des philosophes français » 1956, tome 1, cité par Rosanvallon, in « L'Etat en France » pp 120-121.

notamment des femmes et des enfants, acquièrent une dimension sanitaire dramatique. Le projet initial d'éducation aux pratiques de santé s'inscrivait dans un projet *d'émancipation* de l'individu. Il devient un projet de rééducation des « classes laborieuses » qui tend à faire des « hygiénistes » les agents « objectifs » de ce qu'on a appelé un projet de « domestication » des classes populaires.

Le projet politique des hygiénistes ne débouchera donc que sur des mesures législatives ponctuelles, restées souvent sans effet dès lors que les conditions politiques de leur application n'étaient pas réunies. Il serait inexact toutefois de considérer que l'action publique fut inexistante en matière de santé jusqu'à l'instauration de la Troisième République. En pratique, l'Etat édicte la norme et s'en remet, pour son application à des notables locaux qui n'ont pas intérêt à ce qu'elle soit appliquée. Les départements et les communes, sous le contrôle de préfets qui ont besoin de la coopération des notables locaux, s'emploient, à de rares exceptions près, à limiter l'application des lois susceptibles de contrarier les intérêts privés.

Si le projet hygiéniste survit, c'est à la dynamique d'une société nouvelle qu'il le doit. Elle se manifeste à travers les initiatives philanthropiques et l'engouement pour l'étude de la société. Ainsi, un groupe de juristes et de médecins hygiénistes prône le développement d'une « statistique morale », annonciatrice de la sociologie de Quételet. La création des *« Annales d'hygiène publique et de médecine légale »* en 1828 représente un moment important dans cette évolution. Elles définissent un programme de santé publique illustrant une continuité avec le projet pensé depuis la seconde moitié du XVIIIème siècle. On y lit : « La médecine n'a pas seulement pour objet d'étudier et de guérir les malades, elle a des rapports intimes avec l'organisation sociale; quelquefois elle aide le législateur dans la confection des lois, souvent elle éclaire le magistrat dans leur application, et toujours elle veille, avec l'administration, au maintien de la santé publique ». Commence ainsi l'ère de « l'enquête sociale » qu'illustrent Villermé ou Parent-Duchâtelet (1836).[163]Les catégories d'analyse des premières statistiques reprennent cependant souvent les préjugés sociaux de l'époque. Le thème de la « dégénérescence de la race » préoccupe ainsi nombre d'hygiénistes légitimant l'attitude paternaliste et moralisatrice qui a pesé dans le discrédit de l'hygiène publique au XXème siècle. Mais le

[163] Villermé « Tableau de l'état physique et moral des ouvriers dans les fabriques de coton, de laine et de soie » (1840). Parent-Duchâtelet « De la prostitution dans la ville de Paris considérée sous le rapport de l'hygiène publique, de la morale et de l'administration » (1836). Le rapport Villermé sur le travail des enfants dans les mines et dans l'industrie (environ 12 à 15% de la population active) est à l'origine de la loi du 22 mars 1841 qui fixe un âge minimum pour le travail des enfants dans l'industrie, limite la durée de leur travail, précise les conditions de leur protection, et crée un corps d'inspection préfigurant l'inspection du travail.

développement des connaissances se nourrit aussi d'un fait nouveau : l'internationalisation des échanges professionnels institutionnalisés. Il ne s'agit plus seulement de comptes rendus de voyageurs érudits. Des professions entières organisent des échanges transnationaux. Le souci de constituer un savoir partagé amorce une sorte de « patrie » des savants et des professions intellectuelles. La forme du *congrès international* se développe et exerce une influence croissante. C'est ainsi que la première « Conférence sanitaire internationale », qui se tient à Paris le 23 juillet 1851 aura un prolongement fécond puisque les historiens considèrent qu'elle a contribué à l'élaboration des règlements sanitaires modernes[164].

II L'échec de la Troisième République : un trop grand écart entre le projet de santé publique et l'état de la société

1. L'interminable gestation d'une organisation de santé publique embryonnaire

L'avènement de la Troisième République pouvait laisser espérer une véritable politique de santé publique. Celle-ci est restée au stade des velléités parce que la sociologie de la société française ne correspondait pas à l'ambition de ses promoteurs. Pourtant, l'urgence était flagrante et des moyens d'agir étaient envisageables comme le montrent les exemples d'Europe du nord. Lion Murard et Patrick Zylberman[165]soulignent le retard considérable de la France en matière d'organisation de la santé publique et le lourd bilan qui en résulte.

Entre 1871 et 1910, la mortalité générale baisse de 31% en Allemagne, de 21,4% en Angleterre tandis que la baisse n'est en France que de 18%. Les différences de structure démographique n'expliquent pas, à elles seules, cet écart. L'exemple de la tuberculose illustre les carences des pouvoirs publics. Elle représente environ cinq millions de vies perdues, entre 1867 et 1912, essentiellement dans la catégorie d'âge de 20 à 39 ans. La mortalité *décroît* en Angleterre et en Allemagne, pas en France (encore faut-il souligner que le taux des sous-déclarations médicales est estimé à près de 30%). La tuberculose est perçue par beaucoup comme une « tare » héréditaire rejoignant l'opprobre qui entoure l'alcoolisme et la syphilis comme signes d'inconduite morale. Il n'y a aucune structure publique d'information, de dépistage et de prévention.

---

[164] « Histoire des institutions médicales internationales ». H. Jones, P.Doriolle, H.Beer, in « Histoire de la médecine ».

[165] « L'hygiène dans la République, la santé publique en France ou l'utopie contrariée 1870-1918 », Lion Murard et Patrick Zylberman.

Les mesures d'asepsie ne sont appliquées que tardivement et partiellement dans les hôpitaux publics, au point que ces derniers constituent un des foyers les plus actifs de propagation des maladies transmissibles. Entre 1875 et 1883, la mortalité par typhoïde a augmenté de 50% à Paris alors qu'elle diminuait de 50% à Londres. L'obligation vaccinale n'intervient que très tardivement, ce qui explique un nombre anormalement élevé de décès prématurés.

La Revue d'hygiène observait en 1879 que le conseil départemental d'hygiène ne fonctionnait que dans la moitié des départements. Seuls 15 conseils départementaux adressaient un rapport sur les données épidémiologiques au Conseil consultatif national d'hygiène, sous-estimant souvent les réalités, les falsifiant parfois.[166]

La genèse du projet de santé publique en France révèle l'hostilité à toute intervention publique d'une médecine libérale inquiète pour son indépendance, les résistances des exploitants agricoles, artisans et commerçants à l'édiction de normes de protection sanitaire, susceptibles de limiter leur activité. L'élite politique est, sauf exception, soucieuse de ne pas heurter les intérêts d'un électorat encore largement rural et conservateur. La santé se résume pour la plupart au « colloque singulier » entre le médecin et son patient. Dès 1872 se multiplient les pétitions et mémoires scientifiques demandant la création d'un ministère de la santé ou d'une direction d'administration centrale spécialisée. Il faut attendre dix-sept ans pour que, s'inspirant des dispositions du « Local Act » britannique,[167]soit instituée une « direction de l'Assistance et de l'Hygiène » au sein du ministère de l'Intérieur (décret du 9 mars 1889). Si on la compare à celui du service britannique, son effectif, dérisoire et sans relais locaux, la condamne à l'impuissance.[168]

Le Sénat, où les collectivités rurales dominent largement, bloquera durant plus de cinq ans le projet de loi sur l'hygiène publique. Dans son article 97, la loi du 5 avril 1884 relative au statut de la commune dispose que le maire doit assurer *« la sécurité publique, la tranquillité publique et la salubrité publique »*. Mais les maires s'opposent dans leur grande majorité à tout projet de loi de santé publique. Soumis aux pressions des propriétaires, artisans, agriculteurs ou petits industriels, ils sont peu en mesure d'appliquer une législation qui impose des limitations à l'usage du droit de propriété. Les

---

166 « L'hygiène dans la république », ibid. pp 22 et s

167 En 1888, le « Local Act » fait obligation aux villes de plus de 50 000 habitants de disposer d'un médecin ayant un certificat de santé publique. Bien rémunéré, celui-ci peut abandonner sa clientèle privée.

168 6 agents pour près de 170 outre-Manche.

préfets de département, tenus de se substituer au maire en cas de carence de ce dernier, renoncent le plus souvent à faire usage de leur pouvoir.

Mais cette période est aussi celle qui voit la doctrine juridique évoluer sensiblement avec le développement des théories du service public et du droit social. Si la Cour de Cassation se pose en défenseur des libertés individuelles et du droit de propriété, le Conseil d'Etat commence à fixer dans sa jurisprudence les limites imposées par l'intérêt général à l'exercice de ces libertés en matière d'hygiène publique.[169]

2. La loi de 1902 : une loi privée de son efficacité

Ce n'est que le 15 février 1902 qu'est votée la première grande loi de santé publique au prix d'un compromis trahissant les intentions initiales de ses promoteurs. La pierre d'achoppement principale a été le refus réitéré du Sénat d'accepter la création du corps d'inspection de l'hygiène publique, dénoncé comme une menace pour les libertés individuelles.

La disposition la plus importante de la loi prévoyait l'obligation pour chaque commune de disposer d'un *« règlement sanitaire type »*. Elle n'est adoptée que parce que le Gouvernement accepte qu'un règlement moins contraignant soit imposé aux communes rurales. Il était fait obligation aux communes de plus de 20 000 habitants de créer un « bureau municipal d'hygiène ». La création du corps d'inspection de l'hygiène devenait facultative. Une liste de maladies à déclaration obligatoire était fixée par la loi. Mais elle ne comporte de dispositions ni sur la lutte contre l'alcoolisme et la syphilis ni sur la tuberculose.[170]Ce n'est qu'en 1912 que sera votée l'obligation de déclaration de cette dernière sur la liste des maladies contagieuses. L'opposition du corps médical est vive : cinquante syndicats médicaux sur soixante-dix s'élèvent contre ce qu'ils considèrent comme une « mesure vexatoire ». [171]

L'exécution de la loi fut confiée à ceux-là même qui n'y avaient pas intérêt, les maires. L'inertie des collectivités locales et l'insuffisant appui budgétaire de l'Etat seront les principales causes de la faible application d'une loi

---

[169] . Ainsi, dans un arrêt du 27 juin 1879, la Cour de Cassation donne tort au maire de Caen qui avait pris un arrêté enjoignant au propriétaire d'un puits absorbant, source de cas de typhoïde, de le fermer, considérant qu'il porte une « atteinte au droit de propriété » par un moyen « exclusivement obligatoire » cependant que le Conseil d'Etat rejette le recours pour excès de pouvoir intenté par le propriétaire.

[170] Plus de 20% des décès à la veille de la Grande Guerre

[171] Le principe de l'obligation ne fut adopté qu'en reportant la responsabilité de la déclaration sur le chef de famille ou la personne hébergeant le malade, le médecin n'étant tenu à la déclaration qu'en dernier ressort. La découverte du bacille responsable de la tuberculose par Koch, en 1882, avait été accueillie avec scepticisme.

pourtant conçue pour déranger le moins possible les différents intérêts particuliers. Murard et Zylberman, évoquant « une alliance indéfectible de la France municipale (des bourgs et des villes petites et moyennes) et de la France médicale »[172]livrent un florilège de mesures municipales tendant à rendre inapplicable le règlement sanitaire. Ainsi, en 1934, seules 9 000 communes (environ 50% de la population totale) possèdent un dispositif d'adduction d'eau satisfaisant au regard des normes sanitaires. Il n'est donc pas surprenant que la mortalité due à la typhoïde soit trois fois plus élevée en 1935 en France par rapport à l'Angleterre ou à l'Allemagne.

La loi du 15 avril 1916 sur les dispensaires préfigure la démarche qui va régir une grande partie du système sanitaire et social jusqu'à nos jours. Contre la proposition défendue par Léon Bourgeois de donner un statut public à ces nouveaux établissements, le Sénat affirme que le dispensaire ne fait pas partie des services publics « tout en étant chargé d'administrer, sous le principe de spécialité, une partie du domaine de l'assistance ».[173] La loi « s'interdit de créer une nouvelle obligation pour la puissance publique…et ne tend qu'à faciliter la mise sur pied d'organismes souples et pratiques ». Murard et Zylberman voient dans cette loi, un concept inédit « d'économie concertée » de la santé publique qui « intègre, selon une perspective unitaire, secteur public et secteur privé et prend pour critère l'intérêt sanitaire des réalisations plutôt que leur statut juridique ». Notre législation sanitaire, sociale et médico-sociale est en germe dans ce texte.

3. L'entre-deux-guerres : timide introduction de la santé dans la structure gouvernementale

La Grande Guerre a été le théâtre d'une intervention sanitaire influente, peu connue, de la Fondation Rockefeller. Participant à l'organisation sanitaire des Alliés ses responsables dressent un constat sévère de l'organisation sanitaire française. Devant l'ampleur du phénomène de la tuberculose en France, la Fondation présente au gouvernement français un plan quinquennal le 1er mai 1917.[174]Elle exerce son influence en faveur de la formation d'un ministère de la santé et apporte son aide à la constitution en 1925 de l'Office national d'hygiène sociale qui va être dans l'entre-deux-guerres un instrument très important de l'action sanitaire publique. La Fondation tente de transmettre la tradition américaine de gestion locale - le « community development » - qui repose sur la diffusion du message sanitaire par les

---

172 « Hygiène dans la République » pp 232 et s.

173 « L'hygiène dans la république », ibid pp 557-558

174 Le « Tentative Working Plan for the control of tuberculosis in France » : campagnes d'éducation sanitaire massives, création de comités antituberculeux, aide financière aux dispensaires antituberculeux et à la formation de personnels infirmiers.

populations elles-mêmes dans un pays qui néglige le rôle de l'information et la formation de et par la population.

L'épidémie de grippe « espagnole », qui se répand à partir d'avril 1918, a sans doute constitué l'ultime déclencheur dans le processus de création du premier ministère de la santé en France.[175] L'épidémie prit les dimensions d'un scandale politique lorsque les débats parlementaires montrèrent que personne ne pouvait dire avec certitude quel ministre devait ordonner les mesures prophylactiques nécessaires en raison de l'émiettement des compétences sanitaires. La nécessité de créer un ministère ne fut pas, pour autant, admise sans de nouvelles oppositions qui en retardèrent encore l'échéance.

C'est un décret du 27 janvier 1920 qui institue le « ministère de l'Hygiène, de l'Assistance et de la Prévoyance sociales ». Il se situe plus dans la longue tradition de l'assistance sociale que dans un projet politique de santé clairement pensé et il est dépourvu des moyens qui lui seraient nécessaires.[176]Il disparaît de l'organigramme gouvernemental dès 1924 pour ne réapparaître qu'en 1930. La priorité assignée à ce ministère est de préparer une législation susceptible de relancer la natalité.[177] Un décret du 9 novembre 1930 crée le premier véritable ministère de la Santé Publique.[178] Celui-ci prépare d'importantes réformes : statut des hôpitaux (décret-loi de 1939), repris et complété en 1941, professionnalisation de métiers sanitaires et sociaux nés empiriquement d'actions philanthropiques à la fin du XIXème siècle. L'Etat investit dans les constructions hospitalières, les dispensaires et les sanatoriums. En application d'une loi du 8 juin 1935, les pouvoirs d'action et de contrôle de l'Etat en matière de santé publique sont renforcés : le préfet de département reçoit pleine compétence pour l'application du règlement sanitaire-type qui devient départemental. Le corps d'inspection départementale d'hygiène publique est rendu obligatoire. Les bureaux municipaux d'hygiène sont placés sous son contrôle. Mais les effectifs du

---

[175] Le nombre de décès en France, généralement sous-évalué, aurait été de 240 000. L'épidémie fut trois fois plus meurtrière que la guerre (30 millions de décès dans le monde, 2,3 millions en Europe).

[176] Le ministère dispose d'une centaine d'agents, n'a pas de service déconcentré : il est tributaire des collectivités locales qui n'ont que 319 agents compétents dans ce domaine. (La fonction publique française comprend 700 000 agents en 1920).

[177] Un « Conseil supérieur de la natalité » est créé en 1920. La loi sur les allocations familiales est votée en 1932. Un Haut Comité de la Population est institué par un décret du 23.2.1939. La codification des lois sur la famille et à l'aide sociale intervient par un décret du 29.7.1939.

[178] Le ministère du Travail récupère le domaine de l'assurance et de la prévoyance, ce qui inaugure une association entre la condition de travailleur et celle d'assuré social (les lois d'assurance sociale viennent d'être votées) qui prévaudra jusqu'à la fin du XXème siècle.

ministère de la santé (à peine 200 agents) sont à comparer aux effectifs britanniques qui sont, dès la fin du XIXème siècle, près de 2000.

III La santé publique en marge de la sécurité sociale

Les lendemains de la seconde guerre mondiale paraissaient favorables à la formation d'un service public de santé, parfaitement compatible avec les principes déontologiques fondamentaux de la médecine. Les propositions de réforme élaborées par des médecins résistants évoquaient cette hypothèse. Le projet soumis au Comité français de la Libération nationale en janvier 1944 reposait sur un grand ministère de la Population coordonnant les politiques de la médecine, de la santé publique et de la démographie. Mais l'ordonnance du 10 octobre 1945 relative à l'organisation du ministère de la santé ne reprend pas la proposition de création du grand service national de santé publique.[179]

Néanmoins, plusieurs textes importants redéfinissent et réorganisent des services de prévention essentiels progressivement constitués sous la Troisième République et le régime de Vichy. L'ordonnance du 18 octobre 1945 crée un service de médecine scolaire étendu à tous les établissements publics et privés d'enseignement ou d'éducation. Celle du 3 novembre 1945 crée les services départementaux de protection maternelle et infantile. La loi du 11 octobre 1946 instaure un service de médecine du travail, étendant la protection médicale au travail à toutes les entreprises privées et plaçant ces services sous la tutelle des comités d'entreprise.[180] Sont également créés ou réorganisés des services de lutte contre les « fléaux sociaux » (notamment l'important réseau des centres régionaux de lutte contre le cancer, celui de la lutte contre la tuberculose...).

L'œuvre législative du gouvernement de la Libération est importante en matière de santé publique mais elle souffrira ultérieurement de la faiblesse des moyens alloués au regard des besoins, du cloisonnement institutionnel résultant des choix opérés dans la dévolution des compétences, et paradoxalement de la priorité accordée à un système de sécurité sociale, conçu comme système assurantiel. Sa logique de remboursement des soins privilégie d'emblée le curatif par rapport au préventif. La sécurité sociale est un enjeu politique majeur. La prévention, qui ne peut espérer de résultats qu'à long terme pèse peu face aux urgences du lendemain de la Libération et à cette délivrance de la crainte ancestrale de ne pouvoir se soigner. D'emblée

---

[179] Il est alors doté d'un effectif comprenant 438 agents dans les services centraux et 2133 dans les services extérieurs, dont 300 médecins inspecteurs de l'hygiène.

[180] Le Conseil de l'Ordre des médecins obtenait toutefois que la médecine du travail ne dispense pas de soins et se limite à une activité de prévention.

un champ immense pour la production et la consommation de soins est ouvert par le financement social. L'histoire de la santé publique de la seconde moitié du XXème siècle reste, elle, associée à l'assistance. Elle apparaît marginalisée par la politique prioritaire de sécurité sociale, confondue avec la politique santé.

La dynamique sociale est transférée au ministère du travail qui recueille les attributions relatives à la sécurité sociale. Le ministère de la santé gère l'héritage du système déclinant de l'assistance. L'impératif de maîtrise des dépenses de l'assurance maladie inaugure, à la fin des années 1970, une association des attributions de santé et d'assurance maladie qui ne laisse pas davantage de place au champ proprement dit de la santé publique puisque l'enjeu principal devient l'encadrement des dépenses de soins.

C'est autour du système hospitalo-universitaire que se forme le nouveau pouvoir médical selon une hiérarchie de prestige qui, basée sur la performance technique, marginalise plus encore la santé publique. Ni le statut administratif ni le statut social de la médecine de santé publique ne sont attractifs. Les jeunes hauts-fonctionnaires sortis en bon rang de l'ENA choisissent, sauf engagement social personnel, les ministères « économiques ». Un ministère sans « grand corps » est désavantagé dans le jeu des influences qui concourent à la décision.

C'est d'une forme nouvelle d'administration, transversale et prospective, que proviennent les impulsions nouvelles. Le Commissariat général au Plan constitue sans doute l'expression la plus achevée d'une dynamique de modernisation du pays à la Libération Elle repose sur deux idées essentielles : 1 l'action publique doit procéder d'une ouverture aux différents groupes économiques et sociaux. C'est la méthode dite d'administration consultative. 2 L'investissement devient, dans une optique keynésienne, un enjeu national. La planification intègre progressivement un objectif d'équipement sanitaire et social qui transformera radicalement la capacité de réponse aux besoins « sanitaires et sociaux ». Mais de quels besoins s'agit-il ? Faute d'une stratégie de santé publique, leur définition sera essentiellement axée sur le secteur curatif.

IV L'administration sanitaire et sociale : l'écart entre les intentions et les moyens

L'importante réforme de l'administration territoriale de l'Etat en 1964 poursuit deux buts étrangers à des objectifs de santé publique : renforcer le pouvoir des préfets de département et de région et rationaliser l'organisation territoriale de l'Etat. [181]

La création des directions départementales de l'action sanitaire et sociale (DDASS) et des services régionaux de l'action sanitaire et sociale (SRASS) a été l'une des principales opérations de réorganisation administrative menées dans ce but.[182]L'exposé des motifs donne à penser qu'une stratégie novatrice de santé publique est possible mais, sous un vocabulaire épousant les préoccupations liées à l'urbanisation rapide, on retrouve finalement l'héritage de l'assistance et l'écart entre les moyens et les intentions.

C'est le SRASS qui exprime le mieux les ambitions fortes de modernisation du pays dans le domaine sanitaire et social. Mais c'est surtout une cellule de préparation et d'exécution des programmes d'équipements sanitaires et sociaux inscrits au Plan, aux moyens très limités.[183]

Les DDASS regroupent les deux services déconcentrés relevant du ministère de la Santé et de la Population - les directions de la population et de l'aide sociale et de la santé - les services d'aide sociale des préfectures et les services de santé scolaire du ministère de l'Education.[184]

Cette réforme esquisse un projet d'administration de la santé publique censé traiter les effets des mutations sociales provoquées par la forte croissance économique de l'après-guerre.[185] L'instruction générale du 30 juillet 1964 qui en précise la philosophie évoque une approche globale et coordonnée des problèmes de santé publique. Elle doit s'appliquer aux questions nouvelles qui se posent en matière d'urbanisme, d'intégration des populations immigrées. Le directeur de l'action sanitaire et sociale doit être « associé » à toutes les études intéressant l'aménagement du territoire, « animer » des

---

[181] Décret n°64-250 du 14 mars1964 relatif aux pouvoirs des préfets, à l'organisation des services de l'Etat dans les départements et à la déconcentration administrative (J.O 20. 03.1964). Décret N° 64-251 du 14 mars 1964 relatif à l'organisation des services de l'Etat dans les circonscriptions administratives d'action régionale (J.O 20.03.1964).

[182] Décret N° 64-783 du 30 juillet 1964 relatif aux attributions des services extérieurs du Ministère de la Santé publique et de la Population (J.O du 1.08.1964). Instruction générale du 30.07.1964 à messieurs les Préfets, relative à la réorganisation des services extérieurs du Ministère de la Santé publique et de la Population. Recueil des Textes officiels. Fascicule spécial n°64-44 bis. 1964

[183] Le SRASS sera fusionné en 1977 avec la direction régionale de la sécurité sociale (relevant du ministère du Travail, chargée de la tutelle et du contrôle des organismes de sécurité sociale), pour former la direction régionale des affaires sanitaires et sociales (DRASS) au moment où le contrôle de la gestion du secteur hospitalier devient un enjeu politique et économique.

[184] Les effectifs des services extérieurs du Ministère de la Santé passent ainsi de 1400 à 4000 agents.

[185] « L'administration de la santé en France », Bernard Marrot, pp 27 à 41

structures sociales urbaines ou rurales, « coordonner » l'action sociale en faveur des groupes, des familles et des individus conduits à changer de résidence ou d'emploi à la suite des mouvements d'expansion régionale et de reconversion économique.

Un tel programme n'est pas éloigné du concept de « prévention primaire » défini par l'OMS. Mais une réorganisation *administrative* peut-elle se substituer au domaine de la décision *politique* ? Ce texte d'intention n'a pas eu, et ne pouvait avoir, de portée sans une profonde révision politique. Alors que le directeur de l'action sanitaire et sociale était censé émettre un avis sur tous les projets de développement, aucune disposition légale et réglementaire ne le permettait. Les préfets n'accordaient, par ailleurs, qu'un intérêt limité aux projets du ministère de la santé et des affaires sociales à l'époque des bâtisseurs d'ensembles urbains et d'infrastructures routières. Enfin, les DDASS ne furent jamais dotées des moyens d'expertise nouveaux (en sciences humaines et sociales, notamment) que leurs nouvelles missions impliquaient.

V Crises de de la santé publique : émergence des concepts de stratégie et de sécurité sanitaire

La période contemporaine, à partir des années 80, est marquée par une série de crises graves du système de santé qui placent l'organisation de la santé, pour la première fois, en tête de l'agenda politique. D'importantes réformes débouchent sur la mise en place d'institutions d'expertise ayant pour mission de garantir la qualité et la sécurité du système de santé. Le début du XXIème siècle est illustré par un profond renouvellement des conceptions et des méthodes de la santé publique. Mais la crise provoquée par la pandémie du SARS-CoV-2 ébranle sérieusement l'édifice à peine construit. Ce n'est pas le débat sur sa gestion centralisée (qui sera évoqué en partie III) qui retient ici l'attention : c'est le fait que la polémique engendrée par la pandémie porte essentiellement sur les moyens insuffisants de l'hôpital. La vision curative continue de l'emporter sur la vision préventive dans un pays dépourvu de culture de santé publique.

1. Les premiers et timides éléments d'une politique de promotion de la santé

Le début du premier septennat Mitterrand est marqué par une tentative de renouvellement des méthodes en santé publique. L'idée directrice de cette approche est d'inciter les individus et les groupes sociaux à être les acteurs de la construction de leur santé plutôt que des récepteurs passifs des messages sanitaires. S'inspirant des recommandations de l'OMS, une circulaire interministérielle du 4 mars 1982[186] créait dans chaque région auprès des DRASS un « comité consultatif régional de promotion de la santé » composé de représentants des associations d'usagers et des acteurs du système de santé. Préfiguration des futures conférences régionales de santé, ce comité avait pour but d'émettre des propositions d'organisation régionale de la santé et de se prononcer sur des projets de promotion, de prévention, d'éducation pour la santé. Des comités départementaux et locaux étaient également institués dans le même but.

L'état fragmentaire des connaissances sur la santé de la population a conduit à la création, sous la forme associative, des observatoires régionaux de la santé (ORS) par une circulaire ministérielle de 1983. Leur mission a été confortée par un décret de 1991.[187]Les ORS ont permis une amélioration des connaissances sur l'état sanitaire de chaque région, utilement relayée par leur fédération nationale. Mais leur création ne pouvait compenser à elle seule l'inadaptation du système national de recueil des données de l'assurance maladie, conçu pour le remboursement des soins, non pour une connaissance épidémiologique.

2. Les inconséquences de la décentralisation sanitaire et sociale

Les DDASS géraient, sous l'autorité du préfet, à la fois représentant de l'Etat dans le département et autorité exécutive de la collectivité locale, d'importantes compétences d'aide sociale et d'action sanitaire.[188].

La décentralisation de 1982 a déconstruit l'édifice péniblement édifié et le projet qui le sous-tendait.[189] La répartition des compétences entre l'Etat et le département a abouti au transfert à ce dernier du service social, des services de PMI et de protection de l'enfance, du service des actions sociales et de l'aide sociale, des compétences de prévention sanitaire. L'Etat ne conservait, au sein de la nouvelle DDASS, que la tutelle et le contrôle sur les établissements sanitaires et les établissements relevant de son aide sociale, et accueillait l'actuel service santé-environnement, certaines attributions

[186] Circulaire DGS/POS/1A n°39 du 4.3.1982 relative à la régionalisation des actions de prévention. Ministère de la Santé. B.O n°82-21

[187] Décret n°91-1410 du 31.12.1991 relatif à l'organisation et à l'équipement sanitaires. J.O du 4.1.1992

[188] Elles représentaient, en moyenne, plus de 50% du budget de fonctionnement du département et les ¾ de leurs effectifs étaient formés d'agents départementaux.

[189] Loi n°82-213 du 2.3.1982 relative aux libertés des communes, départements et régions ; lois n°83-8 du 7.1.1983 et n°83-663 du 22.7.1983 relatives à la répartition des compétences entre les communes, les départements, les régions et l'Etat (complétées par la loi de finances pour 1986 transférant le financement de la sectorisation psychiatrique à l'Assurance maladie).

d'action sanitaire, notamment la lutte contre les maladies mentales.[190] Le service de santé scolaire retournait sous le giron du ministère de l'Education. Le service « unifié » de l'enfance associant, dans le but d'assurer une *continuité* dans l'action préventive, la PMI, la santé scolaire, la prévention de l'enfance et de l'adolescence en danger, celle du handicap et des maladies mentales, était éclaté, générant des problèmes de coordination aujourd'hui encore mal résolus.

La création d'un Fonds national de prévention, d'éducation et d'information sanitaire,[191]alimenté par les ressources du régime général d'Assurance Maladie, présentait l'avantage de financer des programmes de prévention avec des moyens que l'Etat ne voulait pas assumer. La faiblesse de l'investissement de l'Etat dans son propre champ de compétence, instaurait une gestion plurielle de la prévention. En pratique, de nombreuses institutions et collectivités intervenant dans le domaine de la prévention, avec leurs propres critères d'allocation des ressources, leur propre agenda, toute action coordonnée en faveur d'une prévention était plutôt illusoire.

3. L'émergence d'une pensée stratégique dans la politique de santé

C'est avec le gouvernement Rocard que s'amorce une politique de santé publique plus volontariste. Claude Evin, ministre de la santé et de la protection sociale, confie à d'éminentes personnalités médicales la mission de proposer les éléments d'une stratégie de santé publique. Leur rapport contenait les principales propositions qui préfiguraient la base des lois de santé publiques actuelles.[192]La création du Haut Comité de la santé publique, dont ces personnalités seront les animatrices, annonçait l'actuel Haut conseil en santé publique. Mais cette tentative se déroule dans le contexte de la révélation des failles dans la gestion de l'épidémie du VIH au début des années 80, ce qui contraint le nouveau gouvernement à se focaliser sur le traitement du drame qui en est résulté. Il faudra attendre les lois relatives aux droits des malades de 2002 et de santé publique de 2004 pour qu'une stratégie durable de santé publique redevienne possible.

---

[190] En définitive, l'Etat récupèrera les compétences sanitaires dévolues au département, hormis la PMI (loi du 13.8.2004 relative aux libertés locales)

[191] Loi n°88-16 du 5.1.1988 instituant un Fonds national de prévention, d'éducation et d'information sanitaire de l'assurance maladie (J.O du 6.1.1988)

[192] Rapport sur « l'action politique dans le domaine de la santé publique et de la prévention » des professeurs Dubois, Got, Grémy, Hirsch et Tubiana (mai 1989).

4. Le concept de « sécurité sanitaire » nouveau paradigme de la santé publique

La propagation du virus du VIH a été un évènement refondateur de la santé publique. Pour la première fois, des malades forment un groupe de pression rompant avec une attitude d'assisté pour contester le pouvoir politique mais aussi le pouvoir médical. Ce combat contribua fortement à l'introduction des enjeux de santé publique dans l'opinion. Les pouvoirs publics sont sommés de réagir face à ce qu'on a pu considérer comme la « défaite » de trop d'une santé publique qui ne progresse que par crises.[193]

L'affaire de la contamination du sang transfusé mettait en évidence la faiblesse du contrôle de l'administration, réduite, faute de moyens, à confier celui-ci aux opérateurs eux-mêmes. Le rapport annuel 1991-1992 de l'Inspection générale des affaires sociales (IGAS) soulignait la faible audience de cette administration auprès des professions de santé. Beaucoup de membres du corps médical ne semblaient pas avoir prêté attention à la circulaire ministérielle de 1983 relative aux mesures à prendre pour réduire les risques transfusionnels liés au SIDA. Les crises sanitaires qui se produisent à partir des années 80 mettent aussi en évidence les insuffisances de la formation médicale continue. Il apparaît également que, dans une époque où la population dispose de moyens d'information permanents, la médecine ne peut plus fonctionner selon les codes de la société autonome qu'elle fut jusqu'alors. En tant qu'acteur social majeur, elle se trouve engagée dans une collaboration obligée avec la puissance publique.

Une seconde affaire a montré les failles de l'organisation sanitaire : celle de l'emploi de produits amiantés dans l'industrie et le bâtiment. En dépit de la reconnaissance du caractère hautement cancérogène de l'amiante dès les années 1950, il faut attendre le 1er janvier 1997 pour que l'usage de l'amiante soit interdit.[194] Par un arrêt du 3 mars 2004, le Conseil d'Etat a reconnu la « carence de l'Etat à prendre les mesures de prévention des risques liés à l'exposition des travailleurs aux poussières d'amiante » et conclu à l'existence d'une faute de nature à engager sa responsabilité.[195]A partir des années 90, se multiplient les affaires illustrant les insuffisances du contrôle de la sécurité sanitaire (notamment en matière d'autorisation des médicaments et produits de santé).

---

[193]A.Morelle « La défaite de la santé publique ». L. Murard et P. Zylberman. « Le Monde ». 15.11.2007.

[194] La Communauté européenne prendra la même décision par une directive de la Commission européenne (n°1999/77/CE) du 26.07.1999 applicable au 1.1.2005. L'évaluation du nombre de décès imputables au cancer spécifique à son exposition continue (mésothéliome) est de l'ordre de 100 000 personnes d'ici à 2025 en France.

[195] L'Etat a créé en 2001 un « Fonds d'indemnisation des victimes de l'amiante » (FIVA). Les tribunaux civils ont accueilli favorablement un certain nombre de demandes de réparation.

La question de la *sécurité sanitaire* est donc devenue depuis cette période une question politique majeure. Ainsi que le fait remarquer l'un des principaux acteurs de la formation du dispositif actuel de sécurité sanitaire, Didier Tabuteau, « avant 1992, la notion de sécurité sanitaire était inconnue ».[196] Elle a sa part dans le développement du principe de précaution.

La loi Kouchner du 4 mars 2002 relative aux droits des malades et à la qualité du système de santé a consacré la sécurité sanitaire comme « un des objectifs cardinaux du système de santé, l'une des composantes du droit fondamental à la protection de la santé ». La doctrine de la sécurité sanitaire est née des débats parlementaires portant sur la réforme de l'organisation de la transfusion sanguine. Didier Tabuteau note que, définie à l'origine comme la sécurité des personnes à l'égard des risques liés au fonctionnement du système de santé, la sécurité sanitaire est désormais conçue comme *« la protection de l'homme contre les risques induits par le fonctionnement de la société, qu'ils soient alimentaires, environnementaux ou sanitaires au sens strict »,* ce qui représente une extension considérable du champ de la décision et de la responsabilité. Incluant le risque iatrogène, inhérent à la pratique médicale, que le code de déontologie prenait déjà en considération,[197] la sécurité sanitaire s'est étendue à toute décision de tout détenteur d'une responsabilité dans la société.

Au cours des années 1990-2010, la nécessité de créer une administration dotée de moyens d'expertise constituant une référence permanente sur les questions de sécurité sanitaire s'est imposée, parfois dans l'urgence. Le choix des pouvoirs publics s'est porté sur le modèle anglo-saxon de l'agence, censé apporter la souplesse juridique et les moyens opérationnels qui manquaient à un service administratif.[198] Sans doute fallait-il aussi donner à l'opinion publique le sentiment qu'une organisation nouvelle allait combler le manque incriminé. L'appareil public de la santé passe ainsi d'un état de sous-administration chronique à la formation d'un système institutionnel, sans doute complexe et perfectible mais plus opérationnel.

---

[196] « Principes et organisation de la sécurité sanitaire ». D. Tabuteau, in « Traité de santé publique », pp 69 et s.

[197] (Art. 40 du code de déontologie médicale : « le médecin doit s'interdire, dans les investigations et les interventions qu'il pratique, comme dans les thérapeutiques qu'il prescrit, de faire courir au patient un risque injustifié »),

[198] Voir Troisième partie, Titre I, chapitre I

VI La transformation du système de santé, entre le projet de santé publique et les réalités de l'économie

Depuis le début du XXIème siècle, une importante législation tente de transformer un système de santé trop centré sur l'hôpital et de le reconfigurer autour des fonctions de santé primaire en articulant les différents niveaux d'intervention autour du *« parcours de soins coordonnés »*.

Parmi les textes importants votés depuis 2000, figure la loi de santé publique du 9 août 2004.[199] Elle ouvre la voie à une véritable approche stratégique en santé publique en fixant le principe d'une loi de programmation d'objectifs de santé publique, quantifiés et évaluables. Elle présente également une double approche des problèmes, centrée sur les services destinés aux individus et sur une approche « populationnelle ». Enfin, elle amorce une nouvelle définition du rôle du médecin généraliste comme pivot du système de santé. Elle est, à cet égard, inséparable de l'autre grande loi de 2004 réformant l'assurance maladie instituant le « médecin traitant ».[200]Elle comportait en annexe une centaine d'objectifs. L'évaluation des résultats des actions[201]met en évidence leur inégale réalisation (supérieure à 50% toutefois). Mais il est intéressant de noter qu'alors qu'à la fin du XXème siècle, la France occupait pratiquement la première place quant au nombre des décès évitables, elle se situe plutôt au 3ème ou 4ème rang aujourd'hui.

Un autre grand texte réorganisant le système de santé est important du point de vue de la santé publique. Il s'agit de la loi « Hôpital, patients, santé et territoires » (HPST) de 2009, notamment pour ses dispositions tendant à structurer le niveau de santé primaire.[202]Deux autres lois sont venues approfondir, en 2016 et en 2019, ce processus de transformation du système de santé autour du niveau de santé primaire.[203] Ils définissent les instruments destinés à recentrer l'organisation sanitaire sur la personne, d'une part, sur des formes nouvelles de coopération (communautés professionnelles territoriales de santé, groupements hospitaliers de territoire), d'autre part, censées favoriser une approche globale de la santé.

[199] Loi n°2004-806 du 9 août 2004 relative à la politique de santé publique

[200] Loi n°2004-810 du 13.8.2004 relative à l'Assurance maladie

[201] Rapport d'évaluation du Haut Conseil de la santé publique. 2009.

[202] Loi n°2009-879 du 21.7.2009.

[203] Loi de modernisation du système de santé n°2016-41 du 26.1.2016 et loi d'organisation et transformation du système de santé n°2019-794 du 24.7.2019

Chapitre II
Les données « paradoxales » de l'état sanitaire

L'état sanitaire de la population française ne fait l'objet d'une analyse relativement approfondie que depuis la fin du XXème siècle. Elle a permis de prendre conscience du *« paradoxe français »*.[204] Les données sanitaires globales sont relativement satisfaisantes mais elles masquent des faiblesses sérieuses. *Si l'espérance de vie à la naissance est parmi les meilleures au monde, l'espérance de vie en bonne santé - indicateur significatif de la qualité de vie - situe la France sous la moyenne européenne. Le taux de mortalité et de morbidité prématurée « évitable » est un des plus élevés d'Europe. Les inégalités sociales et territoriales face à la maladie et à l'espérance de vie sont importantes.*

Ces données surprennent, de prime abord, eu égard à l'investissement consenti par la Nation. A l'analyse, il faut y voir l'effet d'un sous-investissement dans la promotion et la prévention en santé. L'absence d'une approche globale de la santé est aussi un obstacle : les données brutes qui suivent peuvent être trompeuses en ce qu'elles ne rendent pas bien compte des recoupements qui doivent être opérées entre elles. A cet égard, il est un phénomène social considérable qui demeure mal identifié : la *solitude*, l'isolement social, dont l'importance croît (et s'accroissait dès avant la crise provoquée par le SARS-CoV2). L'isolement social est source, non seulement de pathologies mentales et de suicides, mais est un facteur de développement de nombreuses maladies somatiques chroniques, et engendre des durées moyennes d'hospitalisation supérieures à la moyenne.[205] Un autre aspect, rarement noté, du « paradoxe » est que ce ne sont pas les régions les moins dotées en équipements et professions de santé qui présentent les plus mauvais résultats sanitaires. Ceci confirme la nécessité d'analyses multifactorielles et microsociales de l'état sanitaire de la population.

I. Un état sanitaire globalement bon mais perfectible

L'espérance de vie à la naissance a pratiquement doublé depuis le début du XXème siècle. Le taux de mortalité infantile, indicateur significatif des progrès d'un système de santé, est passé de 51,9 pour 1000 à 3,8 pour 1000.[206]Entre 1950 et 2019, l'espérance de vie des hommes est passée de

---

[204] Rapport sur l'état de santé des français. Haut Conseil de la santé publique. Documentation française. 2002

[205] Les études conduites par la Fondation de France, en collaboration avec le CREDOC, depuis 11 ans rendent bien compte de l'ampleur du phénomène et de ses caractéristiques. Voir notamment les rapports du 10ème anniversaire (2020) et le dernier rapport axé sur le phénomène chez les jeunes.

[206] V.Bellamy, C.Beaumel, « Bilan démographique 2016 ». INSEE Première n°1630

63,4 ans à 79,6 ans, celle des femmes de 69,2 à 85,6 ans, soit une moyenne de 82,6 ans.[207]

Si l'on se réfère à *l'espérance de vie « en bonne santé »* (sans handicap invalidant ni perte d'autonomie), le résultat est moins satisfaisant.[208]Celle-ci est de 64,1 ans chez les femmes et 62,7 chez les hommes en France contre respectivement 64,2 et 63,5 en moyenne en Europe.[209]

La qualité des performances médicales de notre système de santé ne peut compenser les faiblesses des politiques de prévention. Il résulte de cette situation un *taux de décès évitables encore élevé*,[210]et une proportion importante (en forte progression) d'addictions et de pathologies chroniques.

1. Une espérance de vie à la naissance globalement élevée

Le « panorama de la santé 2017 » de l'OCDE situe la France parmi les pays dont l'espérance de vie à la naissance est la plus élevée. Avec un âge moyen de 82,4 ans, elle occupe la 7ème place sur 36, sensiblement au-dessus de la moyenne (80,6 ans). Ce résultat révèle toutefois un écart important entre sexes, les femmes occupant le 4ème rang, les hommes seulement le 16ème rang. Cet écart conséquent est lié à des causes multifactorielles (conditions de travail, exposition à des risques environnementaux mais aussi comportements à risque) et au fait que les femmes sont, en moyenne, mieux suivies par les services de santé du fait des maternités et du contrôle des naissances.[211]

Une récente étude de prospective conclut que la France pourrait occuper la seconde place pour l'espérance de vie à la naissance en 2030 derrière la

---

207 Panorama de la santé 2019 OCDE.

208 Cet indicateur - Healthy Life Years au niveau européen - mesure la présence ou non d'une limitation des activités de l'individu à cause d'un problème de santé. Il est, selon Emmanuelle Cambois, directrice de recherche INSERM, fortement corrélé à des mesures objectives comme les tests de performance physique, la consommation de soins, le décès dans les années qui suivent (déclaration au « Monde-sciences et médecine » du 20.2.2019).

209 Eurostat 2016 H. Le Bras (« Se sentir mal dans une France qui va bien ») relativise toutefois ces écarts à cause de changements intervenus dans la définition des catégories statistiques ou de variations dans les définitions nationales.

210 Le chiffre de 75 000 décès prématurés « évitables » en 2015 (Panorama de la santé 2019 de l'OCDE) peut être considéré comme une hypothèse basse.

211 La plus récente étude de l'INSEE (2017) met en évidence des écarts sensiblement plus grands en fonction du niveau de revenu : l'espérance de vie d'un homme disposant d'un revenu mensuel de 470 euros est de 71,7 ans alors qu'un homme disposant d'un revenu mensuel de 5800 euros a une espérance de vie de 88,3 ans, soit un écart de 13 ans. L'écart est moindre entre les femmes mais se situe cependant à 8 ans. Ces données brutes doivent cependant être confrontées à d'autres données socio-culturelles et psychologiques.

Corée du sud (90 ans pour les femmes, 85 pour les hommes).[212] Les analystes de l'OCDE soulignent que les conditions les plus évidentes d'une amélioration de l'espérance de vie résident dans la pratique de modes de vie bénéficiant de conditions environnementales satisfaisantes et réduisant les comportements à risques sanitaires, d'une part, de revenus suffisants et d'un bon niveau d'éducation, d'autre part.

Il n'existe pas de relation directe entre le niveau des dépenses de soins et l'état de santé. Les USA fournissent, à cet égard, un exemple significatif : avec le niveau de dépenses le plus élevé des pays de l'OCDE (17% de leur PIB), leurs indicateurs sanitaires sont sensiblement moins bons que ceux des pays européens qui consacrent en moyenne 10% de leur PIB à la santé. Le type de système de santé joue en revanche un rôle majeur : en Europe, celui-ci est organisé dans un cadre collectif (Etat ou Sécurité Sociale). Dans les systèmes libéraux, les inégalités sont très fortes, l'accès aux soins et à la prévention étant restreint pour les populations paupérisées.

2. Une progression constante, y compris de l'espérance de vie sans limitation d'activité [213]

Le rapport 2017 sur l'état de santé des français observe la poursuite de l'augmentation de l'espérance de vie à un niveau élevé mais à un rythme légèrement ralenti.[214]La mortalité continue de se réduire (de 14,7°/°°à 11,4°/°° chez les hommes et de 8,4°/°° chez les femmes à 6,7°/°°). On constate une baisse continue depuis 15 ans de la mortalité prématurée (avant 65 ans) et de la mortalité évitable : elle a diminué de 22,9% chez les hommes entre 2000 et 2013, et de 15,1% chez les femmes. Cette évolution suggère une efficacité plus grande des stratégies de prévention. Mais la France demeure l'un des trois pays d'Europe de l'ouest au taux de mortalité évitable le plus élevé.

L'espérance de vie sans limitation d'activité à 65 ans est de 9,7 ans chez les hommes pour une espérance de vie à 65 ans de 19 ans. Celle des femmes est de 10,6 ans pour une espérance de vie totale à 65 ans de 23,5 ans. En 2015, 25% des personnes de plus de 16 ans déclaraient une limitation de leurs actes depuis au moins 6 mois pour une raison de santé, 9% subissant une limitation forte. Après 80 ans, cette limitation touche 34% des personnes

[212] La pandémie du SARS-CoV-2 a eu pour effet de réduire à la marge la moyenne d'espérance de vie à la naissance dans de nombreux pays, dont la France.

[213] Rapport 2017 sur l'état de santé de la population en France. Ministère de la Santé (DREES).

[214] Le tassement de la progression de l'espérance de vie s'observe depuis 2011 dans la plupart des pays. Si cette évolution devait se confirmer elle pourrait avoir un lien avec la dégradation de l'environnement (pollutions) et le développement de pratiques alimentaires génératrices de cancers, maladies cardiovasculaires ou diabète.

pour leurs soins personnels et 71% pour l'accomplissement de tâches domestiques.

3. Le poids des pathologies chroniques

Les principales causes de mortalité sont les tumeurs cancéreuses (environ 30% des décès), les pathologies de l'appareil circulatoire (plus de 25% des décès), enfin les accidents (5%). La mortalité liée à des maladies chroniques baisse de 1,5% par an chez les hommes depuis 1980 et de 1% chez les femmes. Mais le nombre de personnes atteintes croît du fait du vieillissement et probablement du mode de vie (régimes alimentaires, environnement). On recense plus de 12 millions de ressortissants du régime général de l'Assurance Maladie ayant une affection de longue durée (ALD).[215]. Le nombre total des malades chroniques avoisine les 20 millions. On note un accroissement chez les moins de 65 ans.

La mortalité imputable aux différents cancers (environ 150 000 décès annuels) est en baisse.[216] Des travaux convergents établissent un lien entre un certain nombre de cancers et des facteurs environnementaux. Une étude coordonnée du Centre international de recherche sur le cancer établit que 41% des cancers survenus en 2015 en France chez les adultes de plus de 30 ans - soit 142 000 cas - étaient « évitables » en ce qu'ils sont liés au mode de vie et à l'environnement analysé à partir de 13 facteurs majeurs de risque.[217]

On observe la même tendance à la baisse des décès imputables à des cardiopathies ischémiques. (- 37,1% entre 2000 et 2013) pour la mortalité par accident vasculaire cérébral,[218] (- 43,8% chez les hommes, -19,3% chez les femmes). Grâce aux progrès de la médecine, de l'organisation des

---

[215] Maladies cardio-vasculaires : plus de 3,5 millions d'affections de longue durée. Diabète : près de 2,4 million. Cancers : plus de 2 millions. Affections psychiatriques de longue durée : plus de 1,2 million (régime général assurance maladie. Source : AMELI.

[216] Le taux de guérison est aujourd'hui de l'ordre de 50%. Cependant les cas de nouveaux cancers sont en hausse sensible depuis 1980. La mortalité par cancer du poumon et cancer bronchique a augmenté chez les femmes en corrélation avec l'augmentation du tabagisme féminin depuis trois décennies.

[217] Etude publiée par le Bulletin épidémiologique hebdomadaire (BEH) de l'Agence Santé publique France le 25.6.2018. Parmi les facteurs retenus, le tabac représente près de 50% des cancers (68 800 cas) suivi par l'alcool (environ 20% soit 27 856 cas), l'alimentation pour environ 13% (18 781), l'obésité : environ 13% (18 639), les infections : 10% (14007), les expositions professionnelles : environ 8% (12 314), les UV : environ 6% (10 722), les radiations ionisantes : environ 4,5% (6293), la sédentarité : 2,5% (2973). La pollution de l'air extérieur n'interviendrait que pour environ 1% des cas. La part des infections au papillomavirus ou cause de l'hépatite B est à mettre en rapport avec le faible taux de vaccination (inférieur à 15% chez les filles de 16 ans en 2015 en France contre 80% des 14-25 ans au Royaume Uni (ce qui a fait baisser de 86% le nombre de ces de cancers).

[218] Le nombre des décès par AVC diminue mais le nombre des AVC avant 65 ans croît, peut-être en raison du tabagisme et de régimes alimentaires favorisants.

services de soins et à une prévention plus efficace, cette baisse devrait se poursuivre.

La prévalence du diabète, maladie chronique métabolique, liée principalement à des consommations alimentaires et à la sédentarité, croît régulièrement d'environ 4 à 5% par an : plus de trois millions de personnes sont traitées. Avec l'hypertension artérielle, le diabète représente un facteur important de l'insuffisance rénale chronique terminale qui croît de 2% par an, essentiellement du fait du vieillissement de la population. Il est, par ailleurs, le facteur déclenchant de pathologies à pronostic défavorable.

4. L'incidence des accidents

Les accidents de la vie courante forment la troisième cause de mortalité avec plus de 20 000 décès annuels.[219] L'agence « Santé publique-France » estime à 11 à 12 millions le nombre d'accidents domestiques annuels. Près de la moitié imposent un recours aux services d'urgence des hôpitaux (500 000 génèrent une hospitalisation). Environ 3 500 personnes meurent dans des accidents de la route chaque année et 70 000 sont blessées dont une partie demeurera durablement handicapée.

5. La santé mentale, troisième cause de morbidité

Les troubles psychologiques et les pathologies psychiatriques constituent la troisième cause de morbidité en France. Des études récentes et exhaustives sur l'état de santé mentale de la population évaluent à 15% environ les états de souffrance psychique, allant des états dépressifs aux catégories nosographiques de la psychiatrie. [(220)] Les états dépressifs sont des facteurs de désocialisation et de précarité sociale.[221] Les personnes suivies en

---

219 Dont près de 50% consécutifs à des chutes, essentiellement de personnes âgées, 15% résultant de suffocations (la « fausse route alimentaire »), 10% d'intoxications. On observe une nette surmortalité masculine jusqu'à 85 ans. Plus de 200 enfants meurent annuellement par noyade.

220 Selon « Statistiques en psychiatrie en France : données de cadrage ». Chantal Cases et Emmanuelle Salines, Revue française des affaires sociales (1994), la prévalence des principaux troubles psychiatriques était, selon la classification adoptée, de 3,9°/°° pour les états schizophréniques et assimilés, 2,7°/°°pour les personnes ayant un handicap mental, 2,3°/°° pour les différentes formes de démence, 2,3°/°°pour les différentes formes de névroses, 2,3°/°° pour les troubles de l'humeur, 1,8°/°°pour les troubles de la personnalité, 0,4°/°° pour les personnes atteintes de trisomie, 0,4°/°° pour les toxicomanes, 0,3°/°° pour les différentes formes d'autisme.

221 Une étude du CREDES, citée par Ch Cazes et E. Salines (op cité), établit que les personnes présentant des signes de dépressions déclarent en moyenne plus de deux fois plus de maladies psychiques ou somatiques que la population non touchée. Le lien entre dépression et suicide apparaît dans 30 à 50% des suicides selon diverses études internationales.

psychiatrie cumulent le plus souvent un mauvais état de santé générale et une situation sociale précaire.[222]

En 2014, l'Observatoire national du suicide a recensé 8 885 suicides, estimant ce chiffre sous-évalué d'environ 10%. Le taux moyen est de 14,9 pour 100 000 habitants en France contre 11,25 au niveau européen.[223] Le suicide est essentiellement le fait des hommes et des personnes âgées[224]mais il est la seconde cause de mortalité, après les accidents de la circulation, chez les jeunes de la tranche 15-24 ans.[225] Les régions qui ont un niveau élevé de suicides sont celles de l'ouest et du nord.[226]

Globalement, cependant, le taux de suicides baisse depuis le milieu des années 1980 comme dans tous les pays de l'OCDE.[227] Ce taux ne semble pas directement corrélé à la situation économique.[228]En France, les causes les plus importantes du suicide sont l'isolement social, (environ 20% des cas), la dépression (15 à 20%), les maladies psychiques (environ 15%).Les autres causes identifiées se répartissent chacune entre 5 et 7% (addictions, états d'angoisse, ruptures, violences sexuelles et/ou physiques, deuils, chômage).

6. Les données multifactorielles des inégalités sociales de santé

L'écart d'espérance de vie à la naissance entre un cadre supérieur ou un enseignant et un ouvrier ou employé non qualifié est de presque sept années en défaveur de ces derniers. L'espérance de vie à 35 ans est de 53 ans chez les femmes cadres et de 49,3 chez les femmes ouvrières. Elle est de 49 ans chez les hommes cadres et de 42,6 chez les hommes ouvriers. Le niveau d'éducation semble un facteur explicatif particulièrement important. Les indicateurs de morbidité déclarée en fonction du niveau d'études montrent clairement une plus forte morbidité déclarée dans les catégories socio-professionnelles les moins diplômées. L'analyse par catégorie d'âge et par type de morbidité montre constamment, dès le plus jeune âge, des états sanitaires moins bons dans les familles ouvrières. Il y a un cumul des facteurs défavorables dans les catégories sociales à faible niveau de revenu

222 Les schizophrènes ont une surmortalité multipliée par 4,5 comparée à la population générale et un taux de suicide 20 fois supérieur.Ch. Cazes et E. Salines, op cité.

223 Source Eurostat. Observatoire national des suicides.

224 (23,1 pour 100 000 contre 6,7 chez les femmes). A partir des tranches 75-84 ans (30,8) 85-94 ans (47,9) et 95 et plus (41,5).

225 En 2015, 78 128 personnes (47 981 femmes, 30 147 hommes) ont été hospitalisées pour une tentative de suicide. Chiffre inférieur à la réalité puisqu'il ne prend pas en compte les personnes ayant fait une telle tentative et qui ont été admises dans un service d'urgence sans être hospitalisées en médecine-chirurgie, ni les personnes admises directement dans un service de psychiatrie.

226 Bretagne : 25,7°/°° ; Normandie : 20,9 ; Pays de la Loire et Hauts de France : 20,7.

227 « Panorama de la santé 2015 ». OCDE

228 « Suicides, l'envers de notre monde ». Christian Baudelot et Roger Establet.

et de formation : conditions de travail exposant davantage à des risques d'accidents ou de maladies professionnelles, conditions de logement souvent défavorables, sociabilité restreinte, reconnaissance sociale moindre, pratiques d'alimentation et conduites à risque peu sensibles aux messages de prévention, consommation conséquente de substances psychoactives, recours aux soins plus faible et plus tardif.

7. Les données multifactorielles à la source des disparités territoriales en matière de santé

Les disparités territoriales en matière de santé sont importantes. La paupérisation de certains groupes sociaux dans certains territoires en est une cause, renforcée par des facteurs culturels et environnementaux. Les disparités sont importantes en premier lieu entre la métropole et les départements et régions d'outre-mer.[229]

En métropole, l'espérance de vie à la naissance est plus importante dans les régions du sud et en Ile de France que dans un ensemble de territoires allant de la Bretagne aux Hauts de France et à certains territoires du Grand Est (Lorraine, Champagne-Ardenne). La mortalité « évitable » est élevée en métropole où les écarts sont de 1 à 2 selon les régions. Les facteurs défavorables semblent se cumuler.

Ainsi trouve-t-on dans les Hauts de France ou en Bretagne des liens entre la mortalité prématurée et évitable élevée et des consommations d'alcool et de tabac importantes mais aussi des zones de précarité économique, des milieux de travail et d'environnement à risques. Le taux standardisé de mortalité prématurée évitable chez les hommes était, en 2004, supérieur de plus de 20% à la moyenne nationale et de 40% par rapport aux régions où ce taux est le moins élevé (Ile de France, Occitanie, Alsace).

Une même région peut comprendre des zones dont les indicateurs sanitaires et économiques sont très favorables, des zones présentant des indicateurs sanitaires satisfaisants malgré un PIB parmi les moins élevés, et des zones cumulant tous les aspects défavorables.

La paupérisation entraîne un renoncement aux soins pour lesquels une avance de frais est nécessaire.[230]La fréquence des hospitalisations est

[229] L'écart est de 4 ans pour les hommes, 2 ans pour les femmes entre territoires métropolitains, de 3 ans pour les hommes et 6 ans pour les femmes entre métropole et départements et régions d'outre-mer.

[230] Si le « reste à charge » est, pour près de 90% des français, le plus faible d'Europe en raison d'une couverture complémentaire étendue, le renoncement aux soins atteint 6,6% (6,4% au sein de l'Union européenne), notamment pour des soins coûteux, jusqu'ici peu remboursés (ophtalmologie, odontologie, audioprothèses).

supérieure de 20% à la moyenne dans les régions ou zones économiquement déprimées. En revanche, elle est inférieure de 20% à la moyenne en Ile de France, dans les régions du midi, dans les grandes villes de l'ouest.

C'est donc bien une analyse *multifactorielle* au niveau *local,* micro-territorial, qui s'impose pour la conduite des programmes de réduction des inégalités sociales et territoriales. Sur ce point crucial, l'investissement en moyens d'enquêtes à la disposition des ARS nous semble insuffisant.

Par ailleurs, les spécialistes de santé publique ne constatent *ni corrélation directe entre l'offre de soins et l'état de santé de la population, ni corrélation directe entre le niveau des dépenses de soins et les besoins de santé.* La part des soins n'entrerait que pour 15% dans l'élévation de l'espérance de vie. Le patrimoine génétique des individus, les conditions environnementales de vie et de travail, le niveau d'éducation, les pratiques culturelles (alimentaires, notamment), les comportements psychologiques individuels jouent un rôle plus important pour l'état de santé.

8. Santé et vieillissement

La population âgée de 65 ans et plus représente au 1er janvier 2016 18,8% de la population totale. La population de 75 ans et plus est de l'ordre de 10% de la population métropolitaine. Elle vit à domicile dans son immense majorité (96% des hommes et 93% des femmes). Mais au 1er janvier 2016, on recensait 728 000 personnes hébergées en établissement, dont 80% en établissement d'hébergement pour personnes âgées dépendantes (EHPAD). Plus de la moitié ont plus de 87 ans et 5 mois (âge moyen d'admission étroitement lié à la perte d'autonomie).[231] Les projections de l'INSEE pour 2060 prévoient une population de 23,6 millions de personnes âgées de plus de 60 ans sur 73,6 millions d'habitants.

L'augmentation importante de la prévalence des maladies chroniques liées au vieillissement imposera une profonde refonte de notre système de santé.[232]Or, en dépit des évolutions constatées depuis le début du XXIème siècle, celui-ci n'apparaît pas assez préparé - structurellement et culturellement - à ce bouleversement. La fréquence des poly-pathologies liées au vieillissement entraîne une poly-médication cumulative malgré les risques associés à cette surconsommation.[233] Environ 40% des personnes de

[231] Sources INSEE et « Etudes et résultats ». DREES. Ministère de la santé (17.7.2017).

[232] Entre 2015 et 2020, leur accroissement est de 13% pour les maladies cardio-neuro-vasculaires, 12% pour le diabète, 10% pour les maladies respiratoires chroniques (hors mucoviscidose), 11% pour les maladies psychiatriques.

[233] La poly-médication est la plus élevée chez les femmes, les personnes âgées de plus de 85 ans, les ressortissants du régime général, les personnes atteintes d'une affection de longue durée et les bénéficiaires de la CMU-C

plus de 75 ans étaient, en 2013, concernées par une poly-médication cumulative (en moyenne plus de 10 médicaments sur 3 mois et plus, 33% prenant plus de 10 médicaments de manière continue).

Les chutes représentent toujours une cause de traumatisme et de mortalité chez les personnes âgées mais la mortalité qui leur est imputable est en baisse de 3,2% par an en moyenne depuis 2000 (le taux d'incidence des fractures du fémur chez les plus de 65 ans est en baisse de 25% depuis 15 ans).

9. Santé et handicap

Le nombre des enfants et des adultes ayant un ou plusieurs handicaps nécessitant une prise en charge médico-sociale en établissement spécialisé (près de 500 000 places) ou par des services spécialisés d'éducation et d'aide à domicile représente 650 000 déficients intellectuels, 200 000 aveugles ou malvoyants profonds, 300 000 sourds profonds, 800 000 handicapés moteurs, 100 000 infirmes moteurs cérébraux, environ 100 000 polyhandicapés.

La loi relative aux « personnes en situation de handicap » du 11 février 2005 définit celle-ci comme étant « toute limitation d'activités ou restriction de participation à la vie en société subie dans son environnement par une personne en raison d'une altération substantielle, durable ou définitive d'une ou plusieurs fonctions physiques, sensorielles, mentales, cognitives ou psychiques, d'un polyhandicap ou d'un trouble de santé invalidant ».

Se référant à cette définition exhaustive, l'INSEE inclut les personnes âgées dépendantes et les personnes souffrant d'un « handicap psychique » (y compris des troubles ou dépressions sévères). Une relative incertitude prévaut à l'égard de cette classification. Elle est entretenue par une controverse née autour de la définition de certains états : sont-ils des « pathologies » devant être traitées par la médecine psychiatrique ou des « handicaps » nécessitant une adaptation des structures d'enseignement et de vie sociale ? L'exemple de cette controverse est fourni par la situation des 600 000 personnes affectées par des troubles envahissants du développement, dont les autistes.[234].

[234] Il n'existe pas de recueil systématique et standardisé des cas d'autisme. L'autisme revêt des formes différentes par leur gravité et leurs caractéristiques. La systématisation et la standardisation des données des « maisons départementales du handicap », engagée en 2018, devrait être réalisée en 2022. L'INSEE a réalisé en 2002 la première enquête exhaustive sur les personnes ayant un handicap en France (« Enquête Handicaps, incapacités, dépendance » publiée le 3.10.2002). L'institut classe en 7 groupes les personnes recensées selon la sévérité plus ou moins grande du ou des handicaps.

II. Les accidents de santé imputables au fonctionnement du système des soins de santé

Quels que soient les bénéfices considérables du système de soins de santé, la pratique médicale comporte une part de risque. Une stratégie précise de prévention peut, néanmoins, la réduire.

La notion d'imputabilité n'implique, en l'occurrence, pas nécessairement une faute. Comme tout acte scientifique, l'acte médical procède d'une évaluation rigoureuse de ses avantages et de ses risques (le calcul « bénéfice-risque »). La part d'aléatoire d'un acte ne peut cependant être complètement éliminée. Trois cas de figure, très différents, sont à envisager : les « évènements indésirables graves », les accidents iatrogènes et les infections nosocomiales, imputables au fonctionnement du système de santé, particulièrement du système hospitalier. Les études les plus récentes sont convergentes dans leurs conclusions : de nombreux accidents de ce type sont évitables, sous réserve du respect des protocoles élaborés à cette fin.

1. Les « évènements indésirables graves » (EIG)

Les « évènements indésirables graves » (EIG), qui peuvent être liés à des infections nosocomiales mais recouvrent un plus grand nombre de situations, sont encore mal identifiés, ce qui explique la largeur des « fourchettes » d'EIG observées. Le Haut Conseil de santé publique, évoque deux enquêtes (2004-2009) sur un échantillon de séjours hospitaliers de 8 000 patients pris en charge dans 81 établissements de santé publics et privés : on y observe entre 275 000 et 395 000 « évènements indésirables graves » par an (EIG). Sur cet ensemble d'EIG, 95 000 à 180 000 sont considérés comme « évitables ». On estime à 30 000 à 40 000 le nombre de décès annuels qui pourraient être associés à un EIG. Cela concerne tous les types d'activité médicale, y compris les actes à visée esthétique. Il est donc indispensable de mettre en œuvre des procédures d'observation et de prévention de ces évènements. Le Haut Conseil évoque en particulier deux situations qui ont fait l'objet d'enquêtes bien documentées : le dépistage et le diagnostic tardif de pathologies chroniques et l'iatrogénie due à la poly-médication.

2. Les effets « iatrogènes »

L'effet iatrogène résulte d'un traitement médical. Le Haut Conseil de la santé publique en donne une définition plus exhaustive : « conséquences indésirables ou négatives sur l'état de santé individuel ou collectif de tout acte ou mesure pratiqué ou prescrit par un professionnel habilité et qui vise à préserver, améliorer ou rétablir la santé ». [235]

Les effets iatrogènes s'observent surtout dans les traitements médicamenteux mais recouvrent, selon la définition précitée, un champ beaucoup plus vaste. Ils touchent particulièrement les personnes âgées de plus de 65 ans (doublement du nombre de cas). L'organisme humain assimile et élimine moins bien les médicaments. Les personnes les plus âgées peuvent, en raison d'une perte progressive des facultés d'attention, commettre plus souvent des erreurs dans l'usage de leur médication. Mais de nombreuses études ont aussi mis en évidence une prescription excessive, mal contrôlée, aboutissant à des interactions médicamenteuses dangereuses qui entraînent 10 à 20% d'hospitalisations. On estime que les 2/3 des accidents ainsi répertoriés étaient évitables. La réponse à ce problème impliquerait une meilleure coordination entre professionnels et une meilleure formation aux usages de la pharmacopée.

Les évaluations les plus récentes (2013) du nombre de décès liés à des accidents iatrogènes demeurent imprécises : entre 13 000 et 30 000 par an. Le chiffre de 13 000 correspond à une donnée avérée. Au-delà, l'hypothèse d'iatrogénie, plausible, ne peut être prouvée. S'y ajoute un total de 150 000 hospitalisations par an du fait d'un accident iatrogénique.[236] Les données relatives aux accidents iatrogènes font l'objet d'une observation permanente par le réseau de pharmacologie implanté dans chaque région, qui confirme l'importance du problème (environ 3,6% des hospitalisations en 2007 en légère diminution toutefois par rapport à 1998).[237]

3. Les infections nosocomiales

L'infection nosocomiale[238]est définie comme « toute maladie contractée à l'hôpital, due à des micro-organismes, reconnaissables du point de vue clinique et/ou bactériologique, qui affecte soit le malade du fait de son admission à l'hôpital ou des soins qu'il y a reçus, en tant que patient hospitalisé ou en traitement ambulatoire, soit le personnel hospitalier du fait

---

[235] Etymologiquement, le terme de « iatrogène » provient des racines grecques « iatros » (médecin) et « génès » (engendrer)

[236] Rapport sur la surveillance et la promotion du bon usage du médicament en France. Prs B. Bégaud et D. Costagliola (au ministre des Affaires Sociales et de la Santé. Février 2013).

[237] Etude « EMIR » (effets indésirables des médicaments : incidence et risque).

[238] L'infection nosocomiale tire son origine étymologique du latin : noscomium : hôpital.

de son activité, que les symptômes de la maladie apparaissent ou non, pendant que l'intéressé se trouve à l'hôpital ».[239]

Les infections d'origine hospitalière sont diverses, principalement urinaires (30%). Les pneumopathies bactériennes (16,7%), les infections bactériennes et les septicémies (10,1%) sont la cause principale des décès. Les sites de réanimation ont un taux élevé d'infections (environ 30%). Les sites de traitement contre le cancer ont également un taux élevé. Dans une moindre mesure (5 à 7%), les sites opératoires sont des lieux exposés. D'une manière générale, tous les actes invasifs comportent un risque.

La cause principale de ces infections est liée à l'état du patient : immunodéprimé, âgé et en hospitalisation prolongée (on observe 15 fois plus d'infections chez les personnes dont le séjour hospitalier se situe entre 30 et 89 jours par rapport à celles dont le séjour est compris entre 2 et 7 jours). La résistance bactérienne aux antibiotiques - induite par l'usage abusif des antibiothérapies- est devenue un sujet de préoccupation désormais très étudié.[240]Jusqu'à une période récente on pouvait observer, selon les établissements de santé, un recours à l'antibiothérapie deux à trois fois plus élevé que la moyenne pour une même affection (le taux de recours aux antibiotiques en France est supérieur de 30% à la moyenne européenne).

Même si les causes des infections nosocomiales sont surtout imputables à l'état du patient aux défenses immunitaires affaiblies, il est apparu, à partir des années 1990 surtout, que le niveau des infections et des décès qui leur sont liés, pouvait être réduit en observant des mesures d'hygiène et des protocoles stricts de sécurité sanitaire dans l'utilisation des équipements de soins.

Au début des années 2000, on estimait que 6,7% des sujets hospitalisés avaient acquis une infection nosocomiale (dont 50% avaient plus de 65 ans). Un rapport évaluait à 10 000 le nombre des décès annuels liés à des infections nosocomiales (mais pour 50% le pronostic vital était engagé avant l'infection). Les données les plus récentes confirment le taux d'hospitalisation imputable à une infection nosocomiale (6 à 7% soit environ 750 000 cas sur 15 millions de séjours). C'est le troisième type d'évènement grave lié aux soins (22%) après les interventions chirurgicales (37,5%) et les accidents médicamenteux (27,5%). On peut estimer, en se référant aux comparaisons internationales, qu'une partie de ces décès pourrait être évitée

[239] Définition du Conseil de l'Europe (1984) reprise par le Pr J. Langlois dans son Rapport au Conseil National de l'Ordre des médecins (30.06.2000) sur « Les infections nosocomiales et les infections à l'occasion des soins hors hôpital ».
[240] Etude de la Fédération hospitalière de France (novembre 2017). 4 à 5000 décès seraient liés à la présence de bactéries très résistantes.

grâce aux mesures des plans successifs de lutte contre les infections nosocomiales. [241]

[241] Note INSERM 2015 sur les infections nosocomiales. Note du Conseil national des médecins et du site web pharmaciesenligne.info

Chapitre III
Le processus d'élaboration de la politique nationale de santé

I. La politique nationale de la santé : une mission obligatoire de l'Etat

L'article L.1411.1 du Code de la santé publique définit les buts et les missions de l'Etat en matière de santé publique.[242]Jamais sans doute la politique de santé n'avait été formulée avec un tel souci de l'exhaustivité quant à l'étendue de ces missions.

La loi proclame que *« La Nation définit sa politique de santé afin de garantir le droit à la protection de la santé de chacun »*, faisant de la politique de santé le moyen de garantir un droit inscrit dans le Préambule à la Constitution et figurant au nombre des *principes à valeur constitutionnelle* reconnus par le Conseil constitutionnel.

La responsabilité conférée à l'Etat étant par nature *politique*, il appartient aux majorités élues au suffrage universel de définir les priorités de la politique de santé et les conditions de son application. La sanction de cette politique est, in fine, celle du suffrage universel. Mais cette responsabilité impliquant la mise en œuvre et la garantie de droits fondamentaux est aussi susceptible d'être invoquée dans un grand nombre de circonstances devant les ordres juridictionnels. L'expérience des crises sanitaires en fournit l'illustration. La délimitation des domaines respectifs de la responsabilité *politique* et de la responsabilité *juridique*, administrative, civile et pénale des responsables politiques apparaît plus malaisée depuis que ceux-ci se voient fréquemment mis en cause devant la justice. L'inscription du principe de précaution dans les valeurs constitutionnelles est un facteur supplémentaire d'incertitude pour l'action politique ainsi qu'un facteur de ralentissement du processus de décision.

Les priorités assignées par la loi à la politique de santé sont « *d'assurer la promotion de conditions de vie favorables à la santé, l'amélioration de l'état de santé de la population, la réduction des inégalités sociales et territoriales et l'égalité entre les femmes et les hommes, de garantir la meilleure sécurité sanitaire possible* et *l'accès effectif de la population à la prévention et aux soins* ».

---

[242] En application de la loi n°2016-41 du 26 janvier 2016

La rédaction de l'article L.1411.1 témoigne du souci de préciser le caractère transversal de la politique de santé. On peut la résumer en un ensemble de huit missions, dont chacune a une particulière importance :

1) *La connaissance de l'état de santé de la population* comporte *l'impératif d'identification de ses principaux déterminants* en s'appuyant sur le concept d'« exposome », entendu comme « l'intégration sur la vie entière de l'ensemble des expositions qui peuvent influencer la santé humaine » et en accordant la priorité à la recherche des déterminants liés à l'éducation et aux conditions de vie et de travail.
2) La *promotion de la santé* marque un tournant dans la politique française. Le concept adopté dans le cadre de l'OMS, qui n'avait fait l'objet que de circulaires ministérielles, devient une obligation légale d'une grande portée pour l'Etat puisqu'il est tenu de rechercher, dans toutes les politiques publiques qu'il conçoit et met en œuvre (conditions de travail, protection de l'environnement, alimentation…) les conditions favorisant le meilleur état de santé possible au sein de la population. Les manquements à cette obligation sont, en conséquence, sanctionnés par les juges européens et français selon une interprétation désormais plus favorable au droit à la protection de la santé.
3) La *prévention collective et individuelle* reçoit dans la loi un contenu plus large et plus précis, étroitement associé à la stratégie de promotion de la santé : elle repose sur une triple approche méthodologique, « populationnelle », par « catégorie d'âge », et par pathologie. Si la troisième approche est classique, les deux premières font l'objet d'une attention relativement récente dans la politique de santé française. L'approche « populationnelle » est appelée à se développer auprès de groupes sociaux caractérisés par la spécificité de leurs données épidémiologiques et socio -sanitaires. L'obligation d'organisation de la prévention « tout au long de la vie » repose sur une construction par catégories d'âge identifiées également selon les risques sanitaires qui leur sont inhérents. L'obligation de prévention englobe aussi la prévention de *la douleur*, longtemps sous-estimée dans les traitements médicaux, et la prévention des *pertes d'autonomie*, visant ici les champs de la prévention « secondaire » et « tertiaire » qui sont au cœur des soins de suite et de réadaptation ainsi que des programmes de réinsertion sociale.
4) *L'organisation du système des soins de santé* demeure l'un des objectifs centraux de la politique de santé en raison des attentes sociales à son égard. Mais les buts assignés par la loi à cette organisation ne sont plus axés sur les seuls pôles de l'hospitalisation et de la médecine de ville. Il s'agit d'assurer *l'organisation des parcours de soins par la coordination* des acteurs sanitaires, sociaux et médicosociaux. Cette

organisation doit *garantir la continuité, l'accessibilité, la qualité, la sécurité et l'efficience de la prise en charge de la population* et s'adapter aux *spécificités* de chaque territoire, afin de concourir à « *l'équité territoriale* ».

5) *L'obligation d'assurer « la prise en charge collective et solidaire des conséquences financières et sociales de la maladie, de l'accident et du handicap par le système de protection sociale »*. La notion de protection sociale est employée ici au sens que lui donne la jurisprudence, tant du Conseil Constitutionnel que du Conseil d'Etat : il englobe la sécurité sociale, l'assurance maladie complémentaire et l'aide sociale. L'Etat n'est pas seulement garant de la sécurité sociale : il y tient un rôle directeur depuis la réforme constitutionnelle de 1995 qui confère au Parlement la responsabilité de voter la loi de financement annuel de la sécurité sociale.
6) *La préparation et la réponse aux alertes et aux crises sanitaires* relève des missions classiques d'ordre public de l'Etat. Le système de surveillance et d'alerte constitué depuis une vingtaine d'années a été mis à l'épreuve par la pandémie du SARS-CoV2 et devra être repensé et renforcé.
7) *La formation aux compétences et aux métiers de la santé.* Cette obligation porte sur la formation initiale et continue des médecins mais aussi de dizaines de professions sanitaires et sociales. Elle comporte de nombreux aspects difficiles à résoudre : détermination des besoins en professionnels, sélection des candidats, contenu des enseignements, types de qualification et de spécialisation, apprentissage du travail interdisciplinaire, redéfinition des compétences et de la délégation de responsabilité aux auxiliaires médicaux. Le développement de la recherche fondamentale et de la recherche clinique, enjeux à la fois sanitaire et de puissance, entrent dans la mission de l'Etat.
8) *L'information de la population et sa participation aux processus d'élaboration et de mise en œuvre de la politique de santé.* L'obligation faite à l'Etat est précisée par la loi relative aux droits des patients de 2002 et présente dans l'ensemble de la législation de bioéthique. Elle est mise en œuvre par les concepts et les institutions de la « démocratie sanitaire » et de la « territorialisation ».

II. Le processus de la décision politique et la coordination interministérielle

1. Eléments de problématique de la décision en santé

Le processus d'élaboration d'une loi dans les domaines de la santé et de l'assurance maladie comporte une longue et large série de consultations de nombreux groupements professionnels, syndicaux, patronaux, sociaux. Il n'est pas rare qu'il soit conflictuel.

Les conflits d'intérêts économiques, les comportements de type corporatiste sont importants dans le domaine de la santé. S'y ajoutent des antagonismes puissants autour des valeurs éthiques. Les préoccupations de protection de l'environnement mobilisent de plus en plus d'importants secteurs de la santé publique, tout comme les sujets de sécurité sanitaire.

Les pouvoirs publics sont de plus en plus sommés de décider mais voient tout autant leur légitimité à décider contestée. Il en résulte une inflation législative visant à satisfaire, autant que faire se peut, des intérêts contradictoires et une imprécision de nombreuses dispositions, entretenue comme parade aux conflits potentiels. Face à des situations politiques incertaines, il n'est pas rare qu'une loi promulguée ne soit que partiellement appliquée, des décrets d'application, jugés trop conflictuels, n'étant jamais pris.

Le Pr Truchet évoque une « procéduralisation » croissante, c'est-à-dire une accumulation des consultations, techniques, professionnelles syndicales, associatives, chacune étant nécessaire à la validation de l'étape décisionnelle suivante, si bien que le décideur final ne ferait plus qu'entériner un processus.[243]Cette évolution peut enrichir la qualité décisionnelle mais elle peut aussi aboutir à une dilution, plus ou moins volontaire, des responsabilités à prendre. Et, fait qui n'est pas exceptionnel dans le secteur de la santé, au renoncement.

La nécessité de choisir des priorités dans le traitement des problèmes représente une difficulté prégnante dans ce domaine qui ne peut échapper plus qu'un autre à la rareté relative des ressources. La question du choix met en balance différentes conceptions de la santé : faut-il opter pour le principe d'une augmentation des dépenses de soins qui trouverait sa justification dans le constat d'un accroissement constant de la « demande » quitte à renoncer à analyser le bien-fondé de celle-ci ? Ou faut-il réallouer une part de ces dépenses à l'éducation et à la prévention, considérées comme des investissements à moyen-long terme dans la santé de la population ? Faut-il opérer des choix de financement en fonction d'une estimation économique du « prix de la vie » comme le font certains pays ou récuser cette approche, au risque de renoncer à des objectifs vitaux de santé publique, au profit de traitements ne concernant qu'une très faible fraction de population ? Faut-il accepter des recherches médicales susceptibles de restreindre l'application des principes fondamentaux protégeant le corps humain et la dignité de la personne ou les refuser au risque de ne pouvoir soigner des maladies

[243] « La décision en droit de la santé ». Didier Truchet.

lourdement handicapantes ? La liste des dilemmes pourrait amplement s'allonger.

La loi adoptée, son application est conditionnée par les textes réglementaires qui fixent les dispositions techniques qui la rendent opératoire. Cette étape comporte à nouveau de nombreuses consultations et connaît à nouveau assez souvent des oppositions exigeant un temps de négociation plus ou moins long.

Enfin, il revient à l'autorité administrative de l'appliquer à chaque cas concret. Cela n'est pas possible sans que lui soit reconnue une autonomie suffisante pour apprécier les conditions de son application. Ce pouvoir discrétionnaire de l'autorité administrative est souvent confondu, parfois à dessein, avec un pouvoir arbitraire. Il n'est rien d'autre que le pouvoir de choisir, dans le cadre défini par la loi, et sous le contrôle du juge de la légalité, une solution parmi plusieurs possibles.

Au niveau local, l'action de l'administration de l'Etat rencontre deux types de problèmes, principalement. Le premier, classique, résulte des fortes oppositions que des décisions peuvent susciter dans la mesure où elles sont défavorables à des intérêts économiques (la situation classique est celle de toute mesure limitant la consommation d'alcool dans des régions productrices) ou politiques et sociaux (la situation récurrente est celle de la restructuration du secteur hospitalier public). Ces premiers cas de figure nécessitent tout un art de la négociation. Encore faut-il que les conditions de la négociation soient réunies, ce qui est loin d'être toujours le cas dans un pays dont la culture est une culture de confrontation. Le second type de problèmes relève de la culture administrative. Il y a une tendance courante au niveau central à penser que l'édiction d'un texte vaut application uniforme et immédiate, sans analyse des conditions réelles de son application, sans formation ni association des responsables chargés de sa mise en œuvre. Cette culture méconnaît trop souvent le principe de délégation contenu dans la « déconcentration administrative ». Les instructions trop nombreuses et trop contraignantes de l'administration centrale aux responsables de l'administration déconcentrée aboutissent à une limitation de leur marge d'appréciation des réalités locales. La déconcentration administrative est d'autant plus importante à respecter que la nature des activités du secteur sanitaire et social devrait inciter à l'innovation et que l'administration devrait être à l'écoute, dans une attitude d'accompagnement et de conseil à leur égard, non de blocage a priori.

La matière médicale a un contenu scientifique et technique considérable dont la décision doit évidemment tenir scrupuleusement compte. Mais le décideur doit aussi veiller à ne pas se placer dans la dépendance des experts.

L'expertise est une nécessité dans le processus décisionnel en santé et les discours qui la contestent n'ont de crédibilité que s'ils relèvent d'une contre-expertise capable de démontrer, sur un fondement scientifique, la faiblesse du premier raisonnement. Mais il appartient au pouvoir politique et administratif de ne pas laisser s'instaurer un *pouvoir* des experts qui se substituerait au pouvoir démocratique. La science a acquis un statut social dominant fondé sur une présomption d'infaillibilité liée à la méthodologie de vérification des données. Mais une méthodologie peut être construite sur des conceptions épistémologiques erronées et induire en erreur l'expert qui livre ses conclusions. Il se peut aussi qu'un problème suscite des hypothèses différentes, voire opposées, entre lesquelles le décideur devra trancher, après s'être entouré de tous les avis, en son intime conviction. Il arrive enfin que des experts, liés à des intérêts économiques, livrent des conclusions biaisées dans le dessein de favoriser des intérêts auxquels ils seraient liés. Il existe différents moyens de réduire le facteur d'incertitude qui en résulte pour le décideur. La formation de comités d'experts a ainsi pour but de confronter des points de vue éventuellement divergents. Mais, dans certains domaines, il est difficile de trouver un vivier suffisamment large d'expertise. Il arrive qu'un expert fasse autorité parmi ses pairs au point que son influence prédomine. La puissante industrie des produits de santé use de ce phénomène en recourant au « leadership » de tels experts pour en faire des prescripteurs, conscients ou non selon les cas. C'est pourquoi les règles de contrôle des conflits d'intérêts ont été nettement renforcées, parfois au risque de décourager la collaboration nécessaire des experts à la décision publique.

2. Le processus législatif et règlementaire

La loi résulte, selon la Constitution, d'un *projet de loi* présenté par le pouvoir exécutif ou d'une *proposition de loi* émanant d'un ou de plusieurs parlementaires.

La transversalité des questions de santé publique rend très souvent nécessaire un processus de décision interministériel. Un *« comité interministériel pour la santé »* présidé par le Premier ministre, qui comprend l'ensemble des ministres, arrête les lignes d'action de la politique de santé et veille à ce que les exigences de santé publique soient prises en compte dans les différentes politiques sectorielles.[244] Un comité permanent restreint, présidé par le directeur général de la santé, réunit les hauts fonctionnaires des principaux ministères afin d'assurer la coordination opérationnelle entre eux. L'exercice n'est jamais simple, chaque ministère ayant tendance à défendre les intérêts du secteur qu'il a en charge, secteur qui peut peser lourd d'un point de vue politique. Le rapport avec le ministère

[244] Décret n°2014-1539 du 18 juin 2014 (art D.141130 et s du Code de la santé publique)

des finances et du budget requiert un fort niveau d'engagement et de compétence dans les dossiers budgétaires. Le cas échéant, le ministre, s'il jouit d'une position favorable au sein du Gouvernement, devra solliciter l'appui du Premier Ministre en cas de désaccord sur une proposition budgétaire. A condition de mesurer à bon escient l'opportunité d'interventions qui ne sauraient se multiplier…

Durant cette période d'élaboration législative le ministre et son cabinet, celui du Premier ministre le cas échéant, organisent des réunions de concertation avec les principaux acteurs concernés afin d'expliquer le projet, de vérifier le degré d'adhésion à telle ou telle disposition envisagée. Parallèlement, des groupes de travail ad hoc sont constitués au sein de la direction compétente avec les représentants des organismes intéressés afin de finaliser le projet.

La spécificité des problématiques de la santé publique se manifeste surtout par une forme de cogestion entre l'Etat et la Sécurité Sociale, en l'occurrence les régimes d'assurance maladie obligatoire. La place de la Sécurité Sociale dans le système institutionnel confère à la consultation obligatoire des conseils d'administration des organismes gestionnaires une importance particulière dans la gouvernance du système de santé.

L'association des collectivités territoriales au processus de consultation sur les décisions en matière de santé a été renforcée et doit l'être à nouveau. Sans avoir le même caractère que celle qui lie l'Etat et les régimes d'assurance maladie, financeurs du système de soins, la concertation entre l'Etat et les collectivités territoriales s'impose particulièrement en raison du rôle des élus locaux dans la gestion de l'hospitalisation publique, sujet très sensible au moment où se pose la question de la restructuration de ce secteur d'une taille considérable, jouissant d'une image forte dans l'opinion publique. Elle est également nécessaire avec les départements, qui gèrent l'essentiel des compétences relatives aux institutions sociales et médico-sociales, en coopération avec les agences régionales de santé. Elle l'est aussi avec les régions, qui prennent une importance politique croissante, et qui gèrent les formations des personnels sanitaires et sociaux non médicaux au titre de leur compétence en matière de formation professionnelle ou peuvent contribuer au financement des investissements hospitaliers.

Le projet de loi et les principaux décrets d'application finalisés sont soumis au Secrétaire général du Gouvernement, qui organise le travail législatif et réglementaire du Gouvernement auprès du Premier Ministre. Le Conseil d'Etat émet un avis sur la validité juridique du projet. Cette dernière phase est particulièrement importante. Le Conseil économique, social et environnemental, auquel la Constitution confie un rôle de représentation des acteurs économiques et sociaux,[245] est également obligatoirement saisi par le Gouvernement pour émettre un avis sur les principaux projets de loi et les principales questions touchant à la santé.

Ces étapes de la procédure étant franchies, le ministre présente le projet en Conseil des ministres présidé par le Président de la République. Le projet de loi adopté en conseil est déposé sur le Bureau de l'Assemblée Nationale.

La procédure parlementaire comporte un examen du projet en commission spécialisée, en l'occurrence la commission des affaires sociales. Les membres de la commission proposent des amendements. Cette phase, qui peut prendre plusieurs semaines, se conclut par un rapport présenté en séance publique plénière de l'Assemblée. Le débat, qui s'ouvre sur la présentation du projet de loi par le ministre et les réponses des responsables des principaux partis, peut durer de plusieurs jours à plusieurs semaines selon le nombre d'amendements exigeant un vote. Le projet voté est alors soumis au Sénat et va suivre une procédure identique. Si - et cela est fréquent - le texte voté par le Sénat diverge de celui voté par l'Assemblée, un examen des points de désaccord doit être effectué par la commission mixte paritaire (députés et sénateurs) prévue par la Constitution. Celle-ci doit proposer un texte commun qui est soumis au vote de l'Assemblée puis du Sénat. Si le désaccord persiste entre les deux assemblées, l'Assemblée nationale, dans un vote ultime, l'emporte puisqu'élue au suffrage universel direct. Pour avoir « force de loi », le texte doit encore être promulgué par le Président de la République et publié au Journal officiel de la République française.

La loi votée, les textes réglementaires permettant l'application de ses dispositions principales peuvent être publiés (plus ou moins rapidement selon qu'ils font ou non l'objet de consultations). Les décrets « en Conseil d'Etat » ont une portée juridique et politique importante. Les décrets signés par le Président de la République, des règlements respectant la hiérarchie des normes juridiques, devront ensuite être pris (décrets simples, arrêtés ministériels) puis l'administration centrale prépare des circulaires ministérielles (qui ne sont pas juridiquement opposables aux tiers) explicitant les conditions de mise en œuvre de la loi et des textes d'application à l'intention des autorités administratives déconcentrées (préfets et/ou directeurs généraux des ARS) ou des organismes placés sous sa tutelle administrative.

---

[245] Le Conseil économique, social et environnemental est l'assemblée consultative instituée par la Constitution afin de permettre l'expression des acteurs de la vie économique et sociale et de la protection de l'environnement (entreprises, syndicats, organisations professionnelles, associations). Il est saisi pour avis par le Gouvernement ou le Parlement et doit être obligatoirement consulté sur les principaux projets de loi relevant de son domaine.

Cette description du processus décisionnel entendait montrer succinctement le fonctionnement de l'Etat mais aussi les raisons de sa « lenteur bureaucratique». Bien sûr, comme toute organisation complexe, l'administration centrale est plus ou moins performante. Mais on voit bien que le problème est moins celui d'une administration « courtelinesque » que celui, politique, du fonctionnement de la démocratie. L'administration « consultative » est un outil de gestion des divergences d'intérêt au sein de la société. Il prend du temps mais il permet d'éviter, autant que faire se peut, s'il est bien conduit, les incompréhensions qui débouchent sur des rejets, parfois violents.

3. Le droit de la santé, « droit souple » ?

Nous évoquions, en introduction à cet ouvrage, l'importance du système de normes professionnelles, éthiques, techniques dans le domaine de la santé. Cette forme de régulation, familière au droit anglo-saxon, interpelle notre droit public fondé sur l'universalité et l'intangibilité de ses principes. Cette normativité s'applique à des pratiques scientifiques exigeant une adaptation rapide à des innovations pouvant bouleverser de fond en comble une problématique. Le droit public français repose sur une définition rigoureuse de la décision. Comment, dès lors, conférer une stabilité juridique à un pan considérable de l'activité médicale qui a pu être qualifié de *« para-juridique »* ?[246]La jurisprudence du Conseil d'Etat apporte un début de réponse à cette question.[247]Ce dernier a jugé, notamment dans le domaine du médicament, que les normes de « bonnes pratiques » produites sous la forme de « recommandations professionnelles » dès lors qu'elles procèdent des *« données acquises de la science »* doivent pouvoir, compte tenu de leur portée pratique considérable, faire l'objet d'un contrôle juridictionnel.[248] Le « droit souple » de la santé, dans la doctrine française, n'est ainsi pas un ensemble de règles purement autogérées : elles s'intègrent en partie dans notre droit classique.

III. Le financement des dépenses de santé

La loi de financement de la sécurité sociale (LFSS) définit pour l'année à venir, sur la base d'une évaluation pluriannuelle de la trajectoire des objectifs de dépenses à respecter, l'objectif annuel des dépenses de l'assurance maladie (ONDAM). Cette loi règle l'ensemble des dépenses de

---

[246] « Normes nationales et internationales en bioéthique ». Brigitte Feuillet-Le Mintier. Revue française des affaires sociales. 2002/3, pp 15 à 30.

[247] Le Conseil d'Etat, un temps réservé à l'égard de ce qu'il appelait un « droit mou » (Rapport de 1991) a finalement admis, pour mieux l'encadrer, l'existence d'un « droit souple » (rapport de 2013), produit d'une évolution inéluctable.

[248] Conseil d'Etat. Dossier thématique « Le juge et le droit des médicaments ». Mars 2014

sécurité sociale et pas seulement celles de la branche maladie. Il ne faut pas confondre, par ailleurs, les dépenses de l'assurance maladie et l'ensemble des dépenses de santé : les dépenses d'assurance maladie en représentent, selon les dernières données dont on dispose (2017) 77,8%.

Le périmètre de l'ONDAM est constitué par l'ensemble des dépenses de l'assurance maladie obligatoire à l'exception des pensions d'invalidité, du versement du capital décès, des rentes consécutives à un accident du travail ou d'une maladie professionnelle entraînant une incapacité permanente et des indemnités journalières liées à la maternité et relevant de la branche maladie. Ce périmètre correspond à près de 94% des dépenses de l'assurance maladie obligatoire.

Pour mieux situer l'ensemble des dépenses consacrées à la santé, il convient de préciser ce que sont leurs principaux instruments de mesure, les « agrégats » regroupant l'ensemble des dépenses en fonction de critères spécifiques.

- La « consommation des soins et biens médicaux » (CSBM) retrace plus des ¾ des dépenses de santé. Elle comprend 1) la consommation des soins hospitaliers (y compris celle relative aux honoraires des médecins libéraux intervenant dans les établissements de santé privés à but lucratif), soit 46 à 47 % du total. 2) la consommation des soins de ville (consultations médicales, laboratoires d'analyses médicales, cures thermales), soit de 26 à 27 %. 3) la consommation des « biens médicaux » (optique, prothèses, petit matériel médical), soit 7 à 8 %. 4) les transports sanitaires (environ 2,5%). Au total, la CSBM représente près de 200 milliards d'euros soit 8,7% du PIB en 2017.
- La « dépense courante de santé » (DCS) est un agrégat de l'ensemble des dépenses consacrées à la santé. Elle inclut, outre les dépenses de soins retracées par la CSBM, les dépenses de prévention dites « institutionnelles » (dépenses de l'Etat et des collectivités ou institutions publiques), soit environ 2,2 % de l'ensemble, les dépenses consacrées aux soins de longue durée (établissements et services de soins aux personnes âgées ou handicapées dépendantes) soit de 8 à 9%, celles correspondant à des prestations individualisables (notamment les indemnités journalières) qui dépassent les 5%. Au total, les dépenses de santé courantes représentent, en 2017, 271 milliards d'euros, soit 11,8% du PIB.
- La dépense courante de santé au sens international (DCSI) est l'outil d'analyse comparative des grandes institutions internationales.[249] Les

[249] OMS, OCDE, Eurostat. La DCSI intègre les données de la DCS française mais n'intègre pas les indemnités journalières, les dépenses de prévention liées à l'alimentation et à

données comparatives internationales placent la France parmi les pays consacrant la plus forte part de leur PIB à la santé, le cas des USA étant à part (17%). La France y consacre pratiquement 12% ; l'Allemagne et la Suède 11%, la moyenne européenne étant de 10%.

La dépense globale courante de santé en France a connu un taux de progression très sensiblement supérieur au taux de croissance du PIB jusqu'à la fin du XXème siècle. Elle a subi une décélération à partir de 2008 (+ 1,7% par an sur la période 2008-2013) et un freinage important entre 2013 et 2018 (+0,8%). Alors qu'elle était encore supérieure au taux de progression moyen de l'OCDE entre 2008-2013 (1,7% contre 1%) elle lui est inférieure entre 2013-18 (0,8% contre 2,4%). Il en résulte que la France se situe en 2018 au 12ème rang pour la dépense de santé par habitant (4965 euros/an). Elle reste néanmoins nettement au-dessus de la moyenne OCDE (3994 euros/an). [250]

On estime, y compris dans les documents budgétaires préparant la LFSS, que la tendance « spontanée » de croissance des dépenses de santé est de 4,5% par an, soit deux points de plus par rapport à l'évolution de l'ONDAM depuis 2012 (en intégrant sa réévaluation depuis 2017). Mais quelle est la valeur d'une « tendance » qui méconnaît implicitement les gains de productivité (*et de santé*) qui résulteraient d'une politique dynamique de prévention ? Un effort de rigueur budgétaire très important a été, sans conteste, imposé au secteur hospitalier public. Cet effort ne pourra pas être maintenu. Mais l'augmentation prévisible des ressources publiques pour ce secteur risque d'être plus ou moins inopérante sans la refonte d'un système hospitalier hétérogène où se côtoient des établissements fortement sollicités en raison de l'étendue et de l'importance de leur offre et des établissements dont la vocation serait de répondre, dans les meilleures conditions requises, à des besoins médicosociaux, moins coûteux, mais pas moins nobles ni moins indispensables, bien au contraire.

La crise provoquée par la pandémie du SARS-CoV2 a conduit les pouvoirs publics à mettre un terme au processus de décélération de l'allocation des ressources au secteur des soins. Une dotation exceptionnelle de 15 milliards d'euros a été allouée au programme de lutte contre la pandémie en 2020, ce qui a amené à relever l'ONDAM pour 2020 à + 7,6%. Dans le cadre des « accords du Ségur » (juillet 2020), il a été décidé une revalorisation des salaires des personnels hospitaliers et des établissements d'hébergement de personnes âgées dépendantes du secteur public à hauteur de 8,8 milliards d'euros (répartis sur la période 2020-2023) et un plan d'investissement dans les secteurs publics hospitalier et médico-social de 19 milliards. Hors crédits

---

l'environnement. Elle comprend les dépenses de prise en charge des personnes âgées et handicapées dépendantes.

[250] Panorama de la santé OCDE 2019.

spécifiques à la lutte contre la pandémie, le taux de progression de l'ONDAM pour 2021est de + 6%. Mais les vagues successives de la pandémie en 2021 ont entraîné de nouvelles dépenses dépassant de plus de 9 milliards (à mi-juin) les prévisions. Le déficit du régime général de l'Assurance Maladie dépassait les 44 milliards en 2020 et devait être contenu à 35,8 milliards en 2021 : il sera probablement aussi élevé qu'en 2020 et restera élevé dans les prochaines années.

Outre un plan de relance économique de grande ampleur (100 milliards), dont on attend un surcroît de recettes pour la Sécurité Sociale, le Gouvernement a décidé l'apurement de cette dette jusqu'en 2033 en la transférant à la Caisse d'amortissement de la dette sociale (CADES), alimentée par une contribution à la dette sociale perçue sur la quasi-totalité des revenus.

En ce qui concerne les dépenses dites de « prévention institutionnelle » (engagées par l'Etat, les organismes de protection sociale et les collectivités locales),[251]qui sont de l'ordre de 2,2 % de l'ensemble des dépenses de santé (6,2 milliards d'euros en 2018 contre 6,5 en 2009), la répartition repose sur trois catégories : la prévention dite « primaire » individuelle (créer les conditions d'évitement des causes de pathologies), la prévention individuelle dite « secondaire » (prévenir les effets de situations à risques, d'états présentant les symptômes d'une pathologie à ses débuts), la prévention dite « collective » (stratégie « populationnelle » d'information, éducation). Cette répartition en trois groupes est la suivante :

- Dépenses de prévention primaire individuelle : 3,9 milliards en 2018
    - ✓ Vaccination : 114 millions
    - ✓ PMI/planification familiale : 772
    - ✓ Médecine du travail : 1690
    - ✓ Médecine scolaire : 589
- Dépenses de prévention individuelle secondaire : 722 millions
    - ✓ Dépistage des tumeurs cancéreuses : 148
    - ✓ Dépistage et prévention du sida et des maladies infectieuses : 306
    - ✓ Examens de santé : 161
    - ✓ Bilans de santé bucco-dentaire :69

---

[251] Cette notion de prévention institutionnelle permet de mieux circonscrire la notion financière de prévention en distinguant les dépenses des collectivités des dépenses induites par les consultations médicales et paramédicales qui comportent souvent, dans des proportions encore difficiles à cerner, des « temps » de prévention (conseils aux patients, soins à visée préventive). D'ores et déjà, on peut considérer que les médecins ayant adhéré à un contrat de santé publique, et bénéficiant d'un forfait à ce titre, contribuent au développement de la prévention. Il est donc erroné de réduire l'effort financier en faveur de la prévention à 2%. Il n'en demeure pas moins que cet effort reste globalement insuffisant.

- Prévention d'autres pathologies : 38
- Dépenses de prévention dite « collective » : 2,3 milliards d'euros. Elles se répartissent autour de deux priorités : l'action sur les comportements sociaux (328 millions) et les actions sanitaires en matière d'environnement (2,027 milliards).
- Actions sur les comportements à risque sanitaire (promotion, information, éducation) :
  - ✓ Actions contre les addictions : 90
  - ✓ Programme nutrition-santé : 22,5
  - ✓ Campagnes de vaccination : 20
  - ✓ Prévention des infections sexuellement transmissibles : 12
  - ✓ Education sanitaire : 146
  - ✓ Prévention d'autres pathologies : 16,4
- Actions environnement-santé :
  - ✓ Hygiène du milieu : 673
  - ✓ Prévention des risques professionnels : 216
  - ✓ Surveillance et veille sanitaires : 400
  - ✓ Sécurité sanitaire alimentaire : 526
  - ✓ Gestion des urgences et crises sanitaires : 4

On observe par rapport à 2009 (année de référence dans l'analyse de l'évolution des dépenses par l'étude DREES-CNAM précitée) une baisse globale des crédits de prévention, hormis les dépenses de prévention individuelle primaire et secondaire. Cette tendance globale à la baisse confirme la constante sous-estimation de l'importance de la prévention par les pouvoirs publics. L'Etat demeure le premier financeur de la prévention (57% des crédits en 2018). La Sécurité Sociale y contribue pour 16%. Le secteur privé pour 27% (notamment avec la médecine du travail).

L'analyse des dépenses de soins dans l'étude CNAM-DREES précitée[252]a permis d'éclairer les causes déterminantes de la croissance des dépenses de soins par pathologie (année de référence : 2016) :

- Dépenses en soins de ville : 42% du total des dépenses remboursées par l'Assurance Maladie.[253]

[252] Etude effectuée sur plus de 50 pathologies identifiées dans le SNDS (système national des données de santé intégrant les données du système d'information de l'assurance maladie (SNIIRAM), les données du PMSI (système des données médico-économiques hospitalières), du recueil des causes médicales de décès (INSERM). Elle a porté sur un échantillon de 16% d'assurés sociaux du régime général en ALD représentant 57% des dépenses remboursées. A terme, ce système de recueil et d'analyse des données devrait recueillir les données des régimes complémentaires d'assurance maladie.

[253] Ces dépenses des soins de ville se décomposent en soins dispensés par les médecins généralistes (9,2%), spécialistes (12,6%) infirmiers (10,1%), kinésithérapeutes (5,6%), laboratoires d'analyses biologiques (4,6%).

- Dépenses d'hospitalisation : 45%
- Prestations d'assurance maladie en espèces : 14%

Les dépenses consacrées à la santé mentale représentent un poids important : 14,5% du total. Elles sont suivies par les dépenses de traitement des cancers : 10,7%. Les dépenses relatives à la prise en charge des pathologies cardio-vasculaires sont de l'ordre de 9,8% mais leur regroupement avec le traitement des risques dans ce domaine, dont le diabète représente 18,4%. Les dépenses liées à des « épisodes d'hospitalisation ponctuelle » (c'est-à-dire sans lien avec les pathologies chroniques repérées) sont de l'ordre de 22,7%.[254] Les « soins courants » représentent, quant à eux, environ 10% du total.

Le poids des pathologies chroniques est considérable : 35% de la population est concernée (à des degrés de sévérité variables). Cela représente plus de 60% du total des dépenses remboursées par l'Assurance Maladie.[255]Certaines pathologies touchent une part importante de la population tout en représentant un coût modéré (traitement du risque vasculaire, du diabète...) mais les épisodes d'hospitalisation en phase aigüe représentent en moyenne 10 000 euros par an et par patient.[256] Le coût est élevé pour le traitement des cancers (60% d'hospitalisation, recours à des molécules très coûteuses), des urgences cardio-vasculaires (83% d'hospitalisations), des soins psychiatriques (66% d'hospitalisations).

Globalement, le rythme d'accroissement des dépenses du régime général de l'Assurance Maladie a été, entre 2012 et 2016, de + 2,7% par an. La dépense de soins est largement concentrée sur les dernières années de la vie (et, dans

---

[254] Soit environ 11 millions de patients en soins de courte durée au sein d'un établissement de santé. Pour plus d'un tiers il s'agit de pathologies digestives (22%) - notamment les endoscopies digestives -et d'interventions en chirurgie orthopédique et traumatologique (13%) : fractures, en particulier du fémur chez les personnes âgées, prothèse de hanche ou du genou. Suivent les actes d'ophtalmologie (notamment les interventions sur la cataracte), en uro-néphrologie (résections endoscopiques de l'adénome de la prostate, pyélonéphrites aigües) et en oto-rhino-laryngologie (ORL).

[255] La population suivie pour un risque cardio-vasculaire est, avec celle qui connaît une hospitalisation « ponctuelle », le groupe le plus nombreux (près de 7 500 000 pour la première, 8 000 000 pour la seconde). Deux autres groupes dépassent les 3 000 000 : les malades du diabète et les personnes ayant une affection respiratoire chronique. Les personnes traitées pour un cancer (plus de 2 500 000) et pour une affection psychiatrique (plus de 2 100 000) précèdent les groupes des maladies neurologiques et neurodégénératives (plus de 1 350 000) en progression sensible, et des maladies inflammatoires (plus de 1 million). Les maladies du foie et du pancréas semblent en progression sensible à près de 500 000.

[256] Bien que le taux de prévalence du diabète soit inférieur en France à la moyenne OCDE (4,8% des adultes contre 6,4%) le taux d'admissions hospitalières « évitables » est important puisque le taux d'hospitalisation en France pour cette pathologie est de 148 pour 100 000 habitants contre une moyenne OCDE de 129.

une moindre mesure, les premières années). Ainsi, le vieillissement accroît la part des ALD de +1% par an dans l'ensemble des dépenses de l'Assurance Maladie. La part des assurés sociaux du régime général de plus de 60 ans en ALD est passée de 59,2% en 2011 à 61,5% en 2016). La part des malades affectés par des poly-pathologies est passée de 15% en 2011 à 21% en 2016 : la hausse des poly-pathologies et des effectifs de personnes âgées devrait compter pour les 2/3 dans l'accroissement des ALD.

Titre III
L'Etat, garant des droits des usagers du système de santé

La loi relative aux droits des malades et à la qualité du système de santé du 4 mars 2002[257]a consacré la « démocratie sanitaire », un concept qu'il nous faut interroger quant à son sens et à sa portée. Elle institue le projet de soins, associant le malade aux décisions médicales le concernant et le principe général de l'association des citoyens en tant qu'usagers des services de santé à leur gestion. Elle était précédée et a été suivie par l'ensemble des lois qui, depuis 1994, créent un champ nouveau du droit, la bioéthique, domaine fondamental d'extension des droits des personnes. Nous examinerons successivement la « démocratie sanitaire » (chapitre I) comme mode de participation collective des citoyens à la politique de santé, l'important corpus de droits individuels qui s'est formé, pour l'essentiel, au cours du demi-siècle précédent (chapitre II) et le droit de la bioéthique (chapitre III).

---

[257] Loi n°2002-303 du 4 mars 2002 relative aux droits des malades et à la qualité du système de santé.

Chapitre I
La « démocratie sanitaire » à la recherche de la « démocratisation » du système de santé.

Pour un certain nombre de juristes, la « démocratie sanitaire » est une déclinaison du concept de *démocratie administrative* proposé par le Pr Rivero.[258]Il entendait qualifier ainsi une forme de participation des administrés aux décisions les concernant, dont le but était de corriger la tendance bureaucratique inhérente à toute organisation. La démocratie devient *procédurale* au sens que lui donne le philosophe Habermas : processus itératif de consultation, de délibération et de légitimation. L'administration consultative se déploie depuis la seconde moitié du XXème siècle. Depuis 1973, la législation n'a cessé d'étendre les droits des usagers des services publics.

Le concept de « démocratie sanitaire » se rattache sans doute à cette définition. Sa spécificité est inhérente à l'histoire de la médecine et au rapport médecin-malade. Ce faisant, il interroge l'Etat dans son rapport à la médecine et la Sécurité Sociale dans son mode de fonctionnement. Est-il un prolongement, un complément ou une alternative à la « démocratie sociale » ?

I. La problématique de la « démocratie sanitaire »

L'histoire du concept de démocratie sanitaire est récente. On peut dire qu'il se forge à travers les « Etats généraux de la santé » convoqués par le gouvernement Jospin en 1998-99 pour répondre aux réformes du « Plan Juppé » de 1996, centrées sur la maîtrise des coûts du système de santé et jugées « technocratiques » par la nouvelle majorité politique. Ces Etats généraux ont pour but l'expression des attentes de la population à l'égard de ce système de santé. Ils déboucheront sur la grande loi précitée de 2002 qui définit les droits des malades, les exigences de qualité du système des soins et consacre cette notion de « démocratie sanitaire ». Le rapport « Compagnon-Ghadi » qui préconisait un *principe général de concertation des usagers* dans la gestion des services de santé a permis une nouvelle avancée avec la loi de modernisation du système de santé de 2016.

Il y a une étroite association entre les modalités d'exercice des droits individuels des malades et la démocratie sanitaire dans la loi, au point qu'elle semble faire de cette dernière leur prolongement. Sa genèse, on le verra au chapitre suivant, doit beaucoup à une progressive émancipation des

[258] J. Rivero « A propos des métamorphoses de l'Administration aujourd'hui : démocratie et administration ».

malades à l'égard du pouvoir médical à partir des années post-68 et, surtout, des années 80 avec l'exigence des malades du sida et des victimes du sang contaminé d'être acteurs de leurs soins. *Le concept de « démocratie sanitaire » se forge initialement dans la revendication d'un nouveau rapport avec le corps médical*, dans la remise en cause d'un rapport inégalitaire de type « paternaliste ».

La participation collective à la gestion du système de santé n'en découle que partiellement : d'une part, comme nous l'évoquions précédemment, elle résulte de l'introduction, à partir de 1982, des préceptes des Chartes de l'OMS, d'autre part, elle est à relier à l'émergence des mouvements de défense des consommateurs et de protection de l'environnement ainsi qu'à l'évolution des associations de malades. Ce phénomène social est une des illustrations du processus de « démocratisation » évoqué par Marcel Gauchet.

Il demeure que le concept de « démocratie sanitaire » souffre d'usages médiatiques et politiques ambigus. Est-ce une forme d'association à la gestion administrative de la santé ? Est-ce une forme d'expression sur la politique de santé ? Dans ce dernier cas de figure, comment la situer dans un processus de décision inhérent à la démocratie politique ? Comment, également, situer la « démocratie sanitaire » à l'égard de la « démocratie sociale », dont la Sécurité Sociale est une des figures emblématiques ?

L'institutionnalisation de la « démocratie sanitaire » dans la loi de 2002 repose sur le principe de l'association des usagers des services de santé (les associations de malades et de défense ses consommateurs) et des citoyens (les élus territoriaux) aux acteurs du système de santé (services de prévention et de soins, organisations professionnelles et syndicales). Il faut toutefois relativiser la portée de ce principe puisque, nous le verrons, la place des citoyens-usagers n'est pas majoritaire dans les instances de la « démocratie sanitaire ». Les instances de « démocratie sanitaire » n'ont, par ailleurs, qu'un rôle consultatif. Leur pouvoir d'influence ne saurait cependant être sous-estimé. On concevrait mal que le directeur général d'une ARS ne tienne aucun compte des avis émis par une conférence régionale de santé sur le projet régional de santé qu'il doit lui présenter. De même, chaque conférence régionale établit un rapport annuel sur l'exécution des droits des malades, dont la conférence nationale présente une synthèse et des recommandations au Gouvernement et au Parlement. Chaque année, des dispositions législatives et règlementaires sont prises à leur suite.

La « démocratie sanitaire », comme forme de participation des citoyens à la gestion du système de santé », produit des propositions plus ajustées aux réalités du système complexe et spécifique qu'est le système de santé. Parce qu'elle est une forme de spécialisation de la démocratie, elle peut avancer des recommandations que ne ferait peut-être pas la représentation démocratique issue du système électif. En aucun cas, elle ne saurait s'y substituer car elle n'a pas vocation à arbitrer entre des priorités politiques nombreuses. Mais elle contribue au *recentrage sur le parcours du patient* d'un système de santé segmenté selon une logique du traitement de l'organe, conçu peut-être trop par et pour ses praticiens.

La « démocratie sanitaire » est aussi le signe de l'échec relatif de la « démocratie sociale » dans la gestion du système de santé. Elle est venue prendre une place laissée vacante, les organisations syndicales gestionnaires des régimes de l'Assurance maladie n'ayant pu, ou su, investir (voir chapitre II, troisième partie) le champ de la participation des assurés sociaux aux décisions en matière d'organisation des soins de santé. Il serait, cependant, peu opportun de considérer que la démocratie sanitaire peut se substituer d'emblée à la démocratie sociale. Elle pose, en revanche, la question des formes que pourrait prendre leur association.

Le débat portant sur l'étendue du pouvoir de la « démocratie sanitaire » est loin d'être achevé. Edouard Couty affirme qu'il n'existe que trois instruments de régulation en santé - la planification, la tarification et la qualité - et qu'a priori la planification est la plus favorable à la démocratisation des politiques de santé, les deux autres pouvant être monopolisés par les experts (haute fonction publique, élites médicales, économistes, statisticiens…).[259]La planification des activités de santé est effectivement, un moment important d'expression démocratique mais les deux autres termes de cette trilogie (notamment la qualité) peuvent, et doivent être l'objet d'un débat démocratique au sein des instances de la « démocratie sanitaire » et éclairer utilement le Parlement.

Le débat sur la place des citoyens rebondit avec la crise provoquée par la pandémie précitée dans un contexte de vive contestation des institutions de la démocratie élective et d'expérimentation des « conventions de citoyens » désignés par tirage au sort. Si l'on suit cette logique, la « démocratie sanitaire » ne peut perdurer sous sa forme actuelle, les « usagers » des services de santé laissant leur place à des citoyens disposant d'un pouvoir *délibératif*. Mais quelle peut être l'étendue de ce pouvoir et quelle peut être la représentation citoyenne ? Si l'on peut concevoir un pouvoir délibératif en matière de *gestion* du système de santé - cela revient à repenser la branche maladie de la Sécurité Sociale ou la décentralisation au niveau territorial - un tel pouvoir au stade de la conception de la loi signifie un changement radical

[259] « Les transformations de l'administration hospitalière ». Entretien avec F.Pierru in Revue française d'administration publique n°174 « L'administration hospitalière : réformes permanentes et crises sans fin ». Décembre 2020

de régime politique. Si, comme cela est proposé, une « assemblée de citoyens », tirés au sort, prépare la loi et donne un mandat quasi-impératif de vote au Parlement, celui-ci n'a plus d'utilité. Or, sans parler des risques de manipulation (l'histoire nous enseigne les dérives des régimes d'assemblée), la fragilité des modèles statistiques définissant des échantillons est patente (là aussi, les exemples abondent). Certains proposent une instance « ad hoc » ou encore la voie référendaire formée pour trancher un « problème ». C'est encourir le risque sérieux de privilégier l'émotion du moment au détriment du temps nécessaire à la réflexion. Et ce serait se retrouver immédiatement face à la paralysie que provoquerait une décision ne considérant que les seuls motifs sanitaires, ignorant la multiplicité des intérêts composant une société.

La démocratie ne peut être l'addition d'une série de « démocraties » partielles, propres à la volonté et à la capacité d'expression de tel ou tel groupe social. Comme le note le Pr Truchet « La démocratie politique décide de l'avenir du pays. La démocratie sanitaire ne décide pas de l'avenir du système de santé ».[260]C'est tout le sens de l'affirmation par le Code de santé publique : « La Nation définit la politique de santé ». Le rôle de la « démocratie sanitaire » est celui de *contribuer* à la décision politique et administrative, et de ce point de vue, ce rôle devrait, s'agissant de l'usager-citoyen être plus important qu'il n'est aujourd'hui. Mais il n'est pas de se substituer à la décision politique.

II. Les formes institutionnelles de la « démocratie sanitaire »

La participation citoyenne à la gestion du secteur de la santé revêt trois formes principales : soit une représentation des associations d'usagers des services de santé au sein des conseils de surveillance ou d'administration d'un certain nombre d'institutions publiques (agences sanitaires, agences régionales de santé, établissements de santé...), soit une représentation au sein des instances de gestion des « territoires de santé », soit une représentation nationale auprès des pouvoirs publics.

Dans le premier cas de figure, la participation des usagers n'est pas limitée à une représentation au sein des organes directeurs des institutions. Elle se déroule également au sein de *« comités des usagers »* obligatoirement installés dans les établissements sanitaires et médicosociaux. Ce sont ces comités qui recueillent les doléances des usagers, les présentent à la direction, assurent, le cas échéant, une médiation entre l'usager et l'établissement. Le comité est la cellule de base du recueil des informations qui permettent l'établissement de recommandations visant l'amélioration des conditions d'accueil et de traitement des patients.

---

[260] Pr Truchet « Les instruments juridiques de la démocratie sanitaire » in « démocratie sanitaire, mythe ou réalité ? », pp 17 et s.

Les formes prises par la « territorialisation » de la santé, notamment avec les comités locaux de santé, représentent une dynamique démocratique potentiellement importante que nous verrons en partie III, titre II.

1. La participation des associations requiert un agrément de l'autorité administrative

La loi du 4 mars 2002 relative aux droits des patients, à la qualité du système de santé instaure le *principe de l'agrément* des associations d'usagers des services de santé par l'autorité administrative comme condition de leur reconnaissance par l'autorité publique. Cet agrément est requis pour la désignation par les associations de leurs représentants dans les instances de gestion des établissements de santé, les conseils de surveillance des ARS, les conférences de santé, les conseils d'administration des agences sanitaires nationales.

L'agrément est accordé pour une durée limitée, son renouvellement étant soumis à un réexamen de l'action de l'association. Il peut également être retiré par l'autorité publique si l'association ne remplit plus sa mission. Les critères de l'agrément, délivré soit par l'autorité ministérielle s'il s'agit d'une association nationale,[261]soit par le directeur général de l'ARS s'il s'agit d'une association locale, sont les critères classiques d'ordre public auxquels s'ajoute l'exigence d'une « activité effective et publique », appréciée au regard des actions de promotion des droits des personnes malades et des usagers du système de santé, de la participation à l'élaboration des politiques de santé ainsi que des actions de formation et d'information. Sont également examinées les règles garantissant la transparence de la gestion, la représentativité et l'indépendance de l'association, notamment à l'égard des professionnels et des entreprises de santé.[262]Ainsi se dessine, avec ces critères d'agrément, une catégorie spécifique d'expression démocratique qu'on pourrait appeler « démocratie de compétence ». Les règles de l'agrément ont aussi pour but d'écarter, en l'absence du contrôle démocratique exercé par l'élection, les associations qui, sous couvert de buts sanitaires, poursuivraient des buts contraires aux principes républicains, des associations qui serviraient de paravent à des activités sans rapport avec les objectifs de la politique de santé ou des associations sans activité réelle.

Pour remédier au problème de représentativité posé par le grand nombre d'associations, souvent spécialisées autour d'un problème particulier de santé, la loi de modernisation du système de santé du 26 janvier 2016 a

---

[261] Une association nationale doit réunir au moins 5000 adhérents répartis dans au moins 6 régions, aucune ne pouvant dépasser plus de 50% du nombre total d'adhérents.

[262] Les entreprises de santé sont tenues de déclarer à la Haute Autorité de santé les aides qu'elles accordent à des associations de malades ou d'usagers du système de santé.

rendu possible la formation d'une *« Union nationale des associations d'usagers du système de santé »*[263] disposant d'un agrément national (« France Asso Santé »). Il lui est reconnu une compétence générale de représentation, de proposition et d'avis auprès des pouvoirs publics pour toutes les questions relatives aux droits des usagers du système de santé.[264]L'Union anime un réseau d'unions régionales qui peuvent, elles-mêmes, émettre des avis et propositions auprès des ARS. Elle contribue à l'information du public, à l'organisation de débats publics, à la formation des usagers qui exercent des responsabilités bénévoles de représentation.

De nombreuses associations ne sont pas agréées bien qu'elles remplissent des missions souvent importantes d'aide aux malades, notamment au sein des établissements de santé. Il s'agit généralement d'associations locales. Elles ont la possibilité de conclure avec l'établissement au sein duquel elles interviennent une convention précisant leur rôle et les obligations des deux parties.[265]

Le rapport Compagnon-Ghadi précité établissait dans ses propositions un continuum dont le principe général de concertation obligatoire des usagers des services de santé était la clé de voûte. Dans cette logique, il proposait de « positionner » les représentants des usagers dans les « lieux de décision » et d'attribuer aux commissions des usagers au sein des établissements sanitaires et médico-sociaux une fonction globale de garantie, d'évaluation et de développement des droits des malades, de participation à la politique de qualité et de sécurité des soins au-delà de la gestion des plaintes individuelles. Il préconisait des formes de dialogue entre les représentants des usagers et les personnels soignants aux différents moments et points stratégiques (projet d'établissement, fonctionnement des pôles d'activités) et la conclusion d'une convention entre les associations d'usagers agréées et la direction de l'établissement. Il insistait enfin, et nous y reviendrons (partie III, titre II, chapitre II), sur leur rôle au sein du conseil local de santé, base même de la « démocratie sanitaire ».

---

263 L'Union nationale des usagers du système de santé, qui regroupe 76 associations nationales, succède au « Collectif inter associatif sur le santé » (CISS) qui a eu un rôle actif dans l'élaboration de la loi relative aux droits des malades de 2002. La nouvelle Union a pris le nom de « France Asso Santé » en mars 2017. En sont membres les associations organisées autour de la défense des droits des malades atteints par une pathologie spécifique, les fédérations représentant des catégories de la population (familles, personnes handicapées, personnes âgées…).

264 Décret n°2017-90 du 26 janvier 2017

265 Une circulaire ministérielle (DHOS-SDE-2004 n° 471 du 4.10.2004 précise le statut de ces associations

2. Le rôle de la conférence régionale et nationale de santé dans la « démocratie sanitaire »

A. La Conférence nationale de santé

La Conférence nationale de santé est un « organisme consultatif », placé auprès du ministre chargé de la santé, dont l'objet est de « permettre la concertation sur les questions de santé ». [266]

Elle est d'abord consultée par le Gouvernement sur le projet de « stratégie nationale de santé ». Ensuite, elle émet des avis et des recommandations à l'adresse tant du Parlement que du Gouvernement en vue « d'améliorer le système de santé publique ». Ces avis portent également sur les plans et programmes que le Gouvernement entend mettre en œuvre. Enfin, elle contribue à l'organisation de débats publics sur les questions de santé publique. Ses avis sont publics.

Elle présente également au ministre de la Santé un rapport annuel, rendu public, sur le respect des droits des usagers du système de santé, établi sur la base des rapports des conférences régionales de la santé et de l'autonomie.

La Conférence est constituée en 8 « collèges » : collectivités territoriales (6 membres),[267]usagers des services de santé (18) délégués des conférences régionales de santé (27), partenaires sociaux[268](10), acteurs de la cohésion sociale et de la protection sociale [269](16), acteurs de la prévention[270](11), offreurs de services de santé[271](26), représentants des organismes de

---

[266] Art. L. 144-3 CSP

[267] 2 membres désignés par l'Association des régions de France ; 2 par l'Assemblée des départements de France ; 2 par l'Association des maires de France

[268] 5 représentants désignés par les organisations syndicales représentatives de salariés, 3 par les organisations représentatives d'employeurs, 1 par le secteur des établissements privés sanitaires et sociaux sans but lucratif, un désigné par les chambres d'agriculture

[269] 3 représentants des organismes d'assurance maladie obligatoire ; 1 par l'assurance vieillesse ; 1 par la branche accidents du travail-maladies professionnelles ; 1 par la Caisse nationale d'allocations familiales ; 2 par les organismes d'assurance maladie complémentaire ; 2 par des associations d'aide aux personnes handicapées ; 2 par des associations de personnes âgées ; 2 par des associations d'aide aux personnes en situation de précarité

[270] 4 représentants de la médecine de préventive (médecine scolaire, médecine universitaire, services de santé au travail, PMI) 3 des organismes de promotion et prévention de la santé ; 2 des organismes d'observation de la santé, 2 des organismes de protection de l'environnement.

[271]13 représentants des établissements de santé et services médicosociaux (3 de l'hospitalisation publique et privée; 3 des commissions médicales d'établissement; 1 de l'hospitalisation à domicile ; 1 des services de soins infirmiers à domicile ; 2 des personnes morales gestionnaires d'institutions d'aide aux personnes handicapées ; 1 des personnes morales gestionnaires d'institutions d'aide aux personnes âgées) ; 2 des personnes morales gestionnaires d'institutions d'aide aux personnes en situation de précarité sociale ; 10 des

recherche, de l'industrie des produits de santé et personnalités qualifiées[272](6).

La Conférence se réunit en « assemblée plénière » au moins trois fois par an [273] pour émettre ses principaux avis, adopter le rapport annuel sur le respect des droits des usagers du système de santé ainsi que son rapport d'activité, formuler toutes recommandations relevant de son domaine de compétence, déterminer les questions de santé qui donnent lieu à débat public. Les opinions minoritaires peuvent être exposées et annexées aux avis et rapports.

Les ministres de la Santé, des personnes âgées et handicapées rendent compte devant la Conférence au moins une fois par an de la mise en œuvre des politiques publiques dont ils sont responsables ainsi que des suites données à ses avis et rapports. Ces communications ministérielles sont publiques.

Une « commission permanente » exerce les fonctions de préparation des avis, recommandations er rapports. Elle comprend 23 membres, élus par chacun des huit collèges composant l'assemblée plénière. Présidée par le président de la Conférence, elle se réunit au moins une fois par mois en présence du président de la commission des droits des usagers.

La « commission des droits des usagers du système de santé » élabore le rapport annuel sur l'évaluation des conditions d'application des droits des usagers, de l'égalité d'accès aux services de santé et de la qualité des prises en charge dans les domaines sanitaire et médico-social. Le président de la Conférence participe à ses travaux.

L'étendue de ses missions et sa composition confèrent à la Conférence une place et un rôle importants dans le dispositif décisionnel en santé publique. On notera que les représentants des usagers des services de santé n'occupent que 18 sièges sur 120, même si une partie des 27 délégués des conférences régionales représente des usagers. S'y ajoutent les 6 représentants des collectivités territoriales et les 16 représentants des organismes de protection sociale. On est assez loin d'une représentation exprimant véritablement une « démocratie sanitaire ». La segmentation subtile de la Conférence de santé en huit collèges correspond davantage au souci des pouvoirs publics

---

professionnels de santé libéraux; 1 des réseaux de santé ; 1 des maisons et pôles de santé ; 1 des centres de santé

[272] 2 représentants d'organismes de recherche en santé ; 2 de l'industrie de santé ; 2 personnalités qualifiées désignées par les ministres compétents.

[273] 120 membres, titulaires ou suppléants, auxquels s'ajoutent les membres de droit, qui participent aux travaux avec voix consultative : directeurs généraux des administrations compétentes, des instances consultatives ou autorités indépendantes, des agences sanitaires nationales et des Caisses nationales.

d'assurer un *dosage* équilibré, autant que faire se peut, des différentes forces coexistant au sein du système de santé. Néanmoins, l'organisation de l'expression des droits et des besoins des usagers depuis les structures de soins hospitaliers jusqu'à la conférence nationale à travers le rapport annuel constitue une première avancée importante. On se gardera, par ailleurs, d'opposer par principe les usagers et les professionnels de santé, ce qui serait caricatural. La Conférence (et les conférences régionales et locales) ont précisément le mérite de constituer des lieux de rencontre, d'échanges de vues, d'apprentissage du travail en commun.

B. La Conférence régionale de santé et de l'autonomie

Elle est l'expression, au niveau régional de la « démocratie sanitaire ». C'est un organisme consultatif autonome, constitué auprès de l'ARS, composé, comme la conférence nationale, de huit collèges représentant[274]: les usagers des services de santé (18 membres), les représentants élus des collectivités territoriales (14 membres), les conférences territoriales de santé (4 membres), les acteurs de la prévention (12 membres), les organismes de protection sociale obligatoire et volontaire (6 membres), les partenaires sociaux (10 membres), les « offreurs de soins » (établissements et services sanitaires et médico-sociaux (32 membres),les personnalités qualifiées (2 membres).

Participent aux travaux de la conférence, avec voix consultative, le préfet de région, le directeur général de l'ARS, le président du conseil économique social et environnemental de la région, les chefs des services de l'Etat dans la région.

La conférence élit en assemblée plénière son président et fixe les modalités de fonctionnement de ses commissions et des groupes de travail ad hoc qu'elle peut créer. Elle comprend une commission permanente et quatre commissions spécialisées (prévention, organisation des soins, accompagnement et services médico-sociaux, droits des usagers).

La conférence peut faire « toute proposition au directeur général de l'ARS sur l'élaboration, la mise en œuvre et l'évaluation de la politique de santé dans la région et sur les territoires ».[275]Elle rend un avis sur le projet régional de santé et sur le projet de schéma régional de santé. Elle organise en son sein « l'expression des représentants des usagers du système de santé ». Elle procède, en lien avec les conseils territoriaux de santé, à l'évaluation des conditions d'application des droits des usagers et de la qualité des prises en

---

[274] Le nombre des membres de la conférence régionale est augmenté dans les plus grandes régions.
[275] Art.L.1432-4 CSP.

charge et des accompagnements et formule des recommandations permettant d'améliorer leur application dans un rapport annuel qui, après un vote d'approbation, est transmis au directeur général de l'ARS et à la conférence nationale de santé. Elle peut organiser un débat public sur les questions de santé de son choix. Ses avis sont rendus publics.

3. Le Comité consultatif national d'éthique pour les sciences de la vie et de la santé (CCNE) face au double défi de la science et de la société

Nous verrons ci-après (chapitre III) toute l'importance de ce continent nouveau qu'est la bioéthique. Nous avons fait le choix de ranger le CCNE parmi les institutions concourant à la « démocratie sanitaire ». S'agissant d'une institution exprimant principalement les avis des experts, le choix peut se discuter. Nous le justifions d'abord par la nature des questions traitées qui intéressent fondamentalement notre société en qu'elles visent à éclairer le débat démocratique sur l'usage qui peut être fait des nouvelles connaissances scientifiques, notamment dans le domaine du vivant. Nous verrons ainsi que le CCNE confronte en son sein les points de vue des experts et ceux des principaux courants de pensée dans notre société. Enfin, le CCNE doit organiser régulièrement des « états généraux » comportant des conférences de citoyens.

4. L'Office parlementaire d'évaluation des choix scientifiques et technologique (OPESCT) : l'éclaireur méconnu de la représentation nationale

Une loi de 1983 a institué cet organisme dont le but est d'éclairer le Parlement sur les conséquences des choix qu'il doit opérer en matière scientifique et technologique.[276]Commune à l'Assemblée nationale et au Sénat, cette institution est composée de 18 députés et 18 sénateurs désignés à la proportionnelle par leurs groupes politiques. Elle est assistée par un conseil scientifique composé de personnalités du monde scientifique. Elle procède à des auditions publiques et rend régulièrement des rapports sur les différentes questions que doit examiner le Parlement. Le fonctionnement des conventions citoyennes n'innove donc pas en recourant à l'audition des experts pour établir leur opinion : la représentation nationale y recourt de longue date, non seulement avec l'appui de l'OPESCT mais dans le cadre permanent du travail en commission au sein de chacune des deux assemblées.

---

[276] Loi n°83-609 du 8.7.1983 créant l'office parlementaire d'évaluation des choix scientifiques et technologiques (OPSCT).

III. La « démocratie sanitaire » : bilan provisoire et perspectives

L'importance des travaux des conférences de santé s'observe par le nombre de leurs avis et rapports mais aussi par le nombre de leurs propositions reprises par les pouvoirs publics, notamment dans le cadre de la loi de financement annuel de la sécurité sociale. L'obligation faite aux ministres et aux directeurs généraux des ARS de rendre compte de l'application de la politique de santé, le pouvoir d'initiative accordé à la Conférence nationale en matière d'organisation de débats publics et le développement des conseils territoriaux, montrent une transformation des modes d'action de l'Etat plus importante qu'il n'y paraît.

Cette transformation n'en demeure pas moins à l'état d'ébauche. Les conférences sanitaires, qui n'ont pas encore acquis une large audience auprès de la population, demeurent des instances essentiellement circonscrites au monde des institutions sanitaires et sociales. La marginalisation des conférences de santé lors de la crise provoquée par la pandémie du SRAS-CoV2 en est un indice, même si l'urgence des décisions à prendre et leur contenu scientifique et technique peuvent expliquer cette situation (la création tardive d'un comité de citoyens relève plus de la concession que de la conviction et son rôle est peu médiatisé).

Fondamentalement, l'histoire de l'Etat et de son administration en France et l'histoire de la médecine éclairent cette situation incertaine du projet de « démocratie sanitaire ». La culture profonde de l'administration fait partager à tous ses membres la conviction qu'elle est gardienne de l'intérêt général. Cette conviction est fondée, tant par l'histoire de la République que par la formation et la pratique des agents de l'Etat. C'est une force pour la République (qu'on aurait tendance à oublier) mais c'est aussi un facteur de centralisation. Il n'est pas *naturel* pour l'administration de partager un pouvoir qui n'a de compte à rendre qu'à la représentation nationale. L'histoire de la médecine, en tant que corps social, ne l'incline pas davantage à partager un pouvoir fondé sur des valeurs éthiques et scientifiques rigoureuses (voir partie II, titre II chapitre I). La culture médicale ne se confond pas pleinement avec la culture de santé publique et sa coopération avec la démocratie sanitaire n'en est que plus malaisée.

Il y a néanmoins une certaine évolution vers la démocratisation du système de santé. Mais les résultats de cette évolution s'analysent différemment selon que l'on évoque l'application des droits individuels des usagers ou le pouvoir d'action collective des citoyens. Les droits des usagers des services de santé sont aujourd'hui mieux pris en considération. L'évaluation des établissements de santé inclut celle de l'application de ces droits dans la procédure de certification de leur qualité, les rapports annuels sur l'application de ces droits par les commissions d'usagers et les conférences de santé y contribuent. La « démocratie sanitaire » proprement dite, dynamique de consultation et de proposition sur le fonctionnement du système de santé lui-même, se trouve, quant à elle, aujourd'hui à la croisée des chemins. Ou bien elle demeure une forme d'instance consultative : perfectible, elle demeure précieuse. Ou bien elle devient une forme de gestion décentralisée de l'action publique en matière de santé. Nous y reviendrons à l'issue de cette étude.

Chapitre II
La consécration des droits des malades

La formation des droits des malades a été longtemps l'œuvre de la jurisprudence. L'élaboration d'une doctrine et d'un droit français de la bioéthique a grandement contribué à la construction d'un édifice que la loi relative aux droits des malades, à la qualité du système de santé de 2002 est venue parachever.

I. La genèse de la législation sur les droits des malades

La loi précitée (loi Kouchner) repose sur le droit fondamental à la protection de la santé énoncé par le Préambule à la Constitution de 1946 et érigé en principe à valeur constitutionnelle par le Conseil Constitutionnel dans sa décision de 1974 relative à la loi sur l'interruption volontaire de grossesse.[277]

Outre l'importante contribution de la jurisprudence, plusieurs lois particulièrement importantes sont venues à partir de la fin des années 60, apporter leur pierre à l'édifice. La loi Neuwirth organise en 1967 la régulation des naissances, créant un véritable droit de donner ou non la vie.[278]En 1975, la loi Veil met fin à la pénalisation de l'interruption volontaire de grossesse et organise un droit nouveau, celui des femmes à disposer librement de leur corps.[279]Enfin, les lois de bioéthique[280]ont posé des principes qui, au-delà de la situation de la personne malade, établissement un droit nouveau fondé sur la personne en tant qu'être humain.

Toutefois, le droit des malades s'est limité longtemps à l'énoncé de principes sans dispositions précises quant à leur application.[281]Le code de déontologie médicale de 1995 imposait au médecin un devoir d'information du patient.[282]Mais au contentieux la preuve d'un manquement du médecin incombait au patient. Les questions relatives au droit à réparation des accidents médicaux ont rendu impérative la définition de ces

---

[277] Cons.Consti 15.1.1975, n°74-54 DC. Voir « les grandes décisions du Conseil constitutionnel », op cité, pp 84 et al.

[278] Loi n°67-1176 du 28.12.1967 relative à la régulation des naissances

[279] Loi n°75-17 du 17.1.1975 relative à l'interruption volontaire de grossesse.

[280] Loi n°94-630 relative à la protection des personnes se livrant à des recherches biomédicales. Loi n°94-653 relative au respect du corps humain. Loi n°94-678 relative au don et à l'utilisation des éléments et produits du corps humain, à l'assistance médicale à la procréation et au diagnostic prénatal

[281] Les lois hospitalières de 1970 et 1991 établissaient un devoir d'information du patient sans en aménager ses conditions d'exercice. La « charte du patient hospitalisé » du 6 mars 1995 prenait en considération les attentes des personnes hospitalisées, mais son absence de portée juridique et son application inégale en soulignaient les insuffisances.

[282] Décret n°95-1000 du 6.9.1995 portant code de déontologie médicale.

droits.[283] Plusieurs rapports d'experts et de parlementaires,[284] ont alimenté les « Etats généraux de la santé » organisés par le Gouvernement. Au terme de ce processus de « démocratie sanitaire » la loi Kouchner a fait entrer la question des droits des malades dans la sphère des enjeux sociétaux majeurs.

Il y a eu un changement progressif dans l'attitude des français à l'égard des questions de santé à partir des années 80. Jusqu'alors, celle-ci était essentiellement circonscrite à la relation médecin-malade. L'acte principal du patient était le choix de son médecin. Le problème principal était - et est encore - celui de l'accès à l'information pertinente sur la qualification du médecin ou de la structure de soins, qui dépendait largement du degré de « capital culturel » du patient.

A partir du mouvement de contestation des institutions de 1968, la médecine a été interpellée sur son pouvoir et ses pratiques, notamment par des penseurs tels que Michel Foucault ou Ivan Illich. C'est surtout la psychiatrie qui a suscité la formation de mouvements de contestation (notamment l'antipsychiatrie). Mais la portée de ces mouvements a été limitée dans l'opinion publique. L'épidémie du sida au début des années 80, qui est à l'origine de la formation de mouvements de malades en contre-pouvoir médical, procède de la revendication des minorités sexuelles des années 70.[285] Mais c'est la défaillance du système de transfusion sanguine qui, par son retentissement dans l'opinion publique, a véritablement contribué à l'évolution de la relation malade-médecin et à l'introduction des associations de malades dans le processus de la décision politique en santé.[286] L'exigence des malades du sida d'un droit à établir avec le médecin un plan de soins n'en prenait que plus de force.

Parallèlement, la puissance des médias télévisés a permis le développement de mouvements de défense de malades qui ont compris l'importance de la maîtrise des méthodes modernes de communication.[287] Le développement des réseaux de prise en charge des malades chroniques a également permis la

---

[283] « Les droits des usagers du système de santé ». C.Evin.
Rapport n° 3587 de la commission mixte paritaire sur le projet de loi relatif aux droits des malades et à la qualité du système de santé. C. Evin, député, et F. Giraud, sénateur (11ème législature). Rapport sur « les droits de la personne malade » en Conseil économique et social. C. Evin (juin 1996). « La place des malades dans le système de santé ». E. Caniard, rapport au secrétaire d'Etat à la santé. Février 2000.
[285] Act Up, Aides..,
[286] Les conséquences de l'application tardive des règles de préservation de la transfusion sanguine de toute contamination virale dans le traitement des malades hémophiles (un millier de décès) ont été que l'association des malades hémophiles fut l'une des premières à devenir un interlocuteur majeur des pouvoirs publics et médicaux (notamment dans la construction d'un dispositif d'indemnisation).
[287] L'association française de lutte contre la myopathie a porté, pratiquement à elle seule, avec le succès du « Téléthon », la question de la reconnaissance des maladies rares.

formation d'associations de malades participant à la gestion de leur maladie, à l'instigation des médecins qui ont initié l'éducation thérapeutique. La notion de « patient-expert » est apparue pour désigner une forme de savoir acquise par l'expérience intime de la maladie. Certains pays (le Québec notamment) ont conféré à cette expertise un rôle formateur : des patients-experts interviennent dans la formation des praticiens.

Les grands textes du droit international et européen consacrant les droits humains ont exercé aussi leur influence dans la formation de notre législation sur les droits des malades.

Le développement rapide d'internet et des réseaux sociaux est aujourd'hui un élément important de l'évolution du rapport entre malade et médecin. En facilitant l'accès du profane aux informations médicales, il peut enrichir le dialogue avec son médecin. Mais en lui donnant, à partir d'une information dont il ne possède pas les moyens d'analyse, le sentiment d'une « expertise », il peut aussi transformer sa demande d'aide en une revendication d'un illusoire « droit à la santé ».

La philosophie du Code de déontologie médicale était fondamentalement axée sur la notion de *devoir* du médecin à l'égard du patient. Sans effacer celle-ci, la loi fait place au *droit* du patient. Elle entend associer le patient au *projet de soins* qui lui est proposé et aux décisions qui concourent à sa réalisation. Le changement a une portée considérable. On le mesure, par exemple, à la force des débats engagés autour de la fin de vie ou du traitement de la douleur. La création d'une *« commission des relations avec les usagers et de la qualité de la prise en charge »,* dont la mission est de veiller au respect et à l'expression des droits des usagers au sein de chaque établissement de santé, est un autre acquis tangible de la loi.[288]

L'exigence de *qualité des soins*, restée longtemps un thème incantatoire du discours politique, revêt une importance nouvelle au point que toutes les grandes lois relatives à l'organisation du système de santé à partir de ce moment se construiront autour de cet objectif. Progressivement, en effet, les acteurs du système de santé se retrouvent, non sans débats certes, autour de l'idée que sa rationalité ne peut reposer sur le seul calcul comptable mais bien sur la qualité et la *pertinence* des soins, leur évaluation devenant une priorité. Le problème du droit à réparation en cas d'accident médical, posé depuis les années 80, trouve également avec la loi une première solution d'ensemble.

---

[288] « La commission des relations avec les usagers et la qualité de la prise en charge dans la loi du 4 mars 2002. E. Gherardi, in « Revue de droit sanitaire et social n°4. Octobre-décembre 2002. Cette commission remplace la « commission de conciliation » créée par l'ordonnance de 1996 dont le rôle se limitait, pour l'essentiel, à l'information de l''usager.

II. Le droit fondamental à la protection de la santé, clé de voûte d'un ensemble de droits indissociables

Le droit à la protection de la santé fonde l'ensemble des droits des malades. Il doit être, selon les termes de la loi, *« mis en œuvre par tous les moyens disponibles au bénéfice de toute personne »*. Le Conseil Constitutionnel a affirmé en 1975 que *« l'objectif de protection de la santé publique constitue un principe à valeur constitutionnelle »*.[289]

Il englobe aussi bien un droit à la prévention qu'un droit à un égal accès aux soins. Toutes les institutions et professions de santé doivent contribuer à sa réalisation en veillant à ce que leurs réponses soient adaptées au besoin de santé de chaque personne, en assurant la continuité des soins qui lui sont nécessaires ainsi que la meilleure sécurité sanitaire possible ».[290]

Il ne saurait cependant avoir un caractère absolu : c'est la classique *obligation de moyens* en droit médical qui est fixée ici. Le droit à la protection de la santé n'est pas un droit à la santé, qui n'aurait en l'occurrence pas de sens. S'il n'y a donc pas obligation de résultat pour l'Etat, le droit à la protection de la santé requiert, en revanche, la mise en œuvre de tous les moyens à sa disposition pour l'assurer autant que faire se peut.

La jurisprudence donne de cette obligation une interprétation étendue. La CEDH déduit de l'article 2 de la Convention européenne des droits de l'homme, proclamant un « droit à la vie », une obligation de prendre toutes les mesures de santé publique nécessaires à sa protection.[291]Elle tire de son article 8 la conclusion que les Etats sont tenus d'imposer aux établissements de santé, publics ou privés, les mesures garantissant l'intégrité physique des patients et de mettre en place un système d'indemnisation des dommages corporels éventuellement subis au cours d'une hospitalisation.[292]Elle a également rendu un certain nombre de décisions qui font obligation aux Etats, par application de l'article 3 de la Convention, de garantir la dignité des personnes détenues ou en garde et de leur assurer les soins qui leur sont nécessaires.[293]

Le *principe de l'égalité d'accès aux soins,* application du principe constitutionnel de l'égalité des citoyens devant la loi, suppose que l'Etat veille au respect de conditions financières, territoriales et sociales sans

---

289 Voir Cons.Consti. 15.1.1975 (consid.10). C.E, ord, 8 septembre 2005, n°28403

290 Art. L.1110-1 CSP

291 CEDH, grande chambre, 19.12.2017 n° 56080/13, §165

292 CEDH 2.5.2017 n°30373/13 § 84

293 La CEDH a condamné à diverses reprises la France pour ses manquements au droit aux soins des détenus (notamment aux soins psychiatriques).

lesquelles il ne peut être effectif. Mais chacune de ces conditions relève du débat politique et reçoit donc une réponse différente selon les majorités appelées à gouverner.

Sur le plan financier, la généralisation de l'assurance maladie obligatoire et l'institution de la couverture maladie universelle[294]ont favorisé l'égalité d'accès aux soins. Une récente LFSS a apporté un progrès important en instaurant le principe d'une prise en charge intégrale des soins de base en matière dentaire, de frais d'optique et d'appareils de correction de l'audition. Le très faible niveau de remboursement de ces soins, indispensables mais très coûteux, représentait une anomalie dans un système d'assurance maladie obligatoire qui, par ailleurs, a longtemps remboursé, sans réel contrôle, de nombreux médicaments à faible valeur thérapeutique. Les pouvoirs publics sont, à cet égard, fondés à déterminer le « panier des services » susceptibles de remboursement par l'assurance maladie obligatoire en fonction du service médical *réellement* rendu.

Il subsiste néanmoins des limites sérieuses au principe d'égalité dans l'accès aux soins : la première est la création en 1980 du « secteur à honoraires libres (secteur II). Les dépassements élevés d'honoraires pratiqués par certains praticiens et le fait que, dans certains territoires, il soit difficile de trouver un médecin pratiquant les honoraires opposables, en sont l'illustration. Par ailleurs, l'application du principe du « tiers payant » adopté par la loi de modernisation de notre système de santé de 2016 connaît une application sérieusement entravée par la complexité d'un système d'assurance associant des régimes d'assurance obligatoire et des régimes d'assurance complémentaire. D'une manière générale, la complexité du système de santé, son peu de lisibilité, sont des obstacles à la pleine réalisation du principe d'égalité dans l'accès aux soins.

Ce principe se heurte également au niveau territorial au principe de la liberté d'installation défendu par la médecine libérale. Chaque tentative des pouvoirs publics de réglementer cette liberté afin qu'elle ne porte pas atteinte au droit à l'égal accès aux soins a échoué. La solution de conciliation avancée par les pouvoirs publics est, nous le verrons, une politique incitative à l'installation dans les territoires sous-médicalisés, qui n'a pas résolu le problème jusqu'ici.

Le principe d'égalité d'accès territorial aux soins est, par ailleurs, une source de malentendus. On ne saurait se prévaloir de ce principe pour exiger une organisation hospitalière disposant à proximité du domicile de *toutes* les spécialités. Les pouvoirs publics sont fondés à organiser une répartition des activités de soins, notamment hospitalières selon une hiérarchie allant des

294 Devenue la « protection universelle maladie » (PUM)

prestations du premier niveau de recours (soins généralistes) au troisième niveau (spécialités de haut niveau servies par un nombre nécessairement limité de spécialistes et concernant un nombre restreint de cas). Cette hiérarchie fonctionnelle - dite de *gradation des soins* - peut *seule* garantir des *normes de qualité et de sécurité* qui sont un autre élément constitutif du droit à la protection de la santé. Comme souvent, un principe oppose sa réalité à celle d'un autre principe. Il appartient au politique d'établir un équilibre entre leurs champs respectifs.

L'inorganisation du niveau de santé primaire et, plus largement, la faiblesse de la prévention primaire, n'ont pas permis, jusqu'ici, d'agir efficacement sur la troisième cause d'inégalité d'accès aux soins et aux services de santé, formée par les inégalités sociales et culturelles. C'est pourquoi la structuration de ce niveau est devenue une priorité.

III. Les droits spécifiques attachés à la personne du malade

Le principe général du droit à la protection de la santé trouve son prolongement dans un ensemble de droits individuels, à la fois spécifiques et indissociables, progressivement dégagés par la jurisprudence, auxquels la loi est venue donner toute sa force. Il s'agit du droit à la non-discrimination dans l'accès et la dispensation des soins, du droit à l'information, du droit au libre choix du médecin, du droit au consentement aux soins, du droit à recevoir des soins « appropriés », du droit au respect de la vie privée du malade, du droit au traitement de la douleur, du droit aux soins palliatifs, du droit à une « fin de vie digne jusqu'à la mort » et du droit à réparation des accidents médicaux.

1. Le droit à l'absence de discrimination face au droit du médecin d'accepter ou non une consultation

Le droit à l'absence de toute discrimination dans l'accès aux soins et dans la dispensation des soins relève des droits humains fondamentaux. Son non-respect est sanctionné pénalement. Cependant plusieurs études ont mis en évidence un accroissement des refus de soins, ce qui a conduit le législateur à renforcer les conditions d'application de ce droit fondamental.

Après avoir posé en principe qu'aucune personne ne peut faire l'objet de discrimination dans l'accès à la prévention et aux soins, la loi précise qu'un professionnel de santé ne peut refuser de soigner une personne pour l'un des motifs visés à l'article 225-1 du Code pénal[295] ou au motif qu'elle est

[295] Art 225-1 Pénal « est une discrimination toute distinction entre personnes physiques sur le fondement de leur origine, de leur sexe, de leur situation familiale, de la grossesse, de l'apparence physique, d'une particulière vulnérabilité résultant d'une situation économique

bénéficiaire d'un régime de protection complémentaire l'exonérant de participation financière ou bénéficiaire de l'aide médicale d'Etat. [296]

Toute personne s'estimant victime d'un refus de soins illégitime peut saisir l'organisme local de l'Assurance Maladie ou le président du conseil local de l'Ordre professionnel compétent. La saisine vaut dépôt de plainte. Une procédure de conciliation est engagée. En cas d'échec de celle-ci, le président du conseil local de l'Ordre transmet la plainte à la juridiction ordinale compétente avec son avis motivé. En cas de carence du conseil départemental de l'Ordre, il appartient au directeur de l'organisme de l'Assurance Maladie compétent de prononcer, le cas échéant, une sanction.

L'interdiction du refus de soin doit cependant être conciliée avec le droit reconnu au praticien d'accepter ou non une demande de consultation. Hors le cas d'urgence et celui où le professionnel de santé manquerait à ses devoirs d'humanité, le principe de non-discrimination « ne fait pas obstacle à un refus de soins fondé sur une exigence personnelle ou professionnelle essentielle et déterminante de la qualité, de la sécurité ou de l'efficacité des soins ». Autrement dit, le praticien demeure libre d'accepter une consultation ou de la refuser s'il ne s'estime pas le mieux placé pour répondre à la demande qui lui est adressée. Le Code de la Sécurité Sociale précise que « le médecin traitant est choisi par le patient *avec l'accord* de ce praticien ». La même liberté est reconnue aux établissements privés de soins, hormis les cas où ces établissements ont signé un contrat de concession de service public. La question du libre choix ne se pose pas lorsqu'il s'agit d'un établissement public mais celui-ci est fondé à diriger un malade ou un blessé vers un autre établissement public, plus compétent le cas échéant ou s'il n'est pas en mesure de l'accueillir.[297]

Tout médecin est, en tout état de cause, tenu d'un devoir d'assistance à une personne en danger et doit lui prodiguer des soins d'urgence ou prendre les mesures permettant cette prise en charge urgente sous peine de sanctions

---

apparente ou connue de son auteur, de leur patronyme, de leur lieu de résidence, de leur état de santé, de la perte d'autonomie, de l'âge, du handicap, de caractères génétiques, de mœurs, d'orientation sexuelle ou d'identité de genre, de perte d'autonomie, d'opinions politiques, d'activités syndicales, de capacité à s'exprimer dans une langue autre que le français, d'appartenance vraie ou supposée à une ethnie, nation, prétendue race ou religion déterminée ».

[296] Art.L.1110-3 CSP. La même règle est posée par la directive 2011/24 de l'Union européenne.

[297] Le Code de la Santé publique permet au médecin de refuser une patiente qui demande une interruption de grossesse lui faisant, toutefois obligation de lui communiquer immédiatement le nom d'un praticien susceptible de la réaliser (art. L. 2212-8).

pénales.[298]Par ailleurs, dès lors que le médecin a accepté de répondre à une demande, il est tenu de la traiter en première intention.[299]

2. Les droits des usagers du système de santé à l'information et à l'expression de leur volonté

Le respect de la dignité du malade fonde, en déontologie médicale, une obligation de l'informer sur son état et sur les traitements envisageables : « le médecin doit à son patient *une information loyale, claire et appropriée sur son état, les investigations et les soins qu'il propose. Tout au long de la maladie, il tient compte de la personnalité du patient dans ses explications et veille à leur compréhension ».*[300] Ce devoir d'information ainsi formulé est aussi un devoir de conseil.[301]

Cette obligation est à rapporter au principe constitutionnel de sauvegarde de la dignité de la personne humaine.[302] La CEDH le reconnaît, au titre de l'article 8 de la convention européenne des droits de l'homme, comme une des garanties du respect de la vie privée.[303]

La loi énonce désormais un droit à l'information comme *«condition du consentement libre et éclairé »*[304]Le droit d'être informé sur son état de santé et sur les soins proposés porte sur les investigations, traitements ou actes de prévention proposés, « leur utilité, leur urgence éventuelle, leurs conséquences, les risques fréquents ou graves normalement prévisibles ainsi

---

[298] Le Code pénal sanctionne « l'omission de porter secours à personne en péril (art. 223-6). Un arrêt dit de référence a été rendu sur ce point dans une affaire : Crim. 31.5.1949, Procureur général c/ Ghestem, Bull. crim. N°202 ; JCP 1949.II 4945, J. Magnol.

[299] Art.R.4127-32 CSP

[300] Code de déontologie médicale inséré dans le Code de Santé publique (Art. R 4127-1 à R 4127-112). La nécessité d'une information « loyale, claire et appropriée » a été affirmée par la Cour de Cassation (Civ.1ère, 14.10.1997 et par le Conseil d'Etat en termes proches : l'information doit permettre au patient d'exprimer un consentement éclairé. CE sect, 5.1.2000, n°181899. N'informe pas un médecin se bornant à dire à sa patiente que son affection est « tout à fait opérable » (Civ 1ère, 21.2.1961, n°58-11.654 P). L'information, même écrite, doit expliciter les risques précis de l'acte envisagé (Civ, 1ère, 6.2.2013, n°12-17.423). La remise d'une brochure ne saurait remplacer l'information personnalisée (CAA Marseille, 25.1.2007, n°05MA01464.

[301] Il est des cas où le praticien ne réussit pas à convaincre un patient du danger de recourir à une technique de soins présentant un risque « excessif ». Le praticien est alors fondé à refuser le recours à cet acte. C. Cass. Civ.1ère 18.1.2000. Bull. Civ I n° 13/R2000 p 377. D. 2001.1.3559, note M-L Mathieu-Izorche.

[302] Un médecin ne peut être dispensé de son devoir d'information vis-à-vis d'un patient au motif qu'un risque grave ne se réalise qu'exceptionnellement. Civ 1ère 9.10.2001, n°00-14.564 P

[303] CEDH 2.6.2009, n°31675/04 §101

[304] Art.L.1111-2 CSP

que les autres solutions possibles et les conséquences en cas de refus ».[305]La personne doit également être informée de la possibilité de recevoir, lorsque son état le permet, les soins sous forme ambulatoire ou à domicile.[306]Le devoir d'informer est assorti du devoir de respecter la volonté d'une personne d'être tenue dans l'ignorance d'un diagnostic ou d'un pronostic, « sauf lorsque des tiers sont exposés à un risque de transmission ».[307]

Des « recommandations de bonnes pratiques » sur la délivrance de l'information sont formulées par la Haute Autorité de santé (HAS). Tout établissement de santé doit recueillir auprès du patient hospitalisé les informations relatives aux professionnels de santé auprès desquels ce dernier souhaite que soient apportées les informations nécessaires à la continuité des soins après sa sortie de l'établissement.

Il est institué *un droit pour toute personne majeure de désigner par écrit une « personne de confiance »*. Celle-ci est consultée au cas où le patient qui l'a désignée serait hors d'état de recevoir l'information nécessaire et d'exprimer sa volonté. Elle rend compte de la volonté de la personne : « son témoignage prévaut sur tout autre témoignage ». Si le patient le souhaite, elle assiste aux entretiens médicaux.[308]Le médecin traitant s'assure que son patient est informé de la possibilité de désigner une « personne de confiance » et l'invite, le cas échéant, à procéder à une telle désignation.[309]

La jurisprudence a été amenée à préciser le droit du patient à l'information sur son état de santé et sur les soins qu'il est envisagé de lui administrer.[310]Le seul fait que les risques liés à une intervention ne se réalisent qu'exceptionnellement ne dispense pas le médecin de l'obligation

---

[305] Ce droit peut également être exercé par une personne devant bénéficier de soins en psychiatrie : le Code de Santé publique précise (article L.3211-3) que le patient doit avoir accès l'information sur les soins proposés « d'une manière appropriée à son état ».La loi distingue les soins librement consentis et les soins dispensés sans consentement. Dans ce dernier cas des restrictions « adaptées, nécessaires et proportionnées à l'état mental du patient » peuvent être appliquées.

[306] Lorsque, postérieurement à l'exécution de ces actes, des risques nouveaux sont identifiés, la personne concernée doit en être informée, sauf en cas d'impossibilité de la retrouver.

[307] Le régime d'information pour les mineurs (et majeurs protégés) associe l'autorité parentale (ou le tuteur), sauf opposition expresse du mineur. Celui-ci reçoit lui-même une information « adaptée » à ses facultés de discernement.

[308] La personne de confiance désignée par un malade hospitalisé, en état d'exprimer sa volonté, ne se substitue pas à celui-ci dans l'exercice de son droit d'accès à son dossier médical mais peut recevoir les éléments d'information nécessaires à la compréhension de l'état de santé de la personne qu'elle accompagne en vue d'accomplir sa mission. (CADA 22.1.2004 n°20040049

[309] Le statut et le rôle de la personne de confiance sont « révisable et révocable à tout moment ». Il peut s'agir d'un parent, d'un proche ou du médecin traitant.

[310] Civ. 1ère, 27.5.1998. Bull, civ I n°187. Art.35 du code de déontologie médicale.

d'information.[311]Le Conseil d'Etat adopte la même position que la Cour de Cassation sur ce point.[312] En la matière, l'arrêt de la Cour de Cassation « Coindoz » de 2001 est qualifié de « fondateur ».[313]La HAS a donné une définition du « risque grave » proche de celle apportée par la jurisprudence : il s'agit d'un « risque vital ou fonctionnel ».

De l'abondante matière jurisprudentielle relative au devoir d'information du médecin à l'égard du patient, on retiendra particulièrement que les juges, après avoir longtemps considéré que le médecin n'était pas tenu d'informer le malade sur un risque « exceptionnel », ont finalement opéré une distinction entre le *« risque « exceptionnel »*, que le praticien est tenu d'évoquer, et *« l'accident totalement imprévisible »*.[314]Ils ont défini, par ailleurs, la notion de *« risque grave »* comme une possibilité de *« conséquences mortelles, invalidantes ou même esthétiques sérieuses compte tenu de leurs répercussion psychologiques et sociales »*.[315]

Un établissement de santé est tenu de communiquer au patient qui lui en fait la demande les informations médicales le concernant, directement ou par l'intermédiaire du médecin qu'il désigne. Le médecin qui a établi les documents dont la consultation est demandée peut recommander l'assistance d'une tierce personne lorsqu'il estime que la communication des informations sans accompagnement ferait courir à la personne concernée un risque mais le refus de cette dernière ne fait pas obstacle à la communication.[316]

---

[311] Civ 1ère, 7.10.1998. Bull. civ I n°291

[312] C.E, sect, 5.1.2000.Cts Telle et AP-H, req. N°181899 et n°198530, Lebon 5, concl Chauvaux.

[313] Civ.1ère, 9 oct.2001 Coindoz, n°00-14.564, Bull.civ.I, n°249, cité in "les grands arrêts du droit de la santé", et rapport annuel 2010 de la Cour de Cassation, op cité. P 12

[314] Les grands arrêts du droit de la santé, pp 48-49. Voir également CSP Dalloz, 33ème éd.2019 pp31 et s.

[315] Rapport Sargos sur : Civ 1ère, 14.10.1997, n°95-19.609 P. Egalement, CE sect, 5.1.2000, n°181899 et 198530 (est risque grave un risque connu de décès ou d'invalidité). La seule circonstance qu'un risque n'est pas fréquent ou n'est pas grave n'exonère pas le médecin de son devoir d'informer. CAA Lyon, 7.4.2001, n°09LY1837/CAA Paris 12.11.2012, n°11PAQ2031.Un risque d'infection nosocomiale scientifiquement connu comme étant en rapport avec la réalisation d'un acte médical doit être signalé au patient. Civ 1ère 8.11.2010. De même, le risque lié à la nécessité d'une intervention plus lourde qu'envisagé doit être signalé. CAA Marseille 7.4.2005, n°01MA01843. Tout comme celui qui est lié à la mise en œuvre d'une thérapeutique nouvelle CE 10.5.2017, n°397840 B.

[316] La consultation des informations recueillies lors d'une admission en soins psychiatriques sous contrainte peut être subordonnée à la présence d'un médecin désigné par le demandeur « en cas de risques d'une particulière gravité ». En cas de refus du demandeur, la commission départementale des soins psychiatriques est saisie. Son avis s'impose à tous. L'autorité parentale peut consulter les informations médicales concernant son enfant : en cas de refus du mineur, la consultation est faite par l'intermédiaire d'un médecin. La loi a autorisé l'accès au

Le praticien qui adresse un patient à un établissement de santé l'accompagne d'une *lettre de liaison* comportant la synthèse des informations nécessaires à la prise en charge de ce dernier. Il a accès, ainsi que le médecin traitant de la personne hospitalisée, aux informations médicales hospitalières la concernant, notamment à la lettre de liaison du praticien hospitalier contenant toutes les informations indispensables à la continuité de la prise en charge.

En principe, la charge de la preuve que l'information a bien été donnée incombe au praticien.[317]La loi précise qu'en cas de litige, il appartient au professionnel ou à l'établissement de santé d'apporter, par tout moyen, la preuve qu'elle a été délivrée. En pratique, suivant les recommandations de la HAS, le processus d'information obéit aujourd'hui à des protocoles précis.

3. Le droit du malade au libre choix de son médecin, « principe général de droit » et « principe d'ordre public »

Le Code de Santé publique reconnaît parmi les droits de la personne *« le libre choix de son praticien et de son établissement de santé quel que soit le mode de prise en charge »*. Le texte énonce ce droit comme un *« principe fondamental de la législation sanitaire »* ajoutant que les limitations apportées à ce principe par les différents régimes de protection sociale ne peuvent être introduites qu'en considération des capacités techniques des établissements, de leur mode de tarification et des critères de l'autorisation à dispenser des soins remboursables aux assurés sociaux.[318]La Cour de Cassation, qui en a fait un principe d'ordre public en 1983, réaffirme la force de ce principe dans les mêmes termes que la loi relative aux droits des malades au lendemain de son adoption.[319] Pour le Conseil d'Etat, la liberté de choix du praticien et la liberté de prescription sont bien des principes généraux du droit qui s'imposent à toutes les autorités réglementaires, même en l'absence de dispositions législatives.[320]

Le médecin doit respecter le droit que possède toute personne de choisir librement son médecin et faciliter l'exercice de ce choix. Il règne un très

---

dossier des ayants droit d'une personne décédée, sauf volonté contraire exprimée par la personne avant son décès, dans trois cas : la connaissance des causes du décès, la défense de la mémoire du défunt, la réalisation des droits des ayants droit.

317 En 1951, un arrêt de la Cour de Cassation avait pris la position inverse, particulièrement défavorable au plaignant. Ce régime jurisprudentiel de la preuve a perduré jusqu'en 1997. Voir « Les grands arrêts du droit de la santé », pp 57 et s.

318 Art. L.1110-8 CSP

319 L'arrêt Cass. Chambres réunies du 16. 5. 1963 a été confirmé par celui de 2003 : C. Cass, civ 1ère, 6.5.2003. Bull. civ I n°109

320 C.E 18.2.1998 sec locale du Pacifique Sud de l'Ordre des médecins, req. N°171851. Lebon 710

large et ancien consensus sur la force et la valeur de ce droit tant au niveau politique qu'au niveau doctrinal et jurisprudentiel.[321] Le Code de Sécurité Sociale intègre le libre choix parmi ses obligations de respect des principes libéraux.

Cependant le Conseil Constitutionnel, qui a eu à se prononcer à plusieurs reprises sur des dispositions législatives encadrant l'exercice de ce droit, ne l'a pas érigé en principe « à valeur constitutionnelle ».[322] Il n'a pas, en effet, un caractère absolu. Il s'exerce *« dans le respect des autres principes fondamentaux de la sécurité sociale et des normes de qualité et de sécurité des soins ».* Dans la mesure où les soins font l'objet d'un remboursement par la Sécurité Sociale, les pouvoirs publics sont fondés à fixer des limites à l'exercice de la liberté de choix des praticiens ou des établissements de soins *en fonction des possibilités financières de l'Assurance Maladie.* Dans son arrêt de 1966, le Conseil d'Etat affirmait que le principe du libre choix pouvait être réglementé, notamment en ce qui concerne ses modalités d'exercice, la détermination des tarifs de responsabilité des prestations étant une de ces modalités.[323] Dans un autre arrêt de 1982, il considérait que le principe législatif du libre choix signifie seulement « qu'aucune entrave ne doit être apportée à la possibilité de choix des malades entre les établissements existants à un moment donné mais ne signifie pas que tout malade doit avoir le choix à tout moment et en tout lieu, quelle que soit la discipline médicale en cause, entre un établissement public et un établissement privé ».[324]

Une importante jurisprudence a précisé l'étendue de ce droit.[325]Le principe du libre choix ne peut être invoqué pour contester un refus d'autorisation par

---

321 « Traité de droit médical » de R. et J. Savatier, J.M Auby et H.Péquignot. Ed Librairies techniques. Paris 1956 : « La règle donnant au malade le choix de son médecin est essentielle aux rapports humains de confiance, qui sont le support nécessaire à la fois des confidences du malade au médecin et de sa fidélité aux prescriptions de ce médecin ».

322 Art. R. 4127-5 CSP

323 C.E 2.12.1966 Fédération hospitalière de France et Fédération intersyndicale des maisons de santé de France et d'outre-mer précité : « en prévoyant que les assurés sociaux qui, pour des raisons de convenances personnelles, choisissent un établissement de soins dont le tarif de responsabilité est supérieur à celui de l'établissement public ou privé le plus proche de leur résidence et dans lequel ils auraient pu recevoir les soins appropriés à leur état ne pourront prétendre au remboursement des frais exposés que dans la limite du tarif de responsabilité fixé par ce dernier établissement, le décret attaqué s'est borné, sans dénaturer le principe du libre choix des établissements de soins, à déterminer une modalité d'application de ce principe… ».

324 C.E 10.3.1982, Ministre de la Santé et de la Sécurité Sociale, n° 23237, Lebon 104 ; RDSS 1982, 630, concl. A. Bacquet ; JCP 1983, 20078, note C. de Chaisemartin et J.Barthélémy

325 Une polyclinique ne peut refuser l'accès à son établissement à un médecin qui ne lui est pas attaché dès lors qu'une de ses patientes fait appel à lui : Civ 1ère 6.5.2003. Est valable une convention par laquelle une maison de retraite concède l'exercice infirmier en son sein à une société professionnelle dès lors que les pensionnaires conservent le libre choix de leur infirmier : Civ 1ère 16.1.2007, n°04-20.711 P. Le client d'un médecin auquel ce dernier confie

l'autorité sanitaire d'une extension d'un établissement privé dans un secteur sanitaire où l'hospitalisation publique est prédominante dès lors que ce refus repose sur l'examen des besoins de la population.[326]De même, un intérêt de santé publique peut limiter ce libre choix.[327]Les décisions des juges relatives au principe de libre choix dans le cadre des réseaux de santé ont une particulière importance puisque la formation de réseaux coordonnés de soins est un enjeu majeur de santé publique. Ceux-ci ont considéré qu'il n'y avait pas atteinte au principe dès lors que professionnels et patients sont libres d'adhérer à un réseau.[328]Dans le même sens, l'Autorité de la concurrence a rendu un avis favorable aux réseaux de soins agréés (avis n°09-A-46 du 9 septembre 2009).

L'évolution législative depuis le début du XXIème siècle se caractérise par un encadrement plus strict de l'exercice de ce droit. Le recours à un médecin ou un établissement non conventionné ne peut être remboursé qu'au tarif d'autorité.[329]L'institution du « médecin traitant » destinée à lutter contre le recours abusif de certaines personnes aux consultations médicales (« nomadisme médical »), est venue poser pour tous les assurés sociaux une limite à l'exercice de ce droit en laissant à leur charge une part du paiement des honoraires au cas de consultation d'un autre praticien. Le Conseil Constitutionnel a, néanmoins, affirmé que « l'exigence d'un médecin traitant ne faisait pas obstacle au libre choix dès lors que l'assuré social pouvait en changer et qu'il conservait la faculté de consulter directement un autre médecin ».[330]

---

une lettre d'introduction auprès d'un autre médecin peut remettre la lettre à un autre praticien : Cass, ch. réunies 16.3.1963. Le libre choix inclut le droit de changer d'établissement de santé au cours de la prise en charge : Civ 1ère 13. 12. 2017 n° 17-18.437. Les clauses d'exclusivité consenties par un établissement de santé aux médecins exerçant en son sein doivent se concilier avec le droit du malade au libre choix de son praticien et de son établissement. Les médecins concernés ne doivent pas inciter leur clientèle à faire le choix de cet établissement, ni faire état de leur collaboration avec l'établissement : Civ 1ère 19.9.2007 n°05-20.554 P. Une cession de clientèle par un médecin libéral n'est licite qu'à condition de préserver la liberté de choix des patients (C.Cass.Civ 1ère7.11.2000). Le principe européen de libre prestation de services s'oppose à la législation d'un Etat membre excluant tout remboursement par un organisme national de sécurité sociale des frais occasionnés par l'hospitalisation de ses assurés dans des établissements de soins situés dans un autre Etat membre (CJCE 19.4.2007 aff. C.444/05 Dioikitiko Protodikeio Athinon c/Grèce.

[326] CE 5.3.1982 n°23237 A

[327] CE 16.2.1996 n°164712 B

[328] Civ 1ère 22.9.2016 n°15-23.664 P

[329] Loi n°2002-322 du 6.3.2002 relative à la rénovation des rapports conventionnels entre les professions libérales et les organismes de l'Assurance Maladie (modifiée par la loi du 13.8.2004).

[330] Cons.Consti.18.1.1978, décis.n°77-92 DC. Cons.consti. 12.8.2004, n°2004-504 DC, LPA 2004 n°185, p 6, note J-E Schoettle.

4. Le droit au consentement aux soins : une liberté fondamentale tempérée par l'obligation déontologique et légale de sauver la vie de la personne

Le droit au consentement des soins a été affirmé par l'arrêt rendu par la Chambre des Requêtes de la Cour de Cassation « Parcelier c/Teyssier» du 28 janvier 1942.[331]La force juridique de l'arrêt précité s'est trouvée confortée par la Convention universelle des droits de l'homme (notamment son article 8) et par les principes fondamentaux de l'Union européenne.[332] La CEDH le reconnaît comme une des garanties du respect de la vie privée.[333]La Cour de justice des communautés européennes s'est aussi prononcée sur ce point.[334]

Le Conseil Constitutionnel a reconnu que le droit au consentement au soin relevait du principe constitutionnel de *« sauvegarde de la dignité humaine ».*[335] Consacré comme « liberté fondamentale » en droit public[336]il est placé par l'article 16-3 du Code civil au fondement des principales lois de bioéthique. Posant en principe qu'il ne peut être porté atteinte à l'intégrité du corps humain qu'en cas de *« nécessité médicale pour la personne »*, il énonce que, hormis les cas prévus par la loi, *« le consentement de l'intéressé doit être recueilli préalablement, hors le cas où son état rend nécessaire une intervention thérapeutique à laquelle il n'est pas à même de consentir ».*

Le consentement de la personne ne suffit pas à légitimer une intervention si sa « nécessité médicale » ou, à titre exceptionnel, son « intérêt thérapeutique pour autrui » ne sont pas démontrés.[337]

La loi fixe la portée et l'étendue du droit à consentir aux soins en précisant que toute personne prend, avec le professionnel de santé, « compte-tenu des informations et préconisations qu'il lui fournit », les décisions concernant sa santé. Elle a le droit de refuser ou de ne pas recevoir un traitement. Aucun acte médical ni aucun traitement ne peut être pratiqué sans son

---

[331] Req.28 janvier 1942, Parcelier c/Teyssier. Recueil « les grands arrêts du droit de la santé », op cité pp39 et s. Ed Dalloz (2ème). Paris 2016.
[332] Article 1er de la Charte des droits fondamentaux de l'Union européenne
[333] CEDH 2.6.2009, n°31675/04 §101
[334] CJCE 14.10.2004 Omega Spielhallen aff n°C-36/02.
[335] Cons. Const. 27.7.1994 N°94-343 et n°94-344 DC, Rec. Cons. Const. 100. Le Conseil d'Etat a été la première juridiction française à considérer le respect de la dignité de la personne humaine comme une composante de l'ordre public dans un arrêt du 27.10.1995 « commune de Morsang sur Orge (Les grands arrêts du droit de la santé », op cité p10.
[336] Art.L.521-2 Code de justice administrative
[337] C. Cass. Civ 1ère 28.1.2010 n°09-10-992 Mme Mimoun c/CPAM de l'Indre

« consentement libre et éclairé » et ce consentement peut être retiré à tout moment.[338]Mais le droit de refus de soins n'a pas un caractère absolu.

Le médecin a *« l'obligation de respecter la volonté de la personne après l'avoir informée des conséquences de ses choix et de leur gravité »*. Si son choix de refuser ou interrompre tout traitement met en danger sa vie, *« le médecin doit tout mettre en œuvre pour la convaincre d'accepter les soins indispensables »*.[339]Si la personne persiste dans son refus, « elle doit le réitérer dans un délai raisonnable ». Dans une telle situation, le suivi du malade reste assuré par le médecin, notamment son accompagnement palliatif, [340]mais la personne peut faire appel à un autre médecin. L'ensemble de la procédure est inscrite dans le dossier médical du patient.

Par ailleurs, *en cas de péril imminent* pour une personne, *les actes qu'effectue le médecin, même en l'absence de consentement* de cette dernière, *sont légitimes*. Tel est le sens de l'arrêt du 26.10.2001 Mme Senanayaké c/Assistance publique-Hôpitaux de Paris.[341]Le Conseil d'Etat a admis qu'il peut être passé outre l'absence de consentement si la vie du patient est en jeu et si aucune alternative thérapeutique n'est possible : les actes médicaux pratiqués en ce cas doivent être *« proportionnés à l'état du patient »*. Le Conseil d'Etat fonde sa position sur l'obligation de protéger la vie de la personne, écartant notamment toute atteinte aux articles 3 et 9 de la Convention européenne des droits de l'homme. Déjà la Cour d'Appel administrative de Paris avait, en 1968, considéré que l'obligation faite au médecin de tout mettre en œuvre pour sauver la vie d'un patient l'emportait sur l'expression d'une volonté contraire de ce dernier. Un nouvel arrêt vient confirmer la position du Conseil d'Etat en 2002 (C.E Feuillatey c/CHU de Saint-Etienne). [342] Celui-ci considère, après avoir affirmé que le droit pour un patient de consentir à un traitement médical a le caractère d'une liberté fondamentale, que ne porte pas atteinte à la liberté du patient de consentir ou non à un acte médical le fait pour un médecin d'avoir, après avoir tout mis en œuvre pour le convaincre d'accepter les soins indispensables, accompli,

---

[338] Les juges ne peuvent imposer une intervention chirurgicale à un patient qui s'y refuse : C. Cass. Crim. 3.7.1969/Bull crim. N°246/JCP 1970, note Savatier n°68-93493. C. Cass. Civ 2ème.19.3.1997 n°93-10.914

[339] Un médecin ne peut se borner à prendre acte du refus de soins d'un patient sans l'informer des risques graves que son refus lui fait courir. Civ 1ère 15.11.2005 n°04-18.180 P. Toutefois, il n'est pas tenu de réussir à le convaincre du danger de l'acte médical qu'il demande (anesthésie partielle au lieu d'une anesthésie générale). Civ 1ère 18.1.2000 n°97-17.716 P

[340] Art.L.1111-4 CSP.

[341] C.E Ass. 26.10.2001 n°19856, cité in « Les grands arrêts du droit de la santé », op cité pp 67 et s.

[342] CE 16.8.2002 n°249552 Feuillatey c/CHU de Saint-Etienne, cité par « Les grands arrêts du droit de la santé », op cité pp 67 et s

malgré tout, ces *soins indispensables à sa survie et proportionnés à son état »*.

Lorsque la personne est hors d'état d'exprimer sa volonté, aucune intervention ou investigation ne peut être réalisée, sauf urgence ou impossibilité, sans la consultation préalable de la personne de confiance ou de la famille ou, à défaut, d'un de ses proches. De même, dans une telle situation, la limitation ou l'arrêt du traitement susceptible d'entraîner son décès, ne peuvent être réalisés sans avoir respecté la procédure collégiale et les directives anticipées ou, à défaut, sans que les personnes précitées aient été consultées. Le consentement aux soins d'un mineur ou d'un majeur sous tutelle doit être « systématiquement recherché s'il est apte à exprimer sa volonté et à participer à la décision ». Dans le cas où l'autorité parentale (ou de tutelle) refuse un traitement, risquant ainsi d'entraîner des conséquences graves pour la santé du mineur ou du majeur sous tutelle, le médecin délivre les soins indispensables.[343]

Il ressort donc de la jurisprudence que le principe déontologique fondamental de la médecine, qui est de tout mettre en œuvre sauver la vie du patient apporte une limite au droit au consentement aux soins. En conséquence, le refus de soins demeure, comme nous le verrons avec le débat sur le droit à mourir, un dilemme pour l'éthos médical.

5. Le droit aux soins « les plus appropriés » : un droit aux multiples aspects, borné par l'état des connaissances médicales

L'article L.1110-5 du Code de Santé publique est une des dispositions majeures du droit des personnes en matière de santé. Il pose en principe que *« toute personne a, compte tenu de son état de santé et de l'urgence des interventions que celui-ci requiert, le droit de recevoir, sur l'ensemble du territoire, les soins les plus appropriés et de bénéficier des thérapeutiques dont l'efficacité est reconnue et qui garantissent la meilleure sécurité sanitaire et le meilleur apaisement possible de la souffrance au regard des connaissances avérées »*. Il ajoute que les actes de prévention, d'investigation ou de traitements et de soins *« ne doivent pas, en l'état des connaissances médicales, lui faire courir de risques disproportionnés par rapport au bénéfice escompté »* et que *« toute personne a le droit d'avoir une fin de vie digne et accompagnée du meilleur apaisement possible de la souffrance »*, les professionnels de santé devant mettre en œuvre tous les

---

[343] CAA Bordeaux 4.3.2003 n°99BX02360 : face à des signes cliniques évidents de péril imminent, les médecins qui réalisent une transfusion sanguine, seul traitement possible pour sauver un enfant, ne commettent aucune faute en dépit de l'opposition des parents au traitement.

moyens à leur disposition pour que ce droit soit respecté. La loi subordonne la liberté de prescription au respect de ces dispositions.[344]

Depuis l'arrêt Mercier,[345]la médecine a connu une transformation très profonde que la jurisprudence a suivie dans ses différentes étapes sans se départir de cette notion fondamentale d'un droit à des soins appropriés, c'est-à-dire selon les *« données acquises de la science »* ou *«les connaissances avérées ».* Celles-ci peuvent résulter de l'avis unanime des auteurs des traités et manuels médicaux, relaté dans un rapport d'experts,[346]de publications dans des revues spécialisées faisant autorité auprès du corps médical, de sociétés savantes ou, plus particulièrement, de la méthode visant à établir un *« consensus d'experts de la communauté médicale ».*[347]

Pour apprécier l'état des connaissances médicales, les juges recourent à la notion de *« bonne pratique »* en vigueur en médecine, et plus particulièrement aux « recommandations de bonnes pratiques » émises par la HAS et aux « standards, options et recommandations » édités par l'institut national de cancérologie.[348]Ces recommandations résultent de la détermination, par consensus d'experts internationaux et nationaux de l'état des connaissances concernant une pathologie et les meilleures méthodes de soins pouvant leur être appliquées.

Le Code de Sécurité Sociale précise que la liste des références médicales obligatoires (RMO) est régulièrement actualisée par les conventions nationales entre les professionnels de santé et l'Assurance Maladie « en fonction des données de la science » et que le ministre de la Santé et de l'Assurance Maladie peut demander aux parties conventionnelles d'abroger une référence devenue obsolète.[349]

---

344 Art.L.4127-8 CSP

345 Sargos « L'intelligence du droit ». A propos des 80 ans de l'arrêt Mercier ». D.2016.1024

346 Civ 1ère, 13.7. 1997 n°95-15.303

347 Civ 1ère 4.1.2005 n°03-14.206/ CAA Marseille 3.6.2010 n°04MA02633/Civ 1ère, 15.7.1999, n°98-10.258/Montpellier 10.4.2008, n°07/0447. Un professionnel de santé ou un établissement ne peuvent toutefois être tenus responsables d'un acte pratiqué alors qu'une connaissance n'était pas encore « avérée » (Civ 1ère, 6.6.2000 n°98-19.295 P/ CAA Nantes, 15.4.2010 n°08NT02450.

348 Ainsi, en omettant d'administrer un traitement antibiotique après l'apparition d'une fièvre et de douleurs articulaires chez une parturiente admise en clinique après rupture prématurée des membranes, le médecin a contrevenu aux règles de bonne pratique médicale prévalant à la date des faits, commettant une faute caractérisée exposant l'enfant à naître à un risque d'une particulière gravité qu'il ne pouvait ignorer. Crim 18.5.2010, n°09-84.433. De même, la stérilisation des instruments dans le respect des méthodes d'asepsie modernes relève d'une notion depuis très longtemps acquise. Civ1ère 28.2.1984, n°82-15.958 P.

349 Art. L.162-12-15

Le praticien est tenu par la loi et le code de déontologie d'actualiser ses connaissances. Il engage sa responsabilité s'il néglige, dans sa pratique, le dernier état de celles-ci. C'est la raison pour laquelle la formation continue (restée longtemps empirique) est aujourd'hui une obligation. Il reste que la masse considérable des informations scientifiques nouvelles pose un réel problème d'assimilation des connaissances pour un praticien confronté à de longues journées de consultations. Par ailleurs, la jurisprudence admet, dans des limites strictes toutefois, que les médecins soient habilités à recourir à d'autres techniques ou pratiques que celles qui sont couramment employées, s'ils estiment, *en conscience,* qu'elles peuvent apporter les mêmes résultats (...) *dès lors qu'ils maîtrisent celles-ci et ne font courir à leurs patients aucun risque injustifié.*[350]

La jurisprudence, mais aussi la loi, ont apporté des réponses aux questions qui se sont posées à propos des rapports entre le critère des « données acquises de la science » et les différentes phases de prise en charge du patient. Préalablement, le praticien doit à son patient une information « conforme aux données acquises de la science ».[351]La phase cruciale du diagnostic est encadrée par le législateur : le praticien doit recourir « aux méthodes scientifiques les mieux adaptées » et disposer de moyens techniques suffisants, en rapport avec la nature des actes qu'il pratique et avec la population qu'il prend en charge.[352] La jurisprudence a cependant une position nuancée sur ce point : elle écarte la responsabilité du médecin pour un diagnostic inexact dès lors que l'examen initial fut réalisé selon les données acquises de la science alors que les symptômes manifestés pouvaient justifier le diagnostic erroné. Elle sanctionne, en revanche, la persistance d'un diagnostic injustifié.[353]La phase des investigations a donné lieu également à plusieurs jugements importants relatifs à l'exercice pluridisciplinaire. Le juge estime qu'un médecin n'est pas lié par un diagnostic précédemment établi par un confrère mais doit apprécier *personnellement* le résultat d'examens pratiqués et en faire pratiquer de nouveaux si les données de la science l'exigent.[354]Dans la phase du traitement, le praticien doit rechercher celui qui offre le meilleur avantage toujours au regard des données acquises de la science. Il reste les cas de

---

350 CDNOM 27.10.2015, n°12319. Des données médicales validées à l'étranger, publiées dans des revues médicales internationales, mais non reconnues en France peuvent être admises : voir C.E 19.10.2001 Dumas/ Rec. Lebon 478). Voir aussi « Les grands arrêts du droit de la santé » p 228 qui renvoient à la thèse de doctorat du Dr Jean-Claude Dosdat « Les normes nouvelles de la décision médicale » (6.3.2004. Université de Poitiers).

351 Civ.1ère. 21.1.2003 N° 00-18-229/Civ 1ère 2.10.2002 N°01-03-173/ Civ.1ère.8.7.1997N)95-17.076 et 95-18.113 et surtout Civ. 1ère 13.11.2008 Soc. Mutuelle Assur. Corps sanitaire français N°07-18.008 JCP 2009II 1030, note Sargos.

352 Art. R.4127-34 et 4127-71 CSP

353 Civ.1ère.3.2005 N°03-19-062

354 Civ1ère 30.4.2014 El Khoutabi N°13-288

« circonstances exceptionnelles », notamment de l'absence d'efficacité de toutes les thérapies connues : dès lors que le pronostic vital du patient est en jeu, un médecin peut, en conscience, tenter une thérapie ne répondant pas encore aux données acquises de la science. [355]

L'acte chirurgical a donné lieu à une abondante jurisprudence d'où il ressort que celui-ci doit être aussi « précis » que possible et le moins « invasif » possible. Le praticien n'est pas tenu responsable des complications post-opératoires si le risque que celles-ci surviennent a bien été précisé au patient.[356]Il est, en revanche, tenu au suivi du traitement du malade et à ses effets.[357]

Le problème du coût des soins est susceptible de créer une difficulté d'appréciation de la conduite à tenir quant aux soins à dispenser. Un exemple est fourni par l'arrêt de la Cour de Cassation du 19 décembre 2000 : une patiente ayant besoin d'une prothèse dentaire n'était pas en mesure d'acquitter la part du prix non couverte par l'Assurance Maladie et l'organisme d'assurance complémentaire. Le chirurgien a cru pouvoir dispenser des soins compatibles avec les possibilités financières de la cliente. Le Tribunal de grande instance et la Cour d'Appel les ont jugés inadéquats mais cette dernière n'a pas retenu la responsabilité du praticien eu égard aux raisons économiques invoquées. La Cour de Cassation a annulé sa décision considérant que le praticien ne pouvait déroger à l'obligation de délivrer des soins conformes aux données acquises de la science.[358]

6. Le droit de recevoir des traitements contre la douleur : un droit longtemps méconnu

Le Code de la Santé publique impose une *obligation pour tous les établissements de santé et les établissements sociaux et médico-sociaux de prendre en charge la douleur des patients qu'ils accueillent.* Cette obligation s'impose *« en toutes circonstances »,* et s'étend aussi bien à la prévention de la douleur qu'à sa prise en charge et à l'évaluation de ses résultats. Elle correspond au droit pour toute personne *« de recevoir des traitements et des soins visant à soulager sa souffrance.*[359] Les établissements hospitalo-universitaires doivent assurer la formation initiale des médecins dans ce domaine. Plusieurs plans de lutte contre la douleur seront néanmoins nécessaires pour parvenir à une application de cette obligation. Les craintes suscitées par l'emploi inconsidéré d'antalgiques, associées à une

[355] « Les grands arrêts ibid. p 237
[356] Voir « Les grands arrêts du droit de la santé » op cité pp 228 et s.
[357] « Les grands arrêts… » Ibid. pp 228 et s
[358] Civ 1ère 19.12.2000/Bull. Civ I N° 331. R 2000 p 380
[359] Art. L.1110-5-3 CSP

réglementation restrictive sur ce point, ont sans doute pesé dans le retard constaté pour la mise en œuvre de cette politique. La culture propre aux pays de tradition catholique a pu également longtemps constituer un obstacle au développement des traitements antidouleur. La connaissance des différentes formes de douleur est mieux intégrée désormais dans les pratiques des nouvelles générations de médecins.

7. Le droit aux soins palliatifs : un droit nécessaire pris dans la polémique sur le droit au choix de la fin de vie

Le concept et la pratique des « soins palliatifs » se sont difficilement, imposés dans la politique de santé en France, une partie du corps médical ayant longtemps eu une lecture déontologique conduisant à ce qu'on a pu considérer comme une forme d'acharnement thérapeutique. Le droit aux soins palliatifs est désormais établi par la loi qui en fait une contribution impérative au maintien de la dignité humaine face à la maladie et à l'approche de la mort. Il se trouve engagé, comme nous le verrons, dans le débat éthique sur la fin de vie : est-il une alternative au droit revendiqué au « suicide assisté » ou à l'euthanasie ?

La loi proclame que *« toute personne malade dont l'état le requiert a le droit d'accéder à des soins palliatifs et à un accompagnement »*. Elle définit les soins palliatifs comme « des soins actifs et continus pratiqués par une équipe pluridisciplinaire en institution ou à domicile et visant à soulager la douleur, à apaiser la souffrance psychique, à sauvegarder la dignité de la personne malade et à soutenir son entourage ».[360]Il ressort de cette définition que les soins palliatifs ne sont pas délivrés exclusivement aux personnes en fin de vie. Leur administration peut se justifier dans d'autres situations où, en l'absence de solution curative immédiatement disponible, priment les soins combattant la souffrance et l'accompagnement psychologique et social de la personne et de sa famille. Le juge sanctionne le non-respect de ces dispositions.[361]

En dépit de trente années d'action publique, dont plusieurs plans nationaux de financement des soins palliatifs, et malgré une progression importante des capacités de prise en charge de la médecine palliative, celles-ci demeurent

---

360 Art. L.1110-9- 10 et 11 CSP

361 CAA de Bordeaux 13.6.2006 n°03BX011900 : face à l'état de souffrance et à la pathologie d'un patient, l'absence de tout traitement antalgique a aggravé ses souffrances physiques, ce qui constitue une faute de nature à engager la responsabilité de l'établissement à l'égard des ayants droit pour préjudice moral. De même, une patiente qui avait commencé à recevoir des soins palliatifs a continué d'être transférée, malgré la précarité de son état, trois fois par semaine vers un centre de dialyse distant de 20kms. L'hôpital qui n'établit pas qu'il n'aurait pu prendre en charge la patiente lui a fait subir des souffrances importantes et inutiles, engageant sa responsabilité. CAA Lyon 17.6.2008, n°05LYO1052.

insuffisantes au regard des besoins. La réponse à ces derniers reste surtout hospitalière alors que les attentes des français sont largement orientées vers une demande en soins palliatifs à domicile.[362]Un rapport récent de l'IGAS observe qu'environ 60% des personnes en fin de vie nécessiteraient des soins palliatifs et que 75% n'y auront pas accès en l'état. Les établissements hospitaliers en assurent les 2/3 (environ 70 à 80 000/an en unités spécialisées ; 140 à 150 000 avec le concours d'équipes mobiles en soins palliatifs intervenant au sein des services de soins) mais seulement la moitié des lits identifiés en soins palliatifs étaient utilisés en 2016. La prise en charge à domicile ne concerne que 5% du total. Elle souffre d'un manque d'organisation alors que 30% des personnes qui décèdent à l'hôpital ne quittent leur domicile que dans les quelques jours précédant leur admission dans un service de soin non préparé à la médecine palliative. [363]

L'organisation des soins palliatifs repose sur quatre types de structures :

- Les unités de soins palliatifs (près de 160). Leur mission est triple : soin, enseignement, recherche. Elles accueillent les patients présentant les cas les plus complexes.
- Les équipes mobiles de soins palliatifs (environ 430) et les équipes mobiles de soins palliatifs pédiatriques régionales (une quinzaine). Leur mission est d'assister les équipes soignantes, les patients et leur famille dans les unités de soins des établissements de santé.
- Les « lits identifiés en soins palliatifs », hors unités spécialisées, (environ 7000) répartis dans environ 850 établissements de santé dont les unités de soins sont les plus fréquemment confrontées aux situations requérant des soins palliatifs. Les équipes de soins concernées collaborent avec des réseaux de soins palliatifs (une centaine) constitués par des professionnels et des bénévoles formés à ces problématiques.
- Les soins palliatifs à domicile, spécialement en hospitalisation à domicile (HAD) au nombre de 122 mais aussi dans le cadre de réseaux spécialisés.

Un cinquième plan de financement des soins palliatifs est en préparation en 2021. Il sera orienté, comme le précédent, vers les soins palliatifs à domicile mais l'effort public devrait se poursuivre également auprès des structures

[362] En 2015, l'observatoire national de la fin de vie estimait à 20% seulement, parmi les personnes devant bénéficier de soins palliatifs, celles qui y ont eu accès, souvent trop tardivement. 80% des français souhaitant terminer, selon les sondages effectués, leur vie à domicile sont, en réalité, moins de 25% à dans ce cas.

[363] Rapport « Les soins palliatifs et la fin de vie à domicile ». N° 2016-064 R. Duhamel, J.Méjane, P. Piron. Janvier 2017. Documentation française.

hospitalières, la prise en charge à domicile n'étant pas indiquée dans tous les cas.

La loi définit le rôle et la place des associations (environ 350) qui se consacrent, aux côtés de l'équipe soignante, à l'accompagnement psychologique et social de la personne en soins palliatifs. Les bénévoles doivent être formés à l'accompagnement, sélectionnés par leur association, intervenir auprès de la personne malade avec son accord ou celui de ses proches et ne pas interférer dans les soins médicaux et paramédicaux. Les associations doivent se doter d'une charte définissant les principes de leur action et garantissant le respect des opinions philosophiques et religieuses de la personne accompagnée, le respect de sa dignité et de son intimité, la discrétion, la confidentialité. Les bénévoles qui en sont membres ne peuvent intervenir au sein d'un établissement de santé que dans le cadre d'une convention conforme à une convention-type établie par un décret en Conseil d'Etat.

8. Le droit au respect de la dignité du malade

Le « droit au respect de la dignité du malade » est au fondement du serment d'Hippocrate et de la déontologie médicale (partie II, titre II, chapitre I).[364]Il a une valeur constitutionnelle.[365]C'est un principe général du droit de l'Union européenne affirmé par l'article 1er de la Charte européenne des droits fondamentaux. La Cour de justice des communautés européennes a jugé qu'il s'imposait même à une liberté fondamentale européenne comme la liberté de prestation de services.[366]

Au-delà des règles élémentaires de respect de toute personne, ce principe s'impose avec une particulière vigilance au sein des institutions de soins médicaux et médico-sociaux accueillant pour une durée plus ou moins longue des personnes que leur état rend vulnérables. L'état de dépendance de ces personnes, la détresse de beaucoup d'entre elles face à la maladie et au handicap modifient souvent leur état psychologique. C'est en ce sens, que l'impératif de respect de la dignité de la personne n'est pas seulement moral mais professionnel : il requiert une formation des personnels de soins à la psychologie des personnes vulnérables, et à la relation avec leurs proches, dont l'importance a été souvent sous-estimée. C'est pourquoi des protocoles précisent les attitudes et les gestes concourant à ce qu'on appelle la « bientraitance » des personnes accueillies.

---

[364] C.E ass, 2.7.1993, Milhaud, n°124960 A

[365] Art.L.1110-2 CSP.

[366] CJCE 14.10.2004, n°C-36/02

On rattachera ce droit au respect de la dignité de la personne au droit au respect de la vie privée. Celui-ci est conforté par le *caractère général et absolu de l'obligation du secret médical.*[367]

Cette règle s'impose à *tous* les intervenants dans le système de santé. Son caractère impératif correspond à l'un des principes déontologiques fondamentaux constitutifs de la profession médicale : elle est au cœur du « serment d'Hippocrate » et au fondement de la relation entre le médecin et le malade, au principe du « colloque singulier ». La jurisprudence de la CEDH n'admet la communication de données médicales que dans le strict respect des règles garantissant qu'elles ne seront pas diffusées à des tiers.

Le droit au respect de la vie privée ne se limite pas au respect du secret professionnel. La protection de l'image de la personne malade et la notion de domicile privé appliquée à la chambre affectée à l'hospitalisation d'une personne en représentent un autre aspect. Sur le premier point, de nombreuses décisions attestent la ferme position des juges quant à la protection de la personne.[368]La loi interdit aux journalistes et photographes d'accéder à des malades hospitalisés, sauf accord de ces derniers et autorisation écrite du directeur de l'établissement.[369] Un arrêt rendu en 1986 par la Cour d'appel de Paris, confirmé par la Cour de Cassation en 1996,[370] retient la notion de préjudice personnel et direct pour l'administration hospitalière, rappelant que celle-ci est garante de la sécurité, de la tranquillité, du secret médical, du travail du personnel et qu'elle est fondée à agir dès lors qu'il est porté atteinte à ces impératifs.

Toutefois, si l'assimilation de la chambre d'hospitalisation à un lieu privé protège le patient de toute intrusion, le droit reconnu à ce dernier s'exerce sous réserve des nécessités du service. Le directeur, auquel est conféré un pouvoir général de police au sein de l'établissement, est fondé à

---

367 Art.L.1110-4 CSP

368 D'où la saisie ordonnée par le juge des référés, pour « immixtion intolérable dans la vie privée », d'un journal s'apprêtant à publier la photo d'un enfant sur son lit d'hôpital, assortie d'informations sur son état et les soins qui lui étaient administrés (JCP 1965, 14233). Le fait de divulguer, au cours d'une campagne électorale, la nouvelle de l'internement d'un maire constitue de la part du journaliste une « violation de la vie privée liée à l'état de l'intéressé » (Paris, 5.12.1997, D.1998. IR 32). Même en cas de consentement de la personne, un spécialiste ayant autorisé un reportage dans son cabinet dévoilant l'identité de la patiente et des informations sur son état, est condamné par le Conseil de l'Ordre des médecins et ne peut être amnistié (CE 28.5.1999 Tordjman, n°189057, D.1999, IR.185). Cette protection de la vie privée du malade s'étend au-delà de son décès : aucune photographie de la personne décédée ne peut être publiée (Paris, 5.12.1997, D.1998. IR. 32).

369 Art.R.1112-47 CSP.

370 C. Appel Paris 17.3.1986 op cité/ Cass. Crim, 27.11.1996 op cité « grands arrêts du droit de la santé » pp 437 et s.

imposer des limites à l'usage de ce lieu privatif si elles sont imposées par des nécessités d'ordre public.[371]

Le secret médical, pierre angulaire du droit au respect de la vie privée, a, en droit pénal, le caractère d'une *obligation générale et absolue, hormis les cas où la loi autorise la levée de ce secret.* Il n'appartient à personne d'affranchir un professionnel de santé de cette obligation, ni un juge ni le patient lui-même. Le secret médical vise *tout* ce qui est venu à la connaissance du médecin dans l'exercice de sa profession.[372]Peu importe que l'information soit diffusée par ailleurs, peu importe que le patient soit décédé. La règle du secret s'applique à tous les personnels non-médicaux (infirmiers, administratifs) ayant eu à traiter des informations couvertes par lui. Les ayants-droit d'une personne décédée sont les seuls à pouvoir accéder aux informations ayant pour seul but de connaître les causes de son décès, de défendre sa mémoire ou de protéger leurs droits.

Les cas où la loi autorise la levée du secret médical sont strictement délimités et motivés par des impératifs d'ordre public et de santé publique. Le Premier Ministre peut, dans les conditions fixées par la loi, préciser les règles de soumission du médecin au secret médical.[373]

Le régime des dérogations au secret médical autorise la déclaration aux autorités sanitaires ou aux services médicaux de l'Assurance Maladie, des causes des décès, des cas de maladies professionnelles, d'accidents du travail, de maladies contagieuses et de toute maladie susceptible de faire courir à autrui un danger. Une dérogation au secret est également permise pour la rédaction de certificats justifiant une hospitalisation psychiatrique, le placement d'une personne sous le statut d'incapable majeur, la communication de données médicales aux médecins de santé publique ou experts mandatés par les agences sanitaires. La loi libère également du secret le médecin dont les constatations laissent supposer que des violences physiques, sexuelles ou psychiques ont été commises. Pour une saisine du Procureur de la République, l'accord de la victime présumée doit être, en principe, obtenu, sauf si celle-ci est mineure ou juridiquement incapable. Le secret professionnel doit également être levé en cas de violence conjugale. Le médecin doit rechercher l'accord de la victime mais il peut passer outre s'il estime qu'elle est en danger ou n'est pas en situation de se protéger. Il ne

---

[371] On peut concevoir, par exemple, une interdiction de fumer dans la chambre en raison des risques d'incendie, et dès lors que l'établissement aménagerait des lieux conçus pour cette pratique.

[372] L'art. R 4127-4 CSP reprend l'art.11 du code de déontologie. Voir C.E 2.2.1994 n°121290.

[373] C.E 30.4.1997, n°173044 : est légal un décret prévoyant que les proches d'un patient doivent être prévenus d'un pronostic fatal, sauf exception ou si le malade a préalablement interdit cette révélation ou désigné les tiers auxquels elle doit être faite.

peut déroger au secret s'il observe des cas de maltraitance au sein d'une institution de soins il mais il est tenu d'agir en vue d'obtenir sa cessation, sous peine d'encourir une sanction pour délit de non-assistance à personne en danger.

Le Code Civil et la jurisprudence précisent les conditions dans lesquelles le juge peut être amené à ordonner la levée du secret médical.[374] Le secret médical a également un caractère relatif devant le juge administratif.[375]Une personne souhaitant souscrire un contrat d'assurance peut accepter de renoncer au secret médical. Les informations ne peuvent être communiquées à un tiers sans que soit constaté le consentement ou l'absence d'opposition de l'intéressé.

Le « dossier médical partagé » (DMP) créé par la loi sur l'assurance maladie de 2004 est une illustration du caractère impératif du secret médical.[376]Il est destiné à recueillir les éléments diagnostiques et thérapeutiques et le compte-rendu du résumé de séjour en établissement de santé afin d'éviter les redondances d'examens et des prescriptions contre-indiquées. Il ne peut être constitué qu'avec l'accord du patient, lequel peut exiger que n'y figurent pas certaines informations. La loi précise que le patient est propriétaire de son dossier et peut contrôler l'accès des professionnels de santé à celui-ci. Si son médecin traitant a accès aux données, l'assuré est libre d'accorder l'accès de ces données à d'autres professionnels de santé, libre également de masquer certaines données. Il lui appartient d'autoriser l'accès à son DMP en cas d'urgence, notamment au centre 15. Cet accès n'est pas autorisé aux laboratoires pharmaceutiques, aux compagnies d'assurances, aux mutuelles ou aux banques.

---

[374]Le juge civil ne peut, en l'absence de dispositions législatives spécifiques, ordonner une expertise judiciaire levant le secret médical sans l'autorisation préalable du patient concerné.Civ.1ère, 11.6.2009, n°08-12.742 P. La circonstance qu'un établissement de santé en litige avec un proche d'un patient ait produit devant le juge, de sa propre initiative, des pièces méconnaissant le secret professionnel, n'est pas de nature à affecter la régularité de la décision du juge à condition que celui-ci ait respecté, dans son instruction, les droits des parties, ce qui l'oblige à soumettre les pièces concernées au débat contradictoire. CE 2.10.2012, n°399753 B.

[375] Le secret médical ne s'oppose pas à ce que soient divulguées, sans l'accord du requérant, les raisons médicales de la décision administrative qu'il attaque. Toutefois, ce secret n'est pas opposable au malade et ne saurait empêcher le contrôle du juge administratif sur les motifs de ladite décision. Par suite, sans qu'il appartienne au Conseil d'Etat de prendre connaissance des documents médicaux concernant le requérant, il y a lieu d'inviter l'administration à communiquer au requérant les motifs d'ordre médical de sa décision, afin de permettre à ce requérant de les révéler lui-même au Conseil d'Etat, en vue de l'exercice par celui-ci de son pouvoir de contrôle. CE 12.11.1969, n°75863 A. Le juge peut prononcer une injonction d'instruction (CE sect, 24.10.1969, Gourgeon, n°77089 A, pouvant être assortie d'un délai d'exécution (CE 14.12.1988, n°68209 ; 3.3.1995, n°112856 A ; CE avis 6.4.2007, n°293238.

[376] Art.L.1111-14 et s CSP.

Le DMP est lié aux impératifs de la coordination et de la continuité des soins qui nécessitent un *« secret médical partagé ».* Le « parcours des soins coordonnés », particulièrement des malades souffrant d'une affection de longue durée, implique souvent l'intervention d'équipes pluridisciplinaires, parfois pluri-institutionnelles, et donc le partage des informations placées sous le régime strict d'un secret professionnel s'imposant à chaque professionnel. C'est pourquoi la loi précise qu'un professionnel peut échanger *« avec un ou plusieurs professionnels identifiés des informations relatives à une même personne prise en charge à condition qu'ils participent tous à sa prise en charge et que ces informations soient strictement nécessaires à la coordination ou à la continuité des soins, à la prévention ou à son suivi médico-social et social ».* Lorsque la personne est prise en charge par la même équipe de soins, les informations échangées au sein de celle-ci sont réputées confiées par la personne à l'ensemble de l'équipe. Si le partage d'information doit être organisé avec d'autres professionnels que les membres de l'équipe, la personne doit donner, par tout moyen, son consentement préalable.

9. Le « droit à une vie digne jusqu'à la mort » confronté à la revendication d'un « droit à mourir »

Depuis plusieurs décennies, le législateur est confronté au vif débat éthique sur les conditions de la fin de vie. S'il n'est pas de principe plus universel que la protection de la vie humaine, une situation de fin de vie peut être insupportable pour la personne qui la subit. Elle peut supplier qu'on l'abrège ou tenter d'y mettre fin. Il serait contraire à l'éthique de refuser d'écouter sa demande mais celle-ci n'est pas toujours aisée à interpréter. La personne peut d'ailleurs la retirer. D'autres situations sont celles d'un état de vie végétatif, la conscience de la personne étant irrémédiablement abolie, pour lesquelles, en l'absence de directives laissées par celle-ci, se pose la question de l'arrêt des traitements. Entre un risque de dérive eugéniste et l'impasse de « l'acharnement thérapeutique », la doctrine législative s'est élaborée autour d'une double exigence, jusqu'ici plutôt consensuelle : 1 les soins dispensés doivent tenir compte du résultat escompté et non conduire à l'utilisation systématique, sans égard à la réalité de l'état du patient, de toutes les potentialités techniques. 2 l'écoute des attentes profondes du patient doit primer sur l'offre technique et conduire à la recherche d'un équilibre entre la réponse technique à la maladie et la réponse à la demande du malade (traitement antidouleur, soins palliatifs notamment).

La loi dispose que les actes médicaux ne doivent pas être mis en œuvre ou poursuivis lorsqu'ils résultent d'une *« obstination déraisonnable »* : « Lorsqu'ils apparaissent inutiles, disproportionnés ou lorsqu'ils n'ont d'autre effet que le seul maintien artificiel de la vie, ils peuvent être suspendus ou ne pas être entrepris, conformément à la volonté du patient et, si ce dernier est hors d'état d'exprimer sa volonté, à l'issue d'une procédure collégiale qui associe l'équipe médicale et les proches ».[377] Lorsque les traitements sont arrêtés, le médecin doit sauvegarder la dignité du mourant et assure la qualité de sa vie en dispensant des soins palliatifs. [378]

La loi apporte des éléments nouveaux, au regard de la législation antérieure, d'une particulière importance puisqu'ils représentent la voie choisie pour assurer une fin de vie « digne » sans recourir pour autant à l'euthanasie ou au suicide assisté.

A la demande du patient souhaitant éviter toute souffrance inutile, *« une sédation profonde et continue »* est mise en œuvre afin de *« provoquer une altération de la conscience maintenue jusqu'au décès »,* associée à une analgésie et à « l'arrêt de l'ensemble des traitements de maintien en vie ». Elle est réalisée lorsque le patient atteint d'une affection grave et incurable, et dont le *pronostic vital est engagé à court terme,* présente une *souffrance réfractaire aux traitements* ou lorsque la décision du patient atteint d'une affection grave et incurable d'arrêter un traitement engage son pronostic vital à court terme et est *susceptible d'entraîner une souffrance insupportable.*[379]

La loi précise que le médecin met en place l'ensemble des traitements analgésiques et sédatifs pour répondre à la souffrance réfractaire du malade en phase avancée ou terminale « même s'ils peuvent avoir comme effet d'abréger la vie». Il doit en informer le malade, la personne de confiance, la famille ou, à défaut, un des proches du malade. La procédure suivie est inscrite au dossier médical.[380] Lorsque le patient ne peut pas exprimer sa volonté, si le médecin estime que la prolongation du traitement est « déraisonnable » et qu'il convient d'appliquer une sédation profonde et continue jusqu'au décès, il engage une *procédure collégiale* destinée à recueillir l'avis de l'équipe médicale ayant participé au soin de la personne à

---

[377] Loi n°2016-87 du 2.2.2016 « créant de nouveaux droits en faveur des malades et des personnes en fin de vie », dite Léonetti-Claeys. Code de santé publique, art.L.1110-5-1 et s.

[378] La nutrition et l'hydratation artificielles sont susceptibles d'être arrêtés

[379] A la demande du patient, la procédure de sédation profonde et continue peut-être mise en œuvre à son domicile, dans un établissement de santé ou un établissement médico-social. La procédure suivie est transcrite au dossier médical du patient.

[380] Art L. 1110-5-3 CSP. L'accompagnement du patient en fin de vie en milieu hospitalier est désormais régi par des protocoles en conformité avec le droit. En ce qui concerne le même accompagnement à domicile par un médecin d'exercice libéral les règles sont plus restrictives, certains médicaments ne pouvant être prescrits que par des médecins hospitaliers dans le cadre de la procédure collégiale. Récemment, près d'un millier de praticiens ont signé une pétition de soutien à l'un de leurs collègues poursuivi en justice pour avoir administré à plusieurs patients un sédatif puissant exclusivement délivré par les pharmacies hospitalières.

laquelle est adjoint au moins un médecin extérieur, sans lien hiérarchique avec cette équipe, afin de vérifier préalablement que les conditions d'application précitées sont remplies.

La notion de « sédation profonde et continue » n'a pas été adoptée sans que de vives inquiétudes s'expriment. Des professionnels du soin palliatif font remarquer qu'il est délicat de discerner la signification d'une demande d'abréger une existence. La sédation profonde et continue ayant un caractère quasi-irréversible, certains soignants ont pu craindre qu'elle ne conduise à négliger les stratégies alternatives à base d'antalgiques préservant le caractère réversible de la procédure. Inversement, les partisans du « droit à mourir » selon une procédure de « suicide assisté » ou d'euthanasie font valoir que l'arrêt des traitements comportant l'arrêt de la nutrition et de l'hydratation artificielle pourrait engendrer des souffrances prolongées et insupportables que l'administration d'un produit létal éviterait.

Les règles fondamentales relatives à l'expression de la volonté des malades refusant un traitement et des malades en fin de vie reposent sur le principe que *« toute personne majeure peut rédiger des directives anticipées pour le cas où elle serait un jour hors d'état d'exprimer sa volonté. »* [381]Le médecin traitant doit informer ses patients de la possibilité de rédiger ces directives. Le texte précise que ces directives anticipées relatives à la fin de vie concernent « les conditions de la poursuite, de la limitation, de l'arrêt ou du refus de traitement ou d'actes médicaux ». Elles sont *« révisables et révocables à tout moment ».*

Cependant le législateur a fixé des bornes à ce pouvoir de directive de telle sorte qu'il n'entre pas en contradiction avec les règles déontologiques auxquelles se réfère le médecin. En principe, les directives anticipées s'imposent au médecin pour toute décision d'investigation, d'intervention ou de traitement *« sauf en cas d'urgence vitale pendant le temps nécessaire à une évaluation complète de la situation et lorsque les directives anticipées apparaissent manifestement inappropriées ou non conformes à la situation médicale ».* La décision du médecin de ne pas appliquer les directives anticipées dans ces cas de figure est prise à l'issue d'une procédure collégiale. Elle est portée à la connaissance de la personne de confiance désignée par le patient ou, à défaut, de ses proches.

---

[381] L'article L. 1111-11 prévoit que les directives anticipées seront conservées sur un registre national numérisé suivant les règles de protection des données médicales personnelles. L'auteur de ces directives doit être régulièrement informé de leur conservation. Une personne bénéficiant d'une mesure de tutelle peut rédiger des directives anticipées « avec l'autorisation du juge ou du conseil de famille ». Le tuteur ne peut ni l'assister ni la représenter en ce cas.

Lorsqu'une personne en phase avancée ou terminale d'une affection grave et incurable est hors d'état d'exprimer sa volonté, le médecin a l'obligation de s'enquérir de la volonté exprimée par le patient. En l'absence de directives anticipées, il recueille le témoignage de la personne de confiance ou, à défaut, de tout autre témoignage de la famille ou des proches.

L'abondance de la jurisprudence témoigne de la difficulté rencontrée par le législateur pour tenter de fixer des principes protecteurs de la personne humaine face au risque eugéniste tout en accédant aux demandes des malades auxquels la souffrance rend intolérable le maintien en vie. Le Conseil d'Etat, dans sa décision de 2017[382] a considéré que *« pour apprécier si les conditions d'un arrêt de traitement sont réunies le médecin doit se fonder sur un ensemble d'éléments médicaux et non médicaux, dont le poids respectif ne peut être prédéterminé et dépend des circonstances particulières à chaque personne »*. Parmi les éléments non médicaux figure, pour le médecin, l'attention apportée à la *« volonté que le patient peut avoir, le cas échéant, antérieurement exprimée, quels qu'en soient la forme et le sens »*. Si cette volonté demeure inconnue, *«elle ne peut être présumée comme consistant en un refus du patient d'être maintenu en vie»*. Le médecin doit prendre en compte les avis de la personne de confiance en s'efforçant de dégager une position consensuelle.

S'agissant d'une décision de limitation ou d'arrêt de traitement conduisant au décès d'une personne hors d'état d'exprimer sa volonté, le droit à un recours juridictionnel effectif impose que cette décision soit notifiée aux personnes auprès desquelles le médecin s'est enquis de la volonté du patient dans les conditions leur permettant d'exercer un recours en temps utile.[383] Dans un récent arrêt, le Conseil d'Etat décide que « l'invocation de motifs religieux est inopérante s'agissant de l'arrêt des traitements ».[384]

---

[382] CE 24.6.2014 n°375081/CE, ord 8.3.2017 n°408146 A

[383] CE 6.12.2017 n°403944 A. Dans le cas d'un enfant de moins d'un an, dans un état irréversible de dépendance exigeant des moyens de suppléance de ses fonctions vitales, les deux parents s'opposant à l'arrêt de traitements jugés inutiles et disproportionnés, la poursuite de ces traitements n'a pas été qualifiée de « déraisonnable » par le Conseil d'Etat. CE 8.3.2017 n°408146 A. De même, alors que le Tribunal administratif de Nîmes avait considéré que le maintien en survie d'un bébé présenté à la naissance en état de mort apparente montrait une obstination déraisonnable, la Cour administrative d'appel de Marseille a invalidé ce jugement. TA de Nîmes 2.6.2009 n°0622251/ CAA Marseille 12.3.2015 n°10MA03054. Dans le cas d'un mineur adolescent, s'il apparaît fondé de recueillir l'expression de sa volonté, dès lors que celle-ci n'est pas clairement indiquée, l'autorité parentale prévaut. CE 5.1.2018 n°416689 A (la CEDH statuant sur la même affaire a jugé la procédure conforme aux articles 2, 8,13 de la Convention européenne des droits de l'homme et à l'article 6§1 de la convention d'Oviedo. CEDH 25.1.2018 n°1828/18).

[384] CE 5.1.2018 n°416689A

D'une manière générale, il n'existe pas de « droit à mourir ». La CEDH a eu à se prononcer plusieurs fois sur cette question, plusieurs articles de la convention européenne des droits de l'homme ayant été invoqués à l'appui d'une telle revendication. On ne saurait déduire de l'article 2, garantissant le droit à la vie, un droit diamétralement à mourir ou le droit à l'autodétermination permettant à l'individu de choisir la mort plutôt que la vie. L'individu n'a pas le droit d'exiger de l'Etat qu'il permette ou facilite son décès[385]. Celui-ci n'a aucune obligation de prendre l'engagement de ne pas poursuivre la personne qui en aiderait une autre à se suicider ou de créer un cadre légal pour toute forme de suicide assisté.[386] Le droit d'un individu de décider de quelle manière et à quel moment sa vie doit prendre fin - à condition qu'il soit en mesure de forger librement sa volonté - est bien l'un des aspects du droit au respect de la vie privée mais les Etats, même s'ils créaient un cadre facilitant le suicide assisté, garderaient une marge d'appréciation en la matière.[387]En tout état de cause, le débat sur le droit à choisir librement la fin de sa vie n'est pas clos comme nous le verrons au chapitre suivant.

10. Le droit à réparation des accidents médicaux associe le principe de responsabilité et le principe de solidarité

Les soins médicaux et médicamenteux ont permis des taux de guérison ou de rémission qu'on n'aurait pu imaginer il y a seulement un demi-siècle. Mais leur réalisation peut comporter des risques et entraîner, nous l'avons vu, des « effets indésirables associés à des soins ». Leur recensement a été considérablement amélioré. Il entre dans les critères d'évaluation conduisant à la certification des établissements de santé par la HAS. [388]Dans la presque totalité des cas, l'incidence est limitée. Mais dans un petit nombre de cas se produit un « évènement indésirable grave » (EIG), entraînant une hospitalisation ou une prolongation d'hospitalisation, ou étant source d'une incapacité ou d'un risque vital.[389]Les évènements indésirables sont

---

385 CEDH 29.4.2002 Pretty c/Royaume-Uni n°2346/02 (§39). D.2002.IR.1596 ; JCP 2003.II.10062, note Girault ; Defrénois 2002.1131, note Malaurie; Gaz. Palais. 2002.1407 ; RTD civ.2002.482, obs. Hauser ; Pédrot, RD sanit. Soc. 2002.475

386 CEDH 29.4.2002, Pretty c/Royaume-Uni n°2346/02 (§56)

387 CEDH 29.4.2002 n°2346/2 (§76)/ CEDH 20.1.2011 n°31322/07 §51, 53,61. Les juridictions internes ne sont toutefois pas fondées à refuser d'examiner la contestation par le requérant du refus d'autorisation de se procurer une dose létale (CEDH 19.7.2012, n°419/09. S'agissant de personnes dont la mort n'est pas imminente, un Etat ne peut autoriser l'acquisition sur prescription d'une dose létale sans fournir de précision sur les conditions de mise en œuvre du suicide assisté. CEDH 14.5.2013, n°67810/10 § 66-67

388 Manuel de certification HAS V 2014

389 Selon une grille d'analyse (grille BIRD. 1969) rapportée par Isabelle Romey-Guillaumin, gestionnaire de risques (exposé « gestion des risques et vigilances » du 5.2.2018. CH de la

essentiellement de trois ordres : 1 des affections dites « iatrogéniques » résultant d'actes médicaux ou de traitements pharmaceutiques prescrits par un professionnel de santé, 2 des infections nosocomiales développées en milieu hospitalier, 3 des accidents médicaux (en particulier en chirurgie) relevant de l'aléa thérapeutique (absence de faute identifiable).

On évalue à 30% le nombre de cas évitables. Les objectifs des programmes de prévention de ces évènements indésirables graves visent un taux de réduction de cet ordre de grandeur. L'organisation et l'action des comités locaux de lutte contre les infections nosocomiales (CLIN) dans les établissements de santé et leur gestion en réseau pilotée par un comité national ont effectivement permis une baisse significative du taux de ces infections.

La question de la réparation des dommages causés par les accidents médicaux a suivi les revirements de la jurisprudence en matière de responsabilité médicale avant de trouver une réponse novatrice dans la loi relative aux droits des malades de 2002. Initialement, la jurisprudence a posé un principe de la responsabilité pour faute médicale fondé sur le principe général de la responsabilité civile[390]avec l'arrêt Thouret-Noroy c/Guigne du 18 juin 1835. Mais le principe de l'unité de la faute civile et de la faute pénale, qui prévaut au XIXème siècle, remettait en cause la reconnaissance, pourtant évoquée par le procureur général dans l'affaire précitée, de la part de *l'aléa* dans la pratique médicale, qui impliquait que le médecin ne soit tenu qu'à une *obligation de moyens* non de résultats. Tenant compte de celui-ci l'arrêt de la Cour de Cassation du 20 mai 1936 « Mercier » abandonnait alors cette théorie de la faute sur un fondement délictuel et établissait une responsabilité contractuelle. L'obligation du médecin redevenait une simple obligation de moyens, ce qui supposait que le patient apporte la preuve de la faute du praticien puisque la nature de leur relation était contractuelle. La Cour précisait cependant que le contenu de ce contrat n'en faisait pas un contrat de droit commun, affirmant ce qui est devenu un

---

Chartreuse) pour 600 évènements mineurs, on dénombre en moyenne 30 incidents précurseurs d'un risque d'accident, 10 accidents et un décès.

390 Articles 1382 du Code civil « Tout fait quelconque de l'homme qui cause à autrui un dommage oblige celui par la faute duquel il arrive à le réparer » et art.1383 « Chacun est responsable du dommage qu'il a causé non seulement par son fait mais encore par sa négligence ou par son imprudence ». Dans l'affaire Thouret-Noroy c/Guigne, le procureur général Dupin affirmait déjà le caractère de principe constitutionnel de ces dispositions. Un siècle et demi plus tard, le Conseil Constitutionnel le proclamait solennellement comme une exigence constitutionnelle dans plusieurs décisions (DC 22.10.1982 n°82-144/DC 9.11.1999 n°99-419/DC 22.7.2005 n°2005-522/DC 18.6.2010 n°2010-8). Le procureur Dupin observe déjà que la part d'aléa dans la pratique médicale implique que l'obligation du médecin soit une obligation de moyens et non de résultats mais il distingue clairement l'aléa de la faute dans l'emploi des moyens ou la conduite thérapeutique.

des fondements essentiels du droit médical : le médecin doit *« donner des soins attentifs, consciencieux et conformes aux données acquises de la science »*. Mais la théorie contractuelle a rencontré à son tour des limites imputables au développement de la médecine moderne. La plus importante est la charge de la preuve d'une faute - difficile à apporter - reposant sur le patient. La théorie de la responsabilité contractuelle en matière médicale, fondée sur le principe de non-cumul des responsabilités délictuelles et contractuelles, s'est heurtée au problème du tiers (généralement un parent proche) victime « par ricochet » du préjudice subi par le patient.[391] L'intervention croissante du juge en vue de régler les litiges nés de l'interprétation de la responsabilité contractuelle a finalement eu pour effet de limiter cette liberté contractuelle. Quelle peut être, par ailleurs, la portée du principe de la responsabilité contractuelle quand l'activité médicale se trouve désormais enserrée dans un système de normes de références établi par le législateur ? Enfin, depuis l'arrêt Mercier, la nature juridique du code de déontologie a changé puisqu'il n'est plus une simple charte professionnelle mais un texte à valeur réglementaire.

Prenant en considération les incertitudes nées de l'évolution jurisprudentielle, la loi du 4 mars 2002 relative aux droits des malades a tranché en rétablissant le principe de la responsabilité pour faute sans, pour autant, exclure toute responsabilité contractuelle liée au libre choix du médecin ou de l'établissement de santé par le patient mais en la limitant à des litiges ne portant pas directement sur la pratique médicale. Elle prévoit que, *« hormis le cas où celle-ci est encourue en raison du défaut d'un produit de santé, les professionnels et les établissements de santé ne sont responsables des conséquences dommageables d'actes de prévention, de diagnostic ou de soins qu'en cas de faute »*.[392]En revanche, les établissements de santé sont responsables des dommages résultant d'infections nosocomiales sauf s'ils rapportent la preuve d'une cause étrangère. L'application de cette règle fait obligation à tout professionnel, établissement ou service de santé de souscrire une assurance auprès d'un assureur afin de garantir sa responsabilité civile ou administrative.

Le problème soulevé par *l'aléa thérapeutique* restait à résoudre puisqu'il résulte d'un acte médical qui n'est entaché d'aucune faute, volontaire ou

---

[391] Doit-il être indemnisé sur le terrain contractuel ? Il n'y a pas de contrat entre l'auteur du dommage et lui. Lui faut-il alors rapporter la preuve d'une faute délictuelle pour faire reconnaître le dommage qu'il subit ? Des décisions contradictoires selon les juridictions ont ainsi créé l'incertitude. Il y a été mis fin par plusieurs décisions de la Cour de Cassation entre 2000 et 2006 qui concluent qu'un tiers, victime par ricochet d'un dommage subi par un patient proche, est fondé à invoquer l'exécution défectueuse d'un contrat entre le médecin et le patient sans avoir à rapporter d'autre preuve. (Voir « Grands arrêts du droit de la santé ». C.Bergoignan-Esper et P. Sargos.

[392] Art.L.1142-1 CSP

involontaire et n'est donc que le produit d'un impondérable.[393] La question qui se posait était de savoir si la solution à apporter en matière d'indemnisation de l'aléa thérapeutique relève du mécanisme de l'assurance ou de celui de la responsabilité. La loi a tranché en instaurant un *droit à réparation au titre de la solidarité nationale* : « lorsque la responsabilité d'un professionnel ou d'un établissement de santé n'est pas engagée, un accident médical, une affection iatrogène ou une infection nosocomiale ouvre droit à la réparation des préjudices subis par le patient (...) au titre de la solidarité nationale ». Il faut que les évènements soient « directement imputables aux actes effectués », qu'ils aient eu « des conséquences anormales » au regard de son état de santé comme de l'évolution prévisible de celui-ci et présentent un « caractère de gravité (...) apprécié au regard de la perte des capacités fonctionnelles et des conséquences sur la vie privée et professionnelle ». Cette perte de capacité est mesurée en tenant compte du « taux d'atteinte permanente à l'intégrité physique ou psychique, de la durée de l'arrêt temporaire des activités professionnelles ou de celle du déficit fonctionnel temporaire ». Le droit à réparation au titre de la solidarité nationale est ouvert quand le taux d'atteinte permanente à l'intégrité physique ou psychique (fixé par un barème) est au moins égal à 25%.

La simplification et l'accélération des procédures d'indemnisation en cas d'accident médical a été une revendication constante des associations d'usagers des services de santé. Le législateur a trouvé une réponse originale, associant mécanisme de responsabilité et mécanisme de solidarité. La *procédure de règlement amiable* des conflits met un terme à l'insécurité juridique des procédures imaginées depuis le début des années 80, annulées par le Conseil d'Etat au motif qu'elles n'offraient pas les garanties exigées pour le respect du secret médical.[394]

Toute personne constatant un dommage imputable aux actes qu'elle a subis doit recevoir dans un délai n'excédant pas 15 jours à compter de ce constat une information sur les circonstances et les causes de ce dommage auprès des prestataires des soins concernés. L'information lui est délivrée au cours d'un entretien au cours duquel elle peut se faire assister par un médecin ou une personne de son choix.[395]

La loi crée dans chaque région une *commission de conciliation et d'indemnisation des accidents médicaux, des affections iatrogènes et des infections nosocomiales* chargée de faciliter le règlement amiable des litiges

---

[393] « Les droits des usagers du système de santé ». C.Evin, pp 285-300
[394] « Les droits des usagers du système de santé ». C. Evin, pp 301-302
[395] Art L.1142-4 CSP.

en la matière.[396]Saisie directement par toute personne s'estimant victime d'un accident médical ou d'une infection liée aux pratiques thérapeutiques, elle diligente une expertise du cas qui lui est soumis.[397] Celle-ci a un caractère contradictoire et se déroule en présence des parties qui peuvent se faire assister. Le collège d'experts entend les observations des parties et le rapport d'expertise rendant un avis doit annexer ces observations. Une commission nationale des accidents médicaux, placée auprès des ministres de la Justice et de la Santé, prononce l'inscription sur une liste nationale des experts chargés d'enquêter sur les cas soumis aux commissions, contribue à leur formation, établit des recommandations de méthodologie, veille à une application homogène de la règlementation.

La procédure d'indemnisation diffère selon que la commission conclut à une responsabilité pour faute ou selon que le dommage n'a pas d'origine fautive.

Dans le cas d'une responsabilité pour faute, l'assureur de la personne responsable doit faire une offre d'indemnisation, visant une réparation intégrale du dommage subi. L'acceptation de la victime vaut transaction. En cas de refus (ou absence) de l'assureur, *l'Office national d'indemnisation des accidents médicaux (ONIAM)* [398]subrogé dans le droit à réparation auprès de l'auteur de la faute, se substitue à l'organisme défaillant.

---

[396] Il est prévu plusieurs commissions le cas échéant ainsi que la possibilité de commissions interrégionales. Présidées par un magistrat de l'ordre administratif ou judiciaire, elles comprennent des représentants des usagers, des professionnels de santé, des responsables d'établissements de santé ainsi que des représentants de l'Office national d'indemnisation des accidents médicaux, des affections iatrogènes et des infections nosocomiales (ONIAM) et des compagnies d'assurance.

[397] Ou par son représentant légal ou ses ayants-droit

[398] L'ONIAM est un établissement public à caractère administratif de l'Etat placé sous la tutelle du Ministre de la Santé. Il est chargé de l'indemnisation au titre de la solidarité nationale des dommages occasionnés par les accidents médicaux ou affections iatrogènes ou nosocomiales ainsi que des victimes de la contamination par le VIH, les virus de l'hépatite B ou C, du virus T-lymphotropique humain causé par une transfusion sanguine ou une injection de médicaments dérivés du sang, des dommages éventuellement causés par des vaccinations obligatoires et, plus généralement, des mesures de prévention, diagnostic ou soins prises en cas de « menace sanitaire grave ». Le conseil d'administration de l'ONIAM, dont le président est nommé par décret, comprend pour moitié des représentants de l'Etat et pour moitié des personnalités qualifiées, des représentants des associations agréées d'usagers du système de santé, des professionnels et établissements de santé et des représentants des organismes d'assurance maladie ainsi que du personnels de l'office. L'ONIAM dispose d'un fonds d'indemnisation chargé de verser les indemnités pour un accident médical reconnu. Ce fonds est alimenté par une dotation des régimes d'assurance maladie et des dotations de l'Etat et par le produit du remboursement de frais d'expertise, des recours subrogatoires et de pénalités. Entre 2009 et 2014, l'ONIAM a traité plus de 9 300 dossiers correspondant à un préjudice supérieur à 15 000 euros par dossier. Environ 25% relèvent de l'aléa thérapeutique (on observe une tendance à la baisse) et environ 30% d'un acte technique fautif. Les actes chirurgicaux ou médicaux invasifs représentent la majorité. (Rapport ONIAM en ligne).

Dans le cas où le dommage n'est pas imputable à une faute, l'indemnisation relève de la solidarité nationale. Il peut y avoir une part d'aléa et une part de responsabilité auquel cas, les règles d'indemnisation obéiront, pour une part, au principe de responsabilité et pour une autre part au constat de l'aléa.

IV. Le droit d'expression et de défense collective des usagers, composante essentielle de la « démocratie sanitaire »

1. L'institutionnalisation du droit d'expression et de réclamation des usagers au sein des établissements de santé.

La qualité de la prise en charge des patients est un objectif essentiel pour tout établissement de santé selon le texte même de la loi.[399]L'énoncé prend un caractère impératif qui rappelle qu'elle a été perdue de vue assez souvent pour que le législateur décide de l'ériger en principe. Celui-ci s'accompagne d'une *obligation de procéder à une évaluation régulière de la satisfaction des usagers et les résultats de ces évaluations sont pris en compte dans la certification* de la qualité des prestations de soins. La publicité donnée à ces résultats expose la réputation d'un établissement. Ce n'est pas un hasard si les premières dispositions prises en matière d'évaluation des établissements furent très prudentes et appliquées tardivement. C'est le contexte fortement concurrentiel pour beaucoup de disciplines, surtout dans les grands centres urbains, qui a contribué à une meilleure prise en considération des attentes des usagers.

Dans chaque établissement de santé, une *commission des usagers* a pour mission de veiller au respect des droits des usagers et de contribuer à l'amélioration de la qualité de l'accueil des personnes malades et de leurs proches ainsi que de la prise en charge des patients. Elle facilite leurs démarches, l'expression de leurs éventuels griefs auprès des responsables de l'établissement et s'assure qu'ils sont informés des suites de leurs demandes.

Le rôle de cette commission est loin de se limiter à l'aide individuelle aux usagers. Elle participe également à l'élaboration de la politique d'accueil, de prise en charge, d'information et d'application des droits des usagers au sein de l'établissement. Elle est associée au parcours de soins ainsi qu'à la politique de qualité et de sécurité élaborée par la commission médicale d'établissement. Elle peut se saisir elle-même de ces questions. Elle est informée de l'ensemble des plaintes et des réclamations formées par les usagers de l'établissement et des suites qui leur sont données. Elle peut avoir accès aux données médicales relatives à ces plaintes ou réclamations sous réserve de l'accord préalable écrit des personnes concernées. En cas de

[399] Art. L.1112-2 CSP.

survenue d'évènements indésirables graves, elle est informée des actions menées par l'établissement pour y remédier. Les membres de la commission sont astreints au secret professionnel.

Le conseil de surveillance de l'établissement[400] délibère au moins une fois par an sur la politique de l'établissement relative à l'application des droits des malades après avoir pris connaissance d'un rapport présenté par la commission des usagers. Ce rapport et les conclusions du débat sont transmis à la conférence régionale de la santé et de l'autonomie et à l'Agence régionale de santé.

Un service public d'information des usagers reçoit pour mission de dispenser toutes les informations relatives à la santé, aux produits de santé et à l'offre de services sanitaires, médico-sociaux et sociaux. Son but est de garantir une plus grande égalité d'accès des citoyens aux services de santé. [401]

2. Le droit d'action de groupe

Inspirée du droit américain, « l'action de groupe » en justice est désormais possible à une association d'usagers du système de santé agréée. Elle est prévue pour permettre d'obtenir la réparation des préjudices individuels subis par des usagers du système de santé qui se trouvent « placés dans une situation similaire ou identique et ayant pour cause commune un manquement à leurs obligations légales ou contractuelles d'un producteur ou d'un fournisseur d'un produit de santé ou d'un prestataire utilisant l'un de ces produits ».[402] ». L'action ne peut porter que sur la réparation de préjudices résultant de dommages corporels subis par les usagers.

De précédentes dispositions n'ouvraient qu'une possibilité restreinte de recours aux associations agréées puisqu'elles ne pouvaient engager une action collective, pour un nombre délimité d'infractions, qu'en tant que partie civile si le ministère public ou une partie lésée saisissaient la justice. Même s'il demeure strictement encadré par une procédure complexe à mettre en œuvre, ce droit nouveau constitue une avancée importante pour l'exercice des droits des usagers du système de santé qui, pris individuellement, ne sont guère en mesure de soutenir un contentieux face à de puissants groupes industriels dans le secteur du médicament et des produits de santé. La loi prévoit qu'un juge saisi par une action de groupe

[400] Ou l'instance correspondante dans un établissement privé

[401] Art.L.1110-1 et s CSP.

[402] Art.L.1143-1 à 13 CSP. Une première application importante de cette législation nouvelle a été faite par le Tribunal judiciaire De Paris (1ètr ch. Civ. 7ème section) le 5.1.2022 qui a reconnu que le laboratoire Sanofi avait commis une faute en manquant de vigilance et à son obligation d'information sur les risques pour le fœtus qu'impliquait la prise du médicament Depakine chez la femme enceinte.

peut, avec l'accord des parties, donner mission à un médiateur de leur proposer, dans les conditions qu'elle a fixées, une convention réglant les conditions de *l'indemnisation amiable* des dommages qui font l'objet de l'action. La convention, qui doit obéir à des règles précises,[403]doit être acceptée par l'association requérante et l'une, au moins, des parties mises en cause, et être homologuée par le juge saisi de l'affaire. L'homologation met fin à l'action entreprise.

[403] Art. L. 1143-8 CSP

Chapitre III
La bioéthique, fragile vigie…

I. Les forces et les fragilités du droit issu de la bioéthique

La bioéthique doit beaucoup, nous l'avons vu précédemment, à la formation d'une communauté scientifique internationale, inquiète des conséquences de ses découvertes pour l'espèce humaine et soucieuse de développer une autorégulation de ses activités. En proclamant le principe de la soumission de la recherche au primat de la protection de la personne humaine elle a entendu exercer un rôle d'alerte auprès des pouvoirs publics et esquissé les bases de ce champ nouveau de réflexion qu'est la bioéthique. Lointain écho au célèbre mot de Rabelais - « Science sans conscience n'est que ruine de l'âme ».

L'histoire documentée de la notion de bioéthique ne peut, toutefois, se résumer au cas de conscience d'une élite de chercheurs. Georges Canguilhem y voit, par le glissement qu'elle opère de l'éthique médicale classique à la biologie « une nouvelle vision de la condition humaine (…) qui ne se réclame plus de la révérence hippocratique devant le malade singulier mais recherche une loi générale dont le malade n'est plus qu'un cas ». La biologie, devenue un pouvoir social explicatif puissant depuis la découverte de l'ADN et du code génétique, « considère le vivant, non l'homme ». L'éthique biomédicale ne saurait être confinée à un cercle d'experts. Si elle ne saurait supplanter la relation malade-médecin ni la déontologie médicale, elle doit réinterroger son histoire.[404]

Au début des années 1980, les controverses se multipliant devant les risques de manipulations génétiques liés aux découvertes fondamentales de la biologie moléculaire, le Président Mitterrand considère que *ni l'Etat ni la communauté des chercheurs ne peuvent décider seuls des frontières à tracer dans le domaine du vivant entre le permis et l'interdit et qu'il appartient à la société dans son ensemble d'assumer des choix aussi fondamentaux en se dotant d'une institution qui puisse être le lieu du débat éthique, à propos de la distinction entre déontologie, morale et bioéthique.*[405]

Ce choix, d'une grande portée, est à l'origine du décret de 1983 du *Conseil consultatif national d'éthique pour les sciences du vivant et de la santé* (CCNE), dont on verra l'organisation en troisième partie (titre I, chapitre

---

[404] J-F Braunstein « Bioéthique ou philosophie de la médecine ? »
[405] « Les lois de la bioéthique : réexamen, enjeux et débats ». D. Thouvenin

I).[406] Sa mission est *d'éclairer* la décision politique par une réflexion éthique préalable, conduite au sein d'une instance formée de personnalités reconnues par leurs pairs tant dans le domaine de la recherche (largement représentée) que dans les domaines du droit, de la philosophie, des sciences humaines et sociales, et des institutions spirituelles et morales. Il s'agit de permettre un dialogue approfondi entre les chercheurs et ceux - juristes, philosophes, sociologues, psychologues - qui ont à évaluer les conséquences de leurs découvertes pour la société et à proposer les règles sociales rendant possible leur application.

L'institution a élaboré, depuis sa création, un corpus considérable d'avis d'une grande richesse quant à leur contenu.[407] Le pouvoir qui lui est reconnu d'organiser des débats associant les citoyens en fait un élément essentiel de la « démocratie sanitaire ». Son rôle devrait s'élargir : la loi de bioéthique votée le 29 juin 2021 lui attribue un pouvoir d'avis sur les questions relatives à l'intelligence artificielle et à la protection des données numériques, d'une part, sur la protection de l'environnement d'autre part. Ses avis ont largement inspiré une législation de « bioéthique » qui ouvrit la voie en Europe sur ce point.

L'action du législateur n'en demeure pas moins malaisée. D'une part, le rythme des découvertes scientifiques le contraint à réviser régulièrement la loi (le principe de révision périodique est acquis), d'autre part, et surtout, il s'avère de plus en plus difficile de fixer les interdits qui tracent une frontière entre ce qui préserve « l'humanité en l'homme » et ce qui ouvre la voie à des changements profonds dans notre définition de l'être humain.

L'itinéraire des avis des instances en bioéthique est ainsi jalonné par un certain nombre de révisions, sans doute difficiles par rapport aux positions de principe initiales. On peut considérer que de nouvelles formulations marquent une capacité d'adaptation heureuse puisqu'une société qui n'évolue pas est condamnée à dépérir. Mais ce qui interroge, c'est la *rapidité* dans l'évolution des législations de bioéthique sur des points considérés il y a peu encore comme intangibles au regard du principe de dignité humaine. Alors que le principe de précaution est invoqué avec insistance à l'égard des décisions en matière environnementale susceptibles d'avoir des conséquences sanitaires défavorables celui-ci ne l'est plus autant s'agissant de l'évolution de la recherche sur l'embryon humain par exemple, alors même que des questions fondamentales qu'elle pose demeurent en suspens.

---

[406] Décret n°83-132 du 23.2.1983 instituant le CCNE. Loi n°94-654 du 29.7.1994 relative au don et à l'utilisation des éléments et produits du corps humain, à l'assistance médicale à la procréation et au diagnostic prénatal

[407] « Les grands avis du comité consultatif national d'éthique », sous dir. Martinez et F. Vialla

Les attentes suscitées par les thérapies géniques, potentiellement en mesure de « réparer » toutes les « erreurs » de codage génétique, sont immenses et bien compréhensibles dès lors qu'elles pourraient corriger de lourds handicaps. Y répondre c'est respecter la liberté de la personne et adopter l'attitude compassionnelle propre à la déontologie fondamentale de la médecine. Mais les progrès de la biologie moléculaire et de l'intelligence artificielle, susceptibles du pire comme du meilleur usage, ouvrent un champ inédit aux désirs de transgression et de toute puissance qui sont inhérents à la condition humaine même. L'abondante littérature prônant une forme de « transhumanisme » ou mettant en garde au contraire contre le danger de déshumanisation et d'asservissement d'une grand partie de l'humanité à une autre montre bien l'ampleur du questionnement. Dans le vaste ensemble de questions que posent les innovations biomédicales deux écueils sont à éviter : une forme de réduction de l'homme à ses mécanismes biologiques - un « biologisme » dévaluant le domaine de la culture, qui est le propre de la construction humaine - et, à l'opposé, une forme de déni de la contrainte biologique, à la poursuite d'une liberté chimérique. Pour les instances de bioéthique, mandatées pour émettre un avis la porte peut sembler étroite puisqu'on ne manquera pas de leur demander au nom de quelle éthique elles se prononcent. La seule réponse possible est leur recherche *pluraliste* de ce qu'est la dignité humaine et des *limites* qu'elle impose. Les instances de bioéthique sont les fragiles mais précieuses vigies d'une société dont les potentialités sans précédent exacerbent les contradictions. Dans la plupart des situations, c'est une éthique de la singularité de chaque personne humaine qui, en dernier ressort, doit prévaloir.[408]Mais celle-ci s'exerce dans le cadre de l'éthique qu'une société choisit pour construire son droit, sauf à hypothéquer le « vivre ensemble ».

Parmi les nombreuses questions posées en bioéthique, quatre font l'objet d'une législation particulièrement importante : 1 celle qui établit le statut du corps humain et fixe les principes relatifs à l'utilisation des produits qui en sont issus ; 2 celle qui établit les règles en matière de recherche sur le corps humain ; 3 celle qui traite du domaine spécifique de la recherche sur l'embryon ; 4 celle qui est relative à la fin de vie. Mais les dilemmes éthiques sont bien plus fréquents que ne le laisserait supposer l'évocation des quatre grandes questions traitées ci-après. L'exemple de la fréquence et de la diversité de ces dilemmes est fourni par le traitement en réanimation des formes graves du SARS-Cov2. La plupart des patients admis en réanimation sont, en janvier 2022, des personnes non-vaccinées. Dans un grand nombre d'établissements, la proportion de ces personnes en réanimation place le corps médical devant des choix cornéliens. Des soins nécessaires doivent être reportés et un certain nombre de cas d'aggravation de l'état de patients

[408] « Un philosophe à l'hôpital ». Guillaume Durand.

atteints de cancers ou d'affections susceptibles d'atteindre un stade critique ou irréversible sont mentionnés. En Belgique, des médecins hospitaliers ont donc posé la question de savoir si le traitement des malades du SARS-CoV2, non vaccinés, en situation critique devait être une priorité « absolue » et réclamé l'ouverture d'un débat éthique.[409]

II. Les droits relatifs au don et à l'utilisation des éléments et produits du corps humain

1. Les principes fondamentaux du droit des personnes

Le Code Civil énonce dans son article 16, les principes réputés intangibles qui régissent le corps humain, y compris l'embryon. Après avoir affirmé *« la primauté de la personne »* interdisant toute atteinte à la dignité de celle-ci et garanti le respect de l'être humain *« dès le commencement de la vie »* la loi pose le principe qui régit tout le droit de la bioéthique : *« le corps humain est inviolable. Il ne peut, ni en lui-même ni dans l'un de ses éléments, être l'objet d'un droit patrimonial ».*

La loi protège la personne humaine à l'encontre des risques de manipulation génétique en proclamant que *« Nul ne peut porter atteinte à l'intégrité de l'espèce humaine ».* Elle prohibe toute pratique eugénique visant la sélection des personnes. Sans interdire les recherches tendant à la prévention et au traitement des maladies génétiques, le Code Civil dispose « *qu'aucune transformation ne peut être apportée aux caractères génétiques dans le but de modifier la descendance de la personne* » (art.16-4). La loi de bioéthique de 2021 complète ces dispositions en interdisant explicitement toute *expérimentation* ayant pour but de modifier la descendance par la transformation des caractères génétiques. Bien évidemment, *le clonage humain reproductif est interdit.*

La loi dispose que *« les conventions ayant pour effet de conférer une valeur patrimoniale au corps humain, à ses éléments ou à ses produits sont nulles ».* Aucune rémunération ne peut être allouée à celui qui se prête à une expérimentation sur sa personne, au prélèvement d'éléments de son corps ou à la collecte de produits de celui-ci.

Ces dispositions du Code Civil sont « d'ordre public » (art. 16-9). Tout manquement aux règles fixées par la loi en vue de protéger les personnes fait l'objet de sanctions administratives et pénales importantes.[410]En conséquence, contrairement à d'autres pays, de culture anglo-saxonne surtout, la France prohibe la gestation pour autrui (GPA), en raison des

[409] Le Monde. 29.12.2021.
[410] Voir Art. L. 1271-1à L.1274-3 CSP.

risques de commercialisation du corps humain et, particulièrement, d'exploitation de la misère sociale dans les pays pauvres, mais aussi parce qu'un être humain ne peut être, dans la conception française de la bioéthique, l'objet d'une *transaction*, fût-elle altruiste.

Le principe de l'inviolabilité du corps humain comporte cependant des exceptions édictées *dans l'intérêt de la personne et de la santé publique.* Il s'agit des vaccinations, des dons d'organe, des recherches biomédicales sans bénéfice direct. Des interventions peuvent également être pratiquées, avec le consentement de l'intéressé, sans remplir la condition de nécessité médicale (chirurgie esthétique, par exemple).

Le droit à l'interruption volontaire de grossesse a fait l'objet de très vives controverses au regard des principes énoncés ci-dessus. Il est venu reconnaître un droit de la femme à la libre disposition de son corps dans des conditions qui apparaissent compatibles avec les principes posés par l'article 16 du Code Civil. Le CCNE a reconnu l'embryon humain comme *« personne humaine potentielle »,* ce qui justifie sa protection, tant en ce qui concerne la recherche pratiquée sur lui, comme nous le verrons ci-après, qu'en ce qui concerne le droit à l'IVG, limité à 12 semaines.[411] En l'absence d'un consensus scientifique et philosophique sur la nature du fœtus, le droit français ne lui accorde pas la personnalité juridique.[412]La loi de bioéthique de 2021 prévoit la possibilité d'autoriser l'interruption de grossesse partielle en cas de grossesse multiple mettant en péril la santé de la femme, des embryons ou fœtus.

Les éléments et produits du corps humain ne peuvent être utilisés à des fins thérapeutiques « si le risque mesurable en l'état des connaissances scientifiques et médicales couru par le receveur potentiel est supérieur à l'avantage escompté pour celui-ci ». L'utilisation d'éléments du corps humain à une fin médicale ou scientifique autre que celle pour laquelle ils ont été prélevés ou collectés est possible, sauf opposition de la personne concernée, dûment informée au préalable de cette autre fin. Mais aucune dérogation n'est admise si les éléments devant être prélevés sont des « tissus ou cellules germinaux ». [413]Les autopsies pratiquées en dehors des mesures judiciaires à des fins médicales ou scientifiques exigent le consentement préalable de l'intéressé, « sauf nécessité impérieuse de santé publique et en

---

411 On distingue l'embryon (phase de la fécondation jusqu'à la 8ème semaine) du fœtus, qui caractérise le développement de tous les organes du futur être humain. Le Parlement examine actuellement une proposition de loi tendant à porter à 14 semaines le délai fixé pour le droit à l'IVG.

412 « Dictionnaire d'éthique et de philosophie morale », sous dir. Monique Canto-Sperber. Tome I, pp 153 et s.

413 Un régime de strictes dérogations est institué au profit des mineurs ou majeurs sous tutelle

l'absence d'autres procédés permettant d'obtenir une certitude diagnostique sur les causes de la mort ».

2. Les principes régissant le don d'organes ou d'éléments du corps humain

Le droit français repose sur quatre grands principes :

- *le principe de non-brevetabilité du vivant*
- *le principe de gratuité du don*
- *le principe de l'anonymat du don*
- *l'interdiction absolue du clonage reproductif*

En posant le principe que *« les éléments du corps humain ou tout autre produit en dérivant par procédé technique, y compris la séquence même partielle d'un gène, ne peuvent constituer une invention brevetable »,* la loi française se montre plus restrictive que celle des pays abritant une *société et une économie libérales* où la marchandisation des produits du corps humain est considérée comme compatible avec les principes universels de protection de la personne humaine à condition d'être régulée (le degré de régulation étant très variable). La même opposition s'observe à l'égard du principe de gratuité du don d'un élément du corps humain, qui est une spécificité de notre droit.

Cette spécificité a prévalu jusqu'ici également quant au principe de l'anonymat du don d'un élément du corps humain. On ne peut divulguer aucune information permettant d'identifier à la fois celui qui fait don d'un élément ou d'un produit de son corps et celui qui le reçoit. Seuls les médecins, en cas de nécessité thérapeutique, peuvent accéder à ces informations. La loi de bioéthique du 29 juin 2021crée une dérogation majeure à ce principe général, illustrant ainsi *l'évolution d'une société qui place en son centre l'individu.* [414] Elle crée le principe du *droit d'accès aux origines personnelles pour les personnes nées selon la technique de l'assistance médicale à la procréation.* Un enfant pourra, devenu majeur, s'il en fait la demande auprès du conseil national pour l'accès aux origines personnelles, accéder à des informations « non identifiantes » sur le donneur de gamètes (âge, origine du pays, motif du don). *Tout donneur devra consentir, préalablement au don, à la communication des données non*

---

[414] La règle de l'anonymat n'implique aucune atteinte à la vie privée et familiale (au sens de l'art.8 Conv. Europ. Droits de l'Homme) : « il appartient aux seuls parents de décider de lever ou non le secret sur la conception. » CE, avis 13.6.2013 n°362981 A. « Cette règle tend à la sauvegarde de l'équilibre des familles en évitant de remettre en cause le caractère social et affectif de la filiation, et à écarter le risque d'une baisse substantielle des dons de gamètes ». CE 12.11.2015 n°1009924.

identifiantes ou, selon les conditions fixées par décret en Conseil d'Etat, à la révélation de son identité. Cette disposition est de nature à transformer la relation entre le tiers donneur - qui, cessant de n'être qu'un instrument, devient un acteur de la parentalité - et l'enfant et sa famille. Il reste qu'elle peut s'avérer dissuasive alors même que le nombre des donneurs est sensiblement inférieur à la demande et qu'il est difficile de prévoir les conséquences de ce nouveau modèle familial.

3. Les règles essentielles en matière de prélèvement et collecte des éléments et produits du corps humain

Trois catégories de prélèvements et collectes d'éléments et produits du corps humain font l'objet d'une réglementation précise : le sang, les organes et les tissus et cellules ainsi que leurs produits dérivés.

A. Le sang humain et ses composants

De nombreux produits peuvent être préparés à partir du sang humain ou de ses composants : produits sanguins « labiles » comprenant le sang total, le plasma, les cellules sanguines d'origine humaine. Sauf s'ils sont destinés à la recherche, ils ne peuvent être délivrés à des fins thérapeutiques que s'ils figurent sur une liste établie par l'Agence nationale de sécurité du médicament suivant l'avis émis par le président de l'Etablissement français du sang.[415]

La collecte du sang et de ses composants en vue d'une utilisation thérapeutique ne peut être faite que par les établissements agréés à cette fin : l'Etablissement français du sang (EFS) et le centre de transfusion sanguine des armées. Le ministre chargé de la santé arrête un « schéma directeur national de la transfusion sanguine ». Préparé par l'EFS, il détermine les principes régissant l'organisation de la transfusion sanguine. Il doit notamment garantir l'autosuffisance nationale et la sécurité sanitaire du dispositif de collecte du sang et de ses composants, de la préparation des produits sanguins labiles et de leur répartition sur le territoire ainsi que le dispositif d'hémovigilance et de sécurité transfusionnelle.

Le sang et ses composants et dérivés, ne peuvent pas être distribués, délivrés, utilisés sans qu'aient été faits des examens biologiques et des tests de dépistage de maladies transmissibles. La jurisprudence est très stricte à l'égard de l'obligation qui pèse sur le réseau de transfusion sanguine

[415]Autres produits, dérivés du sang (produits plasmatiques à finalité transfusionnelle résultant d'un processus industriel, médicaments issus du fractionnement du plasma, dispositifs médicaux de diagnostic « in vitro », produits cellulaires à finalité thérapeutique, excipients à usage pharmaceutique (Art.L.1221-8 CSP).

puisqu'elle pose une obligation de sécurité de résultat.[416]Le prélèvement sanguin ne peut être effectué que par un médecin ou sous sa responsabilité et avec le consentement du donneur. Aucun prélèvement ne peut être effectué sur un mineur hormis le cas d'une urgence thérapeutique. Nul ne peut être exclu du don du sang, notamment en raison de ses orientations sexuelles, en dehors des contre-indications médicales.[417]

B. Les règles relatives au prélèvement et à la greffe d'organes

Le prélèvement d'organe peut être effectué soit sur une personne vivante, qui en fait don, soit sur une personne décédée.

Le prélèvement effectué sur une personne vivante ne peut être opéré que dans l'intérêt thérapeutique direct du receveur. En principe, le donneur doit être le père ou la mère du receveur ou, par dérogation, son conjoint ou des membres de la famille du receveur, ou toute personne apportant la preuve d'une vie commune d'au moins deux ans avec le receveur. Aucun prélèvement en vue d'un don ne peut avoir lieu sur un mineur ou un majeur sous protection légale.

La personne se déclarant prête à un don d'organe, sous réserve de compatibilité avec le receveur, doit être préalablement informée par un comité d'experts des risques qu'elle encourt et des conséquences éventuelles du prélèvement. Elle doit « donner un consentement libre et éclairé » devant l'autorité judiciaire. Ce cas de figure est de ceux qui engagent un fort investissement du médecin (compréhension des personnes, maitrise du contexte émotionnel). Depuis une quinzaine d'années, la formation médicale intègre ces situations qui n'étaient apprises qu'empiriquement auparavant.[418] En cas d'urgence vitale, le consentement est recueilli par tout moyen par le Procureur de la République. Le consentement est révocable sans forme et à tout moment. L'Agence de biomédecine est informée, préalablement à sa réalisation, de tout prélèvement d'organes à des fins thérapeutiques sur une personne vivante.

---

[416] Les centres de transfusion sanguine ne peuvent s'exonérer de cette obligation de sécurité de résultat que par la preuve d'une cause étrangère qui ne puisse leur être imputée (Civ.1ère, 12.4.1995, n°92-20.747 P. Le manquement à cette obligation de sécurité de résultat peut être invoqué aussi bien par la victime immédiate que par un tiers victime d'un dommage par ricochet (Civ.1ère, 13.2.2001, n°99-13.589 P. Les centres de transfusion sont responsables, même en l'absence de faute, des conséquences dommageables de la mauvaise qualité des produits fournis. CE ass, 26.5.1995 Cts N'Guyen n°143238 A.

[417] Le don du sang des hommes homosexuels n'a pas été autorisé durant la période d'incertitude scientifique sur le risque de transmission du VIH identifié à partir des pratiques homosexuelles. L'évolution des connaissances sur la propagation du virus a permis de lever l'interdiction. La loi de bioéthique de 2021 renforce les garanties de non-discrimination.

[418] « Les enjeux du consentement éclairé du patient ne sont pas entièrement compris ». Entretien avec le Dr Samia Hurst-Majno. Le Monde. 15.7.2020

Le prélèvement d'organe sur une personne décédée est possible aux seules fins thérapeutiques ou scientifiques dès lors que la mort de la personne est dûment constatée. Ce prélèvement peut être pratiqué sur une personne majeure dès lors qu'elle n'a pas fait connaître de son vivant son refus, principalement par inscription sur un registre national automatisé prévu à cet effet.[419] Un refus est révocable à tout moment. Le médecin compétent doit informer les proches du défunt du prélèvement envisagé, de sa nature et de sa finalité. [420]

Les prélèvements ne peuvent être pratiqués que dans le cadre de protocoles établis par l'Agence de biomédecine. L'autorité ministérielle peut suspendre ou interdire leur application lorsque leur nécessité ou la pertinence de la recherche n'est pas établie. Les médecins ayant constaté le décès et ceux qui réalisent un prélèvement ou la greffe d'organe doivent faire partie d'unités fonctionnelles distinctes. Les médecins ayant procédé à un prélèvement ou à une autopsie médicale sont tenus de s'assurer de la meilleure restauration possible du corps. Les prélèvements et les greffes d'organes à des fins thérapeutiques ne peuvent être pratiqués que dans des établissements de santé autorisés à cet effet.[421]Tous les établissements de santé doivent participer à l'activité de prélèvement en s'intégrant dans des réseaux spécialisés à cette fin.

C. Le régime juridique des activités de collecte, prélèvement et utilisation des tissus, cellules, produits du corps humain et de leurs dérivés

La gestion des activités de collecte, de prélèvement des tissus, cellules et produits du corps humain est strictement réglementée en raison des risques qu'elle comporte pour les personnes, pour la santé publique et pour l'ordre public. Comme dans les cas précédents, le prélèvement ne peut être effectué que dans un but thérapeutique ou scientifique.[422]

Les règles classiques du consentement sont renforcées dans trois cas : 1) le prélèvement en vue d'un don de cellules hématopoïétiques recueillies à

[419] Le prélèvement sur un mineur décédé n'est envisageable qu'avec l'accord des titulaires de l'autorité parentale (ou de l'un des parents en cas d'impossibilité de consulter le conjoint).

[420] Une procédure spécifique d'information, fixée par arrêté ministériel, selon les règles de « bonne pratique » proposées par l'Agence de biomédecine doit être respectée.

[421] Il s'agit essentiellement des CHU et d'établissements conventionnés avec eux, autorisés pour une durée de 5 ans, renouvelable, par l'autorité ministérielle après avis de l'Agence de biomédecine.

[422] Ou à des fins de réalisation ou contrôle des dispositifs médicaux de diagnostic in vitro, d'examens de biologie médicale, d'expertises réalisées par l'Agence nationale de sécurité du médicament. Seuls peuvent être prélevés à des fins thérapeutiques les tissus figurant sur une liste établie à cet effet, à l'exception des tissus prélevés dans le cadre d'une recherche impliquant la personne humaine.

partir de la moelle osseuse ou dans le sang périphérique, (sous réserve du consentement recueilli par l'autorité judiciaire). 2) le prélèvement de cellules hématopoïétiques du sang du cordon et du sang placentaire et des cellules du cordon et du placenta (sous réserve du consentement écrit de la femme enceinte) 3) le prélèvement de tissus ou cellules embryonnaires du fœtus à l'issue d'une IVG (sous réserve du consentement écrit de la femme, dûment informée sur ses finalités thérapeutiques ou scientifiques, les conditions de conservation et d'utilisation des éléments prélevés).

Le régime d'autorisation des établissements habilités à opérer ces prélèvements est comparable au précédent. Les cellules à fin d'administration autologue ou allogénique ne peuvent être prélevées que dans les établissements de santé autorisés par le directeur général de l'ARS après avis de l'Agence de biomédecine. La préparation, la conservation, la distribution et la cession à des fins thérapeutiques des tissus et de leurs dérivés et des préparations de thérapie cellulaire, requièrent une autorisation administrative spécifique en conformité avec la directive européenne fixant les normes de qualité et de sécurité de toutes les opérations précitées.[423] Toute modification « substantielle » du projet nécessite une nouvelle autorisation, les modifications mineures n'exigeant qu'une déclaration à l'autorité sanitaire compétente. Dans chaque établissement concerné, un responsable compétent est chargé de la bonne application des procédures prescrites par la loi.

Les établissements de santé pratiquant les greffes de tissus et les administrations de préparation de thérapie cellulaire doivent être autorisés à cet effet dans le cadre du schéma régional de santé et selon les conditions techniques, médicales et budgétaires fixées par les règlements.[424] Les organismes de recherche scientifique peuvent constituer, pour les besoins de leurs programmes de recherche, des « collections d'échantillons biologiques humains ».[425]

---

[423] Directive 2004/23/CE du Parlement européen et du Conseil du 31.3.2004 relative à l'établissement de normes de qualité et de sécurité pour le don, l'obtention, le contrôle, la transformation, la conservation, le stockage et la distribution des tissus et cellules humains.

[424] Le schéma régional ou interrégional est arrêté par l'autorité compétente après avis de l'Agence de biomédecine quand il comporte des activités d'allogreffes de cellules hématopoïétiques.

[425] Elles doivent être déclarées auprès des ministères de la Santé et de la Recherche, qui peuvent faire connaître leur opposition ou suspendre l'activité si la recherche n'a pas de finalité scientifique justifiée ou si les conditions d'approvisionnement, de conservation et d'utilisation des tissus ne sont pas satisfaisantes.

D. Le don et l'utilisation des gamètes

Le don de gamètes consiste en l'apport par un tiers de spermatozoïdes ou d'ovocytes en vue d'une assistance médicale à la procréation (AMP). En principe, le donneur doit avoir procréé. Cette règle n'est toutefois pas imposée à un donneur adulte, qui peut se voir proposer le recueil et la conservation d'une partie de ses gamètes ou des tissus germinaux, s'il donne son consentement, en vue d'une éventuelle réalisation ultérieure à son bénéfice ou d'une AMP. La donneuse d'ovocytes doit être informée par une équipe médicale pluridisciplinaire des conditions et des risques du prélèvement ovocytaire. Lorsque le donneur vit en couple, le consentement de l'autre membre du couple doit être écrit. Le consentement est révocable à tout moment jusqu'à l'utilisation des gamètes. De même, dans un couple dont l'un des membres est receveur, le consentement doit être donné par les deux membres du couple. Le bénéfice d'un don de gamètes ne peut en aucun cas être subordonné à la désignation par le couple receveur d'une personne ayant volontairement accepté de procéder à un tel don en faveur d'un couple tiers anonyme.

E. Les règles relatives à l'assistance médicale à la procréation (AMP).

L'assistance médicale à la procréation est l'ensemble des techniques biomédicales permettant la conception « in vitro », la conservation des gamètes, des tissus germinaux et des embryons, le transfert d'embryons et l'insémination artificielle. Elle a eu pour but, jusqu'à la loi de bioéthique du 29 juin 2021, de remédier à l'infertilité d'un couple ou d'éviter la transmission à l'enfant ou à un membre du couple d'une maladie d'une particulière gravité. Le caractère pathologique de l'infertilité doit être constaté médicalement avant tout engagement dans une procédure d'AMP.

La loi de 2013 ouvrant le mariage aux couples du même sexe a suscité une revendication du droit à l'AMP par les couples de femmes. Cette situation nouvelle a conduit à un réexamen des positions initiales, réservées ou défavorables à l'égard de cette revendication.[426]Le principe de l'ouverture de l'AMP pour un motif *non médical* au profit des couples de femmes et des femmes célibataires a été définitivement adopté par le Parlement le 29 juillet 2021. En opérant une disjonction complète entre procréation et filiation - il

[426] Avis du CCNE n°126 du 15.6.2017 relatif aux demandes d'assistance médicale à la procréation pour des couples de femmes ou des femmes seules. Avis CE 11.7.2019. L'inventaire des études s'efforçant d'évaluer les conséquences pour l'enfant d'un tel choix montre qu'aucune d'entre elles n'est, en l'état actuel, assez robuste au regard des exigences scientifiques pour qu'il soit envisageable d'en tirer des conclusions assurées (annexe 5 à l'avis du CCNE).

n'y a pas de père juridiquement institué- le législateur français rejoint le groupe de pays qui ont déjà opéré ce changement anthropologique majeur.

L'évolution du droit d'accès à l'AMP rend nécessaire la formation d'un nouveau régime juridique de la filiation établi par la reconnaissance conjointe de l'enfant, avant sa naissance, par devant notaire.

La loi met également fin à l'interdiction de l'autoconservation des ovocytes et des gamètes en vue du recours à une AMP ultérieure, hors de tout motif médical mais sous de strictes conditions médicales (limite d'âge pour la réimplantation, habilitation réservée au service public hospitalier). Par ailleurs, toute personne dont la fertilité risque d'être prématurément altérée peut bénéficier du recueil et de la conservation de ses gamètes ou de ses tissus germinaux en vue de la préservation et de la restauration de sa fertilité ou de la réalisation ultérieure, à son bénéfice, d'une AMP.

La loi soumet l'AMP à des conditions légales, techniques et psychologiques, rigoureuses.[427] Le couple remplissant les conditions légales et techniques permettant l'accueil d'un embryon doit préalablement y consentir par devant notaire. Ni le couple bénéficiaire de l'AMP ni le couple ayant renoncé à l'embryon ne peuvent connaître leur identité. L'intervention doit être précédée d'entretiens particuliers entre les demandeurs et l'équipe médicosociale afin de vérifier leur motivation. Les possibilités ouvertes par la loi sur l'adoption doivent leur être présentées. Le couple demandeur doit être informé des possibilités de réussite mais aussi d'échec, des risques, des effets secondaires et des contraintes qu'implique l'AMP. A l'issue d'un délai d'un mois après la fin de cette procédure, il doit confirmer sa demande par écrit. L'équipe médicale peut lui demander un délai de réflexion supplémentaire avant d'entreprendre l'intervention.

Les techniques d'AMP doivent être choisies de manière à limiter le nombre des embryons conservés. Le couple doit être informé des possibilités de devenir des embryons conservés et ne faisant plus l'objet d'un projet parental. Les deux membres du couple dont les embryons sont conservés doivent être consultés chaque année par écrit sur leur intention de maintenir leur projet parental. Si celui-ci est abandonné (ou n'est plus possible en raison du décès de l'un d'eux), le couple (ou le conjoint survivant) peut consentir, par écrit, à ce que les embryons soient accueillis par un autre

[427] L'homme et la femme formant le couple doivent être vivants, en âge de procréer et consentir préalablement au transfert des embryons ou à l'insémination artificielle. Le décès d'un des membres du couple, le dépôt d'une requête en divorce ou séparation de corps ou la cessation de la communauté de vie font obstacle à un tel projet, de même que la révocation par écrit du consentement par l'un des membres du couple auprès du médecin responsable de l'AMP.

couple ou fassent l'objet d'une recherche ou que les cellules dérivées entrent dans une préparation de thérapie cellulaire, ou qu'il soit mis fin à leur conservation. Il y est mis fin dans un délai de cinq ans si l'un des membres du couple, consulté à plusieurs reprises, ne répond pas ou si le couple ne parvient pas à un accord, ou si, en dépit du consentement donné par le couple, ses embryons n'ont pu être accueillis.

L'AMP ne peut être pratiquée que par des établissements de santé publics ou privés sans but lucratif bénéficiant d'une autorisation spécifique.[428]Chaque établissement doit désigner un responsable chargé de veiller au respect des règles fixées par la loi.

III. Les règles relatives à l'examen des caractéristiques génétiques et à l'identification d'une personne par ses empreintes génétiques

L'identification et la description de l'ADN, molécule responsable de la transmission des caractères héréditaires,[429]a ouvert des perspectives révolutionnaires pour la compréhension, la prévision et le traitement éventuel des anomalies de « codage » affectant un gène. Une discipline nouvelle, le génie génétique moléculaire (clonage, séquençage des bases moléculaires, modification et correction du message génétique…), s'est ainsi développée à la fin du XXème siècle.

La complexité de ce modèle incite cependant à la prudence quant à l'interprétation des « erreurs » de « codage » génétique et à ses applications médicales. Surtout, le développement de la génétique moléculaire comporte au moins trois grands risques pour la personne et l'espèce humaine : 1) le risque de la manipulation génétique en vue de sélectionner les caractères génétiques recherchés à des *fins eugénistes* correspondant à la tentation d'obtenir le « bébé-objet parfait »- ou à celle de toute puissance de « l'homme augmenté » ; 2) le risque d'utilisation des données génétiques d'un individu contre lui-même (par exemple lors d'un entretien d'embauche) ; 3) le risque lié à la « médecine prédictive », dès lors que l'information génétique défavorable, si elle n'est assortie d'aucune solution préventive ou thérapeutique, peut placer l'individu dans une situation de désespérance. C'est pourquoi la loi française de bioéthique de 1994 a posé en principe que *l'étude génétique des caractéristiques d'une personne ne pouvait être entreprise qu'à des fins médicales ou de recherche scientifique.*

---

[428] Cette règle s'étend à toutes les activités concourant à l'AMP, hormis l'insémination artificielle et la stimulation ovarienne (art.L.2142-1 CSP).

[429] La molécule d'ADN (acide désoxyribonucléique) a une structure permettant le « codage » de l'information au sein des gènes et la transmission de cette information dans le génome humain.

La loi relative aux droits des malades a d'emblée posé en principe général et absolu que *« nul ne peut faire l'objet de discrimination en raison de ses caractéristiques génétiques ».*[430]

En vertu de ce principe l'identification d'une personne par ses empreintes génétiques ne peut être recherchée que dans le cadre de mesures d'enquête ou d'instruction diligentées lors d'une procédure judiciaire ou à des fins médicales ou de recherche scientifique. En matière civile cette identification ne peut être recherchée que dans le cadre d'une action en justice tendant soit à l'établissement ou à la contestation d'un lien de filiation, soit à l'obtention ou à la suppression de subsides. Dans tous les cas le consentement préalable de la personne intéressée doit être recueilli.[431]Sont ainsi protégées les données génétiques de la personne dans des domaines essentiels tels que la relation de travail ou la législation des assurances.

L'examen des caractéristiques génétiques à des fins de recherche scientifique peut être effectué à partir d'éléments du corps humain prélevés à d'autres fins si cette personne - dûment informée du projet de recherche - n'a pas exprimé d'opposition.[432] Préalablement à la réalisation de l'examen le médecin qui y procède doit informer la personne « des risques qu'un silence ferait courir aux membres de sa famille potentiellement concernés » si une anomalie génétique grave, susceptible de mesures de prévention, de conseil génétique ou de soins était diagnostiquée.[433]Si celle-ci souhaite être tenue dans l'ignorance du diagnostic, elle peut autoriser le praticien à informer les intéressés dans un document rédigé « de manière loyale, claire et appropriée » qu'il lui remet (elle doit attester de cette remise).

L'examen à des fins médicales des caractéristiques génétiques d'une personne ne doit être prescrit que s'il a une utilité clinique certaine et est souhaité par l'intéressée.[434]En cas de découverte de caractéristiques

---

[430] Art.16-13 Code Civil

[431] L'examen des caractéristiques génétiques et l'identification des empreintes génétiques d'une personne ne peuvent s'effectuer que dans un laboratoire de biologie médicale autorisé et agréé à cette fin. Les praticiens qui réalisent ces analyses doivent être agréés par l'Agence de la biomédecine.

[432] Si la personne est mineure ou sous tutelle est appliqué le régime de l'autorisation donnée par l'autorité parentale, le tuteur, la personne de confiance ou la personne la plus proche. Il peut être dérogé à l'obligation d'information lorsque la personne concernée ne peut pas être retrouvée. En ce cas, le responsable de la recherche doit consulter, avant le début des travaux, un comité de protection des personnes qui s'assure que la personne n'est pas opposée à l'examen génétique. Lorsque la personne a pu être retrouvée, il lui est demandé si elle souhaite être informée en cas de diagnostic d'une anomalie génétique grave.

[433] Art. L. 1131-1-2 CSP

[434] Le médecin prescripteur doit évaluer les conséquences des résultats de l'examen au regard de la prise en charge médicale, de son incidence sur les choix de vie de la personne, les

génétiques susceptibles de provoquer une affection justifiant des mesures de prévention ou de soins au bénéfice de la personne, celle-ci en est informée sauf si elle s'y est préalablement opposée. Elle peut être invitée par son médecin à se rendre chez un médecin qualifié en génétique.[435] Lors de l'annonce du diagnostic, le médecin informe la personne de l'existence des associations de malades compétentes, susceptibles de l'aider. Celle-ci est « tenue d'informer les membres de sa famille potentiellement concernés ». Si elle ne souhaite pas le faire elle-même, elle peut demander par écrit au médecin prescripteur de la suppléer.[436]

La loi organise à l'intention des femmes enceintes, dans un but de prévention des risques liés à la grossesse, des consultations médicales permettant d'établir un diagnostic anténatal, soit « prénatal », soit « préimplantatoire ». Le *diagnostic prénatal* permet de dépister certaines anomalies fœtales graves, dont la trisomie 21.[437] La loi de bioéthique de 2021 précise que toute femme enceinte reçoit, lors d'une consultation médicale, « une information loyale, claire et adaptée à sa situation » sur la possibilité de recourir, à sa demande, à « des examens permettant d'évaluer le risque que l'embryon ou le fœtus présente une affection susceptible de modifier le déroulement ou le suivi de sa grossesse ». Elle doit donner un consentement écrit à des examens comportant des risques pour elle, l'embryon ou le fœtus et la possible détection d'une affection d'une particulière gravité chez ce dernier. Le médecin (ou la sage-femme), si la femme enceinte le souhaite, pourra communiquer à l'autre membre du couple les résultats des analyses.

En cas de risque avéré, la femme enceinte ainsi que, si elle le souhaite, l'autre membre du couple sont orientés vers un centre pluridisciplinaire de diagnostic prénatal habilité à les informer sur les caractéristiques de l'affection suspectée, sur les moyens de la détecter et sur les possibilités de prévention et de soins ou de prise en charge du fœtus ou de l'enfant né.[438]

---

conséquences psychologiques, le contexte familial, l'existence ou non d'un projet parental, la possibilité d'examens, moins onéreux, aboutissant au même diagnostic.

[435] Le médecin généticien consulté par la personne est informé par le responsable du programme de recherche des caractéristiques génétiques en cause

[436] Ce dernier, qui doit attester avoir été saisi de cette demande, porte à la connaissance des intéressés « l'information médicale à caractère familial susceptible de les concerner » et les invite à se rendre à une consultation génétique « sans dévoiler ni le nom de la personne ayant fait l'objet de l'examen, ni l'anomalie génétique, ni les risques qui lui sont associés ».

[437] Selon des méthodes non invasives (échographie) ou invasives (amniocentèse), ces dernières comportant un risque de fausse couche (0,5 à 1% des cas).

[438] La femme enceinte doit être également informée que certains examens de biologie médicale à visée diagnostique peuvent révéler des caractéristiques génétiques fœtales sans relation certaine avec l'indication initiale de l'examen, ce qui implique des examens complémentaires.

Le diagnostic préimplantatoire s'applique aux embryons créés par fécondation in vitro dans le cadre d'une AMP. Il consiste à sélectionner des embryons ne portant pas l'anomalie génétique ou chromosomique recherchée et vise des situations dans lesquelles les parents ont un risque de transmettre une maladie grave ou ont déjà donné naissance à un enfant affecté par une anomalie grave. L'examen biologique est réalisé à partir de cellules prélevées sur l'embryon in vitro. Il est assorti de conditions très strictes à sa réalisation. Un médecin exerçant en centre pluridisciplinaire de diagnostic prénatal doit attester que le couple, du fait de sa situation familiale, a une « forte probabilité de donner naissance à un enfant atteint d'une maladie génétique d'une particulière gravité reconnue incurable au moment du diagnostic ».

Le diagnostic ne peut être effectué que lorsqu'ont été préalablement et précisément identifiés chez l'un des parents, ou l'un de ses ascendants immédiats, dans le cas d'une maladie gravement invalidante à révélation tardive et mettant prématurément en jeu le pronostic vital, la ou les anomalies responsables d'une telle maladie. Le diagnostic ne peut avoir d'autre objet que de rechercher cette affection ainsi que les moyens de la prévenir et de la traiter. Il ne peut être réalisé que dans un établissement spécifiquement autorisé à cet effet par l'Agence de biomédecine. Les deux membres du couple expriment leur consentement par écrit à la réalisation de ce diagnostic. En cas de diagnostic d'une telle affection, les deux membres du couple, s'ils confirment leur intention de ne pas poursuivre leur projet parental, peuvent consentir à ce que l'embryon fasse l'objet d'une recherche.[439]

IV. Les principes généraux relatifs aux recherches impliquant la personne humaine

Modifiée à plusieurs reprises[440]la loi Huriet-Sérusclat pose en principe *qu'aucune recherche biomédicale faisant appel à des personnes acceptant de se prêter à des essais cliniques ne peut être entreprise sans une autorisation accordée selon des critères précis, contrôlés par une instance*

[439] L'article L.2131-4-1 CSP prévoit la possibilité de déroger aux règles précitées, sous réserve d'avoir épuisé toutes les possibilités offertes par la loi. Le DPI peut être effectué 1) si le couple a donné naissance à un enfant atteint d'une maladie génétique entraînant la mort dès les premières années de vie, reconnue incurable au moment du diagnostic, 2) si le pronostic vital de l'enfant peut être décisivement amélioré par l'application d'une thérapeutique ne portant pas atteinte à l'intégrité de son corps, né du transfert de l'embryon in utero, 3) si le diagnostic a pour seuls objets de recherche la maladie génétique et les moyens de la prévenir et la traiter

[440] Notamment par la loi du 4.8.2004 relative à la bioéthique, la loi « Jardé » du 5.2012 (n°2012-300) et l'ordonnance n°2016-800 du 16.6.2016

indépendante. Le Code de Santé publique distingue trois catégories de recherches[441] :

- Les recherches interventionnelles comportant une intervention sur la personne, non justifiée par sa prise en charge habituelle. Elles ne peuvent être mises en œuvre qu'après avis favorable d'un « comité de protection des personnes » et après autorisation de l'autorité compétente.
- Les recherches interventionnelles ne comportant que des risques minimes, figurant sur une liste fixée par arrêté ministériel[442] Elles peuvent être engagées après avis du comité de protection des personnes communiqué à l'autorité compétente.
- Les recherches non interventionnelles ne comportant aucun risque

En cas de doute sur la qualification d'un projet au regard des trois catégories précitées, le comité de protection des personnes s'assure auprès de l'Agence de sécurité du médicament et des produits de santé que l'utilisation des produits sur lesquels porte la recherche ne présente que des risques minimes.

Conformément au principe fondamental du droit de la personne à consentir ou non au soin, la règle principale est qu'aucune recherche relevant de la première catégorie précitée ne peut être pratiquée sur une personne sans « son consentement libre et éclairé », recueilli par écrit, après que lui a été délivrée l'information précise prévue par la loi. Ce consentement doit être, pour la catégorie 2, « libre, éclairé et exprès ». Pour la catégorie 3, aucune recherche ne peut être entreprise si la personne s'y oppose.

La loi édicte les règles précises de l'obligation d'information de la personne envisageant de se prêter à une expérimentation.[443]Cette procédure se déroule sous le contrôle de *« comités de protection des personnes »*, (un ou plusieurs par région), agréés par le Ministre de la Santé (un ou plusieurs par région).

---

[441] Art.L.1121-1 CSP

[442] Après avis du directeur général de l'Agence nationale de sécurité du médicament et des produits de santé.

[443] L'investigateur doit préalablement à la recherche expliquer à la personne intéressée l'objectif, la méthodologie et la durée de cette recherche, les bénéfices attendus, les contraintes et les risques prévisibles, y compris en cas d'arrêt de la recherche, les alternatives médicales dans le cas des expérimentations de catégorie 1 et 2, les modalités de prise en charge médicale en fin d'expérimentation dans ces cas ou en cas d'arrêt prématuré de la recherche ou d'exclusion de celle-ci. L'avis du comité de protection des personnes doit être porté à la connaissance de l'intéressé. Il doit être informé de son droit de se retirer de l'expérimentation à tout moment et de son droit à recevoir les informations relatives à son état de santé au cours de l'étude. (Art.L.1222-1 CSP).

Dotés de la personnalité juridique de droit public, financés par une dotation d'Etat, ils exercent leur mission en toute indépendance.[444]

Tout projet de recherche doit être soumis pour avis à un comité désigné de manière aléatoire. Le comité rend son avis au regard des critères énoncés par la loi.[445] Toute modification substantielle d'un projet par son promoteur, après commencement de la recherche, doit lui être soumise. Il doit s'assurer d'un nouveau consentement des personnes concernées. Une nouvelle autorisation doit être délivrée par l'autorité compétente. En cas de doute sérieux sur la modification envisagée, le comité peut saisir l'Agence nationale de sécurité du médicament. Si l'avis du comité est défavorable, le promoteur peut demander au Ministre de la Santé de soumettre la modification substantielle proposée à un second comité.

Aucune recherche ne peut être effectuée :

- si elle ne se fonde pas « sur le dernier état des connaissances scientifiques et sur une expérimentation préclinique suffisante »
- si le « risque prévisible » est « hors de proportion avec le bénéfice escompté pour les personnes ou l'intérêt de cette recherche »
- si elle ne vise pas à « étendre la connaissance scientifique de l'être humain et les moyens susceptibles d'améliorer sa condition ».
- si elle n'a pas prévu de réduire au minimum la douleur, la peur et tout autre inconvénient prévisible.

Le texte précise que « l'intérêt des personnes qui se prêtent à une recherche impliquant la personne humaine prime toujours les seuls intérêts de la science et de la société ».

La loi règlemente précisément l'identité du promoteur responsable de la recherche et prévoit que celui-ci devra désigner un coordonnateur des recherches si celles-ci impliquent plusieurs investigateurs. La recherche doit être effectuée sous la direction et la surveillance d'un médecin justifiant d'une expérience appropriée, et doit répondre aux normes techniques de sécurité requises.

---

[444] Leurs membres sont nommés par le directeur général de l'ARS. Tenus à la confidentialité sur leurs débats, ils appartiennent aux différentes professions ou qualifications susceptibles d'éclairer la recherche (éthique, sciences sociales, psychologiques, juridiques) et comprennent des représentants d'associations agréées de malades ou d'usagers du système de santé. (Art. L.1123-1 CSP).

[445] Art.L.1123-7 CSP

Aucune recherche ne peut être effectuée sur une personne décédée ou en état de mort cérébrale sans son consentement « exprimé de son vivant ou par le témoignage de la famille », de l'un au moins des titulaires de l'autorité parentale, s'il s'agit d'un mineur.

V. L'interdit du clonage reproductif humain et les règles organisant la recherche sur l'embryon

Le problème éthique du clonage humain se pose en termes différents selon qu'il s'agit du *clonage reproductif* ou du *clonage thérapeutique.*

La technique du clonage reproductif consiste à prélever le noyau d'une cellule somatique adulte (contenant donc toutes les informations de l'ADN) pour l'injecter dans un ovocyte auquel on a préalablement retiré son noyau et à réaliser la fusion des deux cellules. On aboutit alors à un embryon contenant la quasi-totalité de l'ensemble du patrimoine génétique de l'individu, a priori capable de mettre en action ses gènes pour construire un organisme complet.[446]Décrit de manière très simplifiée, ce schéma ne rend pas bien compte des nombreuses difficultés scientifiques et techniques qu'il recèle, à commencer par l'usage médiatique de la notion de clonage, qui recouvre différentes techniques. Mais c'est un problème éthique fondamental qui se pose à l'égard du clonage, et plus particulièrement, du principe du clonage reproductif humain

Le problème éthique du clonage humain reproductif est qu'il est la négation de la personne humaine en ce qu'il tend à produire un être qui n'est qu'une *copie* biologique de l'être humain. Il n'est que le « produit » de celui qui l'a programmé et demeure strictement programmable, *dans l'impossibilité de construire sa personnalité propre*. On a tenté d'assimiler les individus clonés à la situation des jumeaux naturels mais l'expérience montre que chacun de ces jumeaux construit son identité propre alors que le cloné est renvoyé à son statut d'objet de celui qui l'a créé. On a considéré, par un retour au dualisme corps-esprit, aujourd'hui abandonné d'un point de vue scientifique, que le cloné pourrait, en tant qu'esprit, se constituer librement. Le clonage humain ouvre la porte à des pratiques eugénistes de sélection des individus qui seraient une *copie conforme à la volonté de son géniteur et donc privé d'emblée de liberté*. C'est pourquoi le clonage humain est frappé par une prohibition universelle. Il serait cependant illusoire de penser que le débat sur le clonage humain est clos dans la mesure où la tentation du démiurge est inhérente à la condition humaine.

---

[446] La célèbre expérience de la brebis « Dolly » a montré qu'il était possible de reprogrammer et diriger le développement d'un embryon. L'expérience, reproduite sur une vingtaine d'espèces animales, demeure aléatoire et comporte de sérieuses inconnues.

Les attitudes à l'égard du *clonage thérapeutique* (ou de « transfert nucléaire ») sont plus nuancées selon les pays et selon les cas où il est envisagé. Le clonage thérapeutique est limité à *l'obtention de cellules souches embryonnaires utilisables dans des techniques de thérapie cellulaire* destinées à soigner des affections graves, notamment d'origine génétique, au moyen de greffes. Ces cellules souches sont obtenues principalement à partir de fœtus. Elles posent des problèmes techniques et éthiques importants.[447] Outre les risques inhérents à la technique, la méthode peut être dévoyée à des fins commerciales et glisser vers le clonage reproductif humain. Enfin, la création de nombreux embryons même très précoces, destinés à être détruits quelques jours après, pour prélever des cellules souches embryonnaires ravive le conflit provoqué par l'ambivalence des positions sur le respect de la vie humaine, aucun consensus n'existant sur le stade à partir duquel le fœtus serait une personne potentielle.

La découverte, en 2006, de *la possibilité de « reprogrammation » en cellules souches de cellules prélevées sur un tissu humain,* y compris celui de la personne malade elle-même, a constitué une révolution puisqu'elle permet de lever les obstacles techniques et éthiques précités. Cette nouvelle donne, dite des *« cellules souches pluripotentes induites »* (IPS)[448] permet de bloquer le processus de spécialisation, en culture in vitro, des cellules souches embryonnaires. La transgénèse permettant désormais d'agir sur les gènes qui commandent le fonctionnement de la cellule, *il est devenu possible de « reprogrammer » des cellules déjà différenciées (multipotentes) pour les rendre pluripotentes.* Des cellules pourraient être prélevées sur une personne atteinte d'une maladie génétique et « reprogrammées » pour redevenir des cellules embryonnaires qu'il est *possible d'orienter vers un organe ou un tissu malade où elles vont se substituer aux cellules défaillantes.* La voie est *théoriquement* ouverte à une médecine réparatrice à l'aide de « cellules-médicaments ».

1. L'état de la réglementation des recherches sur l'embryon et les cellules souches embryonnaires

Il est aujourd'hui possible d'entreprendre des thérapies à partir de greffes de cellules, selon trois méthodes : le recours à l'autogreffe, le recours au prélèvement dans les annexes embryonnaires (placenta, sang du cordon

---

[447] Provenant d'un donneur non apparenté, elles peuvent provoquer des réactions de rejet. Pour parer au risque, on emploie des cellules injectées dans des ovules énucléés puis, au bout de quelques jours, l'embryon cultivé en laboratoire est dissocié pour obtenir des cellules souches embryonnaires qui peuvent se multiplier en les amenant à se différencier pour donner le type cellulaire souhaité. Le procédé suppose la disposition de nombreux ovules dont le prélèvement comporte des risques.

[448] IPS: « induced pluripotent stem cells ».

ombilical) ou le recours, à partir de cellules souches embryonnaires issues d'une IVG, à des embryons dits « surnuméraires » ou des embryons obtenus par et pour la recherche d'un objectif thérapeutique. C'est cette dernière catégorie d'embryons, obtenus à partir d'embryons fécondés dans le cadre d'une AMP ou d'un clonage qui a fait l'objet d'une interdiction dans la loi de 1994.

Le droit français applique la Déclaration universelle sur la protection du génome humain de 1998, qui énonce le principe de l'interdiction du clonage à des fins de reproduction humaine, interdiction figurant également dans le protocole additionnel à la Convention européenne des droits de l'homme (1998) et dans la Charte des droits fondamentaux de l'Union européenne. Le Code de la Santé publique interdit le clonage d'embryon humain, la création d'embryons transgéniques ou chimériques à des fins de recherche ou à des fins thérapeutiques, a fortiori à des fins commerciales ou industrielles.[449]

En principe, nul n'est tenu de participer aux recherches sur des embryons humains ou des cellules embryonnaires autorisées. Le régime antérieur à la loi de bioéthique de 2021 reposait sur le principe qu'aucune recherche sur l'embryon humain ni sur les cellules souches embryonnaires ne pouvaitt être entreprise sans l'autorisation accordée par le directeur de l'Agence de biomédecine. Celui-ci doit vérifier que la recherche a une finalité médicale et qu'elle ne peut, en l'état des connaissances scientifiques, être menée sans recourir à des embryons ou des cellules souches embryonnaires.

Une recherche peut être menée à partir d'embryons conçus in vitro dans le cadre d'une AMP après abandon de tout projet parental. Les embryons sur lesquels la recherche a été conduite ne peuvent être transférés à des fins de gestation. Il est mis fin à leur développement in vitro au plus tard le quatorzième jour suivant leur constitution.

L'importation ou la conservation d'embryons ou de cellules souches embryonnaires aux fins de recherche est soumise à l'autorisation préalable du directeur de l'Agence de biomédecine. Celui-ci peut exiger un nouvel examen du dossier d'un projet de recherche en cas de doute sur le respect des principes éthiques, sur l'intérêt de la santé publique ou de la recherche scientifique. Il peut suspendre ou retirer l'autorisation en cas de manquement aux règles en la matière.

---

[449] Art. L.2151-1 à 3 CSP

2. L'évolution législative en cours ne clôt pas le débat

S'inspirant du récent avis du CCNE[450] la loi de bioéthique du 29 juin 2021 prévoit que la recherche sur les cellules-souches embryonnaires, y compris les cellules IPS relèvera désormais d'un *régime de simple déclaration* préalable auprès de l'Agence de biomédecine.[451]Elle autorise également les travaux utilisant les techniques récemment mises au point d'édition du génome de l'embryon, suivant les mêmes conditions d'encadrement de la recherche.[452]Elle interdit la modification d'un embryon humain par l'adjonction de cellules provenant d'autres espèces animales mais permet l'introduction de cellules humaines dans un embryon ou un organisme vivant animal. Cette technique, dite des « chimères homme-animal », considérée comme importante pour le progrès médical a fait l'objet d'un avis important du Conseil d'Etat, rendu le 28.7.2018 : il identifiait trois risques théoriques : le risque de zoonose (infection se transmettant de l'homme à l'animal ou inversement), le risque de « représentation humaine chez l'animal » et le risque de « conscience » (en cas de migration des cellules humaines vers le cerveau de l'animal). Cela signifie que l'on doit veiller à ce que les cellules-souches humaines ne contribuent pas à la formation du cerveau, des gamètes ou de l'apparence de l'animal.[453]

Cette évolution permise par la loi nouvelle a suscité peu de débats dans la mesure où elle s'est trouvée occultée par la polémique provoquée par l'ouverture de l'AMP aux couples de femmes et aux femmes célibataires. Mais elle n'a pas mis fin aux interrogations, à la fois scientifiques et philosophiques, qu'elle suscite au regard des principes fondamentaux du droit. Elles portent notamment sur les conséquences de l'autorisation des expériences de « chimères » homme-animal ou celle des « ciseaux moléculaires » permettant de fabriquer des embryons transgéniques, par suppression et remplacement de morceaux d'ADN, créant des modifications génétiques éventuellement transmissibles à la descendance sans qu'on maîtrise les mutations ultérieures.[454]

---

[450] Avis n° 129 du 25.9.2018 CCNE

[451] Les protocoles de recherche utilisant les cellules IPS dans un but de différenciation en gamètes ou d'agrégation à des cellules extra-embryonnaires sont soumis autorisation.

[452] Il s'agit notamment du procédé dit « CrispR-Cas9 » permettant de découper des brins d'ADN.

[453] Déclaration de Pierre Chevalier (INSERM). « Le Monde » du 17.4.2021.

[454] Sur ces questions, on citera notamment l'éditorial du « Monde » (« loi bioéthique : les lignes rouges font défaut ») des 4 et 5.7.2021

VI. L'ouverture d'un champ nouveau de l'éthique : le traitement des données et l'utilisation de l'intelligence artificielle (IA)

La loi de bioéthique du 29 juin 2021 inaugure un nouveau champ de règlementation avec le traitement des données numériques en santé et l'utilisation de l'intelligence artificielle (IA) dans ce domaine. Toute personne bénéficiant de soins recourant à un traitement numérique de données de santé doit être informée des conditions d'emploi des algorithmes du programme thérapeutique la concernant. De même, le recours à des techniques d'enregistrement de l'activité cérébrale se trouve règlementé. L'emploi de l'imagerie cérébrale fonctionnelle à des fins d'expertise judiciaire est prohibé. Enfin, la loi prévoit qu'un décret devra, après avis de la HAS, fixer les conditions de l'interdiction des dispositifs de neuro-modulation (modification de l'activité cérébrale) dès lors qu'ils présentent un danger pour la santé humaine.

VII. Le débat sur une fin de vie « librement choisie »

Quelle que soit l'aide apportée par l'organisation des soins palliatifs, des patients subissant des douleurs insupportables, résistant aux traitements, ou connaissant une fin de vie dégradante, demandent la liberté de mettre fin à leur vie ou d'être aidés à y mettre fin au moment qu'ils ont choisi.

Cinq propositions de lois en faveur du « suicide médicalement assisté » ont déjà été déposées depuis 2017. Leurs partisans préconisent l'usage de produits interrompant la vie, à la demande du patient, qu'il soit en fin de vie ou condamné à une survie sans espoir de retour à la vie normale. Ils soulignent en particulier que la procédure de sédation profonde et continue ne garantirait pas l'évitement des souffrances qui seraient associées à l'arrêt de l'alimentation et de l'hydratation.

Le débat sur l'attitude médicale face à la fin de vie de la personne est resté longtemps circonscrit au cas de conscience morale et professionnelle du praticien, guidé par le code de déontologie. L'institution médicale n'est pas, jusqu'à la période récente, parvenue à se prononcer sur cette question, il est vrai particulièrement difficile puisqu'elle remet en cause la règle majeure du serment d'Hippocrate.

Le Dr Véronique Fournier esquisse une typologie des situations de fin de vie, distinguant trois grandes catégories.[455]La première comprend les personnes atteintes par une maladie dont le pronostic est mortel à échéance assez brève. C'est la situation classique en soins palliatifs. Elle requiert un accompagnement médico-psychologique visant à rendre la fin de vie

---

[455] V. Fournier « La mort est-elle un droit ? », pp 53-56

supportable. La seconde catégorie concerne des patients dont l'état, grave, irréversible mais stable, limite leur existence à une survie assurée par des moyens artificiels. Seule une décision d'arrêt du traitement est susceptible d'entraîner la mort (hormis la survenue d'une complication). Plusieurs cas, fortement médiatisés, dont celui de Vincent Lambert,[456]ont contribué au débat sur l'opportunité de réformer la législation dite « Léonetti-Claeys ». Cette seconde catégorie pose un évident problème éthique, surtout si le patient, hors d'état de s'exprimer, n'a pas laissé de directives anticipées ou n'a pas désigné de « personne de confiance ».[457]La troisième catégorie recouvre une part importante de la population très âgée ayant souvent perdu son autonomie. Ces personnes sont en fin de vie mais le terme de celle-ci est inconnu. Leur état de grande dépendance est une souffrance qui leur fait souvent exprimer le souhait d'abréger leur existence. La question du sens d'une telle survie est ainsi posée par les personnes elles-mêmes quand elles peuvent s'exprimer. Il n'y a, de l'avis des praticiens qui se consacrent à l'assistance médico-psychologique de ces personnes, pas plus de réponse universelle que dans le cas précédent.

Dans sa contribution à la réflexion sur l'accompagnement des personnes en fin de vie,[458]l'Académie de médecine opère une distinction entre la « fin de vie » et « l'arrêt de vie ». Le terme de « fin de vie » recouvre les situations, quel que soit l'âge du patient, d'évolution terminale d'une maladie devenue incurable ou la fin de vie inéluctable des personnes âgées, qu'elles soient autonomes ou physiquement dépendantes. Dans la plupart des cas, il est inutile et néfaste d'entreprendre des traitements complexes mais un accompagnement s'impose. « L'arrêt de vie » correspond à une demande volontaire de mourir alors que la vie en elle-même n'est ni irrémédiablement parvenue à son terme ni immédiatement menacée. Pour l'Académie, l'aide au suicide n'est pas un acte médical et il n'est pas dans la mission du médecin de provoquer délibérément la mort. Mais celui-ci peut mettre fin

---

[456] Victime d'un accident en 2008, V. Lambert est en « état de coma végétatif irréversible » selon la majorité des experts. La décision médicale collégiale (CHU de Reims) de l'arrêt des soins pour « obstination déraisonnable », intervient le 10.4.2013. Saisi par les parents de V. Lambert, affirmant que son état est « pauci-relationnel » (« état de conscience minimal »), le TA de Châlons en Champagne rejette la décision médicale (11.5.2013 et 16.1.2014), considérant qu'elle est une « atteinte grave et manifestement illégale au droit à la vie ». Le Conseil d'Etat annule ses décisions le 24.6.2014, considérant qu'en interrompant le traitement le médecin « se résout à se retirer lorsqu'il n'y a plus rien à faire ». Saisie, la CEDH valide (5.6.2015) cette analyse. Après une vingtaine de recours, rapports d'experts, nouvelles procédures, la Cour de Cassation, en annulant (28.6.2019) une décision de la Cour d'appel de Paris, rendait possible l'arrêt du traitement de V. Lambert, décédé le 11.7.2019.

[457] Il y aurait environ 20 000 arrêts de traitements considérés comme relevant d'une « obstination déraisonnable » chaque année en France.

[458] Académie de médecine. « Contribution à la réflexion publique des citoyens sur l'accompagnement des personnes en fin de vie » (Mission Sicard) Note D. Pellerin. 11 décembre 2012.

aux traitements assurant la survie du patient si celui-ci en exprime la volonté. L'Académie recommande donc une application de la loi Léonetti-Claeys adaptée à chaque personne et à chaque situation.

Une importante étude dirigée par l'institut national d'études démographiques (INED) en 2012 montre qu'une majorité relative de praticiens décide de traitements susceptibles de hâter la mort, devenue inéluctable, en usant de traitements antidouleur essentiellement. Mais cette enquête et d'autres révèlent les attitudes contradictoires de nombreux médecins à ce sujet.[459]

Par ailleurs, les sondages effectués auprès de l'opinion montrent qu'elle serait massivement favorable au « suicide assisté ». Un « panel de citoyens » réunis en 2013 dans le cadre des « Etats généraux sur la fin de vie » organisés par le CCNE[460] se déclare favorable à ce droit et propose que faculté soit laissée au collège médical de pratiquer, à titre exceptionnel, l'euthanasie dans des cas de pathologie irréversible entraînant des souffrances intolérables, si le consentement direct est impossible. Mais il est à noter que, selon l'enquête INED, le souhait d'accélérer la fin de vie n'est exprimé que par 1,6% des malades. La demande explicite d'euthanasie aurait été faite par 1,8% d'entre eux.

Dans son avis de 2013, le CCNE se prononçait pour les options retenues par la loi Léonetti-Claeys. Dans son plus récent avis sur les différents sujets devant être réglés par la révision de la loi de bioéthique,[461]constatant que les positions de ceux qui réclament un droit à choisir sa mort et ceux qui mesurent les dangers de l'euthanasie et/ou du suicide assisté sont inconciliables, il renvoie le législateur à sa responsabilité « parce que certaines situations de la fin de vie posent la question du *sens de la vie* ». Considérant qu'une révision de la loi peut être nécessaire mais ne sera *jamais* suffisante, il lui paraît préférable de ne pas la modifier mais de la

---

459 47,7% des décisions médicales seraient prises en sachant qu'elles pourraient hâter la mort. Les décisions prises sans considération du fait qu'elles peuvent hâter la mort représenteraient près d'un quart des cas. Les décisions visant à prolonger à tout prix la vie auraient représenté 12,2% des cas. Environ 10% des arrêts de traitement n'auraient pas été, à cette date, discutés avec le patient. La règle de la collégialité imposée pour ce type de décision n'aurait pas été respectée dans 1/3 des cas environ. Une autre enquête effectuée pour l'Académie de médecine révèle que 95% des médecins interrogés déclarent approuver l'interdit déontologique de donner la mort mais 35% seraient prêts à décider une mesure d'euthanasie active si le patient la demandait. Cependant, 58% sont hostiles au suicide assisté.

460 IFOP (institut français de l'opinion publique). Panel du 12.12.2013 (« le Monde » du 18.12.2013)

461 Avis n°129 « contribution du CCNE à la révision de la loi de bioéthique (25 septembre 2018).

faire mieux connaître et appliquer.[462] Il recommande néanmoins une étude approfondie des *« situations exceptionnelles »*, susceptibles de la faire évoluer.

Le Gouvernement, tout en déclarant suivre les recommandations du CCNE (notamment pour favoriser une meilleure application des dispositions relatives aux « directives anticipées ») et en annonçant un plan de développement des soins palliatifs plus ambitieux, a laissé entendre qu'il pourrait inscrire le sujet du droit au choix de sa fin de vie lors de la prochaine législature. L'évolution de la législation dans un nombre croissant de pays en faveur du suicide assisté conduit à penser que la législation française pourrait, à terme, admettre ce dernier à des conditions strictement délimitées.

[462] La possibilité de rédiger des directives anticipées n'était, au moment de l'adoption de la loi Léonetti-Claeys connue que d'une infime minorité de personnes. Elle reste peu utilisée en 2021. Moins de 10% des personnes ont rédigé, jusqu'ici, de telles directives

DEUXIEME PARTIE

L'ETAT-STRATEGE A L'EPREUVE DES REALITES

La loi dispose que « la politique de santé est conduite dans le cadre d'une stratégie nationale de santé » qui détermine, de manière pluriannuelle, des domaines d'action prioritaires et des objectifs d'amélioration de la santé et de la protection sociale contre la maladie.[463] Il s'agit de traduire en termes opérationnels les priorités de la politique nationale et de décliner celles-ci dans le cadre d'une série de plans et de programmes d'action. Elle doit être mise en œuvre « au terme d'une consultation publique, préalable à son élaboration ou à sa révision ». Cette stratégie fait l'objet d'un suivi annuel et d'une évaluation pluriannuelle, dont les résultats sont rendus publics.

Dans les faits, le calendrier stratégique doit s'adapter à celui de l'élection d'une nouvelle majorité qui, forte de la légitimité acquise par le suffrage universel, peut réviser une programmation en cours et en proposer une autre. Il n'est donc pas toujours possible d'opérer une évaluation rigoureuse de projets qui se trouvent remis en cause, sinon sur le fond, du moins sur certains aspects importants alors qu'ils ne sont qu'à la moitié de leur temps de réalisation. En pratique, cependant, une certaine continuité est observée, l'accent pouvant être mis davantage sur certaines priorités.

La stratégie nationale de santé est, dans les termes définis par la loi, d'abord une stratégie de promotion de la santé et de prévention des risques. Nous l'examinerons dans le titre I. Mais le noyau central de cette stratégie est le projet de transformation du système des soins. C'est pourquoi nous étudierons les rapports que l'Etat entretient avec les secteurs essentiels que sont la médecine, l'hospitalisation et la pharmacie (titre II).

---

[463] Art. 1411-1-1 CSP

Titre I
Les stratégies de santé publique : l'écart entre les intentions et les faits.

Le projet stratégique arrêté par le Gouvernement le 20 décembre 2017 définit les priorités de l'action publique pour la période 2018-2022. Il se situe dans la continuité de l'action publique engagée depuis plus de deux décennies, tout en prévoyant d'importantes mesures nouvelles. La politique de la qualité, de la sécurité et de la pertinence des soins est une ligne directrice forte de cette stratégie.[464] Elle fait l'objet d'un document spécifique du 13 février 2018 qui définit 5 domaines prioritaires d'action :

- La restructuration des soins primaires et du secteur hospitalier afin d'assurer une meilleure coordination entre soins ambulatoires, soins hospitaliers et services médicosociaux.
- La réforme du financement des institutions et des rémunérations des professionnels, (correction de la tarification à l'activité par la forfaitisation adaptée au parcours de soins).
- L'adaptation du secteur de la santé aux moyens numériques.
- La formation des personnels de santé à la coopération interprofessionnelle.
- Une organisation territoriale favorisant la participation de la population et le décloisonnement institutionnel.

La pandémie du SARS-CoV2 a évidemment profondément bouleversé l'agenda politique, rendant incertaine la réalisation de ces priorités. La crise sanitaire, par son exceptionnelle ampleur et sa durée, a ébranlé les structures du système de santé, particulièrement celles de l'hospitalisation publique. Le Gouvernement a été contraint de réviser, en urgence, la politique de décélération de la croissance des moyens alloués au secteur public hospitalier depuis 2010 et de reconsidérer la part des moyens accordés au secteur médico-social. Dans le cadre des « accords du Ségur de la santé », un ensemble de mesures accélère la mise en œuvre de projets à l'étude (réforme de la tarification hospitalière, revalorisation des carrières des personnels soignants dans le secteur hospitalier public, déploiement des « infirmiers en pratique avancée »…), d'une part, et procède, d'autre part, à une forte augmentation de l'ONDAM, ainsi qu'à la révision des capacités autorisées

[464]Document du 13 février 2018 (ministère de la santé).

en lits hospitaliers (ouverture de 4000 lits « à la demande »). Il ne s'agit, probablement, que d'une première étape d'une réorientation plus importante du système de soins. Cette question devrait figurer au cœur des propositions émises lors des élections présidentielles et législatives de 2022 Des moyens supplémentaires seront probablement alloués aux secteurs hospitalier et médico-social, une refonte de leur organisation et de leur articulation est prévisible. De même, la question de la place et du rôle de la médecine de ville sera probablement un sujet important à l'agenda politique en raison de l'inquiétude grandissante de la population face aux « déserts médicaux ».

S'il est improbable dans un tel contexte que l'ensemble des objectifs de la stratégie arrêtée en 2017 puisse être réalisé, les grandes lignes de la stratégie poursuivie depuis plusieurs décennies, notamment depuis une quinzaine d'années, sont-elles susceptibles d'être profondément remises en cause ? On ne peut évidemment exclure des orientations sensiblement différentes au lendemain des élections. Mais, si le système de santé est parvenu à un point justifiant des choix nouveaux, on ne pourrait ignorer ni des enjeux qualitatifs de santé publique et des objectifs d'efficience faisant plus consensus qu'il n'y paraît de prime abord, ni la force d'inertie relative d'un appareil aussi complexe du point de vue sociologique, technique et économique. Du moins peut-on penser qu'il est encore perfectible dans l'emploi, et surtout dans la répartition, des ressources allouées.

La stratégie nationale de santé définit, en fonction de l'analyse de la situation sanitaire du pays, les axes et les projets de promotion de la santé et de prévention des risques encourus par la population (chapitre I). Cela implique le développement de méthodes et de moyens d'observation, d'exploitation et d'interprétation des données, de moyens de veille sanitaire (chapitre II). L'évocation de ces actions publiques nous conduira à interroger l'état du service public de santé : est-il à reconstruire ou, même, à construire ? (chapitre III). Enfin, nombreuses sont les politiques ciblées sur une problématique spécifique, politiques mobilisant différentes modalités de prévention dont il sera utile d'examiner, même brièvement, l'impact et les limites (chapitre IV).

Chapitre I
La « promotion de la santé » et la prévention des risques : enjeux majeurs, moyens mineurs.

Le concept de « promotion de la santé », élaboré dans le cadre de l'OMS, est encore loin de connaître en France l'application qu'il pourrait avoir au regard des textes qui le définissent. Il est plus large que celui de prévention, comprenant une dimension dynamique quand celle-ci se définit plus par sa dimension défensive. Examinant ce couple conceptuel stratégique la Conférence nationale de santé souligne, dans un avis de 2007, que *« plus que son montant »* (environ 6,5% du montant global des dépenses de santé) *« c'est l'absence de stratégies évaluées en promotion de la santé, élaborées et organisées avec le système de soins et avec l'ensemble des secteurs concernés en dehors du soin, qui réduit l'efficacité de la dépense globale de prévention ».* [465]

Notre système de santé reste axé sur la réparation plus que sur la prévention. L'investissement dans un système d'information adapté à une stratégie forte de prévention reste perfectible. Les structures de prévention sont faiblement dotées, dispersées ou segmentées. La stratégie nationale de santé demeure relativement « descendante » alors que la promotion de la santé repose sur une démarche « ascendante ». Mais les prémisses d'une évolution sont identifiables (contrats locaux de santé, communautés pluri-professionnelles territoriales de santé, formes d'association des usagers-citoyens à la gestion des projets locaux de santé...).

I. La promotion de la santé : une stratégie globale de santé

Le concept de « promotion de la santé » postule que les individus et les groupes sociaux, s'ils sont les *acteurs* de la construction de leur santé, garantiront une application plus efficace d'objectifs de santé publique fondés sur un *diagnostic partagé*.

1. La doctrine de l'OMS : un défi pour les politiques nationales

L'accroissement des pathologies chroniques dans les pays développés et l'identification progressive de leurs liens avec les modes de production et de consommation sont à l'origine de la doctrine de l'OMS, formulée en 1978

---

[465] Avis de la Conférence nationale de santé du 22.3.2007.
Rapport annuel de l'Inspection générale des affaires sociales 2003 « santé, pour une politique de prévention durable ». Documentation française. Paris. 2003.

dans sa Déclaration d'Alma-Ata.[466] Celle-ci, soulignant que *« tout être humain a le droit et le devoir de participer individuellement et collectivement à la planification et à la mise en œuvre des soins de santé »*, proclame que*« la promotion et la protection de la santé des peuples est la condition sine qua non d'un progrès économique et social soutenu en même temps qu'elles contribuent à une meilleure qualité de la vie et à la paix mondiale »*. Si la Déclarations ne comporte pas de sanction, du moins peut-elle inspirer un vaste mouvement associatif et coopératif capable d'animer la « démocratie sanitaire ».

La Déclaration souligne l'importance première des *soins de santé primaires*, c'est-à-dire «l'éducation aux problèmes de santé, les méthodes de prévention, la promotion de bonnes conditions alimentaires et nutritionnelles (...) la protection maternelle et infantile, y compris la planification familiale, la vaccination contre les grandes maladies infectieuses». Elle insiste sur la nécessité d'une *« implication coordonnée de tous les secteurs de l'activité économique et sociale »* et d'une *« participation des citoyens à la gestion de ces politiques »*.

En 1986, la « Conférence internationale pour la promotion de la santé » affirme dans la « Charte d'Ottawa » que *« les liens qui unissent les individus à leur milieu sont la base d'une approche socio-écologique à l'égard de la santé »*. Elle insiste à nouveau sur la nécessité de la participation « effective et concrète » de la communauté à la fixation des priorités, à la prise de décisions, à l'élaboration et à la mise en œuvre des stratégies de planification.

Elle souligne aussi la nécessité *« d'identifier les obstacles à l'adoption des politiques de santé dans les secteurs non sanitaires et d'associer des actions législatives, financières et fiscales, des changements organisationnels en vue de lever ces obstacles »*.[467]

Ainsi exprimé, le projet qui anime la stratégie de promotion de la santé implique clairement un *projet politique* de réforme sociale. Il suppose des politiques publiques coordonnant les actions de *tous* les acteurs de la société de telle sorte, précise la Charte, que soient pris en compte les besoins de l'individu *« considéré dans sa totalité »* (logement, éducation, alimentation, environnement). Le texte rappelle que la priorité doit être donnée aux

---

[466] Conférence internationale réunissant tous les Etats membres de l'OMS conclue par une Déclaration solennelle le 12 septembre 1978. Elle est au fondement de la stratégie dite « Santé pour tous d'ici l'an 2000 ».
[467] Il est intéressant de noter que le texte engage également les signataires à « lutter contre les pressions » exercées en faveur des produits dangereux, à appeler l'attention sur les questions de santé publique que sont les pollutions, les dangers d'ordre professionnel, ou ceux liés à l'habitat insalubre ou « indigne », ou encore sur les problèmes liés aux peuplements.

services et programmes de santé et de soins primaires. Il importe peu que cette Déclaration ait, en l'état des relations internationales, un caractère utopique. Ce qu'il faut en retenir c'est qu'elle énonce des réalités incontournables si l'on entend accorder à la santé des populations la place qui devrait lui revenir. Sa lecture conduit à s'interroger sur l'état du service public de santé en France.

2. L'introduction de la « promotion de la santé » en France

Lorsqu'elle a été introduite en France la promotion de la santé n'a pas été véritablement conçue comme une stratégie transversale, partagée par l'ensemble des politiques publiques. Elle est restée un élément marginal de la politique du ministère de la Santé, représentatif des aspirations de courants associatifs minoritaires associés à la nouvelle génération de médecins et d'ingénieurs de santé publique.[468]Le discours (et l'intérêt) politique a continué à se confondre avec la politique hospitalière publique (sur l'échiquier politique de gauche) et la médecine libérale (sur celui de droite).[469]

Le concept était étranger à un appareil d'Etat centralisé qui engageait alors une forme de décentralisation *administrative* éloignée du concept « communautaire » propre à la culture et à l'histoire du monde anglo-saxon et scandinave. Ce dernier est étranger au concept juridique français de décentralisation qui organise un transfert de compétences administratives de l'Etat vers des collectivités locales. Cette répartition de pouvoirs *entre autorités administratives* n'est pas de la même nature que l'auto-organisation de populations locales, par tradition ou par défiance à l'égard de l'Etat.[470]Néanmoins, la promotion de la santé est aujourd'hui dans la loi un axe de la politique nationale de santé. A partir de la loi Kouchner de 2002, relative aux droits des malades et à la démocratie sanitaire, l'ensemble de notre législation tente laborieusement de développer une organisation de santé primaire, de donner un contenu aux notions de « territoire de santé », de « proximité », de participation des usagers.[471]La convergence des problématiques de santé et d'environnement commence à être un levier de

---

[468] La circulaire ministérielle de 1983 relative à l'organisation de comités consultatifs régionaux de promotion de la santé en est l'expression.
[469] Cette remarque illustre un autre « paradoxe » du système de santé en France. Les partis et organisations de droite se préoccupent de la maîtrise des coûts de la santé mais défendent les positions du libéralisme économique médical qui la rend très aléatoire. Les partis et organisations de gauche devraient, logiquement, promouvoir la santé et la prévention mais tendent à réduire les progrès de santé à la seule défense de l'hôpital. Dans les deux cas, les stratégies électorales sont patentes.
[470] Le secteur associatif français est presque totalement dépendant des subsides publics, ce qui n'est pas le cas de celui des pays anglo-saxons.
[471] Voir Partie III, Titre II l'organisation territoriale de la santé.

«citoyenneté ». Il pourrait être, à terme, le meilleur vecteur du programme des chartes de l'OMS.

3. Les « déterminants sociaux » des pathologies « évitables » : enjeux de la promotion de la santé

Il serait évidemment absurde, par une sorte de « sociologisme » aussi réducteur qu'un certain « biologisme », d'imputer au fonctionnement de notre société toutes les causes « évitables » des pathologies ou handicaps. Mais il est aussi vrai que leurs causes socio-économiques et culturelles ne sont pas traitées avec l'attention qu'elles requièrent puisque la primauté accordée au traitement curatif conduit à traiter les effets plutôt que les causes dans un grand nombre de cas. De très nombreuses études mettent en évidence un modèle social générateur de risques sanitaires multiples pour la population : atteintes à l'environnement, conditions de travail provoquant un stress excessif, conditions de vie défavorables résultant de l'évolution des structures sociales et familiales (accroissement considérable du nombre de personnes isolées, vulnérabilité de nombreuses familles monoparentales, processus de l'exclusion sociale liés à un handicap physique, psychologique ou mental, à l'appartenance à un groupe social ou ethnique...). Il s'agit d'autant de *« déterminants sociaux »* des pathologies *évitables.*

Une politique de promotion de la santé (et de protection de l'environnement) ne peut reposer sur les seules mesures de prévention qui seront examinées ci-après. C'est un modèle de société guidé trop exclusivement par un taux de croissance du PIB que cette stratégie remet en cause. Sans doute est-il illusoire d'imaginer un changement de modèle à court-moyen terme. Du moins serait-il possible de promouvoir, au niveau européen de préférence, au moins à côté du PIB, *l'indice de développement humain* évoqué en introduction à cet ouvrage. Sa construction autour des données significatives (éducation, santé, environnement, aménagement rural et urbain, action sociale, conditions de travail, facteurs psycho-sociaux et culturels...) permettrait de mieux prendre en compte les « déterminants sociaux » de la santé et d'engager les politiques correctrices de long terme susceptibles d'améliorer l'état de santé des populations, au plan psychique (source de nombreuses addictions et violences) et environnemental (source de nombreuses pathologies chroniques graves et accidents). Sur le long terme, ce serait le seul moyen de limiter, au moins partiellement, les coûts sociaux considérables résultant d'une politique axée essentiellement sur la réparation.

II. La prévention : pluralité d'approches, convergence des buts

La prévention s'impose immédiatement à l'esprit comme un moyen d'évitement d'un risque selon l'adage « mieux vaut prévenir que guérir ». Entre la promotion de la santé et la prévention, les liens sont étroits mais la première, globale, transversale, est d'abord une stratégie de mobilisation de toutes les politiques publiques pour créer les conditions d'un état sanitaire aussi satisfaisant que possible. La seconde n'est pas sans lien avec la première quand elle est conçue, comme nous le verrons ci-après, comme une stratégie de « prévention primaire ». Ayant eu un rôle précurseur dans la doctrine de l'OMS, elle a trouvé dans celle de la promotion de la santé un moyen d'évoluer d'une technique de gouvernement vers une méthode d'association des populations à cette politique. Mais la prévention sanitaire se distingue dans ses autres procédés dans la mesure où elle vise à réduire autant que faire se peut des incidences néfastes pour l'état de santé des individus et des populations, notamment l'effet des pollutions et des comportements psychosociaux à risques.

La synthèse la plus complète des analyses relatives à la problématique de la prévention en France est sans doute, à ce jour, présentée par le rapport « Flajolet » de la Mission relative aux disparités territoriales des politiques de prévention sanitaire » auquel nous nous réfèrerons à plusieurs reprises dans cet exposé.

1. La conception classique de la prévention : une stratégie en trois niveaux d'action

L'OMS a défini une stratégie de prévention qui conserve sa pertinence même si de nouvelles approches sont proposées aujourd'hui.

Le premier niveau est celui de la *« prévention primaire ».* Son but est d'identifier les risques pour la santé liés à des comportements individuels et à des facteurs sociaux et/ou environnementaux et de mettre en œuvre des stratégies cherchant à éviter la survenue des pathologies, des accidents ou des handicaps. Elle comprend les actes visant à diminuer *l'incidence* d'une maladie dans une population et à réduire les risques d'apparition de nouveaux cas. [472]

Le champ d'action de la prévention primaire requiert des actions publiques dans tous les secteurs de la vie sociale (notamment en matière d'amélioration des conditions de vie et de travail, de protection de l'environnement). La fixation de normes de protection environnementale, de production et de

---

[472] L'incidence correspond au nombre de nouveaux cas d'une pathologie observée pendant une période et pour une population déterminées.

consommation, d'habitat et d'assainissement s'inscrit dans cette stratégie. Les actions d'ordre biomédical (vaccinations, veille sanitaire, prévention des épidémies) sont également très importantes. L'éducation sanitaire en constitue l'un des instruments majeurs.

Ainsi caractérisée, la prévention primaire forme un volet opérationnel de la promotion de la santé. Elle implique une particulière attention aux multiples aspects de la vie quotidienne qui requièrent des mesures de sécurité et d'aide aux individus et aux groupes les plus vulnérables. Elle requiert une culture ouverte aux préoccupations concrètes des individus et des formes d'action décentralisées. Elle convient à un type de société fondée sur une pratique et une culture du dialogue et du compromis.[473]

Un deuxième niveau de prévention est dit de *« prévention secondaire »*. Il recouvre l'ensemble des méthodes et des techniques médicales, notamment de dépistage, ayant pour but de détecter une maladie, ou de poser l'hypothèse d'une survenue de la maladie afin de pouvoir engager rapidement un traitement adéquat à la situation clinique du patient. Le but de la prévention secondaire est de diminuer la *prévalence* d'une maladie dans une population.[474]La « prévention secondaire » repose sur les conseils, les informations et les soins dispensés par les professionnels de santé.[475]

Un troisième niveau est dit de *« prévention tertiaire »*. Il se caractérise par l'ensemble des méthodes et des techniques qui permettent d'éviter les récidives d'une pathologie et de réduire les incapacités ou les séquelles d'une pathologie invalidante. Son but est de favoriser, autant que faire se peut, la réadaptation à la vie sociale du malade. Des progrès considérables ont été réalisés en la matière et permettent à un très grand nombre de personnes de recouvrer un état de santé sans handicap ou avec un handicap modéré.

Le rapport Flajolet précité examine deux autres propositions de classification des méthodes de prévention. La prévention reposant sur le critère de la *« population cible »* comporte, comme la précédente, trois niveaux. Le premier, dit de *« prévention universelle »* est proche du niveau de prévention primaire, tout en accordant une place prépondérante à *l'éducation à la santé*. Le second niveau, dit de *« prévention sélective »* est celui qui s'adresse, avec

473 L'exemple scandinave est intéressant de ce point de vue. Certains évoquent une société du « care », pour reprendre le vocabulaire anglais du soin.

474 La prévalence mesure l'état de santé d'une population à un instant donné. Le nombre de cas, présents à un moment donné, se rapportant à une pathologie donnée est calculé par rapport à la population totale.

475 Des estimations basées sur des sondages empiriques montrent que 15 à 20% du temps de consultation médicale est réservé à du conseil ou de l'information (ce qui corrige en partie l'estimation de la faible part de la prévention dans le montant des dépenses de santé).

des méthodes adaptées, aux caractéristiques psycho-socio-culturelles et économiques des groupes sociaux ciblés en raison du taux de prévalence qui les affecte. Le troisième niveau, dit de *« prévention ciblée »,* s'adresse à des sous-groupes de la population identifiés par des marqueurs de risques spécifiques (notamment les marqueurs utilisés dans les analyses biomédicales). L'intérêt de cette classification est son *ciblage populationnel,* qui correspond aux données épidémiologiques et oriente donc plus efficacement les actions de santé publique.

Le rapport a également étudié la proposition du Pr. San Marco qui se veut plus globale et dynamique en ne se limitant pas à la recherche des facteurs de risque mais *en privilégiant l'éducation à la santé et en y incluant l'éducation thérapeutique* (méthode d'acquisition par le patient des compétences lui permettant de gérer au mieux sa vie de malade chronique).

2. Le choix d'une conception « globale » de la prévention

Le rapport Flajolet identifie quatre types d'actions pour une « prévention globale » selon :

- *les risques*, approche classique dans le champ sanitaire

-*les populations* en privilégiant l'éducation à la santé

-*les milieux de vie*, ce qui correspond notamment à la dimension sanitaire de l'environnement

-*les territoires,* lieux privilégiés de la connaissance des populations et de leur participation à la promotion de la santé

3. Eléments de problématique de la prévention

La notion de prévention est fréquemment interrogée, notamment dans ses rapports avec le principe de précaution, avec les libertés individuelles, avec l'économie de la santé et avec la notion d'efficacité.

A. Prévention et principe de précaution

La prévention concerne les *risques avérés*, dont on peut estimer la fréquence d'occurrence. Le principe de précaution vise un *risque hypothétique* dont on peut estimer, en l'état des connaissances, que, s'il se réalisait, ses conséquences seraient irréversibles et d'une particulière gravité pour la vie humaine. Sa consécration est intervenue dans la réforme constitutionnelle de 2005 qui a ajouté la Charte de l'environnement adoptée en 2004 aux droits sociaux fondamentaux énoncés dans le Préambule à la Constitution.

L'article 5 de cette Charte énonce que « lorsque *la réalisation d'un dommage, bien qu'incertaine en l'état des connaissances scientifiques, pourrait affecter d'une manière grave et irréversible l'environnement, les autorités publiques veilleront, par application du principe de précaution (...) à la mise en œuvre de procédures d'évaluation des risques et à l'adoption de mesures provisoires et proportionnées afin de parer à la réalisation du dommage* ».

Le principe de précaution repose essentiellement sur le principe de responsabilité, qui a fait l'objet d'une réflexion philosophique approfondie. Il est néanmoins l'objet d'une vive controverse. De nombreuses critiques y voient un risque de paralysie de la recherche médicale, un risque de perte de l'innovation, un encouragement à l'aversion au risque qui nie une dimension essentielle de l'être humain.

Un exemple de la difficulté d'application du principe de précaution est fourni par l'attitude de nombreux gouvernements à l'égard de l'un des vaccins utilisés contre le SARS-CoV2. La règle de la médecine (et de l'activité scientifique et technique en général) est l'application de la *balance bénéfices-risques* : si un produit apporte un bénéfice thérapeutique très supérieur aux risques potentiels de son administration, on considère qu'il peut être employé. Dans le cas évoqué, il a été fait application du principe de précaution dans plusieurs pays en raison de cas de thromboses, en nombre infime.[476]

L'usage du principe de précaution trouve sa place dans la gestion des *systèmes de veille et d'alerte sanitaire*, notamment les systèmes de *« vigilance »* (pharmacovigilance, matériovigilance, hémovigilance) auxquels s'ajoutent les procédures de surveillance des risques liés aux activités industrielles et agro-alimentaires.

B. La prévention au cœur du débat récurrent sur les libertés individuelles

Les politiques de prévention s'appuient sur des méthodes éducatives et informationnelles, d'une part, sur l'édiction de normes contraignantes, d'autre part. Elles rencontrent des oppositions venues de différents courants de pensée et des résistances d'ordre psychologique, social et culturel émanant, à des degrés divers, de personnes appartenant à tous les groupes sociaux.

---

[476] Nombre très inférieur à celui observé dans d'autres pratiques courantes (prise d'œstrogènes, voyage aérien…)

Pour les libéraux, la prévention est, lorsqu'elle édicte des normes, un empiètement sur la liberté individuelle entendue comme l'exercice d'une responsabilité personnelle. Les libertaires ont une position plus radicale fondée sur l'idée que l'individu a une absolue liberté d'usage de son corps. Les penseurs d'une sociologie « critique » inspirée de Bourdieu considèrent qu'elle n'a d'autre but que de conformer les esprits à une norme dominante et de les faire participer à une entreprise de domestication des classes sociales dominées. Le thème de la médicalisation de la société est un lieu commun à ces écoles de pensée. Il trouve son expression la plus achevée dans les concepts de « biopouvoir » et de « biopolitique » développés par Michel Foucault qui signifient l'importance prise par le « bien-être physique, mental et social » (définition de la santé de l'OMS). Central dans la gouvernance de la population, il se traduirait par une « administration des corps » privilégiant la médecine sociale et l'hygiène. Si ces théories ont le mérite d'alerter les esprits face à des risques de dérives hygiénistes, elles ne peuvent constituer une grille de lecture *unique* de la réalité eu égard à la complexité des sociétés humaines et de leur évolution.

Le problème classique que posent ces idéologies est de savoir si, alors qu'un individu peut assumer librement les conséquences de sa liberté, un gouvernement peut renoncer à l'exercice de ses responsabilités à l'égard de la collectivité. Peut-il, par exemple, renoncer à la prévention routière, sachant que l'absence de normes et de contrôle de leur application se traduirait par un fort accroissement des décès et handicaps irréversibles chaque année ? Peut-il renoncer à fixer des normes de protection environnementale sachant que la liberté en la matière accroîtrait considérablement le nombre, déjà élevé, des décès, accidents et maladies professionnelles chaque année ? Peut-il, face à une pandémie potentiellement massivement mortelle, renoncer à imposer les contraintes nécessaires à son éradication ?

En droit, en vertu du principe fondamental de la limitation de l'exercice de la liberté dès lors que celui-ci nuit à autrui, la règle d'ordre public sanitaire peut être imposée par l'autorité. Une restriction des libertés est admissible dès lors qu'elle émane d'une autorité démocratique, qu'elle est *proportionnée*, selon le principe général de droit, à la situation à laquelle elle doit répondre et dès lors que son application demeure soumise au *contrôle du juge*.

Par ailleurs, le conflit entre la norme de prévention et la liberté individuelle est lié au *pacte de sécurité sociale*. Dès lors qu'est consenti un effort de solidarité obligatoire d'une très grande ampleur, la responsabilité de tous les adhérents au pacte est de le rendre *viable* en veillant à son équilibre financier. Examinons la pratique tabagique, parmi de nombreux autres exemples. Elle méconnaît, ou rejette explicitement, le message de prévention comme message moralisateur. Mais la collectivité doit supporter des dépenses considérables de soins imputables aux conséquences du tabagisme. Le risque d'une telle situation est que se dégage un refus majoritaire d'assumer le coût de dépenses qui ne paraîtraient pas relever du principe de solidarité de la Sécurité Sociale. Il faut donc concilier la liberté individuelle et les exigences de la solidarité collective. Cela implique d'assumer ses choix personnels à l'égard de la collectivité. La voie la mieux à même de respecter ces exigences contraires est celle qu'emprunte la collectivité publique avec la taxation spécifique des produits ou des prestations dont la consommation ou la pratique induit des pathologies. Le consommateur est ainsi amené à contribuer au surcoût spécifique supporté par la collectivité du fait des probables conséquences sanitaires de son choix. Telle est la direction prise par l'Etat à l'égard de la consommation de tabac ou de produits à forte teneur en sucre, ou de produits ayant un effet sanitaire néfaste au plan environnemental. Cette question se pose et se posera probablement pour d'autres consommations ou activités dès lors que s'accroît le domaine d'exercice des libertés individuelles ou économiques. Un cas de figure exemplaire du dilemme posé par l'exercice des libertés individuelles dans un contexte de menace sanitaire collective est fourni par la pandémie du SARS-CoV2. Des pays réputés très protecteurs des libertés individuelles ont décidé de les limiter strictement en rendant obligatoire la vaccination contre le virus. D'autres optent pour une politique d'information et de recommandations, acceptant le risque d'engorgement des services de réanimation par des non-vaccinés (ces derniers acceptant le risque important de leur décès ou de séquelles plus ou moins importantes).

C. La prévention : un calcul sur le « prix de la vie humaine » ?

Le développement des études épidémiologiques comparatives fines sur de longues périodes conforte l'intérêt de la prévention. Dès lors qu'on a pu identifier les effets pathogènes précis de certains produits, il devient envisageable de mesurer les gains de santé tirés de leur retrait. Les méthodes de traitement d'un certain nombre d'addictions démontrent l'efficacité relative de la prévention de pathologies ou de décès prématurés. Les Etats fondent, à des degrés variables, au moins en partie, leur politique de prévention et de soins de santé sur l'analyse économique de la « valeur » de la vie humaine comme instrument d'aide à la décision. La mesure coût-avantages est une aide à la décision, toute politique de prévention ne produisant pas automatiquement des gains pour l'économie et la Sécurité Sociale.

Si nombre de décisions en matière de santé échappent au marché, du moins en France, elles ont un coût public et ne peuvent échapper au calcul que doit faire l'Etat puisque l'alternative au marché c'est le prélèvement obligatoire. Quelle doit être la répartition des moyens entre la santé, l'éducation, la culture, les infrastructures, le logement, l'alimentation, la sécurité publique ou d'autres biens indispensables à une « vie bonne » ?

Le concept de « capital humain » est couramment utilisé en économie de la santé, constituant notamment la base du système d'indemnisation en matière d'assurances. Pour tenter de dépasser les problèmes éthiques qu'il pose, deux économistes ont proposé un nouveau concept : la « valeur de la vie statistique » (VVS) qui ne cherche plus la « valeur » de la vie mais tente d'établir la valeur d'une réduction du risque de perdre la vie. Dans cette optique, les pouvoirs publics ont intérêt à développer des programmes de prévention privilégiant les modes de vie qui, selon un calcul probabiliste, pourraient réduire ce risque.[477] Les modèles économiques d'évaluation du coût de la vie et de la réduction du risque ne permettent pas, toutefois, de déterminer objectivement et politiquement une position absolue. Les critères de choix sont nécessairement dépendants du système de valeurs propre à une civilisation ou à un type de société. Généralement, les pouvoirs publics décident selon la perception qu'ils ont des préférences socialement dominantes. La prévention progresse quand un relatif consensus apparaît sur les mesures à prendre. Ce qui signifie qu'elle ne suit pas nécessairement l'ordre des priorités objectives. Elle est ainsi faible, parfois en recul, en France en matière de lutte contre l'alcoolisme ou de limitation de la vitesse routière, malgré l'importance anormale des conséquences sanitaires, économiques et sociales, en raison de l'intensité des oppositions.

Dans le champ du soin, qui nécessite un engagement financier autrement plus élevé que celui de la prévention, le calcul économique du prix de la vie n'apparaît qu'indirectement à travers les arbitrages rendus dans le cadre de la LFSS. Il n'y a pas de véritable débat public autour de ce concept dans la mesure où il y a un consensus politique pour que l'éthique médicale prime sur le calcul économique. Contrairement à d'autres pays, il n'existe pas de règle de limitation des soins dès lors que ceux-ci sont susceptibles d'avoir une relative efficacité, quel que soit l'âge du patient. Le consentement à la dépense publique en matière de soins établit un prix *implicite* de la vie par un arbitrage sur la dépense globale plutôt que par l'établissement de critères d'acceptation des soins par pathologie.

---

[477] Christian Grollier et James Hammitt « si l'existence m'était comptée… » Le Monde 5/6 avril 2020. Selon les données actuelles du VVS, le prix de la « vie statistique » serait de 3 millions d'euros par individu.

4. Les conditions d'efficacité de la politique de prévention

La première condition d'une prévention efficace est une organisation garantissant une réelle *coordination* entre les différents acteurs de santé. Celle-ci demeure insuffisante en raison de la segmentation du champ sanitaire et social entre les différentes collectivités et institutions de financement. Il en résulte des effets pervers sous la forme de filières de soins structurées davantage en fonction des conditions de remboursement ou des facteurs socio-culturels que de critères sanitaires. La LFSS illustre cette situation avec la constitution d'enveloppes fermées par catégories d'établissements et de professions.

La seconde condition est l'évolution d'une médecine de « réparation » vers une médecine générale intégrant réellement l'acte de prévention dans ses missions. A cet égard, le paiement à l'acte est un obstacle dans la mesure où il contraint le médecin généraliste libéral à réaliser un volume d'actes suffisant pour garantir la rentabilité de son installation. Ce mode de rémunération n'est pas adapté aux exigences d'un temps de travail consacré à la coordination interprofessionnelle et à la réalisation d'actes d'éducation à la santé ou d'écoute de patients exprimant une souffrance psychique (environ 30% des patients). Les pays dans lesquels la médecine générale intègre mieux la prévention privilégient plutôt le paiement à la capitation, c'est-à-dire un abonnement des patients au cabinet, ce qui permet au praticien de consacrer davantage de temps aux actes de prévention. L'introduction du contrat de « rémunération sur objectifs de santé publique » (ROSP) en complément de la rémunération à l'acte est un premier pas significatif mais il ne représente que 5% de la rémunération moyenne des praticiens Il conviendrait probablement, d'envisager une nouvelle étape dans le mode de rémunération des médecins généralistes, d'autant que la nouvelle génération y semble prête. Le prix à payer pour une évolution de la médecine générale vers une meilleure intégration dans la prévention implique un niveau de rémunération comparable à la moyenne des pays européens voisins (sensiblement supérieur) en contrepartie d'engagements de formation en matière de coordination et de prévention.

La troisième condition d'une prévention efficace est le renforcement du système de collecte et d'analyse des données épidémiologiques et des données relatives à la consommation des soins.

La quatrième condition serait l'organisation d'un service public de prévention structuré et coordonné. Il n'existe pas un service public de la santé mais des services insuffisamment coordonnés, relevant de collectivités ou d'instituions différentes. Entre les services de protection maternelle et infantile relevant de l'autorité départementale décentralisée, les services de santé scolaire et universitaire relevant de ministères distincts au sein de l'Etat, les services de santé au travail, eux-mêmes éclatés, les services de psychiatrie publique, le service public hospitalier, le service public de l'information en santé, les missions de service public assurées par des agences sanitaires ou des professions de santé, les liens restent empiriques en raison des différences de méthodes, de culture, de financements. A juste titre, le rapport Flajolet précité souligne : *« il y a en France des missions de prévention mais pas de prévention organisée ».*

La question de l'organisation d'un service public de prévention pose celles de son pilotage et de sa gestion. Faut-il opter pour un service public d'Etat ? Celui-ci ne pourrait être efficient qu'à la condition d'une très large déconcentration. Faut-il envisager la décentralisation ? L'expérience montre qu'elle permet le meilleur et le pire : ici, une meilleure adaptabilité aux besoins, une capacité d'initiatives nouvelles, ailleurs, un investissement limité, une insuffisante résistance des élus locaux aux intérêts locaux.

La cinquième condition est l'élaboration et l'application déterminée de la politique de prévention en matière de « santé-environnement », de santé au travail. Ces politiques existent mais leur application, est, nous le verrons ci-après, en-deçà des nécessités en raison des fortes résistances qu'elles rencontrent.

L'enjeu majeur en prévention est, nous y reviendrons, *l'éducation sanitaire dès l'enfance.* Longtemps déconsidérée pour son contenu moralisateur, elle est profondément renouvelée dans ses contenus et ses méthodes. Mais elle souffre d'un sous-investissement patent et demeure marginale au sein de l'Education nationale.

Chapitre II
L'observation et la veille sanitaire : penser une stratégie globale, développer une culture de l'anticipation et de la coopération

Préalable à toute politique de santé publique efficace, notre système d'observation, de veille, d'alerte et d'information, longtemps très insuffisant, est en cours de reconstruction. La pandémie du SARS-CoV2 l'a durement éprouvé alors que les bases législatives et intellectuelles de sa rénovation étaient récentes et fragiles. L'évaluation de son fonctionnement et les propositions visant à le conforter devraient, du moins peut-on l'espérer, déboucher sur un investissement à la hauteur de l'enjeu, tant au plan budgétaire que dans la prise de conscience du caractère primordial de l'anticipation des évènements et de la formation de l'ensemble des acteurs aux procédures d'action en santé publique.

I. Une stratégie des systèmes d'information à l'état d'ébauche

C'est en 1981 que le problème posé par les lacunes de notre système de recueil et de traitement des données sanitaires a fait l'objet d'une première analyse approfondie mettant en évidence son morcellement et ses lacunes et établissant des propositions pour son amélioration.[478] Elles n'ont été que partiellement suivies, se heurtant à des réticences, dont celle, alors, de la Caisse nationale d'Assurance Maladie.

Dans l'un de ses plus récents avis sur la « stratégie nationale de santé »,[479]le Haut Conseil de santé publique (HCSP), qui a beaucoup contribué au développement et à la diffusion des données sur l'état de santé de la population, montre qu'un chemin important reste à parcourir. Il insiste à nouveau sur *« la complexité et le morcellement des systèmes d'information en santé, notamment ceux gérant les dossiers médicaux dans le secteur hospitalier et encore plus en secteur libéral »* ainsi que les difficultés persistantes *d'accès* aux données correspondantes. Il souligne la difficulté d'un pilotage stratégique et d'un pilotage opérationnel des programmes de santé faute d'indicateurs de suivi, de résultats finaux ou intermédiaires. Il demande très logiquement que les critères d'évaluation soient élaborés *dès la conception* des politiques et que cette méthode d'évaluation ex-ante soit dotée de moyens adéquats. Il conseille également une plus grande coopération entre chercheurs en santé publique et décideurs nationaux et

---

[478] Cabanel Pr GP., Stephan, Pr JC., et Taïb Pr A., « Pour une meilleure connaissance de l'état sanitaire des Français » Documentation Française.1981

[479] Avis du Haut Conseil de la santé publique relatif à la saisine ministérielle du 17 mai 2017

locaux. Cet avis réitère les observations et les propositions de plusieurs rapports (Sénat en 2005, Cour des Comptes en 2006).

Un système d'information en santé tendant à l'exhaustivité et à la fiabilité des données suppose ce *pilotage stratégique* prôné par les différents rapports et *l'interopérabilité* des multiples systèmes d'information existants. La situation qui a prévalu jusqu'à 2019 est celle d'une pluralité d'acteurs et de systèmes qui ne peuvent communiquer entre eux parce qu'ils répondent à des objectifs spécifiques. Il n'existe pas de système de normes communes permettant cette communication. Les obstacles sont au moins autant culturels que techniques. Ils ont été évoqués à plusieurs reprises : ils tiennent à la forte autonomie des acteurs (secteur hospitalier, médecine libérale, organismes d'assurance maladie...), à des rivalités et à la multiplicité des professions. Qui détient l'information détient un pouvoir important...

Le taux d'équipement informatique est variable, son emploi encore plus. La numérisation du système de santé est une des principales priorités du plan de modernisation 2018-2022. Dans le secteur hospitalier, l'hétérogénéité prédomine. Les technologies de l'information ont surtout un objectif de gestion. Seuls les plus grands CHU disposent d'un système d'information relativement complet. La médecine de ville est désormais équipée mais, hormis la transmission de la feuille de soins électronique à l'Assurance Maladie, l'usage du dossier informatisé ne dépasse pas 50%. Le « dossier médical partagé » (DMP) est un exemple des difficultés rencontrées. Après 13 ans d'échecs coûteux sa généralisation est espérée pour 2023, la CNAMTS étant chargée de sa gestion.[480] Sa généralisation suppose une harmonisation des logiciels et des langages techniques, des centres serveurs facilement accessibles et sécurisés, autrement dit une structure hiérarchisée difficile à obtenir.

L'état du marché des prestations numériques dans le secteur de la santé est un facteur supplémentaire de difficulté. L'offre émane d'un grand nombre de petites et moyennes entreprises, adossées ou non à des grands groupes, mais elle connaît souvent mal les spécificités du secteur de la santé qui représente moins de 3% de son chiffre d'affaires. En face, la demande de systèmes d'information repose sur des besoins souvent mal identifiés, hétérogènes (par métier ou activité ou structure). Chaque décideur agit pour son propre compte : la maîtrise d'ouvrage est peu formée, hors CHU. Il n'y a pas de cahier des charges national. Il n'y a pas de groupement d'achat local,

---

[480] En mai 2019, selon la CNAM, environ 5 millions d'assurés sociaux avaient ouvert un DMP, essentiellement des personnes atteintes d'une maladie chronique. Environ 13% des français seraient réfractaires à l'ouverture d'un DMP selon une enquête de B3TSI/Egora/Médisite e-santé et pharmaceutiques « Les français et le DMP de l'ouverture aux usages ».

régional ou national. De ce point de vue, l'institution des groupements hospitaliers de territoire pourrait remédier à terme à ces situations.

Un pas important a été fait avec la création de la nouvelle *Délégation ministérielle du numérique en santé* (DNS) rattachée au Ministère de la Santé. Elle est chargée de définir une stratégie de déploiement des applications numériques dans le système de santé et de coordonner les actions dans ce domaine. L'organe opérationnel de ce pilotage national est *l'Agence du numérique en santé* chargée de déterminer les référentiels garantissant l'interopérabilité entre acteurs, la sécurité des opérations, la diffusion des données nationales d'identification des acteurs de santé et des terminologies communes qui sont la clé de l'interopérabilité.[481]

Aussi étonnant que cela puisse paraître, l'accès aux bases de données considérables de l'Assurance Maladie a été longtemps limité pour les services du Ministère de la Santé. La France dispose, selon les experts, de la plus grande base de données du monde avec le « système national d'information inter-régimes de l'Assurance Maladie » (SNIIRAM).[482]Ce système reçoit et stocke, après anonymisation, toutes les données relatives à la consommation de soins de ville, suivant l'âge, le sexe, le lieu d'origine, la date de décès. Ces informations enregistrent les affections de longue durée, les pathologies chroniques. Elles sont couplées aux informations de même nature provenant des établissements de santé, publics et privés. Mais cette base de données a été jusqu'ici largement sous-utilisée selon la Cour des Comptes.

Un pas important vient d'être franchi avec la constitution du *« système national des données de santé »* (SNDS) en application de la loi de « modernisation de notre système de santé » du 26 janvier 2016. Géré par la Caisse nationale de l'Assurance Maladie des travailleurs salariés (CNAMTS), il permet - point crucial - le *chaînage* des données, offrant une information quasi-exhaustive sur l'état de santé et sur l'état du système de santé. Il comprend : 1 la base SNIIRAM, 2 la base des hôpitaux (PMSI),[483]3 la base INSERM des causes médicales de décès, 4 des données médico-sociales relatives au handicap (détenues par les MDPH[484] et par la Caisse nationale Solidarité-autonomie), 5 un échantillon de données fournies par les organismes d'assurance maladie complémentaires, 6 les données de santé à

---

[481] L'Agence nationale du numérique en santé est issue de l'agence des systèmes d'information partagée de santé (ASIP) depuis le 20.12.2019

[482] Le Monde (28.9.2016) « Notre pays dispose de données très précises sur la santé mais difficilement accessibles en dépit des affirmations de l'Etat ». Pr D. Sicard et JM Spaeth.

[483] Programme de médicalisation des systèmes d'information des établissements de santé publics et privés

[484] Maisons départementales des personnes handicapées

caractère personnel recueillies à des fins de prévention, diagnostic, soin, suivi médico-social destinées aux professionnels et organismes de santé, donnant lieu à une prise en charge par l'Assurance Maladie, 7 les données relatives à la perte d'autonomie (évaluée par la grille AGGIR)[485], 8 les données à caractère personnel des enquêtes dans le domaine de la santé, 9 les données recueillies par les services de PMI, de santé scolaire et de santé au travail.

Un Institut national des données de santé (INDS),[486] a pour mission de veiller à la qualité des données de santé, aux conditions de leur utilisation et à leur sécurité. Il centralise et traite les demandes d'accès au SNDS, aide les demandeurs dans leur recherche et fait connaître à la Commission nationale Informatique et Libertés (CNIL) son avis sur la conformité des demandes au regard des règles de la loi de 1978.[487]Toute personne ou institution, publique ou privée, peut désormais accéder aux données du SNDS (strictement anonymes) sur autorisation de la CNIL et sous son contrôle, soit pour réaliser une recherche, soit pour une évaluation présentant un intérêt public.[488] L'accès aux données obéit à des conditions précises, dont une traçabilité de toutes les utilisations.[489]

Un Institut de recherche en santé publique (IRESP)[490]a pour mission de définir la politique scientifique en matière de recherche en santé publique, de proposer des méthodes et des outils d'analyse et d'aide à la décision. L'Ecole des Hautes études en santé publique (EHESP), qui forme les cadres administratifs et techniques de la santé publique, gère la « banque de

---

[485] AGGIR : « autonomie, gérontologie, groupe iso-ressources » (grille d'évaluation de la perte d'autonomie d'une personne âgée).

[486] L'INDS est un « groupement d'intérêt public » constitué entre l'Etat, les organismes représentant les malades et usagers du système de santé, les producteurs de données de santé, et les utilisateurs publics et privés de ces données. Il est seul détenteur du dispositif de correspondance permettant de ré-identifier une personne à partir des données du SNDS.

[487] Loi n° 78-17 du 6 janvier 1978 relative à l'informatique, aux fichiers et aux libertés.

[488] Notamment la Haute Autorité de santé, les agences sanitaires nationales, les ARS, les équipes de recherche des CHU et des centres de recherche médicale, des centres anticancéreux.

[489] Le SNDS ne contient ni les noms et prénoms des personnes, ni leur numéro d'inscription au répertoire national d'identification des personnes physiques, ni leur adresse. Ses gestionnaires sont tenus au secret professionnel. L'accès aux données personnelles n'est accordé qu'à des personnes dûment mandatées et habilitées à de telles recherches pour de stricts motifs d'intérêt public.

[490] L'IRESP est un GIS. Cette dénomination de GIS désigne une modalité de gestion contractuelle de programmes de recherche par la voie de la coopération entre différents organismes dotés de la personnalité juridique (le GIS ne possède pas cette personnalité juridique). Chaque organisme conserve ses droits de propriété intellectuelle, sur les résultats des travaux accomplis au sein et dans le cadre du GIS. Le contrat détermine donc précisément les conditions de la coopération, les droits et obligations de chaque partie.

données de santé publique » (BDSP), réseau d'organismes mettant à la disposition du public, leurs informations.

L'institution essentielle en matière de recherche épidémiologique est l'Institut national de la santé et de la recherche médicale (INSERM). Son « centre d'études épidémiologiques sur les causes médicales des décès en France » exploite les données fournies par les certificats de décès.[491] L'Institut analyse les données des « registres de morbidité » qui recueillent en continu, de manière exhaustive, les « évènements de santé » survenus dans une population délimitée géographiquement.[492]Il conduit aussi des recherches selon la méthodologie des « cohortes » de patients sur 70 pathologies. Cependant l'investissement public dans les registres, dont l'intérêt est avéré d'un point de vue épidémiologique, demeure insuffisant si on le compare à celui de pays scandinaves, qui obtiennent de précieuses données ainsi.

Les agences sanitaires nationales collectent et analysent un grand nombre d'informations dans leur champ de compétence, seules et/ou en collaboration avec l'INSERM ou d'autres instituts. Il est impératif que les services vétérinaires contribuent à l'alimentation des bases de données. Il apparaît, en effet, que les *zoonoses* sont un facteur important de développement des nouvelles maladies infectieuses en raison des profondes transformations de la biodiversité.[493]

Plusieurs grandes institutions de recherche ou d'études à vocation pluridisciplinaire contribuent à la connaissance des données de santé : le Centre national de la recherche scientifique, l'Institut national d'études démographiques, (travaux sur la naissance, la fécondité, la contraception, l'espérance de vie, la mortalité, le vieillissement) et l'Institut national des études statistiques et économiques, l'institut de recherche et de documentation en économie de la santé.[494]

---

[491] Il dispose d'environ 20 millions de données actuellement

[492] Il exploite ainsi plus de 60 registres de morbidité, dont 18 sur les cancers généraux, 13 sur des cancers spécifiques, 6 sur les maladies cardio-vasculaires,6 sur les malformations congénitales, 12 sur les maladies rares…

[493] Selon un rapport du Programme des Nations unies pour l'environnement, 75% des maladies infectieuses émergentes sont liées à des zoonoses (infections virales transmissibles de l'animal à l'homme). Le phénomène est accru par la destruction des milieux de vie d'animaux sauvages qui permet des contacts plus fréquents entre l'homme et ces animaux.

[494] Il est issu de l'ancienne division d'économie médicale du CREDOC (centre de recherche pour l'étude et de documentation pour l'observation des conditions de vie).

Avec la direction des recherches, études, évaluation et statistiques (DREES), le ministère de la Santé dispose lui-même d'un service compétent pour analyser, synthétiser et diffuser l'information en santé.[495]

Il reste que, si l'analyse rétrospective est plus riche, *l'analyse prospective demeure perfectible.* Les outils de recueil des données ne sont pas assez fins en cas de crise sanitaire comme le montre la pandémie du SARS-CoV2. Le recueil des données en routine, dont beaucoup dépendent de la qualité des informations fournies par les médecins à la base, peut encore être amélioré.

II. Un système de veille et d'alerte sanitaire à conforter

Durant des siècles, les épidémies, qui pouvaient provoquer massivement la mort, ont été au centre des actions publiques. La découverte de leur origine bactérienne ou virale, la mise au point des vaccins et la découverte des antibiotiques, les progrès de l'hygiène publique les ont fait passer au second plan. Les préoccupations sanitaires de ces dernières décennies ont porté prioritairement sur les maladies chroniques, les addictions et les pollutions assez étroitement liées à nos modes de vie. Telle est peut-être l'une des principales raisons de la surprise que fut, presque partout dans le monde,[496] la virulence de la pandémie du SARS-CoV2.

De nombreux facteurs, notamment l'intensité des échanges internationaux, la transformation brutale de certains écosystèmes, laissent apparaître un risque de *résurgence des épidémies virales* à partir d'agents infectieux contre lesquels il n'y a pas de parade immédiate.[497] Nous savons également que l'usage inconsidéré des antibiotiques (il se situe en France nettement au-dessus de la moyenne européenne) favorise l'émergence de bactéries pouvant résister à toute parade antibiotique. L'hypothèse de l'importation d'une bactérie multi résistante capable de submerger le système de soins est

---

[495] La DREES établit un rapport annuel sur l'état de santé de la population et publie de nombreuses études et notes de synthèse.

[496] Hormis l'Asie, confrontée depuis le début du XXIème siècle à plusieurs vagues d'épidémies.

[497] Au milieu des années 90, la maladie à prions de la vache folle (encéphalopathie spongiforme bovine) faillit provoquer un désastre sanitaire. En 2002-2003, le SRAS (syndrome sévère respiratoire aigu) provoque le décès de plusieurs centaines de personnes en Asie et menace potentiellement le reste de la planète. En 2004, en Asie du sud-est le virus de la « grippe aviaire » (de type H5N1) constitue une nouvelle alerte. En Afrique, le virus Ebola provoque rapidement une forte mortalité. En 2005-2006 est identifié un nouveau virus, le chikungunya, qui forme un foyer important à la Réunion. En 2009, le virus de la grippe H1N1présente des caractéristiques potentiellement létales pour les populations fragilisées. Enfin, le virus SARS CoV2 (Covid 19) est à l'origine en 2020-21 d'une pandémie provoquant le décès de 5 à 6 millions de personnes dans le monde, selon des estimations provisoires (l'évaluation définitive du nombre des décès pourrait être trois fois plus élevée selon l'OMS).

plausible.[498]Le HCSP qualifie l'anti-bio-résistance de problème mondial et de « bombe à retardement ». L'incidence des infections à bactéries multi-résistantes (BMR) est évaluée en France (2012) à 158 000 cas, dont 16 000 infections invasives (méningites et bactériémies). L'évaluation des décès (12 500, dont 2 700 liés à de infections invasives), est probablement sous-évaluée selon le HCSP.

Aux menaces de pandémies naturelles s'ajoutent aussi celles du « bioterrorisme », qui ne saurait être négligé. Enfin, nos systèmes de production ne sont pas à l'abri d'accidents majeurs susceptibles de provoquer des milliers de morts et des maladies ou handicaps graves, des mutations biologiques irréversibles.[499]

1. La tardive restructuration du système de veille sanitaire

Ces menaces exigent *un système de veille et d'alerte constamment opérationnel :* son efficacité repose sur la robustesse de la *chaîne d'information,* de *l'organisation logistique* et du *processus de décision.* C'est, à l'exemple de la défense nationale militaire, un système de défense qui a besoin d'entraînements réguliers de *tous* les acteurs de santé à partir des plans élaborés en fonction d'hypothèses résultant d'une observation permanente et d'une capacité d'anticipation.

La gravité des menaces pesant sur la population dans de telles situations légitime la mise en œuvre de pouvoirs exceptionnels par les autorités publiques. Le Gouvernement peut prendre rapidement, après consultation du HCSP, des mesures pouvant restreindre les libertés individuelles, à condition qu'elles soient *« proportionnées au risque encouru »* et qu'elles soient *limitées à la période de résolution de la crise.*[500]

Jusqu'en 1984, le système de veille et d'alerte sanitaire était centré sur le suivi des maladies à déclaration obligatoire. Les progrès médicaux des décennies précédentes en ont fait un instrument de routine réduit au cercle des épidémiologistes. A partir de 1985, les pouvoirs publics entreprennent de conforter en réseau ce système, sans pour autant lui attribuer tous les moyens souhaitables. Sont institués des réseaux d'alerte - les *« réseaux-sentinelles »*

---

498 Selon certaines études, certaines bactéries s'avèreraient résistantes aux plus puissants antibiotiques utilisés actuellement. Voir le Rapport « Sauvons les antibiotiques » Dr Jean Carlet-Pierre Le Coz. Ministère des Affaires Sociales et de la Santé.2015.

499 Bhopal, Tchernobyl, Seveso, Minamata, Fukushima…

500 La loi exonère de responsabilité, hors le cas de faute lourde, les professionnels pour des actes, prescriptions, vaccinations imposés par l'Etat. Un fonds de garantie finance les interventions nécessitées par des circonstances exceptionnelles et l'indemnisation des personnes du fait de la réquisition de leurs biens ou des dommages résultant des mesures prises.

constitués par des médecins généralistes - et des *« laboratoires nationaux de référence »*. Sont créés les *comités de lutte contre les infections nosocomiales (CLIN)*, réseau spécifique de conseil et d'alerte sur les infections développées en milieu hospitalier. A partir de 1992 un « réseau national de de santé publique » coordonne les actions de surveillance sanitaire des différentes institutions de santé publique, appuyé, à partir de 1994 par les *« cellules interrégionales d'épidémiologie » (CIRE)* des DRASS, à la fois chargées de collecter les données et d'alerter les échelons centraux et locaux sur toute menace potentielle.[501] Ce n'est qu'en 1998 qu'est créé l'institut de veille sanitaire ayant pour objet de structurer les réseaux précités et de définir une méthodologie nationale.

2. Le système de veille déstabilisé par une sous-estimation ancienne des phases d'anticipation des crises et les polémiques politiques.

Malgré cet effort de réorganisation, plusieurs évaluations du dispositif de veille sanitaire ont souligné son inégale efficacité selon les régions et *l'insuffisance de la culture de veille* au sein des structures et des professions de santé, qui se traduit notamment par une nette sous-déclaration des « évènements indésirables ». La *faiblesse de l'organisation logistique* nécessaire pour faire face à une épidémie apparaissait également patente.[502]En 2005, un rapport de l'Inspection générale de l'administration analysait le scénario d'une pandémie comparable à la pandémie du SARS-Cov 2, dressant un inventaire précis et prémonitoire des graves conséquences qu'elle provoquerait.[503]

La loi du 5 mars 2007 est la première à créer les conditions de réponse à l'urgence d'une grande crise sanitaire.[504] Elle institue un corps de réserve sanitaire et un établissement public spécialisé dans la gestion des stocks d'équipement de protection en cas d'épidémie : *« l'établissement public de préparation et de réponse aux urgences sanitaires (EPRUS) »*.[505] Mais ce dispositif s'est trouvé fragilisé par la polémique suscitée par la gestion de

---

[501] Tout au long de la décennie 1995-2006), la liste des maladies à déclaration obligatoire impliquant un suivi spécifique est notablement complétée : sida, listériose, VIH, hépatite A et B, rougeole, chikungunya, dengue, charbon, tularémie. Le dispositif de signalement en urgence est repensé.

[502] Notamment un rapport du député jean Pierre Door (13.2.2007) et un rapport du député Jean Yves Grall (2013).

[503] Rapport de Philippe Sauzey et Chantal Mauchet portant sur l'organisation et le fonctionnement des pouvoirs publics en cas de pandémie ou de crise majeure provoquant une grave perturbation du système économique et social et des structures administratives. Rapport non publié, cité par « le Monde » (5.5.2020).

[504] Loi n°2007-294 du 5.3.2007 « relative à la préparation du système de santé face à des menaces sanitaires de grande ampleur ».

[505] Petite structure dotée d'une trentaine d'agents, rapidement opérationnelle (stocks de vaccins, antiviraux, antibiotiques, masques de protection…).

l'épidémie du virus A(H1N1), survenue en 2009 (qui avait cependant fait l'objet d'une alerte internationale de l'OMS). La campagne de vaccination de masse et l'accroissement considérable du stock de masques de protection furent jugés disproportionnés au regard de la faible surmortalité enregistrée.[506]

La loi de modernisation du système de santé de 2016 a supprimé l'EPRUS et transféré ses missions à l'Agence nationale de santé publique (ANSP) qui regroupe également les missions de l'institut de veille sanitaire et de l'institut national de prévention pour la santé. Cette décision faisait alors consensus autour de l'idée qu'elle permettait des synergies comparables à celles observées dans d'autres instituts de santé publique dans le monde. Le rapport du sénateur Delattre sur ce sujet soulignait néanmoins la nécessité de conserver l'autonomie de l'ex-EPRUS au sein de la nouvelle entité, eu égard à la spécificité de sa mission.

La gravité de la pandémie du SARS-Cov 2 a ébranlé la quasi-totalité des systèmes de veille sanitaire dans le monde, dont celui de la France.[507]La stratégie de flux - remplaçant celle du stock - ne s'est pas avérée probante. Elle reposait sur l'hypothèse d'un rapide approvisionnement de produits précommandés fabriqués à l'étranger. Les difficultés de production et d'acheminement résultant de la crise ont montré ses limites. Le rapport Pittet remis au Président de la République le18.5.2021[508] décrit les failles de la préparation à la réaction à la pandémie et ses effets lors de la première vague de propagation virale, notamment dans les EHPAD (insuffisance des stocks de produits de protection et de tests, retard pris dans les décisions), qui peuvent expliquer partiellement un taux de décès alors supérieur à la moyenne européenne. Comme souvent, la capacité de réaction a été, en revanche grande, ce qui a ramené la situation française dans la moyenne

---

506 Le rapport sur la loi de finances de 2009 (29.6.2010) émettait un doute sur l'utilité de l'EPRUS. Un rapport de la Cour des Comptes (17.2.2011) était également critique. Le Gouvernement réagit par une circulaire ministérielle (2.11.2011) et une circulaire interministérielle (11.6.2013) qui distinguent des équipements « tactiques », dont les établissements de santé doivent se doter sur les moyens budgétaires qui leur sont alloués et des « équipements stratégiques » que l'EPRUS doit acquérir dans le cadre de la politique de sécurité sanitaire nationale. Pour certains, la politique de resserrement budgétaire aurait empêché les établissements de santé de se doter des équipements nécessaires. On peut en douter car leur coût par établissement paraît limité. La dotation initiale de l'EPRUS est de 354 millions d'euros en autorisations d'engagement. Entre 2011 et 2016 son budget baisse de 56% mais, grâce à son fonds de roulement, l'établissement a maintenu ses ressources durant cette période (rapport n°625 du 15.7.2015 du sénateur Francis Delattre. Commission des finances du Sénat).

507 Selon une étude de l'Institut des hautes études en santé publique, il serait néanmoins parvenu à réduire le nombre de décès de plusieurs dizaines de milliers

508 Rapport de la mission indépendante d'évaluation de la gestion de la crise sanitaire (sous dir. Didier Pittet) remis au Président de la République (18.5.2021)

occidentale. Mais ce qui est le plus important est que le rapport Pittet souligne, après tant d'autres rapports, l'insuffisante capacité *d'anticipation*, de coordination entre médecine hospitalière et médecine de ville, l'insuffisance d'expertise et de formation des professionnels de santé en santé publique, l'insuffisance des moyens de prévention. Il est recommandé à la fois un pilotage national plus rigoureux sous la responsabilité du secrétariat général de la défense et de la sécurité nationale, la création d'une culture commune de prévention à l'échelle interministérielle et une plus grande délégation de responsabilité des ARS (dont les moyens devront être renforcés) à leurs échelons locaux.

3. Un schéma de veille et d'alerte sanitaire formellement établi est impuissant sans la conviction que la catastrophe est possible à tout moment.

La loi prévoit qu'en cas de menace sanitaire grave le ministre de la Santé peut, par arrêté motivé, prescrire dans l'intérêt de la santé publique *« toute mesure proportionnée aux risques courus, appropriée aux circonstances de temps et de lieu, afin de de prévenir et de limiter les conséquences des menaces possibles sur la santé de la population ».*[509]Il peut habiliter le représentant de l'Etat territorialement compétent à prendre toutes les mesures d'application de ces dispositions, « y compris des mesures individuelles ». Ces dernières pouvant restreindre les libertés individuelles font immédiatement l'objet d'une information auprès du Procureur de la République. Les autorités et les personnes placées sous leur responsabilité dans ce cadre sont tenues à la confidentialité des données recueillies. Le bienfondé des mesures prises fait l'objet d'un examen périodique par la Haute Autorité de santé.

En cas de crise grave le Premier Ministre préside un comité interministériel de coordination des actions publiques. Un dispositif de traitement des crises sanitaires - le Plan ORSAN (organisation de la réponse du système de santé) - coordonne les « plans blancs » que les établissements de santé doivent établir pour faire face à la crise. Une vingtaine de plans, définis selon la nature de la crise, régulièrement testés, déclinent les procédures précises d'action à appliquer.

La Direction générale de la santé est responsable de la conception, de l'organisation et du contrôle du fonctionnement du dispositif de veille et d'alerte sanitaire et de l'application du Règlement sanitaire international. Elle est assistée par un « centre opérationnel de régulation et de réponse aux urgences sanitaires et sociales » (CORRUSS) qui coordonne ses activités

[509] Art. L .3131-1 CSP

avec le Bureau européen de l'OMS, la Commission européenne et le centre européen de contrôle des maladies.

L'ANSP est l'opérateur public permanent en matière de veille sanitaire. Elle dispose des CIRE intégrées aux ARS et anime le réseau national de santé publique. Elle coordonne le réseau des « centres nationaux de référence pour la lutte contre les maladies transmissibles » sélectionnés sur des critères de qualification et de conformité à un cahier des charges fixé par arrêté ministériel. Ces centres de référence ont pour mission d'expertiser les pathologies des agents infectieux et de contribuer à la surveillance épidémiologique. Les agences sanitaires nationales[510] sont, chacune dans leur domaine de compétences, responsables de la veille et de l'alerte sanitaire, notamment en gérant les systèmes de vigilance qui leur sont attribués.

Les autorités administratives indépendantes (HAS, Autorité de santé nucléaire) exercent une mission de conseil, d'élaboration et d'évaluation de procédures de sécurité et de veille. L'institut de sécurité nucléaire (ISN) contrôle les normes de sécurité spécifiques à ce domaine.

Les ARS ont la responsabilité de la veille et de l'alerte sanitaires au niveau territorial. Elles disposent d'une plate-forme régionale rassemblant, au niveau technique, les CIRE précitées et des cellules de veille, d'alerte, de gestion et de coordination des actions sanitaires. Le directeur général de l'ARS constitue un « réseau régional de vigilance et d'appui » dont il coordonne les travaux. Il signale à l'ANSP toute information indiquant une possible risque sanitaire. Tous les systèmes de vigilance pilotés par les agences sanitaires nationales disposent, au niveau régional, d'une structure chargée d'appliquer les directives techniques nationales, d'observer et rendre compte de la situation aux autorités sanitaires locales et nationales. Tout médecin ou directeur de laboratoire d'analyse biologique est tenu de signaler immédiatement un incident sanitaire grave dont il a connaissance.

Le préfet de département, dispose en vertu de ses compétences en matière de maintien de l'ordre public d'un pouvoir important en cas de crise ou accident sanitaire grave. Le directeur général de l'ARS doit l'informer sans délai, ainsi que les élus territoriaux, de tout évènement sanitaire présentant un risque pour la santé de la population ou susceptible de présenter un risque de trouble pour l'ordre public. Dans ces cas, les services de l'ARS, dirigés fonctionnellement par leur directeur, sont placés sous l'autorité hiérarchique du préfet compétent.

---

[510] Voir Partie III, Titre I, chapitre 1.

La « réserve sanitaire » constituée en vue de compléter l'action publique en cas de catastrophe ou de menace sanitaire grave est formée essentiellement de professionnels de santé en activité ou ayant cessé celle-ci depuis moins de cinq ans, qui s'engagent par contrat pour une durée de trois ans.

Formellement, ce dispositif institutionnel paraît lourd mais il semble, a priori, apte à traiter les situations de crise. Il a néanmoins dysfonctionné avec la pandémie du SARS-CoV2. Les raisons de ce dysfonctionnement ont fait l'objet d'une littérature surabondante, généralement très polémique. Le retard apporté par l'OMS dans le lancement de l'alerte mondiale a pu induire en erreur des responsables marqués par le souvenir des polémiques suscitées par la gestion de la précédente épidémie. On ne peut sous-estimer également le fait que les gouvernants sont accaparés par une multitude de décisions à prendre dans l'urgence et que celle-ci a pu, dans un premier temps, ne pas être perçue comme une catastrophe potentielle. La rareté relative des catastrophes sanitaires dans notre hémisphère, surtout le caractère ancien des dernières pandémies, ont pu entretenir une fausse impression de sécurité, assez largement partagée par gouvernants et gouvernés. On peut se demander si l'habitude, propre à notre culture, de se reposer sur des schémas formellement satisfaisants d'un point de vue intellectuel, n'a pas entretenu l'illusion que tout était sous contrôle. Ce qui a pour effet de relâcher le contrôle sur les dispositifs de contrôle...L'histoire de la santé publique est, nous l'avons vu, pleine de faits plus ou moins semblables. Il faut donc accepter de mettre en œuvre les recommandations du rapport Pittet précité, en particulier le rétablissement d'une structure opérationnelle dédiée à la gestion des moyens logistiques de lutte contre les pandémies ou catastrophes sanitaires, la formation à l'anticipation et à la réaction à de tels évènements, ce qui suppose une véritable culture de la *préparation* telle que l'explicite l'épidémiologiste Andrew Lakoff en la distinguant de la prévention qui entend prémunir contre des maladies *connues* ou du principe de précaution qui vise à *éviter* des risques inconnus ou incertains. *La préparation part du point de vue que nous ne serons pas nécessairement en mesure d'éviter des accidents graves ou des pandémies et qu'il convient donc de s'organiser pour en limiter les effets.*

4. Une politique vaccinale sur la défensive

Le principe de l'obligation vaccinale pour les jeunes enfants en âge de scolarisation est établi par la loi. Elle impose depuis le 1er janvier 2018 la vaccination contre 11 risques de maladies contagieuses graves au lieu de trois auparavant.[511] L'accès de tout établissement scolaire ou d'éducation public ou privé peut être interdit aux enfants n'ayant pas satisfait aux

---

[511] Code de la Santé publique : articles L.3111-1 et s.

prescriptions légales.[512]Toute dispense doit être justifiée par une contre-indication médicale dûment établie. Le régime des dispenses est strictement limité. La vaccination antigrippale chez les personnes âgées de plus de 65 ans ou fragiles est fortement encouragée en raison du nombre de décès provoqués par le virus (de 8 à 15 000 par an) sachant qu'un tiers au moins des décès est évitable.

L'extension de l'obligation vaccinale résulte du constat de la baisse de la couverture vaccinale qui a entraîné l'augmentation (ou la réapparition) de maladies infectieuses graves ayant un fort potentiel de transmission. Le contrôle du risque n'étant pas assuré pour un certain nombre de maladies infectieuses en raison de l'insuffisante couverture vaccinale et/ou d'une transmission non maîtrisée, le HCSP recommande une analyse plus rigoureuse des *risques d'importation de virus, de maladies émergentes ou ré-émergentes.* [513]

La vaccination obligatoire en France a considérablement contribué au recul ou à la disparition des pathologies infectieuses. Longtemps, la figure tutélaire de Pasteur a incarné une politique vaccinale déterminée. Mais depuis un quart de siècle, les services de santé publique sont confrontés au refus du principe de l'obligation vaccinale par environ 1/4 de la population [514] soit une proportion deux fois plus élevée qu'au niveau mondial en 2016.[515] Il est à noter que le taux de vaccination dans les pays européens qui se bornent à une recommandation est généralement plus élevé. Il est difficile de prévoir ce que serait l'attitude de la population française si les pouvoirs publics adoptaient une telle stratégie tant les différences culturelles entre notre pays et les pays qui se fondent sur la confiance dans l'autodiscipline de leur population est importante.

Les origines du refus de la vaccination sont plurielles, à la fois structurelles et circonstancielles.[516]La longue éclipse des pandémies dans nos sociétés a probablement contribué à l'installation du doute quant à l'importance de la

---

[512] Une abondante jurisprudence vient conforter cette obligation : CE, ass.4.7.1958, Graff et époux Reyes, req n°41841. Lebon 414.

[513] Un récent arrêt de la CEDH (8.4.2021) a considéré que la vaccination obligatoire n'était pas une ingérence disproportionnée dans la vie privée de l'individu dès lors qu'elle répondait à un objectif de santé publique. Sans contester que la vaccination puisse, dans de rares cas, entraîner des effets secondaires sérieux, la CEDH admet qu'elle soit rendue obligatoire si elle permet d'atteindre un niveau approprié de protection contre des maladies graves.

[514] Rapport parlementaire de S. Hurel remis au Ministre de la Santé le 12.1.2016. « Concertation citoyenne » organisée par le Gouvernement et animée par le Pr Fischer (rapport du 30.11.2016).

[515] Etude d'opinion effectuée sur 67 pays par la London School of Hygiene and Tropical Medicine et plusieurs équipes françaises de recherche citée par « Le Monde » (10.9.2016).

[516] « L'origine du refus des vaccinations ». Pierre Bégué. Revue Science et pseudoscience n°302. Oct.2012. Assoc. Française pour l'information scientifique.

vaccination. Le raisonnement scientifique en médecine reposant sur une évaluation rationnelle « bénéfices-risques » ne semble plus clairement perçu. On peut se demander si l'assimilation abusive dans la formation scolaire de la démarche scientifique à la démarche en mathématique au détriment de la démarche expérimentale n'a pas pour effet d'éloigner les esprits (ou de les formater) du raisonnement scientifique proprement dit. On a pensé aussi que les nouvelles générations de médecins n'ont pas été confrontées au risque épidémique.

Les sondages réalisés dans différents pays tendraient à montrer que le refus de vaccination imputable à des choix idéologique ou religieux ne dépasserait pas 1%. Les enquêtes montrent que le degré d'attention aux recommandations sanitaires varie considérablement selon les catégories socio-professionnelles. L'absence de vaccination relève souvent plus de la négligence ou d'une sous-estimation de son importance que d'un refus argumenté. Une enquête effectuée en France en 1992-93 identifiait toutefois déjà une sensibilité dite « écologiste » (qu'on se gardera de confondre avec la doctrine écologiste proprement dite), favorable à une « médecine alternative ». Cette conviction que le « naturel » est préférable à l'artefact gagne probablement en influence dans des couches de population d'un bon niveau d'éducation. L'attitude scientiste et parfois suffisante de certains milieux scientifiques a peut-être une part de responsabilité dans cette prise de distance.

L'exploitation des peurs et des émotions, évacuant toute possibilité de réflexion et d'analyse, contribue aussi à l'affaiblissement du dialogue sur les données scientifiques de la vaccination. Les effets de l'irruption des réseaux dans la vie quotidienne des populations sont abondamment analysés : la fausse information est placée sur le même plan que l'information scientifique, l'autorité conférée par le savoir est dévaluée, les réseaux accentuent les tendances individualistes, sinon conspirationnistes, au détriment des valeurs de solidarité qu'implique la vaccination en ce qu'elle contribue à l'immunité collective. Leur puissance est telle que l'on a pu constater qu'il faut pratiquement une génération pour qu'une rumeur prêtant un effet néfaste à un vaccin s'estompe.

Le taux de vaccination contre le virus du SARS-CoV2 est, en janvier 2022 en France parmi les plus élevés d'Europe. Mais environ 10% de la population relevant du schéma vaccinal contre ce virus a résisté jusqu'ici à la stratégie des pouvoirs publics qui conditionne l'accès à la plupart des activités sociales et culturelles à la preuve vaccinale (ou à la preuve de la négativité du virus). Le fait que les ¾ des personnes admises en réanimation (ou décédées) soient désormais des personnes non-vaccinées ne semble pas avoir d'effet chez les opposants à la vaccination. Le phénomène ne peut probablement pas être purement rapporté au classique refus de vaccination, eu égard au caractère exceptionnel des circonstances. Est-il à rapporter au délitement du lien social mis en évidence par plusieurs sociologues ? Une étude fine des motivations en fonction des caractéristiques sociologiques sera nécessairement menée.

C'est, en tout état de cause, un patient travail d'éducation et d'information qui doit être poursuivi sur les *raisons et les preuves scientifiques* de la vaccination. Une politique de vaccination ne peut réussir que si une stratégie de communication est adaptée aux spécificités culturelles des différents groupes sociaux. Ce processus a peut-être été négligé dans un pays où l'argument d'autorité a longtemps prévalu. Le cas du refus de vaccination est à intégrer dans un projet global d'éducation sanitaire dès l'enfance qui ne peut réussir s'il n'est qu'un appendice du projet d'enseignement au lieu d'être intégré dans toutes les disciplines, et notamment dans les disciplines de sciences du vivant. L'action entreprise dans le cadre des comités locaux de santé - la « démocratie sanitaire » à la base - associant les communautés professionnelles territoriales de santé et les associations d'usagers des services de santé peut aider à une prise de distance à l'égard de l'emprise des réseaux. Cela ne rend pas moins nécessaire la régulation de ces réseaux. Ce serait une singulière conception des libertés que de tolérer des messages qui, loin de libérer par le raisonnement, emprisonnent par le conditionnement psychologique. Sans doute faudrait-il aussi l'éducation civique de sa marginalisation au sein de l'Education nationale. Elle devrait aider à comprendre que ma liberté s'arrête là où elle nuit aux autres…

Chapitre III
Un service public de santé à construire

Développer une gestion par objectifs de la prévention sanitaire permet le développement d'une dynamique de projets, une certaine émulation, une meilleure capacité d'adaptation aux enjeux sanitaires. Mais cela ne suffit pas. La multiplicité des opérateurs et des projets ne garantit ni une véritable adéquation aux priorités ni la continuité de l'action.

L'action préventive a aussi besoin d'une structure pérenne capable d'appliquer les principaux buts de la promotion de la santé et de la prévention, en particulier l'éducation sanitaire. Celle-ci ne peut être assurée que par un service public de la santé. Il existe non pas un mais plusieurs services qui illustrent l'engagement public dans des stratégies de prévention ciblées et se déclinent en une multiplicité de réseaux spécialisés. Mais c'est cette division entre des services relevant de collectivités différentes, de financements différents qui pose le problème de l'efficacité de l'action publique dans ce domaine. Au handicap que constitue ce cloisonnement institutionnel, que la coordination ne suffit pas à corriger, s'ajoute celui de l'insuffisance des moyens. Les services de prévention n'occupent qu'une place marginale dans l'esprit des décideurs politiques, pour qui, en général, le service public de santé continue à se confondre, peu ou prou, avec ce qui offre une visibilité électorale manifeste : le service public hospitalier. L'invocation rituelle du « besoin de coordination » est révélatrice de la difficulté à assurer une véritable stratégie en la matière.

I Les principaux réseaux de services de prévention : une couverture inégale du territoire

Les équipements et services de prévention sont inégalement répartis sur le territoire, relèvent de statuts juridiques différents et ont des modalités d'organisation hétérogènes. Certains relèvent du Code de Santé publique, d'autres du Code de l'Action Sociale et Médicosociale ou du Code de Sécurité Sociale. L'ambiguïté subsiste quant au statut de service public de certains services dès lors qu'ils ne sont pas gérés par un établissement public. C'est le cas des centres d'action médicosociale précoce (CAMSP) selon un jugement discuté du Conseil d'Etat. Cependant, Olivier Poinsot démontre clairement que les institutions privées sociales et médicosociales (qui ont un rôle d'une très grande importance) participent bien d'une mission de service public.[517]

---

[517] Olivier Poinsot « Les institutions privées et le service public d'action sociale et médicosociale ». RGCT n°37. Nov-déc 2005 pp 415-425 arrêt CE 22.2.2007 Assoc. APEI.

Un premier réseau de prévention est formé par les services de protection de la petite enfance. Il comprend les CAMSP précités et les services de PMI. Au nombre de 277, les CAMSP ont pour but d'assurer aussi précocement que possible la prise en charge, à des fins préventives, des enfants chez lesquels un diagnostic ou un pronostic de handicap sensoriel, moteur ou mental a été posé.[518]Les services départementaux de promotion et de protection maternelle et infantile (PMI), qui relèvent de la compétence des collectivités départementales, sont inégalement dotés en moyens (une dizaine de départements, essentiellement ruraux, se situent sous la norme d'effectifs fixés par l'Etat).[519]

Un second réseau institutionnel de prévention assure la continuité de la PMI : le service de santé scolaire et universitaire dépendant des ministères de l'Education nationale et de l'Enseignement supérieur. Il souffre d'une insuffisance manifeste de moyens, lesquels sont inégalement répartis.

Un troisième réseau participant du soin et de la prévention revêt une grande importance en raison de la place des pathologies et souffrances psychiques au sein de la population : le réseau des centres médicopsychologiques (CMP) et unités de consultations en soins psychiatriques. Ce réseau comprend des équipes mobiles orientées vers l'aide aux personnes en situation de précarité sociale. Là encore, la répartition territoriale est inégale.[520]La prise en charge en psychiatrie infanto-juvénile s'effectue à 97% en CMP mais ceux-ci sont débordés par la très forte progression de la demande (doublement entre 1990 et 2000). Un réseau spécifique de prévention (information, écoute et accompagnement) a été constitué depuis 2004 et comprend une centaine de « maisons des adolescents » ouvertes à des jeunes de 14 à 25 ans en rupture avec leur famille et/ou les institutions scolaires. Reposant sur une approche multidisciplinaire, il tente de répondre au problème posé par la coupure institutionnelle existant entre la psychiatrie infanto-juvénile et la psychiatrie générale accueillant les adultes.

Le réseau travaille notamment avec celui des REAAP (réseaux d'écoute, d'appui et d'accompagnement des parents) et les PIF (points Info-Familles) dont les moyens restent limités face au développement des situations de crise familiales. Enfin, un réseau de 425 centres est spécialisé dans la prise en charge des addictologies (centres d'accueil, d'accompagnement et de

---

518 Etude sur les CAMSP par la CNSA (2008).

519 Données du Ministère de la Santé (DREES-Etudes et résultats » n°913).

520 Etude « disparités territoriales dans l'offre de soins en psychiatrie ». Rapport de l'IRDES. N°558. Magali Coldefy et Charlène Le Neindre. Décembre 2014.

prévention en addictologie-CSAPA). On observe également dans ce réseau de fortes disparités territoriales.[521]

Fondamentalement, l'efficacité à long terme de la promotion et de la prévention en santé repose sur l'investissement primordial dans l'*éducation à la santé aux âges où elle peut produire ses effets.* Un service public de l'enfance est donc prioritaire. *Toutes les connaissances acquises sur le développement de la personnalité montrent l'importance de l'investissement dans la prévention dès le premier âge et dans l'enfance et l'adolescence.*

C'est probablement une refonte profonde du système des institutions concourant à la protection de l'enfance, à la protection et à la promotion de la santé maternelle et infantile, à la santé scolaire, à la pédopsychiatrie, à l'aide aux familles, aux services sociaux qui serait à envisager afin de garantir une stratégie de promotion et de prévention en santé commune et une plus grande efficience. Le programme est, a priori, irréaliste. Son étude et la recherche des conditions de sa réalisation sur le long terme mériteraient cependant d'être engagées. En tout état de cause, il ne pourrait s'agir que du choix d'un statut et d'un financement communs et de la mise en œuvre d'une structure fédérative.

En l'état, il nous faut décrire l'état des missions et des moyens des principaux services qui concourent directement ou indirectement à la prévention sanitaire et sociale en faveur de l'enfance et de la jeunesse.

I. La protection et la promotion de la santé maternelle et infantile au cœur d'un enjeu qui dépasse ses limites institutionnelles

La protection de la santé maternelle et infantile (PMI) est une politique définie par l'Etat, dont l'application relève du domaine de compétences des collectivités territoriales. Mais il est nécessaire d'évoquer l'action des organismes de sécurité sociale, notamment des Caisses d'allocations familiales, considérable dans ce domaine.[522]

Compte tenu de la nature juridique différente et des modes de financement différents des deux entités, c'est la question de la possibilité d'une politique globale de l'enfance qui est posée ou, à tout le moins, de la coordination entre les acteurs des deux institutions. L'histoire est à l'origine de ce dualisme. La PMI départementale est l'héritière de la longue tradition d'assistance départementale et est institutionnellement associée aux services départementaux de protection de l'enfance. L'action sociale des Caisses

[521] Les réseaux de santé au travail et de santé-environnement sont évoqués au chapitre suivant.
[522] En vertu de l'article L.2111-1 du Code de Santé publique

d'allocations familiales est une branche de la Sécurité Sociale dont l'édification présupposait la disparition de l'assistance.

1. L'institution de la PMI

La PMI est une compétence administrative obligatoire du département depuis les lois de décentralisation de 1982-83. Une loi du 18 décembre 1989,[523] plusieurs fois modifiée, la régit.[524]Ses missions ont sensiblement évolué depuis sa création autour de trois axes. En premier lieu, elle conduit aujourd'hui *une action préventive médico-psycho-sociale.* Cette approche globale de la santé se substitue à l'approche médicalisée de ses origines. En second lieu, *cette action préventive s'adresse aux futurs parents en même temps qu'elle vise les enfants* alors elle englobait initialement la relation mère-enfant. Participe de cette évolution aussi bien la mission d'accompagnement psychologique et social des couples ou femmes en situation de précarité que l'information sur les risques pour la santé liés à des facteurs environnementaux. La PMI conduit des actions de prévention, de dépistage et de conseil aux familles en matière de handicap chez les enfants de moins de six ans. Elle conserve par ailleurs ses missions classiques de surveillance et de contrôle des établissements et services d'accueil des enfants de moins de six ans ainsi que la surveillance, le contrôle et l'accompagnement des assistant(e)s maternel(les).

Chaque département est tenu d'organiser un service de PMI dont les missions définies par la loi comportent, notamment, des consultations prénuptiales, prénatales et postnatales et l'accompagnement médico-social des femmes enceintes, des consultations et actions de prévention auprès des enfants de moins de six ans ainsi que l'établissement d'un bilan de santé pour les enfants âgés de trois à quatre ans, des activités de planification et d'éducation familiale ainsi que d'interruption volontaire de grossesse, un accompagnement à domicile spécifique si celui-ci apparaît souhaitable à l'issue d'un entretien proposé au quatrième mois de grossesse, ou, pour les parents qui le souhaitent, dès le séjour en maternité.

---

[523] Loi du 18.12.1989 « relative à la protection et à la promotion de la santé de la famille et de l'enfance et adaptant la législation sanitaire et sociale aux transferts de compétence en matière d'aide sociale et de santé » (J.O du 19.12.1989) suivie d'un important texte d'application, le décret du 6.8.1992 (J.O du 12.8.1992) qui impose aux Départements des normes minimales d'effectifs et de qualification des personnels pour l'exécution des missions (nous continuerons, par commodité, d'utiliser le sigle PMI bien que la loi ait rajouté au titre de ce service un second P avec la promotion de la santé). Un arrêt du Conseil d'Etat (C.E 1er avril 1996 Département de la Loire, n°141958 ; Lebon 109) confirme la compétence de l'Etat dans la fixation des normes minimales d'activité et d'encadrement des services de PMI.

[524] Loi du 5.3.2007 n°2007-293 et loi du 26.1.2016 de modernisation de notre système de santé précitée n°2016-41.

Le service de PMI collabore à la prévention et au dépistage des enfants présentant des troubles d'ordre physique, psychique, sensoriel ou de l'apprentissage ainsi qu'à leur orientation vers les structures spécialisées (CAMSP, services de psychiatrie infanto-juvénile, services de protection de l'enfance).

L'importance fondamentale de la période de la petite enfance dans la construction des rapports à autrui et de la relation parents-enfant pour la formation de l'état de santé de l'adulte est maintenant bien établie. A cet égard, les réseaux de santé périnatale mis en place dans un certain nombre de régions, dans le cadre des schémas régionaux d'organisation sanitaire ont constitué un réel progrès. L'expérience montre que la prévention en la matière doit associer les équipes des maternités et celles des services de PMI. Mais la place des maternités est fixée par le projet régional de santé arrêté par le directeur général de l'ARS ce qui suppose une étroite coordination des efforts entre l'ARS, les établissements de santé et les collectivités territoriales.

2. L'inégal état des services de PMI selon les départements

Le budget global de la PMI au plan national est en baisse (moins 4% entre 2013 et 2017) et ne représente que 1% de l'ensemble des dépenses sociales des départements, avec de fortes disparités. Permet-il de répondre aux besoins des 3,5 millions enfants accueillis dans des structures dédiées à la petite enfance ?[525]

Le suivi spécifique des femmes ou couples qui en ont besoin est un indicateur utile pour l'évaluation des capacités de réponse du service. Il concerne environ 50 000 femmes ou couples pour lesquels il est essentiel de détecter des troubles relationnels susceptibles de contrarier le développement de l'enfant et d'assurer une prise en charge spécialisée. Le suivi des populations en situation de précarité sociale et/ou psychologique : familles monoparentales, familles éprouvées par des troubles psychiques, familles immigrées faiblement intégrées représente un défi au regard du temps d'accompagnement qu'il implique. Les consultations de planification et d'éducation familiale représentent environ 30% du temps de PMI.[526]Celle-ci organise des séances d'information collective, spécialement en milieu scolaire, en matière de planification familiale.

---

[525] Selon le rapport de Michèle Peyron, députée, sur la PMI remis à la Ministre de la Santé (13.6.2019) se référant aux statistiques du Ministère de la Santé-DREES.2015, il y a 1 660 000 consultations infantiles/an pour 621 000 enfants, 590 000 visites domicile et 457 000 actes de puériculture.

[526] 50% des consultantes requièrent des conseils en contraception, 11% la pratique d'une IVG. 21% des consultantes sont mineures.

Pour accomplir ces missions, les services départementaux disposent de 1750 équivalents temps plein (ETP) en médecins. Le renouvellement de ces effectifs, insuffisants au regard des missions qui leur sont assignés, n'est pas assuré. Depuis des décennies, se pose en effet la question de la carrière trop peu attrayante des médecins PMI.[527]Si la situation est moins tendue en ce qui concerne les emplois de sages-femmes, puéricultrices et infirmières,[528]les psychologues (environ 3000) sont-ils en mesure de répondre à la problématique de santé mentale dont la prégnance s'accroît ? Le changement *qualitatif* des missions impose une intensité nouvelle (et sans doute un investissement en formation continue plus important) dans les tâches accomplies par les personnels.

3. Vers un service public de la petite enfance ?

Une approche globale de la promotion de la santé et de la prévention implique, indiquions nous ci-dessus, une forte coopération entre la PMI et les services hospitaliers (maternités, pédiatrie, service social notamment) et, particulièrement en raison de la progression des pathologies psychiques, avec les services de psychiatrie infantile.

Le projet d'un service public de la petite enfance porté par la majorité élue en 2017 est, du point de vue de la prévention, prioritaire. Il demeure à l'état de chantier inachevé. Le rapport « Les 1000 premiers jours », établi à la demande du Président de la République par une commission d'experts présidée par le Dr. Boris Cyrulnik, préconise un *accompagnement personnalisé*, dès l'entretien du quatrième mois de la grossesse jusqu'à la maternité avec un suivi renforcé à domicile, après accouchement, des couples ou femmes en situation de précarité médico-psycho-sociale. Il recommande également la généralisation de l'entretien prénatal précoce (qui n'a lieu que pour 28% des grossesses), l'augmentation des moyens des 500 maternités et des services de PMI afin de donner une plus grande place à l'accompagnement des parents, la généralisation et l'harmonisation du projet éducatif de l'accueil des enfants avant 3 ans, enfin l'allongement de la durée du congé paternité[529] afin de mieux associer le père à la période d'accueil du

[527] 60% doivent faire valoir leurs droits à la retraite en 2020. On dénombre certes 9 000 médecins concourant aux missions de PMI mais à temps partiel, dans des conditions qui ne permettent pas de mettre en œuvre la totalité de ces missions, qui vont bien au-delà des consultations.

[528] 1120 sages-femmes (880 ETP) exerçant la surveillance à domicile des femmes enceintes (la norme réglementaire : une sage-femme pour 1500 naissances), 4500 puéricultrices, dont 4000 ETP (norme réglementaire : une puéricultrice pour 250 naissances), 24 000 auxiliaires de puériculture, 8000 infirmières.

[529] La durée de ce congé volontaire est doublée (de 11 à 22 jours, hors congé légal de trois jours à la naissance) à partir de juillet 2021.

nouveau-né et de mieux épauler la mère (par exemple face au risque de dépression post-partum).[530]

Ces propositions supposent une hausse notable des crédits alloués à la prévention au stade de la petite enfance. L'effort à consentir figure probablement parmi les plus « rentables » pour les individus et la société.

4. La division instituée entre le « sanitaire » et le « social » est-elle pertinente ?

L'autre grand pôle d'action auprès des familles et de la petite enfance est le régime des prestations familiales et sociales et son réseau des Caisses d'allocations familiales (CAF). Outre son rôle de redistribution des revenus en faveur des familles (près de 10 % des dépenses de sécurité sociale et près de 3% du PIB), il gère les programmes de son Fonds d'action sanitaire et sociale[531] dont les priorités sont fixées dans le cadre de la convention pluriannuelle d'objectifs et de gestion conclue entre l'Etat et la Caisse nationale d'allocations familiales (CNAF). Il dispose d'un budget annuel de l'ordre de 4 milliards d'euros.[532]Cette action sociale revêt de multiples aspects : missions de conseil et d'appui auprès de familles (notamment monoparentales) en difficulté matérielle et psychologique, contribution financière et technique au fonds de solidarité du logement et à la politique de la ville, versement de prestations complémentaires des prestations légales. *L'action sociale de la CNAF s'inscrit donc bien dans une visée de prévention primaire.*

Le développement des structures d'accueil de la petite enfance, représente environ un quart de son budget d'action sociale. Il permet le développement et la gestion des structures (crèches collectives ou familiales) dans le cadre d'un contrat spécifique avec l'Etat (le « contrat-enfance).[533] Dans le cadre du plan de lutte contre la pauvreté et la précarité, la convention d'objectifs et de moyens Etat-CNAF (juillet 2018), prévoit la création de 30 000 places supplémentaires dans les crèches et d'un millier d'autres auprès des

---

[530] Rapport « les 1000 premiers jours » (8.9.2020). Commission d'experts de la petite enfance présidée par le Dr Boris Cyrulnik.

[531] Articles L. 223-1 L.263-1 du Code de sécurité sociale

[532] Il dispose d'un service social (environ 2000 assistant(e)s de service social, 1500 « conseillères et techniciennes en économie sociale et familiale », autant de travailleuses familiales et personnels d'aide à domicile).

[533] Plus de 3000 crèches collectives ou familiales (200 000 places environ), plus de 3000 haltes garderies (50 000 places). Des structures « multi-accueil » (regroupant mini-crèche, crèche parentale et halte-garderie) totalisent un millier d'établissements et plus de 20 000 places. Environ 200 000 assistantes familiales offrent, au titre de la PMI, environ 300 000 places. Environ 75 000 assistantes familiales sont agréées au titre de l'aide sociale à l'enfance.

assistantes maternelles.[534] Par ailleurs, la CNAF verse aux parents une « prestation d'accueil du jeune enfant » (PAJE) qui comprend une allocation de base et un complément adapté à la situation de la famille destiné à la couverture des frais de garde des enfants jusqu'à l'âge d'admission en école maternelle.

La CNAF gère également une part importante des centres sociaux, apparus avec le développement de l'urbanisation à la fin des années 50. Leur but est, outre une offre de services sociaux, médico-sociaux et culturels, d'être des lieux de socialisation, d'aide au développement des initiatives citoyennes.[535] Leur mission est une illustration de la promotion de la santé : identifier les besoins d'une population et l'aider à prendre elle-même en charge les réponses avec l'appui des services publics.

Il existe, certes, des modalités de coopération entre les CAF et les départements gestionnaires de la PMI mais la coopération entre des acteurs institutionnels dont les statuts et les financements sont différents suppose inévitablement des procédures plus ou moins bureaucratiques. La répartition des compétences n'est pas toujours aisée et il est arrivé assez souvent que les services sociaux des deux institutions interviennent parallèlement au sein des familles. Plus généralement, la question qui se pose est celle de la pertinence de la coupure institutionnelle entre le « sanitaire » et le « social ». Nous retrouverons cette question en de nombreuses occasions. Les mêmes questions se posent en ce qui concerne la coordination entre la PMI et la santé scolaire. Dans le but d'assurer la continuité de la prévention sanitaire de l'enfance et de l'adolescence la loi précise que le service de PMI établit une liaison avec le service de santé scolaire pour transmettre au médecin de ce service le dossier médical de l'enfant suivi à l'école maternelle. Une liaison administrative suffit-elle à garantir une approche commune des problèmes ?[536]

---

[534] Des prestations spécifiques destinées aux familles en grande précarité sont prévues afin de les aider à bénéficier des différents modes de garde de la petite enfance (les enfants de ces familles ne représentent que 5% des enfants accueillis contre 22% d'enfants issus des classes moyennes ou aisées). Communication gouvernementale du 13.12.2018 relative au plan de lutte contre la pauvreté et la précarité

[535] Il est prévu de financer la création de 300 nouveaux centres sociaux dans le cadre du plan de lutte contre la pauvreté et la précarité annoncé par le Gouvernement le 13.12.2018

[536] Art. L.2112-5 CSP

II. La promotion de la santé en milieu scolaire : un grand écart entre le discours et les réalités

1. Les hésitations politiques sur la place du service de santé scolaire

En 1886, une loi créait une inspection médicale des écoles et, par décret, était institué un service de santé scolaire dans les principales villes.[537]Mais le texte fondateur de la santé scolaire est l'ordonnance du 18 octobre 1945 qui étend la surveillance sanitaire des élèves à tous les établissements scolaires, publics et privés sous contrat avec l'Etat. Le service de santé scolaire, rattaché au ministère de la Santé dans le cadre de la réforme administrative créant les DDASS en 1964, était associé à la PMI et à la protection de l'enfance dans le dessein de former un « service unifié de l'enfance » garantissant une approche globale et continue des problèmes médico-psycho-sociaux de l'enfance. Sa réintégration au sein du ministère de l'Education nationale par la loi de répartition des compétences entre l'Etat et les collectivités territoriales de 1982 a mis brutalement fin à ce projet. Elle ne s'est pas effectuée sans difficulté.[538]

La loi d'orientation sur l'éducation de 1989 fait du « projet d'établissement scolaire » le moyen d'intégration de la santé scolaire à la « communauté éducative ». Mais au même moment se développe au sein de l'Etat un courant favorable à l'extinction de ce service au motif qu'il est devenu « moins utile » eu égard à l'amélioration de l'état de santé des français. Il est de fait que les classes moyennes et supérieures privilégient le recours à la médecine libérale. Il était cependant difficile d'ignorer la paupérisation d'une partie de la population et l'accroissement très important des troubles psycho- sociaux et des addictions précoces à partir des années 70. Une meilleure évaluation des possibilités de dépistage et de prise en charge des handicaps a pesé en faveur du maintien du service.[539]La multiplication des circulaires ministérielles depuis 1998 reflète la progression des phénomènes précités sans que le service de santé scolaire reçoive les moyens lui permettant d'accomplir pleinement ses missions. La même observation vaut pour le service de santé universitaire. On observera que la France ne s'est ralliée que tardivement aux recommandations de l'OMS sur le

---

537 Dès 1793, par le décret « Lakanal », les autorités publiques manifestaient leur volonté de veiller à l'état de santé des enfants scolarisés.

538 La procédure de réintégration a duré de 1985 à 1991, les clivages entre médecins et personnels infirmiers et sociaux furent difficiles à dépasser et la circulaire ministérielle de 1982 précisant les missions du service a méconnu l'écart entre les objectifs assignés et les moyens (obligations de réaliser les bilans de santé des enfants à 5-6 ans, 10-11 ans, et entre 13-16 ans, tout en développant des programmes de réduction des inégalités).

539 Rapport du Dr Beaupère « observations et propositions sur la santé scolaire et universitaire » (1990).

développement de la promotion de la santé à l'école, sans en tirer toutes les conséquences.[540]

2. Les missions actuelles du service

En affirmant que les actions de promotion de la santé des élèves font partie des missions de l'éducation nationale, la loi crée, pour une institution dont la culture est fortement structurée par la transmission des savoirs, une obligation qui va au-delà de l'obligation d'organiser des visites médicales pour les élèves. Cette obligation nouvelle implique une mission d'éducation à la santé, d'une part, et, d'autre part, une coopération entre les personnels de l'enseignement et les personnels médicaux, infirmiers et sociaux de l'éducation nationale. C'est le sens du « parcours de santé » en milieu scolaire.[541]

Les ministres de l'Education et de la Santé déterminent conjointement la périodicité et le contenu des visites médicales et des dépistages obligatoires ainsi que les catégories d'élèves appelées à en bénéficier. Les parents sont tenus de présenter leur enfant aux visites médicales dressant un « bilan de santé » sauf à produire un certificat émanant d'un professionnel de santé de leur choix.

Dans chaque chef-lieu de département et d'arrondissement ou commune de plus de 5000 habitants, sont organisés un ou plusieurs centres médico-sociaux scolaires assurant les visites et dépistages précités ainsi que les actions coordonnées de prévention et d'éducation à la santé du « programme régional d'accès à la prévention et aux soins des personnes les plus démunies ».[542] Mais, outre la question posée par le rapport entre les moyens alloués à la santé scolaire (et universitaire) et les enjeux de santé publique, quel est le réel degré d'intégration de la santé scolaire à l'institution de l'Education nationale ?

3. La problématique intégration d'une stratégie de santé publique au sein d'une institution fortement structurée par une culture spécifique

La loi fait de la promotion de la santé auprès des élèves une *condition* de la réussite scolaire. Elle fait reposer cette réussite sur la formation d'une véritable *communauté éducative,* incluant les personnels de santé. Le

---

540 Le rapport annuel de l'IGAS de 2003 « santé, pour une politique de prévention durable » souligne que, contrairement aux pays anglo-saxons, la France n'a pas participé au programme initié par l'OMS sur le développement de la promotion de la santé à l'école. (Documentation française. Paris. 2003).

541 Le Code de la Santé publique reprend les dispositions du Code de l'Education dans son article L.2325-1

542 Art. L.2325-3 CSP

message invite au travail en équipe dans le but d'assurer le développement de la *personnalité* de l'enfant. Dans une telle perspective, la transmission des savoirs académiques, pour essentielle qu'elle soit, ne suffit pas. Pour reprendre une trilogie chère aux travailleurs sociaux, l'acquisition du savoir et du savoir-faire ne vaut que si elle est parachevée par un savoir-être.

Entre les intentions et les réalités, l'écart est grand. D'une part, l'organisation de l'enseignement place l'enseignant dans une situation de relative solitude face à ses élèves alors qu'il se trouve de plus en plus souvent aux prises avec un plus grand nombre d'enfants ayant des problèmes comportementaux. Il doit aussi faire face à des injonctions contradictoires émanant de l'administration, d'une part, des parents d'autre part, dont un certain nombre sont passés d'une attitude de déférence à une attitude consumériste exigeante, envisagée sous le seul aspect de la « rentabilité » scolaire.

Le travail en équipe n'en serait que plus nécessaire et maints exemples en milieu scolaire en montrent la fécondité. Mais il suppose un apprentissage et, notamment dans les collèges et lycées, une équipe de direction formée à l'animation de la « communauté éducative ». Or, outre que les moyens d'une telle formation paraissent limités, de nombreuses études sociologiques ont montré combien notre système scolaire est- en dépit de son projet égalitaire - tributaire d'une logique de compétition et de reproduction sociale en conflit avec l'approche pédagogique centrée sur la personne de l'enfant. L'institution, enfin, fortement centralisée, tend à l'autosuffisance autour des valeurs du savoir plus que du savoir-être. Des médecins tentent ainsi, en vain jusqu'ici, de convaincre le ministère de l'Education nationale de l'importance de l'activité physique chez les élèves et de l'intérêt d'associer les enseignements des sciences de la vie et de la terre à celle-ci.

Si les infirmières de santé scolaire jouent dans les établissements d'enseignement un rôle essentiel qu'on pourrait qualifier de « refuge » pour un certain nombre d'élèves, c'est souvent parce que ces derniers éprouvent un mal-être lié à des situations familiales et sociales dégradées mais aussi, parce que les formes que prend cette sélection produisent de nombreux sentiments d'échec et de perte de la valeur de soi. La collaboration des professionnels de santé et d'enseignement existe mais elle reste surtout liée à des engagements individuels et/ou à la capacité de chefs d'établissement à susciter et animer un véritable travail en équipe. Malgré des effets bénéfiques, elle ne suffit pas à transformer un système institutionnel et culturel qui tend à promouvoir des injonctions contradictoires ayant pour effet de fragiliser la position des enseignants s'engageant dans une démarche de coopération professionnelle.[543]

En pratique, les services de santé scolaire doivent accorder une priorité aux populations d'élèves précarisées socialement et/ou psychologiquement sans pouvoir réaliser tous les bilans de santé prévus par les textes.[544] La loi confirme d'ailleurs cette orientation en demandant aux centres médico-sociaux scolaires d'assurer, outre leur mission classique de consultation et de dépistage, une action coordonnée de l'ensemble des personnels de santé scolaire dans le cadre du programme régional d'accès à la prévention et aux soins (PRAPS).

Au-delà de cette approche populationnelle, l'éducation sanitaire et la coordination entre les enseignants et l'équipe de santé scolaire sont des impératifs proclamés qui s'appliquent à l'ensemble de la population scolaire.

Si l'éducation à la santé peut être efficace, c'est certainement dans l'enseignement préélémentaire et élémentaire. C'est à ce stade du développement de l'enfant que ses méthodes sont susceptibles d'obtenir des résultats durables, d'autant qu'elles ont été profondément renouvelées à la lumière des enseignements de la psychologie et de la sociologie et qu'elles ont ainsi gagné en efficacité, en s'appuyant notamment sur les méthodes d'acquisition des « compétences psychosociales ».[545] Encore faut-il qu'elle soit insérée dans le programme scolaire. Celui-ci est investi de tant d'attentes sociales et de priorités en conséquence qu'elle reste une activité marginale. Ce qui est probablement le meilleur instrument de promotion de la santé se situe à une place marginale qui dément le discours officiel, volontariste, mais de peu de prise sur les réalités d'une institution aussi fortement bureaucratique, marquée par une culture corporatiste ancienne.

---

543 Rapport Flajolet, op cité ; « Apprendre à la santé à l'école ». Brigitte Sandrin Berthon. « Pour une politique de santé de l'enfant et de l'adolescent ». Société française de santé publique 15.1.2002 ; « Education pour la santé des jeunes. Démarches et méthodes. Expertise collective ». Institut national de santé et de la recherche médicale (INSERM) juin 2001.

544 Le rapport Flajolet souligne (annexe 2 p 30) que le ministère de l'Education nationale dispose d'une base considérable de données sanitaires (examens médicaux réalisés dans le cadre du bilan obligatoire des enfants de 5/6 an) sans qu'existe une relation structurée d'exploitation de ces données avec les autres services de santé.

545 Les « compétences psychosociales » sont, selon la définition qu'en donne l'OMS (en 1993) « la capacité d'une personne à répondre avec efficacité aux exigences et aux épreuves de la vie quotidienne ». En application de cette définition générale, se sont développés d'importants programmes pédagogiques fondés sur le postulat (et le constat) que l'apprentissage de l'identification par l'enfant ou l'adolescent de ses émotions, de la compréhension de celles-ci lui permettront d'acquérir un savoir-faire dans la coopération avec autrui, la capacité à prendre des décisions, à résoudre des conflits, à gérer des situations de tension.

Le second impératif serait la formation des enseignants aux signaux (souvent associés à la baisse de l'attention scolaire) qui permettent d'identifier à temps les problèmes médico-psycho-sociaux d'un élève. Il n'est évidemment pas souhaitable d'organiser une confusion des rôles en demandant à l'enseignant d'être médecin, ou infirmier ou psychologue. Mais l'aptitude au repérage de signaux de mal-être chez un élève permettrait une coopération plus efficace entre l'enseignant et l'équipe de santé scolaire, le premier pouvant recevoir d'utiles conseils sur la conduite à tenir vis-à-vis de l'élève, la seconde étant en mesure de prendre en charge plus précocement l'élève ou la situation qui motive son état.

Si l'éducation sanitaire peut être intégrée aux enseignements dans l'enseignement élémentaire, la question se pose différemment dans l'enseignement secondaire : soit celle-ci est dispensée par des éducateurs sanitaires spécialisés, soit elle est dispensée par les enseignants eux-mêmes dans le cadre de leur enseignement. Dans le premier cas, l'expérience et les compétences acquises par les infirmières de santé scolaire, leur audience auprès des jeunes, pourraient être mises à profit pour le développement d'une qualification d'éducateur sanitaire. Cela suppose évidemment un effort significatif de recrutement et d'amélioration de la carrière dans cette profession. Ce serait sans doute un des meilleurs investissements en santé publique. Dans la seconde hypothèse, les enseignants pourraient disposer de l'information leur permettant d'intégrer des éléments d'éducation sanitaire dans leur discipline et être ainsi à même de coopérer avec les équipes de santé scolaire, suivant une logique de « communauté éducative ». On objectera que cela a un coût mais ce coût est un investissement en santé particulièrement « rentable » en termes de pathologies et addictions évitées.

Tous les étudiants en santé -médecine, pharmacie, odontologie, soins paramédicaux- (48 000 étudiants environ) doivent, dans le cadre du « service sanitaire » instauré depuis 2018, effectuer un service de 3 mois en éducation sanitaire auprès des écoles, collèges et lycées. L'intérêt est double : satisfaire un besoin non couvert et sensibiliser les futurs professionnels aux enjeux de la santé publique. L'expérience est intéressante sous réserve d'évaluation. Mais elle ne peut compenser la faiblesse d'un service de santé scolaire dont la *permanence* auprès des élèves est une nécessité.

4. L'effritement constant des moyens en santé scolaire contredit les intentions affichées

Jamais les moyens prévus par les textes n'ont été accordés aux services de santé scolaire. Selon un rapport du médiateur de l'Education nationale (juin 2017), au 1er juin 2016 l'effectif des médecins de santé scolaire était de 1035 ce qui correspond à un médecin pour 12 000 élèves alors que les textes fixent une norme de un pour 5000 (un pour 3000 dans les zones prioritaires). Cet effectif est en baisse de 20% depuis 2008.[546] Les « réseaux d'aide spécialisés aux élèves en difficulté » (RASED) avec lesquels le service de santé scolaire coopère ont été sérieusement écrêtés depuis 2007.[547]

L'effectif actuel d'infirmières de santé scolaire (environ 7000) pourrait être progressivement accru afin que sa répartition territoriale soit plus équilibrée dans les établissements d'enseignement secondaire (leur nombre varie de 1 pour 250 élèves à 1 pour 2000)[548] et auprès de la population des élèves des écoles maternelles et primaires et des collèges (une infirmière pour 3 à 6000 élèves selon les secteurs). Le rôle du service social de santé scolaire (environ 2500 agents) est primordial, auprès des familles en situation de précarité sociale et psychologique. Ses missions impliquent une étroite coopération avec les autres services sanitaires et sociaux

5. Le rôle croissant des services de santé dans l'enseignement supérieur et la formation professionnelle

L'entrée dans l'âge adulte, l'adaptation à la vie universitaire qui marque la fin d'un long encadrement familial et social, représentent pour un certain nombre d'étudiants une période de construction de nouveaux liens sociaux, une phase qui peut être de solitude et de fragilité. Selon l'observatoire de la vie étudiante, si dans leur grande majorité les étudiants ont un niveau de santé satisfaisant, au moins 10% ressentent des syndromes ou des difficultés psychologiques. Les conduites à risque représentent un quart à un tiers de cette population.[549]

La prévention et la promotion de la santé sont assurées par les services de santé au travail dans le cadre de l'apprentissage et, à l'université, par le service universitaire de médecine préventive et de promotion de la santé (SUMPPS). Présent sur chaque campus universitaire, il dispose d'équipes pluridisciplinaires ayant une mission d'accueil, d'information et d'écoute,

---

[546] Les conditions de rémunération des praticiens ne supportent pas la comparaison avec celles qu'offre le secteur libéral ou même le secteur hospitalier public. A chaque concours de recrutement, il n'y a guère plus du quart de postes vacants qui soit pourvu. Le rapport précité du médiateur souligne que l'âge moyen des praticiens est de 54,8 ans (près d'un tiers ont plus de 60 ans). La médecine préventive recueille peu d'intérêt, voire peu d'estime, au sein des facultés de médecine et des établissements hospitalo-universitaires qui assurent la formation des médecins selon une hiérarchie technique et sociale assez repérable. Le fait de pratiquer ou non des actes cliniques joue, de ce point de vue, un rôle particulièrement discriminant.

[547] Suppression de plus du quart des 14 000 postes alors que les effectifs n'étaient déjà pas suffisants

[548] Les dépenses de santé scolaire représentent à peine 0,4% des dépenses de consommation médicale.

[549] Observatoire de la vie étudiante. Données de santé extraites de l'enquête nationale sur les conditions de vie des étudiants. 5.9.2017.

d'une part, d'établissement de bilans de santé, de dépistage et soins de première intention d'autre part. Une importante aide psychologique est proposée par des « bureaux d'aide psychologique universitaire ». Un réseau d'étudiants en santé s'est formé sur le principe de l'entraide entre pairs, susceptible d'atteindre les étudiants qui hésitent à recourir aux institutions Environ 50% des campus disposent d'un centre de santé. Un service de santé est spécialisé dans l'accompagnement des étudiants handicapés. Il reste que, là aussi, les besoins nécessitent des moyens difficiles à réunir.[550]

[550] La pandémie du SARS-CoV2 ayant contraint les autorités à organiser durant plus d'un an les enseignements à distance, les services de santé ont pu observer une augmentation importante du nombre d'étudiants souffrant de troubles psychiques et physiques liés à leur isolement social.

Chapitre IV
Les stratégies de prévention ciblées

Nombreux sont les accidents et les pathologies imputables en tout ou partie à des causes multifactorielles, environnementales et/ou sociales, d'une part, à des comportements sociaux et/ou individuels, d'autre part qui apparaissent, au moins pour un part, *évitables* par des stratégies de prévention. Ils sont à l'origine de dizaines de milliers de décès *prématurés* chaque année.

Nous ne reviendrons sur la priorité de la promotion de la santé et de la prévention primaire que pour souligner que les stratégies de prévention *ciblées sur une pathologie et/ou sur une population exposée à un ou plusieurs risques spécifiques* sont déjà, très souvent, de l'ordre de la réparation et comportent, à cet égard, une part d'aléatoire quant aux résultats. La nature différente des problèmes ciblés implique une grande variété des actions et une grande capacité d'adaptation à des pratiques évoluant parfois fortement. On pourrait dire, en empruntant au vocabulaire médical, que nombre de ces stratégies ciblent des *symptômes. Elles sont à la fois nécessaires et seulement complémentaires d'une politique de promotion de la santé visant à agir sur les causes structurelles de la détérioration des états de santé au sein d'une population.*

Il ne serait pas possible, dans le cadre de cet ouvrage, de traiter de manière exhaustive l'ensemble de ces actions. L'accent sera donc mis sur celles qui ont une incidence particulièrement lourde pour la santé publique.

I. L'exemple d'une approche populationnelle : le programme régional pour l'accès à la prévention et aux soins des plus démunis (PRAPS)

Le PRAPS a été institué par la loi relative à la lutte contre les exclusions de 1998.[551] Il définit les actions préventives des pathologies *« aggravées par la précarité ou l'exclusion sociale,* notamment les maladies chroniques, les dépendances à l'alcool, à la drogue ou au tabac, les souffrances psychiques, les troubles du comportement et les déséquilibres nutritionnels ».

C'est la situation socio-économique des populations concernées qui est, a priori, le « déterminant » principal de leur état sanitaire (mais le basculement dans la précarité sociale est souvent induit par un état de santé physique ou psychique dégradé). Les actions prévues par le PRAPS doivent prioritairement aider les intéressés à faire reconnaître leurs droits sociaux et à bénéficier de programmes d'éducation sanitaire, de dépistage et de

---

[551] Loi n°98-657 du 29.7.1998

prévention, d'une part, d'accès aux soins, d'autre part. Cela requiert généralement un diagnostic pluridisciplinaire (médico-psycho-social) permettant de définir avec les personnes aidées un projet de santé adapté à leur situation. Le programme exige une coordination des actions entre de multiples intervenants des secteurs sanitaires et sociaux. Il se décline en programmes locaux définis en fonction de l'analyse des besoins, notamment dans le cadre de la politique de la ville. Les « ateliers santé-ville » (ASV) en sont, dans les « quartiers prioritaires » identifiés par cette politique, une application importante.[552]

Des « contrats urbains de cohésion sociale » (CUCS) peuvent être conclus en vue d'améliorer la prévention et la prise en charge des souffrances psychiques, d'aider à la formation de groupes d'entraide mutuelle (GEM), de créer des « lits halte soins santé »,[553]d'établir avec les organismes de HLM des conventions déterminant les conditions de leur contribution à ce programme, de créer des « maisons-relais »[554] ou de coopérer avec les « ateliers santé-ville ».

Les PRAPS visent une population très fragilisée psychologiquement et socialement, dont environ un quart de jeunes adultes (16-25 ans). Ils permettent la réalisation d'environ 1500 actions par an. Leur financement (25 à 30 millions d'euros/an), assuré principalement par l'Etat, est complété par les contributions des organismes de sécurité sociale et des collectivités territoriales. L'entreprise de réinsertion sociale qui sous-tend ces programmes exige un investissement important dans des méthodologies difficiles à élaborer et à mettre en œuvre. Une première évaluation des PRAPS effectuée en 2002 conclut à leur intérêt certain sans pouvoir en mesurer précisément les résultats.[555]Ses recommandations sont celles que l'on retrouve dans la plupart des études similaires : développer une analyse plus qualitative des besoins, à un niveau local plus fin, perfectionner la gestion de projets, améliorer la formation des équipes de projet, préciser davantage les fonctions respectives des niveaux régionaux et locaux. Il faut se rendre à l'évidence qu'il est très difficile de libérer des individus et des groupes sociaux d'une situation de précarité médico-psycho-sociale acquise

---

552 1300 quartiers urbains ont été définis comme prioritaires selon les critères de précarité sociale

553 Les lits halte soins santé accueillent temporairement des personnes majeures, sans domicile fixe, ne pouvant être prises en charge par d'autres structures médico-sociales, leur état nécessitant des soins infirmiers mais leur situation excluant qu'elles vivent dans la rue.

554 Les « maisons-relais » accueillent sans limitation de durée des personnes à faible niveau de ressources, en situation d'isolement ou d'exclusion, dont l'accès à un logement autonome n'est pas possible à court terme mais dont la situation ne justifié pas leur admission dans un centre d'hébergement et de réinsertion sociale qui accueille des personnes devant être aidées à recouvrer leur autonomie..

555 Evaluation des PRAPS de 1ère génération (2000-2002). C.Gerhart et G.Pelé. HCSP/DGS

dès l'enfance, reproduisant un schéma social et familial marqué par le cumul des handicaps. Cela implique un fort investissement, qui doit être global (logement, formation, emploi, aide psycho-sociale), qui ne peut réussir que dans une action fortement coordonnée, s'appuyant sur un niveau élevé de qualification des intervenants et sur la solidité de la méthodologie d'intervention. Tout ceci paraîtra évident aux professionnels des services sanitaires et sociaux qui, depuis des décennies, tentent de mettre en œuvre de tels programmes. Si les résultats demeurent fragiles, c'est peut-être que la multiplicité des institutions et des financements en cause rend difficile une application coordonnée des actions. C'est aussi que l'investissement budgétaire demeure limité. Les disponibilités budgétaires n'étant pas extensibles dans un pays dont le taux de dépenses publiques est le plus élevé parmi les pays comparables, *c'est la question de la répartition des moyens des budgets sociaux qui est posée.* Il ne paraît pas qu'elle profite prioritairement aux populations les plus défavorisées.

II. La prévention des risques liés à l'environnement, entre principe de précaution et principe de réalité

Longtemps négligées, les conséquences sanitaires de la dégradation de l'environnement occupent désormais une place essentielle dans la politique de santé publique. La *« Charte de l'environnement »* intégrée au Préambule à la Constitution, proclame un *« droit de chacun à vivre dans un environnement sain et équilibré, d'accéder aux informations relatives à l'environnement,* de *participer à l'élaboration des décisions publiques »* en la matière. L'Etat doit promouvoir un *« développement durable »* et appliquer, si nécessaire, le *« principe de précaution ».*

C'est en vertu de ce principe que le Conseil Constitutionnel s'est prononcé sur les conditions de culture d'organismes génétiquement modifiés[556] et que la notion de *« préjudice écologique »* a été établie par la jurisprudence puis posée en principe ouvrant droit à réparation par la loi de 2016 relative à la biodiversité.[557] Un pas supplémentaire a été franchi avec la création, dans la loi « climat et résilience » de 2020, du délit d'écocide.

La santé environnementale est une dimension centrale de la problématique de l'environnement. Elle concerne l'ensemble des « milieux de vie » (travail compris). C'est un des enjeux majeurs de la prévention primaire mais elle nécessite aussi des stratégies de prévention ciblées. L'OMS estime

[556] Décision n°2008-564 DC du 19.6.2008

[557] Arrêts de la Cour d'Appel de Paris (30.3.2010) et de la Cour de cassation (Crim.n°13-87.650) 22.3.2016. Loi du 8.8.2016 relative à la biodiversité, à la nature et aux paysages.

qu'environ *15% des pertes de santé dans les pays occidentaux sont liées à des facteurs environnementaux.*

Nous avons vu précédemment le rôle central de la règlementation européenne dans ce domaine. Nous constaterons que l'adaptation française des directives de l'UE connaît, sur des sujets importants, des retards ou des transpositions a minima de ces directives, qui illustrent les résistances d'un certain nombre de professions agricoles et industrielles. Il arrive même que ces directives ne soient pas appliquées, ce qui a conduit la Commission européenne à saisir la Cour de justice de l'UE.

Dans son avis du 17 mai 2017 sur la « stratégie nationale de santé », le Haut Conseil en santé publique(HCSP) préconise d'agir prioritairement à l'égard de la pollution atmosphérique et des risques chimiques liés aux pesticides et aux perturbateurs endocriniens.

Certains produits, dont la toxicité est avérée, devraient voir leur production et commercialisation interdite. Eu égard aux conséquences économiques et sociales - in fine politiques - l'interdiction est généralement, sauf péril imminent pour la population, assortie de phases de transition destinées à permettre le développement de produits de substitution exempts de nocivité. C'est sur la durée de la phase de transition et sur la capacité et la détermination des acteurs publics et privés à trouver des alternatives que bute l'application de nombreuses mesures.

1. L'obligation d'un plan de prévention sanitaire des risques liés à l'environnement

La loi de santé publique du 9 août 2004 instaure une obligation pour l'Etat d'établir un plan national santé-environnement (PNSE). Ce plan quinquennal traite prioritairement les risques pour la santé des « effets des agents chimiques, biologiques et physiques présents dans les différents milieux de vie, y compris le milieu de travail, ainsi que ceux des évènements météorologiques extrêmes ». Il est décliné en plans régionaux intégrés dans chaque projet régional de santé (PRS), en fonction des facteurs de risques spécifiques à chaque région. [558]

Trois PNSE ont été développés avec des résultats inégaux selon les objectifs. Ils sont articulés autour de quatre axes qui se recoupent : l'action sur les milieux physiques (air, eau, sol...), l'action sur les polluants, la prévention des pathologies potentiellement liées à la dégradation de l'environnement (cancers, maladies cardiovasculaires, neurologiques, respiratoires...),

---

[558] Article L.1311-6-7 du Code de Santé publique

l'approche populationnelle, centrée sur les populations vulnérables (femmes enceintes, enfants, personnes âgées, malades chroniques…).

Le premier PNSE (2004-2008) s'inspirait de la stratégie européenne de l'OMS et du sixième Programme d'action de l'UE pour l'environnement. Il visait l'identification précise des risques sanitaires liés à l'environnement, l'introduction des priorités environnementales dans les législations relatives aux milieux physiques, le développement de la recherche en santé environnementale, la mise en œuvre des directives européennes sur l'eau et le bruit, la prescription des normes de qualité de l'air, l'interdiction des pesticides les plus dangereux. Selon le Ministère de la Santé, environ 60% des mesures projetées ont été engagées mais les mesures importantes n'ont connu qu'une application très limitée.[559]

Le second plan (2009-2013),[560]assorti d'objectifs chiffrés, entendait réduire les inégalités face aux risques sanitaires liés à la dégradation de l'environnement. Dans son rapport d'évaluation, le HCSP souligne la difficulté d'en évaluer avec rigueur les résultats en raison de l'inadaptation du système d'information en santé environnementale et de l'échelle de temps long dans la survenue des pathologies induites par les polluants.[561] Il conclut, à la lumière des données utilisables, que la qualité de l'air (extérieur et intérieur) ne s'est pas améliorée. Une amélioration limitée, insuffisante, de la qualité de l'eau est observée. Un seul objectif a été pleinement atteint avec la réduction de 50% du taux de plombémie (risque de saturnisme chez les enfants). Face aux fortes réticences exprimées par les principales organisations professionnelles agricoles, les objectifs du PNSE ont été, de facto, délaissés.

Le troisième plan (2015-2019) comporte des programmes spécifiques tels que l'amélioration de la protection des captages d'eau et une surveillance accrue des eaux destinées à la consommation, l'interdiction, à nouveau, de pesticides réputés dangereux, l'identification des nanomatériaux et des perturbateurs endocriniens susceptibles de constituer un risque sanitaire sérieux. Comme les précédents, et pour les mêmes raisons, il n'a pas avancé sur la diminution de l'utilisation des polluants en agriculture.

---

[559] Plans de déplacement urbain, protection contre la pollution atmosphérique, traitement des logements insalubres, prévention contre les risques liés aux substances toxiques…

[560] Issu du « Grenelle de l'environnement » ayant réuni, à l'initiative du Gouvernement, en 2007, l'ensemble des acteurs sociaux et économiques, en vue d'établir un diagnostic partagé de la situation environnementale et de dégager des propositions d'action publique.

[561] Rapport d'évaluation du PNSE 2009-2013 du Haut Conseil de santé publique

2. Une tardive mobilisation contre les risques sanitaires liés à la pollution atmosphérique

Le HCSP estime à 48 000 par an le nombre des décès annuels qui sont, en France, imputables à la pollution atmosphérique.[562]Le coût qui en résulte pour la collectivité est chiffré à 101,3 milliards d'euros/an selon un rapport du Sénat (juillet 2015).

Les pouvoirs publics ont établi un schéma de planification nationale et régionale des actions de réduction des polluants dans l'air conformément aux règlements européens. Il doit prendre en compte de grandes inégalités socio-territoriales liées à une exposition variable à un ou plusieurs facteurs de risques (souvent cumulés) et à une vulnérabilité différente en raison de l'interaction avec d'autres facteurs agissant sur l'état de santé (régime alimentaire, sédentarité, tabagisme, accès aux soins…).[563]

Mais la France figurait en 2018 parmi les neuf pays membres de l'UE ne respectant pas les normes fixées par la directive européenne de 2008 sur la qualité de l'air[564]Le Conseil d'Etat a fait obligation au Gouvernement d'appliquer ces règles dans un arrêt de 2017.[565]La Commission européenne, après avoir rejeté le plan français, jugé non conforme aux objectifs de sa directive, a décidé le 17 mai 2018, (après six rappels et mises en demeure depuis 2010), de renvoyer notre pays devant la CJUE pour non-respect des normes de qualité de l'air. La Cour a condamné la France, estimant qu'elle avait « dépassé de manière systématique et persistante » la valeur limite annuelle pour le dioxyde d'azote depuis le 1er janvier 2010 alors que la particulière toxicité de ce gaz est avérée.

En conséquence, les pouvoirs publics ont été contraints de prendre différentes mesures visant à réguler la circulation urbaine et à accélérer le

---

562 Note d'avis du Haut Conseil de la santé publique du 31 juillet 2017 se référant à l'enquête de « santé publique France ».

563 La notion d' « exposome » définit les formes d'exposition aux risques : diversité, intensité, fréquence des sources de pollution, facteurs génétiques de sensibilité variable selon différents critères (âge, notamment).

564 Valeurs limites d'exposition aux particules fines PM10 (inférieures à 10 microgrammes) et au dioxyde d'azote (NO2) : 40 microns/m3 en moyenne annuelle. L'OMS recommande de ne pas dépasser 25 microgrammes de « particules fines » par m3 d'air plus de trois fois par an. Des travaux scientifiques récents établissent que les « particules fines » d'un diamètre de 2,5 micromètres franchissent la barrière pulmonaire et pénètrent dans la circulation sanguine. 90% des particules sont « ultra-fines » (inférieures à 0,1 micromètre) et pourraient migrer, selon des spécialistes, vers le cerveau, via la circulation sanguine, ou traverser le placenta des femmes enceintes. Les normes de 2008 doivent être renforcées à la lumière des données les plus récentes.

565 C.E arrêt n°394254 du 12.7.2017 « les Amis de la Terre ».

renouvellement du parc automobile au profit de véhicules moins polluants.[566] La loi d'orientation relative aux « mobilités » de 2019 prévoit une forte augmentation des crédits publics au profit des différents modes de transport en commun et du développement des moyens de déplacement les plus économes. Le plan de relance économique annoncé le 3 septembre 2020 par le Gouvernement consacre 1/3 des 100 milliards d'euros prévus aux projets de transition écologique. Une part importante de ces crédits devrait être allouée aux projets de mobilités moins polluants.

La principale source de pollution par des particules fines est le résidentiel (faible isolation thermique des bâtiments, mode de chauffage).[567]Les pouvoirs publics ont mis en œuvre des politiques d'aide à la rénovation du patrimoine immobilier qui nécessiteront un programme de financement de 12 à 15 ans (le nombre des logements concernés est d'environ 5 millions).

3. Les insuffisances de la lutte contre la pollution de l'eau et des sols

La France est le troisième consommateur mondial de produits phytosanitaires (plus de 5 kg/ha). Les 2/3 des pollutions subies par l'eau proviennent des pesticides, herbicides, fongicides employés par l'agriculture. Les risques pour la santé humaine d'un certain nombre de ces produits sont aujourd'hui bien documentés.[568] Mais la réduction de leur usage s'avère très difficile. Le cas du glyphosate en est une illustration : il devait être interdit d'usage à partir de 2021 en France. Finalement, à la suite d'un rapport de l'Institut national de recherche agronomique montrant que, pour certains usages, il n'y aurait pas d'alternatives à court terme, un régime de dérogations a été fixé.[569]

---

[566]Création de zones à circulation et vitesse limitées, création d'une vignette identifiant le degré de pollution émise par un véhicule afin de restreindre son accès urbain, le cas échéant.

[567]Selon une étude du Centre interprofessionnel technique d'études de la pollution atmosphérique (CITERPA), le résidentiel représente en France (en 2015) 29% des émissions de PM10 et 46% de PM2, le diesel 9% des PM 2,5 et l'élevage 14% de PM 10.

[568]Le rapport d'expertise collective de l'INSERM confirme un lien entre l'exposition aux pesticides et le développement de nombreux cancers professionnels, de maladies dégénératives. L'étude met en évidence les risques de l'exposition aux pesticides durant la période de grossesse (forte majoration des risques de leucémies, tumeurs cérébrales, malformations et troubles du développement cérébral chez l'enfant). Voir également le rapport de l'ANSES (25.7.2016) aux conclusions identiques, celui de la mission d'information parlementaire sur l'utilisation des produits phytosanitaires en France rendu public le 5.4.2108. La rédaction et la publication de ces rapports ont été l'objet de conflits très vifs (« Le Monde » des 28.7.2016 et 7.4.2018) en France et au niveau européen (« Le Monde » du 11.12.2018).

[569] Rapport INRA sur les alternatives au glyphosate du 1.12.2017.Le 10.1.2022, la commission nationale de la déontologie et des alertes en matière de santé publique et d'environnement a recommandé que soit réévaluée l'expertise européenne qui, en 2017, avait conclu à la possibilité de renouveler l'homologation de ce produit dans des conditions ne

La France n'est jamais parvenue à appliquer pleinement les directives européennes relatives à la qualité sanitaire de l'eau. La Commission européenne, après lui avoir adressé en 2011 un « avis motivé » et plusieurs avertissements restés sans réponse, a engagé en 2012 auprès de la CJUE une procédure visant la condamnation de notre pays pour non-respect de la directive de 1991 sur le taux admissible de nitrates d'origine agricole. D'autres substances chimiques fortement présentes dans la moitié des rivières françaises et dans un tiers des nappes phréatiques sont en cause. Sur plus de la moitié des points de mesure, la norme de qualité est dépassée. Concernant les sous-sols, la valeur-guide européenne est dépassée sur 43% de la superficie du territoire.[570]La profession des agriculteurs est la première victime de ce mode de production.[571]

Pendant des décennies, la politique agricole européenne a financé un modèle d'agriculture intensive destiné à garantir l'autosuffisance alimentaire au sein de l'UE. La transition vers un modèle de production et de consommation préservant la nature et la santé humaine est d'autant plus complexe que la plupart des exploitants agricoles, insérés dans un système économique intégré sur lequel ils ont peu de prise, ne pourront rompre avec le modèle productiviste sans une aide importante. Le Gouvernement prévoit ainsi une dotation de 1,1 milliard d'euros de crédits au bénéfice des agriculteurs s'engageant dans une production dite « biologique ».[572]

Un premier plan (« Ecophyto ») engagé en 2009 prévoyait de réduire de 50% l'usage des pesticides en dix ans mais la consommation de pesticides en nombre de « doses-unités » a progressé de 25% en 10 ans.[573]Un second plan (2015) fixe à l'horizon 2025 des objectifs ciblés par type de culture et par région, accompagnés par des mesures financières incitatives et/ou

---

satisfaisant pas, a priori, aux standards de l'objectivité scientifique. De même, est-il demandé un réexamen des conclusions favorables au produit qui ont été émises par un groupe d'experts de quatre pays (« Le Monde » du 12.1.2022).

570 Données du ministère de l'Environnement et des agences de l'eau (2016). La situation, préoccupante dans le Bassin parisien, l'ouest et le nord, s'améliorerait en Bretagne où 40% environ de la masse d'eau serait conforme aux normes européennes (10% environ en 1990).

571 La maladie de Parkinson et les lymphomes sont désormais inscrits au tableau des maladies professionnelles de l'agriculture.

572 Soit une hausse de 62% des crédits alloués dans le précédent plan. Elle devait permettre de porter la superficie consacrée à l'agriculture biologique de 6,5% à 15% en 2022 mais le taux réel sera probablement plutôt de 12% environ.

573 Note du ministère de l'Agriculture du 7.1.2020 (le nombre de doses-unités - NODU - est l'indice d'intensité d'utilisation des pesticides employé en France mais cet indice n'étant pas employé dans les autres pays, les comparaisons internationales s'avèrent délicates. Le ministère estime cependant qu'une baisse de 15 et 9% en moyennes triennales des molécules à toxicité avérée est observée.

dissuasives.[574] Un troisième plan (25 avril 2018) reprend les objectifs du plan Ecophytho » de 2015.[575] Aucun n'a respecté les objectifs initiaux.

L'évolution de la perception du risque sanitaire dans une partie des classes sociales contraint les producteurs à s'engager dans un mode de production moins nocif mais discriminant quant au prix à la consommation. On observe aussi un net accroissement des décisions de justice condamnant les producteurs pour n'avoir pas suffisamment informé les utilisateurs de leur produit des risques qu'ils comportaient eu égard « aux données de la science ».[576]Les Etats peuvent être mis en cause également pour leur inaction face à un risque connu.[577]La mise aux normes sanitaires européennes sera progressive en France mais elle est inéluctable. La politique agricole européenne adoptée par le Parlement européen le 23 novembre 2021pour la période 2023-2027 accentue la part de son financement destinée à une agriculture répondant à des critères de protection de l'environnement. Mais les critères et les conditions de financement témoignent de la difficulté du compromis passé avec les grandes organisations professionnelles, inquiètes des effets d'un renoncement progressif au modèle de production intensive.

4. Les risques potentiels des perturbateurs endocriniens, des nanotechnologies, de la perte de biodiversité et du changement climatique

Le champ des produits suspectés d'être des perturbateurs endocriniens (PE) est vaste. La communauté scientifique alerte les Etats sur des risques sanitaires potentiels ou avérés, graves et irréversibles, pour les individus. Le HCSP préconise une évaluation de ces risques ainsi que de ceux, potentiels, qui seraient liés à l'emploi des nanotechnologies et à l'extension du recours aux ondes électromagnétiques. Les conséquences sur la biodiversité du

---

[574] La loi sur « l'alimentation saine et durable » du 3.10.2018 sépare les fonctions de conseil et de vente de produits phytosanitaires, interdit leur vente en promotion et donne une définition plus rigoureuse des néonicotinoïdes soumis à interdiction mais des dérogations temporaires ont été accordées, notamment pour leur emploi dans la culture des betteraves.

[575] L'Agence nationale de sécurité sanitaire de l'environnement, de l'alimentation et du travail (ANSES) a identifié, parmi 557 polluants, 13 substances chimiques non réglementées présentant un risque sanitaire avéré (avis du 28.6.2018 consultable sur le site de l'agence).

[576] Décision d'un tribunal de Californie (10.8. 2018) condamnant Monsanto-Bayer à réparer le préjudice subi (cancer en phase terminale) par l'exposition à des herbicides contenant du glyphosate. Plus de 4000 procédures identiques sont engagées aux USA.

[577] Le rapport de la commission d'enquête parlementaire sur la contamination au chlordécone, pesticide employé aux Antilles durant 20 ans dans les plantations de bananes, classé cancérigène possible, identifié comme perturbateur endocrinien dès 1979 par l'OMS, conclut que l'Etat aurait dû prohiber ce produit comme l'ont fait les USA dès 1975. Le 4.6.2021, le tribunal administratif de Rennes a ordonné au préfet de région de prendre des mesures de protection de l'eau sur les bassins versants pollués par les « algues vertes » dans un délai de 4 mois et de réviser le plan de lutte contre les nitrates d'origine agricole.

changement climatique nécessitent aussi une évaluation des risques biologiques et microbiologiques éventuels, en particulier d'expansion des virus.

Un rapport récent de l'IGAS souligne que la France s'est engagée dans une stratégie de réduction de l'exposition aux PE et de recherche de produits de substitution dès avril 2014, un an après la publication du rapport conjoint de l'OMS et du Programme des Nations unies pour l'environnement estimant que *« les perturbateurs endocriniens constituaient une menace mondiale ».*[578] Il constate l'importance des mesures prises[579]mais note que la surveillance de l'exposition de la population aux PE est insuffisante en ce qui concerne le degré de dispersion atmosphérique des produits et quasi-inexistante quant au degré d'imprégnation des sols. Suivant les propositions du rapport, les pouvoirs publics ont accru l'effort de recherche dans ce domaine et contribué à la définition européenne du « perturbateur endocrinien »

5. L'alimentation associée à la sédentarité : un enjeu crucial pour la santé publique

Le contrôle des produits de l'alimentation humaine (et animale) relève d'une police très ancienne chargée de vérifier et sanctionner la fabrication et la consommation de produits frauduleux d'un double point de vue économique et sanitaire. Il mobilise particulièrement les services administratifs de la répression des fraudes, les services de contrôle vétérinaire et les services de contrôle des pêches. Mais cette mission de police ne suffit plus. De nombreux travaux scientifiques ont en effet établi des liens précis entre un certain nombre de pathologies chroniques lourdes et notre type d'alimentation. *Depuis 1950, l'alimentation des français s'est transformée profondément : elle comporte une part élevée de produits à forte teneur en graisse, sel et sucre, et de produits transformés.*

La forte incidence des cancers (+ 63% entre 1980 et 2000) du diabète (triplement entre 1985 et 1998) et des maladies cardio-vasculaires s'explique sans doute par une multiplicité de facteurs, dont le vieillissement de la population. *Mais le lien entre ces pathologies, notre régime alimentaire et la sédentarité est de mieux en mieux établi.* L'excès alimentaire, souvent associé à l'insuffisance d'exercice physique, est aussi la cause principale du *fort accroissement de l'obésité au sein de la population (17% des individus).*

---

[578] Rapport IGAS, Conseil général de l'environnement et du développement durable, Conseil général de l'alimentation, de l'agriculture et des espaces ruraux (janvier 2018).

[579] La France a interdit dès 2010 l'usage du bisphénol A dans les biberons et à partir du 1er janvier 2015 dans tous les contenants alimentaires.

On estime que l'activité physique réduirait d'environ 30% la mortalité en population générale.

Dans son rapport d'enquête le plus récent,[580] l'ANSES constate une suralimentation chez les hommes et les adolescents. La consommation de sel est, pour l'ensemble de la population, supérieure à l'objectif du Programme national nutrition-santé. Inversement, les apports en fibres contenues dans les fruits et légumes sont nettement en deçà des recommandations sanitaires et en recul (25% en 2016 contre 31% en 2010)).[581] Dans les pratiques d'alimentation, on observe d'importantes différences sociales et territoriales.[582] La sédentarité, facteur défavorable qui lui est souvent associé, est importante chez 80% des adultes et 71% des adolescents de 15 à 17 ans.[583]

La loi fait obligation à l'Etat d'organiser une politique de prévention et de diagnostic précoce des troubles du comportement alimentaire.[584] Un « programme national relatif à la nutrition et à la santé » (PNNS), d'une durée quinquennale, s'articule autour de quatre axes : 1 éducation, information, recommandations en matière nutritionnelle et en matière d'éducation physique, 2 dépistage et prise en charge spécifique des troubles nutritionnels, 3 gestion d'un système d'observation de l'état nutritionnel de la population et de ses déterminants, 4 développement de la formation et de la recherche en nutrition humaine.

---

[580] ANSES. (3ème étude individuelle des consommations alimentaires), sous l'égide des ministères de la Santé et de l'Agriculture. 12.07.2017

[581] Etude du Centre de recherche pour l'étude et l'observation des conditions de vie (CREDOC) publiée le 11.07.2017. Cette étude attribue un rôle à la crise économique dans la rechute de la consommation de fruits et légumes. Elle observe un fort accroissement des repas pris à l'extérieur, du recours aux achats hebdomadaires dans les centres commerciaux favorisant la consommation de produits préparés.

[582] L'étude « Esteban » (Agence nationale de la santé publique 2017) montre que 60,8% des hommes dont le niveau d'études est inférieur au bac sont en surpoids contre 42% chez les bac+3. Même observation chez les femmes (53,4% contre 29,6%) et chez les enfants dans les familles selon le niveau de diplôme des parents. Les inégalités territoriales sont également fortes : 25,6% de personnes obèses dans le département du Nord contre 10,7% à Paris. Ces données sont corrélées au niveau de vie : plus de 30% des femmes obèses ont un revenu mensuel inférieur à 450 euros contre 7% chez celles qui disposent d'un revenu mensuel dépassant 4200 euros par mois. Ces écarts sont sensibles dès la maternelle (4 fois plus d'enfants d'ouvriers obèses que chez ceux des cadres selon une étude DREES).

[583] Le temps passé devant un écran pour les loisirs a augmenté de 20 minutes chez les enfants passant à 3h05/jour et de 1h20 chez les adultes passant à 4h50/jour. Les conséquences d'une surexposition des enfants aux écrans ont fait l'objet d'un article de médecins et professionnels de la petite enfance constatant un accroissement chez les jeunes enfants concernés de troubles « semblables à ceux du spectre autistique » « Le Monde –sciences et médecine » du 31 mai 2017.

[584] Code de la Santé publique : articles L.3221 A à L.3232-9.

L'étiquetage des produits alimentaires selon leur teneur en sel, graisses et sucres s'impose progressivement depuis que l'arrêté interministériel du 31.12.2017 promeut le système « Nutriscore ». C'est une application du Règlement européen du 25.10.2011[585]rendant obligatoire la « déclaration nutritionnelle » sur les produits alimentaires. Celle-ci doit informer les consommateurs sur la teneur en énergie et en nutriments des aliments. Nutriscore est un système d'étiquetage permettant au consommateur d'identifier rapidement le degré de conformité aux normes sanitaires du produit qu'il achète. Il est facultatif mais sa simplicité et l'adhésion des organismes de défense des consommateurs l'imposent progressivement. [586]

Par ailleurs, la loi sur l'alimentation précitée fixe un objectif d'au moins 20% de produits issus de l'agriculture « biologique » dans la restauration publique d'ici à 2022 (contre environ 10% en 2018), objectif qui sera difficile à atteindre en l'état.

La promotion de l'activité physique est un élément majeur de la politique de santé publique. La loi de modernisation du système de santé de 2016 autorise les médecins à prescrire une activité physique à leurs patients souffrant d'une ALD. Depuis la LFSS pour 2020, un forfait soins est remboursé par l'Assurance Maladie pour l'accompagnement des patients après un cancer : il comprend un suivi psychologique, diététique et une activité physique. Il est démontré qu'une activité physique régulière et adaptée permet de réduire de 40% environ les récidives et d'améliorer de 40% la survie. Pour un certain nombre de pathologies chroniques, l'activité physique se substitue avantageusement, au moins en partie, à des thérapies médicamenteuses. Mais les pouvoirs publics n'ont pas encore franchi le pas qui permettrait un basculement significatif vers une pratique régulière de l'activité physique, le remboursement des frais étant limité au bilan d'activité physique. Une aide à l'activité elle-même en contrepartie d'une médication plus rigoureuse mériterait examen. L'éducation physique reste secondaire dans le cursus scolaire.

L'action publique en matière de sécurité alimentaire repose sur une répartition des compétences entre plusieurs ministères et sur leur coopération avec le Ministère de la Santé. Deux ministères ont d'importantes attributions dans ce domaine : les ministères de l'Economie et des finances (direction générale de la concurrence, de la consommation et de la répression des

---

585 Règlement européen n°1169/2011 du 25.10.2011

586 Nutriscore a été validé par la Commission européenne (27.10.2017) et par le Bureau européen de l'OMS. Plus de 200 grandes marques l'ont adopté mais de grandes entreprises multinationales ont créé leur propre logo et/ou dépensent des sommes considérables dans une pseudo-information sanitaire, semant une certaine confusion.

fraudes)[587] et de l'Agriculture (direction générale de l'alimentation).[588]Pour l'efficacité de l'action publique, la formation d'une police unifiée de l'alimentation est préconisée.[589]Lors du débat sur le projet de loi sur l'alimentation les associations de défense de l'environnement ont demandé, en vain, que la direction générale de l'alimentation soit transférée du Ministère de l'Agriculture au Ministère de la Santé.

La politique de « révision générale des politiques publiques » (2007-12) a réduit sensiblement les effectifs des services précités.[590] Est-ce bien dans de ces secteurs de l'activité publique qu'il faut réduire les effectifs ? En participant à l'effort de prévention, et donc à l'amélioration de la santé de la population, ils contribuent plutôt à l'amélioration à terme de l'activité économique.

6. La « santé au travail » : un nouveau défi

Les principes de base de la médecine préventive du travail ont été fixés par une loi du 11 octobre 1946. Elle reposait sur deux axes principaux : la « visite d'aptitude au travail » et la surveillance de l'état de santé des travailleurs. L'adoption par l'Organisation internationale du Travail (OIT) du concept de la *« santé au travail »* a ouvert la voie à une première évolution de ce service. Une seconde évolution est annoncée à la suite d'un rapport remis au Premier Ministre dont les recommandations devraient, au moins en partie, être reprises dans un projet de loi.[591]

Le Code du Travail fait obligation à l'employeur d'organiser un service de médecine du travail ou d'adhérer à un service de santé au travail interentreprises (SSTI) doté d'un statut d'autonomie correspondant à un minimum de 500 emplois. Ce service est placé sous la responsabilité des

---

[587] La DGCCRF (environ 2800 agents en services centraux et déconcentrés) conçoit et applique les règles de concurrence, de protection économique des consommateurs mais aussi leur protection sanitaire.

[588] La DGAL (environ 4800 agents en services centraux et déconcentrés et 14 000 vétérinaires habilités par l'Etat) contrôle le cycle de production.

[589] Limites décrites par la commission d'enquête parlementaire Leyzour-Chevalier sur la transparence et la sécurité sanitaire de la filière alimentaire (2000). Ainsi les services vétérinaires sont rattachés à la direction départementale de protection des populations tandis que les attributions de concurrence et de consommation relèvent des directions de l'emploi. Benoît Assemat in « Sécurité des aliments : la faille est dans la police » préconise la formation d'une véritable police de l'alimentation. « Le Monde », op cité

[590] Les effectifs de la DGCCRF ont baissé d'environ un quart depuis 2010, passant de 3800 à 2800).

[591] Rapport « Santé au travail : vers un système simplifié pour une prévention renforcée ». Charlotte Lecocq, Bruno Dupuis, Henri Forest, Hervé Lanouzière. Ministère du Travail. 2018. Un précédent rapport au Premier Ministre en 2010 « Bien être et efficacité au travail » (H.Lachmann, Ch. Larose, M.Penicaud, M.Moleux) n'a pas eu de suite significative.

employeurs en concertation avec les organisations représentatives des salariés.[592] Il n'y a pas de coordination instituée entre les services. Les systèmes d'information sont spécifiques à chacun des 943 services concernés. Il n'existe pas de liens entre ces services et la médecine de ville.

L'examen individuel d'aptitude au travail est une des principales activités de la médecine du travail puisqu'il représente une certification médico-légale de cette aptitude tant pour le travailleur que pour l'employeur. Mais, s'il permet de dépister des maladies professionnelles, il n'agit pas sur les causes des pathologies qui se forment *dans* et *par* le milieu de travail.[593]

Une loi du 31 décembre 1991 transposant dans le droit français une directive européenne,[594] a fait obligation aux employeurs *d'évaluer les risques sanitaires liés aux conditions de travail* et de mettre en place des services de santé et de *sécurité* dans l'entreprise. C'est moins la notion d'aptitude à un poste de travail que celle *d'exposition aux risques* dans un poste de travail qui tend désormais à prévaloir. Cette réorientation des missions est explicitée par une circulaire ministérielle du 9 novembre 2012[595]qui assigne aux services de santé au travail des objectifs convergents : préservation de la santé physique et mentale des travailleurs, conseil en prévention des risques professionnels pour l'amélioration des conditions de travail et pour le maintien dans l'emploi des travailleurs, surveillance de l'état de santé des travailleurs en fonction des risques encourus, de de la pénibilité au travail, contribution à la traçabilité des expositions professionnelles et à la veille sanitaire. Chaque service de santé au travail doit conclure un « contrat pluriannuel d'objectifs et de moyens », sur la base d'un projet pluridisciplinaire conforme aux objectifs des plans régionaux de santé au travail, avec l'Etat et la Sécurité Sociale. [596]

Les enquêtes du Ministère du Travail montrent une baisse régulière du nombre des décès imputables à des accidents du travail.[597]Les maladies

---

[592] Les services de santé au travail emploient 6500 médecins et 10 500 collaborateurs techniciens et administratifs pour plus de 16 millions de salariés.

[593] Rapport 2003 IGAS « Santé, pour une politique de prévention durable », op cité

[594] Loi n°91-1414 du 31.12.1991 « modifiant le Code du Travail et le Code de la Santé en vue de favoriser la prévention des risques professionnels ».

[595] Circulaire DGT n°13 du 9.11.2012 relative à la mise en œuvre de la réforme de la médecine du travail et des services de santé au travail

[596] L'Etat est représenté par le directeur régional des entreprises, de la concurrence, de la consommation et de l'emploi, la Sécurité Sociale par la Caisse d'assurance retraite et de santé au travail. Les avis des organisations d'employeurs et de salariés et du directeur général de l'ARS sont requis.

[597] Ministère du Travail. Synthèse des statistiques sur les conditions de travail et la santé au travail. Amélie Mauroux. Bulletin n°22, novembre 2016. DARES (direction de l'animation de la recherche et des études statistiques). Enquêtes septennale DARES et SUMER (exposition à des produits chimiques et cancérogènes auprès de la médecine du travail).

professionnelles forment en revanche un ensemble évolutif plus difficile à délimiter. Le lien de certaines pathologies avec un poste de travail est souvent discuté. Celui-ci est néanmoins établi dans un certain nombre de cas par la jurisprudence, qui recourt à la notion de « faute inexcusable » pour condamner des employeurs.[598]

Les nouveaux cas de maladies professionnelles sont essentiellement des troubles musculo-squelettiques (86,5%), et des cancers (notamment ceux qui sont liés à l'exposition prolongée à l'amiante : 8,1%).[599] On estime à 3000 le nombre de nouveaux cas annuels de cancers du poumon et de mésothéliomes qui lui sont imputables.[600]Dans une série de décisions du 3 mars 2004, le Conseil d'Etat a jugé que l'Etat était responsable de cette situation en raison de sa « carence à prendre les mesures de prévention des risques liés à l'exposition des travailleurs aux poussières d'amiante ». [601] En 2001, les pouvoirs publics ont créé un fonds d'indemnisation des victimes de l'amiante (FIVA). [602]

En 2011, sur 53 300 maladies professionnelles reconnues, près de 11 600 ont entraîné une incapacité permanente d'au moins 10%, touchant surtout les personnes de plus de 50 ans (73%). Au total, environ 10% des salariés sont affectés par un handicap au travail.[603]

Deux catégories de risques retiennent l'attention : l'exposition à des produits présentant des risques cancérigènes, mutagènes, reprotoxiques, et l'exposition au risque psychosocial.

Les métiers exposés aux risques chimiques sont désormais mieux identifiés[604]mais une proportion élevée d'ouvriers déclare ne bénéficier

---

[598] Ainsi un employeur peut être condamné pour avoir *exposé* des employés à l'amiante alors que, même en l'absence de maladie déclarée, il *connaissait* le caractère cancérogène de ce produit (Affaire Alsthom.2007).

[599] L'effet cancérigène de l'amiante est démontré dès le début des années 1960 mais ce n'est que le 1er janvier 1977 que sont interdites la fabrication, l'importation et la vente de ce matériau.

[600] Selon le Pr Goldberg, directeur de recherche épidémiologique INSERM, il en résulterait environ 100 000 décès d'ici à 2025.

[601] Conseil d'Etat, arrêts du 3 mars 2004, n° 24 1150 à 24 1153 Ministre de l'Emploi et de la Solidarité c/consorts B, B, T, X

[602] Les tribunaux civils ont reconnu le caractère de « faute inexcusable » des employeurs, accordant une indemnisation aux victimes en réponse à leur demande de réparation. Une décision récente de la Cour de Cassation (19 avril 2017), s'appuyant sur l'article 223-1 du Code pénal, a jugé que la responsabilité pénale de l'employeur pouvait être retenue pour « mise en danger d'autrui ».

[603] Données DARES 2012

[604] Le nombre de salariés exposés à des solvants dangereux a baissé de 30% entre 1999 et 2013 selon Corinne Pilorget (Université de Lyon-I). « Le Monde » 14.6.2018). Mais le

d'aucune protection particulière. Environ 10% des salariés seraient exposés à au moins un produit chimique cancérigène (près de 3% à deux produits).[605]

Le risque psychosocial au travail, longtemps sous-estimé, est défini comme « un risque pour la santé mentale, physique ou sociale, engendré par les conditions de travail, les facteurs organisationnels et relationnels susceptibles d'interagir avec le fonctionnement mental de l'individu ». Il connaît une progression préoccupante.[606]Les observations des médecins du travail et des spécialistes des sciences humaines et sociales mettent en évidence une forte croissance des troubles psychiques liés à l'évolution des modes de management vers ce qu'on a appelé le « management par le stress », notamment chez les travailleurs précaires.[607]L'évolution des demandes de pension d'invalidité est un indicateur du phénomène : les troubles psychiques les motivent dans 30 à 50% des cas selon les pays.[608]

Cette situation a conduit les pouvoirs publics à renforcer les sanctions pénales pour harcèlement moral. La prévention des risques psychosociaux, inscrite dans l'obligation générale de protection de la santé physique et mentale des travailleurs, est une obligation de sécurité et de résultat au regard de la jurisprudence française. Des accords nationaux interprofessionnels ont été signés entre 2008 (sur le stress au travail) 2010 (sur le harcèlement et la violence au travail) et 2013 (qualité de vie au travail et égalité professionnelle). On observe en conséquence une baisse des comportements de pression de pression psychologique à l'égard des travailleurs.[609]

La réorientation des services de médecine du travail vers l'approche de « santé au travail » ne va pas sans difficulté en raison de la multiplicité des institutions, de la diversité des cultures professionnelles, de la confusion entretenue entre les missions de contrôle de l'inspection du travail et les

---

nombre de cancers professionnels reconnu reste inférieur au nombre de cancers déclarés à la suite d'une exposition prolongée à de tels produits.

605 Etude précitée de la DARES (« Synthèses statistique n°22. Nov.2016).

606 Note « risques psychosociaux » du Ministère du Travail publiée le 15.09.2010, mise à jour le 8.3.2018

607 Etude « Samotrace » (Revue Santé et Travail. Janv. 2006-mars 2008). European Heart Journal 24.1.2008 (études épidémiologiques de 2004 publiées dans la revue « Lancet »). Enquêtes régulières sur les conditions de travail (DARES nov.2016). Enquête CT-RPS 2016 «conditions de travail-risques psychosociaux- travail et bien-être psychologique ». Institut de socio-économie des entreprises et des organisations, Institut « Sapiens ». « Violences au travail : agressions, harcèlements, plans sociaux » ; Santé& travail juillet 2013 ; Les Cahiers de la Recherche « La santé au travail », mai 2014

608 « Mal être au travail ? Mythes et réalités de la santé mentale au travail ». Rapport OCDE du 14.12.2011

609 Etude DARES sur les risques psychosociaux menée par Marilyne Beque et Amélie Mauroux (janvier 2018).

missions de conseil de la médecine du travail, de la complexité de la règlementation, de l'absence d'une structure interministérielle de prévention sanitaire au travail. Un projet de loi entend y remédier en créant un établissement public administratif assurant la mise en œuvre des plans nationaux de santé au travail, le pilotage des structures régionales de prévention et la gestion harmonisée du système d'information sur la santé des salariés.[610]Une structure régionale de prévention de droit privé, ayant une mission de service public et disposant d'antennes locales, définirait et gérerait les projets de santé interdisciplinaires au travail.[611]Seraient séparées les fonctions de contrôle (inspection du travail) et d'assureur du risque accident du travail/maladies professionnelles (CARSAT) de la fonction conseil.[612]Son but serait aussi de mieux insérer le médecin du travail dans le parcours de soin du salarié (possibilité de renseigner le dossier médical partagé) et d'en faire un référent auprès du médecin de ville. Un fonds unique de financement de la prévention serait créé. Mais ce projet de loi n'est toujours pas adopté.

7. La police de l'habitat « indigne » ou insalubre face à la protection du droit de propriété

Il existe au moins 400 000 immeubles ou logements insalubres en France. Dans ce domaine, le maire dispose d'un pouvoir de police important et ancien destiné à assurer la salubrité publique. Les autorités de l'Etat (sanitaire et préfectorale) peuvent mettre ce dernier en demeure de faire effectuer des travaux d'assainissement.

Dans le cas d'un immeuble présentant un danger pour la santé ou la sécurité de ses occupants ou du voisinage, le préfet peut engager une procédure d'insalubrité qui peut conduire, selon l'urgence, à des mesures d'évacuation ou de démolition.[613]Le droit est cependant particulièrement protecteur des intérêts du propriétaire. Une enquête est confiée soit au service communal d'hygiène et de santé soit à l'ARS. Le comité départemental de l'environnement et des risques sanitaires (CODERST) examine les conclusions du rapport d'enquête en présence du propriétaire de l'immeuble

610 La spécificité du secteur de l'agriculture et du système social intégré de la Mutualité sociale agricole exclut, a priori, son intégration au dispositif envisagé.

611 SSTI, ARACT (agences régionales d'amélioration des conditions de travail) disposant d'ergonomes, psychologues, spécialistes en organisation, services de prévention des accidents du travail et maladies professionnelles des CARSAT et organismes du bâtiment et des travaux publics.

612 Les médecins inspecteurs du travail pourraient être rattachés à l'ARS dans une fonction de vigilance et de veille sanitaire au travail intégrée à la mission globale de santé publique, tout en conservant une mission d'appui à l'inspection du travail.

613 Cette procédure n'est pas à confondre avec la procédure de péril qui est engagée si l'immeuble menace ruine.

appelé à présenter ses observations. Il rend un avis conforme : le préfet est tenu de prendre un arrêté suivant ses recommandations. Un arrêté d'insalubrité est « remédiable » si des mesures permettent de résoudre les problèmes identifiés. Leur non-exécution entraîne une astreinte financière quotidienne. Si elle se prolonge, le préfet, après mise en demeure adressée au propriétaire, fait exécuter les travaux aux frais de ce dernier. Un arrêté est « irrémédiable » si des travaux de mise aux normes ne sont pas possibles. En ce cas, l'arrêté comporte une interdiction définitive d'habiter. Des travaux d'urgence sont engagés d'office en l'attente d'une solution définitive.

Mais l'expérience illustre de longue date la difficulté d'imposer le droit à la protection de la santé face au droit de propriété. La rédaction de l'article L.1331-7 CSP illustre les limites du pouvoir régalien dans un domaine relevant de la décentralisation. D'une part, les faits démontrent l'usage parcimonieux de ce pouvoir, d'autre part, lorsque la procédure est lancée, le processus de consultation est long et peut, soit déboucher sur une neutralisation des avis, soit sur un décret en Conseil d'Etat. Entre le constat de l'ARS et la décision, il peut s'écouler de nombreuses années.

8. La prévention des accidents de la vie courante (accidents domestiques, accidents de la circulation) demeure perfectible

La loi de santé publique de 2004 fixe parmi ses objectifs, la réduction du nombre des accidents de la vie courante et de la mortalité, évitable, qui en résulte, la troisième en l'occurrence (environ 20 000 décès/an). Une instance de coordination technique réunit les départements ministériels concernés depuis 2002 dans le but de proposer les mesures de prévention dans un domaine caractérisé par la variété des risques.[614]

C'est particulièrement la population âgée qui est victime des accidents domestiques, notamment dus à des chutes qu'il est possible de prévenir par conseils et des aides à l'aménagement du logement. Depuis la loi d'adaptation de la société au vieillissement, un effort budgétaire est entrepris dans ce but. Mais les collectivités publiques et les régimes sociaux doivent faire face à un niveau élevé de besoins.[615]Les risques d'accident domestique sont également importants pour les jeunes enfants ou les adultes se livrant à des travaux manuels ou de jardinage. Dans ce domaine, il est nécessaire

[614] La cellule d'échanges, de documentation, d'information sur les accidents de la vie courante.

[615] La loi relative à l'adaptation de la société au vieillissement du 28.12.2015 (n°2015-1776) a prévu un plan d'adaptation de 80 000 logements entre 2015 et 2017 avec l'aide financière de la Caisse nationale d'Assurance Vieillesse et de l'Agence nationale d'amélioration de l'habitat (ANAH), ainsi que l'aide au développement de formules intermédiaires de logements adaptés aux personnes à l'autonomie diminuée. Les collectivités territoriales ont également créé des aides au maintien à domicile comprenant l'adaptation au logement.

d'imposer aux fabricants de matériels ou d'équipements ménagers des règles alignées sur les standards de qualité et de sécurité les plus exigeants parmi les pays de l'OCDE.

La mortalité liée aux accidents de la circulation a été divisée par cinq environ depuis 1973 avec l'amélioration du réseau routier et des normes de sécurité des véhicules mais aussi avec le renforcement, au début des années 2000, de la répression des infractions au code de la route. On enregistre environ 3 500 décès et plus de 70 000 blessés par an.[616]Environ 30% des accidents mortels de la circulation sont imputables à la conduite sous l'emprise de l'alcool.[617]

Alors que les pouvoirs publics entendaient limiter le nombre des décès à moins de 2000/an en 2020, leur nombre a recommencé à augmenter (de 4 à 5% par an à partir de 2014). En conséquence, de nouvelles dispositions préventives en matière de conduite sous l'emprise de l'alcool ou des stupéfiants ont été prises.[618] La réduction de la vitesse autorisée sur les routes secondaires (55% des accidents mortels) à 80 km/h à compter du 1er juillet 2018 s'est heurtée à une impopularité telle qu'il fut décidé de laisser les collectivités territoriales choisir parmi les axes routiers relevant de leur compétence lesquels relèveraient de cette mesure. Comme souvent, en matière de décentralisation, les résultats oscillent entre les aspects positifs d'une meilleure appréhension des réalités locales et les aspects négatifs que sont les choix sous la pression des intérêts particuliers.

III. La prévention des comportements individuels à risques : une entreprise aussi nécessaire qu'aléatoire

Les différentes formes d'addiction ou de comportement à risque sanitaire ont un coût humain élevé, pour leurs auteurs, pour leur entourage et pour la société. Dans ce vaste champ associant des états de dépendance, des souffrances psychologiques et des phénomènes socio-culturels complexes, l'action préventive est déjà de l'ordre de la prévention secondaire, qui vise à éviter la consolidation d'états pathologiques difficilement réversibles, à protéger l'entourage et la société des conséquences des comportements addictifs. C'est une entreprise aléatoire, d'autant que nombre de pratiques

---

616 On estime généralement le nombre des personnes, très majoritairement jeunes, définitivement et lourdement handicapées à la suite d'un accident de la route à 60% minimum du taux de mortalité, soit environ 2000 à 2500/an (registre des accidents de la route du Rhône ; recueil de données entre 1996 et 1999).

617 Les services de prévention routière observent également que le risque d'accident mortel est multiplié par 14 en cas de consommation de cannabis associée à l'alcool.

618 Décisions du 9.1.2018. L'emploi d'un éthylotest anti-démarrage est étendu à tout conducteur ayant un taux d'alcoolémie supérieur à la norme autorisée. L'usage du téléphone portable au volant est interdit. Les contrôles aléatoires devraient être plus fréquents.

conduisant à l'addiction s'amorcent à l'âge de l'adolescence ou au moment de l'entrée dans la vie adulte. Le phénomène, bien documenté, est constant, prend des formes renouvelées, dans la mesure où la transgression des règles sociales chez l'adolescent ou le jeune adulte est un moyen d'éprouver ses limites et/ou une forme de réponse à l'anxiété pouvant accompagner l'entrée dans la vie adulte. Dans ces conditions l'approche préventive doit, pour être efficace, considérer la pratique comportementale, au-delà du symptôme de mal-être, comme la résultante, souvent complexe, d'une histoire personnelle et d'un rapport à des phénomènes sociaux et culturels.

Le passage à l'addiction n'est le fait que d'une faible partie des populations concernées. Pour la grande majorité, les pratiques « à risques » ont la durée d'un rite de passage. Mais ces « rites » précédaient, il y a quelques décennies encore, l'insertion dans une vie professionnelle et familiale pour le plus grand nombre. Ils étaient aussi limités par un encadrement social (associatif, politique, syndical, religieux) qui s'est largement effacé. L'insertion par le travail, la famille, l'appartenance à un groupe social n'est plus recherchée par une part non négligeable de la population jeune. Celle-ci est à la recherche de repères qu'elle éprouve des difficultés à identifier. Les pratiques addictives peuvent donc perdurer er se « chroniciser » plus qu'auparavant, même si l'on peut discerner l'émergence de formes nouvelles d'engagement solidaire, susceptibles de limiter l'enfermement dans des pratiques souvent autodestructrices.

La stratégie de prévention se fonde sur une expérience approfondie des prises en charge médico-psycho-pédagogique. Elle est prioritairement éducative et informationnelle mais elle repose également sur l'édiction d'un certain nombre de normes protectrices des individus et de la société, dont la transgression entraîne des sanctions.

Le « panorama de la santé 2019 » de l'OCDE met en évidence le fait que *la France demeure, en dépit d'une tendance à la baisse de certaines consommations, parmi les pays les plus gros consommateurs de « substances psychoactives » (alcool, tabac et cannabis, notamment).* Certaines sont génératrices de comportements de violences et de nombreux décès prématurés et évitables.

1. Les stratégies publiques hésitantes à l'égard de la consommation de substances psychoactives

La stratégie de santé publique repose aujourd'hui sur le concept de *« substance psychoactive »,* inspiré de l'important rapport du Pr. Roques.[619] Elle suppose, au regard des connaissances médicales, qu'il y a une *unité*

[619] Rapport Pr Roques (INSERM). Documentation française. 1998.

relative des produits dans les *effets de dépendance* qu'ils génèrent. C'est le risque d'addiction, qui commande la stratégie à développer. Ce concept d'addiction s'est progressivement imposé pour définir toutes les formes de dépendance dans lesquelles une personne peut tomber du fait d'une pratique envahissant peu à peu tous les aspects de sa vie au point de compromettre sa santé physique et mentale et son insertion sociale. Dans cette acception, en dehors de la dépendance à une substance psychoactive, existent d'autres formes de dépendance sans substance comme objet : addiction aux jeux d'argent, aux écrans...Le rapport Roques opère un classement des différentes consommations de produits ayant pour effet de dégrader plus ou moins durablement et sévèrement l'état de santé, notamment les opioïdes (héroïne et autres), l'alcool, le tabac, la cocaïne, le cannabis, les psychostimulants. L'analyse des effets repose sur les critères suivants : dépendance physique, dépendance psychique, neuro-toxicité, toxicité générale, dangerosité sociale. *Le tableau comparatif fait apparaître des niveaux de dépendance physique et psychique, de toxicité générale élevée dans les cas de consommation importante d'opioïdes, d'alcool et de tabac.* La dangerosité sociale la plus importante en France intervient avec la consommation forte d'opioïdes et d'alcool. Les conséquences de l'addiction au tabac sont lourdes d'un point de vue sanitaire.

A la lumière de cette analyse, la pertinence de la distinction entre substances « licites » et « illicites » est interrogée. L'introduction de l'alcool dans la catégorie des substances psychoactives a constitué un premier pas important dans la reconnaissance des risques qu'il représente. Mais, sous la pression des alcooliers, les pouvoirs publics, renonçant à suivre les recommandations du rapport Roques, n'ont pas tiré de conséquences logiques et pratiques sur ce point essentiel. Ils se voient évidemment opposer la contradiction que constitue le maintien du classement du cannabis parmi les substances illicites alors que l'alcool, substance licite, produit un nombre d'états de dépendance beaucoup plus élevé et a des conséquences sanitaires et sociales nettement plus graves.

L'unification des stratégies de prévention autour du concept de substance psychoactive a toutefois permis de développer une logique de prévention secondaire nouvelle : le *traitement de l'addiction*, quelle qu'en soit la cause. Un réseau de *« centres de soins, d'accompagnement et de prévention en addictologie »* (CSAPA)[620]est venu se substituer aux structures spécialisées par type de dépendance à un produit. Les CSAPA développent une forme d'action préventive mais aussi des soins ambulatoires, d'accompagnement et

[620] Les CSAPA relèvent du statut des institutions sociales et médicosociales (art.312-1 du Code l'Action Sociale et des familles). Ils sont, selon les données les plus récentes, au nombre de 371 auxquels s'ajoutent une dizaine de CSAPA en milieu pénitentiaire.

de réinsertion sociale *centrés moins sur le produit à l'origine de l'addiction que sur la personne, sur les raisons et les étapes de son parcours d'addiction.*

2. L'action contre le tabagisme, première cause de mortalité évitable : une efficacité conditionnée à la continuité politique

Il est scientifiquement établi depuis 1953 que le tabac provoque des cancers.[621] Les effets néfastes sur le système cardio-vasculaire sont également bien documentés par la recherche médicale.

Dans le Panorama de la santé de l'OCDE (2019) la France occupe la quatrième place sur 37 quant au niveau de consommation du tabac, très supérieur à la moyenne.[622] Environ 80 000 décès/an sont imputables au tabagisme. Le tabac procure environ 15 milliards d'euros de recettes fiscales mais *le coût global qu'il représente pour la société est chiffré à plus de 50 milliards d'euros* (en intégrant les « économies » réalisées du fait du non-versement de retraites aux personnes décédées prématurément pour cette raison).

La loi Evin édicte un principe général d'interdiction de toute forme de publicité, directe ou indirecte, de mécénat ou parrainage, notamment d'évènements sportifs, en faveur des produits du tabac.[623] Cette interdiction est étendue à tous les lieux affectés à un usage collectif et aux transports collectifs (ou véhicules individuels en présence d'un mineur).[624]Les producteurs et distributeurs ont obligation de déclarer annuellement toutes les dépenses liées à leurs activités d'influence ou de représentation de leurs intérêts. Des interdictions ou restrictions de vente ou d'offre gratuite sont édictées.[625] Les produits du « vapotage » sont soumis à un régime de restrictions et d'interdictions proche de celui des produits classiques du tabac.

Le tabagisme entre dans le programme d'éducation sanitaire dispensé dans les établissements scolaires du premier et second degré. Les professionnels de santé peuvent prescrire des « substituts nicotiniques ». Le traitement de

---

[621] La revue « Science » résume en 2016 une étude internationale décrivant précisément la cancérogenèse liée au tabagisme, notamment les multiples mutations induites par un paquet de cigarettes (qui contient de 60 à 70 cancérigènes connus).

[622] 25% des français de 18 ans et plus sont consommateurs contre une moyenne OCDE de 18%.

[623] Code de la Santé publique. Lutte contre le tabagisme : articles L.3511-1 à L.3515-7

[624] Sauf emplacement expressément réservé aux fumeurs.

[625] Articles L.3512-10 et s CSP. Un moyen efficace de contourner la loi est évidemment l'usage ostensible de la cigarette au cinéma par des acteurs disposant d'une forte popularité…

sevrage est, depuis 2018, intégralement pris en charge par l'Assurance Maladie.

La Cour des Comptes a néanmoins souligné les faiblesses d'une politique manquant de continuité. Les crédits consacrés à la prévention anti-tabagique représentent le tiers des crédits alloués aux buralistes pour « compenser » la perte supposée de leurs revenus du fait de la baisse de consommation. En réalité, le chiffre d'affaires de ces derniers a progressé sensiblement.[626] Le contrôle de l'interdiction de fumer dans les lieux publics et de vente aux mineurs est peu fréquent. Les Caisses d'Assurance Maladie, qui ont tardé à prendre en charge les substituts nicotiniques n'ont qu'une vue approximative des coûts du tabagisme qu'elles subissent.

Le moyen le plus efficace de lutte contre le tabagisme paraît être une taxation significative du prix du paquet de cigarettes, à condition, toutefois, de ne passer le seuil au-delà duquel une forte contrebande se trouve organisée. La forte hausse de la taxation décidée en 2003 a ramené le nombre des fumeurs de 35 à 30% (sur la période 2000-2005). L'arrêt de cette politique de 2005 à 2017 a sans doute contribué à l'échec du plan de réduction du tabagisme de 2014 (qui avait pour objectif la réduction de 10% du nombre de fumeurs d'ici à 2020).[627]La reprise de la politique d'augmentation de la taxation en 2018, prévoyant de porter le prix du paquet de cigarettes à 10 euros progressivement, d'ici à 2022 semble relativement efficace : on observe une baisse significative de la consommation (près de 20% mais la contrebande semble avoir progressé, sans toutefois compenser la baisse enregistrée). L'Office français des drogues et toxicomanies (OFDT) note que cette baisse est sensible chez les jeunes de 17 ans : 25,1% fumaient quotidiennement en 2017 contre 32,4% en 2014 et 41,1% en 2000). L'étude qualitative de l'Observatoire[628] souligne que l'image de la cigarette est devenue « résolument négative » chez les jeunes enquêtés. Mais, parallèlement à la baisse du tabagisme, on observe une banalisation de la consommation de cannabis, indiquant un certain transfert de consommation.

Le renforcement de la lutte contre le tabagisme a suscité un contentieux important. La Cour de Cassation et la CEDH reconnaissent que la protection de la santé constitue un motif de restriction de la liberté d'expression par le moyen de la publicité commerciale. La Cour de Cassation se réfère à l'article 10 §2 de la Convention européenne des droits de l'homme pour considérer

---

[626] Sur la période du « contrat d'avenir » passé avec la profession -2004-2011- la rémunération des buralistes a progressé de 70% (Rapport de la Cour des Comptes : « évaluation de la politique de lutte contre le tabagisme ». 13.12.2012).

[627] On observera que les négociations tarifaires entre le ministère des Finances et l'industrie du tabac demeurent confidentielles.

[628] Etude dite « Aramis » de l'OFDT.

que ces restrictions constituent *« une mesure nécessaire à la protection de la santé et proportionnée à cet objectif d'intérêt général »*[629] Pour le même motif, elle a refusé de transmettre au Conseil Constitutionnel une question prioritaire de constitutionnalité relative aux règles interdisant la publicité en faveur du tabac.[630] Tout en maintenant une position de stricte défense des libertés individuelles, qui peut l'amener à nuancer sa jurisprudence, la CEDH a pris également une position de principe en faveur des mesures de défense de la santé publique.[631] La CJUE n'émet aucune objection à une politique basée sur une évolution de la fiscalité attachée au prix du paquet de cigarettes puisque le domaine fiscal ne relève pas des compétences communautaires mais reste très attentive au respect du droit européen de la concurrence. C'est ainsi que la France a été contrainte, pour cette raison, de réviser sa loi qui interdisait les prix de nature promotionnelle pour des raisons de santé publique.[632]

3. La difficile prévention de la surconsommation d'alcool dans un pays grand producteur

Bien que la consommation d'alcool pur ait diminué de 14% au cours des trente dernières années en France, notre pays a le 4ème rang parmi 44 pays comparables recensés. La consommation moyenne par habitant est nettement plus élevée que la moyenne OCDE.[633]Environ 3 à 4 millions de personnes subissent une dégradation de leur état de santé du fait de leur consommation d'alcool et 2 millions sont dépendantes à cette substance.[634]Le nombre de décès imputables à l'alcool est de 40 à 45 000/an, dont 1/3 par cancer, 1/4 par maladie cardio-vasculaire, 15% par maladies digestives (cirrhoses du foie, notamment). Il en résulte un coût global de 120 milliards d'euros/an. La plus récente et complète étude du phénomène a été conduite par l'INSERM et publiée le 4.6.2021. Elle précise que « l'alcool est une drogue, molécule cancérigène et toxique pour de nombreux organes, responsable directement

---

629 C. Cass. Crim.18.3.2003. Bull. Crim. N°69; JCP 2003.IV.1907; RDSS 2003.577, obs Cayla. 7.3.2006 : pourvoi n°05-82-842. 19.6.2007. Bull. crim. N°170. 3.3.2010, pourvoi n°09-88-599

630 Cass. Crim. 24.1.2012. Pourvoi n°11-90-119

631 CEDH 5.6.2009, Société de conception de presse et d'édition et Ponson c/France : req. N°26935/05. 5.6.2009, Hachette Filipacchi Presse Automobile et Dupuy c/France, req. N°13353/05 ; Dr pénal juin 2009, n°6, note Robert.

632 CJUE 4.3.2010. Commission c/France, Aff. C-197/08 : JCP 22.3.2010, n°12, p 602, obs. Picod; AJDA 2010, n°146, note Mosbrucker.

633 11,7 litres/an contre 8,9 litres. Panorama de la santé OCDE 2019. Selon l'enquête « Escapad » publiée le 6.2.2018 par l'OFDT, les jeunes adultes ayant consommé de l'alcool le mois précédent l'enquête seraient 66,5% au lieu de 72% en 2014. La consommation d'alcool reste massivement perçue comme « banale » et « festive ». Le non-consommateur se trouve « marginalisé ». La consommation est vécue comme une « obligation sociale qui débute avec l'initiation en famille ».

634 « La santé en chiffres ». Comité français d'éducation sanitaire. 2002

ou indirectement d'une soixantaine de maladies ».[635] C'est une des principales causes d'hospitalisation (3,6% du total des dépenses d'hospitalisations en médecine-chirurgie et en psychiatrie).

La consommation excessive d'alcool est également cause d'un nombre élevé de troubles cognitifs (le risque est majeur chez la femme enceinte, le développement neurologique de l'enfant in utero étant sérieusement affecté). C'est la première cause non génétique de handicap mental chez l'enfant (8000 cas/an de syndrome d'alcoolisation fœtale grave décelé chez des nourrissons). L'étude précitée établit que 50% des dommages liés à l'alcool concernent des personnes qui ne sont pas dépendantes. De 10 à 20% des enfants subissent l'alcoolisme d'un parent (le nombre est important chez les enfants suivis par les services de protection de l'enfance). L'alcoolisme est à l'origine de 5400 accidents mortels et suicides/an, en moyenne,[636] de 30% des violences et morts violentes au sein du couple, les femmes étant les principales victimes.[637]

Certaines régions sont historiquement touchées par la consommation excessive d'alcool, notamment des territoires du nord et de l'ouest. Ce sont les catégories socio-professionnelles précarisées, faiblement qualifiées, qui sont les plus consommatrices. L'alcoolisme est un phénomène également induit par la précarité psychologique. De ce point de vue, il touche toutes les classes sociales.

Face à cette situation, l'action publique alterne les mesures parfois volontaristes et les positions plus souvent pusillanimes. Le dernier rapport de la Cour des Comptes dresse le constat des insuffisances des politiques de prévention.[638] Il évoque un *« héritage social et culturel »* et *« la pression d'un secteur-clé de l'économie »*, concluant que *« l'Etat ne se donne pas les moyens d'infléchir les comportements à risque et ne fait pas de ce sujet une priorité de l'action publique ».*

Le problème est bien connu : plus de 500 000 personnes sont employées dans la production et la vente d'alcools. C'est un segment majeur de l'économie de nombreuses régions (le chiffre d'affaires global du secteur dépasse les 22 milliards d'euros). C'est aussi un élément très important de la culture nationale et un élément fort de convivialité.

---

[635] « Alcool et santé », étude dirigée par Mickaël Naassila et Bertrand Nalpas (INSERM 4.6.2021).

[636]Le risque suicidaire est 8 fois plus élevé chez les personnes alcoolisées

[637] L'étude précitée INSERM relève 271 condamnations pour homicide involontaire sous l'emprise de l'alcool. En 2013, 111 550 condamnations ont été prononcées pour conduite en état alcoolique, soit une condamnation pour délit sur cinq.

[638] Rapport sur les politiques de lutte contre l'alcoolisme. Cour des Comptes. 13 juin 2016.

L'action publique tente de mener une stratégie réaliste de *modération* de la consommation. Elle est néanmoins combattue par les lobbies de l'alcool avec des moyens de *persuasion* à l'égard des consommateurs potentiels remarquablement élaborés du point de vue des sciences humaines et sociales. Ils se doublent d'une traditionnelle pression auprès des parlementaires, toutes tendances politiques confondues, particulièrement efficace dans les régions de production.

L'exemple de la puissance du lobby de l'alcool est fourni par les amendements successifs apportés à la « Loi Evin », qui l'ont pratiquement vidée de tout contenu efficace sur ce point.[639] Celle-ci se gardait d'être prohibitionniste préférant poser le principe selon lequel en raison de la spécificité et de la diversité des produits, la publicité devait être limitée à la description du produit et de ses qualités sans encourager sa consommation La nouvelle législation dénature la règle en érigeant l'exception quasiment en règle commune.[640] Les restrictions, notamment en matière de publications pour la jeunesse, comportent des exceptions si nombreuses que la publicité pour les alcools dispose aujourd'hui d'une grande latitude. Le rapport de l'INSERM préconise un retour aux dispositions initiales de la loi Evin.

Le Code des débits et boissons comporte un régime d'interdiction ou de restriction des ventes de boissons, d'ouverture et de fonctionnement des débits de boissons assorti d'une échelle de peines allant de l'amende à la fermeture temporaire ou définitive du débit de boissons, notamment dans les cas de vente, offre gratuite ou incitation à la consommation auprès des mineurs. Le contrôle de l'application de ce régime d'interdiction apparaît difficile et la volonté de contrôle limitée.[641]

L'article L.3355-1 CSP permet désormais aux associations de prévention contre le risque alcoolique, de défense des consommateurs et aux associations familiales d'exercer les droits reconnus à la partie civile pour les infractions à la règlementation en matière de protection contre l'alcoolisme. La jurisprudence a consacré l'intérêt à agir de ces associations dès lors que

---

[639] Loi n° 91-32 du 10.1.1991 relative à la lutte contre le tabagisme et l'alcoolisme. J.O du 12.1.1991

[640] L'art. L.3323-3-1 CSP énonce « « Ne sont pas considérés comme une publicité ou une propagande (…) les contenus, images, représentations, descriptions, commentaires ou références relatifs à une région de production, à une toponymie, à une référence ou à une indication géographique, à un terroir, à un itinéraire, à une zone de production, au savoir-faire, à l'histoire ou au patrimoine culturel, gastronomique ou paysager liés à une boisson alcoolique disposant d'une identification de la qualité ou de l'origine, ou protégée au titre du Code rural. »

[641] Le monopole public de la vente d'alcool établi dans certains pays, assorti de conditions strictes du contrôle de la vente, s'avère relativement efficace.

celles-ci subissent, du fait de campagnes publicitaires illicites, un « préjudice personnel et direct » dont la « nature peut être précisée ».[642]

Le nouveau « plan national de mobilisation contre les addictions » (2018-2022) adopté par le Gouvernement fin décembre 2018 retient peu de mesures de prévention de l'alcoolisme parmi celles proposées.[643] L'OMS conseille une régulation de la consommation par les prix, qui contribue efficacement à la modération de la consommation ainsi que le démontrent plusieurs pays. Le rapport de l'INSERM établit une recommandation identique, outre un retour aux dispositions initiales de la loi Evin et un investissement plus grand dans l'éducation et l'information. En particulier, les experts proposent une éducation précoce des enfants fondée non sur le risque addictif seul mais sur l'acquisition des compétences psychosociales déjà évoquées.

4. Les dilemmes de l'action publique face à la consommation de stupéfiants

Parmi les « substances psychoactives », le cannabis est, de loin, la substance la plus consommée, surtout par les jeunes. On estime à 17 millions le nombre de ses consommateurs occasionnels. Les consommateurs réguliers sont estimés à 1,4 million et ceux qui ont un usage quotidien du cannabis seraient 700 000. Il y aurait plus de 2 millions de consommateurs de cocaïne, près de 2 millions pour l'ecstasy, environ 600 000 pour l'héroïne.[644] Ces trois derniers produits provoquent, avec leurs dérivés, outre un état de dépendance, de graves effets, bien documentés, particulièrement sur le cerveau. Les conséquences sont mortelles dans un certain nombre de cas. L'usage de drogues par injection est à l'origine de maladies infectieuses

---

642 La Cour d'appel de Paris a jugé que le fait qu'une campagne publicitaire soit relayée par un internaute à l'intention de son « réseau d'amis » ne supprimait pas le caractère publicitaire de celle-ci. En confirmant le bien-fondé de sa décision, la Cour de Cassation a levé une incertitude quant à l'application de l'article L.3323-2 CSP au domaine des réseaux sociaux. Cass. 3.7.2013 Ricard/ANPAA

643 Parmi les mesures envisagées, figuraient une hausse de la taxation sur le vin, qui reste peu taxé (à 3 centimes par bouteille), la taxation sur les produits « premix », une restriction de la publicité à proximité des écoles, l'édition sur les produits alcoolisés d'un message général plus dissuasif sur le danger d'une consommation abusive. Constatant le faible respect des règles encadrant la vente d'alcool aux mineurs, le plan propose le développement d'opérations visant à « tester » l'application de ces règles. Il est facile de constater l'inobservation de ces recommandations.

644 Le « Baromètre santé 2017 » publié le 26.11.2018 par le Ministère de la Santé observe une relative stabilité du nombre de consommateurs de cannabis mais une progression de la consommation quotidienne (2,2% des adultes de 18 à 64 ans contre 1,7% recensés en 2014). La consommation régulière chez les plus de 25 ans (6,3% chez les 26-34 ans et 3,3% chez les 35-44 ans) est trois fois plus importante qu'en 2000. La consommation de cocaïne est passée de 0,2% de la population adulte en 1995 à 1,6% en 2017.

(sida, hépatites, infections bactériennes).[645] Le coût global pour la société dépasse 900 millions. Les dépenses de surveillance policière et de réponse judiciaire en représentent les 2/3.[646]

Au regard des effets, on peut distinguer le cannabis des autres drogues. Le nombre de décès qui lui est imputable est faible, comparé à d'autres substances psychoactives.[647] Sa consommation régulière représente néanmoins un problème de santé publique parce qu'il peut s'en suivre un état de dépendance et une atteinte des facultés cognitives. Par ailleurs, la teneur en principe stupéfiant du produit proposé s'est fortement accrue.[648]

La législation de 1970 en matière de stupéfiants repose sur les principes de prohibition de leur production, de leur distribution et de leur consommation. [649]L'ampleur de la consommation de stupéfiants en fait une question de santé publique importante mais la législation n'est plus adaptée aux problèmes posés. En l'absence de réforme, la loi contraint la police à lutter aussi bien contre le trafic de cannabis que contre celui des opioïdes, accaparant un temps limité au détriment des autres missions d'ordre public. Les pouvoirs publics alternent, selon les majorités politiques, les priorités tantôt en faveur de politiques de prévention, tantôt en faveur de politiques de répression, sans parvenir à résoudre un problème qui n'offre aucune bonne solution. Un premier pas vient cependant d'être effectué à l'égard des consommateurs de cannabis puisque le Parlement a adopté fin 2018 le principe d'une sanction limitée à une contravention pour son usage illicite (tout en maintenant une peine de prison en cas de récidive).[650]

Si l'action publique développe principalement une stratégie de lutte contre le trafic de stupéfiants et de répression de leur usage, elle comprend également

---

[645] 340 décès par overdose en 2011, 60 du sida en 2012

[646] Etude du Conseil d'analyse économique (2019)

[647] Environ 200 décès par accident de la route. Le risque d'accident est multiplié par 15 en cas d'association (fréquente) alcool-cannabis.

[648] Si le tétrahydrocannabinol (THC) s'accumule dans le cerveau, il peut en résulter des troubles de la mémoire et de la concentration, une perte de coordination motrice, une désinhibition à l'égard de conduites à risque. Sa consommation prolongée peut conduire à des états hallucinatoires, dépressifs, voire schizophréniques. (Pr Jean Costentin « Pourquoi il ne faut pas dépénaliser l'usage du cannabis » Ed Odile Jacob).Trois études (revue « Lancet Psychiatry ») concluent à une réduction de 60% des chances, pour un élève consommateur régulier, d'achever ses études. Le risque de cancer serait, en cas de consommation régulière, comparable à celui provoqué par le tabagisme.

[649] Art. L.3411-1 à 3425-2 CSP,

[650] La Cour de Cassation a estimé, contre la position du Gouvernement, dans un arrêt rendu le 23 juin 2021 que la commercialisation de produits à base de cannabidiol (CBD) n'était pas illicite, s'agissant d'une molécule non psychotrope du cannabis, faisant l'objet d'un commerce légal au regard du droit européen et dès lors qu'il n'a pas été démontré, « à partir des données scientifiques disponibles » qu'il présentait un risque sanitaire.

une politique de prévention de la dépendance aux drogues, des risques de transmission des infections et de mortalité par surdose, d'orientation des usagers vers les services sociaux et les services de soins spécialisés, et la distribution des produits de santé réduisant les risques.

Des *« centres d'accueil et d'accompagnement à la réduction des risques pour les usagers de drogue »* (CAARRUD), au nombre de 149 à ce jour, assurent des missions d'aide médico-psychosociale.[651]Les personnes aidées bénéficient d'une prise en charge anonyme et gratuite. Ces centres ont la possibilité de délivrer, à titre dérogatoire, des médicaments correspondant à leur mission de réduction des risques et des dommages. L'Etat assure le financement des actions de prévention. L'Assurance Maladie finance les soins en CARRUD. Les collectivités territoriales financent le volet psychosocial de la prise en charge.

La loi de modernisation du système de santé » a autorisé l'expérimentation, pour six ans, de « salles de consommation à moindre risque » (SCMR), dites « salles de shoot », dans lesquelles des toxicomanes peuvent s'injecter des drogues « dures » (ou fumer du « crack ») dans des conditions d'hygiène évitant les risques infectieux et être aidés à se libérer de leur dépendance. Un rapport d'évaluation de l'INSERM établi en mai 2021 conclut au résultat positif de l'expérimentation : diminution des pratiques à risque, du nombre d'injections dans l'espace public, des risques d'overdose, diminution du nombre de cas de VIH ou d'hépatite C. L'expérience a permis la réduction des coûts en soins médicaux sans, toutefois, permettre de compenser les coûts d'installation et de fonctionnement des centres. L'évaluation montre également qu'elle n'a pas permis une amélioration nette de l'accès aux soins. Les rapporteurs recommandent une plus grande coordination entre les SCMR et les autres services de soins ainsi qu'un plus grand investissement dans les pratiques de médiation. Il appartient au Gouvernement de décider ou non la normalisation et l'extension de ce dispositif. La formule des SCMR n'est pas, pour autant, susceptible de résoudre d'emblée le problème posé par les pratiques de consommation de drogues « dures ». D'une part, l'implantation de telles structures est tributaire de nombreuses contraintes (craintes, parfois justifiées, des riverains, proximité de lieux publics, notamment les écoles), d'autre part, seule une partie des toxicomanes y recourt, laissant pendant le problème de sécurité publique que le comportement de certains d'entre eux peut créer. L'expérience montre, cependant, qu'un patient travail de médiation peut sortir de la déchéance un plus grand nombre de toxicomanes. Leur exposition à la rue n'apparaît acceptable, en tout état de cause, ni pour eux ni pour le voisinage.

---

[651] Les CAARRUD relèvent du Code de l'Action Sociale et des familles, article L.312-1. I. 9ème al.

La multiplicité des actions que requiert la lutte contre les toxicomanies nécessite la coordination de nombreux départements ministériels (Intérieur, Justice, Santé, Justice, Finances, notamment). Elle est assurée par la Mission interministérielle de lutte contre les drogues et les conduites addictives (MILDECA), placée auprès du Premier Ministre.[652] L'institution a pour but de proposer les mesures de prévention et de lutte contre les addictions, d'animer et coordonner un réseau de chefs de projet installés auprès de chaque préfet de département.

Guère plus de 10% du budget est consacré à la prévention : le reste alimente l'action de la police contre le trafic de drogues (70% des crédits) et celle de la justice (20%) qui s'avèrent peu probantes dans la mesure où celles-ci sont accaparées par la lutte contre le trafic de cannabis qui, s'il représente bien un problème de santé publique, n'en est pas moins secondaire par rapport à la lutte contre le trafic de « drogues dures ».[653]

Dans un rapport rendu en 2015, la MILDECA concluait à la nécessité de la réforme profonde de la législation de 1970, essentiellement en raison de son inadaptation au traitement de la pratique du cannabis (le nombre d'interpellés pour usage simple de cannabis a été multiplié par 7 entre 1997 et 2007). La règle de l'injonction thérapeutique sous la menace de sanctions pénales a probablement dissuadé un certain nombre de personnes de recourir aux structures d'aide et de soins.

Dans un rapport qui connut un grand retentissement, la Commission mondiale sur les politiques de lutte contre la drogue a reconnu l'échec « mondial » des stratégies de prohibition et de répression en la matière. Ce rapport, suivi par d'autres concluant dans le même sens, préconise l'abandon de cette politique et son remplacement par une politique de régulation du marché par les Etats, d'une part, par une priorité accordée aux programmes d'éducation et de santé publique, d'autre part.[654]Ce constat rappelle les limites des politiques prohibitionnistes, illustrées par l'échec célèbre de la

---

[652] La MILDECA assure le financement d'un groupement d'intérêt public (GIP) chargé de gérer l'observatoire français des drogues et des toxicomanies, les crédits du programme de prévention, le fonds de concours alimenté par les avoirs criminels confisqués et le centre interministériel de formation anti-drogue (CIFAD).

[653] Les interpellations représentent une charge de travail considérable pour les services de police. Parmi les 100 000 personnes traduites devant les tribunaux pour consommation d'une substance psychoactive illicite, les 2/3 n'ont été condamnées qu'à une amende, 41% ont fait l'objet d'un simple « rappel à la loi ». Les pouvoirs publics ont donc suivi la recommandation de la MILDECA visant à sanctionner le délit d'usage illicite de stupéfiant par une contravention de 5ème classe.

[654] Commission mondiale sur les politiques de lutte contre la drogue. Rapport de juin 211. Office des Nations Unies contre la drogue et le crime. Rapport mondial.2017. L'ONU a reconnu (session extraordinaire, avril 2016), l'échec mondial de son Plan de lutte contre les toxicomanies 2009-2019

prohibition de l'alcool aux USA, mais leur abandon ne signifie pas la disparition du problème.

En l'état actuel de la réflexion, et même si le choix ne peut se faire qu'entre des solutions peu satisfaisantes, il semble que le moins mauvais choix serait de distinguer le traitement à réserver à la consommation des drogues aux effets limités, notamment le cannabis, et des drogues aux effets les plus graves (crack, cocaïne, héroïne etc). En ce qui concerne la consommation de cannabis, plusieurs pays ont légalisé sa consommation et essayé de réguler, plus ou moins, son marché. D'autres pays s'apprêtent à emprunter cette voie. Il semble que les expériences de légalisation contrôlée aient entraîné une baisse de la délinquance inhérente au trafic des produits illicites sans entraîner d'accroissement élevé de la consommation, ni semble-t-il, de report significatif sur la consommation de drogues « dures ». Mais un trafic parallèle de produits plus toxiques subsiste. L'évolution de grands pays européens vers la légalisation de la consommation de ce produit engendre une évidente pression sur les pays qui, comme la France, maintiennent un régime de sanction de la consommation. Une évaluation approfondie et comparative de ces expériences devrait conduire la politique française dans la même voie à terme.[655]

Une étude effectuée par trois économistes spécialistes des questions relatives à la production et à la consommation de substances illicites établit trois scénarios de légalisation du cannabis.[656]

- La dépénalisation de l'usage à titre personnel : elle réduirait les coûts publics de 55% (suppression des frais de police), mais n'apporterait aucune ressource publique alors que la collectivité assume d'importantes dépenses de soins. L'augmentation de la consommation pourrait être d'au moins 16%
- La légalisation de la production, de la vente et de l'usage dans le cadre d'un monopole public : selon cette hypothèse l'Etat stabiliserait la consommation et contrôlerait les prix si ceux-ci étaient majorés de 40% par rapport au prix actuel. Les recettes fiscales qui en résulteraient compenseraient pratiquement les coûts induits pour la collectivité. A prix inchangé, le nombre de consommateurs augmenterait de 47%.

---

[655] La consommation personnelle libre à usage récréatif du cannabis est tolérée dans un certain nombre d'autres (Allemagne, Espagne, Italie…). Le nouveau gouvernement allemand prévoit la légalisation de sa consommation. Certains Etats des USA et d'Amérique latine, le Canada, les Pays-Bas et la Suisse ont entrepris un processus d'autorisation plus ou moins fortement régulée de sa distribution et de sa consommation.

[656] , Christian Ben Lakdar (université de Lille 2), Pierre Kop (Université de Paris-Panthéon-Sorbonne) et Romain Pérez (Association Terra Nova), cités par « Le Monde » (20.12.2014)

- La légalisation dans un cadre concurrentiel : les prix baisseraient, entraînant un quasi-doublement de la consommation. Les frais de soins augmenteraient fortement.

Le troisième scénario paraît donc à exclure. L'examen approfondi des deux premiers mérite d'être entrepris. On ne peut toutefois entretenir l'illusion d'une éradication totale du trafic eu égard à la puissance des moyens engagés par le « narcotrafic ».[657] En tout état de cause, la réorientation des crédits libérés en cas de dépénalisation du cannabis pourrait s'effectuer en partie au profit de l'éducation sanitaire, en partie pour soutenir la lutte contre le trafic de drogues dures, à l'égard desquelles il n'y a guère d'autres moyens, à court-moyen terme, que le financement de nouvelles SCMR et la lutte policière contre ce trafic.

5. La politique de réduction des risques liés au virus de l'immunodéficience humaine (VIH) et aux infections sexuellement transmissibles

La prévalence de l'infection au VIH est en France de l'ordre de 150 000 personnes atteintes dont 30 à 35 000 au stade du sida. L'incidence est de 17 cas pour 100 000 habitants. On observe une relative stabilité du nombre de nouveaux cas d'infection par le VIH à un niveau qui demeure élevé : environ 6 500 à 7 000 nouveaux cas par an, dont la moitié en Ile de France.[658]

Les principales infections sexuellement transmissibles (IST), probablement sous-évaluées, connaissent un triplement entre 2012 et 2016 selon le dernier rapport de « Santé publique France » (18.7.2018).[659]Les IST peuvent entraîner un pronostic vital ou avoir des conséquences à terme (stérilité, facilitation de l'infection à VIH).

La politique de lutte contre le VIH et les IST relève de la compétence de l'Etat.[660] La pierre angulaire du dispositif spécifique de prévention et de

---

657 Le « narcotrafic » est considéré comme le second trafic le plus rentable après celui des armes.

658 Etude de Florence Lot in « Bulletin épidémiologique hebdomadaire » (1.12.2015). La contamination est presqu'entièrement provoquée par des rapports sexuels non protégés, hétérosexuels pour moitié, homosexuels pour l'autre moitié. Elle est de 5 cas pour 100 000 chez les hétérosexuels mais 200 fois supérieure chez les homosexuels. Elle est importante chez les jeunes adultes (18-24 ans), et dans la population immigrée, notamment d'Afrique sub-saharienne. La part des nouvelles contaminations liées à l'injection de drogues ne représente plus que 1% mais l'incidence est 18 fois supérieure au taux moyen d'incidence annuelle.

659 Les infections à chlamydia (plus de 267 000 en 2016 contre 77 000 en 2012) et à gonocoque (près de 50 000 cas contre 15 000 en 2012). La prévalence des cas de syphilis avec co-infection au VIH est importante (1 sur 2).

660 Articles L.3121-1 et s. du Code de la Santé publique

soins est le *« centre gratuit d'information, de dépistage anonyme et de diagnostic »* (au moins un centre par territoire de santé habilité par l'ARS). Chaque centre, dont la gestion peut être confiée à une collectivité territoriale, assure les missions de prévention, selon une approche globale de la sexualité. Il assure la prescription de contraceptifs, le dépistage, le diagnostic et le traitement du VIH, des hépatites virales, des IST ainsi que l'accompagnement des personnes atteintes.

La stratégie de santé sexuelle a été infléchie à la suite du constat que l'offre de dépistage volontaire et confidentiel n'était pas suivie par des groupes sociaux marginalisés (toxicomanes par injection, pratiquants d'une prostitution homosexuelle, population d'origine africaine). Quand leurs membres consultent, c'est à un stade avancé de l'infection.[661] Une méthode de dépistage dite « communautaire » reposant sur les pairs est engagée pour tenter de prévenir le risque plus précocement. Par ailleurs, le principe du dépistage par tout personnel de santé a été adopté, pour tout jeune à partir de 15 ans. La « stratégie nationale de santé sexuelle à horizon 2030 » arrêtée le 26.03.2018 prolonge les orientations prises depuis 2010.

IV. La protection de la santé mentale débordée par la fragilisation du lien social

Le concept de santé mentale considère les très nombreux états de souffrance psychique (dépressions, troubles névrotiques ou autres) qui affectent, temporairement ou durablement, de 15 à 20 % de la population. Leurs causes sont intimement liées à l'histoire personnelle et sociale des individus. Tout trouble psychique est une atteinte du lien social. L'instabilité croissante des liens personnels et sociaux est probablement une source importante de ces troubles. La problématique de santé mentale est complexe : elle a une dimension de prévention mais elle implique souvent un soin qui a, en lui-même, valeur préventive. L'absence de prévention et de soins préventifs peut conduire des états de souffrance psychique vers des addictions, des suicides et, pour une part, des situations relevant de la clinique psychiatrique. Ainsi, les dernières données sur le taux de suicides en France sont de 13,2 pour 100 000 habitants contre 10,5 en moyenne européenne.[662] Les pathologies relevant de la psychiatrie clinique correspondent à 3% environ de la population.

---

[661] Le plan de santé publique VIH/IST 2010-2014 prévoyait la réduction de 50% de l'incidence par le VIH, de 50% en cinq ans de l'incidence du sida, et de 50% la proportion de personnes découvrant leur séropositivité au stade du sida. L'objectif de réduction de la mortalité par le sida était de 20%.

[662] Sources Fédération hospitalière de France, Mutualité française.

Les stratégies de prévention des troubles psychiques impliquent des stratégies de promotion de la santé et de prévention primaire. Nous avons déjà souligné l'importance primordiale d'une attention à la personnalité dès le développement de la petite enfance, en milieu scolaire, dans le cadre de la santé au travail, mais aussi dans la consultation de médecine générale (environ 1/3 des consultations recueillent une plainte de « mal-être »). En prévention secondaire, l'emploi de médicaments psychotropes peut s'avérer utile temporairement mais les spécialistes admettent qu'un recours prolongé à cette thérapie n'est pas sans effets secondaires sérieux et n'a souvent qu'un caractère palliatif. Le recours aux méthodes psychothérapiques semble plus nettement plus probant mais pose le problème de son acceptation par les intéressés et celui de sa prise en charge par l'Assurance Maladie.

1. La « sectorisation des soins psychiatriques », une première réponse à la fois préventive et curative

La politique de « sectorisation psychiatrique » initiée par la célèbre circulaire ministérielle du 15 mars 1960 répondait à trois grands objectifs : prendre en charge la personne atteinte par des troubles mentaux à un stade aussi précoce que possible, assurer prioritairement sa prise en charge dans son milieu, organiser des structures de post-hospitalisation ou « postcure » pour faciliter le processus de réinsertion sociale.

Il devenait impératif de transformer l'hospitalisation psychiatrique, quand elle s'avérait nécessaire pour le traitement de phases de crises, de telle sorte qu'elle ne prolonge pas le séjour au risque de « chronicisation » du malade, compromettant le retour à la vie sociale. Le premier mouvement de réduction du nombre de lits d'hospitalisation complète en psychiatrie avait une motivation médicale.

Cette approche, résolument préventive dans son principe, repose sur une division territoriale en « secteurs » d'environ 70 000 habitants (200 000 environ par « intersecteur » de psychiatrie infanto-juvénile), dont le centre névralgique n'est plus l'hôpital mais le *« centre médico-psychologique »* (CMP), inséré dans le tissu urbain ou rural. Une équipe pluridisciplinaire (psychiatres, psychologues, professionnels de l'action sociale) tient des consultations, des séances de soins psychothérapiques, individuelles ou collectives, élabore avec les patients un plan d'aide adapté à leur situation, assure la coordination de son action avec les professionnels d'autres institutions (logement, éducation, organismes de prestations sociales...). On recense actuellement 3 700 CMP. La complexité des situations individuelles a conduit à une diversification des services aux patients, notamment ceux qui ont connu une phase d'hospitalisation : hospitalisation de jour, centres de postcure, centres d'accueil thérapeutiques à temps partiel (CATTP), appartements thérapeutiques (le patients en cours de réinsertion bénéficiant d'un logement et d'un accompagnement vers le retour à une vie sociale normale) ateliers thérapeutiques destinés à faciliter ce retour à la vie sociale par le réapprentissage du travail.[663]

2. Le champ vaste et complexe de la prévention en santé mentale

Les problèmes de santé mentale s'observent dans toutes les catégories sociales. Mais ils sont particulièrement prégnants, nous l'avons souligné précédemment, chez les personnes en situation de précarité sociale. Si nombre de ces situations ont une cause économique, nombre d'entre elles sont le produit de ruptures du lien affectif (familial, conjugal) et/ou d'une succession d'évènements vécus comme des échecs.

A. La prévention en santé mentale : une action d'autant plus efficace qu'elle est précoce

Nous avons souligné à maintes reprises que c'est au stade de la petite enfance et de l'aide aux futurs parents fragilisés socialement, psychologiquement et culturellement que l'action préventive en santé mentale peut être la plus efficace. Le rapport Cyrulnik précité en démontre toute l'importance mais aussi toutes les exigences en termes de moyens.[664]En l'état, les délais de prise en charge en CMP peuvent, dans les territoires les moins pourvus en personnels qualifiés, atteindre 18 mois en raison du nombre de postes médicaux et paramédicaux vacants, faute de candidats. [665]

L'amélioration du dépistage des troubles psychiques chez les adolescents et les jeunes adultes est une autre priorité. La période 12-25 ans est bien identifiée comme une période d'apparition de ces troubles. Plusieurs rapports importants établissent des propositions, certaines connaissant un début de réalisation, d'autres demeurant à l'état de réflexion.[666]

L'accès des jeunes aux 118 *« maisons des adolescents »* (MDA) à partir des *« points d'accueil et d'écoute jeunes »* (PAEJ) semble propice pour organiser un dépistage et une orientation précoces vers des interventions

---

[663] En psychiatrie infanto-juvénile, à côté des CMP, il existe plus de 1500 centres médico-psychopédagogiques (CMPP).
[664] Rapport Cyrulnik « Les mille premiers jours », op cité.
[665] Le Président de la République a annoncé aux Assises de la santé mentale (27-28.9.2021) la création de 800 postes (400 dans les CMP accueillant des adultes, 400 dans ceux du secteur infanto-juvénile) en 2022 mais l'effort de financement de postes devra probablement se poursuivre à ce niveau durant plusieurs années, eu égard aux besoins.
[666] « Organisation et fonctionnement du dispositif de soins, 60 ans après la circulaire du 15 mars 1960 ». A. Lopez, G.Turan-Pelletier. Rapport relatif à la santé mentale. M. Laforcade. « Psychiatrie : l'état d'urgence ».M. Leboyer. PM. Llorca.

médico-psycho-sociales et éducatives. Les équipes mobiles de soins en santé mentale (voir ci-après) peuvent collaborer efficacement avec les MDA avant et après un premier épisode critique. Les propositions insistent sur la nécessité d'un dispositif *coordonné* à l'échelle nationale pour garantir une bonne articulation des MDA avec les acteurs du terrain (Education nationale, professionnels de l'action sociale et médico-sociale). [667]

B. Construire un schéma de prévention et de soin centré sur la demande de la personne

L'Assurance Maladie consacre plus de 23 milliards d'euros au secteur de la psychiatrie (soit un financement très supérieur à celui qui est alloué au traitement des cancers ou des maladies cardio-vasculaires) mais 50% environ des personnes en souffrances psychiques ne reçoivent pas de soin.

Contrairement à une idée répandue la France n'est pas (ou plutôt pas encore) un pays dépourvu de psychiatres.[668]Mais l'effort public, qui a porté essentiellement sur l'organisation de structures spécialisées en psychiatrie, est moins développé autour de la demande de la personne qu'autour de l'offre de services spécialisés. Les schémas territoriaux de psychiatrie ont peu pris en compte jusqu'à une période récente le rôle et la place des médecins généralistes (qui réalisent 60% des premières consultations liées à une souffrance psychique) et pratiquement ignoré le rôle potentiel des psychothérapeutes dans une approche globale de santé mentale. Or c'est en suivant l'exemple probant d'un certain nombre de pays européens qu'on peut envisager une approche « graduée » du problème.[669]

La première idée sous-tendant cette approche est d'investir beaucoup plus fortement dans le niveau de premier recours, ce que la législation tend à promouvoir comme nous le verrons (partie III, titre II). C'est le choix prioritaire de l'aide ambulatoire. Il est proposé que les médecins généralistes et les pédiatres disposent d'outils cliniques leur permettant une première prise en charge adéquate du problème exprimé par le patient. Cette prise en

---

[667] Le plan de refinancement des soins en psychiatrie et en santé mentale annoncé par le Président de la République aux Assises de la santé mentale prévoit la création de nouvelles MDA et fixe le principe d'une MDA, au moins, par département.

[668] Le ratio nombre de psychiatres/habitant de la France la situe immédiatement après les pays scandinaves (le dernier recensement dressé par le ministère de la Santé (DREES « médecins, synthèse des effectifs au 1.1.2015 ») fait état de 15 000 psychiatres, soit 22,8 pour 100 000 habitants, la moyenne OCDE étant de 15,5. Toutefois, la répartition de ces spécialistes est très inégale sur le territoire, surtout parmi les pédopsychiatres, peu présents dans des départements marqués par un taux élevé de précarité sociale. Il faut aussi souligner le manque d'attraction de cette discipline qui risque de connaître une pénurie importante avec le départ à la retraite de nombreux praticiens dans les dix années à venir.

[669] Voir le rapport « santé mentale : faire face à la crise ». Angèle Malâtre-Lansac (décembre 2020)

charge devrait, en conséquence, être rémunérée dans le cadre de la « rémunération des objectifs de santé publique ».[670]Il est également proposé que les médecins généralistes soient assistés d'infirmiers spécialisés et/ou que soit expérimentée l'intégration de psychiatres et de psychologues dans les équipes des « maisons de santé pluridisciplinaires » (MSP) et des « communautés professionnelles territoriales de santé » (CTPS).

Une autre proposition, tout aussi importante, consiste à permettre au médecin généraliste (ou au médecin psychiatre) de prescrire des consultations en psychothérapie. La consultation en psychothérapie n'était, jusqu'ici, pas remboursée par l'Assurance Maladie, hormis la prise en charge en CMP et le cas d'une récente expérimentation.[671]Or il apparaît qu'une psychothérapie serait très souvent indiquée, ainsi que l'observent les travaux menés par les spécialistes de santé mentale. Elle pourrait éviter le recours aux médicaments psychotropes ou en réduire l'usage, et elle permet à la personne de mieux se prendre en charge dans le processus thérapeutique. Le coût d'une mesure de remboursement des psychothérapies est estimé à 85 millions d'euros par an, qui est à mettre en rapport avec le coût du remboursement des psychotropes, qui figurent parmi les premières catégories de médicaments consommées. A la suite des recommandations du Haut Conseil en santé publique et d'un rapport de la Cour des Comptes[672]le Président de la République a annoncé, à l'issue des Assises de la santé mentale, tenues les 27-28 septembre 2021, le remboursement par l'Assurance Maladie et les assurances complémentaires, de consultations de psychologues dès l'âge de trois ans. Cette avancée importante est toutefois encadrée par des règles qui risquent d'être inadaptées dans un certain nombre de cas. En effet, le remboursement est limité à un forfait comprenant dix séances (renouvelable une fois) plus une consultation-bilan, ce qui peut s'avérer insuffisant pour certaines prises en charge. Un certain nombre de spécialistes préconisent, par ailleurs, que le demandeur qui le souhaite puisse accéder directement au psychothérapeute sans avoir à recourir à une

---

670 La création d'outils de télé-expertise et de dialogue entre médecins généralistes et psychiatres est également recommandée.

671 La LFSS pour 2017 a instauré, à titre expérimental, le remboursement de 10 consultations de psychothérapie au profit des jeunes de 6 à 21 ans chez lesquels une souffrance psychique a été décelée par un médecin (« Plan Bien-être et santé chez les jeunes »). Les effets psychologiques du confinement imposé par la pandémie du SARS-CoV2 ont conduit les pouvoirs publics à décider du remboursement de séances de psychothérapie au profit des enfants.

672 Rapport d'évaluation du plan de santé mentale 2011-2015 HCSP 2015. Rapport de la Cour des Comptes (16.2.2021).

prescription d'un médecin, la démarche personnelle du demandeur étant un élément essentiel de la thérapie.[673]

La profession de psychothérapeute est règlementée. Elle ne peut être exercée que par des médecins, psychologues ou psychanalystes répondant aux conditions de formation et/ou de reconnaissance de qualification définies par un décret de 2010.[674]

Il est enfin recommandé un développement beaucoup plus dynamique des « équipes de soins mobiles » en psychiatrie. Cette forme d'intervention correspond à une forte demande des associations de parents de malades et a, pour elle, les exemples probants de l'Allemagne du Royaume Uni, de l'Italie ou de la Suisse (plusieurs centaines d'équipe contre une centaine en France). Il est ainsi proposé d'expérimenter dans le cadre de l'hospitalisation à domicile un dispositif d'équipes mobiles d'intervention précoce auprès des patients ayant eu un épisode psychotique ou ayant des tendances suicidaires.[675]

C. La précarité sociale, cause et conséquence de nombreuses pathologies mentales

Selon une étude menée par le SAMU social de Paris, 32 % des personnes vivant en grande précarité (souvent sans domicile) présentent un trouble psychiatrique sévère (40% chez les 18-25 ans).[676]Une enquête de l'association « Médecins du Monde » établit qu'un quart des personnes ont quitté le domicile familial à 16 ans. Beaucoup ont connu des souffrances intrafamiliales et ont glissé vers des addictions à l'alcool et aux drogues.

Dans les centres d'hébergement et de réinsertion sociale [677] la loi prévoit l'établissement d'un bilan médical, psychologique et/ou psychiatrique afin de déterminer avec les personnes hébergées un plan de soins et de les aider à s'orienter vers une prise en charge adaptée à leur situation. Deux dispositifs complémentaires sont destinés à répondre à cette problématique de la précarité et à ses incidences en santé mentale. Le premier est celui des

---

[673] La consultation-bilan doit être remboursée à hauteur de 40 euros, les séances l'étant à 30 euros.

[674] En application de la loi du 11.8.2004, le décret n°2010-534 du 20.5.2010 fixe les conditions de reconnaissance du titre de psychothérapeute.

[675] Le plan précité, annoncé par le Président de la République (Assises de la santé mentale), prévoit la création d'une vingtaine d'équipes mobiles pouvant intervenir dans les EHPAD et les structures médicosociales. Là aussi, l'effort devra être poursuivi sur plusieurs années.

[676] A. Laporte et P. Chauvin, enquête SaMentA, santé mentale et addictions chez les sans domicile franciliens. Observatoire du Samu social de Paris-INSERM, fév-avril 2009.

[677] Structures d'action sociale accueillant temporairement des personnes sans domicile afin de les aider à engager un processus de réinsertion sociale (recherche de logement, formation, emploi…)

« permanences d'accès aux soins de santé » (PASS)[678]initialement conçues pour garantir l'accès aux soins, assurer un accompagnement adapté au parcours de soins, éviter les phénomènes de ségrégation par orientation vers des filières inadéquates. L'expérience a fait apparaître la nécessité de créer des PASS spécialisées dans l'accès aux soins en psychiatrie : près d'une trentaine ont été mises en place. Le second dispositif est celui, évoqué ci-dessus, des « équipes mobiles psychiatrie-précarité » (EMPP), composées de psychiatres, psychologues, infirmiers, travailleurs sociaux qui interviennent auprès des personnes sur leur lieu de vie. [679]Les EMPP forment et conseillent également les professionnels confrontés aux problèmes spécifiques associant précarité et troubles psychiques. Chacune couvre une aire populationnelle d'environ 350 000 habitants.

D. Le vieillissement, facteur d'accroissement des troubles psychiques

Les problèmes de santé mentale revêtent également une acuité croissante avec le vieillissement de la population. En 2030, 12% des français auront plus de 75 ans.[680]La Commission des comptes de la Sécurité Sociale soulignait déjà dans son rapport de 2010 la forte augmentation des hospitalisations en psychiatrie des personnes âgées de plus de 80 ans. 40% des personnes âgées de plus de 75 ans accueillies dans des établissements médicaux, sociaux et médico-sociaux souffrent de troubles psychiatriques. Les troubles mentaux constituent l'une des premières causes de mortalité prématurée chez le sujet âgé et représentent 60% des sources d'incapacité liées au vieillissement. Il est important qu'une prescription qualifiée de médicaments psychotropes soit assurée : 50% des personnes de plus de 70 ans font usage de psychotropes et de nombreuses expertises ont mis en évidence des prescriptions inadaptées et parfois dangereuses.[681]La médecine gérontologique qui se met en place progressivement comporte un volet préventif important qui devrait corriger quelque peu cette situation. La spécialisation gériatrique d'une partie de la clinique psychiatrique est recommandée.[682] La médecine générale jouera, en principe, un rôle de plus en plus important dans la coordination entre les différents acteurs sanitaires et sociaux pour bâtir un projet personnalisé de prise en charge globale. C'est à quoi répond la création de près de 700 *« centres locaux d'information et de coordination »* (CLIC), structures de compétence gérontologique assurant,

---

[678] Les PASS sont au nombre de 430 actuellement : installées dans les établissements publics de santé, elles sont formées d'une équipe pluri-professionnelle (médecins, infirmiers, assistants sociaux, psychologues).

[679] Les EMPP ont été instituées par une circulaire ministérielle du 23.11.2005

[680] Source INSEE

[681] « Psychiatrie, l'état d'urgence », M. Leboyer et P.M Llorca, p 203

[682] On peut citer l'exemple du Québec où, depuis plusieurs décennies, la gérontologie est une discipline universitaire spécialisée.

sur la base d'une évaluation médico-psycho-sociale, l'orientation des personnes âgées vers les formes d'aide adaptées à leur situation.[683]

[683] Les CLIC, créés par la loi du 20.7.2001 relative à l'allocation personnalisée d'autonomie (APA) accueillent environ 300 000 demandes par an. De statut associatif (pour plus de 50% d'entre eux) ou public (services rattachés aux centres communaux d'action sociale ou aux services départementaux d'action sociale), ils relèvent de la compétence des Départements, qui assurent à 80% leur financement. Un CLIC fonctionne avec 2 à 4 professionnels à temps plein en moyenne. Un quart des CLIC a intégré le *dispositif « MAIA » (méthode d'action pour l'intégration des services d'aide et de soins dans le champ de l'autonomie).* Par ailleurs, depuis 2014, est développé le *« parcours de santé des aînés » dit PAERPA* qui, comme le précédent, apporte des améliorations dans la coordination des actions. L'empilement des textes et l'accumulation de dispositifs nouveaux, nuisent cependant à la visibilité de ces institutions (notamment auprès des médecins généralistes).

Titre II
L'organisation des soins de santé ou le compromis permanent avec les acteurs du système

Au cœur du système de santé, le système des soins de santé est formé par les acteurs puissants et autonomes que sont le corps médical, le secteur de l'hospitalisation et l'industrie pharmaceutique. Depuis peu, l'Etat s'est engagé dans un processus de régulation de ce secteur. Cette régulation était demandée avec une insistance croissante par les institutions de contrôle des dépenses publiques et sociales et de santé publique. Ce réinvestissement de la puissance publique, porteuse par principe de l'intérêt général, se heurte évidemment à la somme des intérêts particuliers, notamment à des corporatismes puissants et anciens. Il n'intervient pas sur un terrain vierge : l'Etat doit composer avec l'Assurance Maladie et les collectivités territoriales (voir partie III). Entre ces différentes forces, dont une puissante industrie pharmaceutique multinationale, est-il en mesure de réguler le système des soins de santé ? Sa marge de manœuvre est étroite d'autant que, dans le domaine des soins de santé, un consumérisme relativement indolore des soins est l'allié objectif des producteurs de soins. Les décisions de l'Etat à l'égard de ces derniers sont donc largement tributaires de l'état des rapports de force et, en conséquence, généralement le fruit de compromis.

Chapitre I
Le pouvoir politique à l'épreuve du pouvoir médical

I. Composer avec une société médicale autonome

Peu de politiques sont aussi difficiles à élaborer et conduire que la politique définissant les rapports entre l'Etat et la profession médicale. L'histoire de la médecine comme « personne institutionnelle », pour reprendre le concept d'Alexandre Jaunait, aide à comprendre la spécificité de ce rapport.[684] Mais la lutte constante du corps médical pour préserver son autonomie jusqu'à constituer une *société spécifique* au sein de la société ne peut se résumer à la préservation de ses valeurs éthiques, si fondamentales soient-elles : comme tout corps social il entend préserver ses intérêts économiques. Sa spécificité en l'occurrence tient à sa forte audience sociale. L'histoire nous montre que la lutte pour l'autonomie du corps médical présente les deux faces de Janus : celle de l'Ordre des médecins, d'une part, du syndicalisme médical d'autre part. Il est d'ailleurs arrivé assez souvent que la séparation entre l'ordre éthique et l'ordre syndical ne soit pas étanche et que la contestation des pouvoirs publics prenne appui sur les « valeurs » de la médecine pour récuser toute politique de régulation du système de santé.

Les pouvoirs publics se trouvent face à un double enjeu : maîtriser les dépenses de soins médicaux remboursés par l'Assurance Maladie dans des conditions qui garantissent le droit à la protection de la santé et qui soient acceptables pour une profession exigeant un investissement élevé en termes de qualification, de temps de travail, de prise de risque. On ne saurait mésestimer ce dernier point, si ce n'est qu'on ne saurait ignorer que c'est la collectivité qui investit dans la formation qui garantit le haut niveau du corps médical.

Alors que les syndicats médicaux doivent négocier les conditions de la collaboration des médecins avec les régimes d'assurance maladie, leurs dirigeants savent très bien quand et comment, en dernier ressort, tout se joue au niveau de l'appareil d'Etat, et même, eu égard à l'ampleur des financements concernés et à l'efficacité de leurs moyens de pression, au plus haut sommet de l'Etat. Les pouvoirs publics doivent rendre les dépenses de soins remboursées par l'Assurance Maladie compatibles avec les contraintes économiques sans porter atteinte aux principes libéraux de la médecine. Dans le cas contraire, ils savent qu'ils n'auront pas l'appui de la majorité des électeurs.[685]Dans ces conditions, il peut sembler opportun d'avancer au

---

[684] Alexandre Jaunait « Comment pense l'institution médicale » ?

[685] La santé étant devenue un enjeu central dans la vie des citoyens, les campagnes visant à influencer l'opinion (dont le corps médical n'a pas le monopole) ont très efficacement

moyen de mesures techniques, correctrices, rarement lisibles, plutôt que d'entreprendre des réformes ambitieuses, dont le coût politique s'est révélé jusqu'ici plus ou moins rédhibitoire.

L'évolution plutôt chaotique de la politique conventionnelle fournit une illustration de l'étroitesse de la marge de manœuvre des gouvernements. Son bilan est plutôt défavorable aux assurés sociaux les plus modestes et au principe d'égalité des assurés dans l'accès aux soins. Mais une évolution est peut-être en train de se dessiner pour plusieurs raisons. La « médicalisation » de la maîtrise des coûts de l'Assurance Maladie a permis une gestion plus dynamique du risque maladie et, finalement, une relative coopération des principales organisations médicales à l'action publique. Le changement intervenu dans la gouvernance de l'Assurance Maladie, amorcé avec la réforme Juppé, accentué par la réforme de 2004, a contribué à une meilleure prise en compte des enjeux de santé publique. La question des « déserts médicaux », désormais thème électoral, conduit, pour la première fois, des élus locaux « modérés » à remettre en cause la liberté d'installation. La prise en charge des maladies chroniques et de la dépendance, le brutal retour des pandémies impliquent une meilleure insertion de la profession médicale dans la stratégie de santé. La plus grande sensibilité des usagers à leurs droits modifie également les attentes à l'égard de la médecine. Elles se traduisent dans les législations récentes instaurant le « parcours de santé coordonné » et dans les dernières conventions médicales instituant, à côté du paiement du soin à l'acte, des forfaits rémunérant des actes de santé publique. Enfin, les nouvelles générations de médecins entretiennent un rapport plus distant avec les principes du libéralisme économique médical. La rémunération à l'acte a perdu son caractère non négociable. Sans doute le corps médical n'a-t-il plus l'unité qu'il pouvait avoir avant sa forte spécialisation, sans doute aussi les caractéristiques sociodémographiques et la vision de leur métier par les nouveaux médecins ont changé.

II. L'institution médicale : du fondement Hippocratique aux ambiguïtés du libéralisme médical

L'histoire de la médecine en tant que pratique du soin et en tant qu'institution sociale se confond avec celle des plus anciennes civilisations. Au sein de la civilisation occidentale, elle se constitue véritablement comme institution spécifique à partir d'Hippocrate. Son développement dans nos sociétés européennes est permis par la formation des universités, sous la tutelle de l'Eglise, à partir du XIIème siècle. Son émancipation relative est parallèle au retrait des clercs et se nourrit de l'émancipation intellectuelle de

supplanté depuis les réformes Juppé de 1995 le slogan « la santé n'a pas de prix mais a un coût » par l'accusation de « logique comptable », habilement disqualifiante parce que sous-entendant une absence d'empathie dans une époque où tend à prévaloir l'émotion.

la Renaissance. Elle devient décisive au XVIIIème siècle avec ce que Michel Foucault a désigné comme la naissance de la clinique.

L'autonomie du corps médical procède fondamentalement du serment d'Hippocrate qui définit la condition impérative de l'acte du soin et de la confiance qu'il implique de la part du patient à l'égard du médecin. Il exige une liberté fondamentale du médecin. C'est de cette liberté fondamentale que la profession s'autorisera quand, à partir du milieu du XIXème siècle en France, elle s'organisera sur le plan économique.

Quand l'Etat amorce, à la fin du XIXème siècle, son cheminement vers l'Etat-Providence, le corps médical, s'arc-boute sur son libéralisme fondamental pour assurer, par le libéralisme économique, la défense de ses intérêts matériels. Ni la structure du système actuel de soins, ni le mode de fonctionnement de l'Assurance Maladie, ni la faiblesse de la santé publique ne se comprennent sans cette évolution. Le libéralisme économique n'apparaît pourtant pas comme une condition nécessaire du libéralisme éthique fondamental du médecin. Celui-ci s'épanouit aussi bien au sein du service public hospitalier en France qu'au sein des services nationaux de santé dans d'autres pays.

1. Le « serment d'Hippocrate », fondement éthique de la médecine

Avant Hippocrate, les présocratiques avaient introduit les notions de nature (physis), d'ordre naturel (cosmos) et de loi naturelle (nomos) qui préparaient les conditions nécessaires au développement d'une rationalité scientifique. Les conditions étaient réunies pour qu'au Vème siècle avant Jésus-Christ, Hippocrate affirme que les maladies ont une *cause naturelle* qu'on peut comprendre par l'analyse. L'observation clinique lui doit son fondement intellectuel. Cette rupture à l'égard des lois surnaturelles lui conférait l'autorité morale préparant la réception au célèbre « Serment » qui lui est attribué. Celui-ci constitue la médecine comme une *société* fondée sur des *principes éthiques* qui justifient son *indépendance.* Son pouvoir d'auto-organisation structure la relation entre le médecin et son patient mais aussi la relation entre le corps médical et l'autorité publique.

Jaunait distingue dans le corpus éthique et social qui constitue la médecine comme « personne institutionnelle » deux corps de valeurs : celles qu'il nomme *« valeurs primaires »* qui sont intangibles et celles qu'il définit comme *« valeurs secondaires »* qui sont adaptables aux changements sociaux, *à condition* que leur adaptation soit conduite par les institutions médicales chargées de veiller à ce qu'une évolution n'altère pas le sens des valeurs primaires.[686]

C'est le « Serment d'Hippocrate » qui contient le noyau des valeurs primaires et qui structure le code de déontologie. Pour l'essentiel, elles se résument à quatre principes liés par leur finalité unique du soin. Le premier est le *principe de bienveillance* : *« primum non nocere » (d'abord, ne pas nuire).* Le second est la valeur attachée à la relation avec le patient qui repose sur un *respect absolu* de sa personne - fondant notamment le *secret médical*- mais aussi une conception protectrice du patient qui a légitimé jusqu'à nos jours le fameux « paternalisme médical ». Le troisième est le *principe corporatif* qui instaure à la fois les règles de « confraternité » entre médecins et leur allégeance aux règles de fonctionnement du groupe professionnel. Le quatrième est la valeur de la médecine comme « art combinatoire », selon l'expression de Jaunait, c'est-à-dire comme un *art (et un devoir) de recourir à tous les savoirs susceptibles de concourir à la guérison.* En ce sens, la médecine n'est pas, à proprement parler, un savoir scientifique spécifique mais un « savoir-faire » dans le recours aux sciences et techniques.

Les valeurs fondamentales de la médecine s'articulent autour d'un impératif : *préserver la vie.* Ce qui permet de comprendre les dilemmes posés au médecin de notre époque puisque le principe originel contient la prohibition des pratiques qui sont aujourd'hui au cœur d'un débat intense : le suicide assisté, l'euthanasie, l'avortement. C'est l'enjeu des débats éthiques et de la recherche par l'institution médicale de l'adaptation de ses valeurs « secondaires ». Reformulé plusieurs fois dans l'histoire, le « Serment d'Hippocrate » continue à être prononcé par les nouveaux diplômés en médecine à la veille de leur inscription au « Tableau de l'Ordre des médecins ». Il n'est pas concevable en principe qu'une injonction quelconque vienne entraver l'application de ces règles. On ne comprend pas la défiance de principe du corps médical à l'égard de tout autre pouvoir si l'on mésestime cet élément central de la culture médicale.

Il est important d'observer que, dès l'Antiquité, le savoir médical s'enrichit d'observations permettant aux médecins d'élaborer un ensemble de prescriptions d'hygiène individuelle et collective. Ce souci de la prévention, qui perd de son importance à la fin du XIXème siècle, au stade initial de la spécialisation, montre que la médecine s'est pensée très tôt à la fois comme société autonome et comme acteur de la construction de la société globale.[687]

---

[686] A. Jaunait. « Comment pense l'institution médicale ? » op cité pp 81 et s.

[687] Hippocrate prescrit aux médecins l'observation des eaux d'alimentation, des régimes alimentaires, du mode de vie, des exercices du corps. Des préceptes semblables se trouvent

2. Le long cheminement vers la rationalité scientifique et l'affermissement de l'autonomie de l'institution

On observe une présence médicale dans le Haut Moyen Age, surtout dans les monastères au sein desquels se développent un savoir médical et un savoir considérable sur les plantes médicinales. Mais c'est la naissance des universités et la renaissance des villes, au XIIème siècle qui vont permettre le processus de structuration de l'institution médicale en Occident.[688]

Dans son exercice d'une police des esprits - percer les secrets du corps humain est péché d'orgueil, la dissection est sacrilège - l'Eglise impose aux clercs, au concile de Latran (1215), de renoncer à la pratique médicale.[689] Le mouvement de sécularisation de la médecine qui en résulte est précipité par le Grand Schisme d'Occident (1378-1417). En 1352 une ordonnance royale impose l'obligation d'être diplômé pour disposer du droit d'exercer la médecine.

Cette sécularisation de la médecine favorise une recherche plus libre à l'égard des considérations religieuses et une plus grande insertion du corps médical dans la société.[690] On dénombre un médecin pour 25 000 habitants à la fin du XVème siècle. Ils sont très majoritairement installés dans les villes universitaires et ont une pratique libérale auprès de la bourgeoisie montante ou sont employés dans les cours royales ou ducales.[691]Durant tout le Moyen Age, ils subissent la concurrence des « empiriques ». Sous l'influence des médecins de cour, des ordonnances royales interdisent aux XIIIème et XIVème les pratiques médicales sans possession de titre de médecin. Les tribunaux sanctionnent l'usurpation du titre médical mais la question de l'exercice illégal de la médecine ne sera définitivement réglée qu'à la fin du XIXème siècle. Elle a compté dans la forme de défense corporatiste développée par la profession. Par ailleurs, dans le système médiéval, la médecine, comme toute corporation, doit garantir le résultat de son action. C'est pourquoi, pour se prémunir contre d'incessants procès en

dans les écrits bibliques. L'Antiquité gréco-romaine accorde une grande place aux bains et toilettes, même s'ils ont surtout un but de confort : « Mens sana in corpore sano ».

688 Edit de Guilhem VIII, roi de Majorque, créant en 1180 l'Ecole de Montpellier. L'Ecole va bénéficier des enseignements majeurs de la période andalouse. Suivent, sous l'égide et la tutelle de l'Eglise, Paris Avignon, Bordeaux, Toulouse.

689 L'interdit prononcé à l'égard des activités médicales entraînant l'écoulement de sang provoque la séparation des études médicales et chirurgicales, l'interdiction de leur enseignement dans certaines universités. L'exercice de la chirurgie ne cessera pas pour autant, progressant, notamment, avec la chirurgie de guerre.

690 Ainsi peut se développer une médecine légale et une collaboration avec la justice qui permettra de réduire sensiblement les condamnations pour sorcellerie.

691 Les médecins sont à 60% diplômés. Les chirurgiens (12%) ont une formation distincte de celle des médecins jusqu'au XVIIème siècle. Des « barbiers » (près de 20%) pratiquent surtout des petits actes chirurgicaux et des saignées.

responsabilité, les médecins optent en faveur d'un contrat passé par devant notaire avec leur client pour spécifier une *obligation de moyens* et non *de résultat.*

Des municipalités recrutent par contrat des médecins qui vont jouer un rôle important dans la formation d'une organisation sanitaire urbaine. On ne trouve cependant en France que des « bureaux temporaires » en cas d'épidémie, non une véritable administration de la santé comme dans les grandes cités du nord de l'Italie.[692]Le développement de la médecine s'effectue assez largement hors de l'hôpital. Les collaborations médicales à l'hôpital sont secondaires et ne concernent qu'un nombre limité de praticiens. C'est un autre fait à souligner pour son importance ultérieure : les histoires de l'hôpital et de la médecine sont parallèles et ne se rencontrent structurellement qu'au milieu du XXème siècle.

Le moment humaniste de la Renaissance est celui d'une première libération de la pensée médicale. L'homme de la Renaissance affirme une volonté de comprendre une nature qu'il ne perçoit plus comme entièrement guidée par un dessein divin. Il cultive une conception intériorisée de la liberté indissociable de l'idée de responsabilité personnelle. La Réforme protestante exerce, à cet égard, une profonde influence. L'invention de l'imprimerie fournit les moyens d'une diffusion des idées, impossible auparavant. Il est intéressant de noter que l'éclosion de la pensée humaniste produit un nouvel *art de vivre* qui porte une plus grande attention au corps et nourrit une réflexion sur la santé. Mais, si des découvertes fondamentales viennent enrichir le savoir médical entre le XVème et le XVIIIème siècle, celui-ci pénètre inégalement dans les écoles de médecine. L'enseignement, livresque et attaché à une théorie démentie depuis longtemps par l'expérience, y évolue si peu que la satire de Molière peut se donner libre cours.

3. Le siècle des Lumières : naissance de la clinique, naissance de la santé publique ?

C'est vers la fin du XVIIème siècle qu'un changement des mentalités est perceptible. Une génération nouvelle de médecins développe une approche rationaliste au sein des académies qui fleurissent dans différentes villes avec l'appui du pouvoir.

Le XVIIIème siècle est le siècle du renoncement à l'idéologie du salut et du mouvement philosophique prônant l'émancipation de la raison à l'égard de la vérité dogmatique. Les idées philosophiques préconisent le raisonnement expérimental et une transformation de la société. L'œuvre des Encyclopédistes revêt à cet égard une particulière importance pour les élites

[692] « Médecins et société en France du XVIème siècle à nos jours ». H. Berlan, E. Thévenin.

médicales. La stricte observation des faits, leur méthodique analyse critique, l'intuition que les phénomènes ne livrent pas d'information pertinente sur leur seule apparence ont progressivement conduit à considérer la maladie derrière le malade. Michel Foucault, qui met en évidence la « naissance de la clinique » ne sépare pas celle-ci de la naissance de la santé publique. Avec l'éducation, qui lui est profondément liée, la santé commence à devenir une dimension de cette forme de gouvernement marquée par le « souci des populations ». La conviction, « néo-Hippocratique » qu'il est essentiel d'agir sur les *« milieux »* se traduit par la formation de l'hygiène publique. Cette conviction est à l'origine de la première administration de santé publique.

Les réformes de la formation des médecins (décrets de Marly en1707) ont eu leur part dans l'évolution du corps médical. Mais les auteurs soulignent surtout l'importance, dans cette évolution, des académies réunissant une jeune élite médicale. Le pouvoir royal tend à l'appuyer contre la Faculté, centre du conservatisme. Il confie ainsi à la société de correspondance des médecins de province la mission de coordonner la lutte contre les épidémies et les épizooties.

Le décret de Turgot (29 avril 1776) prépare la création de la future et influente Société royale de médecine en 1778. Il installe une commission chargée d'étudier les phénomènes épidémiques parce qu'on a mis jusqu'ici *« peu de soin à en étudier les symptômes et les méthodes curatives qui ont le plus de succès »*. La commission est animée par Vicq d'Azyr, qui jouera un rôle central de passeur entre l'Ancien Régime et la Révolution. Les hommes qui gravitent autour de la Société royale de médecine s'opposent clairement au corporatisme médical et entendent promouvoir une médecine de santé publique. La Révolution les verra au premier rang des législateurs mais leur victoire sera éphémère. Paradoxalement, en effet, l'absolutisme des lois révolutionnaires d'abolition des corporations ouvrira la voie au libéralisme économique et médical du XIXème siècle et à la constitution d'un nouveau corporatisme médical.

Les médecins « philosophes » partagent l'idée que, libérés des tyrans, les hommes vivant dans une société libre, égalitaire, harmonieuse, deviendront leur propre éducateur sanitaire. Foucault écrit que les années qui précèdent et suivent la Révolution ont vu naître deux grands mythes, dont les thèmes et les polarités sont opposés : celui d'une profession médicale *« organisée sur le modèle du clergé »* investie au niveau de la santé et du corps de *« pouvoirs semblables » ;* celui d'une *« disparition totale de la maladie dans une société sans troubles et sans passions, restituée à sa santé d'origine ».*[693]Une telle utopie impose à la médecine *« une posture normative, qui ne l'autorise*

[693] « Naissance de la clinique », pp 31-32

pas simplement à distribuer des conseils de vie sage, mais la fonde à régenter les rapports physiques et moraux de l'individu et de la société où il vit ».

Cette utopie est partagée par des centaines de médecins de province, d'ingénieurs, d'architectes qui entreprennent d'incessantes démarches pour obtenir l'aide à l'assainissement des marais, des villes, des hôpitaux. Ce sont eux que l'on retrouve avec les juristes, notamment les avocats, dans les cahiers de doléances. Les critiques à l'égard de la mauvaise gestion hospitalière par le haut clergé sont récurrentes, de même qu'est soulignée l'insuffisance du réseau d'assistance en milieu rural. De nombreuses autres contributions posent le problème de la formation médicale et de l'organisation de la profession. Les critiques sont convergentes sur quatre points[694] : les charlatans demeurent nombreux malgré les décrets de 1707, l'enseignement de la Faculté ne répond pas aux exigences de la pratique ni aux découvertes scientifiques, il y a trop d'écoles de médecine pour que l'enseignement y soit partout de qualité et la concussion règne dans beaucoup d'établissements où les titres s'achètent.

4. La désillusion de la Révolution

L'affirmation du rôle social du médecin manifestée par l'élite médicale nouvelle se retrouve dans les projets d'agences de santé. Leur échec est consommé par l'instabilité révolutionnaire mais il est plus profondément imputable à un malentendu. Les principaux acteurs d'une médecine « émancipatrice » des hommes concevaient leur discipline comme un moyen de rénover la société. Les chefs révolutionnaires voient dans l'abrogation des corporations le moyen de cette émancipation. La liberté totale inclut un libéralisme économique total, incompatible avec ce projet politique de santé publique.

Les décrets d'Allarde (2-17 mars 1791) et la loi Le Chapelier (14-17 juin 1791) n'ont pas la même place dans les célébrations de la Révolution que la Déclaration des droits de l'homme et du citoyen ou l'abolition des privilèges. Ils posent pourtant les fondements de l'économie libérale dans la société française. Les premiers textes suppriment les corporations et instaurent un régime de liberté totale d'exercice d'une profession, sans aucune condition de compétence. Le second va plus loin en organisant la répression de toute « coalition » professionnelle (il pèsera lourdement non seulement dans l'histoire de la santé mais dans les répressions des luttes ouvrières durant une bonne partie du XIXème siècle).

---

[694] « Naissance de la clinique », M. Foucault, op cité pp 44 et s.

De 1791 à 1793, toutes les institutions sanitaires de l'ancien régime sont supprimées.[695] La question du statut des médecins donnera lieu à des affrontements très vifs mais, en définitive, les conditions d'exercice de la médecine sont celles d'une totale liberté jusqu'en 1803. Est seulement créé, pour les besoins de l'armée essentiellement, un corps, sommairement formé, des « officiers de santé ». En définitive, la rupture provoquée par la Révolution n'a été, qu'il s'agisse de la médecine ou, comme on le verra, de l'hôpital qu'une destruction dont il ressortira au XIXème siècle, pour la profession médicale, la mutation de l'ancienne corporation médicale en un libéralisme, source d'une forme nouvelle de corporatisme, et pour l'hôpital, sous les dehors d'une institution publique contrôlée par l'Etat, un retour à la tradition asilaire qui n'évoluera qu'au XXème siècle.

Dès la fin de la Terreur vont se reconstituer, en dépit de la loi, des sociétés savantes militant pour la fixation de conditions d'exercice de la médecine fondées sur une stricte reconnaissance des compétences.[696] Sont particulièrement visés dans ce combat les officiers de santé. Le combat du corps médical pour la reconnaissance légale du monopole d'exercice de la médecine durera pendant tout le XIXème siècle. Il est impossible de comprendre la profession médicale, aujourd'hui encore, si l'on néglige l'histoire de ce combat et si l'on ne se rappelle que, durant des siècles, l'exercice de la médecine fut concurrencé par de nombreux « guérisseurs ».

III. L'émergence de la médecine libérale moderne

1. Le Consulat établit le fondement libéral et non-marchand du soin médical

Avec le Consulat, Il n'est plus question de bâtir une utopie mais d'administrer. Le statut du corps médical est fixé par la loi du 10 mars 1803 : il s'appuie sur les principes hippocratiques. Les règles d'exercice de la médecine, soumises à des conditions de compétence, sont garanties par l'Etat. Le rapport présenté par Cabanis contient les principes formant aujourd'hui encore, le socle de l'organisation de la médecine en France. *Le soin médical ne peut être assimilé à un bien marchand et il revient à l'Etat d'assurer non un contrôle des actes du médecin mais de garantir sa*

---

[695] Décret du 18.8.1792 supprimant les ordres enseignants et hospitaliers ; décret du 8.8.1793 supprimant les académies et sociétés savantes ; décret du 15.9.1793 supprimant les universités. Celui des 2.17 mars 1791 avait supprimé le monopole des pharmaciens mais, devant le risque que tout individu prescrive et vende des drogues dangereuses, le Comité de salubrité publique restaurait rapidement la réglementation pharmaceutique antérieure.

[696] La Société de santé fondée en germinal An IV et, surtout, la Société médicale d'émulation, fondée la même année, qui regroupe les personnalités médicales les plus novatrices. Bichat, Bretonneau, Cabanis, Dupuytren, Desgenettes, Fourcroy, Larrey, Pinel.

compétence. Le monopole de l'exercice de la médecine est accordé aux diplômés des Ecoles agréées par l'Etat et celui de la pharmacie est rétabli.[697] La loi distinguait les titulaires d'un doctorat en médecine et chirurgie et les officiers de santé, institués sous la Révolution. Chargés de dispenser « les soins les plus ordinaires », ces derniers étaient soumis à une « reconnaissance préfectorale » d'un niveau d'exigence inégal selon les départements. Leur formation ne sera réellement organisée que par une ordonnance de 1820. Avec les officiers de santé, les pouvoirs publics entendaient répondre aux demandes des élus du milieu rural, qui disposait de peu de docteurs en médecine, ces derniers exerçant surtout en ville auprès d'une clientèle bourgeoise. On a évoqué cette période par l'expression de « moment Chaptal », du nom du ministre de l'Intérieur, médecin et chimiste réputé, qui, entre 1801 et 1804, a été, avec Cabanis et Fourcroy, l'homme de cette remise en ordre.[698]

La loi de 1803 relative à l'exercice de la pharmacie et au droit du médicament est la première loi rendue applicable sur l'ensemble du territoire national. Elle restera en vigueur jusqu'en1941.

Le débat sur le rôle et la place des professions de santé au XIXème siècle s'est focalisé sur la question des officiers de santé, occultant le rôle et la place particulièrement importante des sages-femmes.[699] En nombre croissant (elles sont 14 000 à la fin du XIXème siècle), elles sont très recherchées par les autorités locales. Dans beaucoup de villages, elles remplissent une mission sociale importante, les amenant à dispenser des soins dépassant le strict domaine de leur compétence, sans susciter l'opposition du corps médical.

L'assistance quotidienne aux malades hospitalisés ou à domicile repose durant la plus grande partie du XIXème siècle sur les religieuses revenues sous le Consulat. Elles sont très sollicitées par des élus et des médecins hospitaliers qui apprécient leur disponibilité permanente. Ce n'est qu'à la fin

---

[697] Lois du 29 ventôse An XI (10.3.1802) et du 21 germinal An XI (11 avril 1803). C'est ce texte qui, pour la première fois, emploie la dénomination de « pharmacien ». L'inspection de la pharmacie, supprimée par les autorités révolutionnaires, est rétablie.

[698] Pierre Cabanis (1757-1808), médecin et philosophe, habitué des cercles philosophiques des Lumières, est proche de Mirabeau, Condorcet et Sieyès sous la Révolution. Au lendemain de la Terreur, il devient le conseiller de Fourcroy, médecin, chargé de l'enseignement dans le gouvernement du Directoire. Membre du Conseil des Cinq-Cents, il est l'inspirateur principal des réformes qui fixent le statut de la médecine en France. Antoine Fourcroy (1755-1809) effectue ses études médicales auprès de Vicq d'Azyr. Egalement chimiste de l'école de Lavoisier, il devient député de la Convention, membre du Conseil des Anciens, puis du Conseil d'Etat, directeur général de l'Instruction publique puis Secrétaire d'Etat.

[699] Olivier Faure « Les français et leur médecine au XIXème siècle ». Leur formation est organisée par un décret du 13 vendémiaire, An XI (1803).

du XIXème siècle qu'est défini le statut de l'infirmière civile, notamment les conditions de sa formation. Les premières écoles d'infirmières sont créées à partir de 1878 mais la grande majorité des villes de province continue de recourir, jusqu'au lendemain de la première guerre mondiale, aux services des religieuses.

2. Le fossé entre l'élite médicale et la médecine libérale des petites villes

Le rôle de l'élite médicale est conforté par les progrès scientifiques et techniques de la médecine. L'Académie de médecine, créée le 20 décembre 1820, hérite du pouvoir d'influence de la Société royale de médecine. Mais le projet hygiéniste de l'élite médicale de la fin du XVIIIème siècle ne trouvera plus de relais dans une société convertie au libéralisme économique.

La grande majorité des médecins est installée en cabinet. La plupart tirent d'assez faibles revenus de leur pratique. Les médecins qui exercent en milieu rural ou auprès des familles ouvrières, se heurtent à une population peu préparée à l'accueil d'un discours fondé sur des données scientifiques. Celle-ci est souvent influencée par les « guérisseurs » promettant des remèdes-miracles. Les médecins éprouvent des difficultés à faire observer les traitements qui heurtent des convictions ou rencontrent des peurs ancestrales. Si la majorité des médecins en milieu rural reste hostile à la vaccination, c'est parce que, n'ayant pas suffisamment d'autorité, ils craignent d'affronter l'hostilité qu'elle suscite. Ils se heurtent aussi au manque de ressources qui empêche les familles d'acheter des médicaments. C'est essentiellement la petite bourgeoisie qui va contribuer au développement économique et à l'audience sociale du corps médical.

En 1805 sont institués des « médecins chargés du traitement des épidémies ». Les médecins désignés à cette fonction y voient surtout une situation honorifique. On est loin de l'équivalent du corps anglais de médecine publique, doté d'effectifs conséquents, issu des meilleures universités. La création en 1823 du corps des agrégés de médecine est un fait déterminant dans les orientations cliniques de l'activité médicale. Son audience ne cessera de s'affirmer dans la hiérarchie des distinctions sociales. Les facultés de médecine vont jouer un rôle majeur dans la formation du corps médical par la dispensation du savoir mais aussi par la cohésion sociale et culturelle qu'elles confèrent à la profession médicale. Il reste que le contraste est grand entre l'élite universitaire, liée à la bourgeoisie des grandes villes et le statut précaire des médecins du monde rural.[700]

---

[700] Sous la Monarchie de Juillet, la France compte un médecin pour 1750 habitants environ (mais 40% sont des officiers de santé). Leur répartition sur le territoire est - déjà - inégale. Les

3. L'institutionnalisation du corps médical : entre éthique de responsabilité et revendication sociale

C'est surtout à partir du milieu du XIXème siècle que le corps médical est en mesure de se constituer durablement en une société au pouvoir autonome au sein de la société. Plusieurs phénomènes confortent son pouvoir social.

La classe bourgeoise en forte ascension voit dans les progrès continus de la médecine le fruit du modèle d'exercice libéral associé à une forte cohésion corporative dont la référence est la Faculté. Nombre de médecins ont le sentiment d'exercer une mission sociale. Beaucoup interviennent en faveur d'une législation protectrice du travail, d'une politique de logement social, d'une législation de protection de l'enfance, de l'éducation des classes populaires à l'hygiène. Constatant que les soins médicaux ne peuvent avoir d'effet durable sans l'amélioration des conditions sociales, certains créent des œuvres sociales destinées à prolonger les soins médicaux par un programme d'hygiène et de service social.[701]Le positionnement politique des médecins est généralement celui de réformateurs prudents, de philanthropes soucieux de « soigner et d'éduquer le peuple » qui a pu être présenté comme l'expression même du paternalisme bourgeois. Il n'en était pas moins plutôt progressiste dans le contexte politique de l'époque et il a pu favoriser un meilleur accueil de la classe ouvrière aux préceptes de la médecine. La position de notable du médecin en province l'autorise à nourrir une ambition politique. Avec l'abaissement du cens électoral puis l'adoption du suffrage universel de nombreux médecins sont élus au Parlement, confortant ainsi la société médicale dans la société française.[702]

Mais la principale raison de la structuration du corps médical en société autonome à partir de la seconde moitié du XIXème siècle réside dans la manière avec laquelle il organisera la défense de ses intérêts matériels et moraux autour d'un certain nombre de principes et de revendications qui forment en partie un programme-type de la méritocratie. A Paris, le 1er novembre 1845, un congrès réunissant des médecins, pharmaciens et vétérinaires établit un programme de défense des intérêts professionnels qui sera vigoureusement relayé au cours des années suivantes par la presse médicale naissante, les facultés, les sociétés de médecine. Les revendications visent essentiellement à fermer l'accès du corps médical aux non-médecins

---

officiers de santé sont tenus d'exercer dans le département où ils ont été agréés. Leur effectif passe de 7.456 en 1847 à 3.633 en 1876.

[701] L'expression de « médecine sociale » est employée pour la première fois par Jules Guérin dans « La Gazette médicale de Paris » en 1848.

[702] En 1848, on en compte 52 à l'Assemblée constituante ; ils sont 42 à la Chambre des députés, seulement 12 au sein du Corps Législatif sous le Second Empire. Sous la Troisième République, en 1877, ils sont 56 à la Chambre des députés.

et à asseoir sa prééminence par la diminution du nombre des praticiens, la dénonciation de l'exercice illégal de la médecine, le renforcement de la sélection à l'entrée en faculté, l'allongement de la durée des études, la fin du recrutement des officiers de santé. En 1847, l'un des initiateurs du congrès, le docteur Amédée Latour fonde le journal « L'union médicale ». Il obtient en 1858 l'autorisation de créer l'Association générale de prévoyance et de secours mutuel des médecins de France (AGMF) qui regroupe le tiers des médecins français. Sans pouvoir être en droit une organisation syndicale elle en est la préfiguration.[703]

Dès son début, le processus d'institutionnalisation de la défense des intérêts économiques du corps médical est associé à la revendication d'une autonomie fondée sur une *éthique du secret médical.* C'est parce que le médecin est tenu à ce secret inaccessible à tout autre pouvoir que le corps médical peut revendiquer un statut spécifique assorti de conditions matérielles et morales garantissant son exercice. Le secret médical français a trouvé assez tôt un appui décisif auprès du législateur et du pouvoir judiciaire. Le code pénal français le sanctionne dès 1810. En 1828, un arrêt de la Cour de Cassation affirme « C'est aux médecins à interroger leur conscience et à discerner ce qu'ils doivent taire ». Depuis cet arrêt, malgré quelques hésitations, la Cour n'a cessé d'affirmer une conception étendue et rigoureuse du secret médical,[704] considérant comme relevant d'un fait délictueux sa révélation en raison de son « caractère « général et absolu ». Nous avons vu précédemment que le secret médical a acquis, en droit français, la valeur d'un principe d'ordre public.[705]

L'évolution du droit de la responsabilité médicale ne pouvait qu'inciter également la profession médicale à s'organiser collectivement. L'important arrêt de la Cour de cassation *« Thouret-Noroy c/Guigne* (1835)[706]rompt en effet avec la théorie de l'irresponsabilité médicale suivant les conclusions du Procureur général Dupin pour qui, sans poser une obligation de résultat, on est responsable de ce que, *devant connaître*, on ignore.[707]

[703] Les syndicats ne seront reconnus qu'en 1884 et, contrepartie de leur « spécificité éthique », les médecins ne se verront reconnaître le droit de former un syndicat qu'en 1892.

[704] C.Cass, crim, 19.12.1885 Watelet (Bull.crim, n°363)

[705] Il n'a pas cette valeur étendue dans tous les pays (il est inconnu en Grande Bretagne ou en Norvège, et connaît des limitations dans de nombreux pays : USA, Allemagne, Italie, Pays Bas, Suisse, Suède, Danemark…).

[706] C.Cass, Req, 18.6.1835 Thouret-Noroy c/Guigne (DP 1838.I.300, concl. Dupin). Voir les observations présentées sous cet arrêt dans « Les grands arrêts du droit de la santé ». C. Bergoignan-Esper et P. Sargos. Ed Dalloz (2ème éd). Paris 2016.

[707] Le Conseil constitutionnel conférera au principe de responsabilité civile la valeur d'un principe constitutionnel un siècle et demi après l'énoncé de la doctrine jurisprudentielle.

4. La naissance du syndicalisme médical ou l'expression corporatiste du libéralisme médical

La création, le 5 juillet 1879, de la revue « Le Concours médical » marque les débuts de l'unification idéologique du corps médical autour de la défense des intérêts économiques d'une profession dont près de 80% des membres ont alors un revenu annuel équivalent à celui d'un ouvrier qualifié.[708]C'est sur la base des principes déontologiques fondant leur liberté intellectuelle et sociale qu'est affirmé le libéralisme économique du médecin, ou plutôt réaffirmé, la loi de 1803 l'ayant institué. Les animateurs du « Concours médical » (1881) prônent ainsi le libre établissement des honoraires. Le moment de cette structuration de la médecine libérale est aussi celui de l'émergence, partout en Europe, du débat sur les formes que doit prendre la protection sociale face aux risques de maladie, d'accident, d'invalidité. Le corps médical en France refuse catégoriquement tout lien avec l'Etat ou des organismes gestionnaires d'assurance ou d'assistance, qui pourrait apparaître comme un lien de subordination.

En 1884 se constitue une « Union des syndicats médicaux français » (USMF) qui préfigure la future et influente « Confédération des syndicats médicaux français » (CSMF) et regroupe à ses débuts environ 20% des praticiens. Toutefois, la Cour de cassation, dans un arrêt de 1885, refuse de lui accorder une existence légale estimant « que les intérêts des médecins ne pouvaient se réduire à la défense de leurs intérêts économiques ». C'est la loi Chevandier du 30 novembre 1892 qui légalisa le syndicalisme médical. Elle consacrait le premier grand compromis entre l'Etat et le corps médical libéral, signe que celui-ci était devenu une force sociale incontournable. Ainsi la suppression du corps des officiers de santé, dont l'extinction était engagée, satisfaisait une demande ancienne de la profession. En contrepartie, les pouvoirs publics espéraient l'application effective par le corps médical de l'obligation de déclaration des maladies transmissibles qui étaient la cause d'une surmortalité alors considérable. Ce sera le début d'une longue série d'échecs des pouvoirs publics dans leur relation avec le corps médical. Ce dernier opposera une conception absolue du secret médical aux impératifs de santé publique, la crainte de beaucoup de médecins étant, en fait, de perdre des patients en déclarant des maladies hautement contagieuses comme la tuberculose.

La loi créant l'assistance médicale gratuite en 1893 fournit une nouvelle occasion au syndicalisme médical de manifester efficacement l'autonomie du corps médical. Devant l'imprécision des dispositions organisant les rapports entre les médecins et l'administration, il oppose son refus de

[708] « Les médecins fac à l'Etat ». Patrick Hassenteufel.

collaborer au futur régime, en revendiquant la liberté de choix du malade et la liberté pour le médecin de refuser de soigner le patient bénéficiaire de l'aide médicale. Il réclame également la rémunération à la visite et non au forfait. Il obtiendra satisfaction sauf sur le droit pour le médecin de refuser de soigner un assisté. De même, en 1895, un accord USMF-Mutualité prévoit le libre choix du médecin par le patient mutualiste et le principe du paiement à l'acte. Parallèlement au développement du mutualisme s'ouvre le débat sur le projet de sécurité sociale. Pour Henri Hatzfeld l'attitude des médecins à son égard n'est pas fondamentalement différente de celle de la petite bourgeoisie : c'est la réaction d'une profession qui craint de voir sa liberté restreinte et ses revenus amputés et contrôlés.[709]L'hostilité du corps médical ne se fonde pas seulement sur un argumentaire économique : elle avance l'argument de la menace qui pèserait sur la « qualité » de la médecine si elle n'était plus « libre » de fixer sa rémunération.

5. L'organisation de la santé publique perçue comme une menace pour le libéralisme médical

Nous avons vu précédemment l'âpreté du combat mené pendant un quart de siècle par les hygiénistes pour faire aboutir la première loi de santé publique en 1902. Parmi ses opposants résolus figurait une partie importante du corps médical. L'appui des parlementaires médecins au projet de loi eût été essentiel : entre 1876 et 1914, ce ne sont pas moins de 358 parlementaires qui seront médecins.[710]L'amendement rejetant la création d'un corps d'inspection sanitaire fut pourtant voté par 57% d'entre eux. Murard et Zylberman y voient le résultat de cette profonde division existant entre une majorité de médecins au statut économique précaire et les professeurs de faculté auxquels l'autorité du savoir confère une légitimité sociale à tenir le discours sur la politique de santé.[711] A la fin du XIXème siècle, beaucoup de médecins craignent une institution forte de la prévention sanitaire qui pourrait les concurrencer. La crainte de n'avoir plus comme alternative que l'emploi salarié au sein d'un service public de santé prévaut malgré l'exemple de leurs collègues anglais, mieux rémunérés et tout aussi libres de leur prescription. Enfin, le progrès enregistré dans la connaissance médicale renforce l'attractivité de la médecine curative auprès des médecins au détriment de la médecine préventive.

---

[709] « Du paupérisme à la sécurité sociale : 1850-1940 », Henri Hatzfeld.

[710] Près de la moitié sont des républicains « modérés ». (Droite), plus du tiers sont des radicaux et radicaux socialistes (notamment les élus médecins de campagne).

[711] Un certain nombre de médecins vivent de vacations auprès des services d'assistance (la loi sur l'assistance médicale gratuite de 1893 avait parmi ses buts celui de donner du travail aux médecins de campagne).

6. La Charte des principes libéraux de la médecine, moment déterminant pour notre système de santé

Au lendemain de la Grande Guerre, la société est bouleversée dans ses structures et ses mentalités. Les conflits sociaux et la révolution communiste de 1917 incitent une partie des libéraux à reconnaître à l'Etat un pouvoir d'intervention nouveau dans la vie économique et sociale. Avec le retour de l'Alsace-Lorraine à la France, on découvre l'efficacité du système bismarckien de sécurité sociale. C'est dans ce contexte qu'un projet de loi sur les « assurances sociales obligatoires » fut déposé sur le bureau de la Chambre des députés en 1921. Il ne sera adopté que sept ans plus tard.

La principale pierre d'achoppement dans l'élaboration de cette législation aura été l'opposition résolue de la majorité des médecins libéraux, qui contraindra le législateur à réviser la loi deux ans seulement après son adoption. La première grande législation sur les assurances sociales n'a pu être adoptée que parce que les pouvoirs publics ont accepté les conditions fixées par la profession médicale dans ce texte fondateur de la médecine libérale moderne qu'est la *« Charte de la médecine libérale »* de 1927.

Le corps médical comprend, en 1920, 20 000 membres.[712] Le taux de syndicalisation de la profession (plus de 60%) a doublé par rapport à la période précédant la guerre. C'est une force sociale et politique qui compte 170 parlementaires et de nombreux élus locaux. Il est essentiellement formé de médecins généralistes issus de la classe moyenne qui ont dû s'endetter pour l'acquisition de leur cabinet. Le « médecin de famille » est en permanence à la disposition d'une clientèle désormais plus attentive à sa santé. Il redoute toute concurrence nouvelle. Ainsi, la reconnaissance par le Conseil d'Etat en 1929 de la légalité de l'exercice salarié de la médecine suscite de vives inquiétudes, tout comme l'accueil des médecins juifs persécutés dans l'Europe de l'est. Une partie du corps médical évolue d'ailleurs, à partir des années 30, vers un positionnement politique favorable aux idées qui seront appliquées sous le régime de Vichy.[713] Le développement de la médecine spécialisée conduit à un changement des positions au sein de l'élite médicale : alors qu'avant la Grande Guerre, une partie importante de celle-ci soutenait la médecine de santé publique et la médecine sociale, le courant hostile à l'assurance sociale est désormais porté

---

[712] Il en comprendra 29 000 en 1938.

[713] En 1936, 45% des députés médecins siègent à l'extrême-droite nationaliste. Sans cette évolution, la loi Ambruster (1933) rendant pratiquement impossible l'exercice de la médecine aux médecins juifs réfugiés en France à la suite des persécutions nazies n'aurait pu être adoptée. Le projet d'un conseil de l'Ordre des médecins, rejeté avant 1914, revient à l'agenda politique. Il sera réalisé sous Vichy.

par des universitaires et des médecins spécialistes des grandes villes qui ont en commun de disposer d'une importante clientèle privée.

La question des rapports entre la profession et les futures institutions de protection sociale provoque une scission au sein de l'USMF (1925) entre les partisans de contrats collectifs avec les futures Caisses et ceux qui prônent un rapport individuel médecin-malade.[714] Dans ce contexte très conflictuel, la *« Charte des principes libéraux qui régissent la médecine »* apparaît comme le moyen d'unir les différentes parties contre un adversaire commun : l'Etat. Elle est adoptée lors du Congrès des syndicats médicaux du 30 novembre 1927.[715]*C'est l'épisode déterminant de l'histoire française de l'assurance maladie et de l'organisation du système de santé.* Le Congrès adopte les sept principes formant charte commune *« qu'aucune loi, aucun règlement ou contrat ne doit remettre en cause »* : libre choix du médecin par le patient, respect absolu du secret professionnel, droit à des honoraires pour tout malade, paiement direct par l'assuré (entente directe), liberté thérapeutique et liberté de prescription, contrôle des malades par les caisses, contrôle des médecins par le syndicat et institution d'une commission d'arbitrage en cas de désaccord, nécessité d'une représentation syndicale dans les commissions techniques des caisses.

Ce qui fait question dans cette Charte, ce ne sont pas les principes professionnels liés à une éthique. Ils conditionnent l'indépendance du médecin mais sont valables et opératoires aussi bien dans un système public que dans un système privé. Les principes qui font problème sont les principes économiques (système des honoraires, entente directe, notamment) qui n'ont pas de lien évident avec les impératifs éthiques. Le principe de l'entente directe est le moins compatible avec les principes de la sécurité sociale. Le principe de la liberté tarifaire apparaît comme une condition sine qua non de l'adhésion du corps médical à la réforme. Le principe de l'habilitation syndicale dans les relations entre les caisses et les professionnels (« les caisses ne pourront passer des conventions qu'avec des syndicats professionnels habilités par leurs groupements nationaux ») est significatif de la structuration de type corporatiste de la profession.[716]Ultérieurement, la liberté d'installation, qui est aujourd'hui l'un

---

[714] « Les médecins face à l'Etat », P. Hassenteufel, ibid, pp 95 et s

[715] La réunification syndicale est réalisée avec la création en 1928 de la Confédération des syndicats médicaux français (CSMF) appelée à jouer un rôle déterminant jusqu'à la fin du XXème siècle, qui voit le système syndical se morceler et laisser même, lors de différents conflits, le champ plus ou moins libre à des « coordinations » surgies plus ou moins spontanément autour d'un problème-devenu abcès de fixation.

[716] La loi du 5.4.1928 n'étant pas explicite dans sa reconnaissance du principe de l'entente directe, la CSMF finira par obtenir satisfaction dans la loi du 4.4.1930 qui se borne à instaurer une « part contributive garantie par les caisses ».

des principaux problèmes posés au principe de l'égalité d'accès aux soins, viendra s'ajouter aux principes libéraux intangibles de l'exercice médical.

La Charte des principes libéraux de la médecine a traversé les bouleversements de l'histoire puisque la création de la Sécurité Sociale au lendemain de la seconde guerre mondiale fut conditionnée à son acceptation. L'article L.162-2 de l'actuel Code de Sécurité Sociale les énonce comme principes répondant à « l'intérêt des assurés sociaux ». Cela n'aurait sans doute pas été possible sans la formation d'un lien social puissant entre le corps médical et la population, un lien qui trouve sans doute son expression dans le « colloque singulier » entre le médecin et son malade.

7. Le choix politique de l'association de la médecine libérale à la Sécurité Sociale

Le rétablissement quasi-immédiat du pouvoir d'influence des institutions du corps médical libéral au lendemain de la Libération peut sembler paradoxal. Le conservatisme de leurs dirigeants et la collaboration d'un certain nombre d'entre eux, parmi les plus influents, avec le régime de Vichy les plaçait en position de faiblesse face au mouvement de transformation sociale profond exprimé dans le programme du Conseil national de la Résistance. Les principes régissant les relations financières entre les médecins et les régimes sociaux paraissaient devoir être repensés à la lumière d'un système désormais largement socialisé. Mais l'orientation prise au moment où sont posées les fondations de la Sécurité Sociale est clairement fixée comme en témoigne une circulaire ministérielle de mars 1945 *: « Les dispositions nouvelles ont été conçues avec le souci de modifier le moins possible les conditions générales d'exercice de la médecine, de sauvegarder les intérêts légitimes des praticiens et de n'apporter aucune atteinte aux principes qui, pour le corps médical, sont les conditions de toute médecine de qualité ».*[717]Elle montre que le Gouvernement de l'époque était conscient du pouvoir d'influence du corps médical auprès de la population. Ce choix aura des conséquences structurelles déterminantes pour l'évolution du système de santé et de sécurité sociale.

L'ordonnance du 3 mars 1945 instaurait le principe d'un *« tarif opposable »* aux praticiens pour les consultations. En cas de carence ou de désaccord sur ce principe, les pouvoirs publics devaient fixer eux-mêmes les tarifs que les médecins étaient tenus de respecter. Mais quelques mois plus tard, sous la pression de la CSMF, l'ordonnance du 19 octobre 1945 abandonnait le principe. Une commission nationale tripartite des tarifs (Etat, Caisse nationale de Sécurité Sociale, syndicats médicaux) était censée régler les

---

[717] Circulaire adressée aux Unions régionales des Assurances sociales explicitant la position des pouvoirs publics (Fonds Parodi-PA 17-FNSP)

litiges en la matière. Elle consacrait en pratique l'effacement de l'Etat, celui-ci se trouvant systématiquement mis en minorité par l'alliance entre syndicats médicaux et syndicats gestionnaires des régimes sociaux. La CSMF obtenait également la création d'un dispositif de dérogations tarifaires qui revenait à rétablir indirectement le principe de l'entente directe.[718]La CSMF s'opposa également avec succès aux dispositions prévoyant que, dans certains départements désignés par l'administration en fonction des besoins de santé, les caisses puissent conclure avec des praticiens des accords d'exclusivité ou créer des centres de soins en cas d'échec des négociations tarifaires et instaurer un régime de « tiers payant ».[719]

On pouvait imaginer que les caisses de la Sécurité Sociale conserveraient la liberté de négocier avec chaque médecin, dans le respect des règles déontologiques, les conditions de sa collaboration. Mais le principe du recours aux soins remboursables, étendu à *tous* les praticiens, leur ôtait la liberté de passer un accord avec les seuls médecins acceptant de s'engager sur des critères de pertinence des soins garantissant l'emploi efficient des ressources de l'assurance maladie. En pratique, la Sécurité Sociale socialisait la demande de soins tout en générant une offre privée de soins considérable et très peu régulée. La médecine libérale devenait, avec l'hôpital, l'ordonnateur incontrôlé d'une immense dépense collective. Le mode de tarification - le paiement à l'acte - s'est, à cet égard, vite révélé inflationniste. Et un piège pour les médecins généralistes. En effet, faute de moyen de contenir la dépense, les pouvoirs publics se sont efforcés de limiter le niveau des tarifs remboursables. En réponse, un certain nombre de professionnels ont eu tendance à multiplier les actes. Durant des décennies, l'histoire des rapports financiers entre la Sécurité Sociale et le corps médical s'est structurée autour d'une tension « volume-prix ».

IV. La politique conventionnelle : une partie d'échecs interminable

L'histoire des relations conventionnelles entre l'Assurance maladie - en dernier ressort l'Etat - et le syndicalisme médical est une histoire conflictuelle qui n'aura que très rarement produit des compromis durables et équilibrés. Elle fait penser à une partie d'échecs constamment reprise où l'un des adversaires met « échec au roi » l'autre sans parvenir à le mettre « échec

[718] Le « droit à dépassement tarifaire », revendication constante qui se cristallisera dans la création en 1980 du secteur II, est instauré dans les cas de « fortune » du patient, de « notoriété » du praticien, de « circonstances particulières ». Il n'y a qu'une cinquantaine de départements conventionnés en 1950 (souvent ceux où les revenus des médecins sont modestes). L'extension du dispositif se fera au prix de nouvelles et importantes concessions « Les médecins face à l'Etat », op cité pp 111.

[719] « Histoire de la Sécurité Sociale », Bruno Valat. Le projet reprenait un modèle proche de celui en vigueur en Alsace-Moselle.

et mat ». Dans ce rapport de forces, l'Etat et l'Assurance maladie - c'est-à-dire le citoyen contribuable et cotisant- sont finalement plutôt perdants. Sans doute parce qu'il y a une forme de consentement implicite du citoyen à cet échec. L'argument répété à satiété du syndicalisme médical face à tout projet de régulation est celui de la « menace » pour la santé des patients. La partie est, d'emblée mal engagée pour les pouvoirs publics : de quel poids pèserait une mesure « comptable » face à la « vie » ?

L'histoire des rapports conventionnels entre la médecine libérale et l'Assurance Maladie s'articule autour de cinq moments importants. Le premier est l'avènement de la Vème République : un pouvoir fort impose des règles moins défavorables à l'Etat. Le second est l'instauration en 1971 du principe du conventionnement national. Le troisième est le recul de l'Etat qui accepte en 1980 la création du secteur à honoraires libres. Le quatrième est la loi Teulade de 1993 qui établit les bases d'une « maîtrise médicalisée » des dépenses de l'Assurance Maladie. Le cinquième est la loi de 2002 qui parvient à définir un nouveau cadre des négociations conventionnelles.

1. Le décret de 1960 : un nouvel équilibre dans la relation entre la médecine libérale et l'Etat

L'histoire des relations de la médecine libérale avec la Sécurité Sociale durant l'éphémère Quatrième République est marquée par les dissensions entre les médecins des départements ruraux, aux revenus limités, relativement favorables au conventionnement et la direction de la CSMF (au sein de laquelle les spécialistes gagnent en influence), pour qui le conventionnement est un frein à l'extension du droit à dépassement. Face à une sérieuse crise de financement de la branche maladie les pouvoirs publics usent d'expédients et ménagent le corps médical. En 1956, toutefois, un projet de réforme tente une régulation de l'offre de soins du secteur libéral. Elle échoue mais la conjonction de la pression des médecins des départements ruraux et de cette tentative contribuent à l'évolution de la CSMF vers une position moins hostile au conventionnement.[720]

La réactivation du système conventionnel a été possible grâce au compromis qui s'établit entre un gouvernement bénéficiant de la stabilité des institutions de la Vème République et la nouvelle direction de la confédération syndicale. L'important décret du 12 mai 1960, qui s'inspire du projet de 1956, prévoit que les accords tarifaires conclus entre les syndicats médicaux et la Sécurité Sociale devront se conformer à une convention-type. Le « droit

[720] En 1956, le gouvernement Mollet (ministère Gazier) entend appliquer le projet de la Libération (remboursement des soins à 80%) en encadrant plus strictement le droit à dépassement, en rendant possible le déconventionnement d'un médecin refusant les nouvelles dispositions et en permettant la création de centres de soins.

à dépassement permanent » du tarif remboursable ne peut être invoqué que par les praticiens inscrits sur une liste dressée par une commission départementale paritaire sur la base de critères plus rigoureux. Les médecins peuvent adhérer à titre individuel à la convention. En dépit d'importantes réserves, la CSMF cesse de défendre le principe de l'entente directe et ne rejette plus le principe conventionnel, choisissant de négocier désormais le *contenu* des dispositions contractuelles. Le Gouvernement fixe des tarifs-plafonds relativement élevés par rapport au tarif de responsabilité. Le décret s'est trouvé conforté par un important arrêt du Conseil d'Etat.[721]

La réforme est entrée en vigueur, grâce aux adhésions individuelles d'un grand nombre de médecins, malgré l'hostilité de la CSMF. Pour la première fois depuis 1945, le taux de remboursement des honoraires médicaux atteint 80%.

L'évolution de la CSMF a eu une conséquence importante : la division en son sein entre les spécialistes et généralistes disposant d'une clientèle de classes moyennes au pouvoir d'achat croissant et les généralistes de territoires essentiellement ruraux. Les premiers continuent à prôner la liberté de fixation des honoraires et la formation de deux secteurs d'exercice de la médecine, annonçant le futur « secteur II à honoraires libres » créé en 1980. Les seconds préfigurent, sans qu'il y ait une filiation directe, le futur syndicat des médecins généralistes MG-France. Dès 1961 le processus de morcellement du syndicalisme médical s'amorce, propice aux pratiques de surenchère qui hypothéqueront sérieusement le dispositif conventionnel.[722]

2. L'instauration du principe du conventionnement national : victoire gouvernementale à la Pyrrhus

La croissance des dépenses médicales de l'Assurance <maladie (+50% en 1971 par rapport à 1960) conduit les pouvoirs publics à envisager l'abandon de la technique inflationniste du paiement à l'acte. C'est pour contrer un tel projet que la CSMF accepte le *principe d'une convention nationale* se substituant au régime instauré en 1960. Dans son essence même, le principe du conventionnement entre la *profession* et l'Assurance Maladie signifiait un renoncement définitif au principe de l'entente directe entre le praticien et le patient. Cette concession majeure eut sa contrepartie avec la limitation de la

---

[721] Celui-ci a rejeté une requête formée par le Conseil national de l'Ordre des médecins, tendant à annuler ce texte au motif qu'un texte réglementaire ne pouvait abroger des dispositions législatives déterminant les principes fondamentaux de la Sécurité Sociale. Il a considéré que l'autorité réglementaire disposait de ce pouvoir en vertu de l'ordonnance du 30 décembre 1958. C.E.13.7.1962, Req. N°51 265 Conseil national de l'Ordre des médecins. Rev. Droit Public, 1962, p 739, concl. Braibant

[722] Ainsi, se crée en 1961 une organisation dissidente au sein de la CSMF qui formera en 1968 la « fédération des médecins de France » (FMF).

liberté de négociation des Caisses et l'inscription des principes libéraux dans le Code de la Sécurité Sociale.

La loi du 3 juillet 1971 établissait, en conséquence, le principe d'une convention nationale déterminant les obligations respectives des caisses d'Assurance Maladie et des praticiens, le montant des honoraires et frais accessoires et les modalités de financement de la formation médicale continue. Il s'imposait à tous les médecins, sauf refus individuel explicitement formulé.[723]

L'instauration du conventionnement national est une victoire à la Pyrrhus. Elle ne met pas fin au conflit entre une partie importante de la médecine libérale, qui continue à exiger le maintien de l'entente directe, et les pouvoirs publics, soucieux de maintenir un niveau de remboursement des consultations conforme au projet initial de la Sécurité Sociale. Les mécanismes d'encadrement des tarifs médicaux remboursables ont eu pour effet d'inciter un certain nombre de professionnels à compenser la modération tarifaire par une augmentation du volume des actes et des consultations (qui fut jusqu'à trois fois plus élevé en France jusqu'au début du XXIème siècle par rapport à la moyenne européenne).[724]Le système conventionnel étant menacé de paralysie par le conflit entre les organisations syndicales médicales, une loi du 10 juillet 1975 décidait que la signature de la convention médicale par une seule organisation syndicale reconnue « représentative » suffirait à son agrément par les pouvoirs publics.[725]

3. La création du « secteur à honoraires libres », échec majeur pour le principe de l'égalité d'accès aux soins

En 1980, le Gouvernement, voulant rapprocher le rythme d'évolution des dépenses de soins du rythme d'évolution du produit intérieur brut, exige que soit fixée une enveloppe globale d'honoraires et de prescriptions en fonction des recettes de l'Assurance Maladie. La convention médicale signée le 29 mai 1980 avec la Fédération des médecins de France intègre le principe en

---

[723] La nature juridique de la convention médicale a fait l'objet de controverses en droit et de décisions contradictoires des tribunaux. Finalement, le Tribunal des conflits a considéré en 2014-qu'elle était bien *un contrat administratif eu égard à la participation au service public qu'elle organise avec des personnes privées.* Le Conseil d'Etat a confirmé cette position dans un arrêt du 18 octobre 1974.

[724] Les conventions de 1971 et 1976 définissaient des « profils d'activité médicale ». Un écart injustifié autorisait un déconventionnement du praticien. La mesure ne fut pratiquement pas appliquée.

[725] La politique de conventionnement national devait entraîner de nouvelles scissions syndicales (notamment la création du syndicat des médecins libéraux (SML) autour de l'opposition entre tenants de la libre entente et partisans du jeu conventionnel en vue de « maîtriser » l'action publique.

termes non contraignants. En contrepartie les pouvoirs publics acceptent de satisfaire sa revendication constante du droit au dépassement du tarif conventionnel. La création d'un *« secteur à honoraires libres »* (secteur II) à côté du « secteur à honoraires conventionnels » (secteur I), équivalait à rétablir le principe de l'entente directe et créait une rupture, lourde de conséquences sociales, avec le principe d'égalité des assurés sociaux dans l'accès aux soins. Dans les régions et les quartiers des grandes villes où vit une population disposant d'un niveau de revenu relativement élevé, il est devenu difficile, sinon impossible, si l'on n'a que de faibles revenus, de trouver un médecin du « secteur I », surtout s'il s'agit d'un spécialiste. Selon une étude publiée en 2014[726] le montant total des dépassements d'honoraires conventionnés était cette année-là de 2,8 milliards d'euros, en forte hausse, dû presque totalement aux honoraires des spécialistes. La création d'un « contrat d'accès aux soins pour les médecins du secteur 2 » (Avenant à la convention médicale de 2011) encadrant les dépassements d'honoraires, et prévoyant des sanctions en cas de dépassement excessif, ne semble pas avoir atteint son but.[727]

4. La signification politique de la création du syndicat « MG-France » (1986)

Résolument combattu par les syndicats médicaux, le principe de l'enveloppe globale annuelle des dépenses de soins ambulatoires fut abandonné dans la convention de 1985, qui ne comporte pas d'engagement de maîtrise des dépenses. Après la lourde concession que fut l'acceptation du secteur II, l'Etat est alors bien près d'être « échec et mat ».

C'est le débat ouvert à l'intérieur du syndicalisme médical sur *les conditions d'une régulation du volume des actes* qui a conduit à une scission importante au sein de la CSMF. Celle-ci n'a pas su satisfaire à la fois les revendications des médecins spécialistes, représentant désormais plus de 50% du corps médical, et des médecins généralistes, confrontés à une évolution défavorable de leur rôle dans le système de soins.

Le 30 novembre 1986, était créé le syndicat *« Médecine générale de France »* (MG France), fédérant 46 syndicats départementaux de médecins généralistes.[728] Il se déclarait *ouvert à une négociation sur la base d'une revalorisation tarifaire en échange d'une modération de la prescription.* C'était une véritable rupture dans la culture syndicale médicale, la

---

[726] Etude de l'observatoire citoyen des restes-à-charge en santé (formé par le Collectif inter associatif sur la santé, la revue « 60 millions de consommateurs » et la société Santéclair). Communiqué de presse du 21.5.2015

[727] Note du CISS (collectif inter-associatif sur la santé) du 21 mai 2015.

[728] MG France obtient en 1989 la qualité de syndicat représentatif.

confirmation du mouvement divergent entre les intérêts des médecins spécialistes et généralistes. Cette divergence ne se résume pas à un conflit d'ordre économique. *Le programme de MG-France entend faire du médecin généraliste français le pivot d'un système centré sur la personne,* pas seulement sur l'organe malade. Il affirme le rôle du médecin généraliste comme celui d'un acteur apte à coordonner les différents professionnels dans le cadre d'une prise en charge globale du patient. L'irruption de MG-France dans le paysage médical français est un évènement déterminant puisque sa doctrine, qui reprend en partie celle de l'OMS, préfigure le médecin défini par les lois récentes et esquisse un projet de soins de santé coordonnés qui est au cœur des réformes engagées depuis 2009.

5. La désunion syndicale, source de blocage de la politique conventionnelle

La désunion n'a cessé de s'accentuer à partir des années 1980, posant avec acuité le problème de la représentation du corps médical.[729] Les pouvoirs publics se trouvent placés face à des organisations contraintes à la surenchère pour exister auprès de leurs adhérents mais ils sont aussi en mesure de jouer avec leurs divisions.

Actant les divergences croissantes d'intérêt entre généralistes et spécialistes, la loi du 23 janvier 1990 rend possible la signature de conventions séparées (généralistes et spécialistes). Chaque convention est validée dès lors qu'au moins un syndicat reconnu « représentatif » est signataire.

La convention médicale signée le 9 mars 1990, tente de corriger les effets inégalitaires du développement du secteur à honoraires libres en supprimant son accès aux nouveaux praticiens.[730] Toujours dans le but de maîtriser le volume des actes et des consultations, elle établit le principe de « références nationales d'évolution des dépenses annuelles » assorties de règles d'adaptation au niveau local. En vain. La signature d'un avenant[731] par les

---

[729] Selon les résultats des élections aux unions régionales des professions de santé (branche des médecins) en 2015, la CSMF demeure la principale organisation avec 25,4% des voix, suivie par la FMF (fédération des médecins de France) avec 22,7%, le SML (syndicat des médecins libéraux), 19,8%, ces deux organisations se situant sur des positions généralement moins conciliantes que la CSMF dans la gestion des rapports entre la médecine libérale et l'Etat. Une nouvelle organisation, Le Bloc (qui réunit des spécialistes des plateaux techniques) a obtenu 10,9%. Enfin, MG-France totalise 17,2%.

[730] Sauf pour les anciens chefs de clinique installés après le 1.12.1989.

[731] L'Avenant n°1 à la convention de 1990 dit « option conventionnelle de continuité des soins » suscite de vives oppositions tant au sein de la profession que du conseil d'administration de la Caisse nationale d'Assurance Maladie. L'arrêté interministériel d'agrément fut annulé par le Conseil d'Etat (20.6.1991) au double motif qu'il contrevenait aux dispositions de la loi de 1990 quant aux parties signataires et qu'il approuvait

Caisses d'assurance maladie et MG-France allait provoquer une crise aigüe. En instituant un « contrat de santé » entre le médecin et son patient, bénéficiant du « tiers payant », il instaurait une forme d'abonnement garantissant au patient un suivi régulier. Cette disposition - qui aurait pu préfigurer le basculement du paiement à l'acte vers le paiement à la capitation pratiqué dans des systèmes nationaux de santé - annonçait néanmoins l'évolution de la législation et des conventions vingt ans plus tard.

6. L'incertain combat autour de la « maîtrise médicalisée » des dépenses de l'Assurance Maladie

La loi Teulade du 4 janvier 1993 inaugure les premiers essais de *« maîtrise médicalisée »* des dépenses de la médecine de ville, c'est-à-dire d'une régulation financière *fondée sur la connaissance des actes médicaux.*[732] La loi pose les principes de l'encadrement financier global de la dépense de la médecine de ville et de la fixation d'un *« objectif national quantifié »* secteur par secteur, assorti de mécanismes d'ajustement garantissant leur respect. Elle crée l'obligation pour chaque praticien de tenir un dossier médical pour chacun de ses patients. Des dispositions prévoient le développement de la formation médicale continue, de l'expertise en santé publique, et de la coordination des soins : tous sujets qui pointent les faiblesses du système de santé.[733] Enfin, la loi instituait des « unions régionales de médecins libéraux » ayant pour rôle de contribuer à l'amélioration de la gestion du système de santé. Ce sera un échec en raison des antagonismes entre syndicats médicaux.

Parmi les éléments de ce dispositif de régulation, l'instauration du « *codage des actes »* a une particulière importance puisque, pour la première fois, il permet d'identifier ceux-ci. La seconde innovation est l'institution des *« références médicales opposables »* (RMO) à chaque médecin. Elles fixent des normes de qualité définissant les soins et les prescriptions *médicalement utiles* définies pour chaque catégorie pathologique. Le système des RMO repose sur l'élaboration, par consensus d'experts indépendants, de guides de

---

partiellement des dispositions alors que la loi ne l'autorisait qu'à approuver ou rejeter l'avenant dans son ensemble.

[732] Loi n°93-8 du 4 janvier 1993 relative aux relations entre les professionnels de santé et l'Assurance Maladie (J.O du 4.1.1993) du nom du ministre qui l'a défendue.

[733] La loi excluait des négociations conventionnelles les organisations professionnelles refusant le principe de l'enveloppe financière de l'hospitalisation privée. Le Conseil Constitutionnel a jugé que le principe de l'enveloppe globale pour le secteur privé lucratif ne portait pas atteinte aux principes à valeur constitutionnelle » (principe de liberté du commerce, notamment).

« bonnes pratiques médicales ».[734] Il préfigure le rôle de la Haute Autorité de santé. Il a longtemps connu une application très inégale selon les enquêtes des services médicaux de l'Assurance Maladie. Bien que la loi ait prévu que le non-respect injustifié des RMO puisse entraîner le déconventionnement, les cas de sanction furent très rares au regard des faits constatés. Du moins, les normes de *« bonne pratique »* ont elles ouvert la voie à l'évaluation des pratiques et à leur évolution.[735]

En application de la loi une convention, signée en 1993 par la CSMF et le SML et approuvée par arrêté interministériel,[736]liait la revalorisation tarifaire et la modération du volume des actes.[737]Les organisations professionnelles ayant refusé la fixation des taux liés aux objectifs quantifiés, les Caisses nationales devaient dénoncer la convention (20.12.1996).

7. La crise des rapports conventionnels entre la médecine libérale, l'Assurance maladie et l'Etat

L'ordonnance de 1996 relative à la maîtrise médicalisée des dépenses de médecine ambulatoire,[738] réaffirme le respect des principes libéraux de la médecine tout en posant le principe du *« juste soin »*. Les médecins sont tenus, dans leurs actes et prescriptions, d'observer *« la plus stricte économie compatible avec la qualité, la sécurité et l'efficacité des soins »*.[739]

Dans le cadre fixé par la loi de financement de la Sécurité Sociale (LFSS) les Caisses nationales d'Assurance Maladie doivent déterminer l'objectif prévisionnel d'évolution des dépenses de soins de ville, qui est une des composantes majeures de l'objectif national d'évolution des dépenses de l'Assurance Maladie (ONDAM). A défaut, l'Etat se substitue à ces dernières. En l'absence de convention, les pouvoirs publics établissent un *« règlement conventionnel minimal »* applicable de plein droit à tous les médecins sauf opposition de leur part.

---

[734] Les prescriptions d'actes biologiques ou radiologiques, de médicaments, d'auxiliaires médicaux représentent 75% de la dépense engagée par la médecine libérale

[735] « Les habits neufs d'Hippocrate », Claude Le Pen.

[736] Convention nationale des médecins (21.10.1993), signée par la CSMF et le SML (syndicat des médecins libéraux), approuvée par arrêté du 25.11.1993 (J.O du 26.11.1993)

[737] Elle prévoyait l'étude d'un « secteur optionnel », revendication constante de certaines organisations, susceptible de remplacer les deux secteurs I et II. Elle organisait la tenue par le médecin généraliste d'un dossier médical pour les personnes âgées de 75 ans et plus atteintes de poly-pathologies ayant pour but d'éviter les examens redondants en cas d'hospitalisation.

[738] Ordonnance n°96-645 du 24 avril 1996 relative à la maîtrise médicalisée des dépenses de soins

[739] Alors que le Code de déontologie de 1979 précisait (art.9) que le médecin était « libre de ses prescriptions qui seront celles qu'il estime les plus appropriées en la circonstance », le nouveau Code déontologie (1995) ajoutait que cette liberté s'exerçait « dans les limites fixées par la loi ».

Un objectif quantifié est déterminé séparément pour les médecins généralistes et spécialistes et décliné pour les honoraires pour les prescriptions. Le mécanisme de revalorisation des honoraires s'inspire de ceux qui ont été adoptés dans plusieurs pays européens. Il lie cette revalorisation au respect de l'objectif fixé par la convention. En cas de dépassement de l'objectif, la différence constatée entre le montant des dépenses remboursables et ce dernier fait l'objet d'un remboursement à l'Assurance Maladie, réparti entre les médecins dans la limite d'un plafond. Inversement, en cas de dépense inférieure à l'objectif, la différence est reversée aux médecins en proportion de leur activité remboursée.

L'objectif de coordination des soins fait l'objet d'une expérimentation de « filières de soins » associant les différents professionnels dans la prise en charge de patients atteints de pathologies chroniques. La formation médicale continue est rendue obligatoire cependant qu'un stage de six mois en cabinet médical est prévu dans le cadre de la formation initiale.[740]

L'application des nouveaux principes conventionnels sera un nouvel échec. Les enquêtes du contrôle médical de l'Assurance maladie démontrent que les praticiens dépassant sensiblement les normes de références sont nombreux. La profession récuse les sanctions collectives tout en demeurant hostile à leur individualisation. Il en résulte un contentieux quasi-permanent et l'ouverture d'une crise du droit conventionnel.[741]

Le Conseil d'Etat, saisi par plusieurs syndicats médicaux sur la légalité du dispositif central de maîtrise médicalisée, a annulé, par ses arrêts des 26 juin 1998 et 3 juillet 1998, les arrêtés interministériels approuvant les conventions de 1997.[742] Il devait s'en suivre une crise du système conventionnel. Le Conseil d'Etat annulait l'arrêté approuvant une nouvelle convention signée par les représentants des médecins généralistes (15.4.1999) puis le règlement conventionnel minimal pris en l'absence de convention avec les spécialistes (28.7.1999 et enfin les stipulations de la

---

[740] L'ordonnance comportait par ailleurs les principes de la généralisation de la carte VITALE, de la création d'une carte de professionnel de santé garantissant la sécurité des transferts d'information médicale et facilitant la télétransmission des feuilles de soins électroniques aux organismes d'assurance maladie, la dévolution d'une mission de suivi de l'activité des médecins au service du contrôle médical de l'Assurance Maladie, le renforcement de l'aide à la mobilité des médecins souhaitant mettre fin à leur activité libérale créée en 1988 alors que le nombre de praticiens était jugé excédentaire.

[741] Le 12 mars 1997, deux conventions distinctes étaient signées, l'une avec les médecins généralistes, signée par MG-France, l'autre avec les médecins spécialistes,

[742] S'agissant de la convention des médecins généralistes, le Conseil d'Etat a considéré que les mécanismes d'individualisation des sanctions en cas de dépassement de l'objectif de dépenses des soins médicaux ambulatoires n'étaient pas explicités par le Code de Sécurité Sociale. Concernant la convention des médecins spécialistes, le motif d'annulation était la non-représentativité du syndicat signataire.

convention des médecins généralistes imposant, en cas de méconnaissance des RMO, une sanction financière excédant le plafond légal (10.11. 1999).[743]

Une première cause de cette instabilité est l'incompétence juridique. Acte librement négocié, n'ayant à sa signature qu'une valeur contractuelle, la convention acquiert, une fois approuvée, une opposabilité lui conférant tous les effets d'une norme réglementaire. Or, en vertu de l'article 34 de la Constitution, toute norme générale et impersonnelle relative au principe fondamental de la Sécurité Sociale ne peut être établie que par la loi. Selon l'article 21 de la Constitution, le Premier Ministre dispose seul du pouvoir réglementaire. Il peut déléguer ce pouvoir aux ministres pour approuver les conventions médicales « à la condition expresse qu'elles ne concernent que des mesures dont la sphère d'application et la portée sont étroitement circonscrites par la loi ». Mais si une convention ne peut rien établir d'important qui ne soit préalablement prévu avec précision par la loi on se trouve devant une impasse : les parties à la convention veulent à la fois la liberté contractuelle *et* les garanties de la loi et du règlement

La récurrence des annulations tient également au *partage complexe des rôles entre l'Etat et l'Assurance Maladie.* Ainsi, depuis la loi sur l'Assurance maladie de 2004, le pouvoir de fixer la liste des actes remboursables est reconnu à l'Union nationale des Caisses d'Assurance Maladie (UNCAM). Mais si les partenaires à une convention peuvent proposer la création d'un acte, son prix ne peut être établi, l'UNCAM n'ayant pas le même pouvoir lorsqu'elle est cosignataire d'une convention que lorsqu'elle agit dans le cadre de son pouvoir unilatéral de décision en matière de nomenclature.

Denis Piveteau souligne aussi les effets pervers de l'arrêt *« Syndicat des médecins libéraux et autres »* du Conseil d'Etat (14 avril 1999) qui crée une exception au principe de l'indivisibilité des contrats : désormais, une disposition d'une convention peut être annulée sans que la totalité de celle-ci soit invalidée. Les auteurs d'un recours n'ont donc pas à assumer l'annulation totale de la convention pour obtenir l'annulation de la seule disposition qui les dérange. Il en résulte une tendance, au fil des LFSS, à « rattraper » à la hâte, les dispositions annulées, selon des schémas complexes qui créent, pour employer son amusante remarque, *une*

[743] A cette série de décisions du Conseil d'Etat s'ajoute la censure du Conseil Constitutionnel qui, en décembre 1998, avait considéré que le législateur ne pouvait, en application du mécanisme collectif de régulation prévu par la LFSS pour 1999, mettre à la charge de tous les médecins conventionnés une contribution assise sur leurs revenus professionnels.

« architecture qui ressemble moins aux temples grecs qu'au palais du facteur Cheval ».[744]

A l'approche de l'an 2000, le système conventionnel apparaît donc moribond.[745] Cette instabilité juridique a conduit à un certain nombre d'observations et de recommandations qui ont contribué à sa refonte, comme nous le verrons au point VI.[746]

V. La médecine, « personne institutionnelle » et institution corporative

Le Code de déontologie médicale proclame solennellement dans son article 3 que « le médecin doit en toutes circonstances respecter les principes de moralité, de probité et de dévouement indispensables à l'exercice de la médecine ». Ce sont ces principes qui fondent la personnalité institutionnelle de la médecine et justifient la constitution d'un Ordre professionnel chargé de veiller à leur respect.

1. L'Ordre des médecins, garant des valeurs fondamentales ou du conservatisme de la corporation ?

La revendication d'un Ordre des médecins, comparable à celui des avocats créé en 1810, remonte à 1845 mais sera délaissée au profit de la défense syndicale des intérêts matériels des médecins. C'est dans les années 1930 que le projet d'un Ordre, souvent associé aux idées corporatistes, réapparaît. Il formera le cœur de la doctrine médicale du régime de Vichy. En créant l'Ordre des médecins (7 octobre 1940), celui-ci en fit un rouage de son système de gouvernement, chargé de contribuer à la diffusion de son idéologie de la « Révolution nationale ». Parallèlement, il interdit les syndicats de médecins.

Les missions de l'Ordre comprenaient l'établissement de règles déontologiques, le pouvoir disciplinaire d'en sanctionner les manquements et la représentation des intérêts matériels du corps médical suivant la logique et les procédures d'un Etat corporatiste.[747] En 1941 est adopté le premier Code de déontologie, largement inspiré du règlement rédigé par la CSMF en 1936.

---

[744] Denis Piveteau. « Réflexions nées du contentieux sur les conventions entre l'Assurance Maladie et les professions libérales ». Revue « Regards ». 2015/1n°47. Ed EN3S.

[745] « Droit de la Sécurité Sociale ». Précis Dalloz, op cité, pp 486 et s

[746] Rapport C. Evin au nom de la Commission des affaires culturelles, familiales et sociales, Assemblée Nationale, n°3524 du 10.1.2002.

[747] La tenue du « Tableau de l'Ordre » impliquait une participation au programme « d'épuration » des éléments « indésirables », juifs notamment. Il faut attendre 1997 pour que l'Ordre reconnaisse les fautes commises par celui-ci durant la période de l'Occupation (discours du Pr Glorion, président du Conseil national de l'Ordre des médecins. 11.12.1997)

Instrument de collaboration à une politique représentant la négation même des valeurs humanistes fondamentales de la médecine, l'Ordre ne pouvait que dévoyer celles-ci. [748]

La suppression de l'Ordre des médecins était envisagée à la Libération mais, convaincu de la nécessité d'une telle instance, le gouvernement de la France Libre affirmait par un décret du 18.10.1943 sa volonté de le rétablir en tant qu'institution garante des valeurs et des normes éthiques de la médecine *distincte* des organisations syndicales défendant les intérêts matériels des médecins.

Comme le souligne Alexandre Jaunait, l'Ordre ne représente pas les médecins mais *la profession.* Il est cette *« personne institutionnelle »* que Philip Pettit définit comme « un groupe d'individus rassemblés autour d'un objectif, ayant la capacité de maîtriser son fonctionnement dans le sens de la réalisation de l'objectif pour lequel il se définit ».[749] Une personne institutionnelle n'est pas un simple agrégat social. Elle a son raisonnement propre, dépassant la multiplicité des vues de ses membres et les soumettant à une rationalité qui privilégie l'objectif primordial du groupe. Elle n'est pas pour autant une entité supérieure et extérieure à ses membres. Elle exprime leur adhésion à une discipline collective préservant leur liberté. Elle est donc régie par un *principe corporatif* qui « agrège à la fois l'identité du groupe et la rationalité qui le protège en garantissant sa cohérence décisionnelle ».[750]

En l'occurrence il s'agit de veiller au respect par tous les membres du corps médical des valeurs qui fondent le travail de définition des normes qui s'imposent à tout médecin tant dans sa pratique que dans son rapport à la société. Il s'agit tout autant de veiller à ce qu'aucune institution extérieure n'impose ses règles dans un domaine où le praticien doit être le seul juge de ce qui est bien pour le patient. *Le fondement du principe corporatif est qu'un médecin ne peut être jugé, dans son comportement médical, que par ses pairs.* L'Ordre exprime l'indépendance de la profession *du point de vue éthique.* Cette indépendance n'est pas conçue comme un privilège professionnel mais comme une nécessité pour la défense des droits du patient. C'est pourquoi le libéralisme médical est vu comme un moyen de protection du malade contre l'Etat (et la Sécurité Sociale).Il implique de fortes réserves de la médecine libérale à l'égard de tout engagement public, fût-il de l'ordre de la « coordination » avec des institutions de santé publique.

---

[748] Le second président, le Dr Portes appellera néanmoins les médecins à refuser de signaler à l'occupant les blessés par balles.

[749] Philip Pettit « Des groupes dotés d'un esprit propre » dans « Penser en société. Essai de métaphysique sociale et de méthodologie ». Paris. PUF 2004 pp 129-172

[750] A. Jaunait, op cité pp22-26 et 53-55

Le principe de l'auto-organisation de la médecine au point de vue éthique étant admis, et les syndicats à nouveau reconnus en vue d'assurer la défense des intérêts matériels des médecins, une ordonnance du 24.9.1945 créait un Ordre des médecins[751]répondant à une triple mission : déontologique (rédaction et révision du code de déontologie), disciplinaire (pouvoir de sanction des manquements aux règles déontologiques), administrative (gestion de l'inscription des médecins au Tableau, autorisation d'exercer la médecine, reconnaissance de qualifications, gestion du régime des contrats passés entre médecins, du régime des gardes et des remplacements).

La question de la nature juridique du statut de l'Ordre est posée dès sa création. Saisi du problème, le Conseil d'Etat, dans son arrêt Bouguen[752]souligne que *« le législateur a entendu faire de l'organisation et du contrôle de l'exercice de la profession médicale un service public »* ajoutant que, le Conseil supérieur de l'Ordre des médecins concourant au fonctionnement du dit service, il lui appartient de connaître des recours contre les décisions qu'il est appelé à prendre en cette qualité. Définissant l'Ordre comme un *« service public professionnel »*, il ne précise pas, pour autant, s'il est une personne publique ou privée. Une partie importante de la doctrine[753] conclut qu'on a affaire à une personne privée investie d'une mission de service public. G. Méméteau y voit plutôt une personne publique, considérant que *« l'Etat ne peut déléguer le pouvoir régalien de juger à une personne privée »* et que les conseils régionaux de l'Ordre appelés à prononcer des sanctions disciplinaires sont explicitement reconnus comme juridictions administratives, leurs décisions étant susceptibles de recours devant le juge administratif.[754]

L'Ordre, qui a reçu de l'Etat un pouvoir de prendre des décisions unilatérales (individuelles et réglementaires) dans le domaine déontologique, doit défendre les principes moraux qui *obligent* ses membres : moralité, probité, dévouement, honneur et indépendance de la profession. Il met en œuvre un pouvoir normatif spécifique, selon une échelle de valeurs propres, qui est exorbitant du droit commun. En effet, alors que le droit impose qu'une condamnation soit prononcée sur la base d'une incrimination précisément définie par la loi c'est le *comportement moral* du médecin qui, au regard des valeurs énoncées dans le code de déontologie, peut être sanctionné. Cependant les décisions ordinales en matière disciplinaire sont susceptibles d'un recours pour excès de pouvoir devant les juridictions administratives.

---

[751] Précisément un Ordre des médecins, chirurgiens et sages-femmes. Parallèlement, un Ordre des pharmaciens voyait le jour par une ordonnance du 5.5.1945

[752] C.E 2.4.1943 Bouguen

[753] Voir l'analyse des ordres professionnels par M. Lascombe : AJDA, 20.12.1994, pp 855-862

[754] G.Méméteau « Cours de Droit médical », p141

Par ailleurs, le code de déontologie ne devient exécutoire qu'en vertu d'un acte réglementaire du Premier Ministre. Le pouvoir normatif de l'Ordre est donc suspendu à un acte public manifestant une claire hiérarchie des normes.

L'Ordre des médecins a connu des périodes de contestation liées à son origine et au conservatisme moral de ses responsables qui, jusqu'en 1980, n'hésitent pas à récuser les réformes politiques qui mettent en cause leur conception moralisatrice de la médecine. Contesté durant le mouvement de mai 1968 par une partie du corps médical, il est l'objet de projets de suppression, dont celui de l'Union de la Gauche arrivée au pouvoir en 1981. En définitive, celui-ci fut abandonné au profit de réformes limitées. L'attachement d'une grande majorité de médecins à l'Ordre en tant qu'institution garante de leur autonomie a prévalu. L'arrivée de dirigeants du Conseil de l'Ordre plus ouverts à l'évolution de la société a contribué à l'apaisement. Ils parviendront à adapter progressivement l'application des normes éthiques professionnelles aux changements sociaux sans, toutefois, remettre en cause les fondements que sont les valeurs primaires de la médecine. Cela n'est possible toutefois que dans la mesure où l'Ordre demeure libre de reformuler les attentes sociales *selon les critères* de la profession.

Les deux premiers codes de déontologie (1947 et 1955) expriment des valeurs générales et absolues qui, au motif de défense du malade, occultent les problèmes *réellement* rencontrés par *des* malades différents, placés dans des situations différentes (par exemple en fin de vie ou face à la douleur). Le moralisme est une des faces de l'Ordre. L'autre face révèle, dans ses actes, et par référence aux principes déontologiques, une défense corporatiste des intérêts économiques de la profession, semant la confusion quant à un rôle théoriquement dévolu aux syndicats.

C'est le code de 1979 qui entreprend une révision significative du système de valeurs de la déontologie médicale. L'échec de l'opposition de l'Ordre à la loi Veil dépénalisant et définissant les conditions de l'interruption volontaire de grossesse, a imposé, après l'ébranlement de 1968, un changement de direction au sein de l'institution. Le nouveau code porte la marque de cette évolution, qui ne s'est pas faite sans de vifs conflits internes. La définition de la mission du médecin connaît une profonde reformulation. Le code de 1955 (art.2) précisait : « le respect de la vie et de la personne humaine constitue *en toutes circonstances* le devoir primordial du médecin ». Le même article dans le code de 1979 énonce que : « Le médecin, *au service* de l'individu *et de la santé publique,* exerce sa mission dans le respect de la vie de la personne humaine ». La valeur fondamentale est préservée mais en incluant la dimension de la collectivité avec ses objectifs de santé publique. Par ailleurs, le code de 1979, prenant acte du rôle central de la Sécurité Sociale dans la société française, n'énonce plus solidairement les principes de la Charte libérale. Avec le conventionnement, les principes de l'entente directe et du paiement direct disparaissent. Le principe du libre choix du praticien (qui souffre des exceptions) est en revanche réaffirmé. Pour la première fois, apparaissent des règles obligeant le médecin à respecter la « volonté » du patient, à « entretenir et perfectionner ses connaissances », lui interdisant de pratiquer des actes dépassant ses compétences, lui enjoignant de limiter sa prescription à ce qui est nécessaire. La diversité des modes d'exercice de la médecine est reconnue. L'Ordre doit désormais motiver ses décisions.

On voit bien que, sans perdre son autonomie, le corps médical doit clairement repenser celle-ci à la lumière des exigences de l'Etat, lui-même exprimant l'évolution sensible des attentes de la société. Un nouvel équilibre s'installe entre les pouvoirs publics et le monde médical et le code de 1995 en fournit une nouvelle illustration. La formulation des devoirs du médecin est fortement articulée à la formulation des *droits des patients* qui connaîtra son apogée avec la loi du 4 mars 2002. Cette évolution de la déontologie médicale est qualifiée de passage de l'éthique au droit par le Conseil d'Etat. Le code de 1995 formule ainsi des devoirs protecteurs des droits des patients et le principe d'une coopération entre le médecin et le malade qui vont permettre au juge de s'y référer pour énoncer une jurisprudence nouvelle sur des questions non ou mal résolues. Le Conseil d'Etat ouvre la voie en reconnaissant l'existence des *« principes déontologiques fondamentaux »*[755]comme il existe des principes généraux du droit. La Cour de cassation le suivra en reconnaissant que la violation des dispositions du code de déontologie peut servir de fondement à une action en dommages et intérêts.[756]

2. L'union nationale et les unions régionales des professions de santé, tentative d'institutionnalisation de la relation avec l'Etat en matière d'organisation de la santé

Après l'échec des unions régionales des médecins libéraux, les pouvoirs publics ont repris, dans la loi Hôpital, Patients, Santé, Territoires (HPST) de 2009, le projet d'une institution réunissant, non plus les seuls médecins mais l'ensemble des professionnels de santé conventionnés dans le secteur libéral. Le projet demeure fondamentalement le même : associer les professions libérales à la réflexion sur l'organisation de la santé en participant à l'analyse des besoins sanitaires et en émettant un avis sur le projet régional de santé. Il s'agit de créer un lieu qui permette d'élaborer des réponses aux

---

755 C.E Ass.2.7.1993, Milhaud.

756 Cass.1ère Civ.18.3.D1997, note Penneau. Le rapport 2000 de la Cour consacre une section à l'importance des règles déontologiques en matière de responsabilité médicale.

questions que pose le système de santé, ce que l'Ordre des médecins ne peut faire pleinement, sa mission première étant d'être le gardien des valeurs professionnelles et ce que les organisations syndicales ne sont pas en mesure de réaliser, leur champ d'action étant restreint à la défense des intérêts professionnels. L'institution n'a toutefois pas les pouvoirs de gestion qui sont conférés en Allemagne à une organisation qui peut lui être partiellement comparée. [757]

VI. Les principaux aspects de la régulation de l'activité médicale

Au moins quatre questions dominent la politique de régulation de la médecine. La première est celle de la rémunération des médecins. La seconde est celle de la prescription, qui sera abordée aux chapitres consacrés à la politique du médicament et au rôle de la Haute Autorité de santé mais le sera ici à propos des règles déontologiques qui l'encadrent. La troisième question concerne les formes d'insertion des professionnels dans l'organisation sanitaire. La quatrième est celle de leur mode de sélection et de formation.

1. La problématique de la rémunération de l'activité médicale. Vers une possible évolution

L'analyse économique classique a tenté de comprendre l'offre et la demande de soins médicaux en tenant compte du rôle prépondérant de l'Assurance Maladie sans pouvoir en tirer de conclusions déterminantes. Il apparaît bien cependant qu'il y a une part des soins qui est induite par l'offre et une part de la consommation qui est induite par le niveau élevé de couverture sociale des frais de soins. C'est pourquoi la plupart des pays, dont la France, ont développé à la fois des politiques de modération de la demande et de maitrise de l'offre. Les politiques de modération de la demande n'ont pas pleinement atteint leur but, les assurances complémentaires jouant un rôle déterminant de compensation du reste à payer. Inspirée de la théorie économique des conventions, la politique de maîtrise de l'offre se propose d'encadrer l'activité médicale par un système de normes professionnelles et éthiques, autant que financières, qui définit la qualité, la pertinence des soins de telle sorte que soit réduit le nombre d'actes ou de prescriptions inutiles, ou choisi, à efficacité équivalente, l'acte le moins coûteux. Complexe et

---

[757] Les unions professionnelles de santé sont financées par une contribution obligatoire de chaque professionnel conventionné et des subventions publiques au titre de leurs activités. Elles peuvent conclure avec les ARS un contrat définissant les conditions d'exercice de leurs missions. Les membres des unions professionnelles, dont le mandat est de 5 ans, sont désignés par leurs organisations syndicales, le nombre de sièges étant au prorata des résultats aux élections déterminant la représentativité de chacune de ces organisations.

longue à mettre en œuvre, elle pourrait s'avérer plus efficiente, à condition d'être conduite sans rupture.

S'agissant de la rémunération de la consultation médicale, trois modalités sont principalement employées au sein des pays de l'OCDE : le paiement à l'acte, la capitation et le salariat. Le paiement à la capitation est une rémunération au forfait du suivi des patients inscrits auprès d'un médecin, généralement pour la durée d'une année, renouvelable. C'est une forme d'abonnement.

Le paiement à l'acte en vigueur en France fait de longue date l'objet de critiques sérieuses. Pour J.de Kervasdoué, le tarif de la consultation repose sur une convention contestable consistant à considérer que tous les actes de tous les médecins sont identiques et justifient une rémunération identique.[758] La consultation varie sensiblement, pour le même tarif, dans sa durée et dans son contenu. Pour une même pathologie, les conditions de prise en charge des malades diffèrent. Le praticien peut être plus ou moins qualifié et expérimenté. Le paiement à l'acte est mal adapté aux exigences d'un niveau de soins primaires. Dans le paiement à la capitation (ou au salariat) le revenu du médecin ne dépend pas d'un lien direct avec son activité clinique : il peut consacrer plus de temps à la prévention et à la coordination des soins avec d'autres professionnels. C'est un temps nécessaire à la prise en charge de patients chroniques, en addiction ou en souffrance psychologique.

C'est sur ce constat que les pouvoirs publics et l'Assurance Maladie sont parvenus à introduire dans la politique conventionnelle une rémunération au forfait, complémentaire du paiement à l'acte. La *rémunération sur objectifs de santé publique* (ROSP) est une forme de paiement à la performance fondée sur des indicateurs, admis comme étant pertinents, d'amélioration de la qualité des soins et des pratiques de santé publique.

Pour tenter de sortir de la crise conventionnelle, une loi de 2002 réforme à nouveau le système des rapports entre les professions de santé libérales, l'Assurance Maladie et l'Etat.[759]Elle fournit un cadre général à une pratique conventionnelle qui n'est plus seulement axée sur les modalités de tarification des actes.

Elle établit trois types de contractualisation :

---

758 Jean de Kervasdoué « Acte, salaire, forfait : comment et pourquoi rémunérer un médecin ? » in « le revenu des professions de santé ». Carnet de santé de la France.

759 Loi n°2002-322 du 6.3.2002 portant rénovation des rapports conventionnels entre les professions de santé libérales et les organismes d'assurance maladie (J.O du 7.3.2002).

- Un *accord-cadre interprofessionnel* d'une durée quinquennale conclu entre au moins deux Caisses nationales (dont celle des travailleurs salariés) et le centre national des professionnels de santé (CNPS).[760] Il fixe les *règles communes* à l'ensemble des professions de santé exerçant dans le cadre conventionnel (qualité des soins, coordination des professionnels…).
- Des *conventions sectorielles* négociées entre les Caisses et les syndicats d'une profession, comportant des engagements collectifs et individuels.
- Des *engagements individuels* : *contrats de « bonne pratique »* visant une amélioration des pratiques en contrepartie d'une *rémunération forfaitaire* et des *« contrats de santé publique »* comportant des actions de promotion de la santé et de coordination des soins.

Cette construction fait apparaître la volonté des pouvoirs publics de faire reposer la négociation conventionnelle sur la base des objectifs fondamentaux de la politique de santé. L'introduction de la catégorie des engagements individuels en matière de santé publique est une novation en ce qu'elle prévoit un mode de rémunération spécifique de ces engagements. Le complément de rémunération représente, en moyenne, près de 5000 euros pour les 53 000 généralistes en exercice. Il varie de 1500 à 1800 euros pour des spécialistes en gastroentérologie ou cardiologie. Les résultats enregistrés par la Caisse nationale d'Assurance Maladie après cinq années d'application de ce dispositif sont inégaux mais globalement plutôt positifs.[761] Il n'en demeure pas moins que ce complément ne compense pas l'écart existant entre le niveau moyen de rémunération à l'acte des médecins généralistes français et celui des généralistes des principaux pays de l'OCDE, dont beaucoup sont rémunérés à la capitation ou au salariat.[762]Le taux conséquent de renoncement à l'internat de médecine générale s'explique par la détermination de nombreux étudiants à intégrer l'internat de spécialité. Les métiers de spécialistes offrent en effet, sauf exception, des niveaux de rémunération et des conditions de travail nettement plus attractifs que ceux offerts en médecine générale. On note qu'environ 50% des médecins

---

[760] Le CNPS est l'organisation interprofessionnelle de représentation syndicale des professions libérales de santé créée à l'initiative de ces dernières pour défendre les valeurs du libéralisme mais aussi le système conventionnel contre toute tentative de contractualisation individuelle comme celle inscrite dans la loi de financement de la sécurité sociale de 2008.

[761] Par exemple, le dépistage du cancer colorectal est en progression. La prescription d'antibiotiques à des personnes âgées de 16 à 65 ans, sans ALD, (excessive en France) diminue sensiblement, dont celle d'antibiotiques générateurs d'antibiorésistance. Le dépistage de la maladie rénale chronique est en hausse. Les résultats sont plus mitigés avec les indicateurs d'efficience de la prescription de médicament génériques ou avec l'indicateur de dépistage du cancer du sein. Bilan de la ROSP en 2018. Note de la CNAM (25.4.2018).

[762] Elle est inférieure à celle des médecins généralistes des pays comparables, y compris des systèmes nationaux de santé alors que les 2/3 des praticiens assument un temps de travail d'au moins 50 h par semaine.

généralistes se sont orientés vers un « mode d'exercice particulier » (médecine du sport, gériatrie…), qui améliore leur statut social et économique mais peut contribuer à la diminution du temps de travail disponible pour la médecine de « premier recours » et a plus de chance d'être exercé en milieu urbain.[763]

La spécialisation pose des problèmes de tarification qui lui sont spécifiques, non seulement quant au niveau de rémunération adapté au niveau de qualification de l'acte clinique mais à la nature de l'acte technique qui accompagne la pratique spécialisée le plus souvent.[764] La « classification commune des actes médicaux » (CCAM), nomenclature définissant les actes médicaux et techniques et leur tarif est le document déterminant en la matière. Il est d'une particulière complexité et manque de transparence : il lui est souvent reproché une élaboration trop influencée par les intérêts des différentes catégories de spécialistes. De multiples cas de figure sont prévus, qui facilitent le recours à un acte surcoté. De Kervasdoué montre ainsi, dans l'étude précitée, qu'en chirurgie, en matière de pose de prothèse, le mode de calcul du tarif selon la durée de l'acte technique tend à survaloriser sensiblement celui-ci par rapport au coût réel. De nombreuses raisons expliquent cet écart. Certaines tiennent au caractère aléatoire des cas traités mais d'autres sont liées aux avantages que procure le mode de tarification.[765]

Dans le nouveau cadre fixé par la loi une première convention nationale des médecins généralistes et spécialistes, approuvée par arrêté interministériel du 12 janvier 2005, instaure une rémunération spécifique pour le suivi des patients atteints d'une affection de longue durée (ALD). La rémunération médicale à l'acte est revalorisée. En contrepartie les professionnels acceptent de signer un contrat de modération de la prescription. Les progrès réalisés dans l'évaluation de la pertinence des soins ont favorisé cette évolution. La convention médicale des médecins généralistes et spécialistes approuvée le 22.9.2011 s'engage davantage dans la direction fixée par la loi. Parallèlement à la rémunération à l'acte, elle introduit la *rémunération à la performance,* conditionnée à des indicateurs de qualité. Elle consolide le principe du « parcours de soins coordonnés entre les professionnels de

---

[763] « Les nouvelles questions posées à la démographie médicale », Martine Burdillat, op cité

[764] On dénombre 46 spécialités (une trentaine de spécialités médicales, 16 spécialités chirurgicales) parmi les 106 000 spécialistes recensés en 2013.

[765] Les règles de remboursement des soins spécialisés sont d'une grande complexité : des majorations tarifaires sont possibles en cas de prise en charge de patients en ALD ou d'autorisation préalable du médecin conseil de l'Assurance Maladie, d'acte effectué de nuit, au cours d'une visite à domicile ou d'une intervention auprès de plusieurs patients sur un même site. Si plusieurs actes sont requis dans une même séance, c'est le plus onéreux qui est inscrit. Il a été observé que le forfait technique prenant en charge le coût d'amortissement des équipements pouvait, faute d'être calculé sur la durée réelle d'amortissement, générer des situations de rente.

santé » en valorisant le rôle du médecin traitant.[766] Elle précise les aides à l'installation des médecins dans les zones sous-médicalisées et développe la dématérialisation des procédures et les télé-services. Elle poursuit les politiques de régulation des dépenses et d'investissement dans la formation continue.

La convention de 2016[767] innove en introduisant une *différenciation* du montant des consultations en fonction de la *nature* des cas traités et des *objectifs* de la politique de santé : la consultation de base du médecin généraliste est revalorisée ainsi que la consultation « coordonnée ». Deux nouvelles consultations sont créées : pour *« actes complexes »* et *« très complexes »*. Un *forfait « patientèle »* est instauré ainsi qu'un *forfait « structure »* destiné à financer la modernisation des cabinets médicaux. Enfin, il est créé un *« contrat d'aide à l'installation des médecins » (CAIM)* destiné à inciter les médecins à s'installer dans les zones sous-médicalisées. Plusieurs avenants signés à la suite de cette convention sont importants, notamment ceux qui enrichissent le contenu de la ROSP. Des questions relatives à la rémunération des médecins demeurent cependant mal résolues : celle du « tiers payant », celle du dépassement des honoraires et celle du refus de soins. [768]

La loi de modernisation du système de santé de 2016 a instauré le principe d'une généralisation du régime du « tiers payant » dispensant le patient de faire l'avance du prix de la consultation remboursée par l'Assurance Maladie. Le Conseil Constitutionnel a jugé inconstitutionnelle la disposition étendant le bénéfice du tiers payant aux soins pris en charge par les organismes d'assurance maladie complémentaire.[769] En pratique, le « tiers payant » est admis aujourd'hui très largement[770]mais sa généralisation demeure en suspens.

---

766 L'avenant du 29.11.2012 crée un nouveau forfait « médecin traitant ».

767 Convention médicale du 26 août 2016, approuvée par arrêté du 20 octobre 2016.

768 Un avenant à la convention a été signé le 30.7.2021 par trois des principaux syndicats médicaux (CSMF, MGF-France, Avenir Spé-Le Bloc) au terme duquel l'Assurance Maladie revalorise le tarif de la visite à domicile chez les personnes âgées de plus de 80 ans souffrant d'une ALD (de 35 à 70 euros) dans la limite de 4 visites par an. Il s'agit de favoriser le maintien à domicile des personnes âgées. Des spécialités en difficulté bénéficient également de revalorisations tarifaires (psychiatrie, pédiatrie, gynécologie médicale, endocrinologie). La collaboration des médecins au service d'accès aux soins expérimenté pour désengorger les urgences fera l'objet d'une rémunération spécifique. Des incitations financières sont aussi prévues pour le développement des télé-services et de la télémédecine.

769 Cons. Consti. N°2015-727 DC du 21.1.2016 (le Conseil constitutionnel a considéré que l'article 83 de la loi ne définissait pas les mêmes garanties de paiement aux praticiens par les assurances complémentaires que celles prévues par l'Assurance Maladie).

770 Malades atteints par une affection de longue durée, victimes d'un accident du travail ou d'une maladie professionnelle, bénéficiaires de l'assurance maternité, personnes hospitalisées

Les dépassements d'honoraires représentent un facteur de renoncement aux soins pour une partie de la population.[771]Les spécialistes invoquant une trop faible revalorisation de certains actes ont accepté un taux de dépassement des honoraires limité à 2,5 fois le tarif conventionnel. Il sera néanmoins peu appliqué et les manquements pratiquement pas sanctionnés par le Conseil de l'Ordre.[772]Comme le souligne Didier Tabuteau, la convention médicale traite de questions qui devraient être résolues par le Parlement, dont la compétence est de fixer les principes de base encadrant la liberté tarifaire.[773]La convention de 2016 et son avenant relatif au plafonnement du dépassement créent l'option de pratique tarifaire maîtrisée (Optam), par laquelle les praticiens s'engagent à limiter leur dépassement en contrepartie d'une revalorisation de certains actes techniques. A ce jour, près de 30% des spécialistes et près de 60% des généralistes concernés y ont adhéré. Leur répartition géographique et par spécialité reste assez inégale.

Le refus d'accepter un patient a suscité ces dernières années de vives inquiétudes quant au respect du principe d'égalité d'accès aux soins. Un médecin n'est pas tenu par le code de déontologie d'accepter un patient mais il doit veiller à l'orienter vers une structure ou un professionnel susceptible de le prendre en charge. Le Défenseur des droits a pu établir l'existence d'assez nombreux refus non justifiés, opposés à des patients bénéficiaires de la CMU ou de l'AME.[774]L'Ordre n'a pratiquement pas sanctionné les comportements de nature discriminatoire. Le Défenseur des droits, considérant que l'institution ne remplissait pas sa mission, a donc proposé que la loi qualifie avec précision le refus de soin fondé sur des critères de discrimination.

---

dans un établissement conventionné par l'AM, bénéficiaires de l'aide médicale d'Etat, mineurs de plus de 15 ans demandant une aide à la contraception, bénéficiaires d'actes de prévention.

771 L'étude « UFC-Que choisir » (rapportée par « Le Monde » du 17.10.2012), montre qu'il est devenu difficile d'accéder à un médecin ne pratiquant pas de dépassement d'honoraires dans les grandes villes et dans certaines zones rurales. 41% des spécialistes (près de 60% des nouveaux installés) pratiquent le dépassement (contre 30% en 1985). 10% des généralistes sont dans ce cas. 86% des chirurgiens sont en secteur II, 55% des gynécologues, 57% des anesthésistes. (Au total 55% des spécialistes). Environ 25 000 médecins adhèrent au secteur à « honoraires libres ».

772 Un « collectif des médecins généralistes pour l'accès aux soins » s'est insurgé contre cette passivité (« le Monde » des 6-7.10.2013).

773 « Le Monde » du 11.12.2012 « L'accord tarifaire a oublié les patients ». JB Chastand et L. Clavreuil.

774 Des tests effectués dans 11 villes ont montré que 22% des spécialistes en secteur II refusaient des patients en CMU, 5% acceptant à des conditions plutôt dissuasives. A Paris, le taux de refus atteignait 50%. (« Le Monde » 28/1.2017).

2. La prescription du point de vue déontologique

Jusqu'à une période récente les médecins français prescrivaient en moyenne trois fois plus de médicaments que leurs homologues européens. On a cité parmi les raisons de cette singularité la place restreinte longtemps accordée en faculté de médecine à l'enseignement des thérapeutiques. On a aussi évoqué l'effet pervers du paiement à l'acte qui conduit le praticien en situation de concurrence forte à opter pour une prescription rapide mais aujourd'hui on pourrait plutôt évoquer une situation de surcharge de travail incitant tout autant à prescrire des médicaments, faute de disponibilité pour un temps d'écoute et de conseil. Enfin, on ne saurait négliger l'importance de la demande insistante en médicaments de nombre de patients conditionnés par l'image illusoire, du « remède-miracle » à leurs maux.

De nombreux travaux tendraient à montrer que les techniques d'influence des industries pharmaceutiques ont eu aussi leur rôle dans cette sur-prescription : rôle des visiteurs médicaux des laboratoires, de personnalités médicales acceptant un rôle d'influenceur, des libéralités, non négligeables avant que la loi ne les règlemente, poids de l'industrie en milieu hospitalo-universitaire, où prévaut une association obligée pour la recherche clinique et l'expertise. [775]Les pratiques de l'industrie pharmaceutique ont contraint les pouvoirs publics à adopter une législation obligeant tout médecin à déclarer tout financement reçu d'un laboratoire.[776] On observera que le code de déontologie prescrit un comportement, assorti d'interdictions précises en la matière. Il affirme un principe intangible : « la médecine ne doit pas être pratiquée comme un commerce » (art.19). Dans son article 26, il énonce qu'un médecin ne peut exercer une autre activité que si un tel cumul est « compatible avec l'indépendance et la dignité professionnelle » et « n'est pas susceptible de lui permettre de tirer profit de ses prescriptions ou de ses conseils médicaux ».

3. La participation des médecins libéraux au fonctionnement du système de santé : un contrat à repenser

La législation récente définit plus précisément qu'auparavant le rôle du médecin, notamment du médecin généraliste, au sein du système de santé (voir partie III, titre II). Mais est-elle en mesure de s'assurer de la

---

[775] On estime qu'entre 2012 et 2017, les laboratoires ont dépensé plus de 600 millions d'euros pour soutenir la recherche clinique (« le Monde » 13.10.2017).

[776] L'art.L.4113-14 du Code de Santé publique précise que « les membres des professions médicales qui ont des liens avec des entreprises (…) produisant, exploitant ou conseillant des produits de santé doivent faire connaître ces liens au public lorsqu'ils s'expriment sur ces produits lors d'une manifestation publique, d'un enseignement universitaire ou d'une action de formation continue ou d'éducation thérapeutique, dans la presse écrite ou audiovisuelle ou par toute publication écrite ou en ligne ».

participation des médecins libéraux au fonctionnement de l'organisation sanitaire telle qu'elle la définit ?

Celle-ci est rendue hypothétique au regard du statut libéral même des médecins appelés à participer à la réalisation des objectifs de santé publique. Nous aurons l'occasion de rappeler (troisième partie, titre II) que le schéma régional de santé est déclaré *non-opposable* à la médecine libérale…Or, il se trouve que l'évolution de la démographie médicale pose avec acuité le problème de la répartition des médecins, généralistes et spécialistes, sur le territoire national et qu'en dernier ressort les solutions envisagées se heurtent à la liberté d'installation. L'une des conséquences de cette évolution s'observe avec le difficile problème de la permanence des soins. La grande autonomie reconnue au corps médical a, quels que soient ses avantages, ses limites également dans la répartition entre médecins généralistes et médecins spécialistes, comme entre les différentes spécialités, qui doit beaucoup à leur mode de sélection et de formation. Ces différentes questions seront évoquées ci-après cependant qu'un bref aperçu des professions de santé non-médicales sera donné, ne serait-ce que parce qu'il faut rappeler leur importance croissante, tant quantitativement que qualitativement.

A. Le problème de la démographie médicale

Il y a moins une insuffisance manifeste de l'effectif global des médecins (qui reste, par habitant très proche de la moyenne européenne) que des *déséquilibres importants dans la répartition des effectifs sur le plan géographique et sur le plan des disciplines*. Les territoires sous-dotés représentent 6% de la population. Il s'agit de zones rurales et péri-urbaines ou de quartiers urbains socialement précaires, situés principalement dans la partie centrale de la France allant du nord-est au sud-ouest, qu'on a appelée « la diagonale du vide » en raison de son déclin, plus ou moins prononcé selon les territoires. Dans un certain d'entre eux il devient difficile de remplacer les médecins cessant leur activité.[777] La démographie et l'économie déprimées de ces territoires dissuadent de nombreux jeunes médecins de s'y installer. Leur installation serait un élément d'une stratégie de revitalisation territoriale mais on se trouve, en l'occurrence, devant un cercle vicieux : elle pourrait être un facteur de revitalisation mais elle ne se fera probablement pas aisément, même avec des incitations financières, car c'est précisément l'atonie économique de ces zones qui est dissuasive. Eu égard à la pyramide des âges (âge moyen de 51 ans), et malgré le relèvement important du nombre d'étudiants admis à poursuivre des études de médecine,

[777] Le nombre de communes disposant d'un médecin généraliste a toutefois augmenté depuis 1983 : 9595 en 2016 contre 8843 ((étude Ministère Solidarités et Santé. DREES « Etudes et résultats » .M. Agius, H. Chapart, Ch. Millien, N. Vergier. Mai 2018.

il faut s'attendre à des tensions importantes entre l'offre et la demande en médecins dans ces zones de peuplement pour la décennie 2020-2030.

a) Le tableau et ses zones d'ombre

Le temps d'accès à un médecin généraliste peut sembler encore satisfaisant : il n'excède guère, en moyenne, dix minutes dans plus de 95% des cas et le nombre de consultations par habitant et par an, s'il varie du simple au double, est de 2,7 pour les moins bien desservis. Mais on observe une tendance à la baisse de ce nombre sans que les causes en soient clairement identifiées.[778]Par ailleurs, environ 80% des médecins généralistes éprouvent des difficultés à répondre à toutes les demandes et à trouver pour leurs patients un accès rapide à un spécialiste dans des disciplines comme l'ophtalmologie, la psychiatrie ou la dermatologie.[779]

Les données globales sur la démographie des professions de santé ne prennent leur pleine signification qu'en étant confrontées à de multiples variables : évolution des pratiques professionnelles, de l'attractivité des différents métiers, du libre choix des spécialités ou de l'installation, féminisation du corps médical,[780] perception des besoins de santé et des conclusions qui en sont tirées par les pouvoirs publics en matière de recrutement, de formation et d'organisation des soins.[781]

La notion de « densité médicale » n'a donc qu'une valeur indicative. Elle est toutefois mieux cernée depuis les conclusions du rapport Berland et la création en 2004 d'un Observatoire national de la démographie des professions de santé à même de développer les analyses qui faisaient défaut jusqu'ici.[782]

Au 1er janvier 2018, la densité moyenne en médecins était, en France (métropolitaine et outre-mer) de 270,3 médecins pour 100 000 habitants.[783]On dénombre à la même date 296 755 médecins inscrits au

---

[778] 3,93 consultations/an en 2018 contre 4,06 en 2015 (Blandine Legendre. Etudes et résultats. DREES n°1144. 2019). Ministère Solidarités et Santé.

[779] Etudes et résultats. Ministère Solidarités et Santé. Janvier 2020.

[780] 46% des médecins généralistes mais plus de 50% chez les moins de 60 ans (études et résultats. Agius et al. n°1061, op cité. Mai 2018

[781] Voir notamment « Les nouvelles questions posées à la démographie médicale ». Martine Burdillat. Regards croisés sur l'économie. 2009/1. N°5

[782] Voir le rapport sur l'état de la démographie médicale rendu par les Professeurs Berland et Gausseron (1.11.2002) et par le Pr Berland au nom de la Commission démographie médicale (avril 2005).

[783] Atlas de démographie médicale 2018 du Conseil national de l'Ordre des médecins établi en collaboration avec la DREES (Ministère des Solidarités et de la Santé) et une série d'études de la DREES publiées dans son bulletin « Etudes et résultats » n° 649 (2008),753

Tableau de l'Ordre des médecins, en exercice libéral ou salarié. Mais les médecins ayant une activité *régulière* sont environ 220 000 (dont environ 115 000 salariés et 105 000 libéraux). Cet effectif global est en baisse depuis 2010. Le point bas de cette évolution se situerait en 2020.[784] Le groupe des médecins généralistes en activité est passé de 94 261 en 2010 à 87 801 en 2018 (-7,3%). Les médecins spécialistes sont environ 120 000.[785]Leur nombre augmenterait jusqu'en 2025 mais pourrait être inférieur en 2030 de 2,7% à celui de 2006. Eu égard au temps de formation médicale, les effets du desserrement du « numerus clausus », puis de sa suppression[786]ne se produiront qu'après 2025. Vers 2030, la France pourrait retrouver l'effectif médical global du début des années 2000 (le plus élevé de la période contemporaine) avec une répartition entre médecins généralistes et médecins spécialistes un peu moins déséquilibrée. Cette projection peut évidemment être démentie par des facteurs imprévisibles mais aussi corrigée partiellement par des décisions politiques.

Les spécialités et les équipements médicaux courants (imagerie médicale notamment), les soins hospitaliers courants sont accessibles en moyenne à moins de 45 minutes pour 95% de la population environ.[787] Il est supérieur pour 1 à 3% de la population dans certaines parties de l'est et du centre ou en Corse.

La densité médicale est supérieure à la moyenne nationale dans les régions situées dans le midi (particulièrement en Provence Côte d'Azur), en Ile de France, (surtout à Paris), en Alsace. Elle est proche de la moyenne dans le nord avec des disparités importantes selon les territoires. Elle est sensiblement inférieure dans les régions du centre et de l'ouest, hormis la Bretagne. *C'est au niveau départemental que les disparités apparaissent le plus nettement. Il existe un écart de 1 à 3 entre les départements.* Les départements ruraux des régions à forte densité sont généralement en-deçà du niveau régional. *De même, les disparités sont-elles importantes entre les*

(2011),764 (2011),797 (2012), 869 (2014), 810 (2012), 873 (2014), 910 (2015),1036 (2017), 1089 (2017), 1138 (2019),1144 (2019).

784 DREES. Ministère des Solidarités et de la Santé

785 Dont 12,4% en spécialités chirurgicales et 43,2% en spécialités médicales

786 Le « numerus clausus » a été introduit dans les études médicales par une réforme de 1971 dans le but de limiter le nombre de « prescripteurs ». Il a été de plus en plus strict jusqu'à la fin des années 1990, donnant accès aux études médicales à 3 à 4000 étudiants en moyenne. Il a été desserré progressivement, le nombre d'étudiants étant porté à 8000 à partir de 2011. La réforme des études médicales de 2019 l'abandonne. Les effectifs d'étudiants en santé admis en faculté de médecine sont portés à partir de 2020 à près de 15 000.

787 Notamment chirurgie orthopédique et digestive, maternité, hépato-gastro-entérologie, cardiologie, néphrologie, pneumologie. Selon la DREES les ¾ ont accès à ces spécialités en moins de 25 minutes.

métropoles et les périphéries urbaines, les quartiers aisés des villes et les banlieues accueillant les classes sociales à revenus modestes.

S'y ajoutent les disparités territoriales liées à la répartition des médecins entre le secteur I (honoraires conventionnels) et II (honoraires libres) : dans certaines régions et dans certains quartiers de grandes villes il est difficile d'accéder à un praticien du secteur I. C'est une des sources du renoncement aux soins.[788]

Il est important de noter le clivage public-privé observable dans les spécialités. Il recoupe assez précisément le niveau de rémunération espéré en secteur libéral. Se trouvent majoritairement en exercice libéral des spécialités telles que la gynécologie-obstétrique (85%), la dermatologie (84%), la radiologie (71%), la rhumatologie (70%), la cardiologie ou la radiothérapie (65%), qui impliquent une relation personnalisée ou la production d'actes techniques rémunérateurs. Se rencontrent majoritairement dans le secteur public les hyper spécialités en CHU, les spécialités de santé publique (100%), la gériatrie (95%) ainsi que la plupart des spécialités médicales exigeant une prise en charge plus ou moins lourde.[789]

b) Le problème des choix d'installation

La liberté d'installation demeure une revendication fermement défendue comme en témoignent les échecs des tentatives législatives de régulation de l'offre de soins médicaux. Le problème de l'installation se pose avec les généralistes mais aussi avec les spécialistes. Quand l'exercice spécialisé s'effectue en établissement de santé, il y a quasi-unanimité des spécialistes pour considérer que les critères de qualité et de sécurité des soins exigent un nombre d'actes en deçà duquel il est risqué de descendre et un taux d'encadrement, l'exigence de travail en équipe, un niveau d'équipement en-deçà desquels il est risqué d'entreprendre l'activité médicale spécialisée, ce qui explique les très grandes difficultés de recrutement de spécialistes dans les établissements de proximité pour les disciplines exigeant un plateau technique. Quand la spécialité s'exerce en cabinet, on observe des effectifs en spécialistes très supérieurs à la moyenne nationale à Paris, en Provence-Côte d'Azur, dans les grandes métropoles disposant d'un CHU et jouissant d'un niveau de vie supérieur à la moyenne nationale. Les régions du centre, de l'ouest et les régions déprimées économiquement dans le nord et l'est

---

[788] Le renoncement aux soins en France est, selon le « Panorama 2016 de l'OCDE », de l'ordre de 2,8%. Ce taux est certes inférieur à la moyenne européenne (3,6%) mais supérieur à la Suède (1,5%), l'Allemagne (1,6%) et l'Espagne (1,7%).

[789] Réanimation médicale (91%), génétique médicale (97%), hématologie (93%), oncologie-hématologie (83%), oncologie médicale (78%) pédiatrie (85%), médecine physique et réadaptation (76%), néphrologie (72%), neurologie (63%) anesthésie-réanimation (65%), biologie médicale (60%), pneumologie (58%), psychiatrie (57%).

disposent d'effectifs sensiblement sous la moyenne.[790] Il faut toutefois observer qu'il n'y a pas de corrélation systématique entre le niveau de l'offre de soins spécialisés, le niveau économique d'une région et son niveau sanitaire, d'autres facteurs, notamment socio-culturels intervenant.[791]Les projections pour 2030 permettent d'esquisser une répartition différente des spécialités selon les régions sous l'effet des mesures de correction. La concentration de l'activité médicale autour des pôles urbains disposant d'un CHU s'accentuerait. De nouveaux déséquilibres entre spécialités apparaîtraient, qui soulignent les insuffisances de la régulation de la formation médicale.[792]

Les choix d'installation des médecins libéraux posent le problème de la conciliation de leur indépendance professionnelle et privée avec les impératifs de la santé publique. Ils ont accepté avec la ROSP des obligations de santé publique mais leur attachement à la liberté d'installation, qui demeure très fort, entre en contradiction avec les principes et les nécessités de cette santé publique. Les praticiens libéraux aspirent à des conditions de vie personnelle se rapprochant des standards de vie comparables à ceux des cadres supérieurs et à leurs attentes : ménager les intérêts professionnels du conjoint, assurer l'avenir scolaire et universitaire des enfants, bénéficier de l'offre de services de la grande ville. S'y ajoute l'attraction exercée par la faculté de médecine sur les praticiens qu'elle a formés (formation continue, contacts…), accentuée par l'évolution rapide des connaissances médicales. Le désir de préserver une part de vie privée n'est également pas sans lien avec le niveau élevé de féminisation de la profession. Il est possible aussi que l'exercice libéral individuel, surtout en médecine générale, apparaisse moins gratifiant eu égard à l'évolution d'une partie importante de la société qui ne reconnaît plus l'autorité, même fondée sur la compétence et le savoir. Selon une étude récente, les nouveaux praticiens optent pour le salariat à

---

790 Certains départements, comme l'Indre peuvent ne disposer que d'un ou deux spécialistes dans certaines spécialités, comme l'ophtalmologie. Mais des départements fortement peuplés comme le Pas-de-Calais, ayant un niveau moyen de revenu plus faible que la moyenne nationale, enregistrent un manque de spécialistes précisément dans les domaines où les besoins sont les plus forts, comme la pédopsychiatrie.

791 Ainsi les régions des Pays de la Loire, du Centre-Val de Loire ou du nord de la Nouvelle-Aquitaine (Poitou-Charentes) présentent des indicateurs globaux de santé relativement satisfaisants, une situation économique également relativement satisfaisante et une densité médicale faible.

792 On pourrait ainsi observer une diminution d'un tiers du nombre des ophtalmologistes, dermatologues et rhumatologues et de près de 20% des oto-rhino-laryngologistes, pneumologues, spécialistes en anatomie-pathologie. A l'inverse, le nombre des neurologues, et des médecins de santé publique pourrait croître de près de 50%, celui des chirurgiens de 40%, celui des endocrinologues de 24%. Les effectifs des gynécologues-obstétriciens et des psychiatres devraient augmenter également.

plus de 60%, pour une activité de remplaçant à 23%, l'activité libérale n'intervenant que pour 12%.[793]

La contrepartie de cette évolution, qui sera longue et difficile à corriger, est un surcroît de travail pour les médecins généralistes dans les zones sous-médicalisées.[794] Les personnes affectées par cette évolution sont, en milieu rural, surtout les personnes âgées et les personnes isolées, souvent en situation de précarité sociale. Les quartiers urbains marqués par des formes d'anomie sociale enregistrent également une baisse des installations. On observe que, même dans les quartiers aisés, la reprise d'un cabinet individuel n'est plus systématique.

Les formes nouvelles de travail médical en groupe peuvent, dans une certaine mesure, contribuer au maintien de médecins dans des zones sous-médicalisées en permettant une mutualisation des moyens d'exercice et en répartissant la charge de la permanence. La télémédecine peut, sous certaines conditions, s'avérer utile. D'ores et déjà, plus de 80% des médecins de moins de 50 ans exercent en cabinet de groupe. Il sera important d'observer le taux de création des « communautés professionnelles de territoires de santé » prévues par la loi (voir partie III, titre II). En pratique, l'exercice mixte (combinant l'exercice salarié, notamment hospitalier, et l'exercice libéral) devrait encore se développer. A cet égard, la stratégie actuelle de santé peut - peut-être - offrir une solution au problème des « déserts médicaux », en transformant 6 à 700 établissements de santé en établissements de soins de proximité, enfin mieux définis et réorientés vers les besoins prioritaires de santé. Elle ouvre une possibilité de coopération territoriale entre médecine ambulatoire et médecine hospitalière garantissant une présence médicale mieux répartie, capable de répondre aux besoins de soins des personnes âgées et aux besoins de santé d'un premier niveau de soins. Cela ne suffira probablement pas à résoudre le problème de la sous-médicalisation d'un certain nombre de territoires. C'est pourquoi commencent à se développer des propositions politiques visant à réguler davantage l'installation des médecins. Ainsi, suivant l'exemple de certains pays, comme le Québec, il est proposé qu'un médecin ne puisse s'installer dans un territoire sur-doté que si une place se libère ou qu'une obligation de service de quelques années dans un tel territoire soit imposée à un nouveau médecin. Une telle option ne serait sans doute pas envisageable sans une sensible amélioration de la rémunération du médecin généraliste et sans une prise en compte des différents aspects de sa vie privée. C'est un nouveau contrat qui s'impose entre la société et la société médicale, qui impliquerait qu'en contrepartie du prix supplémentaire qu'elle y mettrait la première

---

793 « Etudes et résultats ». DREES. Ministère Solidarités et santé.2019

794 Il avoisine les 60h hebdomadaires.

obtienne de la seconde le renoncement à certains principes libéraux (mode de rémunération à l'acte, régulation de la liberté d'installation).

B. La situation des professions médicales spécifiques

Parmi les professions médicales spécifiques, la profession de chirurgien-dentiste a une grande importance au regard de la santé publique. Ses caractéristiques démographiques sont proches de celles des autres disciplines médicales. Le nombre des chirurgiens-dentistes est d'environ 48 000. Cette profession exerce essentiellement en ambulatoire (98%) et relève surtout du statut libéral avec une part d'exercice mixte (90%). La profession est très inégalement répartie sur le territoire : plus de la moitié des régions se situent sous la densité moyenne de 63 pour 100 000 habitants selon un schéma sociogéographique comparable à celui des autres professions médicales.[795]Cette répartition résulte largement de l'implantation des facultés dentaires et du nombre de places d'internat offertes par chacune d'entre elles. L'inégalité d'accès territoriale aux soins dentaires se double d'une inégalité sociale qui recoupe généralement la première : le faible niveau de remboursement des soins dentaires incite à un renoncement aux soins plus élevé que pour d'autres soins. La réforme de la prise en charge de ces soins par l'Assurance Maladie devrait cependant améliorer cette situation.

La profession de sage-femme revêt aussi une grande importance en santé publique. Leur nombre dépasse les 22 000 (environ 140 pour 100 000 femmes de 15 à 49 ans). Il croît plus vite que le nombre des femmes en âge de procréer mais les missions s'intensifient en interventions de premier recours auprès des femmes d'autant que le nombre des gynécologues-obstétriciens tend à baisser. Cette évolution conduit la profession à demander une année supplémentaire de formation et une meilleure reconnaissance de son caractère médical. Les sages-femmes exercent en grande majorité en établissement de santé mais un nombre croissant opte pour un exercice libéral. La répartition territoriale professionnelle est tout aussi inégale que celle des autres professions médicales.

C. La faible efficacité des politiques d'incitation à l'installation dans les territoires sous-médicalisés

La liberté d'installation est considérée par de nombreux médecins comme une juste compensation à la dureté de la sélection conduisant à la profession médicale et aux efforts consentis pendant de longues années de formation,

---

[795] Données Ministère Santé 2013.

notamment en internat de spécialité.[796]C'est pourquoi les différentes solutions imaginées pour limiter, même temporairement, celle-ci dans l'intérêt de la santé publique, ont échoué.

La loi HPST de 2009 avait prévu que, dans le cadre d'un « contrat de santé-solidarité » des médecins situés dans des zones bien dotées en professionnels apportent leur concours à des confrères ou des établissements de santé situés dans une zone sous-dotée. La loi prévoyait une sanction financière en cas de refus non justifié d'un médecin sollicité. Très vivement combattue par les organisations professionnelles comme une atteinte à la liberté d'installation, la disposition fut abrogée par une loi de 2011.[797]

Le problème a été repris dans le cadre de la convention médicale de 2016 qui prévoit quatre types de contrats proposés par l'ARS aux médecins acceptant de s'installer dans des zones sous-dotées :

- Le *« contrat d'aide à l'installation des médecins »* : il s'adresse à des médecins exerçant prioritairement en secteur I en groupe, en communauté professionnelle territoriale de santé ou au sein d'une équipe de soins primaires. Il comprend une aide forfaitaire à l'installation, modulable en fonction du nombre de jours d'activité hebdomadaire, de la participation à la permanence des soins et à l'activité de l'hôpital de proximité, d'une part, de l'état de la démographie médicale locale, d'autre part.
- Le *« contrat de stabilisation et de coordination des médecins »*. D'une durée de 3 ans, il est proposé à des praticiens assurant la prise en charge coordonnée de leurs patients, une collaboration avec un hôpital de proximité et la formation des futurs médecins en cabinet libéral. Le montant et les conditions d'attribution de l'aide sont comparables au précédent contrat. S'y ajoute une majoration pour la fonction de maître de stage ou pour l'intervention au sein d'un hôpital.
- Le *« contrat de transition »* est prévu pour aider les praticiens exerçant en zone déficitaire, se préparant à cesser leur activité, à accueillir de jeunes praticiens dans leur cabinet. La rémunération est de 10% du montant plafonné des honoraires perçus.
- Le *« contrat de solidarité territoriale médecin »* rémunère l'exercice ponctuel dans des zones déficitaires (en majorant de 25 à 27% le

---

796 Enquête de Géraldine Bloy (laboratoire d'économie et gestion de l'Université de Bourgogne). 2012.

797 La loi HPST instaurait également un contrat d'engagement de service public par lequel des étudiants en médecine bénéficiaient du financement de leurs études en contrepartie d'un engagement d'exercer en zone sous-dotée durant une période équivalente à la durée de financement de leurs études. La mesure n'a attiré qu'un très faible nombre d'étudiants.

montant des honoraires des actes qui y sont réalisés (dans la limite d'un plafond annuel).

Le bilan de cette politique incitative devra être fait lors de la négociation de la nouvelle convention médicale en 2022. On peut cependant évoquer un premier bilan des politiques incitatives menées par l'Etat, l'Assurance Maladie et les collectivités territoriales. Ainsi, dénombrait-on, au 1er juillet 2020, 1607 « maisons de santé » pluri-professionnelles et 451 en projet, qui regroupent des professions de santé, dont des médecins. Les pouvoirs publics prévoient la création de 3 000 communautés professionnelles territoriales de santé à l'horizon 2022. Les premiers résultats de cette politique incitative sont mitigés, positifs dans les régions de l'ouest, moins dans les régions plus déprimées économiquement. [798]

D. La permanence des soins, concentré des difficultés liées à la démographie médicale et aux limites de l'exercice individuel de la médecine

La question de la permanence des soins se pose avec une acuité croissante depuis plusieurs décennies. En échange d'une revalorisation du tarif de la consultation, le Gouvernement s'est efforcé de renforcer le dispositif des gardes et astreintes médicales en secteur libéral de plus en plus déléguées, de facto, aux services d'admission aux urgences des établissements publics de santé.[799]Les conflits des années 2001-2003 entre les organisations médicales et les pouvoirs publics ont eu la permanence des soins pour principal enjeu. Elle concentre les malentendus les plus forts parce qu'elle révèle à la fois les réalités d'une démographie médicale mal anticipée, des changements profonds dans la pratique médicale et dans les attentes de la population.

Les solutions imaginées par les pouvoirs publics et par les organisations professionnelles n'ont eu jusqu'ici qu'un effet partiel. La suppression de l'obligation déontologique de participer aux services de garde de jour et de nuit a abouti à l'organisation de la *permanence des soins en médecine ambulatoire* (PDSA).[800]Celle-ci fonctionne sur la base du volontariat. Les

---

[798] Des Maisons pluri-professionnelles de santé ne trouvent pas de médecins, des maisons médicales de garde peinent à exercer leur rôle faute d'une claire identification de leur rôle et d'une véritable articulation avec les structures hospitalières. En revanche, les centres de santé attirent davantage de jeunes médecins qui y voient une structure d'action collective les libérant des charges administratives. « Bilan 2010-2013 des maisons pluri-professionnelles de santé » G.Chevillard et M.Jerber. Commissariat général à l'égalité des territoires. 2016

[799] Entre 1980 et 2000, le nombre des passages aux urgences a été multiplié par 7. Depuis 2000, il s'est encore accru de plus de 20%.

[800] Décret du 15.9.2003. L'article 77 du code de déontologie prévoyait toutefois la possibilité d'exemption pour des raisons tenant à l'âge du médecin, à son état de santé et, éventuellement, à ses conditions d'exercice.

conseils départementaux de l'Ordre ont la responsabilité de l'organiser mais en collaboration avec les associations de permanence des soins constituées au niveau départemental.[801]En cas de carence du conseil de l'Ordre, il appartient à l'autorité sanitaire de se substituer à cette dernière.

Afin de faciliter l'exercice de la PDSA, l'Etat, l'Assurance Maladie et les collectivités territoriales ont contribué au financement de la création de « maisons médicales de garde ». On en recensait 451 en 2018, couvrant 85% des départements. Cette formule apparaît pertinente surtout lorsque la maison médicale de garde est attenante à un établissement de santé, ce qui facilite les transferts éventuels de patients vers un service d'admission aux urgences hospitalières. Mais près de la moitié des médecins de garde effectuent celle-ci au sein de leur cabinet.[802]

La PDSA est définie comme une « mission de service public » assurée, en collaboration avec les établissements de santé, par les médecins conventionnés. Cette mission a pour objet de répondre aux besoins de soins non programmés, tous les jours de 20h à 8h, les dimanches et jours fériés de 8h à 20h, enfin, en fonction des besoins constatés et de l'offre de soins existante, le samedi à partir de midi et les jours précédant ou suivant un jour férié.[803]Chaque région est divisée en territoires de PDSA.[804]Dans chaque territoire, les médecins acceptant d'assurer la PDSA participent à l'élaboration du tableau des gardes. Au terme d'une procédure de constat d'insuffisance du nombre de volontaires, le directeur général de l'ARS communique au préfet les éléments qui lui permettront de réquisitionner des médecins. Eu égard au lien possible avec une urgence médicale, la PDSA est logiquement intégrée, dans son principe, au système de régulation téléphonique des urgences. En principe, le médecin de garde n'intervient qu'après décision de la régulation téléphonique mais guère plus de 10% des médecins libéraux participent à la PDSA et à la régulation téléphonique. En fait, environ 1/3 des actes pratiqués en PDSA ne le sont pas à la suite d'un

[801] Décret du 8.4.2005

[802] Les conditions d'acheminement du patient ne pouvant se déplacer par ses propres moyens vers un médecin de garde sont mal résolues dans environ 1/3 des départements. Une circulaire ministérielle (DGS du 23.3.2007) prévoit l'organisation de « visites incompressibles », à des patients ne pouvant se déplacer, si le régulateur le juge nécessaire. De tels cas sont fréquents chez les personnes hébergées en EHPAD. La notion de « visite incompressible » est précisée dans le cahier des charges de certaines ARS.

[803] Art. L.6314-1 / art.R.6315-1 CSP.

[804] Un cahier des charges définit les indicateurs de suivi, les conditions d'évaluation du fonctionnement de la PDSA, les modalités de gestion du dispositif et, indépendamment de la rémunération des actes réalisés au cours de la permanence, la rémunération forfaitaire de celle-ci selon la marge d'appréciation laissée à chaque ARS par les textes réglementaires. Par ailleurs, la tendance est à la réduction du nombre de territoires de PDSA, ce qui risque de réduire le nombre de médecins volontaires, déjà insuffisant, les distances s'allongeant.

appel du centre de régulation mais d'un appel direct du patient, surtout en milieu rural. [805]

Le bilan le plus récent et complet du fonctionnement de la PDSA émane du Conseil national de l'Ordre des médecins.[806] En moyenne, le taux de participation des médecins à la permanence des soins était de 38,6% en 2018. Cette moyenne est à interpréter à la lumière des fortes disparités de l'offre médicale : ainsi le taux de participation est-il faible à Paris parce que « SOS-Médecins » y supplée.[807] Plus de la moitié des départements sont couverts par moins de 10 médecins volontaires. L'autorité préfectorale a procédé à des réquisitions dans 22 départements mais elle ne peut pas toujours recourir à ce moyen en raison du trop faible nombre de praticiens et de leur surcharge de travail.

L'activité en PDSA varie sensiblement selon les plages horaires. Selon les données de la CNAM (2017), 53% des actes médicaux réalisés dans ce cadre le sont le weekend (et jours fériés), 41% en soirée avant minuit et seulement 6% en « nuit profonde » (minuit-8h), ce qui conduit les organisations professionnelles à militer pour l'abandon du dispositif actuel durant cette dernière plage horaire.

La situation des EHPAD pose en matière de permanence des soins un problème sérieux. Ces établissements ne disposent pas de personnel médical, ni même, en général, d'infirmier(ère) de garde la nuit. Une étude montre cependant qu'il est possible de réduire de 25% le nombre des décès en EHPAD quand l'établissement dispose d'un personnel infirmier en permanence.[808]

E. La formation médicale. Quels critères de sélection ? Quel équilibre entre spécialités ? Quel investissement en formation continue ?

---

[805] La régulation téléphonique de la PDSA est accessible gratuitement par un numéro national dédié ou par le numéro national d'aide médicale urgente ou par les numéros des associations de PDSA disposant de plates-formes d'appels interconnectées avec le numéro du SAMU. Il appartient au directeur général de l'ARS de déterminer dans sa région lequel des deux numéros est utilisé, une coordination étant prévue entre les deux systèmes d'appel. Un numéro d'appel spécifique unique à la permanence des soins ambulatoires est mis en place- le 116-117- dans le but de désengorger les centres 15 dédiés aux urgences vitales. Mais, faute d'information suffisante auprès des usagers, le dispositif est peu utilisé.

[806] La PDSA, état des lieux au 31.12.2018 (Ordre national des médecins).

[807] SOS-Médecins est le premier réseau de permanence des soins ambulatoires : il couvre 60% de la population française et réalise 35% des actes en PDSA.

[808] Il est prévu de financer des postes d'infirmiers mutualisés entre plusieurs EHPAD. Il est probable que les effets de l'épidémie du SARS-CoV2 (forte hausse de la mortalité en EHPAD) conduiront à l'adoption de plans de recrutement de personnels qualifiés plus ambitieux dans les prochaines années.

La formation médicale, dont l'excellence est reconnue, n'en pose pas moins des questions importantes au regard des besoins de l'organisation sanitaire. Elles portent principalement sur les conditions d'entrée en formation, la spécialisation et la formation continue.

a) L'entrée en formation

La loi de transformation du système de santé de 2019 réforme les conditions de l'entrée dans les études de médecine. Elle instaure un cycle préparatoire aux études de santé (médecine, maïeutique, odontologie, pharmacie) et supprime le système national de « numerus clausus » qui intervenait au terme d'un concours éliminant près de 90% des étudiants ayant suivi les études de la « première année commune aux études de santé » (Paces).

Le nouveau dispositif repose sur deux filières : le « parcours d'accès spécifique santé » (PASS), qui comprend une dominante préparant aux études médicales et une « mineure » (discipline non-médicale vers laquelle un étudiant n'ayant pas intégré les études médicales pourra s'orienter) et la « licence avec option accès santé » (LAS) qui est une formation d'enseignement supérieur dans une discipline non-médicale, une partie de la formation - dite « mineure » - consacrée à la santé étant censée offrir à l'étudiant un accès aux études de santé. Le PASS devrait préparer l'accueil de 60% des futurs étudiants en médecine. Les étudiants non reçus à l'issue du PASS peuvent poursuivre leurs études dans une autre discipline, tout en ayant la possibilité d'intégrer, en principe, les études de médecine à l'issue d'une seconde ou troisième année de licence. Ce dispositif entendait ménager plusieurs possibilités d'accès aux études médicales et favoriser une plus grande diversité des parcours conduisant à la médecine. Il est trop tôt pour évaluer son efficacité, d'autant que les universités disposaient d'une certaine liberté dans la conception de ce cycle. Mais les premières observations ne sont pas positives. L'annonce de la suppression du « numérus clausus » national a été perçue, à tort, comme une suppression des limites de recrutement, qui subsistent matériellement, des étudiants en médecine. Par ailleurs, un certain nombre de facultés ont établi des modalités de sélection s'apparentant à celles qui prévalaient pour le Paces, dénaturant ainsi l'esprit de la réforme. Il est prévu que celle-ci soit repensée à la lumière de l'échec constaté.

Le nombre de places offertes à la formation médicale est établi, dans chaque région, par l'ARS en fonction des besoins. Eu égard au nombre de places que la formation peut offrir, très inférieur au nombre des candidats, la sélection est donc nécessaire. Mais ce sont les *critères de sélection* qui méritent examen. Ceux-ci privilégient fortement, depuis des décennies, les mathématiques et les sciences physiques, d'une part, l'encyclopédisme d'autre part. De l'avis de beaucoup, ce système risque de formater un type de personnalité ne garantissant nullement une bonne adéquation à l'exercice des réalités de la médecine. Il ne s'agit pas de mésestimer l'importance des disciplines mathématiques et statistiques dont auront besoin une partie des futurs médecins. Mais il paraîtrait logique de rééquilibrer la préparation aux études médicales au profit des disciplines se fondant sur la *démarche expérimentale,* et sur l'ensemble des sciences du vivant. Il paraîtrait tout aussi pertinent de faire une plus grande place à la *psychologie* puisque nous savons que tous les médecins sont confrontés aux problèmes que pose la psychologie du patient face à la maladie et à la mort. Des enquêtes montrent également que le taux d'anxiété, de défaillances psychologiques chez les étudiants en médecine, soumis à une forte concurrence entre eux et brutalement mis en présence de la maladie et de la mort, est supérieur à la moyenne observée dans la population. Une préparation plus ouverte à ces problèmes aiderait probablement les candidats à opérer un choix plus éclairé. Enfin, le projet d'une préparation associant une « discipline majeure » et une « discipline mineure » s'avère difficile à réaliser. Ou bien elles correspondent à un enseignement de premier cycle universitaire et l'étudiant se voit contraint d'absorber deux années en une, ou bien la mineure n'est qu'une version abrégée et l'étudiant qui serait orienté vers elle risque d'éprouver de sérieuses difficultés à l'intégrer.

b) La répartition des spécialités : quel équilibre entre les critères académiques et les critères de planification des besoins de santé ?

Les études de second cycle (diplôme de formation approfondie en sciences médicales, encore appelé externat), d'une durée de 3 ans, associent étroitement la formation théorique et la formation pratique. A l'issue de cette formation, l'étudiant est censé connaître les mécanismes de fonctionnement du corps humain et réaliser l'examen clinique du patient. Les stages occupent la moitié du temps de formation.[809]Ce temps de formation inclut des fonctions de garde médicale. A l'issue du second cycle les étudiants subissent les « épreuves nationales classantes informatisées » (ECNI) qui déterminent, selon le classement obtenu, la spécialité et le CHU où ils effectueront leur 3ème cycle d'études en internat.[810] Ce système de classement

[809] Ils se déroulent dans quatre services au moins par an, certains terrains de stage étant obligatoires (chirurgie, médecine générale, urgences-réanimation-soins intensifs et, variant selon les facultés, un autre service). La formation comprend également un stage infirmier de 4 semaines à temps complet

[810] La formation en internat (apprentissage approfondi de la discipline médicale choisie) dure 3 ans en médecine générale et 4 à 6 ans selon les 44 spécialités médicales, chirurgicales ou biologiques. Placés sous la responsabilité d'un praticien senior, les internes voient leurs responsabilités médicales progresser chaque année avant d'obtenir, après soutenance de leur

est contesté parce qu'il est trop axé sur la restitution des connaissances théoriques. Il ne garantit pas davantage une bonne adéquation avec les besoins de l'organisation sanitaire, notamment une répartition équilibrée des spécialités entre les régions ou au sein des régions.

Nous avons déjà évoqué le refus de nombreux étudiants d'intégrer l'internat de médecine générale, qui correspond à des besoins essentiels du système de santé. Le problème n'est pas moindre en ce qui concerne la répartition des spécialités. Jusqu'ici les organisations représentant les internes sont plutôt parvenues à faire prévaloir, contre les objectifs de santé publique du Ministère de la Santé, une répartition des spécialités influencée par des critères d'attraction des facultés et des critères de valorisation sociale et financière des spécialités. La formation reste structurée autour de la médecine d'organe et valorise moins des disciplines transversales, souvent moins rémunératrices, correspondant pourtant à d'importants besoins (oncologie médicale, gériatrie, psychiatrie, santé publique, biologie...).

c) Le « développement professionnel continu » des professions de santé : une exigence nouvelle portée par l'Etat

La formation médicale continue, qui est une obligation déontologique, a connu une longue période de vicissitudes. Les premières associations professionnelles ayant cet objet apparaissent à la fin des années 1950.[811]En application de la loi du 31.12.1993 portant sur la formation professionnelle continue des travailleurs indépendants et des professions libérales, un fonds d'assurance formation de la profession médicale est habilité par arrêté ministériel à percevoir et gérer la « contribution à la formation professionnelle » prévue par la loi. L'ordonnance du 24.4.1996 la rend obligatoire.[812]

Il lui a cependant longtemps été reproché à la formation médicale continue d'être trop dépendante des laboratoires quant à l'orientation et aux contenus de formation. L'emprise des organisations syndicales fut aussi critiquée. La participation à la formation des praticiens s'en est trouvée inégale, d'autant que leurs critiques à l'égard des contenus et des méthodes mettaient en évidence une certaine inadéquation à leurs besoins.

La loi HPST du 21.7. 2009 remplace la formation médicale continue par le « développement professionnel continu » (DPC) et la loi de modernisation

---

thèse, le diplôme de docteur en médecine assorti du diplôme d'études supérieures de leur discipline, le cas échéant.

[811] En 1978 est créée l'UNAFORMEC (union nationale des associations de formation médicale continue).

[812] Art 11 du code de déontologie. Art. R.4 127-11 CSP.

du système de santé de 2016 lui confère son organisation actuelle. Le DPC concerne désormais toutes les professions de santé et repose sur une évaluation des pratiques professionnelles leur permettant de mieux connaître leurs besoins spécifiques de formation continue. La loi impose aux structures de formation et à leurs programmes des critères d'habilitation nettement plus rigoureux que par le passé (critères de qualité scientifique et pédagogique, de transparence des modalités de recours aux organismes de formation, d'indépendance, notamment financière, en particulier à l'égard des producteurs et distributeurs de produits de santé, de gestion des conflits d'intérêt).[813]

Le DPC repose sur trois séries de priorités : les priorités de formation définies par chaque conseil professionnel, les priorités de santé publique et celles qui relèvent des engagements conventionnels. Chaque professionnel doit justifier, sur une période de 3 ans, de son engagement dans un programme de DPC.

Le dispositif est géré par une agence nationale chargée de piloter l'ensemble des formations, quel que soit le statut ou les conditions d'exercice du professionnel.[814] Ses instances comprennent un Haut Conseil ayant pour mission de définir la stratégie du développement professionnel continu avec l'appui de commissions scientifiques indépendantes.[815]Un conseil national professionnel élabore des recommandations pour l'adaptation du parcours de formation à l'exercice professionnel sur la base d'une méthodologie validée et mise à disposition des institutions de formation par la Haute Autorité de santé. L'Agence dispose également des conseils d'un comité d'éthique. Les formations relevant du DPC sont financées par des organismes collecteurs de fonds alimentés par des cotisations.[816]

---

[813] Arrêté ministériel du 14.9.2016

[814] L'Agence nationale du développement professionnel continu des professions de santé est un groupement d'intérêt public formé par l'Etat et l'Union nationale des caisses d'Assurance Maladie. Elle a été instituée par le décret n°2016-942 du 8.7.2016.

[815] Il est composé des représentants des conseils nationaux des différentes professions, des organisations professionnelles et syndicales, des universités, des Ordres professionnels, de la Haute Autorité de santé, des fédérations d'employeurs.

[816] Le principe légal est une contribution de chaque professionnel à son DPC à hauteur, en moyenne, de 0,25% du montant de ses ressources sous plafond de sécurité sociale. En 2017, près de 83 000 médecins se sont inscrits à des programmes de DPC (sur 281 000 professionnels, le dispositif s'adressant à l'ensemble des professions de santé). L'enveloppe globale de crédits par praticien en DPC est de 2940 euros pour 21 heures. Source Agence nationale du DPC (2017)

4. Les auxiliaires médicaux, facteur nouveau de transformation de la pratique médicale

Longtemps, le médecin fut la référence unique du système de soins. La profession d'infirmière, apparue à la fin du XIXème siècle, fut placée dans une étroite dépendance hiérarchique à l'égard du médecin en milieu hospitalier. L'évolution des connaissances a bouleversé le concept de soin et permis le développement de plusieurs dizaines de métiers différents d'auxiliaires médicaux, très qualifiés, exerçant, sur prescription médicale ou non, en établissement de santé ou en mode ambulatoire. Le rôle et la place du médecin s'en trouvent transformés. Il est, notamment en médecine générale, appelé à travailler en équipe avec différents professionnels et à coordonner leur action. Il sera plus souvent qu'aujourd'hui amené à déléguer certains actes à des auxiliaires médicaux, notamment dans le suivi des maladies chroniques. Cela correspond à une pratique courante dans un certain nombre de pays où la formation paramédicale est universitaire.

Le législateur reconnaît la place et l'autonomie de ces professions non seulement en régissant leurs conditions d'accès mais en entérinant la création d'ordres professionnels, aux fonctions comparables à celle de l'Ordre des médecins, pour certaines d'entre elles. Il a fait un pas important en créant *« l'exercice en pratique avancée »* de personnels infirmiers.[817]Les infirmiers diplômés d'Etat, titulaires d'un diplôme universitaire (master), apportent leur expertise au parcours de soins coordonné par le médecin. Leur domaine d'intervention est important : maladies chroniques stabilisées, oncologie, psychiatrie et santé mentale, notamment.[818]La loi du 26.4.2021 renforce et précise les conditions de l'exercice en pratique avancée et des protocoles de coopération entre médecins et auxiliaires médicaux en pratique avancée dans le cadre du parcours de soins coordonné.[819]

La profession d'infirmier (ière) diplômé d'Etat (IDE) a un rôle essentiel dans le dispositif de santé. Le Ministère de la Santé estime à 638 000 le nombre

---

[817] Décrets n°2018-629 du 18.7.2018 et n°2019-510 du 23.5.2019 (Art.R.4301-1 et s. CSP).

[818] Ils sont compétents pour conduire un entretien avec le patient, effectuer une anamnèse, procéder à un examen clinique, conduire tout acte d'évaluation et de conclusion clinique ou tout acte de surveillance clinique et paraclinique consistant à adapter le suivi du patient en fonction des résultats des actes techniques, des examens complémentaires ou de « l'environnement global du patient » ou de l'évaluation des capacités d'adhésion et d'adaptation du patient à son traitement, ou de l'évaluation des risques liés aux traitements (médicamenteux ou non). Ils peuvent effectuer certains actes techniques, prescrire des médicaments non soumis à prescription médicale obligatoire, renouveler, en les adaptant si nécessaire, certaines prescriptions médicales. Ils sont également compétents pour conduire toute activité d'orientation, de prévention ou de dépistage qu'ils jugent nécessaire.

[819] Loi n°2021-502 du 26.4.2021 « visant à améliorer le système de santé par la confiance et la simplification ».

des professionnels en 2018, soit 9,1 IDE pour 1000 habitants (13 en Allemagne, 12 aux Pays-Bas, 15,5 au Danemark). C'est une profession qui demeure largement féminisée (à 88%), majoritairement salariée 63%), employée principalement dans les établissements de santé publics (49%) et privés (14%) et des structures de soins infirmiers (centres de santé, services de soins à domicile, santé scolaire…) ou des entreprises de travail intérimaire (23%). Environ 12% des IDE ont un exercice libéral.[820]

La profession comprend un certain nombre d'emplois spécialisés : 19 000 puéricultrices, près de 10 000 infirmiers(ères) anesthésistes, plus de 7000 infirmiers (ères) de bloc opératoire. Si, depuis une réforme de 1992, il n'existe plus de formation spécifique d'infirmier psychiatrique, une qualification d'infirmier en soins psychiatriques vient compléter la formation générale d'IDE pour les professionnels optant pour ce très important domaine du soin.

En dépit de l'importance de l'effectif en formation (21 000 nouveaux diplômés par an) le recrutement des IDE a été insuffisant ces dernières années au regard des besoins, en particulier dans certaines régions.[821] Plus préoccupant est le nombre d'abandons en cours de formation et la durée moyenne d'exercice (en établissement de santé, elle se traduit par un taux de rotation important). Les conditions d'exercice (qui peuvent être éprouvantes) et le niveau moyen de rémunération, nettement sous la moyenne des pays de l'OCDE, (notamment en établissement de santé) comptent parmi les raisons de ce phénomène.[822]

La France compte également environ 500 000 aides-soignants(tes) employés en grande majorité dans les établissements de santé et les établissements médico-sociaux mais aussi dans les services de soins à domicile.

Enfin, les métiers de la santé comportent de nombreuses spécialités qui ont pris une importance certaine. Parmi eux, les masseurs-kinésithérapeutes (84 000), les orthophonistes (23 500), les manipulateurs d'équipements radiologiques médicaux (33 500), les opticiens (32 500). Des métiers plus récents devraient connaître un certain développement (ergothérapeutes,

---

[820] Les IDE ne sont que 4% à travailler en EHPAD.

[821] Parmi les régions qui éprouvent des difficultés de recrutement, figurent l'Ile de France, les Hauts de France, les Pays de la Loire.

[822] Le temps moyen de travail est, pour au moins 1/3 des IDE en établissement de santé, supérieur d'au moins 10% au temps de travail légal. Il dépasse les 50 heures hebdomadaires en exercice libéral Si le niveau moyen de rémunération en exercice libéral dépasse 2 700 euros par mois, le niveau moyen de rémunération en établissement de santé est nettement moins élevé, de l'ordre de 1800 euros net par mois. A la suite des « Accords du Ségur » de juillet 2020, un plan important de revalorisation salariale et d'amélioration des carrières a été mis en place pour les personnels de soins des établissements publics de santé.

environ 10 000), diététiciens, psychomotriciens (environ 10 000)), audioprothésistes (environ 3000). Les données relatives aux différents métiers de psychologue sont peu précises : on estime leur nombre à 60 000 environ.

Chapitre II
Politique de l'hospitalisation : une difficile mais inéluctable restructuration

Le système français d'hospitalisation fait coexister des établissements publics, des établissements privés sans but lucratif (les établissements de santé privés d'intérêt collectif gérés par des associations, fondations ou organismes de protection sociale), généralement habilités à exercer des missions de service public et des établissements de santé privés à but lucratif (les « cliniques ») gérés généralement par une société de droit commercial exploitant l'activité médicale et louant les locaux à une société de droit civil. Cette dernière catégorie se rencontre peu parmi les pays membres de l'OCDE, où prédominent des institutions à but non lucratif.[823]

L'hôpital public, porteur de l'essentiel du service public hospitalier, exerce un rôle majeur au sein du système de l'hospitalisation. Mais le secteur hospitalier privé occupe une place importante. Sur les 392 000 lits d'hospitalisation complète et les 79 000 places d'hospitalisation partielle recensés en 2019, environ 40% sont gérés par des organismes privés avec ou sans but lucratif. Le secteur privé assure près de 60% des interventions chirurgicales et une part non négligeable des spécialités médicales reposant sur des actes techniques.

L'hôpital public, héritier d'une longue et complexe histoire, a marqué en profondeur la société française. Il n'est pas seulement une pièce centrale du système de soins, il est un enjeu politique majeur en raison de la place qu'il occupe dans l'économie nationale et locale, d'une part, de la force du principe égalitaire en matière d'accès aux soins hospitaliers qu'il garantit, d'autre part. Pourtant, les gouvernements du XXème siècle ont plutôt favorisé l'éclosion d'une concurrence, jugée stimulante, entre secteur privé et secteur public, qui n'a pas été favorable à ce dernier eu égard aux contraintes juridiques et financières de son statut. Il est également de fait que la médecine de ville tend à proposer de préférence, hors pathologie spécifique, l'hospitalisation privée à sa patientèle des classes moyennes et aisées. L'Assurance Maladie remboursant les soins dispensés en hospitalisation privée à but lucratif, ce sont les honoraires des praticiens et la tarification des éléments de confort qui sont en mesure de dissuader les titulaires de faibles revenus, ne disposant pas d'une assurance complémentaire suffisante, d'y recourir.

Il est important d'établir, en premier lieu, la place et le rôle des établissements de santé au sein du système de santé : leurs missions, le rôle

[823] Note DREES, Ministère de la Santé « les dépenses de santé en 2019 ». Edition 2020

du service public hospitalier, les données de l'activité (I). On évoquera également l'histoire des hôpitaux non pas de manière exhaustive mais pour en saisir les *moments* qui éclairent plus ou moins le fonctionnement hospitalier *aujourd'hui encore* (II). La période contemporaine est marquée par une accélération et une mutation du système hospitalier, une instabilité législative aussi, signe d'une crise de développement difficilement maîtrisée (III et IV). Redéfinir la place de l'hospitalisation dans un système de santé plus fluide, plus diversifié autour du « parcours de soins coordonnés » est l'enjeu des politiques actuelles (V). Le mode de gouvernance de l'hôpital, surtout de l'hôpital public, s'en trouve fortement interrogé, d'abord sur les modalités de son financement (VI) mais aussi sur l'organisation de ses instances de gestion interne (VII). Les questions touchant à la planification et aux modes de coopération entre établissements sanitaires et médico-sociaux, d'une part, aux professions de santé d'autre part renvoient à la problématique de la « territorialisation » de la santé qui sera évoquée au Titre II de la troisième partie.

I. La place et le rôle des établissements de santé

C'est par leurs missions que la loi caractérise fondamentalement les établissements de santé. Elle les distingue ensuite selon qu'ils remplissent ou non des missions de service public puis selon leur appartenance à l'une des catégories statutaires qu'elle a créées. Une mission de service public peut être exercée par un établissement privé, même si son statut est celui d'un établissement à but lucratif. La conception matérielle du service public prévaut sur la conception organique.

1. Les missions des établissements de santé : vers une prise en charge globale et diversifiée de la personne

L'image de l'hôpital est fortement identifiée à un *lieu* où sont dispensés des soins qui ne peuvent- en principe- l'être, en raison de leur complexité, à domicile. Elle ne correspond plus tout à fait à la réalité. Prenant acte de l'évolution technique des soins médicaux, la loi assigne à *tous* les établissements de santé une triple mission qui modifie et modifiera plus encore demain cette image sur trois points essentiels : 1 la mission de soin est une mission de *prise en charge globale de la personne*, qui ne se limite pas à la dispensation d'actes techniques 2 l'établissement de santé exerce sa mission *avec ou sans hébergement*, dans ses locaux ou à domicile. 3 De structure historiquement fermée, il devient structure « ouverte » : il a de plus en plus une *mission de coopération* et de participation à la coordination des soins et à la prévention, notamment avec la médecine de ville et les services sociaux.[824]

Parce que le milieu hospitalier et les circonstances de l'hospitalisation ont des effets psychologiques plus ou moins importants, parce qu'il s'agit d'accueillir des personnes d'une grande diversité socio-culturelle, l'établissement de santé doit veiller à intégrer dans sa mission une capacité d'adaptation, d'écoute et d'aide. Face à un système bâti autour du traitement à fort contenu technique des organes, les termes de la loi viennent rappeler que les *aspects psychologiques et sociaux* sont, dans la prise en charge du patient, des facteurs importants du soin et d'un rétablissement plus rapide et plus durable de l'état de santé. C'est le même souci qui conduit le législateur à assigner une *mission de soins palliatifs* aux établissements de santé, avec ou sans hébergement, sous forme ambulatoire ou à domicile, le domicile pouvant s'entendre du lieu de résidence ou d'un établissement d'hébergement relevant du Code de l'Action Sociale et des familles.[825]

En consacrant le développement des formes d'hospitalisation de jour, d'hospitalisation à domicile et la possibilité de soins hospitaliers déconcentrés, la loi transforme, dans son principe, une structure longtemps fermée, autosuffisante, en structure « ouverte » sur un réseau de services, *définie davantage par ses missions que par sa dimension hôtelière.* Un nouveau pas est franchi avec la législation la plus récente qui, dans le secteur public, organise la *fédération* des établissements, s'éloignant encore plus du modèle multiséculaire de l'hôpital. Ils peuvent également créer et gérer des services et établissements sociaux et médico-sociaux ainsi que des centres de santé.[826]

La loi fixe également aux établissements de santé une mission de *prévention et d'éducation à la santé.* Longtemps ignorée, elle commence à se développer surtout sous cette forme de prévention « secondaire » qu'est l'éducation thérapeutique.

Il est important de souligner que le législateur confie à *tous* les établissements de santé, quel que soit leur statut, des missions relevant des

824 L'article L.6111-1 CSP dispose que « Les établissements de santé publics, privés d'intérêt public et privés assurent (…), en tenant compte de la singularité et des aspects psychologiques des personnes, le diagnostic, la surveillance et le traitement des malades, des blessés et des femmes enceintes et mènent des actions de prévention et d'éducation la santé ».

825 Il s'agit, en premier lieu, des EHPAD (établissement d'hébergement pour personnes âgées dépendantes). Mais plus largement toute structure d'action sociale comportant une fonction d'hébergement.

826 Les centres de santé sont des « structures sanitaires de proximité dispensant des soins de premier recours et, le cas échéant, de second recours, et pratiquant des activités de prévention, de diagnostic et de soins, sans hébergement ou au domicile du patient » (art. L.6323-1 CSP).

missions de service public. Ainsi sont-ils appelés à participer à la mise en œuvre des priorités du projet régional de santé (PRS) arrêté par le directeur général de l'ARS, à la *« coordination des soins »* en relation avec les professions de santé exerçant en ville ou en établissements médico-sociaux, aux *« permanences d'accès aux soins »* (dont celle d'orthogénie) adaptées aux personnes en situation de précarité, à la *« mise en œuvre des dispositifs de vigilance destinés à garantir la sécurité sanitaire »* et, dans les conditions fixées par la loi, à la formation, à l'enseignement universitaire et post-universitaire, à la recherche et à l'innovation en santé, au développement professionnel continu des professionnels de santé.

Il n'y a pas de ligne précise de démarcation entre les missions des établissements publics et privés puisque, dans le cadre du contrat d'objectifs qu'ils concluent avec l'ARS, cette dernière peut assigner à un établissement des obligations de service public, quel que soit son statut. Mais ce sont bien les établissements publics qui assument les principales obligations du service public : gestion des urgences, formation et recherche, traitement des personnes placées en détention ou retenues en application de la législation relative aux conditions d'entrée et de séjour des étrangers, notamment.

2. Le service public hospitalier (SPH) : force et faiblesse dans un contexte concurrentiel

Le service public hospitalier exerce, selon les principes fondamentaux du service public, *« l'ensemble des missions dévolues aux établissements de santé ainsi que l'aide médicale urgente, dans le respect des principes d'égalité d'accès et de prise en charge, de continuité, d'adaptation et de neutralité ».*[827]

Les établissements assurant le SPH doivent garantir à toute personne qui y recourt un *accueil adapté* à son état et un délai de prise en charge en rapport avec celui-ci, la *permanence de l'accueil et de la prise en charge*, *l'égal accès* aux activités de prévention et de soins de qualité, *l'absence de facturation de dépassements de tarifs et d'honoraires* fixés par les autorités et le Code de Sécurité Sociale. Un établissement qui n'est pas en mesure d'accueillir un patient est tenu de le diriger vers un établissement ou une structure compétente pour le prendre en charge.

Parmi les obligations du SPH figure, comme nous l'avons vu précédemment, l'organisation de la participation des usagers à la gestion du service. L'ARS peut demander aux établissements du SPH de développer des actions relevant des priorités du projet régional de santé et/ou des actions de

---

[827] Art.L.6112-1 à 7 CSP.

coopération avec les autres acteurs du système de santé et d'action médico-sociale.

Le SPH est assuré principalement par les établissements publics de santé. Les établissements privés peuvent participer au SPH sur leur demande. Ils sont habilités par le directeur général de l'ARS s'ils s'engagent, dans le cadre du contrat d'objectifs et de moyens qu'ils signent avec lui, à respecter les obligations de service public. L'habilitation à exercer le service public est générale dans la catégorie des établissements de santé privés d'intérêt collectif (ESPIC) qui regroupe des établissements à but non lucratif, certains créés par la loi (centres anticancéreux), d'autres relevant de fondations, d'organismes de protection sociale ou d'associations.[828] Les établissements privés à but lucratif ayant demandé une habilitation à exercer une mission de service public sont habilités par le directeur général de l'ARS, après avis favorable conforme[829]de la conférence médicale d'établissement, s'ils s'engagent, dans le cadre d'un contrat d'objectifs et de moyens, à respecter les obligations de service public. En cas de manquement à ses obligations par un établissement le directeur général de l'ARS peut, au terme d'une procédure contradictoire, prononcer à son encontre une sanction financière ou un retrait de l'habilitation au SPH.

En droit, le service public hospitalier n'est apparu que dans la loi de réforme hospitalière de 1970. Bien qu'elle ait organisé la catégorie des établissements privés sans but lucratif « participant au service public » et ménagé la possibilité pour des établissements à but lucratif d'exercer des missions de service public (contrat de concession de service public), le service public hospitalier a très largement été assuré dès sa création par les établissements publics. Mais la concurrence du secteur privé s'est avérée défavorable à cette catégorie d'établissements en raison de leurs rigidités statutaires et administratives. Il en résulte des difficultés pour le secteur public à assurer toute l'offre de services attendue du service public.

C'est essentiellement la pratique chirurgicale publique qui a souffert de la concurrence des établissements privés, plus attrayants pour les praticiens, plus réactifs aux évolutions techniques. Les petites villes situées au cœur de zones rurales de 60 à 100 000 habitants en ont particulièrement pâti. Dans ces zones, avant le fort mouvement de concentration des cliniques privées des grands centres urbains, des cliniques privées chirurgicales parvenaient à fonctionner avec le nombre requis de praticiens en chirurgie et anesthésie dont ne pouvaient disposer les établissements publics voisins. Dans le but de remédier à cette situation, la loi HPST de 2009 a voulu faciliter des formes

[828] Anciennement établissements privés « participant au service public hospitalier » (PSPH).
[829] Un avis conforme oblige le décideur à suivre ses conclusions

de collaboration médicale entre établissements publics et privés en apportant une souplesse de gestion compatible avec la collaboration de praticiens libéraux au service public. Cette volonté d'assouplir les règles de fonctionnement du système hospitalier a conduit le législateur à abandonner le statut de service public hospitalier au profit de *missions de service public* susceptibles d'être confiées à des établissements de santé, qu'ils soient privés ou publics. Ce recours à une conception purement « matérielle » du service public hospitalier,[830]rencontra une opposition résolue des organisations professionnelles de l'hospitalisation publique et des partis politiques de gauche qui, revenus au pouvoir, rétablirent le service public hospitalier par la loi de modernisation du système de santé de 2016.

Les problèmes précités n'ont pas trouvé pour autant de réponse pleinement satisfaisante. Dans une certaine mesure, comme nous le verrons en troisième partie, la fédéralisation des établissements publics tente de remédier partiellement à la difficulté de recrutement de praticiens hospitaliers publics par un effort de mutualisation des tâches. Mais les problèmes récurrents du nombre des postes médicaux vacants (près d'un tiers) et du nombre croissant des médecins intérimaires (notamment en anesthésie et aux urgences) montrent que le service public hospitalier ne pourra pas résoudre cette grave pénurie de praticiens sans une réforme structurelle des conditions de leur emploi et de leur rémunération au sein des établissements publics.[831]

3. Les données situant la place de l'hospitalisation dans le système français de santé

La France dispose de 6 lits d'hospitalisation pour 1000 habitants (moyenne de l'OCDE : 5 pour 1000). Le taux d'occupation des lits d'hospitalisation complète, en moyenne inférieur à celui des pays membres de l'OCDE (74,4% contre 76,1% en 2009), relativise la réalité du discours récurrent sur

[830] Classiquement, la théorie du service public en droit administratif distingue, d'une part, une conception « organique » dans laquelle une personne morale de droit public (établissement public notamment) est constituée pour exercer une mission de service public et, d'autre part, une conception « matérielle » dans laquelle ce n'est plus le statut public de l'institution qui justifie le service public mais la mission - la « matière » de cette mission d'intérêt général - confiée par une autorité publique (Etat, collectivité territoriale) à une personne morale qui peut être de droit privé comme de droit public. L'autorité qui confie ce service public à un organisme privé doit veiller au respect par celle-ci des principes qui le constituent.

[831] L'échec des tentatives des pouvoirs publics de plafonnement à 1170 euros brut la garde de 24 heures (les tarifs exigés par les médecins vont de 1200/1400 euros net à 2800/3000) montre l'impasse dans laquelle se trouvent les pouvoirs publics, le rapport de forces jouant en leur défaveur (car il s'agit bien d'un rapport de forces dans les disciplines qui sont en mesure d'en jouer). Le rapport de forces est d'autant plus défavorable au secteur public que nombre de praticiens peuvent choisir d'exercer en secteur libéral et en hospitalisation privée à but lucratif, soulignant ainsi la limite d'un projet politique qui, soutenu depuis des décennies, fait le pari d'un système de santé fondé sur la coopération entre ses acteurs.

l'insuffisance du nombre de lits hospitaliers [832]Mais cette moyenne occulte des disparités d'occupation fortes selon les services, les établissements, et les territoires.

On dénombre 3089 établissements de santé publics et privés. *La France a le plus grand nombre d'établissements de santé par habitant au monde* (1 pour 20 000 habitants contre 1 pour 40 000 en Europe).[833] Le temps d'accès moyen à un hôpital est de moins de 45 minutes pour 95% de la population (de moins de 25 minutes pour les ¾ des habitants).[834]

Comme dans la plupart des pays comparables, le nombre de lits d'hospitalisation complète ne cesse de se réduire avec la réduction constante de la durée moyenne de séjour en hôpital : entre 1998 et 2019, il est passé de 489 000 à 398 000.[835] En revanche, *le nombre de places d'hospitalisation partielle (hospitalisation de jour notamment) a progressé fortement*, dans les activités de court séjour (médecine, chirurgie, obstétrique), de soins de suite et de réadaptation ou de soins psychiatriques. La progression globale est d'environ 50 % entre 2003 et 2016. Elle est particulièrement importante dans le secteur privé à but lucratif dont la principale activité demeure une activité chirurgicale programmée qui se prête bien au développement de la chirurgie ambulatoire.

Les places d'hospitalisation partielle (hospitalisation de jour, essentiellement) sont aujourd'hui supérieures à 80 000 et leur nombre devait progresser sensiblement, le secteur public à rattraper un net retard sur le secteur privé dans ce domaine. Les techniques médicales sont la principale cause de cette évolution : de nombreuses interventions chirurgicales ou procédures de soins dans un certain nombre de spécialités permettent une prise en charge en hospitalisation de jour et sous d'autres formes de soins en ambulatoire. L'expérimentation de l'hébergement en hôtels hospitaliers non médicalisés ayant, par ailleurs rencontré une forte adhésion depuis sa mise en œuvre en 2015, la LFSS pour 2021 poursuit un programme quinquennal de financement de ce type d'hébergement adapté à des situations intermédiaires entre la nécessité d'hospitalisation complète sous surveillance médicale et l'hospitalisation de jour qui ne nécessite qu'une intervention brève. Par ailleurs, l'accroissement sensible, notamment avec le

---

[832] Panorama des établissements de santé 2018. Ministère des Solidarités et de la Santé (DREES).

[833] Seulement 1 pour 100 000 habitants en Suède, pays qui a privilégié avec efficacité le soin à domicile. Rapport sur « l'évaluation de la sécurité, de la qualité et de la continuité des soins chirurgicaux dans les petits hôpitaux publics en France » Pr Guy Vallancien.3.4.2006

[834] Etude INSEE-DREES-SAE 2010.

[835] La durée moyenne de séjour reste nettement plus élevée en France par rapport à la moyenne OCDE (9,9 jours contre 7,7) qui est elle-même faussée par la durée atypique observée au Japon (16,2).

vieillissement de la population, des maladies chroniques nécessite des formes nouvelles de prise en charge : l'organisation d'un parcours de soins n'exige le plus souvent que des épisodes courts d'hospitalisation mais implique le développement, en revanche, de protocoles d'éducation et de suivi thérapeutique du patient. Ce qu'on appelle le « virage ambulatoire », par référence à l'expérience québécoise, suscite néanmoins de vives oppositions de certaines organisations syndicales au sein du secteur public. Les tensions provoquées à l'hôpital public par l'actuelle pandémie leur fournissent, ainsi qu'à certains partis politiques, l'occasion de remettre en cause cette évolution. Il n'est pas certain que l'hôpital public y gagne à terme.

La France est le pays de l'OCDE qui consacre la part la plus importante de son PIB aux dépenses de soins courants en hospitalisation. Si l'on se réfère à l'indicateur de comparaison en termes de parité de pouvoir d'achat par habitant, son niveau de dépenses d'hospitalisation est supérieur de 18% à la moyenne de l'UE, soit 1080 euros/habitant. Les dépenses d'hospitalisation progressent généralement plus vite que le PIB parmi les pays membres (à l'exception des USA et de la Suède) mais leur taux de progression ralentit depuis 2009, y compris en France. La durée moyenne de séjour pour une hospitalisation en soins aigus est considérée comme un indicateur relativement intéressant d'efficience. Elle est parmi les plus courtes en France, légèrement meilleure que la moyenne européenne.[836] On dénombre 15,7 séjours en soins de courte durée en médecine, chirurgie et obstétrique (MCO), en hospitalisation complète pour 100 habitants, 0,9 en psychiatrie et 1,6 en SSR. Le nombre de venues en hospitalisation partielle MCO est de 11,4 pour 100 habitants, de 7,7 en psychiatrie, et de 5,8 en soins de suite et de réadaptation (SSR). Le pourcentage de personnes hospitalisées croît régulièrement mais modérément avec l'âge à partir de 40 ans pour connaître une accélération plus forte à partir de 70 ans et surtout après 80 ans.[837]

Les effectifs des personnels hospitaliers sont en France de l'ordre de 938 000 dans le secteur public (données arrondies de la LFSS 2021), de 148 000 dans le secteur des établissements privés à but lucratif et de 140 000 dans les établissements privés sans but lucratif .Les comparaisons internationales doivent être examinées avec prudence en raison des différences de structures et de pratiques mais l'on observe que le nombre de médecins ou celui des

[836] Note précitée DREES Dépenses de santé 2019. Edition 2020.

[837] Le taux d'hospitalisation chez les nourrissons (moins de 1 an) est supérieur au taux observé chez les enfants et les adultes jusqu'à 40 ans, mais nettement moindre que celui des adultes à partir de 50 ans.

personnels infirmiers par lit en France paraît, selon les données de l'OCDE, se situer au-dessus de la moyenne.[838]

Le secteur des établissements publics est constitué par 30 Centres régionaux hospitalo-universitaires (CRHU), deux centres hospitaliers régionaux non universitaires et des centres hospitaliers. Les CRHU ont vocation à desservir leur région en services hautement spécialisés et à assurer la formation et la recherche médicale dans le cadre de conventions avec l'Université. Celles-ci déterminent la répartition des compétences entre les établissements de santé et les établissements d'enseignement supérieur en médecine, odontologie, pharmacie et les conditions de leur coopération avec les grands établissements de recherche publique. Mais les CRHU ont aussi vocation à accueillir tous les patients de leur ressort territorial comme les autres établissements publics. Répartis entre la France métropolitaine et les départements et territoires d'outre-mer, ils comprennent 72 000 lits d'hospitalisation complète et 10 500 places d'hospitalisation partielle en MCO. Ils totalisent environ 40% de l'activité hospitalière publique.

Le secteur public comprend également 507 établissements hospitaliers totalisant 144 000 lits d'hospitalisation complète et 17 000 places d'hospitalisation partielle. Ce secteur des établissements publics non universitaires est assez hétérogène puisqu'il rassemble des établissements importants situés dans des grandes villes au cœur de bassins de population relativement denses mais aussi de nombreux établissements ayant souvent une activité restreinte en gynécologie-obstétrique et chirurgie, enfin 210 hôpitaux locaux ayant des activités de médecine générale, de gériatrie, de soins de suite et de réadaptation. La loi de transformation du système de santé crée une catégorie d'établissements de proximité qui prévoit la reconversion de plusieurs centaines d'établissements vers des activités médicales et médico-sociales (partie III, Titre II). Par ailleurs 86 établissements sont spécialisés, essentiellement en psychiatrie (57 000 lits d'hospitalisation complète et 29 000 d'hospitalisation partielle).

Au total, le secteur des établissements publics dispose de 250 000 lits d'hospitalisation complète et 42 000 places d'hospitalisation partielle. Il fonctionne avec près de 130 000 médecins et pharmaciens (dont 31 000 internes), 13 000 sages-femmes, et 811 000 personnels non médicaux (dont 556 000 soignants).Au sujet des personnels de l'hospitalisation publique, il convient de faire justice d'une fausse information diffusée par des responsables politiques, complaisamment rapportée par de nombreux médias : l'hôpital public ne comprend pas 30, voire 35% de « personnels

[838] Le rapport de l'IGAS sur l'hospitalisation de 2012 évoquait même en équivalent-temps plein un taux d'agents hospitaliers de 17,88 pour 10,99 en Allemagne.

administratifs » mais environ 11%.[839] Il est possible de redéployer une (petite) part de ces emplois vers des emplois de soignants mais à la condition d'une réforme du statut même de l'hôpital public (la gestion de la fonction publique hospitalière mobilise d'importants moyens par sa complexité, celle des droits des assurés sociaux et des régimes complémentaires des patients exige aussi des moyens qui pourraient être redistribués au profit des soignants, la mutualisation de certaines fonctions logistiques permettrait de réduire le nombre de certains emplois ouvriers au profit de la filière soignante).

Le secteur des établissements de santé privés d'intérêt collectif (ESPIC) comprend 57 000 lits d'hospitalisation complète et 14 000 places d'hospitalisation partielle. Les 21 Centres de lutte contre le cancer (CLCC) - 2 700 lits et 700 places - relèvent de cette catégorie. Les ESPIC disposent de près de 21 000 médecins et pharmaciens (dont 14 000 salariés), 1300 sages-femmes et 140 000 personnels non médicaux (dont 95 000 soignants).

Le secteur des établissements privés à but lucratif comprend un millier d'entités totalisant 97 000 lits d'hospitalisation complète et 19 000 places d'hospitalisation partielle. Plus de la moitié assurent des soins de courte durée, particulièrement en chirurgie.[840] Le secteur est également présent dans les soins de suite et de réadaptation (29 000 lits et 3 300 places) et les soins psychiatriques (13 400 lits et 1600 places). Il bénéficie de la collaboration de 40 400 médecins (dont 35 000 libéraux), de 2 800 sages-femmes et de 148 000 personnels non médicaux, dont 113 000 soignants.

Il existe une relative spécialisation des établissements de santé selon leur statut. Ainsi, l'activité du secteur public comprend 70% de séjours dans les spécialités médicales (61% dans les ESPIC). Il est prédominant en obstétrique (74%), disposant de la plupart des maternités de niveau 2 et 3, habilitées à prendre en charge les accouchements complexes et à risque. Il ne réalise que 37% de la chirurgie mais est pratiquement le seul à assurer les

---

[839] La filière administrative représente 11% des effectifs, la filière soignante totalise 70% des effectifs, la filière ouvrière et technique (cuisines, blanchisseries, entretien des équipements et bâtiments…) figure pour 12%, la filière médicotechnique (imagerie médicale, laboratoires…) compte pour 5%. Celle des activités socio-éducatives pour 1%.(données DHOS-SPE-SAE, Ministère de la Santé). Autrement dit, faire croire que, en dehors de la filière « soignante » stricto sensu, les 20% restants sont des emplois administratifs relève soit d'un manque élémentaire d'information soit d'une volonté délibérée de désinformation.

[840] On observe, depuis le début du XXIème siècle, un fort mouvement de concentration des cliniques privées à but lucratif qui tendent à former des polycliniques offrant un éventail élargi de disciplines de médecine spécialisée autant que de chirurgie. La tarification à l'activité n'est pas étrangère à ce mouvement dès lors qu'elle permet d'identifier et rémunérer précisément les activités médicales exigeant des actes techniques.

interventions les plus lourdes.[841]La complexité des cas traités explique (partiellement) le taux sensiblement plus faible de chirurgie ambulatoire dans le secteur public. Le secteur public accueille enfin la quasi-totalité des séjours traitant les maladies infectieuses, les pathologies liées aux toxicomanies, à l'alcoolisme, aux maladies mentales et neurologiques. Celles-ci sont le plus souvent associées à un tableau psycho-social dégradé et à de fréquentes comorbidités.

Le secteur des établissements privés à but lucratif occupe une place prépondérante en chirurgie.[842]Le poids moyen des cas traités, mais aussi une gestion plus spécialisée et plus ciblée du point de vue médico-économique que celle du secteur public, permet un taux de chirurgie ambulatoire de 61% pour les actes d'endoscopie (qui représentent ¼ des séjours médicaux et 42% de l'activité médicale). L'activité médicale du secteur privé à but lucratif reste minoritaire (environ 47%) mais tend à se développer avec la formation de grandes polycliniques sur des créneaux rentables, notamment en cancérologie. Les maternités, autrefois actives dans ce secteur, y sont en revanche de moins en moins nombreuses en raison de leur faible rentabilité.

L'activité des ESPIC est orientée vers la prise en charge de certains cancers, des pathologies hématologiques, des chimiothérapies et de la radiothérapie, le poids des centres de lutte anticancéreux (CLCC) étant important dans cette catégorie. Les ESPIC assurent également une part importante des traitements des douleurs chroniques, des soins palliatifs. 43% de leur activité est réalisée en ambulatoire. La chirurgie (ambulatoire à 52%) ne représente que 10% de l'activité totale : elle est axée à 32% sur le traitement des cancers du sein, à 15% sur la gynécologie-obstétrique.

Les établissements de santé en MCO sont organisés autour d'un « plateau technique » allant des équipements de base à des équipements de très haute technicité dont voici un aperçu (France métropolitaine et outre-mer) : 7340 salles d'opération installées dans 980 établissements publics (une partie est mobilisée en permanence pour les soins d'urgence), soit 53% de l'ensemble ; 1660 salles de surveillance post-interventionnelle et 5.500 lits de réanimation ;[843] 2322 salles de radiologie conventionnelle (réparties dans

---

[841] 97% des traumatismes multiples, 96% des transplantations d'organes, 93% de la chirurgie réparatrice des brûlures graves, 88% de la neurochirurgie traitant le système nerveux central.

[842] 54% des séjours (67% des interventions en ophtalmologie et en chirurgie de la main, 78% des arthroscopies, biopsies ostéo-articulaires, 70% des traitements de la cataracte, 58% des interventions en oto-rhino-laryngologie).

[843] L'ampleur et la soudaineté de la pandémie du SARS-CoV2 ont montré que notre équipement en lits de réanimation ne permettait pas de faire face immédiatement à une situation de crise aussi exceptionnelle. Assez rapidement, la capacité en lits de réanimation a pu être portée temporairement au-delà de 10 000 lits. Une réévaluation à la hausse du nombre de lits (et de professionnels) nécessaires dans ce domaine est probable.

822 établissements) ; 731scanographes (répartis sur 532 établissements) ; 546 appareils d'IRM (répartis dans 377 établissements) ;[844]322 salles radio-vasculaires pour les angiographies et les coronarographies (installées dans 176 établissements). Enfin, 128 établissements disposent d'équipements de médecine nucléaire. La répartition de ces équipements n'échappe pas aux observations faites sur la relative inégalité de distribution des services sur le territoire national. Il est très probable que ce parc d'équipements connaisse un développement conséquent dans le cadre de la politique d'investissement hospitalier figurant au plan de relance post-pandémie.

Les pouvoirs publics s'efforcent de développer l'hospitalisation à domicile (HAD), nettement plus importante dans un certain nombre de pays, dont les bénéfices sont significatifs pour le patient, dès lors qu'elle correspond aux indications médicales et sociales pour lesquelles elle est conçue. Depuis 2000, la capacité d'accueil en HAD a été triplée. En 2016, on dénombrait 313 HAD accueillant 16 300 patients (5% des capacités d'accueil en MCO en hospitalisation complète) qui ont réalisé 188 300 séjours (plus de 5% du total des séjours MCO). Inégalement répartie, au gré des initiatives locales, elle est bien implantée en Ile de France, notamment à Paris. Elle se partage entre le secteur public (134 établissements) et le secteur privé sans but lucratif (121 établissements), le secteur privé à but lucratif connaissant une certaine progression depuis peu (58 établissements). Les 2/3 des séjours en HAD sont des prises en charge de cancers, des soins palliatifs, des pansements complexes.

Les établissements de soins de suite et de réadaptation (SSR) prennent en charge des patients qui ont besoin d'un traitement de consolidation après une phase aigüe traitée en médecine ou chirurgie. Ils sont au nombre de 1843 et totalisent 118 000 lits d'hospitalisation complète, soit 25% de l'ensemble des capacités d'hospitalisation. Ils accueillent 1,4 millions de séjours et réalisent 38 millions de journées, soit 28% de l'activité hospitalière totale. Cette activité est assurée pour moitié par les secteurs public et privé sans but lucratif et pour moitié par le secteur privé lucratif. Leur répartition territoriale est inégale, avec une forte densité en Ile de France, Provence-Côte d'Azur, Occitanie, Corse et un faible taux en Nouvelle Aquitaine ou Pays de la Loire.

[844] Répartition des scanners : 87% dans le secteur public (27% en CHU, 3% en CLCC). IRM : 86% dans le secteur public, 31% en CHU, 50% dans les hôpitaux généraux, 3% en CLCC)

II. L'héritage d'une société longtemps autonome

1. Les principaux éléments de l'héritage et leur cheminement dans l'histoire

L'hôpital fut durant plus de quinze siècles le réceptacle des pauvres, un lieu d'asile clos sur lui-même parce que cette clôture était un élément de protection pour ceux qu'il assistait. Son histoire est indissociable durant plus de dix siècles de celle de l'Eglise, société hégémonique surplombant la société avec ses règles propres.

A ses origines, l'hôpital est la traduction concrète des préceptes évangéliques de la charité chrétienne. Le discours et la pratique charitable de l'assistance ont longtemps survécu à l'épuisement des institutions ecclésiales dans la corruption et à la méthodique montée en puissance de l'Etat monarchique et de la société bourgeoise urbaine. Le processus de contrôle de l'institution hospitalière par la puissance publique s'engage à partir de la fin du Moyen Age. Le pouvoir politique s'affirme, essentiellement motivé par le maintien de l'ordre public, dans un partage ambigu du pouvoir avec l'Eglise. L'échec de la politique de liquidation du modèle asilaire par la Révolution débouche sur sa « restauration » sous la tutelle de l'Etat. Il lui faudra un siècle et demi pour évoluer vers le statut d'un établissement public ouvert à toute la population. De cette lente mutation, il reste la trace d'une *autonomie* de l'hôpital, qui éclaire une partie des causes des échecs répétés des pouvoirs publics en matière de coopération ville-hôpital et de coopération entre établissements. Il reste aussi un discours de l'altruisme, qui nourrit - idéal et alibi à la fois - les réticences à l'introduction de la rationalité économique.

Mais si ces traces subsistent plus qu'il n'y paraît, elles n'expliquent plus le fonctionnement actuel de l'hospitalisation. C'est la révolution scientifique et technique de la médecine qui, surtout à partir de la seconde moitié du XXème siècle, transforme profondément le modèle hospitalier. C'est aussi le choix politique d'un système d'hospitalisation fondé sur un compromis entre concurrence et complémentarité entre secteur public et secteur privé qui lui confère ses caractéristiques actuelles. Au-delà même des réformes juridiques décisives du début de la Vème République, c'est une structure sociologique qui oriente le fonctionnement du système d'hospitalisation et, eu égard à sa puissance, l'ensemble du système de santé.

Le système d'hospitalisation est largement déterminé par le modèle hospitalo-universitaire qui se met en place en 1959, soit qu'il entre dans sa logique « fonctionnaliste » qui l'éloigne de ses anciennes attaches locales, soit qu'il les perpétue partiellement, auquel cas il est voué à une certaine « démédicalisation ». L'hétérogénéité actuelle du secteur hospitalier public traduit cette évolution : il peut y avoir un fossé entre les grands établissements hospitalo-universitaires ou spécialisés et des établissements de proximité qui doivent choisir entre la copie illusoire du modèle hospitalo-universitaire et l'intégration à un système de santé organisé en niveaux de soins gradués, coordonnés, aux fonctions complémentaires. Ce qui signifie pour un certain nombre d'établissements un renoncement, le plus souvent difficile, à la capacité de disposer de l'ensemble des disciplines médico-chirurgicales.

Le premier élément structurant de l'histoire hospitalière, l'autonomie des établissements, fruit du compromis civilisationnel d'origine entre l'Eglise et l'Empire romain, s'accompagne d'un second, qui est *le localisme* de l'hôpital, lui aussi fruit d'une longue tradition, transmise de l'évêque à la commune. Etroitement associé à l'idée d'autonomie, il est au cœur du conflit, permanent en France, entre la vision centralisée de l'Etat et celle, décentralisée, que le pouvoir communal exprime historiquement mieux que tout autre pouvoir décentralisé. Le troisième élément est le *libéralisme* à la source de l'hospitalisation privée à but lucratif. Il doit en partie sa création à la perpétuation de l'hôpital comme institution d'assistance sociale au XIXème siècle. Le quatrième élément, la transformation scientifique et technique de la médecine hospitalière, élément de rupture déterminant avec une longue histoire d'assistance, n'est pas dissociable en France de la formation de *l'Etat-Providence.* C'est la création de la Sécurité Sociale qui fait entrer le système hospitalier au cœur du système de santé. Et c'est bien le problème de gestion de ce système qui nourrit depuis un demi-siècle les nombreuses réformes, toutes à la recherche d'un compromis difficile entre les exigences du financement public et les exigences d'une société hospitalière qui conserve, d'un point de vue sociologique, un pouvoir spécifique important.

L'hôpital public est un *enjeu politique* en France. Il est devenu le lieu d'une confrontation entre des gouvernements d'inspiration social-démocrate ou « néo-libérale » et les courants de pensée critiques du « néo-libéralisme ». Les premiers privilégient une approche réformatrice du système de santé qui, quelle que soit leur option politique, manifeste une certaine continuité. En se fondant sur l'analyse des effets pervers du système et/ou des travaux en santé publique, ils tentent une organisation du système de soins moins hospitalo-centrée au profit d'un *système de soins coordonnés autour du malade* tout en introduisant au sein de l'hôpital public des méthodes de management adaptées à son statut. C'est sur ce dernier point surtout que les seconds font porter leur critique. Pour eux l'introduction des méthodes managériales d'un « néo-libéralisme » souvent plus incantatoire que rigoureusement défini, masque un projet d'abandon, sinon de privatisation du service public. Les données précitées sur la place de l'hospitalisation en

France rendent cette dernière thèse discutable, ce qui ne signifie pas, pour autant, que l'hôpital public ne souffre pas de maux préoccupants.

2. L'autonomie de l'hôpital, héritage de l'humanisme chrétien

Après la conversion de l'empire romain au christianisme au IVème siècle, les « maisons-Dieu » - les premiers hôpitaux - deviennent l'institution emblématique de la doctrine charitable du christianisme. C'est en Orient qu'apparaissent, sous l'impulsion des évêques, grâce aux dons et aux legs des chrétiens, les établissements d'hébergement des pauvres, infirmes, malades, vieillards, enfants abandonnés ou orphelins. Ils se multiplient en Occident à partir de la fin du VIème siècle. Leur fonction d'assistance sociale perdurera jusqu'au XXème siècle.[845]Le Code de l'empereur Justinien, publié en 534, confère à l'établissement de soins le statut de personne morale placée sous le régime de la tutelle administrative et religieuse de l'évêque. C'est un fait capital pour l'histoire de l'ensemble des institutions sanitaires et sociales : la personnalité juridique donne un contenu à *l'autonomie* de l'hôpital mais la *tutelle* est ecclésiale. Elle symbolise le long partage des pouvoirs entre le pouvoir temporel et le pouvoir spirituel, préfigurant aussi le modèle la tutélaire de l'Etat.

Jusqu'à la Révolution, l'Eglise assure, directement ou indirectement, la gestion du domaine de l'hospitalisation. La présence médicale y est faible. Les soins infirmiers des hôpitaux sont dispensés par un important personnel congréganistes jusqu'au début des années 1950.[846].Le statut juridique des établissements hospitaliers du Moyen Age n'est pas sans rappeler celui des fondations actuelles. La dotation hospitalière n'a ainsi cessé de s'accroître par les dons et legs produisant de substantiels revenus. Les établissements sont tenus de respecter les buts du legs, ce qui entravera fortement leur capacité d'adaptation. L'enceinte hospitalière bénéficie - autre marqueur historique de l'autonomie hospitalière - du droit d'asile : aucune force, militaire ou de police, ne peut y pénétrer.[847]

---

845 Note de Raymond Le Coz. Société d'histoire de la santé

846 Une histoire des mentalités aurait à vérifier le lien entre cette longue histoire de la charité chrétienne et le refus d'envisager l'aspect « comptable » du fonctionnement de l'hôpital comme si « l'argent » était méprisable en la matière. On pourrait y voir une illustration des thèses de Max Weber comparant les différences d'attitudes sur le sujet entre les pays de tradition catholique et les pays de tradition protestante.

847 Deux régimes d'administration hospitalière prédominent : le régime dit des « bénéfices » et celui de la « simple administration ». Dans le régime bénéficial - le plus fréquent- l'Eglise, propriétaire d'un domaine inaliénable, confie ce dernier à un gérant, nommé à vie par l'évêque. Cette inamovibilité fut assez rapidement source d'abus. C'est en partie pourquoi le régime de « simple administration » apparaît, surtout à partir du XIIIème siècle. « Les hôpitaux en France », J. Imbert éd PUF, pp 14 et s.

3. Le pouvoir civil et l'hôpital : cinq siècles de partage de compétences entre la commune, l'Etat et l'Eglise

A partir des XIVème et XVème siècles deux pouvoirs vont s'introduire dans la gestion de l'hospitalisation : le pouvoir de la bourgeoisie communale, d'une part, et le pouvoir royal, d'autre part, non sans provoquer des tensions avec l'Eglise. Le Concile de Vienne (1312) introduit les laïcs dans la gestion des établissements, celui de Trente (1545-1563), sans revenir sur cette décision, réaffirme le pouvoir de tutelle des évêques.

L'introduction de la bourgeoisie communale à l'hôpital, a pu résulter d'un projet charitable de « communautés d'habitants » mais aussi d'une réaction aux désordres provoqués par la corruption au sein du modèle de gestion hospitalière de l'Eglise. Dans la gestion communale qui se met en place, le gestionnaire est nommé pour une durée limitée. Il est responsable de sa gestion devant l'autorité municipale, qui peut le révoquer. L'avènement communal, évènement déterminant de l'histoire des hôpitaux en France, sert aussi les intérêts du pouvoir royal, soucieux de contenir les prétentions de l'Eglise.[848]. Ainsi s'amorce le processus qui conduira à la séparation entre le temporel et le spirituel et confortera une longue expérience de la gestion de l'hôpital par le pouvoir communal ou, le plus souvent, par une instance ad hoc qui en a reçu délégation. Aujourd'hui encore, si l'hôpital public n'est plus un établissement public communal, le maire de la commune qui l'abrite préside très généralement son conseil de surveillance et y exerce un pouvoir d'influence considérable.

Parallèlement, le pouvoir monarchique, qui acquiert progressivement les attributs de l'Etat, s'introduit dans l'institution hospitalière. Le Grand Aumônier du Roi reçoit par les « lettres royales » du 17 décembre 1543, un droit de surveillance sur *tous* les hôpitaux du royaume. Plusieurs édits royaux, organisent progressivement le transfert des responsabilités de gestion des hôpitaux à des commissions locales rendant compte annuellement aux officiers royaux.[849]

Du XVIème au XVIIIème siècle, l'hôpital symbolise toutes les contradictions d'un monde sortant progressivement du féodalisme. Le développement des villes attire une population qui, faute de pouvoir s'intégrer à leur économie, forme une masse d'indigents plongés dans la mendicité, susceptible de basculer dans la délinquance. L'hôpital, lieu d'accueil des indigents, apparaît comme une solution de police. Sont créés dans de nombreuses villes des « bureaux des pauvres » qui s'efforcent de distinguer ceux qui doivent être aidés en raison de leur état de maladie, de

[848] « Les hôpitaux en France », J. Imbert, op.cit., p 22
[849] « Histoire des hôpitaux ». J. Imbert, Ed Privat. Paris 1982

handicap ou d'abandon et ceux dont l'état résulte d'un comportement « oisif ».[850]Quand la maladie affecte les catégories sociales aisées, elle est un fait privé et elle est soignée au domicile privé par le médecin exerçant à titre libéral. Quand elle est liée à la pauvreté, elle devient un problème d'ordre public dont l'hôpital est une des solutions. La politique du « Grand Renfermement », dont l'Hôpital Général est au XVIIème siècle l'illustration, résulte de cette évolution des mentalités.[851]

Michel Foucault montre comment le système est le produit de l'évolution des normes sociales d'acceptabilité morale et comment une société régie par le primat de la raison définit un espace de la déraison qu'il convient de contenir. Dans la conception du libéralisme qui s'affirme au siècle des « Lumières », l'individu, responsable de lui-même, est censé être doté d'une capacité de prévoyance. L'individu frappé par la maladie ou le handicap a un *droit* à l'assistance. Le pauvre par imprévoyance et/ou oisiveté est dirigé vers l'hôpital asilaire. Ses conditions d'hébergement indignes en font une institution décriée. Il est voué à disparaître, remplacé par un centre de soins médicaux ou, de préférence, par l'assistance à domicile.[852]Le régime de la vénalité des offices fait cependant échouer toute tentative de réforme de l'hôpital. En l'absence de réforme structurelle, l'hôpital est l'objet de programmes d'hygiène déclinés en régimes disciplinaires stricts destinés à éradiquer les maladies induites par la promiscuité.[853]

4. L'héritage révolutionnaire : l'hôpital, institution communale sous tutelle de l'Etat

Sous la Révolution, pour les médecins réformateurs, l'hôpital n'est pas appelé à disparaître mais à devenir un lieu thérapeutique nécessaire à la progression de la connaissance médicale. Pour les membres des assemblées révolutionnaires seul un système de soins à domicile peut être efficace et en

---

[850] Environ 30% de la population de Paris est réduite, à la fin du XVIème siècle, à la mendicité ou à la délinquance.

[851] L'édit royal du 27 avril 1656, qui crée « l'Hôpital Général » à Paris, a été précédé par des initiatives semblables dans les villes, sous l'impulsion des Parlements provinciaux, dès le XVIème siècle.

[852] Diderot, dans la Grande Encyclopédie, affirme que la prévention serait plus efficace que la multiplication des asiles. Nombreux sont les auteurs qui remettent en cause l'institution hospitalière.

[853] Plusieurs malades peuvent coucher dans le même lit. Malades contagieux, malades en fin de vie et convalescents se côtoient (Tenon, rapporteur de la commission de l'Académie des sciences chargée par Louis XVI d'enquêter sur l'état des hôpitaux de Paris). Selon un rapport de Necker, il y avait 2185 hôpitaux à la fin de l'ancien régime. 40% des accueillis sont des enfants trouvés, 40% des infirmes et vieillards et 20% seulement de malades. Ces chiffres sont approximatifs mais les proportions des différentes catégories hébergées sont jugées très vraisemblables par les historiens spécialistes.

mesure de respecter la dignité des malades. Le consensus se fait sur la nécessité d'abolir l'hôpital d'Ancien Régime.

Le « Comité de mendicité » de l'Assemblée Constituante prône un système public de soins gratuits à domicile et préconise la nationalisation des hôpitaux, la vente des biens hospitaliers comme biens nationaux, la suppression de leurs revenus nobiliaires et leur remplacement par une dotation globale de fonctionnement prélevée sur le Trésor public. Le Comité de santé et de salubrité publique, qui établit un « Plan de constitution pour la médecine en France », prône la création d'une « agence de secours et de salubrité » établie au chef-lieu de chaque département, dont les responsables administratifs et médicaux sont nommés par le conseil général du département. Son action devait reposer sur un réseau de médecins salariés par canton. Ses compétences de santé publique étaient étendues. Dans ce projet, qui n'aura pas de suite, l'hôpital trouvait sa place pour assurer les soins médicaux qui ne pouvaient être dispensés à domicile. Le projet sera victime de l'instabilité politique de la Révolution et de l'inconséquence de ses dirigeants. La Convention instaure bien l'aide et le soin à domicile[854]et institue bien des « maisons de santé » pour les malades sans domicile.[855] Mais la vente des biens hospitaliers comme biens nationaux et la nationalisation des hôpitaux sans assurer leur financement plonge ceux-ci dans le dénuement.[856]La situation des établissements est aggravée par le fait que les personnels religieux, réduits à l'état laïc, ayant majoritairement refusé de prêter le serment révolutionnaire, n'ont plus le droit d'y exercer.[857]

Le Directoire annule la nationalisation[858]et, renonçant à un service public national de santé, définit dans une loi du 7 octobre 1796 le statut juridique, désormais sécularisé, de l'hôpital.[859] Il opte pour un *retour à la gestion communale*. Les principes philanthropiques sont à nouveau admis mais la règle de l'intangibilité de la volonté des fondateurs d'un hôpital est définitivement révoquée. Le fonctionnement de l'hôpital repose sur le retour des personnels religieux. Ses revenus sont assurés par des dotations communales ou des biens restitués par l'Etat (environ 50% de ses recettes au milieu du XIXème siècle) et des ressources fiscales. En confiant dans

---

[854] Décret du 19.3.1793

[855] Loi du 11.5.1794

[856] 23 Messidor An II (11.7.1794). Déjà un décret de 1790 supprimait le financement public des établissements.

[857] On ne dispose pas d'une évaluation précise de l'état de délitement provoqué par ces décisions mais certaines monographies permettent d'en évaluer l'ampleur. A Nantes entre 1793 et la fin du siècle, le nombre des décès passe de 2000 par an à 8000 en 1795 pour se stabiliser à 3000 à la fin du siècle. La situation des enfants abandonnés et placés à l'hospice est significative : environ 50% des nouveaux nés décèdent durant les années 1794-99.

[858] 9 Fructidor An III

[859] 7 Vendémiaire An V

l'urgence la gestion de l'hôpital au pouvoir communal, le Directoire rétablit la *continuité* de l'institution hospitalière : celle-ci ne connaîtra plus de grand changement avant le bouleversement *scientifique* du XXème.

La conception d'un Etat centralisé et rationalisé est logiquement appliquée sous l'Empire au secteur hospitalier. Le maire de la commune (nommé par l'autorité préfectorale) est président de la commission administrative de l'hôpital. Celui-ci est placé sous le régime juridique de la *tutelle administrative de l'Etat*, c'est-à-dire un pouvoir d'approbation a priori des actes d'administration d'une collectivité ou d'un établissement public par une autorité représentant l'Etat. Aucune délibération de l'institution n'est exécutoire sans l'approbation préfectorale. Jusqu'à la fin du XXème siècle c'est ce régime qui organisera les rapports entre l'Etat, les collectivités ou institutions publiques.

La structure médicale de l'hôpital est formée par un corps médical hospitalier hiérarchisé sous l'autorité d'un médecin chef. Moins d'un praticien sur dix travaille à l'hôpital. Les médecins titulaires soignent en ville une clientèle qui assure leurs revenus et tirent un certain prestige de leur fonction hospitalière. A l'hôpital, ils effectuent une visite hebdomadaire ou bihebdomadaire des malades de leur service et n'assument guère la formation des jeunes médecins. L'essentiel du travail médical repose sur les internes. La situation des hôpitaux demeure consternante (insalubrité, promiscuité) jusqu'à l'application des méthodes d'asepsie et d'anesthésie à la fin du XIXème siècle.

Dans le domaine de l'hospitalisation générale, le seul changement notable est la loi de 1851, qui restera en vigueur jusqu'en 1941 : elle accorde la personnalité juridique aux hôpitaux. Préparée dans les ultimes années de la Troisième République, la réforme de l'hôpital marque la fin symbolique d'une histoire vieille de plus de quinze siècles : un décret-loi du 28 juillet 1939 pose, pour la première fois, *le principe de l'accès de toute la population aux établissements hospitaliers.* Le régime de Vichy le reprend (loi du 21 décembre1941). C'est une évolution fondamentale, conséquence logique de la loi sur les Assurances Sociales de 1930 et de l'évolution scientifique et technique de la médecine.[860]

[860] Classant les établissements en quatre catégories (Centre hospitalier régional, hôpital, hôpital-hospice, hospice) elle leur conférait le statut d'établissement public administratif géré par une commission administrative comprenant une majorité de conseillers municipaux. Une commission médicale consultative était instituée et représentée à la commission administrative. Le directeur de l'hôpital n'était plus nommé par le maire mais par le préfet ou le ministre. Il recevait le pouvoir de nommer les agents hospitaliers à l'exception du corps médical (dont la nomination relevait du préfet ou du ministre).

5. La formation d'une hospitalisation privée, conséquence de la perpétuation de la fonction d'assistance de l'hôpital

Le libéralisme institué par les lois révolutionnaires rendait possible la formation d'une hospitalisation privée. Soucieux, toutefois, d'éviter la multiplication d'établissements n'offrant aucune garantie médicale, le Conseil d'Etat, par un avis du 17 janvier 1806, pose en principe qu'aucun établissement hospitalier ne peut exister sans une autorisation publique expresse et que les établissements privés ne peuvent bénéficier d'une reconnaissance juridique.[861]Cependant, dès la Restauration, les règles relatives à l'autorisation sont assouplies. La loi hospitalière de 1851 reconnait le droit de créer des établissements privés et autorise les communes qui ne possèdent pas d'hôpital à recourir par convention aux services d'un établissement privé. Les congrégations religieuses, redevenues puissantes au XIXème siècle, créent et gèrent la plupart des institutions qui prennent en charge les handicapés, les enfants abandonnés, les individus désocialisés.

Trois phénomènes vont contribuer au développement de l'hospitalisation privée à but lucratif à partir de la fin du XIXème siècle. En premier lieu, le progrès déterminant que constitue la découverte de l'asepsie et de l'antisepsie, ouvrant la voie à une chirurgie programmée et sécurisée, est une opportunité saisie plus vite par l'hospitalisation privée que par l'hospitalisation publique. En second lieu, l'affirmation du libéralisme médical est peu compatible avec une institution hospitalière vouée à l'assistance aux pauvres. Au fur et à mesure que se consolide une classe moyenne aisée, l'offre de l'hospitalisation privée constitue pour elle une alternative à l'hospitalisation publique. Le développement de la mutualité et du rôle social du grand patronat dans la seconde moitié du XIXème siècle a joué également un certain rôle dans la création d'établissements privés sans but lucratif. En troisième lieu, la création des assurances sociales a amplifié le mouvement de création des cliniques à but lucratif en ajoutant au principe du libre choix du médecin le libre choix de l'établissement de soins.[862]L'amélioration considérable du remboursement des soins dispensés en clinique privée associée à la rapide progression du niveau de vie de la classe moyenne permet que, dès 1949 chaque département dispose d'au moins une clinique privée.[863]Entre 1945 et 1965, les gouvernements successifs voyant dans la concurrence entre secteur public et secteur privé un

[861] Note sur « l'historique des réformes hospitalières en France ». Marie-Odile Safon. Service documentation de l'IRDES. Septembre 2008.

[862] « Les cliniques privées. Deux siècles de succès ». O. Faure D. Dessertine. « Pour une histoire de l'hospitalisation privée ». O. Faure. Revue de l'hospitalisation privée. 2008.

[863] Soit déjà 1573 établissements dont 20% en région parisienne.

facteur favorable au progrès médical pratiquent une politique tarifaire limitant le « reste à charge » après une hospitalisation privée.

La grande réforme gaullienne de l'hospitalisation et les investissements considérables consentis dans le cadre du Plan en faveur de l'hospitalisation publique ont modifié partiellement l'équilibre entre secteur public et secteur privé. Mais, hormis dans les hôpitaux publics des villes les plus importantes, la part des soins chirurgicaux programmables (les plus rentables) est restée largement aux mains de l'hospitalisation privée. La loi de réforme hospitalière de 1970, qui recherche une « complémentarité » entre les deux secteurs, ne ralentira pas le transfert des praticiens et des activités « rentables » du secteur public vers le secteur privé.

III. L'entrée de l'hôpital dans la modernité médicale et scientifique

Le processus croissant de médicalisation de l'hôpital, le bouleversement provoqué par l'accueil des assurés sociaux en nombre rendaient nécessaire une réforme hospitalière plus profonde que celle de 1941. Le projet entrepris dès les années 50 n'ayant pu aboutir sous la Quatrième République, c'est au début de la Vème République que l'histoire de l'hôpital bascule dans une logique intégralement médicale, impliquant une prise en charge des fonctions traditionnelles d'assistance par d'autres institutions, qui formeront le secteur social.

1. La réforme de 1958 place l'hôpital au centre du système de santé

La réforme de 1958 met en place un système médical hospitalier de référence pour l'ensemble des acteurs du système de santé. L'hôpital devient un centre de soins médicaux au moment où une succession de révolutions scientifiques et techniques engage la médecine dans un processus continu de spécialisation. *Tous ses acteurs se déterminent ou sont déterminés par le modèle d'excellence de la médecine curative spécialisée qu'est le centre hospitalo-universitaire.* Il a contribué puissamment au développement d'une offre de soins médicaux de qualité. Mais il a détourné le système de santé de ses autres fonctions que sont la prévention, la médecine généraliste, et provoqué indirectement la coupure entre les secteurs sanitaires et sociaux. C'est pourquoi il lui est reproché cette forme d'hospitalocentrisme qui caractérise notre système de santé.

La réforme de 1958 repose sur trois idées directrices : le rapprochement de l'hôpital et de la faculté de médecine, le principe du praticien hospitalier à temps plein et le principe du concours de recrutement national anonyme des futurs médecins hospitaliers dont le but était de mettre un terme à un recrutement trop dépendant des préférences des « patrons ».[864]

Pour le pouvoir gaullien la France se trouve engagée dans un monde où la compétition n'est pas seulement militaire mais économique, scientifique et technique. La médecine est au nombre des défis techniques et scientifiques à relever dans une stratégie politique où la stratégie de santé publique ne tient, en revanche, guère de place et pour cause : il n'existe pas de culture de santé publique dans l'élite, qu'elle soit médicale, politique ou administrative.

La création des centres hospitaliers régionaux universitaires (CHRU) correspond au projet d'une association étroite entre les fonctions de soins, les fonctions d'enseignement théorique et pratique et les fonctions de recherche dans le cadre d'une convention de coopération hospitalo-universitaire obligatoire. L'hôpital offrait à l'étudiant, sous la conduite de maitres, eux-mêmes praticiens, une formation pratique, y compris par une participation à la recherche. L'université apportait à l'hôpital un savoir et des qualifications de haut niveau permettant le fonctionnement des activités les plus complexes et l'association des deux entités devait créer une dynamique nouvelle de recherche fondamentale et clinique. Cette réforme a effectivement produit un modèle reconnu pour le haut niveau de son personnel médical, de sa recherche clinique et de son association à la recherche fondamentale, pour l'étendue et la qualité de ses spécialités et pour son haut niveau d'équipement. La création d'une véritable carrière hospitalo-universitaire conforte ce dispositif et confère un grand prestige social aux membres du nouveau corps.[865]

Le modèle du CHU n'est pas exempt de critiques cependant. Le partenariat hôpital-université n'est pas jugé toujours équilibré. Plusieurs rapports et un certain nombre d'universitaires estiment que les acteurs de l'université et de la recherche n'ont pas la place qu'ils devraient avoir dans la gestion du dispositif, trop contrôlé à leurs yeux par les directeurs généraux des CHU.

---

[864] Ordonnance n°58-1198 portant réforme hospitalière du 11.12.1958. Ordonnance n° 58-1370 du 30.12.1958 « relative à la création de centres hospitaliers régionaux universitaires, à la réforme de l'enseignement médical et au développement de la recherche médicale ». Ordonnance n° 58-1199 du 13.12.1958 relative à la coordination des équipements sanitaires. Ces textes sont largement inspirés par les travaux d'un comité interministériel créé en 1956, dont le professeur Robert Debré, figure emblématique de la médecine et du cercle des médecins résistants sous l'Occupation, fut l'un des principaux animateurs. Un colloque réuni à Caen à la même époque à l'initiative du gouvernement Mendès-France a jeté les fondements de la nouvelle recherche française, médicale notamment.

[865] Un décret du 24.9.1960 crée une nouvelle hiérarchie duelle : l'assistant devient chef de clinique, le chef de service devient maître de conférences et le professeur est choisi parmi les maîtres de conférences. Après l'internat, il est procédé au recrutement des maîtres de conférences agrégés sur concours.

Certains prônent l'évolution vers un modèle plus décentralisé, en vigueur dans de nombreux pays où l'université conclut librement des conventions de coopération avec des établissements de santé en fonction de critères non pas institutionnels mais fonctionnels. [866]Le modèle de la convention de coopération hospitalo-universitaire est considéré comme trop formel et peu actualisé. C'est pourquoi il a été proposé d'introduire dans la relation entre les deux partenaires celui du contrat d'objectifs et de moyens qui comporte une dynamique de projet qui fait défaut à la convention et à une organisation considérée comme trop complexe et trop lourde. Par ailleurs, dans un récent rapport, la Cour de Comptes observe que sur la trentaine de CHU, une dizaine seulement met en œuvre le large spectre des hyper-spécialités correspondant à leur mission. Le modèle du CHU est structuré par une hiérarchie sociale qui s'est formée en fonction du degré de spécialisation et de performance technique que représente chaque discipline. Cela aboutit à la dévalorisation des formations de généralistes et de médecins de santé publique et à la désaffection à l'égard de ces métiers nécessaires, mieux valorisés dans d'autres pays. Ce modèle est un peu comme la face de Janus : une face positive dans la mesure où l'armature hospitalière publique et privée des villes importantes ou moyennes a bénéficié des compétences et du dynamisme des anciens chefs de clinique des CHU mais une autre face qui laisse voir les déséquilibres du système hospitalier dans la mesure où les médecins qu'il a formés tendent à le reproduire : il en résulte une inflation de services spécialisés, une marginalisation des services de médecine interne, de soins de suite et de réadaptation ou de soins de longue durée.

La création du statut de praticien hospitalier à temps plein des hôpitaux est sans doute la réforme la plus importante du système hospitalier public avec la création du système hospitalo-universitaire. Rompant avec la pratique de la simple « visite » des malades à l'hôpital, le statut de praticien à temps plein consacre l'hôpital public comme véritable centre de soins médicaux. Mais ce progrès incontestable a les limites propres à toute situation statutaire. Le statut de praticien hospitalier organise un déroulement de carrière présumant l'accession au grade de chef de service. Nombre de services furent créés essentiellement pour satisfaire l'attente des jeunes chefs de clinique qui, ne pouvant espérer embrasser la carrière universitaire,

---

[866] Le rapport de la « mission relative aux spécificités des CHU » (Prs Dominique Ducassou, Daniel Jaeck et Benoît Leclercq (avril 2003) soulignait une perte d'attractivité d'un certain nombre de CHU, faute de valorisation suffisante de la recherche, mais aussi des liens hôpital-université à repenser et d'une insuffisante insertion dans le concert européen et international. Le rapport sur « L'avenir des CHU » de la commission présidée par le Pr Jacques Marescaux (mai 2009) établit un diagnostic similaire en axant ses travaux particulièrement sur la situation de la recherche médicale au sein des CHU. Ses recommandations ont été reprises, pour l'essentiel, par la loi HPST, sans qu'une réponse pleinement satisfaisante soit apportée sur la place de l'université au sein des instances décisionnelles et surtout sans qu'ait été apportée une réponse au problème de l'inégal investissement des CHU dans la recherche.

choisirent d'intégrer les hôpitaux publics généraux. Le fonctionnement médical de l'hôpital public a fini par reposer sur des services parfois trop nombreux, communiquant trop peu entre eux.[867]La rigidité de cette organisation compartimentée par service, excluant toute mutualisation de moyens, fortement hiérarchisée autour de chefs de service inamovibles, a aussi été un facteur important d'évasion de jeunes praticiens vers le secteur privé offrant des modes d'organisation plus souples et une plus grande liberté d'initiative. Dans ce domaine, le secteur public n'a pas été capable de construire au moment opportun la véritable alternative qu'aurait été la contractualisation pour un certain nombre de talents médicaux.[868]

Le directeur de l'hôpital voit, en ce qui le concerne, ses pouvoirs sensiblement accrus. C'était la condition du développement d'établissements médicaux disposant d'un « plateau technique » et de spécialités importantes, pour lesquels les choix et les méthodes de gestion des investissements, le fonctionnement budgétaire et financier, la gestion des ressources humaines, de l'accueil des patients, des questions logistiques prenaient une importance considérable. C'était aussi conforme à la pensée politique du gaullisme qui, dans toutes les institutions publiques, renforce l'exécutif dans un souci d'efficacité.

La réforme de 1958 fut accompagnée, grâce à la forte croissance économique des années 60, par un plan sans précédent d'investissements et de recrutements massifs de praticiens médicaux, de personnels soignants, médicotechniques, techniques, administratifs. L'hôpital est ainsi devenu, le plus souvent, la plus grande entreprise de main-d'œuvre dans sa ville ou sa région. Au début des années 60, l'effectif des personnels hospitaliers est de l'ordre de 120 000 agents. Il dépasse les 800 000 un quart de siècle plus tard.[869]Pour l'opinion publique, l'hôpital est, avec le médecin de ville, l'image résumée du système de santé. A ce titre, il est devenu un enjeu politique majeur.

Telle est aussi la limite la plus importante de la réforme de 1958 : elle a renforcé un système bipolaire formé par l'hôpital, d'une part, la médecine de ville d'autre part. Hormis le développement limité et tardif des services d'aide et de soins à domicile aux personnes âgées ou handicapées et, dans une certaine mesure, de la « sectorisation psychiatrique » à partir des années

[867] Jean de Kervasdoué, le directeur des hôpitaux qui a impulsé les réformes hospitalières les plus importantes au début des années 1980 a parlé de « balkanisation » de l'hôpital public.

[868] Voir le rapport de la mission de modernisation des statuts et de la gestion sociale à l'hôpital public (D. Debrosse et al). 2003

[869] Les religieuses qui étaient encore nombreuses dans les années 50 sont rapidement remplacées. Elles sont moins de 6000 en 1965. Mais leur remplacement a un coût budgétaire : une religieuse équivalait, en temps de présence, à 3 agents environ.

70, les structures intermédiaires qui sont une des forces du tissu sanitaire des pays les plus avancés en santé publique, (hospitalisation à domicile, hospitalisation de jour, centres de soins, structures médico-sociales…) ont été négligées. Faute d'une politique de prévention d'abord, d'offre diversifiée de services de soins ambulatoires ensuite, le secteur hospitalier a connu - et connaît encore - un taux conséquent d'hospitalisations inutiles ou « inadéquates », coûteux humainement et économiquement. Confrontés au « virage ambulatoire », nombre de ses agents expriment l'inquiétude classique propre à toute sortie de la « forteresse ». Sans un plan clairement explicité d'organisation de la santé publique permettant à chacun de situer son rôle, cette inquiétude continuera à s'exprimer, en nourrissant une forme de corporatisme. Mais ce plan est-il possible sans remettre en cause un système de santé aussi éclaté ?

2. La loi hospitalière de 1970, première tentative de régulation de la concurrence entre secteurs public et privé, premier échec

La réforme hospitalière de 1970 entend adapter surtout le secteur hospitalier non universitaire à la situation créée par le développement d'une forte concurrence du secteur privé.[870]Les dispositions prises visent essentiellement à réguler la concurrence en instaurant une « carte sanitaire », la coordination des équipements sanitaires et la coopération entre établissements. C'est également cette loi qui crée le « service public hospitalier ». Il s'agit de conforter le secteur public, qui perd une part de ses activités à fort contenu en actes techniques (les mieux remboursées par l'Assurance Maladie) au profit du secteur privé. Enfin, la loi renforce à nouveau le pouvoir du directeur de l'établissement. La commission administrative de l'hôpital public fait place à un conseil d'administration qui conserve le pouvoir de déterminer par ses délibérations les décisions essentielles mais perd la compétence générale de gestion qui appartient désormais au directeur.[871]

La « carte sanitaire » est conçue comme un instrument d'encadrement de la demande de création de tout équipement sanitaire, public ou privé, comportant des lits d'hospitalisation. Elle établit, selon une méthode assez fruste, un rapport entre des « besoins sanitaires », les données démographiques générales et l'état de l'équipement hospitalier, mesuré en nombre de lits autorisés, effectivement installés et en taux d'occupation des grandes disciplines. Ce fut un échec. Faute d'une analyse des données épidémiologiques, faute d'outils d'analyse adéquats de la nature et de la

[870] Loi n°70-1318 portant réforme hospitalière 31.12.1970

[871] Représentants du conseil municipal de la commune-siège, dont le maire, président du conseil d'administration, du conseil général, personnalités qualifiées, représentants de la commission médicale de l'établissement, représentants du personnel non médical, représentants des organismes de sécurité sociale.

pertinence des soins, les établissements qui fournissent les données ont intérêt, quel que soit leur statut, à biaiser les données élémentaires servant à élaborer la carte. Dans un contexte de concurrence exacerbée, l'hospitalisation privée à but lucratif, qui n'a pas les contraintes juridiques de l'établissement public administratif, poursuit sa progression au détriment de ce dernier.[872]

La loi entendait favoriser la mutualisation des moyens au sein du secteur public, notamment avec la possibilité de création de syndicats inter-hospitaliers. La lourdeur de leur régime de gestion et la force des particularismes locaux ont déçu les attentes des pouvoirs publics. Le texte recherchait également une certaine « complémentarité » entre secteurs public et privé à travers plusieurs formules de coopération, sans rencontrer plus de succès.

3. La loi relative aux institutions sociales, nécessaire autonomisation, coupure problématique entre le « sanitaire » et le « social »

La loi du 30 juin 1975 relative aux institutions sociales[873] consacre l'autonomie, nécessaire mais problématique, des institutions sociales. La transformation rapide de l'hôpital, désormais axé sur le traitement de pathologies aigües, a eu pour conséquence la transformation des hospices qui leur étaient annexés en services de soins de suite et de réadaptation ou en soins de longue durée relevant de la législation hospitalière et/ou en maisons de retraite relevant de la législation d'aide sociale. A partir des années 60, le concept d'action sociale entendait renouveler au plan méthodologique l'assistance sociale traditionnelle. L'action sociale s'est définie par un ensemble diversifié de prestations, d'établissements et de services reposant sur une dynamique d'adaptation aux situations des individus et des populations selon des critères d'âge, de handicap physique, mental et social. La diversité de ce nouveau champ institutionnel rendait nécessaire l'unification des règles de fonctionnement d'un secteur représentant plus de 20 000 établissements et services.

La réforme fut réalisée dans le cadre de la législation d'aide sociale dont relevaient la plupart des institutions sociales. Mais la distinction entre le champ des institutions sanitaires financées par l'Assurance Maladie et celui des institutions sociales financées essentiellement par le budget d'aide sociale des départements, est rapidement apparue artificielle. Face à l'accroissement de la population âgée en perte d'autonomie, dès 1978, le législateur était contraint d'instaurer un forfait de soins financé par

[872] « Planification, autorisation, schéma ». Christian Vigouroux. Revue L'Actualité Juridique-Droit Administratif. 20.9.1995.
[873] Loi n°75-535 du 30 juin 1975

l'Assurance Maladie pour rémunérer les soins infirmiers dispensés au sein des maisons de retraite. Progressivement s'est formé un champ intermédiaire entre le « sanitaire » et le « social » : le secteur *« médico-social »* qui prend en charge les prestations de soins de personnes âgées, handicapées ou en situation de grande précarité sociale dans des structures d'hébergement ou des services à domicile.

Les lois de décentralisation de 1983 ont entériné, dans leur répartition des compétences entre l'Etat et les collectivités départementales, ce partage en fonction de la nature des prestations (soin, hébergement et action sociale) y associant l'Assurance Maladie, financeur des soins, puis, plus récemment, la Caisse nationale de solidarité pour l'autonomie (CNSA) qui finance la prise en charge de la dépendance. Il en résulte une complexité certaine, source de difficultés de coordination institutionnelles et financières, qui se doublent de difficultés liées à la formation de cultures professionnelles différentes.

IV. De l'hôpital au « parcours de soins coordonnés » : la remise en cause de « l'hospitalocentrisme »

L'histoire contemporaine de l'hospitalisation est caractérisée par une intense activité réformatrice. La multiplicité des lois est le signe d'un malaise qui perdure et qui est largement médiatisé.[874]

Les principales lois du début du XXIème siècle marquent une certaine rupture avec le schéma hospitalocentriste qui avait prévalu jusqu'ici. La loi de 2002 relative aux droits des malades transforme, nous l'avons vu, le rapport des patients à l'hôpital. La loi de 2004 réformant l'Assurance Maladie pose le principe d'une organisation sanitaire autour du *« parcours de soins coordonnés du patient ». Pour la première fois, l'hôpital n'est plus au centre mais au sein d'un système ouvert à des alternatives*. Certes, il ne s'agit que des prémisses d'une transformation mais il n'en demeure pas moins que *le principe d'une organisation axée sur la personne du patient prévaut désormais dans toutes les réformes,* qu'elles concernent le fonctionnement du système de soins hospitaliers ou celui de la médecine de ville.

Depuis la loi HPST de 2009, la législation n'a cessé de renforcer les dispositions organisant la coopération inter-hospitalière. L'établissement hospitalier n'est plus clos sur lui-même : il évolue au sein d'une fédération et les conditions de son ouverture sont désormais impératives. Trois

---

[874] Peu présent dans les médias avant 1980, l'hôpital en est devenu un thème important, essentiellement sous six aspects : le « manque de moyens », le « dévouement » de ses personnels, les performances techniques des grands établissements, les accidents médicaux, les restructurations, et le classement des établissements au regard de critères de qualité.

phénomènes ont contribué à cette évolution. Le premier est la part considérable des pathologies chroniques qui nécessitent des traitements ambulatoires et/ou de courtes phases d'hospitalisation. Leur mode de prise en charge exige une transformation de l'organisation interne de l'hôpital et son insertion dans un système de santé fonctionnant *en réseau*. Le second phénomène résulte de l'évolution de la médecine de ville et du comportement de la population qui aboutit à faire du service d'accueil et d'urgence un hôpital dans l'hôpital. Enfin, l'Etat a imposé progressivement au secteur hospitalier, surtout public, un mode de gestion médico-économique fondé sur des critères d'efficience.

1. La loi de réforme hospitalière de 1991, matrice de la transformation du système hospitalier

L'importante réforme hospitalière de 1991[875]s'inscrit dans la politique de « renouveau du service public » du Gouvernement Rocard. Elle crée la notion d'établissement de santé, un établissement pouvant être privé avec ou sans but lucratif ou public. Elle précise que l'établissement public de santé n'a pas d'objet industriel ou commercial, excluant ainsi toute possibilité d'évolution vers un statut qui pourrait assimiler l'hôpital à une entreprise.[876] Elle allège considérablement le régime de tutelle qui prévalait jusqu'alors (suppression de la quasi-totalité des motifs d'approbation des délibérations des conseils d'administration des établissements publics de santé). Enfin, elle instaure une série d'instruments de régulation dont la mise en œuvre repose sur l'initiative des établissements.

L'institution du *schéma d'organisation sanitaire (SROS)* fut sans doute une de ses plus grandes novations avec le *projet d'établissement*, qui définit la stratégie de l'établissement de santé à moyen terme et la *contractualisation*. Le SROS détermine, pour la première fois, une stratégie de répartition cohérente des soins hospitaliers, selon une analyse *qualitative*. Il impose une cohérence dans l'élaboration des projets d'établissements qui ne peuvent plus se penser dans l'indifférence aux interactions entre les établissements. Le projet d'établissement conduit l'ensemble de la collectivité qu'il constitue à se projeter dans l'avenir, mettant fin à la gestion au jour le jour. C'est un instrument de gestion participative. Un nouveau régime des autorisations d'activités hospitalières découle du SROS. Il est fondé sur le principe d'une

[875] Loi n° 91-748 du 31 juillet 1991 « portant réforme hospitalière »

[876] La loi se borne à définir l'établissement public de santé comme une « personne morale de droit public » laissant penser (et espérer pour beaucoup) un statut spécifique, plus souple que le statut d'établissement administratif. La loi de modernisation du système de santé du 26.1. 2016 précise que ces établissements « sont dotés d'un statut spécifique » découlant de ses dispositions et du statut de la fonction publique hospitalière sans que cette « spécificité » soit clairement définie.

autorisation à durée limitée, soumise à renouvellement sur la base d'une évaluation des activités. Ce qui mettait fin à la possibilité de maintenir des activités ne répondant pas aux normes de qualité et de sécurité des soins ou ne répondant plus aux besoins. La *contractualisation* entre l'autorité sanitaire et l'établissement consacre un accord, sur le moyen terme, entre les priorités du SROS et celles du projet d'établissement tout en sanctuarisant relativement les ressources nécessaires à son développement.

2. La réforme hospitalière du « Plan Juppé » crée la première instance forte de régulation territoriale, l'Agence régionale de l'hospitalisation (ARH)

Le « Plan Juppé » de 1996 est mis en œuvre sous le signe de l'urgence économique.[877]Il reprend les schémas et les instruments d'action de la loi de 1991 en leur conférant un caractère *obligatoire*. Ainsi, l'annexe au SROS indiquant les créations, suppressions, transformations ou regroupements d'établissements, équipements ou activités qu'il serait *souhaitable* de réaliser devient *juridiquement opposable* et par conséquent détermine les autorisations accordées par l'ARH.

Le principal apport de la réforme Juppé est la création de l'ARH. *Elle met fin à la sous-administration du secteur hospitalier* caractérisée par la dispersion des centres de décision, leurs rivalités souvent, et la faiblesse de la régulation du secteur de l'hospitalisation.[878]L'institution est constituée en groupement d'intérêt public associant les responsables des services sanitaires et sociaux de l'Etat et ceux des organismes de l'Assurance Maladie. Elle reçoit une pleine compétence pour traiter l'ensemble des questions d'hospitalisation publique et privée dans chaque région. Son directeur dispose de pouvoirs étendus dont ne disposait aucune autorité avant lui. L'ARH s'apparente à une administration de mission : elle est composée d'une équipe restreinte de pilotage disposant d'une autorité non pas hiérarchique mais fonctionnelle sur les services sanitaires et sociaux de l'Etat et les organismes de l'Assurance Maladie, selon les règles fixées par sa convention constitutive. Son objectif majeur est de négocier et organiser la restructuration du secteur de l'hospitalisation publique et privée. Un certain nombre de services sont en effet sous-occupés dans le secteur public, la qualité et la sécurité des prestations sont inégales tandis que de nouveaux besoins ne sont pas satisfaits. Les coûts de fonctionnement d'un certain nombre d'établissements publics, à conditions de traitement comparables d'une même pathologie,

---

[877] La France ayant accepté les règles fixées pour l'institution de la monnaie unique subissait la défiance des financeurs, inquiets du déficit de ses finances publiques et du haut niveau de celles-ci, très supérieur à la moyenne européenne.
[878] Ordonnance n° 96-346 du 24 avril 1996 portant réforme de l'hospitalisation publique et privée

varient considérablement, hors coûts spécifiques au service public. L'Assurance Maladie subit le coût d'une concurrence non régulée entre les secteurs public et privé.

Les ARH bénéficient à leur début d'un appui politique fort et, dans certaines régions, une restructuration importante, plus en phase avec les besoins sanitaire *réels* est rapidement engagée, notamment dans le cadre du SROS. Mais l'arrivée au pouvoir d'une majorité politique, qui leur est défavorable, réduira nettement leur capacité d'action.

3. a loi « Hôpital, patients, santé, territoires » (HPST) de 2009 cristallise le conflit politique sur la place et le rôle de l'hôpital

La loi HPST[879]est importante parce que, malgré ses limites, *elle organise le système de santé autour du parcours du patient et le structure en niveaux d'intervention coordonnés* selon une logique de spécialisation croissante : un *niveau de premier recours aux soins et à la prévention,* investi également d'une *fonction d'orientation* vers les autres niveaux régis par un *principe de subsidiarité.* Autrement dit, elle marque une rupture avec le schéma hospitalocentriste. En ce sens, et même si elle ne se donne pas les moyens d'intégrer la médecine libérale généraliste au nouveau schéma, elle constitue un progrès.

Elle entreprend également une réforme du mode de gouvernance de l'établissement de santé en supprimant le conseil d'administration de l'établissement public et en le remplaçant par un conseil de surveillance, dont le pouvoir de délibération est restreint. L'essentiel du pouvoir est transféré au directeur, fonctionnaire lui-même placé sous le contrôle du directeur général de l'Agence régionale de la santé (ARS) qui, dans la loi, remplace l'ARH. Le directeur préside un directoire, dont le président de la commission médicale est le vice-président, qui associe les membres de l'équipe de direction de l'établissement et les principaux responsables médicaux à la préparation des principales décisions. Enfin, si l'établissement acquiert une certaine autonomie en matière d'organisation interne, le schéma prévu par la loi est celui d'une organisation par *« pôles d'activités »*médicales, médicotechniques, techniques, administratives dont les responsables, nommés par le directeur, concluent avec lui un contrat d'objectifs et de moyens.

Ce modèle est inspiré du « new public management », vivement critiqué pour être l'expression même du néolibéralisme. Comme le dit Edouard Couty, il ne s'agit plus d'un contrat d'objectifs et de moyens mais

[879] Loi HPST n°2008-879 du 21 juillet 2009.

d'un contrat d'objectifs et de *performance*.[880] Mais en quoi serait-il illégitime pour le citoyen contribuable et cotisant, de demander à une institution qu'il finance d'être efficiente ? Le législateur ne paraît pas infondé, au regard des données comparatives internationales, dans son intention de mettre en œuvre des outils susceptibles de mieux contrôler l'emploi d'une masse énorme de fonds publics. Le recours aux théories du management n'en nécessite pas moins un usage raisonné. Quiconque en a quelque peu la pratique en connaît les limites et les effets de mode. Les « indicateurs » de gestion ou de performance n'ont, pour autant qu'ils soient intellectuellement valides, qu'une fonction d'alerte éventuelle sur un *problème qui reste à analyser*. Gouverner aveuglément par les nombres, pour reprendre Alain Supiot, expose inévitablement à des erreurs, parfois lourdes de conséquences.[881] Mais qui pourrait sérieusement envisager un retour à cette « boîte noire » que fut le secteur hospitalier et plus largement le secteur des soins ? La meilleure réponse à la question posée par le problème statistique est sans doute la négociation contractuelle, dont nous pouvons par expérience souligner toute la valeur dès lors qu'elle est fondée sur un diagnostic partagé. Elle peut être ce moment où l'on peut interroger la pertinence des chiffres et bâtir un projet qui leur donne sens.

V. Repenser l'hospitalisation dans le parcours de soins selon des normes de qualité optimales

La crise sanitaire provoquée par la pandémie du SARS-CoV-2 a donné lieu à une abondante littérature dénonçant le « manque de moyens » de l'hôpital (de l'hôpital public surtout), son organisation « bureaucratique », son « management néo-libéral », son mode financement à l'activité. Instruit à charge et à décharge, et mieux informé, le procès donnerait lieu à un jugement plus nuancé. Parmi les questions que pose le fonctionnement du système hospitalier on en retiendra particulièrement quatre ici, une cinquième, celle de la coopération étant abordée en troisième partie.

La première question est celle de ses missions. Elle renvoie à deux problèmes majeurs : celui de la *gestion des urgences* et celui de la gestion de *l'hôpital dans la chaîne des soins de santé*, autrement dit de « l'amont » et de « l'aval » de l'hospitalisation. Ce sont les taux d'admission aux urgences et d'hospitalisation inadéquats qui interrogent la place de l'hospitalisation dans la structure des filières de prise en charge. Il s'agit de redéfinir les rapports avec le niveau de soins de premier recours, d'une part, les structures de soins de suite et réadaptation et/ou les structures médico-sociales, d'autre part. Mais, il s'agit également, comme le prévoit la loi de transformation du

---

[880] « Les transformations de l'administration hospitalière ». Entretien avec F. Pierru in Revue française d'administration publique n°174 op cité.
[881] Alain Supiot « Le gouvernement par les nombres ».

système de santé du 24 juillet 2019,[882]de redéfinir le rôle des établissements publics de santé selon une *gradation* de leurs fonctions adaptée aux besoins.

La seconde question, tout aussi essentielle, est celle de la *qualité et de la sécurité des soins* dispensés qui pose le problème de leur *évaluation*. Le troisième sujet, objet d'une vive polémique et d'une réforme en cours, est celui du mode de *financement* de l'hospitalisation. Enfin, les principales dispositions de la *gouvernance* des établissements de santé, leur organisation administrative et médicale constituent, elles aussi, un enjeu particulièrement important, médiatisé surtout dans le secteur public.

1. Les missions des établissements de santé dans le parcours de soins

A. La prise en charge des urgences : ses règles, ses impasses, ses perspectives

a) Le recours infondé aux services d'accueil et de traitement des urgences (SATU)

La prise en charge des urgences est tributaire de l'organisation de la permanence des soins de ville, dont nous venons de voir qu'elle n'était qu'imparfaitement assurée. Les structures d'admission aux urgences (publiques à 77%) sont au nombre de 719 réparties dans 645 établissements, dont 95 sont équipés pour assurer les urgences pédiatriques. Elles traitent environ 22 millions de passages par an actuellement (le taux de progression annuel est de 3 à 4%). Selon de nombreux rapports d'experts médicaux, la part évitable des passages aux urgences hospitalières est élevée : elle serait d'un tiers au moins, certaines estimations dépassant les 70 %.[883] Le phénomène n'est pas propre à la France. La pression exercée sur les services d'urgence entretient une demande constante de moyens supplémentaires auxquels il est difficile de répondre. Les services d'accueil des urgences tendent à devenir un hôpital dans l'hôpital. En dépit de cette pression croissante, l'accès à des soins d'urgence à moins de 30 minutes (objectif de la politique de santé) est quasiment atteint : 94,5% de la population a accès à un SMUR à moins de 30 minutes du domicile (99,5% à moins de 45 minutes). L'accès à un service ou unité d'urgence se fait en moins de 30 minutes pour 92,4% et ce taux est de 99% dans un délai de 45 minutes.

[882] Loi n°2019-774 du 24 juillet 2019 relative à l'organisation et à la transformation du système de santé (JORF n°0172 du 26 juillet 2019).

[883] Le phénomène a été mis en évidence il y a déjà plus de trente ans avec le premier rapport sur la situation des urgences hospitalières du Pr Steg au Conseil économique et social « L'urgence à l'hôpital » (1989). Ce rapport fut suivi d'un autre, toujours du Pr Steg en 1994 « la médicalisation des urgences » à la Commission nationale des restructurations des urgences.

Quant au temps d'attente des soins, une fois admis aux urgences, il est de moins d'une heure pour 7 patients sur 10, l'accueil et l'orientation s'effectuant dans la demi-heure pour 9 patients sur 10 selon une enquête nationale sur les urgences hospitalières.[884]Celle-ci fait apparaître les motifs de recours au service d'urgences : les 2/3 des personnes ayant répondu évoquent sa *facilité d'accès* (proximité géographique, disponibilité du plateau technique, gratuité, permanence).

La mise en place de maisons médicales de garde fonctionnant avec le concours de médecins libéraux en vue d'assurer les permanences de soins n'a pas ralenti significativement, jusqu'ici, les flux des urgences. Il faut, sans doute, sans renoncer au développement de ces formules alternatives, admettre, après de nombreux rapports sur la question, que l'activité des services d'urgences, après avoir été longtemps le parent pauvre (en médicalisation, notamment) de l'hôpital public, en est désormais un secteur majeur. C'est la raison pour laquelle il convient de l'organiser dans le but de réduire, autant que faire se peut, le nombre des recours évitables.

Tout établissement qui dispose d'un service d'accueil et de traitement des urgences est tenu d'accueillir en permanence toute personne qui s'y présente ou qui lui est adressée, notamment par le SAMU (si le diagnostic vital est écarté), soit plus de 90% des situations. Le service reçoit aussi bien des personnes victimes de traumatismes, dont on ne peut a priori évaluer la gravité potentielle sans examen, que des personnes présentant une symptomatologie ou ressentant un malaise dont on peut apprécier la gravité sans analyse. C'est sans doute dans cette dernière catégorie que l'écart peut être important entre *ressenti* de la personne et la réalité d'une pathologie, finalement bénigne. Il est aussi de fait qu'une part de la population tend à recourir au service d'urgences comme s'il s'agissait d'un service de consultation médicale. Les services d'urgence sont également confrontés à l'accueil de personnes en grande précarité sociale et/ou psychologique ou en crise liée à une addiction (alcool, toxicomanies) ou victimes de violences. Ils subissent, dans une certaine mesure, les conséquences des faiblesses de la prévention et de l'insuffisance des structures d'accueil et de prise en charge sociales et médico-sociales.

Les services et unités d'accueil des urgences doivent organiser la prise en charge diagnostique et thérapeutique en leur sein et/ou au sein d'unités d'hospitalisation de courte durée qui leur sont rattachées. C'est au-delà de cette période de très courte hospitalisation que se pose la question de l'orientation du « parcours » du patient.

---

[884] Enquête nationale sur les urgences hospitalières. Ministère de la santé. DREES 2015

b) L'aide médicale urgente (AMU) et le service d'aide médicale urgente (SAMU)

L'activité médicale d'urgence comprend trois modalités : la régulation des appels, la prise en charge des patients par la structure dédiée aux urgences par le service d'aide médicale urgente (SAMU) et une structure ou service mobile d'urgence et de réanimation (le SMUR) spécialisée dans le transport médicalisé des personnes en situation de détresse vitale. Le SMUR assure la permanence de cette prise en charge en tous lieux.[885]C'est largement la matière règlementaire qui précise les missions et l'organisation de ce système de médecine d'urgence, sans que, dans la pratique, soient levées toutes les ambiguïtés sur la notion d'urgence qui recouvre des réalités appelant des traitements très différents.[886]

La loi organise « l'aide médicale urgente » (AMU) en liaison avec la permanence des soins, la télésanté et les transports sanitaires.[887] Elle ne définit pas les situations d'urgence, ce qui serait sans doute difficile, seule une appréciation médicale au cas par cas étant possible. Le texte se borne donc à indiquer que l'AMU consiste à « organiser les secours aux malades, blessés et parturientes en quelque endroit qu'ils se trouvent et les soins d'urgence appropriés à leur état ».

Les établissements de santé doivent solliciter auprès de l'autorité sanitaire une autorisation de faire fonctionner une ou plusieurs unités aptes à participer au *service d'aide médicale urgente* (SAMU) qui repose sur l'installation d'un centre de réception et de régulation des appels auprès de l'établissement de santé de référence (centre 15). Le SAMU est conçu pour assurer une prise en charge rapide des *urgences vitales* (celles qui peuvent, notamment, « engager le pronostic vital » selon la formule employée pour qualifier une situation de risque de décès). Elle doit être prise en charge, selon les normes faisant consensus, dans un temps ne dépassant pas 30 minutes (mais l'appel devrait pouvoir être réceptionné dans les 30 secondes).[888] C'est la mission des 103 SAMU que d'identifier ces urgences et de déterminer les conditions de leur acheminement et prise en charge. Traitant une trentaine de millions d'appels/an, ils peuvent mobiliser à cette fin 399 SMUR, qui réalisent près de 800 000 interventions/an, ou, si le délai

[885] Art. 6123-1 à6123-17 CSP.
[886] Code de la santé publique, art. L.6311-1 à 6316-2.
[887] Art.L.6311 CSP
[888] Ce délai ne signifie pas que le patient doive être admis dans la demi-heure en établissement s'il a pu être pris en charge par une équipe médicale dans un transport équipé en réanimation. Il se peut en effet que l'établissement compétent pour le traitement se situe un peu au-delà de la demi-heure. Le transport héliporté offre une solution de prise en charge rapide si nécessaire et si possible.

d'acheminement s'avère supérieur à la norme, un médecin correspondant de SAMU.

Selon la loi, le SAMU assure une écoute médicale permanente. Il détermine et déclenche, dans le délai le plus rapide, *la réponse la mieux adaptée à la nature des appels.* Il s'assure de la disponibilité des moyens d'hospitalisation publics ou privés adaptés à l'état du patient, fait préparer son accueil et organise, le cas échéant, son transport (...) en faisant appel à un service public ou privé de transport sanitaire. Il veille enfin à l'admission du patient.[889]Avec les services qui y concourent, il est tenu d'assurer le transport des patients vers l'établissement de santé le plus proche *« offrant des moyens disponibles adaptés à leur état »* sous réserve du libre choix.

L'ARS organise au sein du SAMU une « cellule départementale d'urgence médico-psychologique » chargée de d'assurer la prise en charge médico-psychologique des victimes de catastrophes, accidents ou attentats impliquant un grand nombre de victimes. Son intervention est décidée par le SAMU, le cas échant à la demande de l'autorité préfectorale.

c) L'organisation des appels en urgence : une simplification nécessaire mais un choix difficile techniquement et politiquement

Le centre 15 est interconnecté avec les dispositifs des services de police, d'incendie et de secours et de permanence de la médecine d ville Le principe de cette interconnection est que tous les centres de secours sont immédiatement informés de l'appel, le centre le plus compétent le prenant immédiatement en charge. Le système a été conçu autour du SAMU qui a une compétence générale d'accueil et de traitement des urgences susceptibles d'engager un pronostic vital (soit environ 5 à 7% des appels). Il n'est pas organisé selon des critères distinguant l'urgent du non-urgent et favorise la convergence des appels vers le centre 15 provoquant un engorgement de la structure.

En pratique, des différences de conception de l'organisation des appels existent entre le service départemental d'incendie et de secours (SDIS) et le SAMU, voire la permanence de médecine de ville (PDSA) depuis des décennies. Les pouvoirs publics ne parviennent pas à simplifier depuis 2004 une organisation qui comprend 13 numéros d'appel et est une inévitable source de confusions et de risques de retards de prise en charge, sinon de perte de chance. Les responsables des SDIS préconisent un numéro unique (le 112 européen) tandis que ceux des SAMU défendent le 15 qui leur permet une rapide évaluation de la gravité *médicale* contenue dans l'appel. Une expérimentation en cours sur 22 sites hospitaliers pourrait offrir une

---

[889] Art R.6311-2 CSP.

solution. Il s'agit d'un nouveau service, le *« service d'accès aux soins »* (SAS). Conçu pour éviter un adressage massif de demandes au SAMU, il devrait recevoir toute demande urgente de soins, opérer une sélection et orienter celle-ci vers le service adéquat.[890] Une proposition de loi adoptant un numéro unique a été votée en mai 2021 après avoir été amendée avec l'appui des ministères de la Santé et de l'Intérieur. Elle envisage une fusion des numéros des SAMU et SDIS et/ou une fusion des numéros SAMU/PDSA, mais la médecine de ville préconise, pour elle, un numéro spécifique dédié aux soins non programmés (116-117) pour préserver son autonomie…

d) Le comité départemental de l'aide médicale urgente, de la permanence des soins et des transports sanitaires (CODAMU), lieu d'ajustement entre acteurs

La gestion des urgences nécessite de recueillir l'avis de tous les acteurs concernés, c'est-à-dire, outre les institutions de soins et les professionnels de l'urgence, les collectivités territoriales.[891] La répartition des rôles entre les SAMU, les SDIS, la médecine de ville, les nombreuses entreprises privées agréées pour le transport sanitaire (aux intérêts souvent divergents avec les autres acteurs) est une mission délicate. C'est pourquoi il a été créé un comité départemental de l'aide médicale urgente, de la permanence des soins et des transports sanitaires (le CODAMU) coprésidé par le préfet le directeur général de l'ARS dont le but est de veiller à la qualité de l'organisation des dispositifs en cause, à leur réponse adéquate aux besoins de la population selon un cahier des charges régional arrêté par le directeur général de l'ARS. Il s'agit de concilier des cultures et des intérêts différents et de s'assurer d'une indispensable coopération entre tous les acteurs. Mais il est indispensable que l'Etat prenne une position claire sur la question de l'appel d'urgence, si difficile soit celle-ci, tant pour des raisons techniques que pour des raisons politiques.

e) Les soins en réanimation, manque de lits ou manque de personnels qualifiés ?

La pandémie du SARS-CoV2 s'est traduite (et se traduit encore) par un nombre élevé de malades dont l'état critique exige des soins prolongés en réanimation. La soudaineté de la pandémie, les vagues successives de formes variantes du virus initial, ont eu pour effet de bouleverser le fonctionnement des établissements de santé disposant de moyens en réanimation. Le thème

---

[890] Le SAS est un élément du « pacte de refondation des urgences » proposé par le Gouvernement en octobre 2019.

[891] Collectivités territoriales, établissements et services de santé, professions de santé, représentants des permanences de soins, des transports sanitaires privés, des services départementaux d'incendie et de secours, d'associations, notamment la Croix Rouge.

du « manque de moyens de l'hôpital public » est devenu un leitmotiv à usage électoral et un poncif médiatique. Sans doute conviendrait-il de distinguer la situation des établissements subissant une forte pression pour des soins lourds (les établissements disposant de services de réanimation appartiennent à cette catégorie mais ne représentent qu'un nombre limité parmi les établissements hospitaliers).Une évaluation des besoins en moyens de réanimation a été demandée par le ministre de la Santé à l'IGAS, dont les conclusions, non publiées à ce jour, sont néanmoins connues. La mission envisage la création, d'ici à 2030, d'un millier de lits supplémentaires, venant s'ajouter aux 5080 lits en fonctionnement actuellement. La moitié des lits supplémentaires correspondrait à la nécessité de développer des structures d'aval - création de services de rééducation post-réanimation - permettant la prise en charge de patients ayant besoin d'un séjour prolongé en réanimation. L'autre moitié serait constituée soit par des créations nettes de lits, soit par la réouverture de lits actuellement fermés, faute de personnel qualifié. Ce que souligne l'IGAS c'est, en effet, que les tensions fortes observées en réanimation sont imputables à l'insuffisance de personnel médical et paramédical spécialisé.[892]Une gestion plus souple des lits en soins critiques est également préconisée : renforcement des unités de surveillance continue accueillant les soins critiques les moins lourds, une partie d'entre eux n'étant plus systématiquement adossée à la réanimation et pouvant être à la disposition d'autres services hospitaliers.

L'étude de l'IGAS a le mérite d'objectiver un problème bien réel qui a atteint, dans l'opinion publique, une force émotionnelle particulièrement grande. Elle reconnaît, non sans réserves, la nécessité d'augmenter le nombre de lits de réanimation, dans une proportion moindre, cependant, qu'on ne le laissait imaginer. Elle montre surtout que cette discipline - elle n'est pas la seule - souffre de la vacance d'un nombre important d'emplois médicaux et de la désaffection d'une partie des personnels infirmiers, désaffection accentuée par la crise sanitaire. Sans doute, le niveau des rémunérations, notamment des personnels médicaux et non médicaux, est-il en cause au sein des structures de soins, notamment les plus éprouvantes. Il faudra probablement un effort budgétaire étalé sur plusieurs années pour parvenir au niveau moyen européen, notamment en faveur des personnels infirmiers. Mais le niveau des rémunérations n'est pas seul en cause : le mode de fonctionnement de l'hôpital public devra être repensé, comme nous l'évoquerons brièvement ci-après.

---

[892] Environ 10% des lits de réanimation ne peuvent être ouverts, en raison d'un taux d'absentéisme (que la crise sanitaire a aggravé) et de difficultés de recrutement de personnels médicaux (il manque 1135 postes équivalents temps plein dans cette discipline) selon les ratios européens et internationaux et les besoins de formation en infirmiers spécialisés sont importants (compte-rendu par « Le Monde » du rapport IGAS précité, 17.12.2021).

B. Les faiblesses de l'amont et de l'aval hospitalier : ne plus penser l'hôpital comme centre du « parcours de soins »

Il n'est pas rare que des personnes âgées soient, faute de structures de gériatrie et de médecine polyvalente suffisantes, orientées vers des services inadaptés à leur situation.[893] Cet exemple, qui n'est pas circonscrit aux personnes âgées, illustre le défaut de structures d'amont et d'aval du secteur hospitalier. S'agissant de l'amont, *l'enjeu est la constitution d'une offre de services apte à prendre en charge les soins primaires* et à orienter les patients vers les niveaux de soins spécialisés, le cas échéant. Cela inclut la médecine généraliste de ville et les professions sanitaires et sociales collaborant au *parcours de soins coordonnés,* notamment pour la prise en charge des maladies chroniques qui peut être pensée sans recours systématique à l'hospitalisation. Une très forte proportion des cas admis aux urgences relèverait d'une consultation de médecine générale, éventuellement d'un premier niveau d'hospitalisation à repenser : celui de l'hôpital de proximité, comme nous le verrons ci-après. En aval, le manque de structures médico-sociales est un facteur important de blocage des filières de soins. Le nombre des recours aux urgences non suivis d'hospitalisation (sans urgence réelle) a augmenté de 50% entre 2000 et 2015.[894]C'est un indicateur des difficultés de prise en charge au niveau du premier recours aux soins. Il s'observe particulièrement chez les personnes âgées de 75 ans et plus, atteintes de maladies chroniques, de poly-pathologies ou de troubles cognitifs.[895].Quand un territoire est pourvu d'un bon réseau de professionnels et de services de soins primaires, notamment de services de soins à domicile, le recours aux urgences baisse. Par ailleurs, la capacité en lits et places en services de soins de suite et de réadaptation n'est pas suffisante au regard des besoins. Mais on se heurte surtout à l'insuffisance notoire des structures médico-sociales compétentes pour la prise en charge des personnes âgées après une hospitalisation, qu'il s'agisse des services d'aide et de soins à domicile, des établissements d'hébergement de personnes âgées dépendantes (EHPAD) ou de structures intermédiaires. Cette tension dans les filières de prise en charge ne sera pas aisément réduite. Selon une étude récente du Ministère des Solidarités et de la Santé, le nombre des résidents en EHPAD

---

893 C'est ainsi que dans le secteur public un certain nombre de lits de chirurgie inoccupés, accueillent des personnes âgées en attente d'une solution d'hébergement en soins de suite et réadaptation ou en structure médico-sociale.

894 « Analyse des déterminants territoriaux du recours aux urgences non suivis d'hospitalisation ». Zeynep Or et Anne Penneau. Document de travail n°72. Septembre 2017. Publication de l'IRDES.

895 Plus de 10% des 65 ans et plus (atteints d'une affection de longue durée) recourent aux urgences sans qu'une hospitalisation s'en suive. Etude IRDES précitée (Z. Or et A. Penneau). Elle observe des résultats comparables au niveau européen et international.

devrait passer de 611 000 en 2020 à 719 000 en 2030, ce qui supposerait - sauf à imaginer des structures alternatives, ce qui serait souhaitable - un doublement du rythme actuel des créations de places dans ces établissements.[896]

La loi prévoit que les établissements de santé disposant de structures de médecine urgente participent à un réseau de prise en charge coordonné avec la médecine de ville et les structures médico-sociales.[897]Mais l'hétérogénéité des situations d'urgence plus psycho-sociale que médicale pose le problème de l'organisation d'un réseau clairement et aisément identifiable par la population. Pour l'heure à cette hétérogénéité de situations correspond une hétérogénéité de structures, de conditions d'accueil et de prise en charge qui ne permet pas d'éviter le recours aux services hospitaliers.

2. Les conséquences de l'évolution technique des disciplines médico-chirurgicales

Dans son rapport annuel de 2012, l'IGAS fait état de l'enquête nationale sur les « inadéquations hospitalières ». Celle-ci montre un taux d'hospitalisations inutiles ou inadaptées important. Ce taux augmente avec le vieillissement. Au niveau national, 10% des lits de médecine et chirurgie sont occupés de façon inadéquate (5% en chirurgie, plus de 17% en médecine).

Ce phénomène s'explique en grande partie, comme nous l'indiquions ci-dessus, par l'insuffisance des structures d'amont (niveau de premier recours) et d'aval (soins de suite et de réadaptation, services médico-sociaux).

Le secteur de l'hospitalisation en soins de courte durée est appelé à se restructurer du fait de la transformation profonde des techniques médicales. Celles-ci nécessitent une activité spécialisée, interdisciplinaire, intense autour d'un plateau technique complexe et exigent des normes de qualité et de sécurité rigoureuses, consignées dans des protocoles de soins précis. Les procédures d'évaluation des moyens, des méthodes et des résultats ont une importance déterminante pour la poursuite d'une telle activité. En revanche, la fonction d'hébergement ne s'impose plus systématiquement.

Cette évolution pose la question du maintien ou de la reconversion d'activités dans des établissements ne disposant ni d'une aire d'attraction suffisante ni des moyens de les mettre en œuvre selon les standards de

---

896 Ministère des solidarités et de la santé. Etude DREES du 2.12.2020. L'étude souligne que le nombre de personnes âgées en perte d'autonomie passerait de 2,4 millions (2020) à 3 millions (2030).

897 Art R. 6123-26 à6123-32 CSP.

qualité et de sécurité requis. Il est très difficile de recruter des praticiens compétents, en nombre requis, dans des structures qui ne peuvent leur garantir un niveau d'activité suffisant pour garantir la sécurité des soins dispensés. Cela ne signifie pas, contrairement à l'épouvantail dressé de manière intéressée, la « fermeture » de l'hôpital mais la reconversion de ses activités afin de mieux répondre à des besoins médicaux et/ou médico-sociaux mal couverts.

Le rapport du Pr Vallancien[898]souligne le consensus professionnel autour du constat qu'en deçà d'un seuil minimum d'activité chirurgicale un établissement ne peut répondre aux critères de sécurité, de qualité et de continuité des soins. Le rapport établissait que 113 unités de chirurgie réalisaient moins de 2000 actes par an et certains blocs opératoires moins d'une intervention par semaine, généralement de faible intensité.[899] C'est la raison pour laquelle, les directives données pour l'élaboration des schémas régionaux de santé fixent une norme de 2000 actes au minimum par an pour le maintien d'une unité de chirurgie. Cette norme n'est pas infondée : l'expérience montre des accidents, liés aux insuffisances de pratique, à l'origine de handicaps sévères ou de décès. On peut imaginer qu'une unité de chirurgie d'un établissement de proximité au sein d'un groupement hospitalier de territoire puisse bénéficier du concours de praticiens de l'établissement pivot (postes de praticiens à temps partagé) pour des interventions courantes. Cette solution, envisageable au cas par cas a ses limites, néanmoins (surveillance des risques post-opératoires, indisponibilité des praticiens…).

Dans son rapport précité, l'IGAS note que 25% des blocs opératoires de l'hospitalisation publique ont un taux d'occupation inférieur à 58% (la norme de référence est de 65% au minimum à 85% au maximum). Le secteur public doit maintenir au moins un bloc en permanence à disposition des urgences mais le temps d'ouverture des autres blocs est souvent réduit, et leur gestion n'est pas rationalisée dans tous les établissements. Le secteur hospitalier privé ne rencontre pas cette difficulté : implanté dans les centres urbains importants, il s'est concentré par fusions successives sans susciter d'oppositions politiques. Ensuite, son activité, qui est programmée, est centrée, sauf exception, sur des actes relativement courants mais d'un niveau technique qu'un établissement public de proximité ne peut pas toujours assurer selon les standards de qualité prérequis.

---

898 Pr Guy Vallancien « L'évaluation de la sécurité, de la qualité et de la continuité des soins chirurgicaux dans les petits hôpitaux publics en France ». Rapport au ministre de la santé et des solidarités. 2006.

899 Les estimations actuelles dépasseraient les 150 unités.

Au demeurant, la demande émanant de la population est ambivalente. Chaque projet de fermeture d'une unité de chirurgie (ou de maternité à faible nombre de naissances) soulève d'importantes résistances mais il ressort d'enquêtes réalisées dans le cadre des schémas d'organisation sanitaire que la même population ne s'adresse pas à l'établissement de sa petite ville mais aux grands établissements publics ou privés des centres urbains importants.[900] Les médecins traitants, informés de la qualité des services, l'y orientent. Sauf exception, les villes disposant d'un plateau technique adéquat sont situées à moins d'une heure du domicile, ce qui, pour une activité de soins programmable ne pose pas de difficulté insurmontable. La population adressée au service de chirurgie de proximité, quand il subsiste, est une population souvent marquée par la précarité sociale et culturelle.

3. Vers une organisation du système de soins hospitaliers en niveaux croissants de complexité

A travers l'expérience des schémas régionaux de santé s'est progressivement dégagée l'idée d'une structuration des soins par niveaux de spécialisation et de complexité croissante. La loi de transformation du système de santé de 2019 en tire les enseignements en organisant le système des soins selon une *gradation en niveaux strictement coordonnés.* La gradation du système d'hospitalisation telle qu'elle résulte de la loi comporte trois niveaux.

Le premier est celui de *l'établissement de proximité* qui reprend, mais aussi complète, les missions de l'hôpital local et surtout est appelé à jouer un rôle essentiel dans la logique de territorialisation de l'organisation sanitaire. Il développe des activités de médecine polyvalente, de soins aux personnes âgées et de soins de suite et de réadaptation, d'une part, de suivi des maladies chroniques d'autre part. Il assure des consultations « avancées » de spécialités médicales et chirurgicales (c'est-à-dire des consultations assurées par les spécialistes des établissements du second niveau, dit de recours). Il dispose également d'équipes mobiles de soins. Enfin, il met à la disposition des professionnels de santé de ville des équipements techniques d'imagerie, de biologie et d'explorations. Il met en œuvre des activités de télémédecine. Il n'exerce pas, en revanche, d'activité chirurgicale ou gynéco-obstétricale.

Pièce importante du parcours de soins coordonnés, il y participe *« afin d'éviter les hospitalisations inutiles et les ré-hospitalisations ainsi que les ruptures dans le parcours de soins ».* Son projet médical d'établissement de proximité comporte les modalités de coopération et la définition des partenariats permettant la réalisation de ce parcours de soins

---

[900] Par exemple, enquête réalisée dans le cadre du SROS II Centre-Val de Loire. Agence régionale de l'hospitalisation (1998-2003)

coordonnés.[901]Cette coopération s'organise d'abord avec les professionnels de santé de son territoire qui assurent des soins de premier recours : médecins généralistes libéraux qui exercent en son sein, professionnels de santé concourant au suivi des patients, à leur retour ou à leur maintien à domicile. Elle comprend un second volet important : l'orientation des patients vers des soins du second niveau. S'il ne dispose pas d'une offre d'accueil médico-social, il lui revient d'établir avec des établissements et services de ce type un accord permettant à ceux de ses patients dont l'état le nécessite, d'y accéder.

Le directeur général de chaque ARS établit, en fonction de critères d'éligibilité, une liste des établissements de proximité, qu'il propose au ministre chargé de la Santé et de l'Assurance Maladie. Celui-ci prend, par arrêté ministériel la décision de classement des établissements.

L'inscription d'un établissement sur la liste doit répondre à l'ensemble des critères suivants d'éligibilité :

- un volume d'activité en médecine inférieur à un seuil règlementaire
- la desserte d'un territoire ayant une population âgée de plus de 75 ans supérieure à la moyenne nationale
- une part supérieure à la moyenne nationale de la population située au-dessous du seuil national de pauvreté
- une densité de population n'excédant pas un niveau plafond
- une part de médecins généralistes pour 100 000 habitants inférieure à la moyenne nationale.

Le lien entre l'établissement de proximité et son territoire est défini comme « l'ensemble des lieux à partir desquels il est possible de parvenir à l'établissement par un trajet routier en automobile d'une durée inférieure ou égale à 20 minutes mesurée en tenant compte des temps de trajet aux heures pleines et aux heures creuses ». [902]

L'objectif de la stratégie nationale de santé pour 2022 est un maillage territorial formé par 700 établissements de proximité, ce qui suppose la reconversion d'un certain nombre de services de chirurgie et de maternités de faible activité. Il sera difficile à atteindre mais il n'en demeure pas moins nécessaire si l'on veut répondre aux vrais besoins de santé qui ne sont pas liés au seul vieillissement. Les besoins en services de santé mentale sont, nous l'avons souligné précédemment, importants. *Plus généralement, le projet ne réussira que si l'hôpital de proximité parvient à s'insérer*

---

[901] Art. R.6111-26 CSP.
[902] Art.R.6111-24 CSP.

véritablement dans le tissu territorial et s'il devient un véritable centre médico-psycho-social.

Le second niveau de soins hospitaliers - niveau de second recours - est assuré par les établissements de santé disposant d'un plateau technique et des praticiens qualifiés permettant l'exercice des activités médicales et chirurgicales comportant les *spécialités de base du système de soins* (cardiologie, pneumologie, gastro-entérologie, pédiatrie, chirurgie viscérale, digestive, orthopédique etc., gynécologie-obstétrique...). Il ne s'agit pas tant d'autoriser chaque établissement à disposer d'une panoplie complète de spécialités que d'orienter les patients vers les établissements selon leur offre de spécialités. Ce principe d'efficience, qui suppose une complémentarité entre établissements, prévaut à chaque niveau d'hospitalisation. Pour ce faire, *la stratégie nationale de santé prévoit une révision du régime des autorisations d'activités en deux temps* : en 2020, les ARS doivent attribuer les autorisations aux activités les plus « structurantes » sur les territoires : urgences, maternités, services de réanimation, imagerie, chirurgie. En 2022, doivent être révisées les autorisations des autres activités spécialisées.

Cette révision doit se faire selon le principe de gradation : soins de proximité, soins spécialisés, soins de recours et de référence organisés à des échelles territoriales différentes selon les seuils d'activité garantissant leur qualité et sécurité. Comme nous le verrons ci-après, la solution à cette répartition des activités entre établissements est apportée, dans le secteur public et privé associé à ce secteur, par le groupement hospitalier de territoire (la coopération publique-privée ou entre activités du secteur privé pouvant reposer sur le groupement de coopération sanitaire). Dans les deux cas, il s'agir de mutualiser les moyens quand un seul établissement ne peut gérer toutes les activités selon les standards requis.

Le troisième niveau est celui des spécialités lourdes et complexes nécessitant la mobilisation de compétences et d'équipements de haut niveau, la mise en place de spécialités rares et coûteuses (transplantation d'organes, activités médicales, chirurgicales, gynéco-obstétricales) et comportant une importante fonction de recours. C'est la mission des CHU et d'établissements spécialisés comme les centres anticancéreux.

4. L'organisation psychiatrique, parent pauvre du système de santé, enjeu majeur de santé publique

La politique de « sectorisation psychiatrique » engagée à partir de 1960 a profondément transformé les pratiques de soins dans ce domaine. Elle a rendu au malade une humanité que l'institution asilaire détruisait. Elle a eu d'incontestables effets dans l'organisation hospitalière. Sans fermer d'hôpital psychiatrique, la France a supprimé un grand nombre de lits d'hospitalisation. Il en subsistait 55 000 en 2011 (il y en avait 120 000 en 1990 et plus de 200 000 en 1970). La durée moyenne de séjour est passée de 250 à 57 jours. Parallèlement, 1,1 million de patients sont pris en charge en soins ambulatoires.[903]Cette réduction drastique, peut-être trop importante, a procédé avant tout de l'évolution de la médecine psychiatrique, notamment de l'apport des méthodes psychothérapiques et psychopharmacologiques.

Mais ce modèle de la « sectorisation » a ses limites, bien identifiées dans un ouvrage récent. Le projet comportait en effet une contradiction inhérente à sa définition puisque le découpage administratif des secteurs se fondait sur le nombre de lits d'hospitalisation et que le budget de la sectorisation était intégré au budget de l'hôpital psychiatrique.[904]La sectorisation psychiatrique a donc fonctionné en maints endroits comme *un prolongement de l'hôpital plus que comme une solution alternative.*[905] Ainsi, seulement 13 000 lits et places de structures alternatives à l'hospitalisation ont été créés cependant que près d'un quart des hospitalisations de longue durée (292 jours ou plus par an) sont inadéquates selon les spécialistes. Elles sont essentiellement le résultat du *manque de structures alternatives* : centres de postcure, appartements thérapeutiques, centres d'accueil familial thérapeutique, services d'hospitalisation à domicile, équipes mobiles... Ces places sont, par ailleurs, *très inégalement réparties*, le rapport allant de 1 à 30 selon l'état d'équipement des départements.[906]Il en résulte des délais d'attente avant une première consultation en CMP supérieurs à un mois dans 20% des secteurs de psychiatrie adulte et de 60% en psychiatrie infanto-juvénile, le délai de prise en charge effective pouvant atteindre 18 mois.[907]

---

903 Dont 24% d'enfants et adolescents de moins de 18 ans. 87% sont exclusivement pris en charge en secteur ambulatoire. 21,1 millions d'actes en ambulatoire ont été dispensés en 2016, dont 76% d'actes d'entretien, 16% d'actes de groupe, 3% d'actes d'accompagnement. 60% sont dispensés dans les CMP, 13% en CATTP, 7% au domicile du patient, 1% en « liaison médico-sociale ». Données 2016 de l'Agence technique de l'information sur l'hospitalisation (ATIH).

904 « Psychiatrie : l'état d'urgence ». M. Leboyer. P-M Llorca.

905 Environ 60% des effectifs en psychiatrie publique sont affectés à l'hospitalisation et 40% à la sectorisation en France alors que l'OMS recommande un partage inverse : 60% au sein des services « extrahospitaliers » et 40% dans les services hospitaliers.

906 Selon les données de l'Agence technique de l'information sur l'hospitalisation, 417 000 patients étaient suivis en 2016 en psychiatrie (dont 46 000 mineurs de moins de 18 ans). 80 000 ont été hospitalisés sans consentement. Sur 342 000 prises en charge à temps plein, 272 000 le sont dans les établissements publics et 91 000 dans les établissements privés. 121 000 patients sont pris en charge à temps partiel, dont 17 000 en établissement privé. Au total, il existe 568 structures psychiatriques, dont 62% spécialisées exclusivement en psychiatrie. 45% sont publiques, 30% sont privées à but lucratif, 25% privées d'intérêt collectif.

907 Ces délais, préjudiciables à la santé des demandeurs ne signifient pas qu'il y ait une hausse de la prévalence des pathologies mentales mais qu'il y a insuffisance des moyens. Une partie

Le milieu carcéral constitue un problème spécifique considérable. La proportion de détenus affectés par des troubles psychiatriques est quatre à dix fois plus élevée que dans la population générale.[908]Environ la moitié a une histoire personnelle, familiale et sociale affectée par des traumatismes psychologiques importants. Une prise en charge personnalisée serait nécessaire. Le taux des détenus incarcérés avec une « simple » altération du discernement s'est accru depuis la réforme du Code pénal : il n'en demande pas moins un soin spécialisé.[909] Or, *l'état des structures de soins psychiatriques en milieu carcéral est notoirement insuffisant*. Les structures spécialisées sont des « unités d'hospitalisation spécialement aménagées » (UHSA) au sein des établissements hospitaliers (environ 700 places). Vingt-six services médicopsychologiques régionaux (SMPR) offrent au total 360 lits en soins psychiatriques installés au sein d'établissements pénitentiaires.[910]Il est important de noter que seuls 4% des patients bénéficient, à leur sortie de prison, d'un suivi ambulatoire. Il n'est donc pas surprenant que le taux de récidive soit élevé.

C'est tout l'enjeu du schéma des services de santé mentale (voir partie III) que de trouver un équilibre entre les besoins d'hospitalisation et le développement des solutions alternatives. Seule, probablement, une couverture égale et plus importante du territoire en soins ambulatoires et en personnels qualifiés, offrant un temps de réponse et de prise en charge adéquats, permettrait d'évaluer précisément les besoins en lits d'hospitalisation complète et de mettre à distance une illusoire demande d'hospitalisation purement sécuritaire.

La loi recourt à la notion d'établissement de santé *autorisé* en psychiatrie et confirme le principe que tout établissement de santé peut dispenser de tels soins « indépendamment de son statut juridique ». Dans le souci de lutter contre la stigmatisation de la maladie mentale, le législateur tend à effacer la dualité entre établissements généraux de soins et établissements spécialisés en psychiatrie instaurée depuis la loi de 1838 qui a créé des établissements

---

de ces moyens pourrait provenir d'une réallocation des ressources consacrées au secteur de l'hospitalisation.

[908]80% des hommes, 70% des femmes sont affectés, du syndrome dépressif à la schizophrénie, 8 à 10% souffrent de troubles graves, plus du tiers sont en addiction. Le taux de suicides est 6 à 7 fois plus élevé que dans la population générale. « Psychiatrie, état d'urgence », op cité pp 2013-214

[909] Cette réforme a remplacé l'article 64 définissant l'irresponsabilité pénale pour abolition du discernement par l'article 122-1 qui distingue celle-ci et l'altération du discernement qui n'exonère pas l'auteur des faits de sa responsabilité.

[910] Seuls 4% des patients bénéficient, à leur sortie de prison, d'un suivi ambulatoire

spécialisés en psychiatrie.[911]Le directeur général de l'ARS est compétent pour désigner les établissements de santé autorisés à dispenser des soins en psychiatrie et leur assigner une zone d'intervention en coopération avec tous les acteurs concernés, notamment les institutions de réinsertion sociale. Dans chaque territoire de santé, l'ARS organise un *dispositif spécifique de réponse aux urgences psychiatriques.*[912]

5. La politique de qualité et de sécurité des soins

La question de la qualité et de la sécurité des soins ne devient véritablement un enjeu politique qu'à partir des années 90 avec l'émotion publique provoquée par le scandale du sang contaminé. Le principe de publicité des résultats annuels de suivi de la qualité et de la sécurité des soins est établi par la loi. Son adoption, guère imaginable jusqu'alors, a fini par s'imposer sous la pression d'un certain nombre de médias qui, à partir de la fin des années 90, ont entrepris la publication, avec un grand retentissement dans l'opinion, de « classements » des établissements de santé, approximatifs au départ, plus affinés par disciplines par la suite. Il existe désormais des indicateurs de qualité et de sécurité des soins relativement fins et robustes pour chaque type d'acte et dans chaque spécialité établis par consensus d'experts. Leur interprétation n'en demeure pas moins délicate. Il y a une convergence entre les préoccupations de santé publique et les préoccupations économiques. Les analyses se font, en effet, plus nombreuses pour montrer le coût de la non-qualité et de l'insuffisance de sécurité des soins : taux de ré-hospitalisation, coût des infections nosocomiales, des sur-prescriptions, des actes inutiles.

A. L'évaluation, l'accréditation et l'analyse de l'activité des établissements de santé

C'est avec la loi de réforme hospitalière de 1991 que le principe de l'évaluation des soins et de l'organisation hospitalière est posé. L'ordonnance de 1996 le rend obligatoire. Il est étendu aujourd'hui à toutes les structures de soins.[913]Il revêt principalement deux aspects : *l'évaluation des pratiques professionnelles*, c'est-à-dire des actes médicaux et des procédures de traitement d'une pathologie et la *certification* de tout ou partie

[911] Art.L.3221-1à 3 CSP. Il existe déjà des secteurs de psychiatrie rattachés à des établissements de santé généraux. Mais le transfert de la psychiatrie dans un dispositif d'hospitalisation générale demeure discuté sur le plan médical.

[912] En relation avec les SAMU, les SDIS, les services de police et de gendarmerie nationale, les établissements de santé compétents pour accueillir des malades sous contrainte et les groupements de psychiatres libéraux.

[913] Art. L.6113-1 à 6 113-14 CSP. La procédure est également obligatoire pour les réseaux de santé et groupements de coopération sanitaire. Cette procédure est engagée par l'établissement, en principe dans le cadre du contrat d'objectifs et de moyens qu'il signe avec l'ARS, laquelle est destinataire du rapport établi par l'équipe d'évaluateurs de la HAS.

d'un établissement qui atteste la qualité et la sécurité de ses prestations au regard des référentiels établis par consensus d'experts. L'analyse de l'activité de l'établissement, qui requiert un système d'information efficace, concourt à la démarche d'évaluation. Le dispositif d'évaluation et de certification repose sur la Haute Autorité de santé (HAS) dont nous verrons en troisième partie le rôle important dans la régulation du système de santé.

B. L'évaluation des pratiques professionnelles

Les établissements de santé, publics ou privés, doivent développer une politique d'évaluation des *pratiques professionnelles*. Celle-ci s'effectue dans le respect des règles déontologiques et de l'indépendance professionnelle. Les standards d'évaluation en la matière sont établis par la HAS selon la méthode du consensus d'experts associant les personnalités reconnues par leurs pairs pour leur autorité scientifique dans le domaine à évaluer. Cette forme d'évaluation repose nécessairement, eu égard à la grande spécialisation des professionnels, sur des normes d'évaluation et des référentiels étroitement liés à la nature de chaque spécialité ou type de pathologie traité. L'évaluation doit porter également sur les *modalités d'organisation des soins* et sur *toute action concourant à une prise en charge globale du malade* afin (…) d'en garantir la qualité et l'efficience.

C. La procédure de certification

Il est prévu une procédure d'évaluation externe des établissements de santé, conduite par des experts mandatés par la HAS. Son but est d'aboutir à la *certification* de la qualité des prestations d'un établissement (ou de pôles ou structures d'activité de cet établissement) au terme d'une appréciation indépendante. Cette procédure joue un rôle capital pour les établissements de santé. Elle est au cœur des engagements qu'ils doivent prendre et mettre en œuvre dans le contrat pluriannuel d'objectifs et de moyens qu'ils signent avec le directeur général de l'ARS. Elle est déterminante pour la place et la capacité d'attraction de l'établissement, pour le renouvellement de l'autorisation de ses activités et l'allocation de ses ressources. Elle porte sur « l'ensemble des prestations délivrées, par service et par activité en tenant compte notamment de leur organisation interne, de la satisfaction des patients et du respect de leurs droits ».[914] Elle repose sur des indicateurs, des critères et des référentiels portant sur les procédures, les bonnes pratiques cliniques et les résultats de ces activités.[915] A l'issue de l'évaluation, l'équipe

---

[914] Art.R.6113-12 CSP.

[915] Un important travail d'identification des indicateurs de qualité des soins a été réalisé au cours des dernières décennies tant par l'OMS, l'OCDE que par la HAS et le Haut Conseil de la santé publique. Une liste d'indicateurs à suivre obligatoirement est publiée annuellement par le ministère de la santé.

d'experts de la HAS émet un avis favorable, ou un avis favorable accompagné de recommandations sur les points susceptibles de bénéficier d'une amélioration, ou un avis comportant des réserves plus ou moins importantes sur différents points. L'ARS étant destinataire du rapport d'évaluation peut demander à l'établissement d'appliquer les recommandations ou de lever les réserves de la HAS dans le cadre du contrat pluriannuel d'objectifs et de moyens qu'il signe avec elle.

Un programme d'incitation financière à l'amélioration de la qualité (IFAQ) permet d'attribuer une dotation spécifique aux établissements répondant aux critères du programme. Ce dispositif s'inspire des modes de paiement à la performance utilisés dans un certain nombre de pays membres de l'OCDE.[916]

D. De réels progrès dans les procédures de sécurité des soins

Les méthodes de certification connaissent une évolution constante. Ainsi la méthode du « patient traceur » permet-elle de mieux repérer les incidents survenus au cours du séjour d'un patient. La dernière version méthodologique de la certification prévoit une démarche conjointe de l'établissement et du groupement hospitalier de territoire dont il relève. Des « tableaux de bord » permettent un suivi des principaux indicateurs de qualité et de sécurité de la prise en charge du patient.[917] La HAS a mis au point un « compte qualité » offrant à chaque établissement tous les deux ans une synthèse des indicateurs de qualité le concernant. Les établissements sont tenus de diffuser les indicateurs de résultat dont le suivi doit figurer parmi les engagements qu'ils prennent dans le cadre de leur contrat pluriannuel d'objectifs et de moyens.[918]Une enquête nationale de satisfaction des usagers recueille et analyse les réponses aux questionnaires de satisfaction que les établissements adressent à ces derniers.[919]

Les méthodes d'évaluation et de certification de la qualité des soins, en vigueur depuis plusieurs décennies dans de nombreux pays anglo-saxons et scandinaves, ont longtemps rencontré de fortes réticences en France,

---

[916] Les modalités de rémunération résultent des travaux du programme « COMPAQH » (coordination pour la mesure de la performance et l'amélioration de la qualité hospitalière) lancé en 2012 et conçu pour évaluer la performance en qualité des établissements de santé à partir d'indicateurs nationaux (IPAQ).

[917] Il s'agit d'indicateurs dits de « structure » ou de ressources (nombre de médecins, de salles d'intervention etc.), de pratiques professionnelles (délais moyens d'envoi du compte-rendu d'hospitalisation au médecin traitant, délai moyen d'attente aux urgences, etc.) et d'activité (nombre de cholécystectomies en chirurgie ambulatoire, nombre de séjours en réanimation etc.).

[918] Il s'agit d'indicateurs portant sur la qualité et la sécurité des soins (IQSS) de la prise en charge du patient (plate-forme QUALHAS) et d'indicateurs de sécurité des soins, notamment de lutte contre les infections nosocomiales et les évènements indésirables graves (EIG).

[919] Enquête « SCORE SANTE ».

notamment dans le vaste groupe des établissements non CHU, mais d'importants progrès ont été réalisés depuis 2000 dans l'identification et l'analyse des risques. De ce point de vue, on peut dire que les exigences posées par les lois récentes, notamment l'obligation de mettre en œuvre les recommandations de la HAS et la *publicité* des informations relatives au niveau de qualité des prestations, ont été un gain pour les usagers.

Le taux de recueil des données relatives aux infections nosocomiales est proche de 100% aujourd'hui. Une enquête nationale portant sur les « évènements indésirables en santé » (ENEIS) mesure la fréquence et les causes de ces évènements. Les spécialistes observent la persistance d'une sous-déclaration de ces incidents mais la situation s'est améliorée. Un programme national de sécurité des patients (PNSP) a été mis sur pied.[920] Ses objectifs sont de développer une véritable culture de la sécurité tant chez les professionnels que chez les patients, de mettre en place une organisation permettant de recenser et traiter rapidement les « évènements indésirables graves », de former les personnels de soins aux méthodes de « retour d'expérience » et de simulation de situations à risques, tant en formation initiale que continue. Un programme de prévention des infections associées aux soins est intégré au PNSP. [921]Des *« réseaux régionaux de vigilance et d'appui »* ont été installés. Mais l'évaluation du programme par le Haut Conseil de santé publique montre que les outils méthodologiques doivent encore être perfectionnés et surtout que subsistent trop souvent des cloisonnements culturels entre professionnels et un manque de familiarité avec les démarches transversales de gestion des risques. Le Haut Conseil note également l'insuffisante implication du niveau de santé primaire et du secteur médico-social dans le PNSP.

6. La « pertinence des soins » : une recherche indispensable en termes de qualité et d'efficience

La problématique de la qualité des soins ne se résume pas à la question de leur sécurité. La *pertinence* des soins dispensés, sujet longtemps occulté, est

---

[920] Parmi les méthodes qui sont mises en œuvre, figurent « l'analyse des modes de défaillances, de leurs effets et de leur criticité » (AMDEC) : analyse des risques a priori des processus permettant de les corriger avant tout accident. Egalement la « revue de mortalité et de morbidité », l'analyse systématique d'un EIG associé au soin ou encore la méthode dite du « chemin critique », qui permet l'amélioration de la qualité de la prise en charge de tous les patients traités pour une pathologie donnée. La HAS a publié des guides, notamment sur la gestion du médicament et des dispositifs médicaux, sur les procédures de sortie d'hospitalisation qui comportent un risque de rupture dans la prise en charge du patient (risque de ré-hospitalisation).

[921] Le PROPIAS (programme de prévention des infections associées aux soins) cible 3 objectifs prioritaires : 1 la prévention des infections liées au parcours de soins du patient, 2 l'antibiorésistance, 3 la réduction des risques infectieux associés à des actes invasifs

aujourd'hui au cœur de la stratégie de santé. Le ministère de la Santé définit le soin pertinent comme *« un soin dispensé en adéquation avec les besoins du patient conformément aux données actuelles de la science, aux recommandations de la Haute Autorité de santé et des sociétés savantes nationales et internationales »*.

Or de nombreuses études mettent en évidence d'importantes variations inexpliquées dans les pratiques médicales selon les régions et/ou départements. Elles impliquent une analyse approfondie se gardant de toute corrélation hâtive. Néanmoins, dans un certain nombre de cas, on observe une surproduction d'actes pour une même pathologie sans justification médicale. Les estimations relatives au taux d'actes potentiellement inutiles varient entre 20 et 30% en France comme dans un certain nombre de pays membres de l'OCDE. La surconsommation d'actes et de prescriptions peut être source d'effets indésirables graves pour le patient. Elle représente un coût élevé pour l'Assurance Maladie.[922]

Parmi les études relatives aux variations des pratiques médicales en France, l'une des plus récentes[923] analyse le taux de recours à une dizaine d'interventions chirurgicales et ses variations. Ce taux varie de 1 à 3 selon les départements pour la chirurgie de la hanche, de 1 à 5, voire 6 pour l'amygdalectomie, de 1 à 4 pour l'appendicectomie (taux moyen de recours supérieur à la moyenne des pays de l'OCDE). Si le taux de recours aux césariennes est moindre en France que dans d'autres pays comparables, les écarts entre départements restent conséquents (de 1 à 2). En chirurgie de l'obésité, les écarts sont de 1 à 20, voire plus. Pour la chirurgie de la tumeur bénigne de la prostate, l'écart est de 1 à 2. Pour la cholécystectomie (ablation de la vésicule biliaire), il est pratiquement de 1 à 3. Il est de 1 à 2 pour l'hystérectomie (ablation de l'utérus) et de plus de 50% s'agissant de la pose d'une prothèse du genou.[924] Les travaux portant sur la pertinence des soins s'orientent désormais vers la prescription du médicament, les examens d'imagerie, le parcours de soins et l'orientation de la prise en charge vers les services de soins de suite et de réadaptation.

---

[922] L'étude sur la pertinence des examens pré-interventionnels systématiques indique, par exemple, 3,5 millions d'actes non pertinents (coût : 17 millions d'euros). Source Ministère des Solidarités et de la Santé.

[923] Atlas des variations de pratiques médicales. 2016. Institut de recherche et documentation en économie de la santé (IRDES).

[924] Plusieurs études anglo-américaines montrent l'influence du médecin dans la décision du recours à la prothèse et un recours plus fréquent dans les populations de territoires à la situation économique défavorable (source IRDES. Atlas précité).

7. L'obligation faite aux établissements de disposer d'un système d'information et d'analyse de leur activité

En lien avec les domaines précédents, la mise en place de systèmes d'analyse de l'activité au sein des établissements de santé est une obligation.[925] Cette obligation représente un changement profond dans la pratique hospitalière. La plupart des établissements, ne disposaient, jusqu'à la fin du XXème siècle, que d'une information très limitée sur leur activité médicale. Désormais, dans le respect du secret médical et des droits des malades, chaque établissement doit organiser un système d'information sur les pathologies traitées et les modes de prise en charge.

Chaque établissement doit disposer d'un département d'information médicale (DIM), ou, au minimum, d'un responsable médical du traitement de l'information résultant de l'activité médicale. Les praticiens doivent transmettre les données médicales nominatives nécessaires à l'analyse de l'activité et à sa facturation au médecin responsable du DIM. Les établissements transmettent aux ARS et aux organismes d'Assurance Maladie les données *anonymes* qui sont nécessaires à leurs missions de planification, de tarification et d'évaluation. La transmission de ces données suscite la critique d'un certain nombre de médecins. L'argument classique de la « bureaucratie » est généralement employé, reflétant le conflit de pouvoir récurrent entre le corps médical et l'administration hospitalière. L'obligation de renseigner le système d'information transforme le rapport entre médecins et administration et si leur indépendance professionnelle demeure, leur ancienne et très large indépendance institutionnelle n'est, de fait, plus aussi grande. On observe néanmoins une certaine évolution : dans un certain nombre d'établissements engagés dans une dynamique de qualité (et de concurrence par la qualité), s'est instaurée une cogestion de l'information médicale entre les responsables médicaux (chefs de pôles, présidents de commission médicale) et les responsables administratifs qui traduit une communauté d'objectifs.

8. Une institution d'appui technique à l'amélioration de la qualité, de la sécurité et de la pertinence des soins hospitaliers

Outre le rôle central de la HAS en la matière, une agence nationale d'appui à la performance des établissements de santé et médicosociaux (ANAP), créée par la loi HPST de 2009, a pour mission d'aider les établissements à « améliorer le service rendu aux patients et aux usagers ». Elle élabore des recommandations et des outils d'aide à la gestion des établissements. Dans le

---

925 Art.L.6113-7 CSP

cadre du suivi de l'application de ses recommandations, elle peut réaliser un audit sur la gestion et l'organisation d'un établissement.[926]

VI. Le financement de l'activité des établissements de santé au cœur des contradictions du système hospitalier français

Le financement des établissements de santé est devenu un problème central à partir de la fin du cycle de forte croissance économique. A la fin des années 70, différents modèles de réforme du financement du fonctionnement de l'hôpital public sont élaborés. L'échec de la politique économique de l'Union de la Gauche relance les projets de réforme qui conduiront à l'adoption, vingt ans plus tard, du modèle de la tarification à l'activité. Très vite contesté, il a fait l'objet de nombreuses propositions de réforme dont certaines sont reprises ou en cours d'expérimentation.

1. La genèse de la tarification à l'activité

La loi du 19 janvier 1983 a apporté un premier bouleversement dans l'économie de l'hospitalisation publique en substituant au système inflationniste et sommaire du prix de journée un modèle de financement a priori, la dotation globale de financement.[927]Le nouveau dispositif représentait une « enveloppe de crédits » correspondant à la part des dépenses constatées prise en charge par les régimes d'assurance maladie obligatoire (environ 95%). L'allocation budgétaire observait désormais, quoiqu'à un niveau encore élevé, un relatif rapport avec l'évolution du produit intérieur brut (PIB) et des dépenses de l'Assurance Maladie. Le taux de progression nominal de la dotation globale hospitalière s'est trouvé divisé par près de trois au cours des années qui suivirent sa mise en place.[928]

Mais la dotation globale de financement était, dans l'esprit de ses auteurs, un outil de transition vers l'instauration d'un mode financement reposant sur la *connaissance des coûts de traitement par groupes de pathologies* traités à l'hôpital, jusqu'alors inconnus. C'est pourquoi la loi autorisait l'expérimentation d'un système de rémunération à l'activité. Celle-ci nécessitant le développement préalable d'un système d'information, le choix s'est porté sur la formation du *« programme de médicalisation des systèmes d'information »* (PMSI), adapté d'un système d'analyse médico-économique

[926] L'ANAP est un groupement d'intérêt public constitué entre l'Etat, l'Union nationale des caisses d'Assurance Maladie, la Caisse nationale de Solidarité pour l'autonomie et les fédérations représentatives des établissements de santé et médico-sociaux.

[927] Loi n° 83-25 du 19.1.1983 relative à la dotation globale de financement et son important décret d'application (décret n°83-744 du 11.8.1983).

[928] Le financement de l'hospitalisation privée à but lucratif a continué à reposer sur un prix de journée rémunérant les frais d'hébergement et les soins courants et sur des forfaits d'actes techniques, dont le rémunérateur forfait de salle d'opération.

de l'hôpital né aux USA et utilisé, avec des variantes, dans de nombreux pays occidentaux. Il permettait d'avoir une connaissance *relative* des coûts *moyens* de traitement par groupe de pathologies aux caractéristiques proches, les groupements homogènes de malades (GHM). Le système de la dotation globale de financement devait faire place à la tarification à l'activité fondée sur les données du PMSI. Les controverses sur la capacité du PMSI à rendre compte de la réalité de l'activité médicale et les oppositions conjuguées d'un certain nombre d'organisations professionnelles, syndicales et politiques au principe même de la tarification à l'activité ont retardé de deux décennies son application.[929]

A partir de 1996 est instauré un mécanisme correcteur de la dotation globale à l'aide du PMSI : l'indice synthétique de l'activité des établissements ». Cette méthode d'allocation des ressources devait, en principe, établir davantage d'équité entre les régions et entre les établissements en réduisant progressivement les écarts injustifiés de dotations. Le PMSI avait, en effet, révélé au sein du secteur public, l'ampleur de la dispersion des coûts, pour des activités similaires (de 25 à 30% entre les régions, parfois davantage entre établissements). Mais, quand les ARH ont entrepris cette opération de rééquilibrage, très prudemment, de l'ordre de + 1 % par an, en moyenne, de la masse budgétaire pour chaque établissement, les réactions des grands élus locaux des établissements sur-dotés ont été, classiquement, de négocier auprès du pouvoir central le statu quo. La péréquation entre régions fut rapidement réduite à des gestes symboliques. Dans ces conditions, la nouvelle majorité politique arrivée au pouvoir en 2003, qui disposait des résultats d'une expérimentation et d'une simulation de modèles de tarification à la pathologie, décidait de mettre en œuvre ce qui allait devenir la tarification à l'activité pour l'ensemble des établissements de santé.

2. Les principes de la tarification à l'activité

La tarification à l'activité *n'est pas un prix de marché. Elle repose sur la détermination d'un coût moyen par groupe de pathologies.* Elle n'en représente pas moins un bouleversement de l'économie des établissements hospitaliers publics assurés jusqu'alors de la reconduction automatique de leurs moyens et presque toujours d'un taux d'augmentation de leur dotation au moins égal à celui de l'objectif national d'évolution des dépenses de

[929] Au plan politique, le projet est issu de groupes d'experts et de responsables politiques situés dans la mouvance rocardienne. Les premières oppositions, discrètes mais efficaces, sont venues de courants politiques de droite. Dix ans plus tard, celle-ci reprend partiellement le projet en exploitant les données globales du PMSI. Le projet de tarification resurgit avec des parlementaires de la gauche rocardienne qui obtiennent une « expérimentation » au début des années 2000, manifestement consentie comme moyen d'enterrer le projet. La nouvelle majorité de droite de 2002 en a fait cette fois une priorité, pressée par l'hospitalisation privée.

l'Assurance maladie (ONDAM) pour sa part hospitalière. Durant les premières années suivant l'instauration de ce nouveau mode tarifaire un certain nombre d'établissements, mal préparés à la réforme, ont connu de graves difficultés de financement faute d'une exploitation exhaustive de l'information médico-économique qu'elle nécessite. Une omission de quelques points des « résumés de séjour anonymes » (nombre et nature des séjours) suffit à mettre un établissement en déficit.

Avec ce modèle tarifaire, l'établissement situé au-dessus du coût moyen se trouve contraint, soit de rechercher une gestion plus efficiente - beaucoup d'établissements n'y étant pas culturellement préparés - soit de renoncer à une activité au profit d'un établissement ayant plus de séjours dans l'activité concernée. Le système est satisfaisant pour l'hospitalisation privée, celle-ci ayant regroupé ses établissements autour d'activités programmées, concentrées sur un nombre restreint de pathologies dont le traitement génère des coûts prévisibles. Il peut être supporté par les établissements publics ayant une forte activité dans les domaines exigeant des actes techniques bien rémunérés. Il l'est moins pour des établissements ayant surtout une activité nécessitant moins d'actes techniques (disciplines médicales courantes). Il éprouve une difficulté à valoriser le coût réel des actes cliniques et le temps, souvent important, consacré aux soins d'entretien et d'assistance des personnes âgées ou des personnes dont l'état psychosocial est précaire. C'est le cas d'un certain nombre d'établissements hors CHU. La tarification à l'activité, entrée en vigueur en 2005 pour l'ensemble des établissements de santé publics et privés, n'a sans doute pas suffisamment tenu compte de tous les enseignements des premières expérimentations, *notamment de la charge de travail des services de médecine polyvalente et de certaines activités spécifiques.*[930]

L'expérimentation de la tarification à l'activité s'était faite sur la base de deux échelles de coûts distinctes, l'une pour le secteur public et l'autre pour le secteur privé à but lucratif. Elle avait montré un écart de coût important, pour un GHM similaire, entre les deux secteurs ainsi que la nécessité d'approfondir l'analyse des coûts réels de certaines disciplines, d'une part, des missions de service public d'autre part. La réforme de 2005 est intervenue sans que ces points aient été pleinement élucidés.[931]Elle prévoyait

[930] Rapport d'étape sur l'expérimentation de la tarification à la pathologie. B. Marrot. H. Gilardi. Mission d'expérimentation. DHOS. Ministère de la santé. Avril 2002. (Non publié)

[931] L'écart moyen des coûts, pour un même groupe de pathologies entre le secteur public et le secteur privé à but lucratif était d'environ 30%. Les coûts liés aux missions de service public expliquaient en partie cet écart (et seront, plus ou moins, pris en compte dans la réforme) mais une autre partie (possiblement 1/3 de cet écart) variant selon les établissements, s'expliquait par une moindre productivité du secteur public. Les causes sont connues : organisation parfois insuffisante, ratios de personnels pour une même pathologie plus élevés, modèle de gestion des carrières (voir notamment le rapport IGAS de 2012 « L'hôpital ») et Rapport public

de faire converger en huit ans les tarifs des secteurs public et privé lucratif vers un tarif commun établi sur la base d'une échelle commune des coûts moyens. C'était un des objectifs majeurs du projet qui reposait sur le principe que les mêmes actes devaient être rémunérés identiquement, les coûts liés aux missions spécifiques relevant d'un autre mode de rémunération. C'était néanmoins un objectif ambitieux eu égard aux écarts constatés. Devant la force des critiques et la crise du secteur public, l'objectif a été abandonné par la majorité politique élue en 2012.

Contrairement aux idées reçues, le financement de l'hospitalisation publique ne repose pas sur la seule tarification à l'activité. La réforme a mis en place une dotation spécifique (qui fut expérimentée en même temps que la tarification à la pathologie) destinée aux établissements ayant des missions de service public. Intitulée dotation pour les *« missions d'intérêt général et l'aide à la contractualisation »* (MIGAC), elle représente plus de 20% des ressources allouées aux établissements de santé publics. Le montant de cette dotation est formé par la somme des crédits alloués à chaque mission de service public en fonction de critères d'évaluation des besoins de financement. Les établissements les plus importants (CHU, centres anticancéreux…) perçoivent également des *dotations spécifiques*.

Les critiques émises à l'égard de la tarification à l'activité se sont amplifiées au cours des années récentes. En effet, en fixant un prix moyen, indépendant du coût réel de l'activité d'un établissement, elle est défavorable aux établissements dont le poids moyen du cas traité (« case mix »), est faible. Elle l'est évidemment pour les établissements ayant un recueil non exhaustif des données ou une gestion « accommodante » des emplois et des carrières, du temps de travail, sachant que les dépenses de personnel représentent environ 70 % du budget. Elle se voit reprocher aussi, malgré d'incessantes modifications, de ne pas refléter correctement le coût d'un certain nombre de GHM, ou d'admettre dans un même GHM des pathologies dont le traitement engage des coûts trop différents les uns des autres. Par ailleurs, la nouvelle tarification a subi les effets du resserrement significatif du taux de progression de l'ONDAM, notamment à partir de 2015 pour l'objectif de dépenses d'hospitalisation. Mécaniquement, les tarifs hospitaliers ont dû

---

thématique de la Cour des Comptes sur « Les personnels des établissements publics de santé » (mai 2006).

suivre cette tendance.[932]Il en est résulté qu'un nombre important d'établissements publics de santé se sont trouvés en déficit d'exploitation.[933]

Une réforme de ce mode de financement était prévue par la majorité élue en 2017 et connaît un début d'application dans le cadre des « Accords du Ségur » de juillet 2020, consécutifs à la crise provoquée par la pandémie du SARS-CoV2.

3. Le dispositif actuel

Le financement actuel de l'activité des établissements de santé repose sur cinq modalités différentes : trois d'entre elles sont liées à la dispensation des soins en médecine-chirurgie-obstétrique (MCO) et soins de suite et réadaptation (SSR). Il comporte : 1 un paiement forfaitaire rémunérant des séjours, avec ou sans hébergement, correspondant au traitement d'une pathologie, 2 un forfait rémunérant les consultations externes, les activités d'urgence et l'hospitalisation à domicile, 3 la rémunération de consommables (médicaments très coûteux, dispositifs implantables).[934]

Les groupements de pathologies précédemment évoqués (les GHM) sont facturés à l'Assurance Maladie en groupements homogènes de séjours ou GHS.[935]Cet ensemble représente environ 80% de la rémunération des établissements ayant des missions de service public, pratiquement la totalité des ressources des établissements privés à but lucratif n'ayant pas de mission de service public.[936]Les financements alloués sous forme de dotation (environ 20%) sont une dotation couvrant les frais fixes des services d'urgence et la dotation évoquée précédemment (la MIGAC).

La méthode qui permet d'établir une tarification à l'activité repose sur les données du PMSI. Chaque séjour hospitalier fait l'objet d'une fiche recueillant, outre les informations relatives à l'âge, au sexe, à l'origine géographique du patient, le diagnostic principal (éventuellement les

---

[932] Cette tendance au ralentissement du niveau des dépenses hospitalières s'observe dans la quasi-totalité des pays membres de l'OCDE (note DREES dépenses de santé 2019 précitée).
[933] La situation de certains de ces établissements s'explique également par le régime risqué des emprunts qu'ils ont contracté (emprunts à taux variables, dits « toxiques ») et par une insuffisante capacité à restructurer leurs activités.
[934] Loi n°2003-1199 de financement de la Sécurité Sociale (LFSS) du 18.12.2003. Plusieurs LFSS ont apporté des modifications au dispositif initial : LFSS n°2004-1370 du 20.12.2004 pour 2005 ; LFSS n°2005-1579 du 19.12.2005 pour 2006 ; LFSS n°2006-1640 du 21.12.2006 pour 2007.
[935] Il y a environ 2400 GHS.
[936] Les honoraires des médecins intervenant en secteur privé lucratif n'entrent pas dans l'enveloppe réservée à ce secteur mais dans l'enveloppe de la médecine de ville, les médecins libéraux étant liés par convention aux établissements concernés, non par le lien de subordination qu'implique le contrat de travail.

diagnostics secondaires) et les principaux actes médicaux.[937] Sur la base de la classification internationale des maladies (CIM) établie par l'OMS, un logiciel regroupe les séjours en un certain nombre de GHM selon des critères définissant une relative *homogénéité* des pathologies constituant le groupe. Il est procédé à une évaluation du *coût moyen* de chaque GHM à partir d'une comptabilité analytique établie sur un échantillon d'établissements.[938] Chaque GHM se voit attribuer un indice de complexité qui le situe dans une *« échelle nationale de coûts »*. C'est sur la base de ce coût moyen que le tarif est fixé.

Une modulation de la tarification des séjours est pratiquée dans certains cas : paiement de journées supplémentaires en cas de séjours exceptionnellement longs, coefficient de minoration du GHS pour les séjours particulièrement courts, paiement à la journée au sein d'unités très spécialisées (réanimation, soins intensifs, surveillance continue, néonatalogie).

En principe, chaque séjour correspond à un GHM qui correspond à un GHS. Mais il existe des exceptions notables. Un séjour peut se voir affecter plusieurs GHS en raison de la lourdeur de la prise en charge (soins palliatifs, facturation en sus des séances de radiothérapie ou de dialyse, prise en charge du nouveau-né en plus du GHS de la mère en obstétrique, notamment). Par ailleurs, il existe des *forfaits dits de « sécurité et environnement hospitalier » (SEH)* qui rémunèrent l'utilisation d'un secteur opératoire ou l'observation sans hospitalisation : actes d'endoscopie sans anesthésie, actes sans anesthésie générale ou locorégionale nécessitant un recours opératoire, actes nécessitant une mise en observation dans un environnement hospitalier.

Enfin, il est prévu d'appliquer à la tarification à l'activité deux coefficients spécifiques : 1 un coefficient géographique pour les établissements situés dans des zones qui modifient « de manière manifeste, permanente et substantielle » le prix de revient de certaines prestations,[939] 2 un coefficient de « haute technicité » appliqué à environ 400 établissements privés à but lucratif pour des soins coûteux en chirurgie.

Une agence nationale, *l'Agence technique de l'information hospitalière (*ATIH) est chargée d'analyser et d'actualiser le fonctionnement du système d'information (PMSI) et de tarification à l'activité afin de l'adapter en permanence aux évolutions médicales et de corriger les effets pervers éventuels des définitions de GHM. L'étude nationale des coûts « à

---

[937] Cette fiche est anonymisée. Elle est classée automatiquement par le logiciel qui la traite selon que les actes sont chirurgicaux ou non (actes dits « classants ou non-classants »).
[938] Il s'agit de « l'Etude nationale des coûts à méthodologie commune » (ENC2).
[939] Il concerne la Corse et l'Ile de France à hauteur de 7%, les DOM entre 25 et 30%.

méthodologie commune » a fait l'objet de nombreuses corrections destinées à régler les problèmes méthodologiques (validité de l'échantillon des établissements sélectionnés pour établir les coûts moyens, qualité de la comptabilité analytique).[940]

Les consultations externes sont facturées selon la Nomenclature des actes professionnels (NGAP) et la Classification des actes médicaux (CCAM).[941]

Le financement des urgences repose sur un système allouant une dotation rémunérant au forfait les coûts fixes en fonction du nombre de passages, et un tarif au passage.[942]Les actes et examens complémentaires (imagerie, biologie...) sont facturés comme les actes en consultations externes.

Les activités de prélèvements d'organes et de greffes font l'objet de forfaits spécifiques. De même, des dotations, hors tarification à l'activité, sont accordées pour le financement de médicaments onéreux figurant sur une liste établie par le Ministère de la Santé[943]et pour les dispositifs médicaux implantables. En raison du coût très élevé de ces produits de santé, les établissements doivent respecter des règles de « bon usage » dans le cadre d'un contrat de bon usage des médicaments et produits de santé (CBUS) signé avec l'ARS.[944]

En ce qui concerne l'HAD, le principe retenu est celui du tarif global, à l'exception de produits annexes, établi sur la base d'un recueil spécifique des données : le résumé par sous-séquences (RPSS). Chaque sous-séquence est définie par un groupe homogène de prise en charge (GHPC) résultant de la combinaison de trois éléments : un mode de prise en charge principal, un mode associé, et un indice de mesure de dépendance. A chaque GHPC est affecté un indice de pondération selon la durée de prise en charge.

---

[940] Le système est constamment révisé : en 2020, il en est à sa 26ème version. Pour les établissements privés à but lucratif, les GHS correspondent à la valorisation des données antérieures de la facturation à l'Assurance Maladie.

[941] La NGAP classe les actes *cliniques* médicaux et la CCAM classe les *techniques* des praticiens médicaux et auxiliaires médicaux.

[942] Le forfait d'admission aux urgences (FAU) comporte un forfait de base (7500 passages annuels et un forfait supplémentaire par tranche de 5000 passages supplémentaires). Le tarif unique au passage, l'ATU (accueil et traitement des urgences), n'est pas cumulable avec un GHS en cas d'hospitalisation.

[943] Médicaments anticancéreux, médicaments orphelins, dérivés du sang etc.

[944] Un observatoire des médicaments, dispositifs médicaux et innovations thérapeutiques (OMEDIT), constitué auprès de l'ARS, regroupe les comités d'établissements ayant conclu un CBUS afin d'analyser la pertinence de l'emploi de ces produits et pratiques.

4. Le financement des missions d'intérêt général

Le financement des « missions d'intérêt général et d'aide à la contractualisation » (MIGAC) comprend deux sous-ensembles : les missions d'enseignement, de recherche, de référence et d'innovation (MERRI) et les autres missions d'intérêt général (MIG). Le financement des MERRI se fonde, outre les critères classiques d'équité, sur des critères sélectifs incitant au développement et à la qualité de la recherche : il comporte une part couvrant les frais fixes, (pluriannuelle et reconductible après évaluation), une part modulable en fonction d'indicateurs de performance, une autre variant selon l'activité. Les MERRI concernent les CHU, CLCC[945]et une vingtaine d'établissements associés à la recherche.[946]

Le financement des MIG dépend d'une liste établie par arrêté ministériel d'activités ne pouvant être rattachées à un séjour ou à un patient particulier, d'une part et devant être assurées quel que soit le niveau d'activité d'autre part. Il s'agir, pour l'essentiel, de missions de service public : fonctionnement du SAMU et du SMUR, des centres de référence, des équipes mobiles (de gériatrie, de psychiatrie, de soins palliatifs…), de la prise en charge de catégories spécifiques de la population, comme celle des détenus. Il concerne essentiellement les établissements de second et troisième niveau de recours, publics ou privés d'intérêt collectif.

L'aide à la contractualisation » est une sous-enveloppe des MIGAC. Elle rémunère, dans le cadre d'un contrat d'objectifs et de moyens (CPOM) signé par l'établissement avec l'ARS, les programmes mettant en œuvre les priorités de santé publique figurant au projet régional de santé.

5. Les perspectives de réforme : mieux financer la pertinence des soins, la coopération entre professionnels, le contenu médical des soins

Le principe même de la tarification à l'activité s'est trouvé remis en cause par un certain nombre d'acteurs de l'hospitalisation publique qui lui reprochent de mal refléter la réalité de l'activité médicale et d'inciter à une surproduction d'actes ou de séjours, créant une surcharge de travail pour les établissements. Aucune alternative à ce mode de tarification n'ayant paru probante, c'est la solution de sa modification substantielle qui a été retenue. Son expérimentation nous renseignera sur son intérêt ou sur la nécessité de

[945] CLCC : centres de lutte contre le cancer

[946] Les dotations varient selon la catégorie dans laquelle l'établissement est classé (de 1 à 3, voire 5 pour les CLCC).

rechercher un autre mode de tarification.[947] Annoncée dans le projet de réforme du système de santé (2018-2022), elle a fait l'objet d'expérimentations (toujours en cours) décidées dans le cadre de la LFSS pour 2018.[948]Certains des modes de paiement étudiés sont déjà appliqués pour certaines prises en charge.

L'idée directrice de la réforme est de ramener *la part de la tarification à l'activité à 50% du financement total* de l'hospitalisation.

Ce qui deviendrait, à l'issue de la réforme, un modèle de *paiement combiné* reposerait sur cinq modalités :

- *Le paiement « au suivi »,* notamment pour la prise en charge des maladies chroniques comporterait des *forfaits de prise en charge* assortis d'indicateurs de qualité destinés à inciter les professionnels à privilégier *la prévention* par rapport au nombre d'actes et de séjours.
- *Le paiement à la qualité et à la performance* dont le but est d'améliorer la *pertinence des soins dispensés*
- *Le paiement pour la structuration du service,* incitation à une meilleure organisation de l'offre de soins. L'ARS répartirait une dotation spécifique en fonction des priorités du projet régional de santé. (le secteur de la santé mentale est particulièrement concerné par cette modalité de paiement selon une approche « populationnelle »).
- *Le paiement à la séquence de soins* (paiement groupé) devrait rémunérer *conjointement* les acteurs d'une séquence de soins (par exemple intervention/rééducation), actuellement rémunérés séparément.
- *Le paiement à l'acte et au séjour* demeurera la modalité de paiement pour toutes les séquences *uniques* de soins (environ 55% des séjours hospitaliers). Mais cette modalité requiert de profondes transformations : *revalorisation de l'échelle des tarifs en soins ambulatoires* (sous évalués jusqu'ici*), révision des nomenclatures médicales et paramédicales* (processus sur trois ans, soit 2019-2022), *définition de nouvelles méthodes de constitution des nomenclatures hospitalières et de valorisation des séjours tenant mieux compte des données médicales et de l'intensité des soins.*

---

[947] Voir notamment le « rapport sur l'évolution des modes de financement des établissements de santé ». Olivier Véran. 2016 et le rapport IGAS « évaluation des effets de la T2A sur le management des établissements de santé » n°RM 2012-011P (A. Bruant-Bisson, P. Castel, M.P Panel).

[948] LFSS pour 2018, art. 51. Décret n°2018-125 du 21.2.2018 relatif au cadre de l'expérimentation pour l'innovation dans le système de santé. Circulaire ministérielle N°SG/2018/106 du 13.4.2018. Le projet de réforme de la tarification a été confirmé par les accords du Ségur de la santé (juillet 2020).

Dans le cadre de la LFSS pour 2021[949], la tarification doit évoluer dans quatre domaines : psychiatrie, soins de suite et de réadaptation, urgences et hôpitaux de proximité. Une nouvelle tarification des urgences (commune aux établissements publics et privés) prévoit un forfait patient urgences (FPU) calculé pour chaque passage aux urgences sans hospitalisation, qui remplace la tarification comportant un « ticket modérateur » à la charge du patient. Par ailleurs, doit être expérimenté un nouveau mode de financement des activités de médecine. Il combine, à l'échelle territoriale, une part de financement à l'activité, une part de financement à la qualité et une part de financement « populationnel » assise selon des critères d'analyse des besoins des patients d'un territoire donné. Les établissements expérimentateurs recevront une « dotation-socle » à la place des ressources allouées selon la logique de la tarification à l'activité dans le cadre d'un contrat conclu avec l'ARS déterminant des objectifs qualitatifs et populationnels.

VII. La gouvernance de l'établissement public de santé : un problème insoluble ?

1. Concilier des intérêts potentiellement divergents

Depuis une quarantaine d'années, les réformes du mode de gestion interne de l'hôpital public se succèdent au rythme du mouvement de balancier politique. L'hospitalisation privée transforme aussi sa gestion pour l'adapter aux exigences de fonctionnement de polycliniques disposant parfois d'autant de « lits actifs » que les plus importants établissements publics.[950] Cette transformation n'est pas davantage exempte de tensions internes que celle des établissements publics mais ce qui caractérise la difficulté récurrente de la gouvernance du secteur public, c'est *son intégration dans la sphère politique.* [951]

L'hôpital public est l'enjeu de forces multiples : forces politiques locales, forces politiques nationales, forces syndicales. Il est particulièrement l'enjeu de pouvoir entre le corps médical et l'administration. Quand une majorité politique réforme son mode de gouvernance, une autre réforme la réforme, essentiellement sur ce qui est, pour elle, un « marqueur » idéologique. En définitive, l'attitude des pouvoirs publics fait penser au mot fameux du prince Salina dans « Le Guépard » de Lampedusa, « il faut que tout change pour que rien ne change »...Sans doute parce que, parvenues à un certain point d'équilibre, les forces antagonistes redoutent le prix d'un changement profond.

---

[949] Loi de financement annuel de la Sécurité Sociale

[950] Lits de médecine, chirurgie, obstétrique (soins de courte durée).

[951] Ce que souligne bien E. Couty dans son entrevue précitée (revue française d'administration publique).

Le pouvoir central est soucieux, depuis la réforme de 1958, de renforcer le pouvoir administratif au sein de l'hôpital tout en veillant à ménager le pouvoir médical. Il a besoin de ce pouvoir pour développer une régulation assurant l'efficience du système hospitalier et le corps des directeurs d'hôpitaux a su s'imposer comme l'agent de cette régulation tout en étant l'avocat du corps médical et un rouage efficace dans la relation entre l'Etat et les maires, présidents des conseils de surveillance.[952]

Les pouvoirs politiques locaux, tout aussi soucieux que le pouvoir central de ne pas heurter une population acquise à l'image valorisée de l'hôpital, sont très attentifs à toute évolution des structures hospitalières. Le principe d'adaptabilité du service public, principe de la théorie du service public, n'a bonne presse que s'il signifie un agrandissement ou une modernisation de l'hôpital. S'il se traduit par une reconversion d'activité, le procès en « technocratie » centralisatrice n'est jamais bien loin. Cependant, hors les cas - rares et toujours motivés médicalement - où une suspension d'activité s'impose dans l'urgence vitale, les projets de restructurations font l'objet d'une concertation avec les élus concernés et leur exécution prévoit des étapes de réalisation s'étalant généralement sur plusieurs années. Cela ne prémunit pas pour autant contre le double discours.

Le pouvoir central doit aussi développer une stratégie de négociation avec les principaux syndicats des personnels hospitaliers, qui représentent une force politique et sociale considérable.[953]Le pouvoir syndical varie selon les établissements. Il est très important dans un certain nombre d'entre eux. Des alliances tacites se nouent entre des maires et des responsables syndicaux. Elles peuvent contribuer à une plus grande adhésion au projet de l'établissement. Mais elles peuvent aussi, dans un certain nombre de cas, placer le directeur dans une situation d'impuissance qui finit par compromettre le développement de l'établissement.

C'est, néanmoins, et logiquement, la collaboration entre le pouvoir administratif et le pouvoir médical qui structure fondamentalement le fonctionnement de l'établissement. Aucun établissement ne peut fonctionner

---

952 La Fédération hospitalière de France, qui représente les intérêts de l'hospitalisation publique, est l'exemple même de ce pouvoir tripartite animé par les élus, les directeurs d'hôpitaux et les présidents de commissions médicales d'établissements, au point d'être l'interlocuteur incontournable de l'Etat et le lieu où s'entrecroisent les carrières des cadres hospitaliers influents.

953 La loi n°86-33 du 9.1.1986 portant dispositions statutaires relatives à la fonction publique hospitalière a créé une nouvelle fonction publique : la fonction publique hospitalière. Les agents hospitaliers relevaient jusqu'alors de dispositions du Code de la Santé (Livre IX) offrant depuis 1955 des garanties proches du statut de la fonction publique. Les praticiens hospitaliers ont un statut spécifique d'agent public adapté au principe de leur indépendance professionnelle et aux règles de déontologie médicale.

correctement s'il n'y a pas une étroite coopération entre le directeur et un président de commission médicale assuré d'un mandat solide de sa commission. C'est là que se pose de manière récurrente la question de la légitimité des décisions engageant la stratégie et l'organisation de l'hôpital. La loi HPST a entendu répondre à ces questions en affirmant *le principe de libre organisation* de l'établissement de santé, en remplaçant le conseil d'administration par un conseil de surveillance, en conférant une *compétence générale de gestion* au directeur, assisté, néanmoins, par le président de la commission médicale au sein d'un *directoire* et en organisant l'établissement public de santé par *« pôles d'activité »,* la notion de « service », si profondément ancrée dans l'histoire hospitalière publique, disparaissant.

L'introduction, au début des années 2000, de la réduction du temps de travail dans l'institution hospitalière en même temps que celle du repos compensateur pour les praticiens tenus à des gardes et astreintes a eu, dans les conditions de sa mise en œuvre, un effet durable de désorganisation de l'hôpital public et a été la source de tensions sociales et politiques renforcées par l'instauration de la tarification à l'activité.[954]Les pouvoirs publics ont tenté de résoudre cette crise latente par trois séries de mesures : un effort d'investissement (financement des plans « Horizon 2007 » puis 2012, notamment), la simplification des règles de gestion de l'hospitalisation publique, reprenant certaines conclusions de plusieurs rapports,[955] et la transformation du mode de gouvernance des établissements de santé publics dans le but d'instaurer une plus grande autonomie de gestion de l'établissement de santé.[956]

La loi HPST est la résultante de ces transformations successives. La crise sanitaire, mais aussi politique, provoquée par la pandémie du SARS-CoV-2 a conduit le Gouvernement à confier à une mission de réflexion sur la gouvernance de l'hôpital public qui a rendu ses conclusions en juin 2020.[957] Un mois plus tard, le Gouvernement signait avec les organisations

---

[954] Le repos compensateur intervient alors que près de 10 000 postes de praticiens ne sont pas pourvus et la compensation de la RTT exigeait un effort budgétaire sensiblement supérieur aux moyens disponibles.

[955] Loi d'habilitation n°2003-581 du 2.7. 2003 autorisant le Gouvernement à prendre par voie d'ordonnance des mesures de simplification et de réorganisation dans le domaine sanitaire et social. Rapport Piquemal au nom de la mission d'évaluation de la RTT dans les établissements de santé. 2002. Rapport Debrosse et al au nom de la mission de modernisation des statuts et de la gestion sociale de l'hôpital public. 2003. Rapport Ducassou et al, sur l'attractivité des CHU, 2003. Rapport Domergue sur l'organisation interne de l'hôpital.

[956] Préfigurant la loi HPST de 2009, les ordonnances n°2003-850 du 4.9.2003 (simplification de l'organisation et du fonctionnement du système de santé et des procédures de création d'établissements ou services sociaux ou médico-sociaux) et n° 2005-406 du 2.5.2005 simplifiant le régime juridique des établissements de santé.

[957] Rapport du Pr Olivier Claris au nom de la mission sur la gouvernance et la simplification hospitalière (juin 2020).

professionnelles hospitalières les importants « Accords du Ségur » (juillet 2020). Une loi du 26 avril 2021[958] reprend un certain nombre de recommandations émises par la mission précitée, dont la *restauration du service hospitalier et l'établissement d'un système de codécision du directeur et du président de la commission médicale.* Nous décrirons ci-après l'état de la législation en y intégrant les principales dispositions de la loi du 26 avril.

2. Les principales règles d'organisation de la gouvernance de l'établissement public de santé

Personne morale de droit public, l'établissement public de santé est un centre hospitalier dont le ressort peut être communal, intercommunal, départemental, régional, interrégional ou national.[959]Sa spécificité est explicitement liée par la loi à « son implantation locale et à son rôle dans les stratégies territoriales pilotées par les collectivités territoriales qui participent à sa gouvernance et sont étroitement associées à sa gestion afin de garantir le meilleur accès aux soins et la prise en compte des problèmes de santé dans les politiques locales ». Il est doté d'un conseil de surveillance et dirigé par un directeur assisté d'un directoire.

A. Le conseil de surveillance

Le conseil de surveillance de l'établissement public de santé n'a pas un rôle limité à une fonction consultative. Il est, en effet, compétent pour se prononcer sur sa stratégie et exercer le contrôle permanent de sa gestion. Il délibère notamment sur le projet d'établissement, la convention constitutive des CHU et les conventions associant d'autres organismes à leurs missions, le compte financier et l'affectation des résultats, le rapport annuel sur l'activité de l'établissement présenté par le directeur, toute convention entre l'établissement et l'un des membres de son directoire ou du conseil de surveillance, enfin les statuts des fondations hospitalières créées par l'établissement.[960]

Il émet, par ailleurs, un avis sur la politique de qualité et de sécurité des soins, de gestion des risques et des conditions d'accueil et de prise en charge des usagers, ainsi que sur la gestion immobilière de l'institution, le règlement intérieur, sa participation à un GHT.

---

[958] Loi n°2021-502 visant à « améliorer le système de santé par la confiance et la simplification ».

[959] Il est créé par décret lorsque son ressort est national, interrégional ou régional, par arrêté du directeur général de l'ARS dans les autres cas.

[960] Art.L.6143-1 CSP

Il est également consulté sur les prises de participation et la création de filiales assurant la valorisation des activités de recherche, l'exploitation des brevets et des licences qui en résultent dans le cadre de services industriels et commerciaux. Cette disposition, introduite par deux textes de 2010 et 2015, est particulièrement importante pour les CHU qui, ne pouvant bénéficier des opportunités offertes par le statut d'établissement public à caractère industriel et commercial, trouvent ici une solution sans laquelle leur activité de recherche serait compromise.[961]

A tout moment, le conseil de surveillance « opère les vérifications et les contrôles qu'il juge opportuns et se fait communiquer les documents nécessaires à l'accomplissement de sa mission ». Le directeur communique à la présidence du conseil de surveillance les principaux documents relatifs à la stratégie et à la gestion de l'établissement. Le conseil « entend » le directeur sur « l'état des prévisions de recettes et de dépenses » ainsi que sur le programme d'investissement et est « informé » du contrat pluriannuel d'objectifs et de moyens conclu avec l'ARS.

Le pouvoir de tutelle de l'Etat, certes allégé, n'en demeure pas moins à l'égard de certaines délibérations du conseil de surveillance qui ne sont exécutoires qu'au terme d'un délai de deux mois en l'absence d'opposition du directeur général de l'ARS.[962]

Le conseil de surveillance est composé de trois catégories de personnes : 1 cinq représentants, au plus, des collectivités territoriales, de leurs groupements ou de la métropole,[963] 2 cinq représentants du personnel médical et non médical,[964] 3 cinq personnalités qualifiées.[965] Il élit son président parmi les membres de la première ou de la troisième catégorie. Le président de la commission médicale d'établissement (CME), vice-président du directoire, participe aux séances avec voix consultative, tout comme le directeur général de l'ARS ou son représentant et le directeur de la caisse d'assurance maladie. Dans les CHU, le directeur de l'unité d'enseignement

---

[961] Ordonnance n°2010-177 du 23 février 2010 et loi n°2015-990 du 6 août 2015.

[962] Il s'agit de la convention constitutive du CHU, du rapport annuel d'activité du directeur de l'établissement, du statut des fondations hospitalières et des prises de participation ou création de filiales d'exploitation de brevets ou licences.

[963] Dont le maire (ou son représentant) de la commune siège de l'établissement et le président du conseil départemental (ou son représentant). La loi du 26.4.2021 d'amélioration du système de santé prévoit la participation au conseil de surveillance, à titre consultatif, du député de la circonscription siège de l'établissement et d'un sénateur du département.

[964] Dont un représentant élu de la commission des soins infirmiers, de rééducation et médicotechniques, les autres membres étant désignés par la commission médicale d'établissement et par les organisations syndicales les plus représentatives compte tenu des résultats obtenus lors des élections au comité technique d'établissement.

[965] Dont deux désignés par le directeur général de l'ARS et trois, dont deux représentants des usagers, désignés par le préfet de département.

et de recherche médicale participe également aux séances avec voix consultative.

B. Le directeur

Le directeur de l'établissement est président du directoire. Il reçoit une compétence générale de gestion. Il exerce son autorité sur l'ensemble du personnel dans le respect des règles déontologiques et professionnelles qui s'imposent aux professionnels de santé. Il dispose du pouvoir de nomination de l'ensemble des agents non médicaux. Il propose au directeur général du Centre national de gestion (CNG)[966] la nomination des directeurs adjoints et des directeurs des soins infirmiers après avis de la commission administrative paritaire. Sur proposition du chef de pôle, et après avis du président de la CME, il propose au directeur du CNG la nomination et la mise en recherche d'affectation des personnels médicaux, pharmaceutiques et odontologiques, l'avis du président de la CME étant communiqué à ce dernier. Il peut également recruter des praticiens par contrat en vue de réaliser un objectif précis.[967]

Après concertation avec le directoire, outre les décisions de gestion relatives au patrimoine de l'établissement, il conclut le CPOM liant ce dernier et l'ARS. Il décide conjointement avec le président de la CME de la politique de qualité, de sécurité des soins et des conditions d'accueil et de prise en charge des usagers. Il arrête le bilan social et définit une politique d'intéressement. Il détermine la politique d'investissement, après avis de la CME pour ce qui concerne les équipements médicaux. Il fixe l'état des prévisions de recettes et de dépenses, le plan global de financement pluriannuel et les propositions tarifaires, arrête le compte financier et le soumet à l'approbation du conseil de surveillance. Il arrête le règlement intérieur, l'organisation interne de l'établissement et l'organisation du travail et des temps de repos à défaut d'accord avec les organisations syndicales. Il signe les contrats de pôles d'activités, propose au directeur général de l'ARS la participation et la constitution de l'une des formes de coopération prévues par la loi. Il arrête le plan d'organisation de l'activité de l'établissement en cas de situation sanitaire exceptionnelle. Enfin, il présente au directeur

[966] Le CNG est un établissement public administratif placé sous la tutelle du ministère de la santé. Il est chargé de la gestion du recrutement et de la carrière des directeurs d'établissements publics sanitaires, sociaux et médicosociaux du secteur public et de celle des praticiens hospitaliers, y compris universitaires.

[967] La rémunération des médecins recrutés ainsi comporte une part variant en fonction des résultats quantitatifs et qualitatifs de leur action. Ce type de contrat ne doit pas être confondu avec les contrats de travail intérimaire dont ont usé (et abusé), à des conditions financières exorbitantes, un certain nombre d'établissements ne disposant pas de médecins anesthésistes. La loi précitée de 2021 confère au directeur général de l'ARS le pouvoir de déférer au tribunal administratif les actes juridiques qu'il juge irréguliers.

général de l'ARS le plan de redressement que celui-ci peut lui demander lorsque la situation financière de l'établissement l'exige, notamment si elle se caractérise par un déséquilibre sérieux.[968]

Les directeurs généraux de CHU sont nommés par décret sur le rapport des ministres de la Santé et de l'Enseignement supérieur. Les directeurs des autres établissements publics sont nommés par arrêté du directeur du CNG sur une liste d'au moins trois noms de candidats proposés par le directeur général de l'ARS, après avis du président du conseil de surveillance. L'emploi de direction peut être retiré « dans l'intérêt du service » par l'autorité investie du pouvoir de nomination après avis du président du conseil de surveillance.

C. Le directoire

Le directoire comporte 7 membres (9 en CHU) dont le directeur, président, le président de la CME, vice-président,[969] le président de la commission des soins infirmiers, de rééducation et médicotechniques et des membres nommés, et le cas échéant révoqués, par le directeur après information du conseil de surveillance, sur présentation d'une liste établie par le président de la CME. Le directoire approuve le projet médical et prépare le projet d'établissement, notamment sur la base du projet de soins infirmiers, de rééducation et médicotechniques. Il conseille le directeur dans la conduite de l'établissement.[970]

D. La commission médicale d'établissement (CME)

La CME est composée des représentants des personnels médicaux, odontologiques, maïeutiques et pharmaceutiques. Son président, qu'elle élit, exerce (et devrait exercer après la réforme précitée de 2021) un rôle de codirection générale de l'établissement pour tout ce qui concerne sa stratégie médicale. C'est logiquement, s'agissant de dispenser des soins médicaux, l'organe majeur d'un établissement de santé. Il élabore les propositions de stratégie médicale, notamment le projet médical, y compris celles qui sont relatives au projet médical partagé du GHT. Plus généralement, il participe à

---

[968] Art. L.6143-7 CSP.

[969] En CHU, sont adjoints également deux vice-présidents, le doyen de la faculté de médecine et un vice-président nommé par le directeur général sur proposition d'un établissement public de recherche relevant de la tutelle conjointe des ministres de la santé et de la recherche et chargé de la recherche et du doyen de la faculté. En CHU, les autres membres sont nommés sur proposition conjointe du président de la CME et du doyen de la faculté de médecine.

[970] La loi précitée du 26.4.2021 prévoit d'adjoindre au directoire, avec voix consultative, trois personnalités qualifiées après avis du président de la CME et consultation du directoire. Par ailleurs, un représentant du personnel non médical sera proposé par le président de la commission des soins infirmiers, de rééducation et médicotechniques.

l'élaboration du projet d'établissement. Son rôle est essentiel dans la formation de la politique de qualité, de sécurité, de pertinence et d'organisation des soins. Il l'est aussi dans le processus de désignation des chefs de pôles ou de services. Il est consulté sur toutes les questions relatives au fonctionnement, notamment budgétaire, de l'institution, sur les projets de CPOM et de coopération.

E. La commission des soins infirmiers, de rééducation et médicotechniques

En créant un service de soins infirmiers placé sous la direction d'un infirmier général, membre de l'équipe de direction, la loi de 1991 reconnaissait le rôle primordial des personnels paramédicaux au sein de l'hôpital. Elle a créé une commission des soins infirmiers, à laquelle ont été adjoints les services de rééducation et médicotechniques, dont le rôle est tout aussi important. Présidée par le directeur des soins infirmiers, elle émet un avis sur les questions d'organisation générale des soins infirmiers et de l'accompagnement des malades et sur un projet global de soins infirmiers, sur la politique de formation de ces personnels et sur le projet d'établissement. On a pu craindre que la formation d'une instance distincte de la CME ne nuise à une approche globale de la problématique du soin. C'est pourquoi la loi précitée du 26 avril 2021 prévoit la possibilité d'expérimenter le regroupement des deux instances.

F. Le comité technique d'établissement (CTE)

Le CTE est composé des représentants du personnel de l'établissement élus au scrutin de liste avec représentation proportionnelle. Le directeur (ou un membre de la direction) préside le comité. Le CTE est consulté sur tous les projets de délibération en conseil de surveillance et, d'une manière générale, sur tous les documents relatifs à la stratégie de l'établissement, à son organisation interne, à son financement. Il est particulièrement concerné par le projet social, la gestion prévisionnelle des emplois et des compétences, la formation, l'organisation du travail.

3. L'organisation interne, concentré des contradictions politiques et sociales

La crise provoquée par la pandémie du SARS-CoV2 a exacerbé les tensions déjà vives qui traversent l'hôpital public et a placé ce dernier au cœur des polémiques quotidiennes répercutées par les médias. Au-delà de la question salariale, évoquée à propos de la crise des services de réanimation, la question des conditions de travail des personnels soignants revient avec force dans le débat. L'hôpital serait une structure « bureaucratique » étouffant les initiatives sous le poids d'une hiérarchie comportant trop d'échelons. Il serait aussi une structure prisonnière d'une idéologie « technocratique » d'inspiration « néo-libérale » imposant des normes de performance au travail épuisantes dans un contexte de concurrence entre structures.

La réalité est plus difficile à saisir. L'hôpital public n'échappe pas, il est vrai, à la tendance bureaucratique propre à un Etat centralisé. Il se trouve enserré, comme d'autres services publics, dans un appareil législatif et réglementaire trop dense. Le souci de la sécurité sanitaire en est une des raisons après, nous l'avons vu, les défaillances graves imputables, précisément, à l'imprécision ou à l'inexistence des normes. Il n'est donc pas simple de les supprimer sans discernement. Entreprise publique de main d'œuvre, l'hôpital est confronté à de lourdes exigences de gestion de ses personnels, qui ont pour effet de mobiliser d'importants moyens en personnels, en tenues de commissions. D'une manière générale, il enregistre les effets paradoxaux de sa « démocratisation » : les textes lui imposent un grand nombre de commissions, de temps de concertation qui font dire à plus d'un médecin qu'il consacre trop de temps en « réunionite ». Dans tous les cas précités, et dans bien d'autres, il n'est pas facile de simplifier ce mode de fonctionnement. On peut douter que le mode de gestion des cliniques privées apparaisse comme un modèle. On pourrait peut-être étudier davantage celui des établissements privés d'intérêt collectif, même si la nature de leur activité limite les leçons qui pourraient être tirées d'une comparaison. Il y a enfin la lettre et l'esprit. Même si le mode de gestion imposé à l'hôpital public mérite une plus grande souplesse et si certaines normes de travail s'avèrent difficiles à supporter dans certains services et certains établissements (journée de 12 heures par exemple), il ne faudrait pas oublier ce qui est complètement occulté dans la polémique actuelle, à savoir que la loi prévoit que chaque établissement établit son *« projet d'établissement »* à cinq ans et que l'élaboration de ce projet est le moment privilégié d'une réflexion et de propositions émanant des personnels pour établir des conditions de travail et de formation aussi adaptées que possible à leur attente. Ce projet est le fruit d'un diagnostic partagé, généralement mûri durant un temps relativement long, associant un grand nombre d'agents. Il faut donc tempérer les visions caricaturales qui circulent, y compris sous des signatures « autorisées » ayant accès ouvert en permanence dans des journaux « autorisés ». Pour autant, il serait contraire à la vérité que d'affirmer que les conditions de travail ne méritent pas, dans les établissements de santé, une attention et des décisions fortes, spécialement dans les établissements et services confrontés aux situations les plus stressantes en permanence.

Les impératifs de l'évolution technique et médicale exigeaient une mutualisation d'équipements coûteux et une coordination des activités médicales suivant des critères fonctionnels de regroupements fédérant des unités correspondant aux anciens services ou à des formes nouvelles d'organisation. La loi du 3 janvier 1984, s'inspirant de nombre d'exemples étrangers probants, avait créé des « départements hospitaliers » à cette fin.[971] Sa conception maladroite lui a valu un échec complet. La majorité issue des élections législatives de 1986 rétablit le service hospitalier.[972] Le projet de 1984 fut repris dans la loi de 1991 sous une forme souple de fédérations de services. Ce fut un nouvel échec. L'ordonnance de 1996 reprit la question sous l'angle budgétaire avec l'instauration de « centres de responsabilité », sans plus de succès.

La loi HPST fondait l'organisation des établissements de santé autour du *« pôle d'activité »*. Le principe de libre organisation de l'établissement public de santé était posé mais se trouvait encadré par des règles qui en limitaient la portée.[973] La loi du 26 avril 2021 fait un pas supplémentaire en faveur du principe de libre organisation en prévoyant que, « par dérogation, le directeur et le président de la CME peuvent décider d'organiser librement le fonctionnement médical et la dispensation des soins en conformité au projet médical d'établissement ». La décision requiert l'avis conforme de la CME et de la commission des soins infirmiers, de rééducation et médicotechniques et l'approbation du directoire. Dans ce cadre, le directeur et le président de la CME nomment *conjointement* les responsables des structures médicales et médicotechniques.

A. La résurrection du service

Le service n'a jamais complètement disparu de l'organisation hospitalière publique. Mais il avait perdu, au moins dans les grands établissements, une large part de son pouvoir. La loi du 26 avril 2021 le rétablit en énonçant que *« les services constituent l'échelon de référence en matière d'organisation, d'encadrement de proximité des équipes médicales et paramédicales, d'encadrement des internes et étudiants de santé ainsi qu'en matière de qualité de vie et de travail »*. Le chef de service est nommé par décision *conjointe* du directeur et du président de la CME après avis du chef de pôle. Il est associé, ainsi que le cadre de santé du service, au projet d'établissement, au projet de gouvernance et de management participatif et aux projets d'évolution de l'organisation interne. Ils sont associés à la gestion des objectifs du pôle par son responsable. Le *« pôle d'activité »,* se retrouve, dans ces conditions, recentré sur une fonction fédératrice qui a tout

---

[971] Loi n°84-5 du 3.1.1984 créant les départements hospitaliers

[972] Loi du 24.7.1987

[973] L'organisation des pôles devait être conforme au projet médical. La création d'un pôle devenait facultative en-deçà d'un minimum d'agents. Sa taille était limitée à un nombre maximal d'agents, fixé par décret.

lieu d'être féconde dans les établissements qui ont su créer un fort sentiment communautaire. Elle risque de n'être qu'une superstructure formelle dans les établissements moins structurés autour d'un projet stratégique partagé.

B. Le pôle d'activité

Le pôle d'activité est composé de services ou unités fonctionnelles assurant la prise en charge des patients et de structures médicotechniques associées. Il regroupe des activités selon des critères d'efficience médico-économique (mutualisation de moyens) et d'efficience médicale (association et coordination des savoirs et des pratiques autour d'un appareil formant système tel que l'appareil cardio-vasculaire, d'un groupe de pathologies, telles les pathologies infectieuses et/ou d'une technique, telle la transplantation d'organes ou économique (gestion des investissements, des patients, des moyens logistiques, par exemple).

Le directeur nomme les chefs de pôle sur proposition du président de la CME (et du directeur de l'UER de médecine en CHU) quand il s'agit des chefs de pôles d'activités cliniques ou médicotechniques. Il signe avec le chef de pôle un *« contrat de pôle »* (contresigné par le président de la CME et le directeur de l'UER de médecine dans le cas d'un CHU). Le chef de pôle d'activité clinique ou médicotechnique est responsable de la mise en œuvre de la politique de l'établissement et de la réalisation des objectifs fixés au pôle. L'évaluation des résultats de son activité est un élément important du contrat pour l'attribution de moyens en équipements et en personnels.

Le chef de pôle organise son fonctionnement avec les équipes médicales, soignantes et administratives sur lesquelles il a une autorité non point hiérarchique mais fonctionnelle. Sa mission repose largement sur ses capacités à animer et coordonner par le dialogue les différentes équipes en vue d'atteindre les objectifs assignés. Le fonctionnement efficace d'un pôle est nécessairement collégial. C'est pourquoi la loi de 2021 renforce l'approche managériale et participative de la gestion hospitalière. Elle instaure un *« projet de gouvernance et de management participatif »* qui définit les orientations stratégiques en matière de gestion de l'encadrement et des équipes médicales, paramédicales, administratives, techniques et logistiques *« à des fins de pilotage, d'animation et de motivation à atteindre collectivement les objectifs du projet d'établissement ».* Ce projet doit prévoir les « modalités de désignation des responsables hospitaliers, tenir compte du projet social, des besoins et des attentes individuelles et collectives des personnels et de leur environnement professionnel ». Il comporte une formation managériale obligatoirement dispensée aux professionnels médicaux et non médicaux nommés à des postes de responsabilité.

4. Les règles spécifiques de la gouvernance de l'hospitalisation privée

Les établissements privés à but non lucratif sont qualifiés d'établissements de santé privés d'intérêt collectif. Il s'agit des centres de lutte contre le cancer, qui ont été créés par voie d'ordonnance en 1945, et les établissements gérés par des personnes morales de droit privé (fondations, associations...). La loi leur impose la création d'une commission médicale d'établissement, dont le rôle est comparable à celle d'un établissement public.

Dans les établissements à but lucratif, généralement régis par le droit des sociétés, les praticiens forment de plein droit une conférence consultée sur les principales décisions de gestion et sur l'organisation médicale.

Dans tous les établissements privés, ces instances médicales ont pour mission de veiller à l'indépendance professionnelle des praticiens et à l'évaluation des soins. Par ailleurs, tous les établissements privés sont tenus d'admettre au sein de leur conseil d'administration ou de surveillance des représentants des salariés. Enfin, les établissements privés habilités à assurer des missions de service public doivent accueillir au sein de leur instance de gouvernance au moins deux représentants des usagers.

Chapitre III
La politique du médicament ou les limites de la souveraineté nationale

Les dépenses de médicaments représentent environ 20% des dépenses de santé des pays membres de l'OCDE. La France est le second marché du médicament au sein de l'UE. La part du médicament dans sa consommation des biens et services médicaux dépasse les 17%, soit un montant d'environ 40 milliards d'euros/an et environ 30% de l'enveloppe des « soins de ville » dans l'ONDAM. Environ 10% des dépenses en médicaments relèvent du secteur hospitalier.

En France, la consommation de médicaments est un problème à la fois économique et sanitaire car elle demeure supérieure en « unités standards » d'environ un quart comparée à celle de huit pays européens semblables. Elle tend à évoluer vers la moyenne européenne mais elle se distingue de celle-ci par trois aspects : une surconsommation d'antibiotiques, un recours marqué aux médicaments les plus chers, sans justification particulière et un faible taux de recours aux médicaments génériques (32% des produits disponibles).[974]Le prix très élevé d'un certain nombre de molécules nouvelles est un nouveau défi. Notre pays est confronté, comme beaucoup d'autres, à des difficultés d'approvisionnement, notamment parce que le secteur de l'industrie pharmaceutique, multinational et très concentré, a largement délocalisé ses fabrications en Asie Enfin, la gestion du médicament impose de strictes règles de sécurité dont l'application suscite des interrogations.

La gestion du médicament est dominée par la question de l'évaluation des produits pour lesquels une autorisation de mise sur le marché est sollicitée. Ce droit est, nous l'avons vu, largement imbriqué dans le droit européen mais il conserve ses règles spécifiques, notamment celles qui déterminent l'admission au remboursement par l'Assurance Maladie. Entre 1999 et 2001, l'ensemble des médicaments remboursables par l'Assurance Maladie a fait l'objet d'une réévaluation : sur 4490 spécialités pharmaceutiques 835 ont été considérées comme ayant un niveau de service médical rendu « insuffisant ». La procédure française de négociation des prix du médicament obéit également à des règles spécifiques. Elle fait l'objet d'interrogations sur sa transparence, son efficacité et son adéquation aux procédures d'évaluation sur lesquelles elle se fonde. Enfin, la nature du médicament et des dispositifs médicaux, susceptibles de guérir mais aussi susceptibles de produire des

---

[974] Etude de l'association des laboratoires de recherche internationaux et de la chaire de santé de l'ESSEC portant sur la période 2000-2011, publiée en juin 2012 et rapport du Sénat (2016) sur la politique du médicament.

effets indésirables graves, impose un suivi et un contrôle rigoureux de leur administration, de leurs effets réels, de la pertinence de la prescription. C'est le rôle de la pharmacovigilance et de la matériovigilance.

I. La définition du médicament et des dispositifs médicaux en droit français

1. La définition du médicament

La loi énonce une définition générale exhaustive du médicament, qu'il soit à usage humain ou animal. Elle l'entend de « toute substance ou composition présentée comme possédant des propriétés curatives ou préventives à l'égard des maladies humaines ou animales, ainsi que toute substance ou composition pouvant être utilisée chez l'homme ou chez l'animal ou pouvant leur être administrée, en vue d'établir un diagnostic médical ou de restaurer, corriger ou modifier leurs fonctions physiologiques en exerçant une action pharmacologique, immunologique ou métabolique ». [975]

Les médicaments à usage humain font l'objet des dispositions spécifiques distinguant 18 catégories différentes de produits. Parmi elles figurent la catégorie des *« médicaments génériques »,*[976] celle relevant de la thérapie génique,[977]celle des médicaments constituant une *« thérapie innovante »* au sens du règlement européen,[978] ou encore celles des médicament dérivés du sang, des médicaments homéopathiques[979] ou à base de plantes.

Proche de la définition européenne, la loi française s'en distingue en qualifiant de médicament « potentiel » un produit présentant les caractéristiques d'un médicament sans revendiquer cette qualification. Elle suit, en l'occurrence, la jurisprudence de la Cour de justice des communautés européennes qui a élaboré la théorie de la « présentation implicite » du médicament pour qualifier ce type de produit conçu dans le dessein de

---

[975] Art. L.5111-1 et L.5121-1 CSP-

[976] « Est spécialité générique d'une spécialité de référence, celle qui a la même composition qualitative et quantitative en principes actifs, la même forme pharmaceutique et dont la bioéquivalence avec la spécialité de référence est démontrée par des études de biodisponibilité appropriées ».

[977] Thérapie génique : « Tout médicament autre que les spécialités pharmaceutiques et les médicaments fabriqués industriellement, servant à transférer du matériel génétique et ne consistant pas en des cellules d'origine humaine ou animale ». Thérapie cellulaire xénogénique : « Tout médicament autre que les spécialités pharmaceutiques et médicaments fabriqués industriellement, consistant en des cellules d'origine animale et leurs dérivés utilisés à des fins thérapeutiques »

[978] Règlement n°1394/2007 du Parlement européen et du Conseil (13.11.2007)

[979] « Tout médicament obtenu à partir de substances appelées souches homéopathiques selon un procédé de fabrication homéopathique décrit par la pharmacopée européenne ou française, à défaut par les pharmacopées officielles d'autres Etats membres de l'UE.

s'affranchir du monopole de distribution du médicament par les officines.[980]La loi française entend ainsi à la fois privilégier la « fonction sociale du médicament » soumis à un strict contrôle de sécurité et le monopole de distribution réservé aux officines de pharmacie, investies d'une mission de service public.[981]Sont également considérés comme des médicaments les produits diététiques qui renferment dans leur composition des substances chimiques ou biologiques qui confèrent notamment des propriétés recherchées en thérapeutique diététique.

Au sens du Code de la santé publique, la « pharmacopée » est un recueil établi et diffusé sur décision du directeur de l'Agence nationale de sécurité du médicament (ANSM). Elle comprend la nomenclature des médicaments, les tableaux de posologie maximale et usuelle de ces médicaments pour l'adulte et l'enfant, toutes les informations nécessaires à la pharmacovigilance. De l'abondante jurisprudence relative à la gestion du médicament, on retiendra que l'inscription d'un produit à la pharmacopée ne suffit pas à le qualifier de médicament.[982] Néanmoins, la Cour de justice européenne en fait un élément susceptible d'être pris en compte pour caractériser un produit de médicament au sens de l'art. L.5111-1[983]

2. Le régime juridique du « dispositif médical » en droit français et ses limites

La définition française du « dispositif médical » correspond à la définition européenne tout en s'en distinguant quant à la délimitation de son domaine. Sont exclus de celui-ci un ensemble de produits dont le régime est spécifique.[984]Selon la loi est un « dispositif médical » : « tout instrument, appareil, équipement, matière, produit, à l'exception des produits d'origine humaine, ou autre article utilisé seul ou en association, y compris les accessoires et logiciels nécessaires au bon fonctionnement de celui-ci, destiné à être utilisé chez l'homme à des fins médicales et dont l'action principale voulue n'est pas obtenue par des moyens pharmacologiques ou

---

[980] CJCE affaire n°227/82 Van Bennekom du 30.11.1983. Un fort contentieux s'est développé à propos du développement par la grande distribution de produits dits de « parapharmacie » ou de produits « utiles à la santé » qui étaient vendus en officine avant l'offensive commerciale des grandes surfaces.

[981] Voir E. Cadeau « Le médicament en droit public ».

[982] Voir notamment CE, sect, 14 oct. 1977, Syndicat national des industries aromatiques alimentaires. Lebon 384 ; RDSS 1978.200, concl. Labetoulle

[983] CJCE 20 mai 1992 Commission c/Allemagne, n°C-290/90. Rec CJCE 3317

[984] Les dispositifs médicaux de diagnostic in vitro, les produits qui, compte tenu de leur mode d'action principal sont considérés comme des médicaments, les produits cosmétiques, le sang humain et ses produits dérivés, les organes, tissus ou cellules d'origine humaine ou animale (sauf exception précisée à l'art. R.5211-3 du Code santé publique). Voir également, en matière de déremboursement, CE 20.5.1988 Société des Laboratoires de thérapeutique moderne, Rec.199 ; CE 22.3.1968 Société des Laboratoires Beytout, req. n°66-8462

immunologiques ni par le métabolisme, mais dont la fonction peut être assistée par de tels moyens. Constitue également un dispositif médical le logiciel destiné à être utilisé spécifiquement à des fins diagnostiques ou thérapeutiques ».[985]

Tout dispositif médical doit, pour être autorisé, bénéficier, selon la classe à laquelle il appartient, d'une *certification de conformité*, délivrée, pour les principaux d'entre eux, après une investigation clinique préalable destinée à garantir la sécurité des patients, des utilisateurs et des tiers.[986]

La procédure de certification est aujourd'hui controversée. Nous avons observé précédemment (partie I, titre I, chapitre III) d'assez nombreux manquements aux exigences règlementaires, imputables aux « organismes notifiés », c'est-à-dire agréés en vue de contrôler la qualité et la sécurité des dispositifs médicaux. En France, le nombre d'incidents identifiés a doublé en 10 ans, peut-être en raison de la multiplication des produits mais aussi en raison des failles du système de contrôle de la sécurité des produits.[987]L'affaire des prothèses mammaires a mis en évidence l'absence d'une obligation d'inspection « inopinée » des procédés employés par les fabricants.[988]A cet égard, la CJUE a rendu un arrêt particulièrement important en estimant « qu'en présence *d'indices* suggérant qu'un dispositif médical est susceptible de ne pas être conforme aux *exigences essentielles i*mposées par le droit de l'Union, l'organisme notifié doit *prendre toutes les mesures nécessaires* afin de s'acquitter de ses obligations, sous peine d'engager sa responsabilité civile devant les juridictions nationales en cas de manquement fautif »[989]La règlementation européenne a été renforcée en conséquence en 2017.[990]

La loi française confie à l'ANSM d'importantes attributions de contrôle des dispositifs médicaux selon les normes appliquant la règlementation européenne. L'Agence désigne l'organisme « notifié » chargé de vérifier la conformité du produit à ces normes. Elle propose au ministre de la Santé la liste des produits admis sur le territoire national. L'ANSM est compétente pour diriger le système de « matériovigilance », c'est-à-dire d'analyse et de

---

[985] Art. L.5211-1 et 2CSP

[986] Art. R.5211-1 à 64.

[987] 158 000 incidents en 10 ans.

[988] Dans l'affaire des prothèses mammaires « PIP », le tribunal de commerce de Toulon a reconnu la responsabilité de l'organisme certificateur (T. Com. Toulon, 14.3.2013, n°2011F00517) et Cour d'appel Aix en Provence, 2.7.2015, Société TÜV Rheinland, n°13/22482.

[989] CJUE 16.2.2017, Schmitt c/TÜV Rheinland, n°C-662/15

[990] Règlements 2017/745 (dispositifs médicaux) et 2017/746 (dispositifs médicaux de diagnostic in vitro) du 5 avril 2017 (JOUE du 5.5.2017) applicables, respectivement le 26.5.2021 et le 26.5.2022.

traitement de toute alerte sur un incident grave imputable à un dispositif médical. [991]Elle a rencontré jusqu'ici de sérieuses difficultés dans l'exercice de cette mission. Un rapport récent (2017) de l'IGAS souligne les nombreuses anomalies de sa base de données de matériovigilance[992] (non renseignement de dysfonctionnements sérieux, déclarations tardives d'incidents, sous déclaration des incidents par le corps médical). L'organisation de la matériovigilance repose sur un réseau de correspondants (un par établissement de santé, soit 3193) dont l'actualisation s'imposait. Par ailleurs, l'équipe d'évaluateurs de l'agence a besoin d'être renforcée face à la somme des signalements : plus de 17 000 en 2017 dont près de 13 500 nécessitant une investigation approfondie. Enfin, il apparaît que les industriels ne suivent que partiellement les recommandations de l'ANSM. L'IGAS observe toutefois que la constitution d'un réseau piloté par des responsables régionaux améliore sensiblement le taux de signalement.

3. Le régime de l'autorisation de mise sur le marché du médicament (AMM°)

La problématique de l'autorisation de mise sur le marché d'un médicament, préoccupation centrale de sécurité sanitaire, est nourrie par une abondante jurisprudence et entretenue par les questions d'ordre méthodologique, éthique et économique. Le droit français, fortement encadré par le droit européen du médicament, est exigeant quant aux conditions de recevabilité et d'examen des demandes d'AMM. Son application n'est pas, pour autant, exempte de failles.

Le fabricant doit solliciter une AMM soit auprès de l'Agence européenne des médicaments, soit auprès de l'ANSM. Suivant les règlements européens, la plupart des nouveaux médicaments font aujourd'hui l'objet d'une AMM délivrée par l'Agence européenne avec laquelle collabore étroitement l'agence française.[993]

L'AMM est refusée lorsqu'il apparaît que « l'évaluation des effets thérapeutiques positifs du médicament ou produit au regard des risques pour la santé du patient ou la santé publique liés à sa qualité, à sa sécurité ou à son efficacité n'est pas considérée comme favorable ou qu'il n'a pas la

---

[991] Décès ou risque de décès ou de dégradation grave de l'état d'un patient, d'un utilisateur ou d'un tiers

[992] Base dite « MRVeille »

[993] L'article L.5121-8 du Code de la santé prévoit que « toute spécialité pharmaceutique ou tout autre médicament fabriqué industriellement (…) qui ne fait pas l'objet d'une AMM délivrée par l'Union européenne (…) doit faire l'objet, avant sa mise sur le marché ou sa distribution à titre gratuit, d'une AMM délivrée par l'Agence nationale de sécurité du médicament et des produits de santé (ANSM) ».

composition qualitative et quantitative déclarée ou que l'effet thérapeutique annoncé fait défaut ou est insuffisamment démontré par le demandeur ».[994]

Le fabricant qui demande une AMM est responsable de l'exactitude et de la sincérité des documents et données qu'il fournit à l'agence du médicament.[995]. Le dossier de demande comporte :

- les données chimiques, pharmaceutiques et biologiques ;
- les résultats des essais précliniques et cliniques ;
- un résumé décrivant son système de pharmacovigilance ;
- les indications thérapeutiques, les contre-indications et les effets indésirables ;
- la posologie, la forme pharmaceutique, les modes d'administration du médicament et la durée présumée de stabilité ;
- les informations sur les précautions à prendre pour le stockage du médicament, son administration au patient, et l'élimination des déchets ;
- une déclaration attestant que les essais cliniques réalisés hors UE répondent aux exigences éthiques des directives ;
- une déclaration attestant que le fabricant a vérifié que la fabrication de la substance active est conforme aux règles de bonne pratique de fabrication ;
- le document d'information garantissant la lisibilité des instructions relatives à l'usage du produit ;
- les copies de toutes les décisions prises à l'égard du projet de médicament.

La procédure conduisant à une AMM comporte des étapes strictement codifiées : essais « précliniques » (évaluation in vivo sur des systèmes vivants non humains suivant des protocoles méthodologiques rigoureux), analyse des données pharmacologiques, pharmacocinétiques et toxicologiques de la nouvelle molécule, phase de « développement clinique » (essais d'administration du médicament candidat chez des êtres humains volontaires, malades ou sains). Le responsable des essais doit être un médecin expert dans la matière étudiée. Un « consentement préalable éclairé » doit être recueilli par écrit auprès de chaque personne acceptant de se prêter à l'essai. Tout essai clinique doit recevoir, au préalable l'avis favorable d'un comité consultatif de protection des personnes. Cette étape requiert l'autorisation de l'ANSM qui vérifie l'emploi des protocoles

---

[994] Art. 5121-9 CSP

[995] Art. R.5121-21-2 CSP qui impose également au fabricant de transmettre à l'agence sans délai et en *signalant sa portée* toute donnée nouvelle (…) qui pourrait entraîner une modification du rapport d'évaluation « bénéfices-risques » lié au médicament.

méthodologiques (« bonnes pratiques cliniques »). Parallèlement aux essais, est engagée une phase de développement industriel comprenant une séquence de production du principe actif et une séquence de développement galénique.[996] Le processus de production et de distribution, soumis à des règles précises, est placé sous la responsabilité d'un pharmacien.

L'autorisation est accordée au titre d'une ou plusieurs indications, le terme *indication* s'entendant comme un signe clinique, une pathologie ou toute situation affectant un patient qui justifie un traitement médical. Elle peut être assortie de conditions, notamment l'obligation de réaliser des études de sécurité ou d'efficacité post-autorisation. Elle ne peut être délivrée qu'à un demandeur établi dans un Etat membre de l'Union européenne.[997] Elle est délivrée pour une durée de cinq ans, renouvelable sans limite de durée dans les conditions fixées par décret en Conseil d'Etat sauf si l'ANSM décide de procéder à un renouvellement quinquennal sur la base d'une réévaluation des effets thérapeutiques positifs du médicament.[998] L'Agence peut également, sur la base de nouvelles études, modifier les termes de l'autorisation. Exceptionnellement, elle peut délivrer une « autorisation temporaire d'utilisation » (ATU), dans l'attente de l'examen du dossier d'AMM s'il s'agit d'un médicament destiné à soigner une pathologie grave sans qu'il existe une alternative thérapeutique. Ce médicament est alors délivré par un médecin spécialiste en milieu hospitalier.

Depuis 2010, la règlementation a été sensiblement renforcée, notamment après l'affaire du « Médiator », médicament auquel est attribué un nombre de décès évalué entre 1500 et 2100.[999] Cette grave affaire n'était pas un cas

---

[996] La galénique est une partie de la science pharmaceutique qui étudie le processus de fabrication, de présentation, de dosage, de voie d'administration et de conservation d'un médicament

[997] Ou partie à l'accord sur « l'Espace économique européen ».

[998] Au regard des risques tels que définis à l'article L.5121-9.

[999] Le « Médiator » a été autorisé en 1976 comme traitement complémentaire d'un régime alimentaire chez des personnes ayant un excès de lipides dans le sang et des malades diabétiques en surpoids. Il appartient à une famille de substances actives, les fenfluoramines, aux propriétés anorexigènes. Chimiquement, il est proche d'une variante toxique proche de l'amphétamine. En 1997 les fenfluoramines sont interdits aux USA. Un premier cas de valvulopathie lié au « Médiator » est évoqué par le Pr Montastruc, membre de la Commission nationale de pharmacovigilance, en 1999. En 2000, la Commission européenne décide le retrait de l'AMM de l'ensemble des médicaments anorexigènes au vu des alertes relatives à ces produits. En octobre 2003, la revue « Prescrire » appelle à la vigilance vis-à-vis des « amphétamines masqués ». En 2005, l'Espagne et l'Italie retirent le « Médiator » du marché. En 2006 plusieurs dizaines de cas de troubles psychiatriques et d'hypertension artérielle pulmonaire sont notifiés chez des patients utilisant le « Médiator ». Le Dr Irène Frachon, qui avait attiré l'attention des autorités sanitaires dès le début des années 2000, établit le lien de causalité entre 11 cas de valvulopathies et le « Médiator » en février 2009. Elle publie en 2010, « Médiator 150 mg, combien de morts ? » (Éditions dialogues.fr). La législation en

isolé puisque d'autres médicaments ont été mis en cause. Dans leur rapport au Président de la République, les professeurs Even et Debré observent que la pharmacopée française comprend un nombre anormalement élevé de médicaments autorisés (4500) pour 1120 principes actifs, près de 800 ayant selon eux un effet thérapeutique faible, voire nul.[1000] La virulence de la polémique déclenchée par leurs conclusions illustre, au-delà des critiques normales du point de vue scientifique, la puissance des intérêts mis en cause. Un assez large consensus s'établit toutefois aujourd'hui autour du constat que, durant des décennies, les AMM ont été insuffisamment contrôlées. Les comparaisons internationales corroborent cet état de fait. Une forme d'accord implicite a prévalu jusqu'au début des années 1990 entre les pouvoirs publics et l'industrie pharmaceutique : celle-ci acceptait un prix modéré des médicaments admis au remboursement de l'Assurance Maladie en contrepartie de conditions favorables à l'agrément des médicaments présentés. La politique publique de santé s'est ainsi trouvée relativement subordonnée à des objectifs économiques et sociaux (préservation de l'emploi dans une industrie qui en fut pourvoyeuse par dizaines de milliers, contribution aux objectifs d'exportation des médicaments de fabrication française).[1001]

L'AMM peut être suspendue, retirée ou modifiée si le produit s'avère nocif, s'il ne permet pas d'obtenir de résultat thérapeutique, si le rapport bénéfices-risques est défavorable, si la spécialité n'a pas la composition qualitative et quantitative déclarée, si le titulaire de l'AMM ne respecte pas ses obligations légales et règlementaires. La décision de suspension, retrait ou modification est rendue publique sans délai.

Les médicaments sont inscrits, par arrêté ministériel sur proposition du directeur de l'ANSM, soit sur une liste des médicaments à prescription médicale obligatoire (liste I) qui, en raison des risques d'effets indésirables ou de la nature des substances qu'ils contiennent, exigent une surveillance médicale, soit sur une liste de produits à prescription médicale facultative (liste II) en raison d'une toxicité a priori « modérée ».Dans le premier cas, ils ne peuvent être délivrés que sur ordonnance médicale, dans le second cas, ils peuvent l'être sur le conseil d'un pharmacien. Cette « régulation médicalisée » est une sélection *a priori* des pratiques et des innovations

---

matière d'AMM et de pharmacovigilance est renforcée mais le « Médiator » n'est suspendu qu'en 2009 et son AMM retirée six mois plus tard.

1000 Rapport au Président de la république. Pr Even et Pr Debré. Sur la refonte du système français de contrôle de l'efficacité et de la sécurité des médicaments 2011.

1001 Cette politique de modération des prix s'est avérée inopérante puisqu'en en 2011, la dépense de médicament par habitant était de 615 dollars en France contre 483 en moyenne au sein des pays membres de l'OCDE. Par ailleurs, la crise de la pandémie du SARS-CoV-2 a montré que l'industrie du médicament avait largement délocalisé ses productions en Asie et ne remplissait plus les objectifs d'indépendance nationale et de création d'emplois recherchés.

médicales ayant fait, en principe, la preuve de leur efficacité, ou de leur utilité sur la base de référentiels issus de conférences de consensus d'experts.[1002]

L'étendue des garanties juridictionnelles est, en cas de contestation, réduite à la recherche de « l'erreur manifeste d'appréciation », eu égard à la prépondérance de l'évaluation scientifique dans la définition du caractère remboursable ou non d'un médicament. Le Conseil d'Etat a ainsi rejeté à de nombreuses reprises les recours effectués par les entreprises pharmaceutiques, notamment contre les décisions de déremboursement.[1003]Il ne s'écarte pas pour autant des directives européennes [1004]en admettant l'obligation pour l'administration de motiver les actes administratifs de radiation sur la liste des médicaments remboursables.[1005]

II. La problématique du « médicament remboursable par l'Assurance Maladie »

1. Les critères d'admission au remboursement : problème méthodologique et problème politique

Un médicament ayant obtenu une AMM n'est remboursable par l'Assurance Maladie que s'il figure sur une liste des médicaments remboursables établie par arrêté conjoint des ministres chargés de la Santé et de la Sécurité Sociale selon des critères d'évaluation du service médical rendu.[1006]Le dispositif d'évaluation, relativement complexe, a fait récemment l'objet de nombreuses propositions de réforme.[1007]Il relève des attributions de la HAS,

---

[1002] R.Launois « Qu'est-ce que la régulation médicalisée ? ». C.Le Pen et E.Lévy « L'évaluation économique du médicament au service d'une régulation médicalisée des dépenses de santé ».

[1003] Le Conseil d'Etat a estimé dans un arrêt du 24.6.1987, « « Syndicat national de l'industrie pharmaceutique » que l'examen des spécialités par la Commission de la transparence, suivant leur répartition par classes thérapeutiques « ne constitue pas une méthode de nature à entacher d'irrégularités la procédure consultative ». Dès 1953, dans un arrêt du 18 février « Métadier », il affirme sa volonté de s'en tenir à l'existence matérielle des faits sans entrer dans l'analyse du bienfondé scientifique de la décision.

[1004] La directive dite de « transparence » n°89-105 précise bien (art.6) que toute décision d'exclure un produit de la liste des médicaments remboursables doit « être motivée et se fonder sur des critères objectifs et vérifiables ».

[1005] CE 9.7.1993 « Association F.O Consommateurs et autres, CJEG déc. 1993, p563 et s, concl. G Le Chatelier.

[1006] Art R-163-2 à 5 Code de sécurité sociale.

[1007] Rapport sur la réforme des modalités d'évaluation des médicaments. Dominique Polton, présidente du groupe d'évaluation des médicaments (à la demande du ministre chargé de la santé). Novembre 2015.

Rapport du Sénat sur la politique du médicament n°739. Gilbert Barbier et Yves Daudigny. 2016

dont deux commissions sont spécialisées dans ce domaine : la « commission de la transparence » et la « commission d'évaluation médico-économique ».

Pour chaque demande de remboursement d'un médicament ayant une AMM délivrée par l'ANSM, la commission de la transparence rend un avis sur le niveau du *« service médical rendu »* (SMR). Parmi les principaux critères d'évaluation du SMR figurent : l'efficacité thérapeutique ou préventive du produit, la nature et le degré des effets indésirables, la place du médicament dans la stratégie thérapeutique (par comparaison avec les produits existants), la gravité de la maladie traitée, le caractère symptomatique, préventif ou curatif du médicament, son intérêt pour la santé publique (bénéfice sanitaire pour la collectivité, impact sur l'organisation des soins). Un SMR peut être « important », « modéré » ou « faible » : le médicament pourra être remboursé selon un taux adapté à chacun de ces niveaux. S'il est considéré « insuffisant », la commission ne recommandera pas le remboursement mais l'AMM peut être maintenue si le médicament est, faute d'alternative, susceptible de présenter un intérêt, même limité, pour certains malades. Une seconde méthode d'analyse a pour but de déterminer si le médicament apporte un *progrès* par rapport aux médicaments existants : *« l'amélioration du service médical rendu »* (ASMR).[1008] L'analyse comparative est ici essentielle. Le dossier de demande doit démontrer ce progrès par exemple en termes d'espérance de vie et/ou de qualité de vie, selon une évaluation comportant cinq degrés de plus ou moins grande innovation.[1009]

Ne peuvent être inscrits sur la liste des médicaments remboursables « les médicaments qui n'apportent ni amélioration du service médical rendu, ni économie dans le coût du traitement médicamenteux,[1010] ni ceux qui sont susceptibles d'entraîner des hausses de consommation ou de dépenses injustifiées, ni les médicaments dont le prix proposé par l'entreprise ne serait

---

[1008] L'amélioration du service médical rendu est le principal critère de fixation du prix puisqu'elle représente la valeur clinique ajoutée par rapport aux thérapeutiques existantes. Elle procède d'une *évaluation bénéfices-risques.* Le service médical rendu est le principal critère d'admission au remboursement : il est évalué en fonction de la gravité de la maladie, de l'efficacité du traitement et des effets indésirables, de la place du médicament dans la stratégie thérapeutique, de son intérêt pour la santé publique. Le niveau de SMR, déterminé selon une graduation (insuffisant/élevé), permet de fixer le niveau de prise en charge par l'Assurance Maladie (0%-15%-30%-65%-100%)

[1009] Le niveau I (rare) correspond à une innovation majeure, transformant totalement la thérapeutique. Les niveaux II et III indiquent des progrès importants ou modérés. Le niveau IV traduit un progrès « limité », le niveau V classant le produit comme équivalent à ceux qui sont déjà proposés.

[1010] Cette nouvelle rédaction est plus proche, selon E. Cadeau, de l'exigence de transparence posée par l'arrêt « Duphar » rendu par la CJCE le 7.2.1984 et par la directive du Conseil européen 89/105 CEE du 21.12.1988 relative à la transparence des mesures fixant le prix des médicaments à usage humain et leur inclusion dans le champ d'application des systèmes nationaux d'assurance maladie. (J.O C.En°C310 du 4.12.1989.

pas justifié eu égard aux critères précités, ni ceux dont la présentation fait mention d'un usage non thérapeutique ou n'est pas justifiée par l'utilisation thérapeutique. C'est sur ces fondements que la LFSS pour 2008 a institué au sein de la HAS la « commission d'évaluation économique et de santé publique » (CEESP) dont la mission est d'établir des recommandations ou avis médico-économiques sur les stratégies de soins, les prescriptions ou les prises en charge « les plus efficientes ». En 2010 était mise en place, dans le même but, une « commission nationale d'évaluation des dispositifs médicaux et des technologies de santé » (CNDIMTS).

Plusieurs études importantes tendent à proposer un *critère unique* d'évaluation des médicaments [1011] Au terme des scénarios de réforme proposés, un rapport du Sénat se prononce en faveur d'un nouvel outil d'évaluation - la « valeur thérapeutique relative » (VTR) - utilisé en primo-inscription d'un médicament nouveau ou en réévaluation. Il serait gradué en 4 niveaux (quantité des effets par rapport au comparateur, pertinence clinique, avantages non cliniques, couverture des besoins). La réévaluation de la VTR, non plus produit par produit mais par groupe de produits, est préconisée pour faciliter une stratégie globale à l'égard des ensembles de produits à visée similaire. Il est recommandé que toutes les études cliniques préalables à l'AMM soient rendues *publiques*. Seules des molécules nouvelles égalant ou apportant un réel progrès thérapeutique par rapport à un médicament de référence devraient être autorisées. Enfin, le critère de l'évaluation globale de l'efficacité et de l'efficience du médicament devrait, suivant l'exemple canadien, permettre une révision périodique de la valeur thérapeutique du médicament autorisé et sa radiation d'une classe thérapeutique s'il n'a pas fait la preuve de son utilité. Il était également préconisé, de réexaminer l'ensemble de la pharmacopée française afin de sélectionner les molécules réellement utiles, suivant en cela la démarche de plusieurs pays.[1012]

2. Un système de fixation du prix du médicament défavorable à l'acheteur public

La part du médicament dans les dépenses remboursables, relativement stable depuis 10 ans, tend à croître à nouveau. Elle a été contenue parce que les

---

[1011] Rapport IGAS sur « la pharmacovigilance et la gouvernance de la chaîne du médicament » (Dr A. Bensadon, E. Marie, Dr A. Morelle) du 15.1.2011. Etude HAS préconisant une méthode dite de « l'index thérapeutique relatif », reconnue pour sa pertinence globale mais apparue difficile à appliquer. La mission sur « les modalités d'évaluation du médicament » dirigée par D. Polton (novembre 2015) conclut à l'intérêt d'un critère unique assorti d'un taux de remboursement unique des médicaments, ce qui suscite de nouvelles questions sur le nombre de médicaments remboursables. Un rapport du Sénat reprend l'essentiel de ces propositions.

[1012] Australie, Nouvelle-Zélande, Suède, Norvège (rapport IGAS précité de 2011).

pouvoirs publics se sont employés à maîtriser les prix des médicaments *courants* pour mieux accepter des prix extrêmement élevés pour des médicaments dits *« innovants »* et à développer, non sans rencontrer de forts obstacles, l'emploi des médicaments génériques.[1013]La politique de différenciation du taux de remboursement selon le service médical rendu a permis de freiner le taux global de progression de la dépense dans un premier temps. Le taux de remboursement est de 100% dans le cas d'une affection de longue durée (environ 20 millions de personnes) mais n'est plus, en moyenne, que de 50% dans les autres cas.[1014]

L'Etat est-il en position favorable pour négocier le prix mais aussi l'approvisionnement en médicaments face à de puissantes entreprises multinationales ? L'expérience montre qu'il a accepté des prix exorbitants pour des médicaments dont le caractère innovant n'était pas démontré. L'expérience montre aussi de préoccupantes ruptures de stocks de certains médicaments dont l'utilité peut être réelle mais dont la rentabilité, jugée insuffisante par les industriels, les conduit à délocaliser la fabrication. La crise sanitaire du SARS-CoV-2 a porté ce problème à l'agenda politique mais le problème lui préexistait.

Selon l'Agence européenne du médicament, la qualification de médicament « innovant » ne repose pas toujours sur des fondements scientifiques établis.[1015]Ainsi, une importante étude sur le prix de 58 anticancéreux montre que les médicaments les plus récents n'ont pas augmenté la durée de survie par rapport aux médicaments plus anciens mais leur prix a augmenté de 12% par an jusqu'à correspondre à ce que les économistes appellent « la disposition à payer » ou le coût d'opportunité.[1016]D'autres études montrent, après plusieurs années d'administration de 36 anticancéreux, qu'il n'y a pas de preuve d'amélioration de la durée de survie.[1017]

La question de la transparence des informations relatives au processus de recherche-développement est souvent posée. Elle est importante pour la sécurité du produit et pour son prix. Les études cliniques concluant à des

---

[1013] Exemple de coût exorbitant : les nouvelles thérapies géniques et cellulaires peuvent atteindre près de 400 000 euros par patient, hors coût d'hospitalisation)

[1014] Les taux de remboursement sont de 100%, 65%, 30% et 15% selon l'intérêt thérapeutique du médicament

[1015] Lettre 16 juin 2016 EMA/365120/2016Senoir Medical Office.

[1016] Howard D et al « Pricing in the market for anticancer drugs ». Economic Perspect 2015; 35(379); 29(1). / Revue "Prescrire"2015 ; 35 (379) : 379 384. : "Les méthodes des économistes pour calculer l'efficience d'une option de soins » (analyses médico-économiques).

[1017] Kim C. Prasad V « Cancer drugs approved on the basis of a surrogate outcome end point and subsequent overall survival: an analysis of 5 years of US Food and Drug Administration approvals". JAMA Int Med 19.10.2015.

évènements indésirables ne donnent pas toujours lieu à publication. Il y a de fréquents conflits d'intérêt quand le financement de la recherche dépend de l'industrie pharmaceutique. L'absence d'enregistrement des essais cliniques par les universités ne permet pas de connaître le nombre d'essais menés et la véritable étendue des données manquantes.

La question de la propriété intellectuelle est centrale dans la problématique du prix du médicament « innovant ». Si celui-ci peut être aussi élevé c'est que les firmes pharmaceutiques disposent d'un monopole avec le droit au brevet protégeant la découverte d'une molécule ou d'un procédé. Il est justifié par l'importance de l'investissement, d'autant qu'en principe à l'issue de la période de protection garantie par le brevet (20 ans) le médicament est librement reproductible sous une version générique (généralement d'un prix inférieur de 60% au moins). Mais, comme la durée de développement d'une molécule nouvelle, après AMM est d'environ 5 ans sous pharmacovigilance, contraignant le fabricant à solliciter une « extension » de son AMM, [1018] les industriels peuvent obtenir la prolongation de leur monopole pendant une durée maximale de 5 ans en obtenant des « certificats complémentaires de protection » (CCP).[1019]

Compte tenu du coût très élevé des médicaments princeps, la plupart des pays ont cherché à développer la distribution de médicaments « génériques ». Celle-ci a été beaucoup plus lente en France où elle s'est heurtée aux résistances de nombreux usagers et professionnels de santé. Un certain nombre de médicaments princeps continuent à être massivement prescrits alors qu'existent des copies dont les prix sont inférieurs de 20 à 30%. En 2016, en dépit d'une accélération du mouvement de substitution du générique au médicament princeps, sa part dans la consommation globale en France était de 33% contre 50% à l'étranger.[1020]Son prix est demeuré jusqu'ici plus élevé par rapport aux prix pratiqués dans la plupart des pays comparables à la France. Depuis le 1.6.2016, dans le cadre d'un plan triennal de développement du générique prévoyant une économie d'une dizaine de milliards d'euros, les prix de plusieurs centaines de médicaments génériques ont été abaissés par les pouvoirs publics.

En application du Code de Sécurité Sociale, le prix de vente au public des médicaments est fixé par convention entre l'entreprise exploitant le

---

[1018] Ce qui fait qu'un médicament nouveau connaît une phase de développement située entre 9 et 15 ans.

[1019] La jurisprudence européenne circonscrit nettement le champ d'application des CCP : dans son arrêt CJUE du 9.7. 2020 (C-673/18), la Cour décide qu'un CCP ne peut être accordé à une nouvelle application d'un produit ayant obtenu une AMM.

[1020] Elle permet d'ores et déjà une économie annuelle estimée à 3,5 à 4 milliards d'euros

médicament et le Comité économique des produits de santé (CEPS).[1021]Ce prix doit tenir compte principalement du service médical rendu, des résultats de l'évaluation médico-économique, des prix des médicaments à même visée thérapeutique, des volumes de vente prévus ou constatés ainsi que des conditions prévisibles d'utilisation du médicament.[1022]Le CEPS est une instance interministérielle permettant la confrontation des questions de santé publique, de maîtrise des dépenses de l'Assurance Maladie, de compétitivité économique, d'emploi, de respect des règles de concurrence.[1023]Il met en œuvre la politique économique du médicament tracée par les pouvoirs publics et en rend compte dans un rapport annuel au Parlement.[1024] Le prix de vente ou de cession des médicaments est fixé, pour une durée de 4 ans, par des conventions bilatérales qu'il conclut avec les entreprises. Celles-ci s'engagent à assurer le « bon usage » du médicament, à maîtriser leur politique de promotion et à informer le CEPS sur l'état des ventes du produit au regard des prévisions initiales. Les modalités de fixation des prix et de régulation des dépenses du médicament sont inscrites dans le contrat. Les conventions font régulièrement l'objet d'avenants (comportant souvent des remises à l'Assurance Maladie sur le prix du produit).[1025]

En cas de désaccord entre le fabricant et le CEPS sur le prix à fixer pour le produit celui-ci peut le fixer *unilatéralement*, sauf opposition conjointe des ministres concernés.[1026]En pratique, le CEPS est amené à conclure des « accords-cadres pluriannuels » avec le LEEM (organisation représentant l'industrie pharmaceutique),[1027]pouvant introduire des considérations autres que l'ASMR (par exemple, garantie de stabilité des prix en échange d'investissements dans l'Union européenne).

[1021] Ou, à défaut, par décision du Comité, sauf opposition des Ministres concernés qui arrêtent le prix dans un délai de 15 jours à compter de la décision du Comité. (Art.L.162-16-4 CSS).

[1022] Le texte ajoute que lorsque le prix est fondé sur une appréciation de l'amélioration du SMR différente de celle de la commission de la transparence, le CEPS fait connaître à la commission les motifs de son appréciation.

[1023] Le CEPS est composé de 5 représentants de l'administration (direction de la sécurité sociale, direction générale de la santé, direction générale de la concurrence, de la consommation et de la répression des fraudes, direction générale des entreprises, et avec voix consultative, direction générale de l'offre de soins), 3 représentants de l'Assurance Maladie et un représentant des assurances maladie complémentaires. Le président du CEPS a voix prépondérante. L'instance a un vice-président chargé du médicament.

[1024] Les ministres compétents assignent au CEPS des objectifs de négociation de plus en plus exigeants (le montant des économies réalisées a doublé depuis 2012, date à partir de laquelle les dépenses de médicaments remboursables en ville sont orientées à la baisse mais en 2015 elles ont retrouvé leur niveau de 2008).

[1025] Art. L.162-16-4 à 6 CSS

[1026] La Cour des Comptes souligne que le CEPS n'a usé de cette prérogative qu'une seule fois depuis 2011 pour abaisser le prix de médicaments dans 5 classes thérapeutiques dans le prix des médicaments génériques (anti-inflammatoires non stéroïdiens, anti-arythmiques, bétabloquants, bi-phosphonates et antidiabétiques)

[1027] LEEM : « les entreprises du médicament »

L'intérêt de l'acheteur public est de rémunérer les médicaments en fonction de leur capacité à se substituer efficacement à des traitements plus coûteux (rendant inutile, par exemple, l'hospitalisation). La méthode d'évaluation de l'efficience du médicament se fonde généralement sur l'apport en années de vie supplémentaire et/ou en qualité de vie. C'est celle qui est employée par la HAS.[1028]

La méthode dite du *« référencement international des prix »,* comparateur des prix pratiqués par un certain nombre de pays aux structures économiques et sanitaires proches, est imprécise car elle connaît des prix publics, pas des prix *réellement* consentis pays par pays. Il y a asymétrie d'information au détriment de l'Etat qui négocie avec un industriel multinational qui dispose seul de toutes les informations. Le principe de la *« garantie de prix européen »*, qui prévoit un prix de référence établi d'après les prix pratiqués dans les pays membres peut avoir un effet inflationniste, souligné par la Cour des Comptes dès lors qu'il tend à l'alignement sur les prix les plus élevés. D'autres pratiques visent à réduire le coût du médicament pour l'Assurance Maladie, à obtenir des remises négociées en fonction du volume des ventes.[1029] Il est démontré qu'elles sont loin de compenser le prix très élevé des médicaments innovants.

Des *« contrats de performance »* se fondent sur la mesure des gains apportés par une molécule en matière de santé publique (sur une population). Ce qu'on appelle la rémunération à l'efficacité « en vie réelle » du médicament exige, pour être opératoire, la mise en place d'un système de « pharmaco-épidémiologie », c'est-à-dire d'analyse des données d'évolution de la santé, pour une pathologie donnée, par traçabilité d'un médicament. Des exemples étrangers de gestion de registres montrent tout l'intérêt de cette approche qui nécessite un investissement de long terme.

Dans son rapport sur la Sécurité Sociale pour 2017, la Cour des Comptes estime qu'il existe encore des « marges d'efficience largement inexploitées » et qu'au moment où arrivent des médicaments « innovants » dont le coût est *anormalement* élevé il est indispensable que la position des pouvoirs publics

---

[1028] La méthode « Qualy » fut la première et principale « approche coût-efficacité », pondérée par des indicateurs de qualité.

[1029] Outre les remises, deux techniques sont utilisées : 1 la clause de sauvegarde (refacturation, à l'année N+1, d'une partie marginale des ventes ayant excédé les objectifs initiaux). 2 la création d'un fonds de financement de l'innovation thérapeutique qui, en définitive, constitue une source supplémentaire de revenus pour l'industrie pharmaceutique. On peut ajouter le mécanisme dit de « rétrocession » qui permet de refacturer à prix coûtant à l'Assurance Maladie, en l'imputant sur l'enveloppe des soins de ville, des médicaments prescrits à l'hôpital dans le cadre d'une prise en charge ambulatoire (cette ligne de rétrocession a augmenté de près de 142% entre 2008 et 2016).

soit renforcée face à des entreprises mondialisées.[1030] Elle préconise en conséquence le renforcement des effectifs et des moyens du CEPS, l'élargissement de son rôle à la fixation du prix des médicaments hospitaliers, la transformation de son statut en établissement public ou en autorité administrative indépendante.[1031]Elle préconise également de donner un caractère limitatif aux critères de fixation du prix des médicaments remboursables par l'Assurance Maladie, de fixer une obligation légale de révision du prix des médicaments, de réformer la garantie de prix européen ainsi que les modalités de fixation du prix des médicaments génériques. Enfin, elle propose de renforcer le rôle de la HAS.

Mais, quelle que soit la méthodologie employée, la question du rapport de forces existant entre un Etat national et une firme multinationale demeure posée. Le problème de l'accès aux médicaments en fournit une nouvelle illustration.

3. Le problème de l'accès aux médicaments et de la « souveraineté sanitaire »

L'évolution du secteur de l'industrie pharmaceutique a été considérable depuis un quart de siècle comme l'explique une étude publiée en 2017.[1032]Cette industrie, fortement rentabilisée par les systèmes de couverture obligatoire des risques sociaux, a connu durant plusieurs décennies une croissance fondée sur le modèle scientifique de la chimie. A partir de la fin du XXème siècle, les molécules innovantes produites par ce modèle se sont raréfiées. Parallèlement, la fin des droits d'exclusivité attachés aux brevets a soumis les grands groupes industriels à la concurrence des entreprises exploitant les copies des médicaments « princeps » (médicaments génériques). Cette période correspond à la relative stagnation de la part du médicament dans la dépense globale de santé. L'industrie s'est réorganisée autour de la recherche et de la production de produits issus des biotechnologies qui ne sont arrivés à maturité qu'à partir des années 2010.[1033]

Dans l'attente de ces nouveaux produits, l'industrie s'est fortement concentrée (une douzaine de grands groupes mondiaux) et restructurée autour de trois axes : le rachat de nombreuses entreprises de biotechnologies

---

1030 Le secteur de l'industrie pharmaceutique est l'un de ceux dont les marges bénéficiaires sont les plus élevées (souvent supérieures à 15%).

1031 Le CEPS ne disposait que de 13 emplois lors de la publication du rapport de la Cour des Comptes

1032 « Politiques d'austérité et politique du médicament en France et au Royaume Uni ». Philippe Abecassis et Nathalie Coutinet. Revue IRES2017/1-2 (N° 91-92).

1033 Les demandes d'AMM recommencent à augmenter à partir de 2012 et les dépenses consacrées au médicament aussi.

(ou des accords de coopération avec elles), la délocalisation de la fabrication de ses médicaments princeps vers des pays à bas coût, y compris les médicaments n'étant plus couverts par un brevet, sous la forme de génériques, la spécialisation de la recherche et du développement de médicaments dits « innovants » sur les pathologies où elles ont un avantage compétitif. C'est dans cette dernière catégorie que les grandes firmes ont développé une exigence de prix exorbitants en s'appuyant sur les attentes des patients (le secteur de l'oncologie est ainsi devenu le plus rentable).[1034]

Le problème de l'accès au médicament, considérable pour les ¾ de l'humanité, se pose avec une acuité croissante dans les pays riches, au point que se multiplient les ruptures d'approvisionnement. L'ANSM a relevé plus de 500 cas de « médicaments d'intérêt majeur » pour lesquels on observe des tensions à ce sujet.[1035] La pandémie du SARS-CoV-2 a illustré, avec des conséquences lourdes, la crise d'approvisionnement en dispositifs médicaux et la dépendance des Etats à l'égard des fabricants de vaccins. Environ 80% des principes actifs des médicaments sont aujourd'hui fabriqués en Asie. La législation a renforcé depuis 2011 les obligations des industriels (obligation de prévenir les autorités d'un risque de rupture de stock un an à l'avance, obligation de tenir un plan de gestion des pénuries comportant la constitution de stocks, ouverture d'usines nouvelles, identification des spécialités pouvant constituer une alternative à la spécialité en défaut d'approvisionnement),[1036]sans parvenir à résoudre pleinement le problème. L'UE entend consacrer une partie de son programme « l'Europe pour la santé » à des crédits incitant à la relocalisation d'une partie des productions. La France s'engage dans la même voie. Mais il est évident que les entreprises ne s'engageront que si ces opérations répondent à leurs critères de rentabilité, qui sont des critères obéissant à des exigences boursières. Cela impliquera probablement l'abandon de la politique de modération des prix des médicaments remboursables. [1037]

[1034] Dans l'étude précitée, Ph. Abecassis et N. Coutinet parlent du passage du modèle du « blockbuster » (molécule classique à spectre large et à grande diffusion) au modèle du « custombuster » c'est-à-dire de produits « personnalisés », ciblés sur des populations définies par une pathologie bien circonscrite.

[1035] Dépêche ANSM du 13.2.2018 (les signalements de rupture et de risques de rupture de stocks de médicaments étaient en hausse de 30% par rapport à 2017. Parmi eux figurent 20% d'antibiotiques et de vaccins).

[1036] Loi n°2011-2012 du 29.12.2011 relative au renforcement de la sécurité sanitaire du médicament et des produits de santé ; loi n°2016-41 du 27.1.2016 de modernisation de notre système de santé ; décret n°2016-993 du 20.7.2016 relatif à la lutte contre les ruptures d'approvisionnement de médicaments.

[1037] La LFSS pour 2021 réduit d'un tiers le programme de réduction des prix (600 millions au lieu de 920).

Dans quelle mesure les Etats peuvent-ils contraindre une industrie privée ? Ils peuvent, en principe, en application de l'accord international de 1994 sur les brevets pharmaceutiques[1038]utiliser un brevet sans l'accord de son propriétaire en cas de nécessité impérieuse de santé publique et d'urgence. Il s'agit du système de « licence d'office » que la loi française elle-même a institué depuis 1968.[1039]Mais les conditions d'application de cette disposition sont très restrictives et il est improbable que les autorités aient gain de cause dans le contentieux que ne manquerait pas de provoquer l'industrie dans la mesure où les notions d'intérêt pour la santé publique ou d'urgence peuvent s'apprécier différemment. Surtout, celle-ci dispose de moyens de pression efficaces, notamment sur les économies nationales.

Les pouvoirs publics doivent en effet répondre à des considérations contradictoires : réaliser des objectifs de santé publique, satisfaire les attentes des malades, veiller aux contraintes budgétaires mais aussi maintenir sur le territoire une industrie pharmaceutique considérée comme un élément essentiel dans la stratégie économique nationale (en termes d'emploi, d'aménagement du territoire et d'exportations). Les pouvoirs publics ont d'ailleurs formalisé cette visée avec la création du « conseil stratégique des industries de santé » dont le rôle est de développer un partenariat Etat-entreprises. En pratique, cette politique n'a nullement empêché un mouvement très rapide de délocalisation : en dix ans seulement, le nombre de sites de recherche et de fabrication est passé en France de 570 à 520 environ.

Face à un rapport de forces qui n'est guère favorable aux usagers des services de santé et aux systèmes de sécurité sociale, les théories du « bien commun » pourraient-elles s'appliquer au médicament ? La question est posée avec force, notamment par les ONG qui exigent un plan de vaccination équivalent dans les pays pauvres à celui qui est financé par et pour les pays riches. Ces derniers envisagent, plutôt qu'une remise en cause du droit des brevets, une rétrocession de vaccins à un rythme et à un niveau qui risquent de ne pas suffire pour éradiquer la pandémie. Un consensus international sur un modèle de diffusion du médicament échappant aux lois du marché est très improbable. A l'échelle d'un Etat la nationalisation de l'industrie pharmaceutique serait illusoire en ce qui concerne la gestion de la recherche-développement des médicaments innovants, qui repose sur une division internationale du travail. Il n'est, en revanche, pas impossible d'imaginer un secteur public de production et de gestion de stocks de médicaments génériques. Ce pourrait être un progrès important, pour autant

---

[1038] Voir l'accord ADPIC précité (Partie I, Titre I, Chapitre I).

[1039] Loi n°68-1 du 2.1.1968 (la loi n°2020-290 du 23.3.2020 autorise le Premier Ministre à prendre toutes mesures permettant aux patients de disposer de médicaments appropriés dans le cadre de la lutte de la pandémie du SARS-CoV2).

qu'il soit possible de réunir les conditions de réalisation d'un tel projet. On peut évoquer aussi une participation, avec minorité de blocage, d'investisseurs publics au capital des principales entreprises françaises. Mais c'est, à l'évidence, à l'échelle de l'UE que la constitution d'un pôle public de production et de recherche, au sein duquel l'autorité sanitaire européenne disposerait des pouvoirs essentiels, apparaîtrait plus féconde. Il est cependant très improbable qu'à moyen terme se dégage au sein de l'UE, dont les fondements restent ceux du libéralisme économique, une majorité d'Etats en faveur d'une telle option. Isabelle Moine-Dupuis, consciente de l'impossibilité de parvenir d'emblée à un consensus international sur une telle question, suggère la piste d'une convention initiée dans le cadre du Conseil de l'Europe à laquelle pourraient adhérer des Etats non européens.[1040]Il est à craindre que même le cadre du Conseil de l'Europe ne soit pas approprié, eu égard à sa composition, pour une telle initiative. Pour que les produits de santé soient reconnus comme « biens communs », il faudrait une très forte et durable mobilisation des opinions publiques, un renforcement du rôle de groupe de pression des ONG dans le jeu international. Cela n'est pas impossible à long terme sur les questions de santé et d'environnement. Ce serait le signe de l'évolution souhaitable du modèle économique et social (au moins européen) vers un modèle de développement durable et plus démocratique.

III. Le système de distribution du médicament

Selon les données les plus récentes du ministère de la Santé, la France a un effectif de 74 500 pharmaciens diplômés[1041]soit 32,4 pharmaciens pour 100 000 habitants. Environ 10% exercent au sein d'un laboratoire d'analyses biomédicales (7,3 pour 100 000/hab.), plus de 9% au sein d'un établissement de santé et plus de 5% dans l'industrie.

La distribution du médicament repose sur 42 grossistes-répartiteurs et 22 000 officines. Elle fait l'objet d'un régime législatif et règlementaire strict qui a pour but de garantir la sécurité des produits distribués mais aussi leur approvisionnement régulier. Elle est soumise à un contrôle lui aussi régulier réalisé par l'inspection de la pharmacie rattachée aux ARS. Toutefois, et en dépit des dispositions relatives à la vente de médicaments en ligne, le contrôle de sites étrangers s'avère inévitablement difficile.

[1040]« Les biens de santé sont-ils privés ou communs ? » Isabelle Moine-Dupuis. Revue Etudes. Avril 2019.

[1041] Soit + 1,9% sur la période 2008-2018. 35,4% sont titulaires d'officine et 37,1% sont adjoints d'officine. Si le taux de professionnels en officine tend à baisser légèrement, l'attractivité de l'industrie et de l'hôpital est en hausse.

Les grossistes-répartiteurs de médicaments et produits de santé relèvent de la catégorie juridique des « établissements de fabrication et de distribution en gros » des produits pharmaceutiques [1042]Leur ouverture est subordonnée à une autorisation délivrée par l'ANSM. Comme toute autorisation administrative, celle-ci peut, après mise en demeure, être suspendue ou retirée si l'entreprise est en infraction aux règles qui forment le régime du droit de la pharmacie. Les grossistes-répartiteurs sont tenus à des obligations de service public précises, notamment une obligation d'astreinte destinée à répondre aux besoins urgents en dehors des jours d'ouverture. Ils assurent en effet l'approvisionnement continu en médicaments sur leur territoire de répartition afin que les besoins des patients soient couverts sans rupture. [1043]

L'officine de pharmacie est définie par la loi comme un établissement affecté à la dispensation au détail des médicaments et produits de santé tels que les dispositifs médicaux ainsi qu'à l'exécution de préparations magistrales ou officinales, enfin au conseil pharmaceutique et aux missions qui lui sont dévolues par les pouvoirs publics dans le cadre de la politique de santé publique.

Parmi ces missions figurent la contribution aux « soins de premier recours », la participation à la coopération entre professionnels de santé, aux missions du service public de la permanence des soins, de veille et de protection sanitaire, d'éducation thérapeutique et d'accompagnement des patients. Les pharmaciens d'officine peuvent assurer la fonction de référent auprès des établissements médico-sociaux, renouveler périodiquement, à la demande du médecin traitant ou avec son accord, les traitements prescrits aux malades chroniques, ou en ajuster la posologie. Ils peuvent proposer des conseils et prestations destinés à favoriser l'amélioration ou le maintien de l'état de santé des personnes, effectuer des vaccinations ou délivrer certains médicaments dans le cadre de protocoles de coordination des soins pour certaines pathologies, suivant les recommandations de la HAS.

Le rôle du pharmacien d'officine a été élargi par la loi HPST de 2009 dans le but de conforter l'officine de pharmacie comme un des éléments structurants, avec le médecin généraliste, du niveau de santé primaire. Depuis 2007, le Conseil national de l'Ordre des pharmaciens gère un « dossier pharmaceutique » qui a pour objet de sécuriser la dispensation des médicaments en permettant le repérage des risques d'interaction médicamenteuse. Des enquêtes du contrôle médical de l'Assurance Maladie ont, en effet, montré le nombre élevé notamment des prescriptions faites auprès des personnes âgées qui ne tiennent pas assez compte de ces risques.

[1042] Leurs conditions de fonctionnement sont énoncées par l'article L.5124-1 à 20 CSP

[1043] Ces obligations sont précisées par un décret en Conseil d'Etat du 26 septembre 2012 (n°2012-1096).

L'autre but de ce dossier pharmaceutique est de permettre une meilleure coordination entre les professions de santé de ville et les établissements de santé. Près de 40 millions de dossiers pharmaceutiques sont ouverts.

La création d'une officine de pharmacie est soumise à une autorisation administrative délivrée par le directeur général de l'ARS. Outre le critère de qualification du pharmacien, le critère de la densité de population desservie par l'officine (au moins 2500 habitants) est la condition principale de l'autorisation. Le territoire national est, sauf cas particulier, largement couvert en officines. Il en résulte que le temps d'accès moyen à une officine est de 15 minutes. Néanmoins, l'évolution du peuplement urbain et rural (et de l'économie de l'officine également) a nécessité, sans renonciation à la règle d'implantation par tranche de 2500 habitants, une adaptation des critères d'autorisation qui portent désormais davantage sur des regroupements d'officines ou des transferts de celles-ci dans des quartiers urbains (notamment les quartiers « prioritaires » de la politique de la ville) ou des zones périurbaines voyant leur population s'accroître sensiblement ou, à l'inverse, des zones rurales bénéficiant de programmes de revitalisation.[1044]

La Cour des Comptes, dans son rapport précité, observe que des gains d'efficience sont possibles dans l'organisation de la distribution du médicament. Procédant pour la première fois à une estimation du coût complet de la distribution en ville des médicaments remboursables, elle l'évalue à 8,3 milliards d'euros, soit plus de 30% de la dépense. Le rapport rappelle que les pharmaciens d'officine bénéficient d'un double monopole : celui de la distribution des médicaments et celui de la détention de l'officine. Le réseau français des officines est dense, comparé à la moyenne des pays européens.[1045]Il est sensiblement supérieur au plafond réglementaire (environ 10 000 officines en surnombre en France métropolitaine), ce qui explique en partie la fragilité économique d'environ 10% d'entre elles. Quant au secteur de la répartition sa concentration reste inférieure à la moyenne de l'UE. Le rapport considère aussi que les modalités de rémunération des officines sont peu transparentes et génèrent des coûts élevés. Malgré la baisse des dépenses du médicament remboursable, la rémunération réglementée des pharmacies est restée stable. Leur excédent brut d'exploitation s'est accru avec l'introduction de la rémunération sur objectifs de santé publique (ROSP), accordée au titre de l'incitation à la dispensation des médicaments génériques et avec des rémunérations complémentaires versées par les

---

[1044] Art. L.5125-3 et s. CSP.

[1045] Chaque officine française dessert, en moyenne, 3000 habitants contre 3400 en Italie, 4000 en Allemagne, 4500 au Royaume Uni, environ 7000 en Finlande ou en Suède. Seule, l'Espagne est à un niveau équivalent à celui de la France.

entreprises pharmaceutiques et les grossistes-répartiteurs.[1046]Le coût élevé de distribution des médicaments génériques explique en partie l'écart de prix constaté entre la France et les autres pays européens.[1047]

La Cour des Comptes recommande notamment le remplacement de la rémunération des pharmaciens d'officine au nombre de boîtes de médicaments vendues par une rémunération à l'acte de dispensation au patient, la suppression de la règle d'égalité des marges officinales entre médicaments princeps et médicaments génériques, la prise en compte des avantages commerciaux dans la fixation du prix du générique versé à l'officine, l'obligation de déclaration des remises consenties par les fabricants et grossistes, la substitution au monopole officinal d'un monopole du pharmacien sous le contrôle de l'Ordre des pharmaciens. En contrepartie, une aide financière aux officines remplissant une fonction de desserte des populations rurales éloignées de centres urbains locaux est proposée.

IV. L'éducation du consommateur et la pertinence de la prescription : des chantiers récents à conforter

La maîtrise du coût global du médicament dépend aussi de deux conditions négligées depuis des décennies : l'éducation et l'information des consommateurs, d'une part et la pertinence de la prescription d'autre part.

Les campagnes de sensibilisation aux risques liés à la surconsommation d'antibiotiques illustrent un changement d'attitude de l'Assurance Maladie et de l'Etat. Bien avant qu'elle ne s'engage dans une action de communication de masse, la revue « Prescrire », animée par les médecins de l'association « Formindep », a engagé une action d'information remarquable auprès des prescripteurs. Les revues des organismes de défense des consommateurs œuvrent également pour une consommation raisonnée et éclairée du médicament. Le problème de la surconsommation de médicaments se rencontre dans de nombreuses classes de produits. Il se pose avec une particulière acuité chez les personnes âgées. Une étude récente montre, sur un échantillon de 327 ordonnances destinées à des personnes âgées, que 40% des ordonnances contenaient au moins un médicament inadapté.[1048]De nombreuses études du contrôle médical de l'Assurance Maladie ont depuis plusieurs décennies mis en évidence ce phénomène.

[1046] Ces rémunérations complémentaires représentent environ un quart de la rémunération globale des officines

[1047] Près de 50% de la dépense en génériques revient aux officines, qui bénéficient de quatre dispositifs de rémunération : marge réglementée égale à celle du médicament princeps, honoraires de dispensation, avantages commerciaux des entreprises et rétrocession de la marge réglementée de la répartition.

[1048] Revue « Que choisir-santé » (n° 91-février 2015)

Depuis 2015, les médecins doivent rédiger leurs ordonnances en DCI (dénomination commune internationale), le nom commercial du médicament ne venant qu'en complément. Cette classification, plus précise que les présentations commerciales, devrait éviter des surdosages de la part de patients non avertis.[1049]

La formation à la prescription fut aussi longtemps insuffisante dans les facultés de médecine. Les investissements considérables des firmes pharmaceutiques dans des stratégies d'influence ont pesé sur la formation initiale et continue en matière de thérapeutique. Jusqu'à une période récente, les visiteurs médicaux de l'industrie pharmaceutique ont valorisé auprès des médecins les nouveaux médicaments, leur travail d'influence se substituant en grande partie aux organismes publics qui auraient dû dispenser les informations et les conseils nécessaires dans ce domaine. Ce n'est qu'à partir de la constitution des institutions spécialisées (HAS, ANSM) et de l'adoption, à partir des années 90, d'une législation de contrôle des avantages offerts par l'industrie pharmaceutique aux professionnels de santé, qu'une information moins dépendante des intérêts des producteurs a pu se développer.[1050]

En France, la pression des patients y contribuant, de 80 à 90% des consultations se concluent par une prescription (contre environ 70% en Allemagne et moins de 50% aux Pays Bas) et la dépense en médicaments prescrits sur ordonnance est sensiblement supérieure à la moyenne des pays membres de l'OCDE[1051]

On observe cependant une croissance plus modérée de la prescription depuis une décennie. La France n'occupe plus que la seconde ou troisième place en Europe selon les années, surtout en raison des efforts de rationalisation de la consommation hospitalière (notamment en antibiothérapie). On peut y voir aussi l'effet de la rémunération complémentaire au forfait du suivi des

---

1049 Selon la Caisse nationale d'Assurance Maladie, la prescription en DCI des 20 premières molécules diffusées sous forme générique - la forme générique ne devant toutefois pas être confondue avec la prescription en DCI – pourrait représenter une économie annuelle de 250 à 300 millions d'euros. Le recours à la DCI devrait être facilité par les logiciels d'aide à la prescription (LAP), agréés selon un cahier des charges précis édité par la HAS.

1050 Une première loi du 27.1.1993 interdit à tout professionnel de santé de recevoir des avantages offerts par des entreprises pharmaceutiques dont les produits sont remboursés par l'Assurance Maladie. La loi Kouchner du 4.3.2002 complète la précédente et une loi de 2007 interdit aux entreprises d'accorder des libéralités aux professionnels de santé dès lors que leur montant est supérieur à 730 euros. La loi du 29.12.2011 dite « loi Bertrand », suivie du décret du 21.5.2013, impose aux entreprises pharmaceutiques, sur le modèle du « Sunshine Act » américain, de publier le montant des sommes versées ou avantages consentis en faveur des professionnels de santé, associations de malades, éditeurs de presse pour promouvoir leurs médicaments, dès que ceux-ci dépassent 10 euros.

1051 Source OCDE « Eco-santé » 2010.

patients atteints d'une maladie chronique ou d'une souffrance psychique, qui desserre la contrainte de temps liée à la rémunération à l'acte.

Comme il arrive souvent, les pouvoirs publics hésitent quant à la conduite à tenir face à des informations qui viennent remettre en cause des pratiques établies. Dans le domaine de la prescription, on dispose pourtant d'informations désormais bien étayées par l'expérience pour considérer qu'il y a, dans d'assez nombreux cas, des alternatives possibles à la prescription médicamenteuse ou des pratiques, essentiellement physiques, permettant de limiter le recours à celle-ci. C'est le cas dans le champ de la santé mentale et c'est également le cas pour un certain nombre d'actions préventives ou post-curatives. Mais les mesures prises n'étant que des demi-mesures, l'effet recherché ne peut être atteint. Dans le domaine de la santé mentale, la consommation inappropriée de médicaments psychotropes a un aspect préoccupant du point de vue de la santé publique. La France a occupé jusqu'à ces dernières années, la première place en Europe en matière de consommation de médicaments anxiolytiques et hypnotiques (benzodiazépines)[1052] Depuis un quart de siècle, des médecins psychiatres ont attiré l'attention des pouvoirs publics sur les risques liés à une prescription massive, souvent inappropriée, notamment chez les personnes âgées. Le psychiatre Edouard Zarifian écrit que « les psychotropes ont cessé d'être des médicaments pour devenir des produits destinés à traiter les malheurs de la société ».[1053]Nous avons déjà évoqué l'insuffisance de la formation médicale sur la prise en charge, au moins en première intention, des souffrances psychiques. De même, la rémunération à l'acte apparaît inadaptée à ce mode de prise en charge. Mais le problème principal est l'absence de prise en charge par l'Assurance Maladie de la cure de psychothérapie.

La loi de modernisation du système de santé de 2016 innove en prévoyant la possibilité de prescrire une activité physique ou sportive, notamment pour les personnes atteintes par une affection de longue durée. Elle permet ainsi de lutter contre la sédentarité et l'obésité dont il est démontré qu'elles sont des facteurs importants de maladies chroniques. Mais le législateur n'a pas établi le principe et les conditions de prise en charge par l'Assurance Maladie de cette prescription. Un rapport parlementaire note que de nombreux médecins traitants ne disposent pas de l'information nécessaire à la prescription, que ni la loi ni ses textes d'application n'ont clarifié les

---

[1052] Environ 50% des patients sous benzodiazépines suivaient ce traitement sur une durée très supérieure aux recommandations de la HAS qui soulignent 1 que les indications médicales justifiant le recours à cette classe de médicaments sont moins nombreuses que celles fixées par une pratique courante ; 2 que les risques iatrogènes sont sérieux en cas de consommation prolongée (risque de développement de démences chez les personnes âgées, notamment).

[1053] « Le prix du bien-être », Dr E. Zarifian.

besoins de formation des professionnels de l'éducation physique et sportive et que le financement de l'aide personnalisée à l'autonomie, support de la prescription, n'aide que quelques milliers de personnes actuellement.[1054]La loi de financement de la Sécurité Sociale pour 2020 a fait un pas vers le principe de la prise en charge de la prescription d'une activité physique dans le cadre d'un forfait de soins pour les patients en suite de traitement d'un cancer.[1055]Mais la prise en charge ne concerne pas les séances d'activité physique (elle se limite au bilan d'activité physique).[1056]

V. La crise des systèmes de vigilance (pharmacovigilance et matériovigilance)

La surveillance des effets indésirables éventuels des médicaments et des dispositifs médicaux est au centre des préoccupations depuis la révélation des défaillances du système prévu pour leur contrôle.

1. Les dispositifs de pharmacovigilance et de matériovigilance

La pharmacovigilance a pour objet la surveillance, l'évaluation, la prévention et la gestion du risque d'effet indésirable résultant de l'utilisation des médicaments (et produits de santé). [1057]Elle comprend :

- Le signalement des effets indésirables suspectés d'être dus à des médicaments ou produits assimilés, y compris en cas de surdosage, mésusage, abus ou erreur médicamenteuse, exposition professionnelle.[1058]
- Le recueil, l'enregistrement, l'évaluation et l'exploitation des informations dans un but de prévention ou de réduction des risques.

1054 Rapport Mission d'information du député Belkhir Belhaddad (31.1.2018)

1055 Il est établi scientifiquement qu'une activité physique régulière et adaptée diminue de 40% environ les rechutes et améliore la survie d'environ 40%. C'est également le seul traitement ayant prouvé son efficacité contre la fatigue induite par la maladie.

1056 Près de 140 « maisons sport-santé » ont été labellisées par les ministères de la santé et des sports. Leur mission est d'informer le public sur les effets positifs de l'activité physique et de l'orienter vers des professionnels qualifiés.

1057 Art. L.5121-22 CSP.

1058 Art. R 5121-152 CSP : effet indésirable : réaction nocive et non voulue à un médicament ou produit assimilé. Effet indésirable grave : effet létal ou susceptible de mettre la vie en danger, en entraînant une invalidité ou une incapacité importante ou en provoquant ou prolongeant une hospitalisation, ou en se manifestant par une anomalie ou une malformation congénitale. Effet indésirable inattendu : effet dont la nature, la sévérité ou l'évolution ne correspondent pas aux informations contenues dans le résumé des caractéristiques du produit. Mésusage : utilisation intentionnelle et inappropriée d'un médicament, non conforme à l'AMM ou à l'enregistrement ainsi qu'aux recommandations de bonnes pratiques. Abus : usage excessif intentionnel, persistant ou sporadique, accompagné de réactions physiques ou psychologiques nocives. Surdosage : administration d'un médicament en quantité par prise ou cumulée supérieure à la dose maximale recommandée.

- La réalisation de toutes les études et investigations nécessaires

Les dispositifs médicaux relèvent de la procédure dite de « matériovigilance » prévue par la loi. Elle impose aux exploitants de ces dispositifs l'obligation de s'assurer du maintien des performances du produit dès lors qu'il est inscrit sur une liste tenue par l'ANSM. Le fabricant, les utilisateurs et les tiers ayant connaissance « d'un incident ou d'un risque d'incident (...) ayant entraîné ou étant susceptible d'entraîner la mort ou la dégradation grave de l'état de santé d'un utilisateur ou d'un tiers doit le signaler sans délai à l'ANSM ». Il doit signaler également immédiatement tout retrait du marché d'un dispositif pour une raison technique ou médicale.[1059]

Le système français de pharmacovigilance repose sur le principe d'une collaboration entre six groupes d'acteurs : l'Agence nationale de sécurité du médicament et des produits de santé (ANSM), les centres régionaux de pharmacovigilance, les professionnels de santé, les entreprises exploitant un médicament, les établissements pharmaceutiques quels qu'ils soient, les patients et les associations agréées de patients.

A. Le rôle de pharmacovigilance de l'ANSM

L'ANSM définit le système national de pharmacovigilance et en assure l'évaluation scientifique. Elle coordonne le réseau de pharmacovigilance et veille au respect des procédures de surveillance, reçoit et exploite toutes les notifications sur les effets indésirables d'un médicament ou produit de santé. Elle entretient en la matière une relation permanente avec l'Agence européenne et les instances de l'UE compétentes en matière de politique du médicament et des produits de santé. Elle a un rôle d'alerte immédiate aux niveaux national et européen en cas de risque avéré présenté par un produit. Elle publie sur son site internet les informations émanant d'une notification d'effets indésirables d'un médicament ou produit de santé faite par des professionnels de santé et/ou des patients. Les nécessités de la santé publique autorisent le directeur de l'ANSM à enfreindre les règles de confidentialité personnelle ou commerciale : il peut exiger de toute entreprise de fabrication ou exploitation de médicaments ou produits de santé, toute information relative à un produit, en motivant sa décision. Il peut, en informant la Commission européenne, l'Agence européenne du médicament et les Etats membres, engager une procédure de suspension ou interdiction en urgence de la délivrance d'un médicament bénéficiant d'une AMM, ou refuser son renouvellement. Il peut, y compris en urgence, modifier les indications de délivrance d'un médicament. Dans tous les cas, sa décision est motivée et

---

[1059] Art. L.5212-1 et 2 CSP

notifiée sans délai aux autorités européennes, compétentes pour prendre une décision définitive après recours à la procédure d'arbitrage de l'Union.

B Le rôle des centres régionaux de pharmacovigilance

Les centres régionaux de pharmacovigilance sont agréés par l'ANSM après avis du directeur de l'ARS. Parmi les conditions d'agrément figure la nécessité d'être constitué au sein d'une structure de pharmacologie clinique ou de toxicologie clinique d'un établissement de santé. Les centres régionaux de pharmacovigilance sont chargés de recueillir les signalements d'effets indésirables dus à des médicaments ou produits de santé et d'informer l'ANSM et l'ARS, de mener toutes études nécessaires à l'évaluation précise des risques, d'exercer une fonction d'expertise, de conseil et d'information auprès des établissements de santé en collaboration avec les pharmacies à usage intérieur. Ils sont membres du réseau régional de vigilance et d'appui qui coordonne les actions des professionnels et des structures spécialisées dans un secteur de sécurité sanitaire : hémovigilance, pharmacodépendance, addictodépendance, infections nosocomiales, incidents liés aux soins…

Les médecins, chirurgiens-dentistes, sages-femmes et pharmaciens sont tenus de déclarer immédiatement au centre régional de pharmacovigilance tout effet indésirable suspecté d'être imputable à un médicament ou produit de santé. Pour les autres professionnels de santé, les patients ou les associations de malades, il s'agit d'une faculté.

Dans la plupart des cas de défaillance grave en matière de médicament ou produit de santé, on observe une prescription des produits incriminés sur une période de plusieurs années parfois, en dépit des interrogations scientifiques qui sont exposées dans des revues spécialisées ou des mesures de retrait ou non renouvellement d'autorisation de mise sur le marché prises dans d'autres pays. Il est donc très important que chaque défaillance fasse l'objet d'une analyse approfondie de ses causes : défaut d'information ou information inadéquate à une étape cruciale, raisons de l'inattention des prescripteurs au message d'alerte.

Les obligations des entreprises exploitant un médicament ou produit de santé ont été sensiblement renforcées depuis l'affaire du « Mediator ». Toute entreprise de ce secteur doit mettre en œuvre un système de pharmacovigilance consigné dans un dossier permanent à la disposition de l'ANSM. Ce système doit être audité périodiquement et les mesures correctrices prises et consignées au dossier. Pour chaque médicament bénéficiant d'une AMM, l'entreprise notifie sur la base de données européenne tout effet indésirable susceptible de lui être imputable. [1060] Elle doit disposer en permanence d'un responsable dont la qualification est communiquée à l'Agence européenne du médicament et à l'ANSM. Il doit être assisté d'un référent, médecin ou pharmacien, compétent en pharmacologie.

2. Une consolidation nécessaire

L'ensemble des dispositions du Code de santé publique en la matière a été édicté, pour l'essentiel, par un décret de 2012[1061] à la suite de deux rapports de l'inspection générale des affaires sociales (IGAS) relatifs à l'affaire du « Médiator » et d'une série d'incidents graves constatés avec d'autres produits de santé.

Un premier rapport[1062]avait mis au jour une responsabilité première et directe de la firme productrice qui, dès l'origine, a délibérément ignoré les règles de précaution pharmacologique. La responsabilité de l'agence alors en charge du médicament était aussi soulignée en raison d'une organisation et de méthodes de pharmacovigilance défaillantes. Enfin, les faiblesses du pilotage de la chaîne du médicament ont été notées comme une source d'importants retards dans les décisions. Le second rapport de l'IGAS analyse l'ensemble de la gestion du médicament et énonce une série de recommandations en matière de pharmacovigilance et de gouvernance de la chaîne du médicament.[1063]

L'inexistence d'une politique du médicament et d'une chaîne institutionnelle rigoureusement organisée est évoquée par le rapport précité : absence d'objectifs clairs, de règles cohérentes, de ressources adaptées aux besoins, d'institutions efficacement coordonnées. Est observé un double désengagement de l'Etat : face aux agences qui, censées libérer les instances politiques de la pression des lobbies, ont été investies par eux, et face au modèle européen, soucieux d'entraver le moins possible la liberté d'entreprise par une régulation trop contraignante. Les rapporteurs soulignent la nécessité, dans un tel domaine, d'appliquer le principe de précaution, notant combien la crainte du contentieux imposé par les industriels a engendré, au détriment des usagers, une pusillanimité des gestionnaires publics du médicament.

[1060] Base « Eudravigilance »

[1061] Décret n°2012-1244 du 8 novembre 2012

[1062] Rapport du 15.1.2011 (Dr A-C Bensadon, E. Marie, Dr A. Morelle)

[1063] Rapport sur la pharmacovigilance et la gouvernance de la chaîne du médicament. Dr A-C Bensadon, E. Marie. Dr A. Morelle (R 2011-103) juin 2011.

L'organisation et la méthodologie de la pharmacovigilance, dont les concepts ont été élaborés en France, est restée figée et n'a pas été dotée des moyens nécessaires. Le rapport propose la création d'un *« comité du médicament »* réunissant toutes les institutions disposant d'attributions en la matière.[1064] Cette coopération est le préalable à une utilisation plus efficace des données des grandes bases d'information. Il est suggéré la formation d'un système d'information comportant notamment une *capacité d'analyse populationnelle* des effets des médicaments, tenant plus compte des méthodes probabilistes, et dotant la gestion de la base de données de l'agence du médicament des effectifs nécessaires.[1065]Les rapporteurs proposent donc le recrutement par l'Agence du médicament d'une vingtaine d'experts de haut niveau chargés du secteur de l'évaluation thérapeutique du médicament. Ceux-ci pourraient faire appel à des expertises externes dans des conditions garantissant l'indépendance de ces derniers. Une exploitation approfondie des données impose, à cet égard, la création, au sein de l'Agence du médicament, d'un *véritable département de pharmacovigilance* disposant des personnels qualifiés pour la conduite d'études qualitatives.[1066]

[1064] HAS, CEPS, CNAMTS, DGS, DSS, DHOS

[1065] On peut lire dans le rapport de l'IGAS que le fichier des données relatives au signalement d'effets indésirables ne disposait que d'un seul agent.

[1066] La revue « Prescrire » est une revue de référence en France dans ce domaine.

TROISIEME PARTIE

L'ADMINISTRATION DU SYSTEME DE SANTE : UNE VOIE ETROITE

La question de l'administration du système de santé se pose, aujourd'hui plus encore qu'hier, avec une particulière acuité. On s'est demandé longtemps - et on se demande encore - qui fait quoi dans un domaine marqué par l'enchevêtrement des responsabilités. Les trente dernières années sont marquées par le retour de la puissance publique. Il s'est manifesté dans trois directions principalement : la reprise en mains du système d'assurance maladie, la formation d'une administration de l'expertise, la formation d'un réseau territorial spécifique, celui des agences régionales de santé (ARS).

Cette architecture commençait à conforter ses fondations quand la violence de la pandémie du SARS-CoV-2, est venue ébranler tout l'édifice. Avant celle-ci, le renforcement du rôle de l'Etat était un impératif. Depuis celle-ci, l'Etat est en procès. Il est décrit comme un « Gulliver empêtré », le système des agences régionales de santé est remis en cause. Les propositions de réforme, qui sont inséparables des luttes pour le pouvoir (politique mais aussi corporatiste) sont nombreuses mais généralement peu précises. On observera que les départements, en perte d'influence relative, ont retrouvé à cette occasion une audience en s'appuyant sur le modèle qu'ils connaissent bien, mélange subtil de décentralisation-déconcentration fondé sur la relation élu local-préfet.

L'Etat doit-il s'en tenir à l'énoncé d'une politique et en déléguer la gestion en se limitant à sa fonction « régalienne » de contrôle ? Ce schéma classique retrouve une évidente faveur. Est-il aussi probant que beaucoup le voudraient ? Peut-on décider d'un tel retour à une situation dont le passé a montré des insuffisances autrement plus grandes que les dysfonctionnements actuels ? Est-il rationnel de repenser la régulation du système de santé à la lumière d'un évènement, certes majeur, mais qui n'invalide pas la nécessité des instruments de gestion mis en œuvre depuis un quart de siècle ? La dénonciation de la « bureaucratisation » de l'hôpital public est-elle le seul résultat de « l'imagination bureaucratique » d'une administration centrale de l'Etat et/ou de l'Assurance Maladie ou la conséquence logique d'un système bâti sur des statuts protecteurs, complexes, qu'il faut « gérer » ? Comment repenser cette régulation sans interroger le rapport entre l'Etat et l'Assurance Maladie ? Est-il possible d'imaginer, entre les modèles classiques de décentralisation et de déconcentration, une autre voie ?

Le projet de loi dit « 3 DS » (différenciation, décentralisation, simplification ») attribue des pouvoirs nouveaux aux collectivités territoriales au sein du système de santé sans régler la question de fond. Pour simplifier un modèle excessivement complexe, convient-il d'opter pour un modèle de système national de santé ou pour un modèle repensé de sécurité sociale ?

Cette partie examine le système central de gouvernance du système de santé (titre I) puis le système des agences régionales de santé organisé autour du concept discuté de « territoire de santé » et des principaux instruments de régulation du système de santé à ce niveau (titre II).

Titre I
L'organisation politique et administrative centrale au cœur de la complexité

Chapitre I
Le ministère de la Santé à la périphérie de l'Etat, au centre des attentes sociales

Le ministère de la Santé porte une responsabilité qui semble, aujourd'hui encore, bien lourde au regard de ses moyens et, peut-être plus encore, de la place relativement périphérique qu'il occupe au sein de l'appareil de l'Etat. Un signe ne trompe pas : c'est la place protocolaire assignée au ministre qui en a la charge au sein du Gouvernement : elle demeure parmi les dernières. Cette place symbolique n'est pas en rapport avec le poids des attentes sociales : avec la protection de l'environnement, dont nous n'avons cessé de souligner ce qui les relie, la santé figure parmi les préoccupations premières de la population. Cette situation politique suscite inévitablement des interrogations sur la capacité de pilotage d'une institution appelée à assurer la régulation d'un système de santé dont nous venons de voir la complexité due à la multiplicité des enjeux, à la diversité et à l'autonomie des acteurs.

I. Le processus de décision en santé engage une multiplicité d'acteurs

Le ministère de la Santé a pour mission de préparer les textes de loi et leurs textes d'application selon les orientations définies par le pouvoir politique. Il lui revient de conduire et évaluer la « stratégie nationale de santé ». Les problématiques sanitaires étant par nature transversales, il a un rôle a priori essentiel dans la coordination des actions gouvernementales conduites sous l'autorité du Premier Ministre. Il est le garant de la bonne application des politiques de santé à travers sa mission de tutelle sur les organismes publics qui jouent un rôle d'opérateur dans la politique de santé, et à travers sa mission de contrôle des institutions publiques et privées qui concourent à cette politique. Comme tout membre d'un gouvernement, le ministre de la Santé doit répondre régulièrement de ses décisions et de l'activité des agences sanitaires comme de ses services devant le Parlement.

L'organisation politique et administrative centrale de l'Etat dans le domaine de la santé est passée en un quart de siècle d'une structure administrative classique aux moyens dérisoires à une structure de pilotage d'un système de santé complexe. L'accroissement constant du contenu scientifique et technique de la santé, les problèmes de bioéthique et la montée des exigences des citoyens et usagers des services de santé transforment profondément le modèle d'élaboration de la décision. Le système formé par l'administration centrale, ses agences sanitaires, les autorités administratives indépendantes dans le domaine de la santé est censé répondre aux attentes d'une société en mutation : l'Etat n'est que le réceptacle des attentes sociales, multiples et contradictoires.

Les premières grandes crises sanitaires des années 1980-2000 sont à l'origine d'un système d'agences techniques ayant pour mission d'apporter au ministère de la Santé l'expertise qui lui faisait défaut. Elles sont aussi à l'origine de la formation des autorités administratives indépendantes, au premier rang desquelles la Haute Autorité de santé, qui joue un rôle majeur pour l'évaluation de la qualité et de la pertinence des soins de santé.

Le développement de ces institutions suscite des questions de nature différente. Dans le cas des agences sanitaires créées pour traiter un segment spécifique du secteur de la santé, le reproche communément adressé aux pouvoirs publics est d'avoir multiplié à l'excès celles-ci, diluant ainsi la chaine des responsabilités. Mais le regroupement de ces agences est-il la panacée ? Le problème est probablement moins de fusionner les agences au risque d'aboutir à des institutions difficilement gérables, que de créer les conditions d'un pilotage réel de ces structures par le ministère de la Santé. Cela n'est pas possible sans la présence d'un encadrement administratif et technique suffisant, en nombre et en qualification, au sein des directions concernées. De ce point de vue, la politique de réduction des effectifs poursuivie depuis la « révision générale des politiques publiques » appliquée à chaque ministère selon des critères quantitatifs est une erreur. C'est seulement en fonction d'une analyse des politiques publiques prioritaires, de la pertinence du maintien de telle ou telle fonction au sein de l'Etat, que la révision des effectifs de la fonction publique d'Etat peut se concevoir.

Dans le cas des autorités administratives indépendantes, le reproche principalement adressé aux autorités politiques est de s'abriter derrière les décisions de ces autorités pour ne pas endosser l'impopularité des choix politiques. Mais, dans les faits, le « paravent » scientifique protège peu la décision politique de l'impopularité. On l'observe, par exemple, avec l'exclusion du remboursement par l'Assurance Maladie des médicaments sans efficacité thérapeutique avérée. On peut seulement penser que la décision serait encore plus difficile à prendre sans l'analyse scientifique qui lui fournit sa justification. Fondamentalement, la création des autorités administratives indépendantes correspond à la recherche d'un *consensus minimal*, par confrontation d'experts et de représentants de la société, sur des questions marquées par la controverse et/ou la complexité.

A l'inverse de la délégation de compétences consentie aux agences nationales et aux autorités administratives indépendantes, la délégation de responsabilités consentie par l'échelon central au profit des échelons locaux demeure problématique. Il est constamment reproché à l'administration centrale d'enserrer les ARS dans un réseau d'instructions trop nombreuses, trop détaillées, dénotant la crainte qu'inspire toute initiative émanant de la périphérie. Cette verticalité, typique du phénomène bureaucratique, ne s'explique pas par la seule division entre des corps d'administration centrale et des corps d'administration locale de l'Etat, même si celle-ci y contribue.[1067] Elle est entretenue par l'action des multiples groupements d'intérêts (organisations syndicales et professionnelles, organisations représentant les institutions sanitaires et sociales, les milieux économiques, les associations défendant une cause…) qui, soit par l'exercice de leur pouvoir d'influence auprès des cabinets ministériels et des parlementaires, soit dans le cadre des nombreuses commissions instituées par la loi ou formées autour d'un problème spécifique, parviennent à obtenir les amendements qui satisferont leurs mandants, au prix d'un alourdissement et d'une complexification des textes législatifs et règlementaires ou d'instructions tatillonnes.

Il est remarquable d'observer que les rapports avec les acteurs déterminants du système de santé restent centralisés de telle sorte que l'échelon local n'interfère pas trop dans les stratégies d'arrangement nationales. La gestion des carrières des directeurs d'établissements de santé et des praticiens hospitaliers publics en a fourni jusqu'ici une illustration. Les relations de pouvoir ont toujours une dimension « collusive ». Elles fondent « un arrangement acceptable (…) afin de rendre la coopération possible ». [1068]

II. Entre la règle et le contrat : association ou superposition des cultures administrative et managériale ?

Placé au cœur d'une constellation d'institutions qui lui sont organiquement liées, le ministère de la Santé en est-il le pilote, le tuteur ou le manageur ? Les modalités d'exercice de son pouvoir ne peuvent plus s'analyser selon les seules règles du droit administratif. Formellement, celles-ci demeurent et produisent des effets de droit, qu'il s'agisse des règles classiques de la hiérarchie ou de la tutelle administrative. Mais, en pratique, celles-ci sont complétées, parfois supplantées, par cette forme nouvelle d'exercice du pouvoir, productrice de droits, qu'est la *technique contractuelle* dont le cœur est la *logique des objectifs évaluables*. Les responsables des différents organismes concourant à l'action du ministère disposent d'une autonomie de

---

[1067] Il faudra probablement une génération pour observer les effets des décisions gouvernementales annoncées en avril-mai 2021 (remplacement de l'ENA par l'Institut supérieur du service public, suppression des grands corps remplacés par un statut d'emploi d'administrateur général et polyvalent, obligation pour les cadres supérieurs d'assurer un temps de service au niveau territorial). Il est difficile de comprendre le fonctionnement de l'échelon central de l'Etat sans repérer, derrière les organigrammes et les structures officielles, le pouvoir d'influence des grands corps portés à la fois par de fortes convictions sur le rôle de l'Etat et le souci d'assurer le maintien de leur sphère d'influence en son sein et au sein de la société. La logique de l'affectation à des « emplois » aura-t-elle raison d'un système subtil d'affinités propre aux grandes écoles ?

[1068] E. Friedberg, « Le pouvoir et la règle ».

gestion relative, variable selon les domaines de compétences considérés, dans le cadre des *contrats d'objectifs et de moyens* liant chaque organisme à l'Etat. Leur action à la tête de ces organismes est régie par des *lettres de mission* définissant les priorités et les résultats à partir desquels leur action devra être évaluée. Ils ne sont plus seulement chargés d'une mission mais reçoivent un *mandat* et la durée de leur mission est étroitement liée aux termes du mandat qu'ils ont reçu.

Cette organisation est indissociable du passage - relatif - d'une forme d'administration par la loi à une forme d'administration par l'expertise. A la norme juridique, vérifiable selon les formes du droit, s'est ajoutée la norme scientifique et technique dont la validité ne relève plus de la sanction d'un comportement mais de l'évaluation de ses résultats. *Il y a interpénétration croissante des deux approches, des deux cultures.* Il ne faut pas toutefois commettre l'erreur de penser qu'une forme d'administration s'est substituée à une autre. Elles sont associées telles des plaques tectoniques. Chacune conserve son rôle au sein de l'Etat : l'administration de l'expertise prend en charge les problèmes scientifiques et techniques de la santé, l'administration centrale exerce son métier de préparation et de mise en œuvre des lois, qui est un métier de synthèse des données scientifiques mais aussi sociétales. Cette superposition de deux logiques explique une part importante dans la remise en cause des méthodes « managériales » exigeant une évaluation des actions. Elle représente, pour cette forme spécifique qu'est l'Etat français, un dilemme. Il n'est pas envisageable de renoncer à la règle du droit administratif et à la forte tradition qu'elle représente, véritablement constitutive de cet Etat. Au demeurant, l'expérience des systèmes libéraux montre que les systèmes de normes dénoncés par nombre de praticiens s'y retrouvent, plus durement mis en œuvre, au niveau de chaque institution au lieu de l'être par une administration publique. Il n'est pas davantage envisageable de renoncer à une gestion managériale, même si ses dérives doivent être combattues. Aucun système de santé moderne ne fonctionne sans une politique de qualité et de pertinence des soins, sans une gestion d'objectifs évaluables, ce qui implique un système élaboré de normes.

III. La structure de l'administration centrale et le pouvoir d'influence des grandes directions

En tant que structure administrative, le ministère de la Santé fait partie de l'ensemble formé par les « ministères sociaux » (travail-emploi-santé-cohésion sociale) qui comprend, sous l'autorité d'un secrétaire général, des services « transversaux » ou « communs » assurant une mutualisation des moyens des différents départements ministériels. Le rôle d'un secrétaire général varie selon les configurations ministérielles. Qui détient la gestion des moyens est généralement influent.

Parmi les services communs aux ministères sociaux la direction de la recherche, des études, de l'évaluation et des statistiques (DREES) comprend une division importante en matière de recueil et d'analyse des données de santé. Plus récente, une délégation à l'innovation en santé (DIES) a reçu pour mission d'aider les porteurs de projets, de favoriser le développement de l'évaluation dans le secteur sanitaire et la coordination des projets. Enfin l'Inspection générale des Affaires sociales (IGAS) est le corps supérieur de contrôle des institutions et services publics et privés agissant dans le domaine social (travail, formation professionnelle, emploi, action sociale, santé) et de conseil des pouvoirs publics dans le cadre des missions d'étude qu'ils lui demandent.

Le ministère chargé de la Santé comprend neuf directions et deux délégations (information-communication et affaires européennes et internationales).[1069] Quatre directions ont un rôle particulièrement important dans l'élaboration et la mise en œuvre des politiques de santé :

1. La direction générale de la santé (DGS)

La DGS prépare les projets de lois et de règlements relatifs à la politique de santé publique, les directives et circulaires ministérielles adressées aux organismes placés sous la tutelle ministérielle (agences sanitaires nationales, agences régionales de santé). Elle représente, au niveau administratif et technique, le ministère français dans les institutions internationales et européennes. [1070]

Outre la conception des plans déclinant les objectifs prioritaires de la « stratégie nationale de santé », la DGS conçoit et contrôle les plans de surveillance sanitaire de la population, de veille à l'égard des risques sanitaires. Elle élabore les normes de qualité et de sécurité des soins et assure l'évaluation des politiques de santé. Son rôle est également important pour le développement des systèmes d'information en santé et pour la recherche médicale. En liaison avec la direction générale de l'offre de soins (DGOS) et la direction générale de la cohésion sociale (DGCS) elle gère les

---

[1069] Direction générale de la santé, direction générale de l'offre de soins, direction générale de la cohésion sociale, direction de la sécurité sociale, direction de la recherche, des études, de l'évaluation et des statistiques et plusieurs directions chargées de la gestion administrative et budgétaire du ministère ainsi que des délégations, notamment à l'information et à la communication.

[1070] La DGS comprend environ 300 collaborateurs (dont près de 80% sont des cadres de catégorie A de la fonction publique, médecins, pharmaciens, ingénieurs, administrateurs civils, attachés d'administration…).

relations avec les professions des secteurs sanitaire et médico-social (statuts, formation initiale et continue, conditions d'exercice) soit une centaine de métiers et de qualifications différents. Elle est le pivot des politiques interministérielles de santé et de définition des législations sanitaires gérées par les collectivités territoriales.

La DGS a occupé longtemps une position statutaire[1071]plus éminente que sa position stratégique dans la répartition des pouvoirs d'influence au sein du ministère. Ebranlée dans les années 80 par l'affaire du sang contaminé, elle a vu cette position renforcée depuis la fin du XXème siècle et l'élaboration d'une politique de santé plus dynamique. Soumise à l'épreuve du SARS-CoV-2, elle devrait logiquement occuper demain une place d'autant plus stratégique qu'elle est au cœur d'une demande sociale forte de santé publique associée à une demande de protection de l'environnement.

2. La direction générale de l'offre de soins (DGOS)

La DGOS occupe une place centrale dans les préoccupations du ministère puisqu'elle est en charge des questions - notamment celles qui concernent l'hôpital public - qui ont une des plus fortes incidences politiques et sociales. Elle est compétente pour traiter l'ensemble des questions relatives au système des soins, qu'il s'agisse des soins ambulatoires dispensés par la médecine de ville ou des soins hospitaliers, publics et privés, intra ou extrahospitaliers (planification, coordination, contractualisation, évaluation, financement et tarification). Traditionnellement, la DGOS est la direction des directeurs d'hôpitaux, accueillant d'ailleurs un certain nombre d'entre eux en son sein. Il y a une certaine porosité entre elle et les grands organismes représentant l'hospitalisation publique, au premier rang desquels la très influente Fédération hospitalière de France. La crise provoquée par la pandémie du SARS-CoV-2 la place au cœur des négociations entreprises par les pouvoirs publics avec les représentants des personnels hospitaliers et des représentants du secteur médico-social. Mandatée pour diriger la restructuration du secteur hospitalier, l'amélioration de la qualité et de la sécurité du dispositif de soins, maîtriser les coûts du système de soins, la DGOS reçoit la mission de mettre en œuvre les « Accords du Ségur de la santé » qui marquent, après une décennie de contrainte budgétaire, le retour à un réinvestissement dans le secteur hospitalier et un probable infléchissement dans l'action et la culture de ce service.[1072]

[1071]Son directeur, qui fut longtemps le seul directeur général du ministère, est sauf exception un professeur de médecine.

[1072] Les Accords du Ségur de la santé (13.7. 2020) prévoient un programme de 19 milliards d'euros en investissement et en aide au redressement financier (46% des établissements publics sont en déficit d'exploitation, 14% d'entre eux totalisant 80% de ce déficit), le

3. La direction générale de la cohésion sociale (DGCS)

La DGCS a pour mission de concevoir, coordonner et évaluer les politiques de solidarité et de maintien de la « cohésion sociale ». Au centre de son action figure le soutien à l'autonomie des personnes vulnérables en raison d'un handicap, du vieillissement ou d'une situation de précarité sociale. Son rôle est d'autant plus important que les différentes formes de vulnérabilité (pauvreté, solitude, handicap…) sont des facteurs de pathologies somatiques et psychologiques, d'hospitalisations prolongées et de ré-hospitalisations.[1073]Elle est responsable de la politique d'organisation et de financement du secteur des établissements sociaux et médico-sociaux ainsi que des professions sociales (plusieurs dizaines de métiers différents).[1074]

La DGCS prépare et met en œuvre les programmes de prévention et de lutte contre les exclusions sociales et la pauvreté, (hébergement et accès au logement des personnes sans abri ou mal logées, protection de l'enfance, des droits des femmes) et les projets de développement de l'économie sociale et solidaire. Elle est au cœur de débats intenses autour des conceptions du handicap, notamment du handicap psychique, des problématiques de la précarité sociale, des conceptions de l'action sociale et médico-sociale, des droits des femmes, mais aussi de la gestion des rapports entre l'Etat et les collectivités territoriales compétentes dans ces domaines, particulièrement

---

recrutement de 15 000 agents dans le secteur hospitalier public, la réouverture de 4000 lits destinés à faire face à une demande exceptionnelle, ainsi que l'allocation de 8,2 milliards d'euros destinée à la revalorisation salariale des métiers exercés dans les établissements publics de santé et les EHPAD, la formation d'un nombre accru de personnels soignants. Enfin, l'accélération de la réforme du financement fondé sur la tarification à l'activité est actée.

[1073] On estime le nombre de personnes vivant sous le seuil de pauvreté (avant la crise provoquée par la pandémie du SARS-CoV-2) à 8,5 millions (1/3 des familles monoparentales sont sous ce seuil). 2 296 000 foyers bénéficient du revenu de solidarité active. 141 500 personnes sont mal logées ou sans abri. Le nombre de bénéficiaires de l'allocation aux adultes handicapées dépasse le million et celui des bénéficiaires de l'allocation personnalisée à l'autonomie, 1,2 million. Enfin, près de 162 000 enfants sont accueillis par l'aide sociale à l'enfance.

[1074] Plus de 10 500 établissements d'accueil de personnes âgées disposent de 720 500 places, ce nombre étant de 467 000 pour les établissements accueillant des personnes handicapées. 87 000 places d'hébergement en urgence étaient recensées fin 2017. Enfin, 374 000 places de crèche étaient dénombrées. Les programmes d'action sociale de l'Etat représentent un engagement budgétaire supérieur à 15 milliards d'euros, les crédits de l'Assurance Maladie avoisinent les 20 milliards et ceux de la Caisse nationale d'Allocations Familiales dépassent les 5 milliards. Mais l'essentiel de l'action sociale relève de la compétence décentralisée : celle des départements est de l'ordre de 35 milliards d'euros.

des départements dont 60% du budget de fonctionnement est consacré à l'action sociale et médico-sociale.[1075]

4. La direction de la Sécurité Sociale (DSS)

La DSS est chargée de l'élaboration et du contrôle de l'application de l'abondante et complexe législation de sécurité sociale. Elle exerce, sous l'autorité du ministre, le pouvoir de tutelle de l'Etat à l'égard des organismes de sécurité sociale. Sa position est éminente : elle est « dépositaire » de l'œuvre de la Libération et en charge du domaine de la protection sociale dont le poids financier est supérieur au budget de l'Etat. Son rôle a singulièrement évolué depuis que le Parlement vote le projet de financement annuel de la Sécurité Sociale qui comprend l'objectif national d'évolution des dépenses de l'Assurance Maladie (ONDAM). La place de la Sécurité Sociale dans l'économie -et notamment son déficit- a toujours contribué à l'établissement de liens étroits entre le Ministère des Finances et la DSS. Si, par le passé, celle-ci a pu s'opposer aux exigences du ministère des Finances, un certain consensus prévaut aujourd'hui entre les directions compétentes pour privilégier la maitrise des dépenses de l'Assurance Maladie. L'organisation de la DSS s'est structurée en conséquence, comprenant notamment une sous-direction du financement de la Sécurité Sociale, une sous-direction du financement du système de santé, une sous-direction de l'accès aux soins, une sous-direction enfin du « pilotage du service public de la Sécurité Sociale ».

IV. Une nouvelle administration d'expertise : les agences sanitaires nationales

1. L'agence, un modèle de management pour le classique établissement public

L'introduction du modèle de l'agence au sein de l'Etat a suscité beaucoup de débats sur le sens et la portée de cette innovation. S'agit-il d'une innovation ? D'un point de vue juridique, on peut en douter. La plupart des agences sont, en droit, des établissements publics administratifs ou des groupements d'intérêt public qui ne dérogent pas fondamentalement aux règles du droit public. L'agence n'est-elle qu'un habillage de structures classiques, destiné à prouver, à des fins de communication, qu'on innove ? Sans doute faut-il rappeler que les agences sanitaires sont créées au moment où l'opinion est troublée par les défaillances de l'administration dans le contrôle de la qualité et de la sécurité des dispositifs sanitaires. L'invention

[1075] Dotée de 260 agents, elle anime les directions régionales de la jeunesse, des sports et de la cohésion sociale, directions départementales de la cohésion sociale, réseau déconcentré des droits des femmes

de l'agence a une fonction symbolique certaine signifiant un changement de paradigme avec le concept de sécurité sanitaire. Mais elle est aussi une innovation en ce qu'elle instaure une administration de l'expertise, d'une part et une relation contractuelle entre l'Etat « mandant » et un opérateur « mandataire », d'autre part. Le mandataire se voit assigner des objectifs précis et évaluables quant à leurs résultats. Le contrat d'objectifs et de moyens conclu entre l'Etat et les agences est un instrument destiné à garantir une application aussi efficiente que possible de l'action publique.

Le modèle des agences est pensé pour concevoir et mettre en œuvre des normes techniques ou des projets d'action publique dans un domaine spécialisé. C'est une des applications du principe d'adaptation du service public au rôle de l'Etat stratège. Jean-Daniel Reynaud voit, pour sa part, dans la création des agences une forme de gestion autonome offrant une alternative au phénomène bureaucratique classique et réalisant le projet évaluateur de l'Etat moderne. Pour François Steudler, cette forme nouvelle de structure correspond au modèle de nos sociétés « programmées, post-industrielles » cherchant à maîtriser leur action et leur avenir par la connaissance de leur propre fonctionnement. Le modèle de l'agence se fonde sur la théorie économique de l'agence qui postule que, les acteurs du marché ne disposant que d'une information imparfaite, sont supposés réduire les risques liés à cette asymétrie d'information en instituant une relation contractuelle. C'est cette théorie, influente dans la haute fonction publique, qui est considérée par les critiques du néolibéralisme comme un instrument idéologique ayant perverti la conception du service public. Mais, malgré son indéniable influence (ou effet de mode) elle n'a pas transformé l'économie du système de santé, qui reste essentiellement une économie administrée. La relation contractuelle reste régie par la tutelle de l'autorité créatrice de l'agence sur les principaux actes de cette dernière. Plutôt que de rupture avec le modèle administratif, il faudrait peut-être parler de « greffe » (au résultat encore incertain) du modèle de l'agence comme technique de management sur celui de l'administration classique de l'Etat.

Dans son étude annuelle 2012, le Conseil d'Etat s'est penché sur le développement du système des agences au sein de l'appareil d'Etat.[1076]On notera sans surprise ses réserves. Mais il est significatif qu'il n'y oppose pas des principes irréductibles de droit. Il formule 25 recommandations parmi lesquelles on retiendra particulièrement la nécessité pour l'Etat de se doter d'une *doctrine* de recours à la formule de l'agence et d'un véritable *pilotage* de ces institutions ainsi que l'exigence de soumettre au Parlement les principes d'organisation des rapports entre les services de l'Etat et les

---

1076 Conseil d'Etat. Etudes et documents 2012. Etude annuelle 2012 « Les agences : une nouvelle gestion publique ? ».

agences. Il ne suffit donc pas que la direction générale de la santé dispose d'une sous-direction assurant le suivi de l'activité des agences sanitaires. Encore faut-il que ces dernières s'inscrivent dans une stratégie clairement énoncée par le ministère et que leur action soit évaluée, comme le propose le Conseil d'Etat, au niveau politique. Soulignant, par ailleurs, l'importance des règles de transparence de l'information, il insiste sur la nécessité de la participation des citoyens à la gestion des agences par l'intermédiaire des associations d'usagers des services publics.

La solidité de la chaîne d'information est, en effet, au moins aussi importante que le choix d'un type d'organisation.[1077] La coordination et le contrôle par l'administration centrale de l'activité des agences supposent aussi l'introduction en son sein de compétences nouvelles de supervision scientifique et technique. Sans doute faudra-t-il également lever les obstacles culturels et idéologiques à la coopération entre l'ensemble des professions médicales et l'administration sanitaire : les procédures d'alerte existent mais ne semblent pas utilisées pleinement.

2. Les agences sanitaires : désengagement ou réinvestissement de l'Etat ?

La place des agences sanitaires dans l'organisation administrative de l'Etat est d'autant plus importante que la plupart ne sont pas limitées à une fonction de conseil expert : elles ont reçu une délégation de compétence qui leur confère un pouvoir normatif. Plusieurs parmi elles disposent d'un pouvoir d'autorisation et de retrait d'autorisation d'activités d'établissements et de services et d'un pouvoir de sanction recouvrant des domaines vitaux. C'est une large part du pouvoir de police sanitaire de l'autorité ministérielle qui se trouve ainsi déléguée.[1078]Le pouvoir normatif exercé par la plupart des agences sanitaires à travers l'édiction de règles techniques, de recommandations de « bonnes pratiques » est souvent déterminant puisqu'il se fonde sur une rationalité scientifique et technique à l'égard de laquelle le pouvoir politique ne peut opposer que des considérations d'opportunité sociale ou économique ou une éventuelle contre-expertise. Fondé sur l'évaluation du fonctionnement de segments importants du système de santé, ce pouvoir normatif des agences sanitaires techniques *oriente* dans une certaine mesure le pouvoir politique.

[1077] Ni le directeur général de l'Agence du médicament, ni le directeur général de la santé, ni le ministre ne furent alertés sur les effets indésirables graves du Médiator. Rapport IGAS. Enquête sur le « Médiator » A. Morelle, AC Bensadon, E.Marie. Min. Santé. Janvier 2011

[1078] Un autre indice de leur importance dans le système central de régulation de l'appareil sanitaire est fourni par leurs effectifs : alors que la direction générale de la santé au Ministère chargé de la santé dispose d'environ 300 agents, l'effectif global des agences avoisine les 14 000.

D'un point de vue juridique, la création des agences a été accueillie avec une certaine perplexité par la plupart des juristes qui n'y ont pas vu une catégorie juridique nouvelle.[1079] Cependant, comme l'observe Jacques Chevallier, on ne peut en déduire une absence de spécificité de l'agence pour au moins trois raisons : le développement de la formule est tel qu'il a nécessairement une signification qu'on ne peut éluder, il est une manifestation patente d'une transformation profonde de l'action administrative et le phénomène est international. Mais il observe que le modèle anglo-saxon est avant tout un instrument de gestion en concurrence avec les standards de gestion privée alors que le modèle de l'agence est dans notre pays un *instrument de reconquête de l'Etat*.[1080]. Tel est bien, selon nous, le sens de la création des agences dans le domaine de la santé.

3. Le problème du contrôle de l'expertise

L'action des agences sanitaires est régulièrement critiquée pour son manque de transparence, fréquemment associé à des conflits d'intérêts chez les experts participant à leurs travaux. De nombreux experts bénéficient, pour leurs travaux de recherche, de financements par l'industrie (pharmaceutique, agro-alimentaire, chimique) ou de rémunérations personnelles parfois très élevées, pour des activités de conseil, des conférences ou des formations financées par elle. Dans ces conditions, la question de leur indépendance se pose légitimement lorsqu'ils apportent leur contribution aux travaux des agences sanitaires, que celles-ci soient françaises, européennes ou internationales.

La législation, inexistante jusqu'à une période récente, comporte désormais un ensemble conséquent de règles ayant pour but de mieux contrôler ces conflits possibles d'intérêts, de rendre publics les débats des instances réunissant pour avis des experts, de limiter la durée du mandat de ces derniers, d'associer à la consultation des experts réputés pour leur contre-expertise et les représentants des associations d'usagers des services de santé et de protection des consommateurs. La loi impose aux membres des professions médicales qui ont des liens avec des entreprises du secteur de la santé de les faire connaître lorsqu'ils s'expriment sur les produits de ces entreprises « lors d'une manifestation publique, d'un enseignement universitaire ou d'une action de formation continue ou d'éducation

---

[1079] La forme associative (au sein de laquelle prédominent des personnes publiques) a connu plusieurs applications qui, souvent, n'ont eu qu'un rôle de préfiguration d'une structure publique.

[1080] Jacques Chevallier « Présentation théorique du modèle français de l'agence » in « Les cahiers du CERDES février 2001 ».

thérapeutique, dans la presse écrite et audiovisuelle ou par toute publication écrite ou en ligne ».[1081]

Il demeure qu'il est difficile pour les agences sanitaires de constituer un vivier suffisant d'experts sans lien avec l'industrie parce que ceux-ci découlent logiquement de la plupart des recherches cliniques.[1082] On a évoqué la création d'un organisme public récoltant les fonds publics et ceux de l'industrie en vue de les répartir entre les différents programmes de recherche suivant de stricts critères scientifiques. Ce serait une solution satisfaisante mais il est à craindre que l'industrie en question, dont nous avons rappelé le caractère largement multinational, ne se détourne alors des établissements français pour ses essais cliniques. *Une telle politique gagnerait, pour être efficace, à être européenne.* Mais cela supposerait un changement profond des principes de l'UE.

Par ailleurs, une loi de 2016 crée un statut général de « lanceur d'alerte ».[1083]Elle le définit comme une personne physique « qui révèle ou signale, de manière désintéressée et de bonne foi, un crime ou un délit, une violation grave et manifeste d'un engagement international (...) ratifié ou approuvé par la France (…) ou une menace ou un préjudice graves pour l'intérêt général, dont elle a eu personnellement connaissance ».Le texte définit donc un champ très large d'intervention potentielle du lanceur d'alerte. Celui-ci peut, a priori, transgresser le secret des affaires, qui fait l'objet d'une protection légale : l'irresponsabilité pénale qui lui est accordée semble l'y autoriser, dès lors qu'il répond au souci d'alerter, *de bonne foi*, les autorités et le public d'un *risque grave.* Des produits de santé, des produits phytosanitaires ou chimiques, susceptibles d'avoir de graves répercussions sur la santé et l'environnement sont concernés par la loi. Il faut distinguer deux types de situation. Dans le premier, les pratiques de l'opérateur ne sont pas conformes aux normes fixées ou constituent une menace grave pour la santé publique : l'alerte peut être lancée dès lors qu'elles sont délibérément suivies ou occultées. Dans le second cas, il s'agit de défauts de qualité, d'effets indésirables, d'erreurs, d'usages non conformes qui relèvent prioritairement des procédures spécifiques de pharmaco-matério-vigilance.

[1081] Art.L.4113-13

[1082] On estime qu'environ 75% des experts bénéficient, pour leurs travaux de recherche, de financements par l'industrie. La recherche clinique, type de recherche appliquée, contrairement à la recherche fondamentale, essentiellement financée sur fonds publics, porte généralement sur l'analyse des effets d'un nouveau produit de santé ou d'une procédure de soin innovante.

[1083] Loi n°2016-1691 du 9 décembre 2016 relative à la transparence, à la lutte contre la corruption et à la modernisation de la vie économique.

La procédure d'alerte est strictement encadrée. Elle doit être effectuée d'abord auprès du supérieur hiérarchique (ou du référent désigné à cette fin). Si aucune suite ne lui est donnée, elle peut être portée auprès de l'autorité judiciaire ou administrative ou auprès d'un ordre professionnel. Elle ne peut être rendue publique qu'en l'absence de réponse de ces autorités. En cas de danger imminent ou de risque de dommages irréversibles, elle peut être portée simultanément à la connaissance de l'autorité compétente et du public. Le Défenseur des droits peut également être saisi mais il ne peut qu'orienter le lanceur d'alerte vers l'autorité compétente pour traiter l'information.

Les garanties apportées au « lanceur d'alerte » sont de trois ordres : respect strict de la confidentialité de sa démarche et de son identité, protection spécifique relevant du droit du travail et du droit de la fonction publique, protection pénale. Ces garanties valent si l'alerte porte atteinte au secret protégé par la loi dès lors que cette divulgation est nécessaire et proportionnée à la sauvegarde des intérêts en cause. En revanche, la protection du lanceur d'alerte tombe et peut donner lieu à des poursuites pénales si la dénonciation des faits, infondée, relève de l'intention de nuire.

Le lanceur d'alerte peut évidemment être fragilisé par l'obligation qui lui est faite d'informer en premier lieu un supérieur qui peut avoir intérêt à occulter les faits, faire disparaitre les éléments de preuve du danger, ou placer celui-ci dans une situation d'éloignement dont il sera difficile de prouver qu'elle est assimilable à une sanction. On en revient alors au rôle des associations - notamment de défense des consommateurs - qui, informées, peuvent exercer plus librement cette fonction d'alerte.

V. Les principales agences sanitaires nationales

Depuis la formation des premières agences sanitaires il y a un quart de siècle, celles-ci ont connu plusieurs transformations affectant soit le champ de leurs compétences soit leur organisation. Plusieurs d'entre elles sont le résultat de fusions et/ou de changement de statut. Nous évoquerons ici les sept principales institutions.

1. L'Agence nationale de santé publique (ANSP)

L'ANSP est l'instrument de pilotage opérationnel en santé publique créé par la loi de modernisation du système de santé de 2016, qui a regroupé l'institut national de veille sanitaire, l'institut national de prévention et d'éducation pour la santé et l'Etablissement de préparation et de réponse aux urgences sanitaires. Elle se rapproche, dans l'esprit, des modèles anglo-saxons ou scandinaves. Son statut est celui d'un établissement public administratif de l'Etat, dénommé *« Santé Publique-France »*. Elle a pour mission[1084]

- L'observation épidémiologique et la surveillance de l'état de santé des populations
- La veille sur les risques sanitaires menaçant les populations
- La promotion de la santé et la réduction des risques pour la santé
- Le développement de la prévention et de l'éducation pour la santé
- La préparation et la réponse aux menaces, alertes et crises sanitaires
- Le lancement de l'alerte sanitaire
- La centralisation de toutes les statistiques sur l'état de santé de la population.

Elle met à la disposition du Ministre de la Santé, des agences sanitaires et de la Conférence nationale de la santé les informations relatives à l'observation et à la surveillance sanitaire de la population. Ses avis et ses recommandations sont publics. Elle définit et coordonne le dispositif opérationnel de veille sanitaire (réseau national de santé publique, centres nationaux de référence et cellules d'intervention des ARS). Elle gère le processus garantissant à la population les produits de santé nécessaires à sa protection face à une menace sanitaire grave, y compris en cas de rupture de stock ou de cessation de production. Elle dispose à cette fin du droit de recourir à la licence d'office.

Elle peut se saisir de toute question relevant de ses compétences. Les professionnels de santé, les services de l'Etat et les organismes relevant de son domaine de compétences sont tenus de lui apporter leur concours. Dès lors qu'il s'agit de « prévenir ou maîtriser des risques graves pour la santé humaine », toute personne morale ou physique est tenue, à sa demande, de lui communiquer, ou de communiquer à ses centres de référence, toute information « qu'elle détient » relative à de tels risques.[1085]

L'ANSP est administrée par un conseil d'administration dont le président est nommé par décret. Il a voix prépondérante en cas de partage des voix.[1086]Le conseil d'administration fixe les orientations stratégiques de l'agence et

---

1084 Art.L.1413-1 CSP

1085 Art.L.1413-8 CSP

1086 Le conseil d'administration est composé de représentants de l'Etat, des régimes obligatoires d'Assurance Maladie, des collectivités territoriales, des institutions et professions de santé, des associations d'usagers des services de santé, de défense des consommateurs, des familles, de l'environnement, des victimes d'accidents du travail et des maladies professionnelles, du personnel et de personnalités qualifiées.

délibère sur toutes les questions essentielles au fonctionnement de l'institution. [1087]

Le directeur général de l'Agence, nommé par décret, a une compétence exécutive générale. Il émet les avis et recommandations de l'organisme, prend au nom de l'Etat les décisions de gestion des produits garantissant la protection sanitaire de la population.

Un « conseil scientifique » veille à la cohérence de la politique scientifique de l'Agence. Un « comité d'éthique et de déontologie », assisté d'un déontologue s'assure du respect des règles applicables aux instances et au personnel de l'institution. Enfin, un « comité d'orientation et de dialogue » contribue au développement des débats publics et des réflexions collectives sur les problématiques de santé publique.

Les ressources de l'Agence sont constituées par des subventions de l'Etat, de collectivités publiques, de leurs établissements publics, de l'Union européenne ou des organisations internationales ainsi que par des reversements ou remboursements des organismes d'assurance maladie, le produit des ventes de produits et services, des taxes, redevances pour services rendus, dons et legs, emprunts.

2. L'Agence nationale de recherche sur les maladies infectieuses et émergentes

Conséquence de la pandémie du SARS-CoV-2, la recherche sur les maladies infectieuses et émergentes redevient une priorité. Les pouvoirs publics ont décidé la fusion, dans le but d'accroître l'effort de recherche, de l'Agence nationale de recherche sur le sida et les hépatites virales et du consortium « REACTing » spécialisé dans la recherche sur les maladies émergentes pour former la nouvelle Agence nationale de recherche sur les maladies infectieuses et émergentes, officiellement créée au 1er janvier 2021. Celle-ci doit animer, coordonner et financer la recherche dans ces domaines et préparer les réponses adaptées à des crises sanitaires à venir. Malgré ce projet de réinvestissement dans la recherche sur les maladies infectieuses et émergentes, un certain nombre de chercheurs n'ont pas manqué de s'inquiéter des moyens alloués à la nouvelle institution. Ceux-ci sont, pour l'instant, à peine supérieurs à la somme des crédits dont disposaient les deux entités fusionnées. La crainte exprimée est que la nouvelle agence soit contrainte de compléter son financement public par un recours au

[1087] Contrat d'objectifs et de moyens avec l'Etat, propositions budgétaires et d'investissement, organisation interne, conditions d'emploi et programmes de travail, participation de l'Agence à des groupements de coopération, mise en œuvre des règles déontologiques.

financement privé avec les risques encourus pour l'indépendance de la recherche.[1088]

3. L'Agence nationale de sécurité du médicament et des produits de santé (ANSM)

Nous avons vu que trois institutions exercent des responsabilités essentielles dans la gestion publique du médicament en France : la Haute Autorité de santé, le Comité économique des produits de santé et l'Agence nationale de sécurité du médicament et des produits de santé.

Au cœur des enjeux sanitaires et économiques, cette dernière a été réformée plusieurs fois depuis sa création au début des années 90. Dans sa configuration actuelle, elle résulte d'une loi de 2011.[1089] Didier Tabuteau, qui dirigea la première agence, écrit que cette instabilité institutionnelle illustre la difficulté des pouvoirs publics à gérer le médicament « dans un pays dénué d'une tradition de santé publique, où le système d'évaluation et de contrôle du médicament paraît condamné à n'évoluer qu'en réaction aux crises récurrentes qui le prennent en défaut ».[1090]

La référence, désormais insistante, à la sécurité sanitaire dans la dénomination de l'Agence est significative des préoccupations grandissantes de l'opinion après la révélation des défaillances du système de régulation du médicament tant au niveau de l'agrément qu'à celui de la pharmacovigilance.

A. Les missions et les pouvoirs de l'ANSM

La loi assigne à l'agence trois grandes missions et lui attribue des pouvoirs importants couvrant un vaste champ de produits de santé [1091]:

- L'évaluation des *bénéfices et des risques* liés à l'utilisation des produits à finalité sanitaire destinés à l'homme et des produits à finalité cosmétique, la *surveillance du risque* lié à ces produits et la *réévaluation* des bénéfices et des risques.
- Le *pouvoir de décision* relatif à toutes les opérations de ce secteur : évaluation, essais, fabrication, préparation, importation, exportation, distribution en gros, courtage, conditionnement, conservation,

[1088] Le Monde (19.1. 2021) : « l'insuffisance budgétaire dont souffrira la nouvelle agence… ». Collectif de chercheurs, professionnels de santé et du secteur associatif.

[1089] Loi n°2011-2012 du 29.12. 2011. L'ANSM succède à l'Agence française de sécurité sanitaire des produits de santé (AFSSAPS), qui remplaçait elle-même l'Agence du médicament.

[1090] Didier Tabuteau. « Le Monde ». 11.12.2010.

[1091] Art. L.5311-1 CSP.

exploitation, *mise sur le marché,* publicité, mise en service ou utilisation des produits sanitaires destinés à l'homme et des produits cosmétiques.

- Une compétence concernant les recherches impliquant la personne humaine (recherches biomédicales, notamment).
- Un *pouvoir de proposition et de conseil aux pouvoirs publics,* et de participation à l'élaboration des lois et règlements relevant de son domaine de compétence.

L'ANSM est tenue de respecter une *obligation d'information et de transparence* sur son action. Elle doit rendre public un rapport de synthèse de l'évaluation effectuée pour tout nouveau médicament ainsi que les décisions d'octroi, de suspension et de retrait de l'AMM d'un produit de santé. Elle doit également organiser des réunions régulières d'information des associations agréées de malades et d'usagers du système de santé sur les questions de sécurité sanitaire des produits de santé (notamment sur les actions entreprises dans le domaine de la prévention et de la répression de la falsification des médicaments). Elle gère, en collaboration avec la Haute Autorité de santé, une base de données sur les médicaments destinée tant au public qu'aux professionnels de santé.[1092] Elle adresse un rapport annuel public au Gouvernement et au Parlement sur son activité et doit organiser des auditions publiques sur des thèmes de santé publique.

B. Les prérogatives de l'ANSM

Pour l'accomplissement de ses missions, l'agence dispose d'importants pouvoirs de police sanitaire lui permettant de prendre ou de demander aux autorités compétentes de prendre les mesures nécessaires « lorsque la santé de la population est menacée » ou en application des dispositions législatives et réglementaires visant à « préserver la santé humaine ». Elle a un pouvoir de contrôle de la publicité des produits de santé. Son pouvoir d'investigation et d'expertise dans le domaine du médicament et des produits de santé l'autorise à s'affranchir du secret médical, industriel ou professionnel. Elle est également chargée de contrôler le respect des dispositions des autorisations délivrées en matière d'éducation thérapeutique.

Elle dispose d'un pouvoir de suspension, de retrait ou d'interdiction d'un produit de santé au cas où celui-ci présenterait un « risque potentiel grave » ou un « danger avéré pour la santé humaine ». En cas d'urgence, le directeur

---

1092 Base « Prescrire.org ». Il convient de rappeler également que la revue « Prescrire », fondée par des médecins soucieux de diffuser une analyse indépendante sur les données relatives aux produits de santé constitue une référence dans ce domaine. Sont venus s'y ajouter des publications de défense des consommateurs dont la diffusion s'est développée au cours de la dernière décennie. (Loi du 29.12.2011)

de l'Agence prononce sa décision sans attendre les observations du fabricant ou distributeur. Il peut mettre en demeure le responsable de la mise sur le marché d'un produit de santé de procéder à son retrait et à la destruction du stock. Il peut suspendre tout ou partie de son activité si le produit qui fait l'objet d'une mesure de suspension ou d'interdiction présente « un risque avéré pour la santé humaine ». Il peut ordonner la diffusion de mises en garde ou précautions d'emploi d'un produit à la charge du fabricant ou diffuseur. Dans tous les cas où l'intérêt de la santé publique l'exige, l'opinion publique et les professionnels de santé sont informés « si nécessaire » et « par tout moyen ». L'ANSM dispose d'un système spécifique de veille et d'alerte destiné à éviter la diffusion de médicaments susceptibles de présenter un danger pour la santé, en raison d'une éventuelle falsification ou de défauts de qualité. Elle a le pouvoir d'imposer des sanctions financières à l'encontre des personnes physiques ou morales produisant ou commercialisant des produits de santé non conformes aux normes fixées.

C. L'organisation de l'Agence

L'ANSM est un établissement public de l'Etat placé sous la tutelle du ministre chargé de la santé, soumis au contrôle administratif, budgétaire et financier de la Cour des Comptes et des corps de contrôle supérieur. Elle emploie environ un millier d'agents et bénéficie de la collaboration d'environ 2000 experts.

Ses ressources sont constituées essentiellement de subventions de l'Etat, des collectivités publiques et d'autres établissements publics, des organismes de sécurité sociale, d'emprunts, de produits de son activité. La loi permet à l'ANSM de recevoir des dons de personnes dont elle contrôle l'activité, ce qui ne laisse pas de surprendre au regard du principe d'indépendance qui la régit. L'agence perçoit un droit pour chaque opération qu'elle réalise pour répondre à une demande d'évaluation, de certification ou d'attestation de qualité d'un produit, ce qui fait que les ¾ environ de ses ressources proviennent de l'industrie pharmaceutique.

L'ANSM est administrée par un conseil d'administration et un directeur général, nommés par décret.[1093] Au sein du conseil d'administration, les droits de vote sont répartis pour moitié entre les représentants de l'Etat et pour moitié entre les autres membres. En cas de partage des voix, le

---

[1093]Le conseil d'administration comprend des représentants de l'Etat, 3 députés et 3 sénateurs, des représentants des régimes obligatoires de base d'Assurance Maladie, des représentants des professionnels de santé autorisés à prescrire et dispenser des produits de santé agréés, des représentants d'associations d'usagers du système de santé agréées, des personnalités qualifiées, des représentants du personnel de l'Agence.

président a voix prépondérante. Le conseil d'administration fixe les orientations de la politique de l'agence. Il délibère sur son programme de travail ainsi que sur les sujets définis par des textes réglementaires.

Un conseil scientifique veille à la cohérence de la politique scientifique de l'agence. Son président est désigné, au vu de l'avis du conseil, par le ministre de la Santé.

Le directeur général dispose d'un pouvoir étendu pour la mise en œuvre des missions de l'agence.[1094] Il prend, au nom de l'Etat, les décisions qui relèvent du pouvoir de police qui lui est conféré. Elles ne sont susceptibles d'aucun recours hiérarchique. Toutefois « en cas de menace grave pour la santé publique », le ministre de la Santé peut s'opposer, par un arrêté motivé, à une décision du directeur général de l'agence et lui demander de procéder à un nouvel examen du dossier ayant servi de fondement à sa décision. Celle-ci est suspendue tant que l'opposition ministérielle n'est pas levée.

Le personnel de l'Agence est composé d'agents de la fonction publique, d'agents contractuels de droit public mais aussi d'agents contractuels de droit privé pouvant occuper des fonctions temporaires à caractère scientifique ou technique.[1095] Ces agents contractuels, dont les fonctions correspondent à des missions d'expertise et de conseil, sont tenus au secret professionnel dans les mêmes conditions que les agents de la fonction publique. Ils ne peuvent, sauf à encourir une sanction pénale, traiter dans le cadre de leur mission une question dans laquelle ils auraient un intérêt direct ou indirect. Les missions de contrôle de l'application des lois sont exercées par des inspecteurs pharmaciens choisis par l'ANSM au sein de son personnel. Ils peuvent être assistés par des experts désignés par le directeur général et procéder à des inspections conjointes avec d'autres agents de l'Etat ou de ses établissements publics.

4. L'Agence nationale de sécurité sanitaire de l'alimentation, de l'environnement et du travail (ANSES)

L'Agence nationale de sécurité sanitaire de l'alimentation, de l'environnement et du travail a le statut d'établissement public administratif de l'Etat. Sa mission générale est de contribuer, par son expertise scientifique indépendante, à la sécurité sanitaire humaine dans les domaines

---

[1094] Le directeur général de l'ANSM est nommé pour une durée de trois ans renouvelable une fois.

[1095] Y compris des professionnels dont l'activité principale relève de l'exercice libéral.

de l'alimentation, de l'environnement et du travail. Cette mission très vaste porte sur les attributions suivantes : [1096]

- L'évaluation des risques sanitaires pour l'homme dans les domaines de l'alimentation, de l'environnement et du travail
- Le conseil des pouvoirs publics
- La participation à l'élaboration des mesures législatives et réglementaires
- La recommandation aux autorités publiques, en cas de danger grave pour la santé publique, de mesures de police sanitaire
- L'autorisation de mise sur le marché et d'expérimentation, le retrait ou la modification de l'autorisation de produits phytopharmaceutiques, chimiques et biocides.
- La gestion des systèmes de veille, de vigilance et de référence
- Le développement de programmes de recherche scientifique et technique
- L'exercice de missions d'inspection des établissements relevant de son champ de compétences
- L'autorisation, le contrôle de qualité des établissements de pharmacie vétérinaire, la gestion du risque lié au médicament vétérinaire
- La protection de la santé des végétaux et du bien-être des animaux

L'ANSES pilote un réseau développé de vigilance :

- « Nutrivigilance » : détection des effets indésirables liés à la consommation de produits spécifiques
- « Toxicovigilance » : surveillance des produits susceptibles d'avoir des effets toxiques pour l'homme, disponibles sur le marché ou présents dans l'environnement
- « Pharmacovigilance vétérinaire » : détection des effets indésirables des médicaments vétérinaires sur les hommes et/ou les animaux.
- « Phytopharmacovigilance » : détection des effets indésirables des produits phytosanitaires sur les hommes, les organismes vivants et l'écosystème
- Réseau national de vigilance et de prévention des pathologies professionnelles
- Réseau « Epidémiosurveillance en santé animale »

Elle dispose pour l'accomplissement de ses missions d'importantes prérogatives de puissance publique. Le secret médical, professionnel

[1096] Elle résulte de la fusion de l'Agence française de sécurité sanitaire des aliments et de l'Agence française de sécurité sanitaire de l'environnement et du travail et intègre parmi ses services l'Agence nationale du médicament vétérinaire. La loi HPST de 2009 fixe le principe de la fusion. L'ordonnance du 7.1. 2010 - n°2010-18- crée la nouvelle entité.

industriel ou commercial ne peut lui être opposé. Elle peut se saisir de toute question relevant de sa compétence ou être saisie par l'Etat ou ses établissements publics ainsi que par les organismes représentés à son conseil d'administration et des associations agréées.[1097]

Elle est administrée par un conseil d'administration composé, outre le président nommé par décret, de cinq collèges.[1098]Les représentants de l'Etat disposent de la moitié des droits de vote. En cas de partage des voix, le président a voix prépondérante.

Le directeur général, nommé par décret, prend les décisions et émet les avis au nom de l'Agence. Ses décisions ne sont susceptibles d'aucun recours hiérarchique. Toutefois, les ministres compétents peuvent s'opposer, par un arrêté motivé, à une décision relevant de leurs attributions et demander au directeur général de procéder, dans un délai de 30 jours, à un nouvel examen du dossier.

Un conseil scientifique veille à la qualité et à la cohérence des travaux scientifiques de l'ANSES.[1099]Des comités spécialisés d'experts assurent l'exécution des missions de l'Agence dans les domaines qu'elle gère.

Certaines décisions de l'agence ont été suspendues par le juge administratif [1100]C'est pourquoi elle s'est dotée d'un comité de suivi des AMM, que le directeur général peut consulter avant toute décision, et d'un comité de déontologie dont les membres sont nommés par arrêté des ministres compétents sur proposition du conseil d'administration : il établit le projet de code de déontologie applicable aux collaborateurs internes et externes de l'Agence et veille à son application.

[1097]Associations de défense des consommateurs, de protection de l'environnement, de représentation des malades, d'aide aux victimes d'accidents du travail et des maladies professionnelles représentées au Fonds d'indemnisation des victimes de l'amiante…

[1098]Représentants de l'Etat, des associations de défense des consommateurs, de l'environnement, d'usagers du système de santé, de victimes d'accidents du travail et des maladies professionnelles, de représentants des organisations professionnelles intervenant dans les secteurs relevant de la compétence de l'Agence, des organisations interprofessionnelles et syndicales de salariés au niveau national, des élus, les représentants du personnel et des personnalités qualifiées.

[1099] Ce conseil scientifique est composé de 24 personnalités reconnues pour leur compétence scientifique, nommées, sur proposition du directeur général de l'ANSES, par arrêté des ministres de l'Agriculture, de la Santé, de l'Environnement et du Travail. Il comprend en outre 2 membres de droit (le président du conseil scientifique de l'Agence et le président du conseil scientifique de l'Agence nationale de la santé publique) et 3 membres élus par le personnel scientifique de l'Agence (ne disposant que d'une voix consultative).

[1100] Ainsi, le tribunal administratif de Nice, saisi par l'association nationale des apiculteurs français, a suspendu le 23 novembre 2017 la décision de l'ANSES d'autoriser le « sulfoxaflor », un produit apparenté à la famille des néonicotinoïdes.

Les ressources de l'ANSES sont constituées de subventions des collectivités publiques, de leurs établissements publics, de l'Union européenne et des organisations internationales, du produit des taxes instituées à son bénéfice, du produit des redevances pour services rendus, de produits divers, dons et legs, des emprunts. Elle emploie 1350 agents (agents de la fonction publique, agents contractuels de droit public ou de droit privé). Elle bénéficie par ailleurs du concours de 850 experts extérieurs.

5. L'Agence de biomédecine

L'Agence de biomédecine, créée par la loi de bioéthique de 2004, est un établissement public administratif de l'Etat, placé sous la tutelle du ministre de la Santé. L'Agence est compétente en matière de prélèvement et greffes d'organes, de tissus et de cellules ainsi qu'en matière de procréation, embryologie et génétique humaines. Elle est l'autorité de référence pour toutes les questions scientifiques et éthiques relevant de ce domaine qui est au cœur des problématiques du vivant et de la conception de la personne humaine. Elle doit veiller au respect des règles de sécurité sanitaire, d'éthique et d'équité à l'égard de chaque patient. L'Agence dispose d'un réseau territorial, notamment auprès des ARS, dont le rôle est de veiller au niveau local au respect des règles éthiques et réglementaires relevant de ses compétences.

Ses missions sont de :

- Suivre, évaluer et contrôler les activités thérapeutiques et biologiques relevant de sa compétence
- Participer à l'élaboration de la réglementation de ces activités
- Délivrer les autorisations pour les recherches in vitro sur l'embryon et les cellules souches embryonnaires et pour la conservation de ces dernières à des fins de recherche
- Autoriser les échanges de cellules reproductives et de cellules souches embryonnaires aux fins de recherche avec des pays tiers
- Délivrer les autorisations des centres pluridisciplinaires de diagnostic prénatal et des centres de diagnostic préimplantatoire
- Agréer les praticiens réalisant l'assistance médicale à la procréation, les diagnostics prénataux ou préimplantatoires, les examens des caractéristiques génétiques
- Assurer les missions de l'Etablissement français des greffes en matière de prélèvement et de greffe
- Gérer le « Registre France Greffe de Moelle » (registre national des volontaires au don de moelle osseuse), et les fichiers nécessaires à la gestion et au suivi de ses missions.
- Promouvoir le don d'organes, de tissus, de cellules, de gamètes.

L'Agence est dotée d'un conseil d'orientation dont le rôle est de veiller à la cohérence de sa politique médicale et scientifique et de faire respecter les principes réglementaires et éthiques de la biomédecine. Il rend des avis sur tous les projets de décision du directeur général qui le saisit également de toutes les questions éthiques importantes. Le président et les membres du conseil d'orientation sont nommés pour une durée de 3 ans, renouvelable une fois. Parmi ses membres figurent des représentants d'associations de malades et d'usagers des services de santé, de personnes handicapées, d'associations familiales et de défense des droits des personnes.

6. L'Etablissement français du sang (EFS)

L'Etablissement français du sang est un établissement public administratif de l'Etat placé sous la tutelle du ministre chargé de la santé, entré en service le 1er janvier 2000.[1101]Bien qu'il ait le statut d'un établissement public administratif, il dispose de prérogatives généralement liées au statut d'établissement public à caractère industriel et commercial en raison de la nature de certaines de ses activités. Il comprend, outre ses services centraux, 17 établissements régionaux et 153 sites de collecte du sang auxquels s'ajoutent des moyens de collecte mobiles réalisant plus de 40 000 collectes par an.

Sa mission est « d'organiser sur l'ensemble du territoire national, dans le cadre du schéma directeur national de la transfusion sanguine, les activités de collecte de sang, de qualification biologique du don, de préparation, de distribution et de délivrance des produits sanguins labiles ainsi que du contrôle de leur qualité ».[1102]

Le schéma directeur national de la transfusion sanguine, établi sous la direction de l'EFS et arrêté par le ministre de la Santé, détermine les principes régissant l'organisation de la transfusion sanguine en vue de garantir l'autosuffisance nationale et la sécurité sanitaire concernant :

- la collecte du sang et de ses composants
- la préparation des produits sanguins labiles, leur contrôle de qualité, leur répartition sur le territoire ainsi que la qualification biologique du don

[1101] Loi n° 98-535 du 1.7.1998 relative au renforcement de la veille sanitaire et du contrôle de la sécurité sanitaire des produits destinés à l'homme. L'EFS a pris la suite de structures plusieurs fois remaniées dont la création visait, au début des années 90, à restructurer profondément l'organisation de la transfusion sanguine après le drame de la transfusion du sang contaminé par le VIH au milieu des années 80. Cette restructuration a joué un rôle précurseur dans la formation du système des agences.

[1102] Art. L.1222-1 CSP.

- la réalisation des examens d'immuno-hématologie « receveurs », le conseil transfusionnel et la délivrance des produits sanguins labiles
- l'hémovigilance et la sécurité transfusionnelle, le management des risques et la qualité du contrôle de la qualité.

La compétence générale de l'EFS comprend la gestion du service public transfusionnel et de ses activités annexes, la promotion du don du sang, la définition des conditions de sa bonne utilisation, le développement de toute activité liée à la transfusion sanguine, au conseil et au suivi des actes de transfusion.

L'EFS doit également veiller au strict respect des principes éthiques par l'ensemble de la chaîne transfusionnelle, garantir la qualité des produits et des pratiques de transfusion sanguine, transmettre les données relatives à la sécurité sanitaire des produits sanguins dans le cadre du réseau d'hémovigilance à l'ANSM et les données épidémiologiques à l'ANSP. Il a une mission d'aide à la recherche ainsi que de participation à la coopération scientifique et technique européenne et internationale et à la diffusion des connaissances dans ce domaine.

Il tient un fichier national des donneurs et des receveurs de groupes sanguins rares, gère une banque de sangs rares et coordonne l'activité des laboratoires travaillant dans ce domaine. Enfin, il participe à l'organisation et à l'acheminement des secours en cas de catastrophe nationale ou internationale.

Dans les conditions fixées par la loi, l'EFS peut être autorisé à fabriquer, importer et exploiter les médicaments dérivés du sang. Il peut également être autorisé, à titre accessoire, à exercer des activités de recherche de produits innovants ou de soins et d'analyse de biologie médicale. Il assure l'approvisionnement en plasma sanguin du Laboratoire français du fractionnement et des biotechnologies (LFB) qui fabrique des médicaments dérivés du sang.

L'EFS est administré par un conseil d'administration composé pour moitié de représentants de l'Etat et pour moitié de représentants des organismes d'assurance maladie, de représentants d'associations d'usagers du système de santé, et d'associations de donneurs de sang, des établissements de santé, de représentants du personnel de l'établissement et de personnalités qualifiées. Le président du conseil et ses membres sont nommés par décret. Le président assure en outre la direction de l'établissement.

Un conseil scientifique dont les membres sont nommés par arrêté du ministre de la Santé émet des avis sur les questions médicales, scientifiques et techniques. Son président siège au conseil d'administration avec voix consultative.

Les décisions relatives aux nominations, agréments et autorisations ou retraits d'autorisation sont prises par le président de l'établissement après avis du conseil d'administration.

Le personnel de l'EFS (près de 10 000 agents) est composé d'agents de la fonction publique, d'agents publics régis par un statut particulier et d'agents contractuels relevant du droit du travail.

Les ressources de l'EFS proviennent des produits des activités liées aux produits sanguins labiles, des produits des activités de délivrance des plasmas à finalité transfusionnelle, des produits d'activités annexes, de redevances, des dons, subventions de l'Etat, des collectivités publiques, des établissements publics et des organismes d'assurance maladie

7. L'institut national du cancer (INCA)

L'INCA est un groupement d'intérêt public (GIP) réunissant l'Etat et les principaux organismes publics et privés concourant à la lutte contre le cancer dans les domaines de la prévention, du dépistage, des soins et de la recherche. Il est placé sous la tutelle des ministres de la Santé et de la Recherche.

C'est l'instance opérationnelle de coordination dans un secteur majeur de la santé publique puisque le cancer représente la première cause de mortalité et qu'il mobilise des investissements considérables. A ce titre, il reçoit une mission d'observation et d'évaluation du dispositif de lutte contre le cancer. Il lui revient également de définir les référentiels de bonnes pratiques et de prise en charge des patients et les critères d'agrément des établissements et des professionnels en cancérologie, de participer à l'organisation et à la validation des formations médicales, paramédicales et médicosociales intervenant dans la lutte contre le cancer. Il collabore aux actions des organismes publics et privés, nationaux, européens et internationaux, dans ce domaine. Enfin, il développe une information du public sur le cancer.

Parmi ses missions figure la proposition d'une stratégie décennale de lutte contre le cancer dont l'importance est grande puisque les spécialistes estiment que 4 cancers sur 10 pourraient aujourd'hui être évités. Cette stratégie se décline en plans nationaux. Le troisième plan vient de s'achever. Le premier (2003-2008) a mis en œuvre avec des résultats relativement satisfaisants des programmes comprenant la lutte contre le tabagisme, la généralisation du dépistage du cancer du sein, l'expérimentation du dépistage du cancer colorectal, la détermination des critères de qualité et de sécurité des soins qui ont permis de rationaliser les autorisations d'activités dans un domaine de soins exigeant et enfin la structuration de la recherche autour de pôles régionaux permettant de mieux la coordonner. Le second plan (2009-2014) était axé sur des mesures visant à réduire les inégalités dans la prise en charge des patients, une meilleure identification des facteurs individuels et environnementaux de la maladie dans le but de développer des thérapies *personnalisées*, dont l'efficacité est démontrée, la généralisation du dépistage du cancer colorectal, le renforcement du rôle du médecin traitant durant toute la phase de prise en charge, la priorité aux innovations thérapeutiques et à des segments de recherche tels que la génomique des cancers. Le troisième plan (2014-2019) a poursuivi les objectifs de réduction des inégalités face aux soins, développé des programmes d'amélioration de la prise en charge des enfants, adolescents et jeunes adultes,[1103] l'accompagnement médico-psycho-social des patients, notamment dans les phases de réadaptation et de réinsertion sociale des malades guéris ou en rémission. La stratégie décennale 2021-2030 dispose d'une dotation en crédits augmentée de 20%[1104] Elle est axée sur des programmes spécifiques de prévention des cancers évitables (notamment à l'égard des consommations d'alcool et de tabac), un renforcement des programmes de dépistage, un programme de limitation des séquelles des cancers, notamment chez les enfants (un fort investissement dans le traitement des cancers pédiatriques est, par ailleurs, prévu). Le projet comporte également des actions prioritaires de lutte contre les cancers à mauvais pronostic, un particulier investissement dans les traitements personnalisés et un fort investissement dans la recherche (médecine génomique, biothérapies, santé numérique).

L'INCA est géré, comme les institutions précédentes, par un conseil d'administration, un conseil scientifique et un directeur général. Son directeur général est nommé par décret comme les présidents des deux instances précitées. Son personnel est formé par des agents de la fonction publique et des personnels sous contrat (de droit public ou de droit privé). Ses ressources proviennent des dotations allouées par les différentes composantes du GIP.

La recherche nécessitant de très lourds investissements en cancérologie l'INCA a la responsabilité de définir, avec ses acteurs, les axes prioritaires à financer et la répartition des crédits publics entre les différents programmes

---

[1103] Environ 1 à 2% des cas. 4 enfants sur 5 guérissent dès lors qu'ils bénéficient d'une prise en charge adéquate.

[1104] 1,74 milliards d'euros dont la moitié allouée à la recherche. Le plan s'assigne trois objectifs chiffrés : faire baisser de 60 000 cas/an le nombre de nouveaux cancers évitables d'ici à 2040 ; réaliser un million de dépistages supplémentaires/an d'ici à 2025 ; faire passer de 2/3 à 1/3 le nombre de patients souffrant de séquelles 5 ans après le diagnostic.

et les différentes structures. C'est pourquoi il est habilité à lancer des appels à projet (d'une durée de 5 à 8 ans).

VI. Les Autorités administratives indépendantes (AAI)

1. Une forme institutionnelle d'intermédiation indépendante entre l'Etat et la société civile

La catégorie juridique des « autorités administratives indépendantes », récente dans le droit administratif français,[1105]s'inspire du modèle apparu aux USA dès la fin du XIXème siècle et au Royaume-Uni au lendemain de la seconde guerre mondiale. C'est la loi relative à l'informatique, aux fichiers et aux libertés du 6 janvier 1978 qui crée cette catégorie institutionnelle avec l'institution de la « Commission nationale informatique et libertés » (CNIL) dont le rôle est important dans le domaine de la santé.

Le statut juridique des AAI peut être celui d'un organisme doté de la personnalité juridique mais certains ne la possèdent pas. Une AAI n'est placée ni sous une autorité hiérarchique, ni sous tutelle et ne peut donc recevoir d'instruction des pouvoirs publics. L'indépendance d'une AAI n'est limitée que par le contrôle exercé par le pouvoir judiciaire.[1106]Cette indépendance déroge à la Constitution qui, dans son article 20, énonce que « le Gouvernement dispose de l'administration ».

Qu'est-ce qui différencie une AAI d'une agence technique qui émet ses avis techniques auprès du Gouvernement et assure la régulation du secteur qui lui est délégué ? Précisément, le fait qu'elle a une mission d'intermédiation entre le pouvoir politique et des acteurs sociaux dotés d'une forte autonomie (médecins, chercheurs, universitaires). Au-delà d'une mission de conseil et d'information des pouvoirs publics dans des domaines à fort contenu à la fois scientifique et sociétal, le pouvoir politique concède à ces acteurs un pouvoir propre d'élaboration de normes dans deux domaines essentiellement : soit l'énoncé des rapports possibles entre la science et la société, soit l'énoncé des règles de bonnes pratiques au sein de la société des médecins ou chercheurs, pour elle-même et par eux-mêmes. La Haute Autorité de santé ou le Comité consultatif national d'éthique sont assez représentatifs de cette forme de délégation de pouvoir d'énonciation.

[1105] Le Conseil d'Etat en dénombrait 37 dans son rapport annuel de 2001

[1106] La qualification d'administration de l'Etat peut être conférée par la loi, ou reconnue par le Conseil Constitutionnel ou déduite par la juridiction administrative à partir du classique « faisceau d'indices » de la jurisprudence administrative (voir, notamment, C.E, ass. 10.7.1981, Retail).

La nature des attributions des AAI varie considérablement selon l'institution considérée : tantôt, celles-ci disposent d'un pouvoir réglementaire spécifique, tantôt il ne s'agit que d'un pouvoir d'émettre des recommandations ou des avis. Mais, même dans ce cas, l'autorité dispose d'un pouvoir d'influence élevé en raison même du rôle qui lui a été confié, des règles de nomination de ses responsables, du caractère inamovible ou non renouvelable de leur mandat, du régime strict des incompatibilités et des règles éthiques, du pouvoir autonome d'informer les citoyens sur un problème relevant de leur compétence.

Dans le domaine de la santé, trois AAI jouent un rôle éminent : le Haut Conseil de la santé publique, la Haute Autorité de santé et le Comité consultatif national d'éthique. Mais la santé est concernée par l'action de plusieurs AAI qui sont extérieures à son champ institutionnel. Il en est ainsi de la CNIL, dont le rôle dans ce domaine devrait encore s'accroître avec la numérisation et l'importance stratégique que prennent les données de santé. Le secteur de la santé est également fortement concerné par le rôle joué par l'Autorité de sûreté nucléaire. Le statut d'AAI n'est pas toujours explicité par la loi, bien que des institutions en présentent les principaux caractères : la loi est muette sur la place du Haut Conseil de la santé publique, par exemple mais les dispositions du Code de la santé s'attachent à préciser son indépendance. Nous prenons le parti, qui peut être discuté, de le classer parmi les AAI.

2. Le Haut Conseil de la santé publique (HCSP)

Le Haut Conseil de la santé publique procède de la fusion du Haut Comité de la santé publique et du Conseil supérieur d'hygiène publique de France.[1107] Il est ainsi à même d'embrasser toutes les problématiques de santé, qu'elles aient une composante médico-sociale ou environnementale. Sa place et son rôle sont particulièrement importants puisqu'il est l'organe d'analyse et de conseil des pouvoirs publics pour l'élaboration de la politique et de la stratégie nationale de santé. Le HCSP a quatre missions : contribuer à l'élaboration, au suivi annuel et à l'évaluation pluriannuelle de la « stratégie nationale de santé », apporter aux pouvoirs publics son expertise dans la conception et l'évaluation des politiques de prévention et de sécurité sanitaires ainsi que dans la gestion des risques sanitaires, proposer une analyse prospective de la santé, contribuer à l'élaboration d'une politique de santé globale et concertée de l'enfance.[1108]

Il peut être consulté par les ministres concernés, par les présidents des commissions des affaires sociales des Assemblées parlementaires, par le

[1107] Le Haut Comité a été créé en 1992 et le Conseil supérieur de l'Hygiène publique en 1902.
[1108] Art.L.1411-4 CSP

président de l'Office parlementaire d'évaluation des politiques de santé et par la Conférence nationale de santé.

Sa gouvernance est assurée par un collège composé des présidents de ses commissions spécialisées et de cinq personnes qualifiées nommées par le ministre de la Santé. Le collège élit son président et son vice-président. Y participent de droit, sans voix délibérative, les directeurs généraux et présidents des institutions relevant du domaine de la santé et, selon les priorités, de comités techniques permanents. Le HCSP comprend quatre commissions spécialisées et trois comités techniques permanents : maladies infectieuses et maladies émergentes, maladies chroniques, risques liés à l'environnement, système de santé et sécurité du patient. Les groupes de travail concernent : la politique de santé de l'enfance, les statistiques nationales de santé et la formation des indicateurs de santé, la sécurité des éléments et produits du corps humain. Chaque commission spécialisée du HCSP est composée de personnalités qualifiées et de membres de droit.[1109]Le collège assure la coordination des travaux des commissions et fixe par son règlement les conditions de fonctionnement de ces différentes instances, y compris sur le plan déontologique. Les rapports et avis du HCSP sont rendus publics.

3. La Haute Autorité de santé (HAS)

Créée par la loi du 13 août 2004 réformant l'Assurance Maladie, la Haute Autorité de santé est définie par le Code de sécurité sociale comme une « autorité publique indépendante à caractère scientifique dotée de la personnalité morale ».[1110] Son rôle dans le système de santé est essentiel. C'est la première institution globale d'*évaluation de la pertinence des soins* qui est au cœur de la stratégie de réorganisation du système de santé.

La HAS reprend, avec des compétences élargies, les attributions de l'Agence nationale d'accréditation et d'évaluation en santé et des commissions d'évaluation de l'intérêt thérapeutique des médicaments et des produits médicaux.[1111] Ses missions sont les suivantes :

[1109] Directeurs généraux de la santé, de l'offre de soins, de la cohésion sociale, président du collège de la HAS, directeur général de l'UNCAM, directeurs généraux de l'ANSM et de l'INSERM, directeur général d'une ARS, président du Haut Conseil de l'évaluation, de la recherche et de l'enseignement supérieur, secrétaire général des ministères chargés des affaires sociales.

[1110] Art. L. 161-37

[1111]La loi de réforme hospitalière de 1991a créé la première instance d'évaluation avec l'agence nationale de développement de l'évaluation médicale (ANDEM). L'ordonnance portant réforme hospitalière de 1996 a créé l'Agence nationale d'accréditation et d'évaluation

1) Procéder à *l'évaluation périodique du service attendu des produits, actes ou prestations de santé,* et donner un avis sur les conditions et critères de leur prise en charge par l'Assurance maladie. Elle repose sur les études médico-économiques permettant *d'évaluer l'amélioration du service médical rendu* par un produit et les *coûts prévisibles* de son utilisation.
2) Elaborer des *« guides de bon usage des soins »* et des *« recommandations de bonne pratique »,* à l'adresse des professionnels de santé et en informer le public. La HAS organise des « conférences de consensus d'experts » internationaux et nationaux afin de déterminer l'état des connaissances les plus fiables sur une pathologie et les meilleures méthodes de soins pouvant lui être appliquées.
3) Procéder à la *certification des établissements de santé.* Celle-ci est accordée au terme d'une démarche qui, à la demande de l'établissement, comprend un premier stade d'évaluation de leurs activités par les pôles ou structures internes puis une procédure d'évaluation conduite, en toute indépendance, par une équipe d'experts mandatés par la HAS. La certification peut être « sans réserve » ou assortie de « recommandations » en vue d'améliorer le fonctionnement ou les procédures de soins dans des domaines précis. Elle peut être refusée. Elle joue un rôle déterminant, notamment dans l'amélioration de la sécurité des soins. Ses résultats sont communiqués à l'ARS qui tient compte de ses recommandations dans le contrat d'objectifs et de moyens qu'elle négocie avec l'établissement.[1112]
4) Elaborer et appliquer les *procédures d'accréditation des professionnels* et des équipes médicales qui demandent une accréditation en vue de valider leur niveau d'expertise dans une discipline spécialisée. La HAS recueille auprès de ces équipes les déclarations d'évènements porteurs de risques médicaux et procède à leur analyse. Elle élabore et valide avec les professionnels concernés des *« référentiels de qualité des soins et des pratiques professionnelles ».* Elle les diffuse et veille à leur utilisation. Elle doit valider les *« protocoles de santé publique »* que doivent élaborer les nouvelles « communautés professionnelles de santé » (voir Titre II partie III) ainsi que les méthodes visant l'amélioration de *la qualité de la prise en charge des patients.*
5) Participer à l'évaluation de la « qualité de la prise en charge sanitaire de la *population* par le système de santé », et à la définition des modalités du « parcours de soins personnalisé ».

---

en santé (ANAES) et a rendu obligatoire la procédure d'accréditation des établissements de santé.

[1112] La HAS a créé, en collaboration avec le ministère de la Santé (DGOS et l'ATIH) un site internet « Scope santé » ayant pour but d'informer le public sur le niveau de qualité et de sécurité des établissements de santé. Elle certifie également les sites internet d'information en santé, les logiciels d'aide à la prescription médicale.

6) Procéder à l'évaluation des établissements sociaux et médicosociaux depuis que la LFSS pour 2018 a intégré en son sein l'Agence nationale pour l'évaluation de la qualité des établissements sociaux et médicosociaux.[1113]

La HAS est gouvernée par un collège de huit membres, choisis en raison de leur qualification et de leur expérience, par les plus hautes autorités de l'Etat.[1114]Le président du collège est nommé parmi eux par le Président de la République sous réserve de l'accord des commissions des affaires sociales des deux assemblées parlementaires. Les autres membres sont nommés par décret du Président de la République sur proposition du Gouvernement.[1115] Il appartient au collège de prendre les principales décisions fixant les orientations de l'institution, de veiller à son indépendance, d'arrêter ses recommandations, de fixer ses règles de fonctionnement, notamment en matière déontologique. La HAS dispose de services techniques placés sous l'autorité d'un directeur nommé, après avis du collège, par le président de l'institution. Les services sont assurés par des agents de droit public ou de droit privé.[1116]

4. Le Comité consultatif national d'éthique pour les sciences de la vie et de la santé (CCNE)

Nous avons précédemment évoqué le rôle et la place du CCNE. C'est une autorité administrative indépendante dont la mission est de donner des « avis sur les problèmes éthiques et les questions de société soulevés par les progrès de la connaissance dans les domaines de la médecine et de la santé ».[1117]

Il comprend 39 personnalités reconnues par leurs pairs tant dans le domaine de la recherche (largement représentée) que dans ceux du droit, de la philosophie, des sciences humaines et sociales et des institutions spirituelles et morales (représentants des grandes religions et des écoles de pensée

---

[1113]Cette agence, créée en 2007, a succédé au Conseil national d'évaluation sociale et médicosociale instauré en application de la loi du 2 janvier 2002 relative aux institutions sociales et médico-sociales.

[1114] 2 par le Président de la République, 2 par le Président de l'Assemblée nationale, 2 par le Président du Sénat et 2 par le Président du Conseil économique, social et environnemental

[1115]La durée du mandat des membres du collège est de six ans, renouvelable une fois. Le collège est renouvelé par moitié tous les trois ans.

[1116]Ces derniers peuvent provenir d'organismes d'assurance maladie ou d'autres institutions privées

[1117]Ses missions, son organisation et son fonctionnement sont fixés par l'article L.1412-1 à 6 du Code de santé publique et précisés par l'article R-1412-1 à 14

laïques).[1118]Le président du Comité est nommé par le Président de la République.[1119]

Le CCNE peut être saisi pour avis par le Président de la République, les présidents des assemblées parlementaires, un ministre, un établissement d'enseignement supérieur ou tout établissement public ou toute fondation reconnue d'utilité publique ayant pour but la recherche, le développement technologique ou la promotion de la santé. Elle a un pouvoir d'auto saisine.

Le CCNE comprend un comité plénier qui est l'instance délibérative sur les projets d'avis. En cas de partage des voix, la voix du président est prépondérante. Ses séances ne sont pas publiques. Un membre du comité peut demander que son avis divergent soit annexé à l'avis émis à la majorité. Des groupes de travail sont constitués en vue d'examiner chaque question. Le comité organise en son sein une section technique préparant les débats à la lumière des travaux des groupes de travail. Le comité et ses différentes instances peuvent consulter des personnalités extérieures.

L'institution, qui rend ses avis et recommandations publics, a une obligation d'organiser un débat public sous la forme « d'états généraux » pour tout projet de réforme visant à trancher les problèmes éthiques soulevés par les nouveaux développements dans les domaines de la biologie, de la médecine et de la santé.[1120] Ces états généraux réunissent des « conférences de citoyens reflétant la société dans sa diversité ». Les citoyens participant à ces conférences reçoivent une formation leur permettant de participer aux débats et à la rédaction des avis et recommandations des états généraux. Les experts qui contribuent à leur formation sont choisis selon des critères d'indépendance, de pluralisme et de pluridisciplinarité. Le CCNE rend

---

[1118]Outre son président : 5 personnalités désignées par le Président de la République et « appartenant aux principales familles philosophiques et spirituelles » (en 2013, une réforme a décidé que les représentants des principales religions ne seraient plus des clercs mais des laïcs.), 19 personnalités qualifiées : un député et un sénateur désignés par le président de leur assemblée, les autres personnalités étant désignées par le Premier Ministre, les ministres de la Justice, de la Recherche (2), de l'Industrie, des Affaires sociales, de l'Education, du Travail, de la Santé (4), de la Communication, de la Famille, des droits de la femme, et 15 personnalités appartenant au secteur de la recherche, désignées par l'Académie des sciences, l'Académie nationale de médecine, le Collège de France, l'Institut Pasteur, l'INSERM ou le CNRS (4 chercheurs et 2 ingénieurs ou administratifs et techniciens), 2 enseignants-chercheurs des CHU associés à l'INSERM, 2 enseignants-chercheurs des CHU désignés par la Conférence des présidents d'universités, un enseignant-chercheur de l'INRA.

[1119]Le président du Comité est nommé pour une durée de 2 ans renouvelable une fois, les autres membres l'étant pour une durée de 4 ans renouvelable une fois.

[1120]Art. L.14121-1 CSP. Le CCNE doit, préalablement, consulter les commissions compétentes de l'Office parlementaire d'évaluation des choix scientifiques et technologiques.

compte à l'Office parlementaire d'évaluation des choix scientifiques et technologiques des travaux des états généraux.[1121]

La loi prévoit la création, au niveau régional ou interrégional en lien avec les CHU, « d'espaces de réflexion éthique » formant les relais du CCNE.[1122]Ils constituent des lieux de formation, de documentation, de rencontre et d'échanges interdisciplinaires, d'organisation des débats publics préparant la consultation citoyenne. Leur rapport annuel d'activité adressé au CCNE contribue à la synthèse qu'il établit dans son rapport annuel.

Le CCNE a rendu plus de 130 avis d'une grande richesse de réflexions depuis sa création. Ils constituent des points de repère particulièrement précieux en un temps où le morcellement des opinions rend l'exercice démocratique difficile. En raison même de la difficulté à trancher sur des questions de conscience morale, le CCNE doit constamment se garder de différents écueils. Un de ses anciens présidents, le Pr. Didier Sicard souligne le risque d'une éthique formulée en principes abstraits et réaffirme que *le rapport à l'autre est au fondement de toute éthique.* Le CCNE doit aussi se garder d'une possible instrumentalisation de son action par les différents pouvoirs (politiques, idéologiques, religieux). *L'institution doit se prononcer sur l'usage ou non de techniques susceptibles de modifier les données fondamentales de l'anthropologie humaine.* Or, les principes protecteurs de ce qui fait l'originalité absolue de l'être humain, ou de ce qui rend possible une cohésion sociale, ne font plus consensus. Une éthique commune minimale est-elle encore possible dans des sociétés marquées par la primauté de l'individualisme et leur morcellement en groupes sociaux repliés sur une identité spécifique ? Le principe même de la limite est en question. Il est remarquable d'observer que nombre d'avis du CCNE favorables à l'emploi d'une technique sont remis en cause en quelques années sans donnée scientifique nouvelle mais sous la pression de groupes sociaux. L'action du CCNE est-elle pour autant « illusoire » comme le note le Pr Testard, qui fut à l'origine de la première naissance par fécondation in vitro ? Nous ne le pensons pas : son rôle de vigie de la dignité humaine demeure indispensable.

5. L'Autorité de sûreté nucléaire (ASN)

L'Autorité de sûreté nucléaire assure le contrôle de sécurité des installations nucléaires mais aussi la radioprotection de la population contre les rayonnements ionisants qui, résultant éventuellement de sources radioactives ou radiologiques, représentent un risque sanitaire grave. Le champ de compétences de l'ASN relève du Code de l'Environnement. Mais le Code de

---

[1121]En l'absence de tout projet de réforme, le CCNE doit organiser des états généraux tous les cinq ans.
[1122]Art. L. 1412-6 CSP

la Santé contient d'importantes dispositions relatives à la protection contre les rayonnements ionisants, notamment des règles strictes de protection des patients et des professionnels dans les cas d'application médicale.[1123]

Le régime de protection contre les rayonnements ionisants a été renforcé par une ordonnance de 2016.[1124] Il repose sur trois principes généraux : 1 le principe de justification (une activité nucléaire, y compris médicale, ne peut être entreprise que si ses avantages l'emportent sur les risques inhérents à l'exposition aux rayonnements ionisants), 2 le principe d'optimisation (l'exposition doit être la plus faible possible compte tenu de l'état des connaissances, de l'objectif médical recherché, des facteurs économiques et sociétaux), 3 le principe de limitation (limitation règlementaire des doses reçues, sauf en cas de traitement médical ou de recherche biomédicale). Le gestionnaire d'une activité médicale utilisant des rayonnements ionisants doit en faire une déclaration auprès de l'ASN selon un protocole précis. Celle-ci dispose d'un pouvoir d'autorisation des personnels médicaux qualifiés pour cette activité.

L'ASN procède d'une série de transformations d'institutions liées aux vives controverses suscitées par la rétention d'information qui leur était imputée.[1125]Le choix d'en faire une autorité administrative indépendante s'est imposé quand les pouvoirs publics ont dû admettre que la filière nucléaire s'autocontrôlait largement et sans transparence réelle sur les résultats de ses contrôles. Elle est dirigée par un collège de cinq commissaires nommés pour six ans, irrévocables, trois d'entre eux étant choisis par le Président de la République, les deux autres par chacun des présidents des assemblées parlementaires. Le collège des commissaires définit la doctrine de l'ASN, arrête les principales décisions, fait connaître publiquement ses positions. C'est ainsi que, récemment, l'institution a communiqué sa décision d'imposer aux exploitants des centrales nucléaires de très importantes modifications dans leurs équipements ou encore exigé l'arrêt provisoire du fonctionnement de certaines installations pour permettre leur mise aux normes nouvelles de sécurité.

[1123] Art L.1333-1 à 31CSP.
[1124]Ordonnance n°2016-128 du 10.2.2016
[1125]L'ASN a repris, à sa création en 2006, les attributions relatives à la radioprotection de la Direction générale de sûreté nucléaire et de radioprotection, créée en 2002, laquelle reprenait celles du Service central de sûreté des installations nucléaires (créé en 1973) et du Service central de protection contre les rayonnements ionisants créé en 1957 et placé sous l'autorité du Ministre de la Santé.

Chapitre II L'Etat et l'Assurance Maladie : quel avenir ?

La relation entre l'Etat et la branche maladie de la Sécurité Sociale est au fondement de notre système de santé depuis la Libération. Elle forme un des axes majeurs de l'Etat-Providence. L'attachement des français à la Sécurité Sociale en fait une des institutions les moins contestées du système des institutions publiques. Mais ces données d'une très grande importance politique vont de pair avec une assez large méconnaissance de la complexité du rapport entre l'Etat et les régimes qui gèrent l'Assurance Maladie. Si le « trou de la sécu » fait partie des lieux communs véhiculés par les médias, ce n'est pas aux régimes gestionnaires qu'il est imputé mais à l'Etat. La population semble, quant à elle, majoritairement indifférente à ce problème.

L'histoire a légué à la gouvernance du système de santé un système de copilotage Etat-Assurance Maladie d'une bien trop grande complexité. La conséquence est une certaine perte d'efficience de l'action publique. La question de savoir qui fait quoi dans la gestion du système de santé se pose depuis des décennies dans le cercle restreint des spécialistes sans qu'ait été engagé jusqu'ici un débat politique sur une réforme de structure. Le constat est aggravé par l'existence d'un système d'assurance maladie complémentaire, lui-même complexe, auquel les pouvoirs publics ont délégué progressivement la couverture d'une part croissante des soins hors affections de longue durée (ALD). L'imbrication des domaines du « sanitaire », du « médico-social » et du « social » tourne à l'imbroglio dans l'organisation des rapports entre l'Etat, l'Assurance Maladie. La création d'une cinquième branche de la Sécurité Sociale,[1126] matérialisée par celle, préalable, d'une nouvelle Caisse (Solidarité-autonomie)[1127], si elle amorce un progrès social important, n'apporte pas de simplification dans les rapports entre l'Etat, la Sécurité Sociale et ces autres acteurs essentiels en la matière que sont les collectivités territoriales.

Nous décrirons, après avoir brièvement retracé l'histoire des rapports entre l'Etat et la Sécurité Sociale, les principaux éléments de l'organisation administrative et financière de l'Assurance Maladie obligatoire et du système d'assurance maladie complémentaire avant d'essayer d'en tirer des enseignements.[1128]

[1126] Loi n°2020-992 relative à la dette et à l'autonomie du 7 août 2020

[1127] Loi n°2004-626 du 30.6.2004

[1128] Borgetto et Lafore, « Droit de la Sécurité Sociale »

I. Les « assurances sociales » : héritage mutualiste et mission de service public

Le projet de création de la Sécurité Sociale commence à être débattu dès la fin du XIXème siècle. L'exemple du modèle créé sous Bismarck en Allemagne nourrit la réflexion. Mais, si certaines professions marquées par de grands risques (marins, mineurs) en bénéficient déjà, le projet de généralisation est rejeté jusqu'à la Grande Guerre. Il s'impose à l'agenda politique, la paix revenue, sous l'effet de la contestation sociale, qui prend une forme politique et syndicale plus radicale avec la révolution communiste de 1917. Le constat des insuffisances des politiques d'assistance et du mutualisme, le retour de l'Alsace et de la Moselle à la France, qui permet de découvrir l'efficacité du système allemand de sécurité sociale ont eu leur rôle dans cette évolution. Même si les assurances sociales n'ont pas été, comme l'a souligné Henri Hatzfeld, une véritable « conquête ouvrière », les communistes y voyant une « collaboration de classe » de nature à entraver le processus révolutionnaire, la nécessité de la réforme sociale devient évidente aux yeux des hommes politiques les plus lucides.

C'est dans ce contexte qu'un projet de loi sur les « assurances sociales obligatoires » est déposé sur le bureau de la Chambre des députés en 1921. Il ne sera adopté que sept ans plus tard et n'entrera en vigueur qu'en 1930, au prix d'une concession majeure des pouvoirs publics les pouvoirs à la médecine libérale, avec l'acceptation des conditions posées par la « Charte de la médecine libérale » de 1927.

Les lois de 1928-1930 créent un régime d'assurances obligatoires en matière de maladie, maternité, invalidité, décès et retraite mais elles n'assurent qu'une couverture partielle des risques au profit des seuls salariés situés sous un « plafond » de revenus, correspondant au salaire moyen d'un ouvrier qualifié.[1129] Dans le domaine de l'assurance maladie, le régime comporte de sérieuses limites (ouverture restrictive des droits, remboursement des frais médicaux plafonné et dégressif, indemnités journalières plafonnées). Du point de vue de l'organisation du nouveau régime, ce qu'il faut ici retenir, c'est, d'une part, le compromis passé entre le pouvoir politique et les puissantes organisations mutualistes et, d'autre part, la décision fondamentale prise par le Conseil d'Etat sur la nature des missions des organismes chargés de gérer les assurances sociales.

L'héritage mutualiste du XIXème siècle est très présent dans la formation des assurances sociales. La Mutualité, érigée avec les valeurs de l'adhésion volontaire, a été hostile à un projet d'assurance sociale obligatoire dès qu'il

---

[1129] Son financement repose sur une cotisation de 8% sur les salaires, partagée, à part égale, par l'employeur et par l'employé

en fut question à la fin du XIXème siècle. Le petit patronat, qui en redoute le poids financier, l'est aussi. Le grand patronat n'y est pas opposé à condition que le système ne soit pas géré par l'Etat afin de conserver un droit de regard sur le fonctionnement du régime. C'est pourquoi les pouvoirs publics acceptent que les assurances sociales soient gérées par des caisses relevant d'organismes de droit privé, mutualistes ou patronales.[1130]

La question de la nature de la mission des organismes privés gérant les assurances sociales obligatoires fut assez rapidement posée. C'est le célèbre arrêt *« Caisse primaire aide et protection »* rendu par le Conseil d'Etat le 13 mai 1938 qui allait la préciser, conférant, par là même, un statut spécifique à ces organismes et ouvrant la voie à une évolution importante de la théorie du service public.[1131]Le Conseil d'Etat considère que les organismes d'assurances sociales, s'ils ont bien le caractère d'un établissement privé, sont « chargés de l'exécution d'un service public ». La notion de service public, jusqu'alors essentiellement *organique* peut prendre une signification *matérielle* : la matière de l'activité est soumise au droit public si elle est considérée comme relevant de l'intérêt général.[1132]

Le commissaire du Gouvernement Latournerie constate que les caisses d'assurances sociales ont été instituées et administrées conformément aux dispositions de la loi du 1er avril 1898 sur les sociétés de secours mutuels qui leur reconnaît le caractère d'établissements privés. Mais il observe que le législateur a voulu les soumettre partiellement, *à raison du caractère d'intérêt général de leur activité*, à un *régime de droit public.* Le droit français reconnaissait déjà la possibilité d'une gestion privée des personnes publiques.[1133] Le Conseil d'Etat avait déjà amorcé la dissociation entre le service public entendu comme institution, et le service public entendu comme mission[1134] mais il va plus loin avec l'arrêt « Caisse primaire d'Aide et de protection » en introduisant dans le droit administratif français *la*

1130 On ne comptera pas moins de 672 organismes d'assurances sociales. Une « Caisse générale de garantie », établissement public national, était chargée d'assurer une compensation des charges entre les différents organismes. Les disparités entre organismes devaient conduire l'Etat à surajouter à ce dispositif des « offices départementaux et interdépartementaux des assurances sociales ».

1131 C.E. Ass. 13 mai 1938 « Caisse primaire aide et protection ». Rec. 417. (D.1939.3.65, concl. Latournerie, note Pépy ; RDP. 1938.830, concl. Latournerie)

1132 « Les grands arrêts », ibid. p 333

1133 C.E 6.2.1903 « Terrier », Rec 94 concl Romieu ; C.E 31.7.1912, « Société des granits porphyroïdes des Vosges », Rec 909, concl Blum ; T.C 22.1.1921 « Société commerciale de l'ouest africain », Rec 91, concl Matter.

1134 C.E. 20.12.1935 « Etablissements Vézia »[1134]Rec 1212 ; RDP 1936.119, concl Latournerie)

notion d'organisme privé assurant la gestion d'un service public.[1135] Jusqu'alors, un organisme privé pouvait, par contrat conclu avec une personne publique, exécuter une mission de service public. L'une des innovations de l'arrêt « Caisse primaire Aide et protection » tient à ce qu'il reconnaît qu'un organisme privé peut être chargé d'un service public en dehors d'un système contractuel *en vertu d'une loi ou d'un règlement.* Face à l'imprécision de la loi, la jurisprudence fixe les *critères du service public* en de telles circonstances, en posant trois questions : 1 l'organisme considéré exerce-t-il une mission d'intérêt général ? Pour qu'il en soit ainsi, elle doit être définie comme telle par les pouvoirs publics et confiée par eux au dit organisme. 2 est-on devant l'attribution de *prérogatives de puissance publique* (c'est-à-dire de pouvoirs d'imposition de règles) ? Une réponse affirmative constitue un autre élément essentiel : or ce pouvoir est établi à l'égard des assurés. 3 la puissance publique a-t-elle prévu d'exercer un *contrôle* de l'application par l'organisme des missions qu'elle lui confie ? C'est également le cas. Cette évolution jurisprudentielle de la théorie du service public est d'une grande importance pour le droit de la Sécurité Sociale qui se forme à la Libération puisqu'il reprend le principe d'une gestion du système par des organismes de droit privé assurant une mission de service public.

II. L'Etat et la Sécurité Sociale : une difficile coopération entre démocratie politique et démocratie sociale

L'histoire de la Sécurité Sociale se confond avec la naissance, l'apogée et la crise de l'Etat-Providence. Ses fondateurs ont voulu créer une forme nouvelle d'expression démocratique en confiant, sous la tutelle de l'Etat, la gestion de la Sécurité Sociale aux assurés sociaux. Ce qu'on a appelé la « démocratie sociale » impliquait la capacité de ses acteurs à exercer leur pleine responsabilité et la volonté du pouvoir politique de garantir leur autonomie de gestion. Ce ne fut presque jamais le cas.

Pour que la démocratie sociale prospère dans le domaine de la Sécurité Sociale, il lui eût fallu une organisation reposant sur une base citoyenne militant pour le projet politique qu'elle représentait. Dans les faits, le taux de participation aux élections des conseils d'administration (quand elles ont été organisées) traduit un manque d'appropriation de la Sécurité Sociale par les citoyens. Hormis peut-être l'organisation de la mutualité sociale agricole, donnant un certain rôle à des délégués locaux, le rapport entre l'assuré et l'assureur social aura été un rapport d'administration plutôt que de participation. La « démocratie sociale » reposait sur la représentation des

[1135] « Les grands arrêts de la jurisprudence administrative ». M. Long, P. Weil, G. Braibant, P. Delvolvé, B. Genevois. Commentaire sous C.E « Caisse primaire Aide et protection ». Ed Dalloz, coll « Les grands arrêts ». 1999. Paris.

travailleurs par leurs organisations syndicales. Mais les organisations syndicales juridiquement « représentatives » ont assez rapidement perdu une part de leur représentativité effective, notamment à cause de leurs profondes divisions idéologiques. Faute d'une association des citoyens à la gestion du système, la posture du consommateur de soins a prévalu sur celle du citoyen.

Ainsi que le souligne Bruno Palier, dès sa création la Sécurité Sociale a été l'objet d'ambiguïtés lourdes de conséquences pour la cohérence du système.[1136]Le mythe d'une sécurité sociale française conçue selon le modèle du célèbre rapport Beveridge n'a pu qu'entretenir les malentendus.[1137] Presqu'immédiatement après sa fondation, sur un principe d'universalité, le principe d'un régime unique fut refusé par plusieurs catégories sociales. Ce n'est pas un système universel qui est effectivement créé au lendemain de la seconde guerre mondiale mais un système *catégoriel.*

Par ailleurs, si la Sécurité Sociale fut et reste un progrès social décisif, les choix opérés en matière d'assurance maladie ont d'emblée créé les conditions d'un déficit structurel et, par voie de conséquence, une reprise en mains par l'Etat de la gestion du système. De réforme en réforme, l'équilibre problématique qui s'est instauré entre démocratie politique et démocratie sociale s'est traduit par un rapport ambigu entre l'Etat et les institutions d'Assurance Maladie.

1. La Sécurité Sociale au cœur du projet de reconstruction de la société française

Dès avril 1942, le Général De Gaulle, dans un message à la Résistance déclarait : *« la sécurité nationale et la sécurité sociale sont pour nous des buts impératifs et conjugués ».* Le 3 novembre 1943 devant l'Assemblée consultative de la France Libre, il posait les principes d'un régime économique reconnaissant les droits sociaux des travailleurs.[1138]La Sécurité Sociale, fondée sur un principe de redistribution sociale, est un des projets du Conseil national de la Résistance (CNR) qui adopte à l'unanimité, le programme politique de la Libération (15 mars1944). Comme l'écrit Colette

---

[1136] Bruno Palier « Gouverner la sécurité sociale ».

[1137] Le Rapport Beveridge est souvent cité comme référence quand on évoque un système universel de protection sociale mais en matière de soins il visait plutôt la formation d'un système national de santé.

[1138] Adrien Tixier, Commissaire aux affaires sociales du CFLN, qui représente les vues des organisations politiques et syndicales engagées dans la Résistance, reprend, début 1944, les propositions de Jean Gendrot, syndicaliste CGT, préconisant la gratuité des soins au moyen de cotisations obligatoires proportionnelles aux revenus. Ce système devait être géré par un organisme unique de sécurité sociale placé sous la tutelle de l'Etat.

Bec, *« on passe de l'égalité devant la loi à l'égalité par la loi ».*[1139]Le programme prévoyait « un plan complet de sécurité sociale, géré par les représentants des intéressés et de l'Etat ». L'expression la plus forte de ce projet est contenue dans le Préambule à la Constitution de la Quatrième République qui énonce les droits sociaux *« comme principes politiques, économiques et sociaux particulièrement nécessaires à notre temps ».* Parmi ceux-ci figure le droit à la protection sociale et matérielle et à la protection de la santé (al 10 et 11). Le projet social repose sur trois piliers : une politique économique visant le plein emploi (dont la sécurité sociale est un élément essentiel), une politique de santé publique, enfin une politique de redistribution des revenus.

2. Le projet de Sécurité Sociale : universalité, unité, autonomie de gestion

La création de la Sécurité Sociale est engagée par les ordonnances des 4 et 19 octobre 1945 et précisée par la loi 22 mai 1946.[1140]Les communistes militent pour un système étatique, assez proche des propositions du rapport Beveridge : financement et gestion par l'Etat (la cotisation ouvrière étant vue comme une spoliation). Les socialistes et le MRP[1141]veulent conserver un système d'assurance sociale fondée sur une base professionnelle. Le choix d'une gestion par et pour les travailleurs est en continuité par rapport à la législation d'avant-guerre. Les auteurs du projet estimaient que la population n'accepterait pas la création d'un système national de santé. Il y a une forte méfiance chez les concepteurs du projet à l'égard de l'Etat : on craint que le régime des prestations sociales ne soit une « variable d'ajustement budgétaire » et ne souffre de considérations « bureaucratiques ». [1142]Pour reprendre une expression de Bruno Palier, les acteurs de la réforme ont

---

[1139] « Sécurité Sociale », C. Bec, p 105.

[1140] Le PC y est d'autant plus favorable que la CGT, qui est sous son influence, est assurée d'être en position de force au sein de la future Caisse nationale. Les gaullistes, les centristes (MRP) et les socialistes ont largement soutenu le projet. La droite conservatrice est affaiblie. La mutualité longtemps hostile au principe de l'assurance obligatoire s'est ralliée à lui.

[1141] Le Mouvement Républicain Populaire (MRP) regroupe des centristes, démocrates-chrétiens.

[1142] L'itinéraire intellectuel des hommes qui ont conçu le projet est souvent celui d'hommes marqués par la crise des années 30 et les mouvements de pensée qui cherchent alors une voie nouvelle d'expression démocratique, défiante tant à l'égard du libéralisme qu'à l'égard de l'Etat. Haut fonctionnaire résistant, Pierre Laroque en est une des figures. Nommé directeur des Assurances Sociales en octobre 1944, imprégné des idées de Keynes, actif membre des cercles de réflexion sur la réforme de l'Etat dans les années 30, il sera le concepteur et l'âme de la Sécurité Sociale aux côtés d'Adrien Tixier et d'Alexandre Parodi.

entendu *« suivre les principes de Beveridge avec les méthodes de Bismarck ».*[1143]

Dès lors que prévaut le principe de l'assurance sociale professionnelle, le financement du système doit relever d'une cotisation prélevée sur les revenus du travail et se distinguer clairement du budget de l'Etat et de ses règles d'équilibre. Un projet d'organisme unique de sécurité sociale assurant la gestion des prestations maladie-maternité-invalidité-accidents du travail, familiales et vieillesse est établi dans le but d'opérer une redistribution des revenus selon un principe de solidarité nationale.

Trois principes guident le projet initial :

- *L'universalité* du régime (extension de la protection à *toute la population* et à tous les risques, chômage compris).[1144]
- *L'unité* de gestion de la sécurité sociale.
- *L'autonomie* de la gestion dont les assurés assument la responsabilité.

3. Un projet de transformation sociale mis en échec par les intérêts catégoriels.

La Sécurité Sociale a effectivement *libéré* l'immense majorité de l'angoisse du lendemain face aux risques de l'existence. Les crises économiques qui ont secoué la société depuis cette réforme majeure ont démontré son effet amortisseur : comparée à celle de pays moins protégés, la situation de la population française a été moins mauvaise au cours de ces périodes.

Mais d'emblée le projet de redistribution des revenus s'est trouvé hypothéqué. Un plafond de cotisation sur le salaire des cadres, dont le pays avait un besoin impérieux, fut fixé de crainte que le prélèvement sur l'intégralité de leurs revenus ait un effet démotivant. Il fut également considéré que le régime des exploitants agricoles ne pouvait, en raison des spécificités de l'économie agricole, intégrer le régime général. Les régimes spéciaux et particuliers (fonction publique, mines, chemins de fer…) créés avant la seconde guerre mondiale, plus avantageux que le régime général, obtinrent leur maintien. En 1947-48, plusieurs lois, prenant acte du refus opposé par les professions indépendantes d'adhérer à un régime commun, créaient des régimes *autonomes*. De même, devant l'opposition du MRP et de la CFTC, qui tenaient à l'autonomie des caisses d'allocations familiales, œuvre du patronat chrétien, le système de caisse unique fut abandonné.

[1143] B. Palier, op cité, p 101. En se référant à Bismarck, B. Palier évoque le modèle de sécurité sociale inauguré en Allemagne à la fin du XIXème siècle et qui a servi à dresser l'idéal-type des systèmes d'assurance sociale obligatoire.

[1144] « Archives du Comité d'histoire de la Sécurité Sociale », note sur le régime provisoire des assurances sociales du 29.7.1944, citée par B. Valade

Quant au principe d'une contribution de l'Etat au financement de la Sécurité Sociale, il est écarté eu égard à la situation de la France au lendemain de la guerre.[1145]

La Sécurité Sociale a été conçue dans la perspective d'un modèle économique fortement socialisé, système d'économie « mixte » combinant un secteur économique régi par les lois du marché - mais d'un marché national protégé- et un secteur public large, impliquant d'importants prélèvements obligatoires. L'ouverture de l'économie nationale aux échanges internationaux a très profondément transformé cet équilibre, en imposant une maîtrise des coûts de production, dont une partie est formée par le taux des prélèvements obligatoires (au sein desquels la part sociale n'a cessé de progresser pour devenir la plus importante). Le contrat social formé à la Libération s'en est trouvé remis en cause. L'Etat-Providence n'est pas en recul (les prestations des régimes sociaux n'ont cessé de s'étendre depuis 1945) mais il est dans une crise durable d'adaptation aux contraintes d'un marché ouvert et les conditions de son équilibre sont l'objet du débat politique le plus éminent puisqu'il porte sur le modèle de société souhaitable. Michel Foucault analyse bien les fragilités du modèle conçu initialement.[1146]

L'ouverture aux marchés internationaux n'est cependant pas l'unique facteur des difficultés de gestion de la Sécurité Sociale. Les systèmes nationaux de santé gérés par l'Etat offrent un accès aux soins gratuit à tout résident sur leur territoire tout en ayant un degré d'ouverture à la concurrence internationale élevé. Mais ils maîtrisent mieux l'offre de soins, en hiérarchisant, selon des critères de pertinence, les soins financés.

4. Le renoncement au principe d'égalité d'accès aux soins est inscrit dans la structure même de l'Assurance Maladie

Le rétablissement du pouvoir d'influence du corps médical libéral au lendemain de la Libération peut sembler paradoxal. Le conservatisme de ses dirigeants d'alors les plaçait en position de faiblesse face à un mouvement de transformation sociale progressiste puissant, conforté par la Résistance. La CSMF - rétablie dans sa liberté syndicale - est cependant parvenue à obtenir

---

[1145]Note du Ministère des Finances, direction du Budget du 29.10.1944, citée par B. Valade in « Histoire de la Sécurité Sociale », op cité. En pratique, l'Etat apporte une contribution aux régimes sociaux sous diverses formes (contribution au financement du régime agricole, prise en charge des exonérations de cotisations patronales, notamment). Les relations financières entre l'Etat et la Sécurité Sociale demeurent cependant tributaires de la conjoncture économique, d'où une certaine instabilité et une complexité qui la rendent peu lisible au profane.

[1146] « Naissance de la biopolitique ». Cours au Collège de France. Leçon du 7 mars 1979, pp 191 e t s.

l'appui des centristes, déterminant dans les alliances politiques au sein de la Quatrième République. C'est ainsi qu'elle a pu amener les pouvoirs publics à infléchir notablement les principes initiaux de tarification et de conventionnement qui devaient garantir les conditions d'accès aux soins pour tous.

Les principes libéraux de la médecine, hormis le principe de la libre entente, seront entérinés comme fondement des rapports entre le corps médical et l'Assurance Maladie.[1147] L'ordonnance du 4 mars 1945 instaurait le principe d'un *« tarif opposable »* aux praticiens pour les consultations et les soins, homologué par l'administration. En cas de carence ou de refus d'appliquer ces règles, les ministres devaient fixer eux-mêmes les tarifs applicables que les médecins étaient tenus de respecter. Mais nous avons vu précédemment que dès l'ordonnance du 19 octobre1945 le principe qui, pour la CSMF, revenait à « détruire de fond en comble le caractère libéral de la médecine», était abandonné.[1148] Un « droit à dépassement tarifaire » (cas de « fortune » de l'assuré, « notoriété » du praticien, « circonstances particulières ») préfigurait les dispositifs qui ne cesseront de créer des inégalités d'accès aux soins.[1149]La CSMF s'opposa également avec succès aux dispositions prévoyant que, dans certains départements, en fonction des besoins de santé, les caisses puissent conclure avec des praticiens des accords d'exclusivité, créer des centres de soins en cas d'échec des négociations tarifaires et instaurer un régime de « tiers payant ».[1150]

Le système impliquait une négociation contractuelle entre les caisses et les praticiens, définissant les conditions de leur engagement et de leur rémunération, dans le respect des règles déontologiques. Mais le principe du recours aux soins remboursables fut automatiquement étendu à *tous* les praticiens, ce qui enlevait aux régimes sociaux la liberté de passer un accord avec les seuls médecins acceptant de s'engager sur des critères de pertinence et de qualité de soins.

[1147] Une circulaire ministérielle de mars 1945 adressée aux Unions régionales des Assurances sociales explicite la position des Pouvoirs Publics : *« Les dispositions nouvelles ont été conçues avec le souci de modifier le moins possible les conditions générales d'exercice de la médecine (...) et de n'apporter aucune atteinte aux principes qui, pour le corps médical, sont les conditions de toute médecine de qualité » (Fonds Parodi-PA 17-FNSP)*

[1148] Au lendemain de la publication de l'ordonnance du 19 novembre 1945, le secrétaire général de la CSMF enjoignait à ses adhérents de ne pas appliquer les tarifs opposables.

[1149] Cela revenait à rétablir indirectement le principe de l'entente directe qui fut à la source d'une forte opposition au principe du conventionnement entre les syndicats médicaux et les Caisses. P. Hassenteufel note qu'il n'y a qu'une cinquantaine de départements conventionnés en 1950 (souvent ceux où les revenus des médecins sont modestes). L'extension du dispositif se fera au prix de nouvelles et importantes concessions « Les médecins face à l'Etat », op cité pp 111 et s.

[1150] « Histoire de la Sécurité Sociale », Bruno Valade. Op cité. Le projet reprenait un modèle proche du système de sécurité sociale de type « bismarckien » en vigueur en Alsace-Moselle.

5. Les conséquences du changement politique de 1947

La loi créait en 1946 la Fédération nationale des organismes de sécurité sociale (FNOSS), dont l'une des missions était de définir les orientations des organismes et de coordonner la gestion des caisses. L'éviction des ministres communistes du Gouvernement en 1947 dans un contexte d'affrontement politique et social lié à la « guerre froide » devait bouleverser le paysage syndical et, par voie de conséquence, le fonctionnement des organismes de Sécurité Sociale.

Eu égard au lien étroit existant entre la CGT et le parti communiste, le retrait de la centrale syndicale de la présidence de la FNOSS devenait inéluctable. La gestion du régime général échoit alors au syndicat Force Ouvrière (FO), constitué contre le projet politique de la CGT et prônant un syndicalisme « apolitique ». Nouant une alliance tacite avec les représentants du Conseil national du patronat français (CNPF)[1151]au sein des conseils d'administration des caisses, FO dirigera le régime général jusqu'aux ordonnances de 1996. L'alliance est tactique : pour le patronat, elle a le mérite d'écarter la CGT. FO se positionne en défenseur des intérêts des assurés, refusant de contrôler la pertinence des dépenses de la branche maladie, encourageant, de facto, le consumérisme médical. Le CNPF prône un contrôle et la limitation du remboursement des prestations de soins tout en défendant la médecine libérale. La CGT se constitue en puissance de contestation et de surenchère. L'idéal initial de la « démocratie sociale » se trouve hypothéqué par les jeux tactiques des différents acteurs. La gouvernance de la Sécurité Sociale s'en trouve plus ou moins bloquée.

La FNOSS voit dans l'accroissement rapide de la consommation de soins la marque d'un « progrès de civilisation » sans comprendre ce que cette « consommation » doit à la faiblesse de la prévention. Cherchant à négocier avec le corps médical dans un cadre contractuel, elle échouera, tantôt parce que les surenchères de la CSMF aboutissent à la rupture des accords péniblement mis au point,[1152]tantôt parce que les concessions faites au corps médical sont jugées incompatibles avec la situation économique et refusées par l'Etat,[1153]tantôt parce que l'Etat lui-même se substitue à elle pour trouver un accord avec le corps médical sur les conditions tarifaires.[1154]

[1151] Aujourd'hui MEDEF

[1152] Accords de 1947,1948 et 1950.

[1153] Accord de 1953

[1154] Projet du Ministre des Affaires Sociales en 1956.

6. La crise financière, conséquence du défaut d'organisation des soins, précipite l'abandon du projet de régime universel

De graves crises de trésorerie affectent périodiquement la Sécurité Sociale. Les avances du Trésor Public placent, en pratique, la Caisse nationale sous la dépendance de l'Etat qui, lui-même aux prises avec des difficultés budgétaires constantes, verse avec retard sa contribution au régime général.

L'évolution de la branche maladie est pour beaucoup dans ce déséquilibre financier. Dès 1947, première année d'exécution de l'ensemble de la nouvelle législation, on constate que les dépenses d'assurance maladie dépassent de 30% la part des cotisations qui lui sont affectées. De 1946 à 1951, la part de la branche maladie soumise à cotisation est doublée. La part de la dépense de soins remboursables du régime général dans le PIB est triplée.[1155]

La forte progression des coûts s'explique en première lecture par des innovations telles que l'apparition des antibiotiques et des premiers neuroleptiques.[1156] Mais c'est *l'absence de régulation de la demande de soins et l'inexistence d'une stratégie de santé publique* qui apparaissent comme la cause principale de l'explosion des dépenses. On ne connaît ni la nature des soins prescrits ni le bien fondé des journées d'hospitalisation effectuées ni la valeur thérapeutique réelle de milliers de médicaments agréés. Les progrès de l'antibiothérapie et l'apparition des neuroleptiques impliquaient la reconversion des sanatoriums et la restructuration des établissements psychiatriques : elle sera trop tardive et incomplète. D'une manière générale, il y a moins substitution des nouvelles pratiques aux anciennes que superposition. Faute d'un dispositif efficace de prévention et de régulation du système de soins le taux d'hospitalisation inutiles s'accroît fortement. Faute de moyens (et de volonté) de contrôle, l'hôpital public sert souvent aussi, sous la pression de nombreux élus locaux, à des recrutements sans rapport avec les besoins réels de soins.

[1155] On observe une très forte progression des dépenses d'hospitalisation : en francs constants, la progression est de 11,25% par an. La part de la facturation des soins dans la recette hospitalière passe de 43,9% en 1938 à 75,9% en 1948. Entre 1938 et 1949 le nombre des admissions hospitalières augmente de 45%. L'évolution des dépenses pharmaceutiques est de + 17,7% par an, en valeur. Les honoraires médicaux progressent moins fortement en raison de la stagnation du montant des tarifs de responsabilité provoquée par le refus de l'encadrement de la dépense par les syndicats médicaux mais on observe un doublement des dépenses entre 1951 et 1958. Le nombre des médecins a progressé significativement, passant de 31 400 en 1948 à 44 400 en 1958.

[1156] La mortalité par tuberculose est divisée par 4 entre 1945 et 1950. La mortalité générale par infection diminue de 50% entre ces deux dates.

L'accroissement des dépenses sociales est obtenu au détriment des salaires directs et pèse (au moins relativement) sur la compétitivité économique du pays.[1157] La fin du « tripartisme » en 1947 débouche sur des majorités de droite qui, devant les difficultés financières du nouveau régime, préconisent son abandon. A l'issue d'un premier plan de compression des dépenses de la branche maladie (1947),[1158] la loi du 17 janvier 1948 abandonne le principe d'universalité. Celle-ci ne sera réalisée qu'à la fin du XXème siècle selon un schéma complexe, éloigné du principe initial de la Sécurité Sociale. Une autre loi du 17 août 1948 autorise le Gouvernement à prendre par décret les mesures nécessaires au renforcement du contrôle de la gestion des régimes sociaux. Le Gouvernement de droite envisage en 1951 le retour au mutuellisme, en dépit de l'opposition de la Mutualité française, consciente de l'impossibilité pour un système d'assurance volontaire d'absorber une telle croissance des dépenses. Le Parlement votera, à une faible majorité, le maintien de la Sécurité Sociale.

7. Les confusions quant aux buts et aux moyens de la Sécurité Sociale fragilisent le modèle

Assez rapidement, les gouvernements entretiennent une confusion quant aux buts de la Sécurité Sociale. En recourant à la *technique des prestations non-contributives* pour satisfaire telle ou telle catégorie socio-professionnelle, ils imposent à un système d'assurance fondé sur une solidarité professionnelle des charges qui relèvent de la solidarité nationale.[1159]

Les organisations syndicales ne cessent de dénoncer la prise en charge des déficits des autres régimes par le régime général. Celui-ci doit aussi supporter des prestations d'assistance ou des exonérations de cotisations, dont la compensation n'est pas toujours assurée par l'Etat. Les gestionnaires des caisses déplorent aussi que les dépenses d'équipement hospitalier ou de formation des personnels de soins soient supportées par les régimes sociaux.[1160]Mais le ministère des Finances, constatant l'absence de régulation du système de soins et mesurant ses conséquences sur l'équilibre financier de la branche maladie, s'est toujours opposé à la compensation des « charges indues », convaincu qu'elle entraînerait une nouvelle demande incontrôlable de hausse du niveau des prestations. L'Etat se trouve, en tout

[1157]« Ressources et besoins de l'économie française en 1948 » P. Uri et J. Dumontier. Commissariat général au Plan. Revue de Sécurité Sociale. Décembre 1948, pp 35 et s

[1158] Il y en aura, en moyenne, un tous les 18 à 24 mois jusqu'à l'introduction en 1995 du vote par le Parlement de la loi annuelle de financement de la Sécurité Sociale, qui organise une politique d'ajustements permanents du financement de l'offre de soins sans, pour autant, parvenir à l'équilibre financier.

[1159] « La Sécurité sociale ». C. Bec, op cité, pp 144 et s

[1160] Le montant de ces « charges indues » représentait en 1947-48 83% du déficit constaté

état de cause, contraint, en dernier ressort, de combler le déficit de la Sécurité Sociale, sous forme d'avances remboursables ou de prélèvements sur la branche des prestations familiales, grande perdante du projet de Sécurité Sociale alors qu'elle aurait pu être un des instruments essentiels de la prévention sanitaire et sociale.

8. La Sécurité Sociale, enjeu des luttes de pouvoir entre les administrations de l'Etat

Dans le contexte de forte instabilité gouvernementale de la Quatrième République, l'administration centrale du Ministère chargé du Travail et de la Sécurité Sociale forme, par sa continuité, un point d'appui pour le nouveau système.[1161]Le dialogue entre le Gouvernement et le Parlement se trouve, au moins en partie, tributaire des divisions entre ministères. Sous l'apparente façade de l'unité de l'Etat, les questions de sécurité sociale sont une source importante de divergences de visions, de cultures et d'intérêts et peu de parlementaires maîtrisent la complexité du sujet.[1162]Tous les ministères sont impliqués dans les politiques de sécurité sociale et de santé. Mais trois d'entre eux exercent les missions les plus importantes en la matière : les Ministères du Travail et de la Sécurité Sociale, des Finances et de la Santé. Les deux premiers sont, de loin, les plus influents.

La direction générale de la Sécurité Sociale (DGSS) au sein du Ministère du Travail et de la Sécurité Sociale est le garant du système et son tuteur. Elle tend à se poser en défenseur des demandes de la Sécurité Sociale face au Ministère des Finances tout en veillant, par l'exercice de son pouvoir de tutelle, à ce que le conseil d'administration de la Caisse nationale applique la politique définie par les pouvoirs publics. Mais le Ministère du Travail doit composer avec chaque ministère chargé de la tutelle d'un régime spécial ou particulier, qui tend à défendre les intérêts de la profession relevant de son domaine de compétences. La DGSS, soucieuse de la maîtrise de l'offre de soins par l'assureur public, considère que le contrôle de la gestion de l'hospitalisation doit revenir aux organismes de sécurité sociale. Mais cela supposait le renoncement au pouvoir de tutelle administrative exercé par l'autorité préfectorale sur les établissements publics que sont les hôpitaux publics et le changement de statut de ces établissements était politiquement exclu. Ce pouvoir de tutelle était, de surcroît, un élément du pouvoir préfectoral dans ce que Pierre Grémion a appelé une « stratégie de

---

[1161] Elle est animée par le petit nombre de haut-fonctionnaires qui ont conçu le modèle de sécurité sociale : Pierre Laroque (1945-1951), Jacques Doublet (1951-1960), notamment.

[1162] Pierre Laroque le dira devant le Comité d'histoire de la Sécurité Sociale, le 14 novembre 1977 « Aucun parlementaire ne dispose de la compétence technique suffisante pour faire un texte de portée générale sur la sécurité sociale »

l'arrangement » avec les élus locaux.[1163] Le Ministère du Travail n'échappe pas, pour autant, aux contradictions inhérentes aux enjeux politiques : il se montre favorable à un encadrement plus strict des pratiques médicales libérales[1164] mais il refuse de soutenir le projet de développement des centres de soins et ne soutient ni les propositions de création d'un corps de médecins employés par les régimes sociaux ni celles de médecins fonctionnaires.

La direction du Budget du ministère des Finances suit attentivement l'évolution du financement social. Contre les ministères sociaux elle exige que les branches excédentaires de la Sécurité Sociale compensent le déficit de la branche maladie. Contre le Ministère de la Santé, elle préconise un encadrement plus strict de la pratique médicale. Une note interne de la direction du Budget (1950),[1165] résume son analyse : « *Les principes régissant la profession médicale et la sécurité sociale semblant antinomiques (...) il faut renoncer à la voie de l'accord amiable qui joue au profit du seul corps médical (...) Le vrai problème à résoudre est celui des rapports de la sécurité sociale et des médecins et plus largement de l'Etat et du corps médical, groupement corporatif (...). Il appartient à la puissance publique de faire prévaloir ses vues sur celles des particuliers puissamment organisés du point de vue professionnel et politiquement influents* ». Faute d'obtenir une réforme en profondeur du système, le Ministère des Finances finira par obtenir au fur et à mesure des crises de financement, malgré l'opposition des ministères techniques concernés, un pouvoir de contrôle des engagements financiers des Caisses.

Le Ministère de la Santé doit composer avec de nombreux départements ministériels.[1166]La faiblesse de ses moyens, l'absence en son sein d'un grand corps, une image qui reste liée à une vocation d'assistance aux pauvres, sont autant de handicaps dans le jeu des influences. Il propose le niveau des moyens alloués aux hôpitaux mais, en pratique, le Ministère des Finances est seul en mesure d'imposer le plafond de ressources consacrées au secteur. Il en va de même en ce qui concerne la tutelle conjointe des Ministères de la Santé et du Travail et de la Sécurité Sociale en matière de tarification des actes médicaux. La politique tarifaire à l'égard de la médecine libérale se décide essentiellement entre les Caisses, le Ministère des Finances, le Ministère du Travail et de la Sécurité Sociale et les organisations syndicales de médecins. Politiquement, alors que le Ministère du Travail et de la

---

[1163] « Le pouvoir périphérique ». Pierre Grémion.

[1164] « L'évolution financière du régime général ». Note DGSS 13.7.1951. Archives du « Comité d'histoire de la Sécurité Sociale ». Ministère du Travail. Citée par B. Valat, « Histoire de la Sécurité Sociale »

[1165] B. Valat, « Histoire de la sécurité sociale » op cité

[1166] 14 directions réparties dans la plupart des ministères ont des compétences en matière de santé.

Sécurité Sociale porte l'héritage de gauche de la Résistance, le Ministère de la Santé échoit plutôt aux sensibilités démocrates chrétiennes plus proches du libéralisme médical et de l'image du « médecin de famille ».

9. La République gaullienne : la Sécurité Sociale reprise en mains par l'Etat

Le premier gouvernement de la Vème République élabore un plan de redressement des finances publiques comportant un volet consacré au financement de la Sécurité Sociale. Il assurera jusqu'en 1965 un relatif équilibre financier mais les tensions réapparaissent avec la forte progression des dépenses de la branche maladie qui demeure déficitaire.

De 1959 à 1967 le régime général voit le nombre de ses cotisants passer de 11,4 à 15 millions.[1167] Un effort significatif est consenti en faveur des retraités.[1168]Des régimes d'assurance maladie, structurellement déficitaires en raison de leur démographie, entrent en vigueur.[1169] La forte croissance économique permet d'absorber partiellement une hausse des cotisations de l'ordre de 23,2% depuis 1945 mais il faut relever le plafond de cotisation, augmenter la part contributive des entreprises et le transfert de ressources du régime des prestations familiales vers celui de la branche maladie se poursuit.[1170] Le développement considérable du secteur hospitalier (qui représente 50% des dépenses d'assurance maladie), le triplement du volume des honoraires médicaux entre 1960 et 1967, la forte croissance annuelle du remboursement des frais pharmaceutiques (+ 16,8% entre 1960 et 1968) expliquent cette évolution.[1171] L'alourdissement des contributions sociales des entreprises pèse sur leur compétitivité à la veille de l'entrée en vigueur du Marché Commun européen. Le déséquilibre financier de la branche maladie est accentué par le plan anti-inflation de 1963 qui, en ralentissant la croissance, réduit les rentrées de cotisations sociales. En 1966, la Caisse nationale de Sécurité Sociale risque la cessation de paiement malgré les avances du Trésor public.

[1167] La loi du 12.7.1966 rend obligatoire l'assurance maladie et maternité pour les travailleurs non-salariés soit 4 millions de personnes

[1168] La valeur réelle du minimum-vieillesse est, en 1967, supérieure de 50% à ce qu'elle était en 1958.

[1169] Notamment, le régime d'assurance maladie obligatoire des exploitants agricoles (loi du 21 janvier 1961).

[1170] Le poids de la branche famille, qui était de 40% de l'ensemble des prestations en 1950, n'est plus que de 30% en 1967.

[1171]Le taux de prescription des médecins français est largement supérieur à la moyenne européenne. Ceux-ci ne disposent pas alors de recommandations faisant consensus scientifique quant à la pertinence de la prescription. Les laboratoires usent auprès d'eux de techniques de persuasion qui ne seront réglementées qu'à la fin du siècle. Les critères d'autorisation de mise sur le marché sont imprécis, sinon opaques, nombre de médicaments étant agréés après un simple reconditionnement.

Le rapport du Vème Plan établit une série de propositions préfigurant les politiques de régulation conduites jusqu'au début du XXIème siècle : d'une part des mécanismes de limitation de la progression des dépenses, un transfert partiel des charges sociales des entreprises vers les ménages pour restaurer leur compétitivité, une hausse du niveau de cotisations, la prise en charge par l'Etat de dépenses « indues » et d'autre part des mécanismes d'encadrement de l'offre de soins (autorisation de mise sur le marché des médicaments en fonction de leur intérêt thérapeutique réel, plafonnement du taux de progression des honoraires médicaux, des dépenses de l'hospitalisation, régulation de la concurrence entre hospitalisation publique et hospitalisation privée).

Devant l'échec des négociations avec les organisations syndicales, le Gouvernement obtient du Parlement le pouvoir de réformer la Sécurité Sociale par quatre ordonnances de 1967 ratifiées par le Parlement par une loi du 31 juillet 1968.[1172]Celles-ci reprennent les principales propositions du patronat.[1173]La réforme repose sur quatre principes : gestion paritaire, séparation des risques, obligation d'assurer l'équilibre financier de chaque risque, gestion décentralisée associée à un renforcement de la présence de l'Etat.

A. Une gestion paritaire des responsabilités

Les conseils d'administration du régime général des salariés, composés jusqu'alors aux 2/3 de représentants des organisations syndicales de salariés reconnues « représentatives », sont désormais constitués sur le principe de la parité patronat-syndicats. Le principe de l'élection est remplacé par celui de la désignation de leurs représentants par les organisations au prorata de leurs effectifs. Le patronat, considérant l'importance de la contribution des entreprises au financement de la protection sociale, obtenait ainsi un pouvoir d'influence accru sur les décisions

B. - Le principe de la séparation des risques

Ce principe était une des revendications les plus fortes du patronat qui estimait qu'il obligerait les partenaires sociaux à une gestion équilibrée de la branche dont ils auraient la responsabilité. A la Caisse nationale de Sécurité Sociale, qui assurait la trésorerie du régime, se substituent trois Caisses nationales responsables, chacune, de la gestion d'une branche : assurance maladie-invalidité-maternité-accidents du travail-décès, assurance vieillesse, allocations familiales. La Caisse nationale d'Assurance Maladie des

[1172] Journal officiel du 22.8.1967
[1173] François Piketty « La Sécurité Sociale et son avenir ». Rapport remis au CNPF.1965

travailleurs salariés (CNAMTS), qui gère plus de 85% des cotisants, disposait d'un pouvoir nouveau de directives à l'égard des caisses locales.

La réforme renforce la présence de l'Etat en conférant aux Caisses nationales le statut d'établissement public placé sous sa tutelle. En contrepartie, elle procède à un allègement important de cette tutelle sur les caisses locales. Les Caisses nationales étaient censées assurer une mission de régulation des caisses locales. Avec cette disposition la nature du système de la Sécurité Sociale se trouve transformée dans la mesure où les Caisses nationales deviennent les auxiliaires de la puissance publique.

C. L'obligation de l'équilibre financier pour chaque branche

Les conseils d'administration des Caisses nationales d'Assurance Maladie disposent du pouvoir de modifier les prestations ou d'accroître le montant des cotisations en cas de déficit du régime dont elles ont la gestion. Leur décision ne devient toutefois exécutoire qu'après approbation du Gouvernement par décret. En cas de carence du conseil d'administration d'un organisme, le Gouvernement peut le mettre en demeure de prendre une décision et, faute de réponse, se substituer à lui. Le conseil d'administration d'une Caisse nationale peut faire toute proposition au Gouvernement en vue d'assurer l'équilibre financier du régime.[1174]

D. L'abandon du principe de gestion décentralisée

La réforme n'est pas allée au bout de sa logique. Chaque caisse locale devait assurer elle-même son équilibre financier, suivant l'exemple des organismes mutualistes. La Caisse nationale avait la faculté de demander à une caisse locale de prendre des mesures de redressement financier, sans pouvoir la contraindre. Un système de péréquation géré par la Caisse nationale était envisagé. Le projet fut abandonné au profit du système centralisé, les élus locaux refusant que des différences s'établissent entre régions quant au montant des cotisations ou au niveau des prestations servies.

10. Le compromis FO-patronat et la crise économique scellent l'échec des buts fondamentaux de la réforme de 1967

La réforme faisait le pari d'une cogestion responsable du régime général de l'Assurance Maladie par les partenaires sociaux. Le pari ne sera pas tenu. Dès l'installation des nouveaux organismes, se reconstitue une alliance entre

---

[1174] Par ailleurs, une nouvelle ligne de partage des compétences entre le Parlement et le Gouvernement était tracée, celui-ci héritant du pouvoir de moduler le montant du ticket modérateur, Les conditions d'ouverture des droits aux prestations devenaient plus strictes, il était procédé à un déplafonnement partiel du revenu salarial soumis à cotisation L'Etat prenait enfin à son compte une part des « charges indues ».

le patronat et FO dans le but d'écarter la CGT de leur présidence. Mais FO refuse toujours toute mesure d'évaluation de la pertinence des soins, toute maîtrise des dépenses de soins. Les représentants du patronat exigent la maîtrise des dépenses du secteur public mais s'opposent toujours à la régulation de la médecine libérale. La fin de la phase de forte croissance économique après le premier choc pétrolier de 1973-74 agit comme le révélateur de la faiblesse structurelle du modèle de financement de la protection sociale. Largement assis sur un salariat stable, il est fragilisé par la montée du chômage. Parmi les plus élevés des pays occidentaux, les prélèvements sociaux pèsent sur les coûts de production. Pour préserver leur compétitivité, les entreprises freinent l'embauche, accentuant ainsi les pertes de recettes pour les régimes sociaux. Faute d'accord entre patronat et syndicats sur les mesures propres à assurer l'équilibre financier de l'Assurance Maladie, c'est l'Etat qui, en dernier ressort, prend les décisions selon le contexte électoral.

11. La création de la CSG, nouveau pas vers l'étatisation ?

Le gouvernement de l'Union de la Gauche rétablit par une loi de 1982 l'élection au suffrage universel des conseils d'administration des Caisses et rend la majorité des sièges aux syndicats de salariés au sein des conseils des organismes du régime général. Le taux de participation à l'élection, à peine supérieur à 50%, est un nouveau signe de l'échec de la « démocratie sociale ». Le renouvellement des mandats des administrateurs repoussé à plusieurs reprises, le principe de leur désignation par leurs organisations fut rétabli dans l'indifférence de l'opinion.[1175]

Après le gouvernement de droite issu des élections de 1984, qui prend des mesures impopulaires de réduction du niveau de certaines prestations,[1176]c'est le gouvernement Rocard, incarnation de la « nouvelle Gauche », qui réalise la première réforme structurelle du financement social avec la création de la « contribution sociale généralisée » (CSG) par la loi du 29 décembre 1990.[1177] La CSG modifie la *nature* du système de sécurité sociale puisqu'elle peut être assimilée à un impôt et non à une cotisation : le Conseil constitutionnel et le Conseil d'Etat ont jugé qu'elle relevait des « impositions de toutes natures », autrement dit qu'elle était un impôt au sens de la Constitution.[1178] Elle apporte une première réponse à l'instabilité

[1175] Le taux des adhérents aux grandes centrales syndicales, bien qu'il ne suffise pas à mesurer leur audience, n'en est pas moins faible (inférieur à 10%).
[1176] Le « plan Seguin » (1986)
[1177] Loi n°90-1168 du 29.12.1990 (loi de finances pour 1991).
[1178] Cons. Consti. 28.12.1990, n°90-285 DC ; Cons. Consti. 19.12.1996, n°96-384 DC ; Cons. Consti. 19.12.2000, n°2000-437 DC/ CE 4.11.1996 Ass. Défense des sociétés de course, RJS 2/97, 197 ; TPS 1997, comm.26 ; RFDA 1996, 1090, concl. C. Maugüe ; CE 7.1.2004,

des ressources trop étroitement liées à la conjoncture économique et à l'inégalité des contributions : son assiette de prélèvement est plus large que celle des cotisations, très sensible aux variations de l'emploi, et elle est prélevée sur tous les revenus, y compris les revenus du capital. Mais le point qui importe ici c'est que *la CSG introduit un financement basé moins sur la solidarité professionnelle que sur la solidarité nationale, ce qui légitime un rôle accru de l'Etat dans la gestion de la sécurité sociale.*[1179]

12. Le « Plan Juppé » : une transformation majeure des relations entre l'Etat et la Sécurité Sociale

Le « Plan Juppé » est un nouvel élément déterminant dans l'évolution des rapports entre l'Etat et la Sécurité Sociale. En premier lieu, la loi constitutionnelle du 22 février 1996[1180]confère au Parlement le *pouvoir d'approbation des prévisions de recettes et des objectifs de dépenses des régimes obligatoires et celui de déterminer les conditions générales de son équilibre financier.* C'est la réforme la plus importante depuis la création de la Sécurité Sociale puisqu'elle transfère à la démocratie politique un pouvoir essentiel dévolu à la « démocratie sociale ».

La philosophie économique du « Plan Juppé » repose sur une « politique de l'offre ». Il s'agit, en l'occurrence, de restructurer l'offre de services en fonction des besoins *réels,* non d'une demande plus ou moins *induite* par l'offre. L'ordonnance relative à la *« maitrise médicalisée des dépenses d'assurance maladie »*[1181]prise en application de la loi constitutionnelle, prévoit que, dans le cadre de la loi de financement annuel de la Sécurité Sociale (LFSS), le Parlement se prononce, après avis d'une Conférence nationale de santé, et au vu d'un rapport du Haut Conseil de la santé publique, sur « *l'objectif national d'évolution des dépenses de l'assurance maladie (ONDAM ».* Cet objectif devient la clé de voûte de la politique d'équilibre financier de l'Assurance Maladie.

L'autre élément-clé de cette politique de l'offre est la création des *Agences régionales de l'hospitalisation* (ARH). Associant les régimes d'assurance maladie à la régulation du secteur de l'hospitalisation publique et privée dans des conditions qui placent clairement l'Etat en pilote du secteur, l'ARH est

---

Martin, RJS 2/4/04, 451 ; RD fisc n°42, 2004, comm. 765 concl E. Glaser ; CE 15.6.2005, Greard, RJS 12/05 ; CE 4.6.2007 Sokolow, RJS 8-9/07, 991. Sur ce point, la jurisprudence européenne a pris cependant une position différente de celle de l'Etat français et du Conseil d'Etat.

[1179] Loi de finances n°90-1168 du 29.12.1990

[1180] Loi constitutionnelle n°96-138 du 22 février 1996 instituant les lois de financement de la Sécurité Sociale

[1181] Ordonnance n°96-645 du 24 avril 1996 relative à la maîtrise médicalisée des dépenses de soins

la *première institution forte* de régulation de l'offre de soins au niveau territorial. Mais la médecine libérale demeure faiblement régulée.[1182]

Le troisième élément essentiel de la réforme est l'introduction dans les rapports entre l'Etat et la Sécurité Sociale de la contractualisation.[1183]La *« convention pluriannuelle d'objectifs et de gestion »* (COG) fixe les engagements réciproques de l'Etat et de chaque Caisse nationale gestionnaire d'un régime. L'Etat s'engage sur le niveau et le taux d'évolution de leurs ressources de fonctionnement, la stabilité du dispositif réglementaire, les conditions de leur association aux mesures d'adaptation aux évolutions. Les Caisses nationales s'engagent à réaliser les objectifs fixés par l'Etat en matière de santé publique, de gestion du médicament, de démographie médicale, d'action sanitaire et sociale, d'amélioration de la gestion du risque, du service rendu aux assurés sociaux, de modernisation de la gestion administrative. La convention signée avec la branche maladie inclut l'obligation de respecter l'ONDAM dans le domaine de la médecine ambulatoire.[1184]

III. L'intégration de l'Assurance Maladie dans une logique de santé publique remet en cause son caractère assurantiel

A partir de la fin du XXème siècle, on assiste à une intégration des institutions de l'Assurance Maladie dans une politique de régulation du système de santé conduite par l'Etat. Les principaux organismes tendent à se rapprocher, fonctionnellement, du modèle des agences d'Etat.

1. La création de la couverture maladie universelle remet en cause le caractère assurantiel de l'Assurance Maladie

La création de la couverture maladie universelle (1999) est un choix politique dont l'incidence va au-delà de son but initial.[1185]Dès lors que la condition du droit à l'assurance maladie n'est plus le travail mais la résidence légale sur le territoire national, l'Assurance Maladie perd l'essence même de son caractère assurantiel, comme l'a souligné à maintes reprises Jean de Kervasdoué. Elle ouvre la voie aux réformes du début du XXIème

---

[1182] Des *« unions régionales des caisses d'assurance maladie »* (URCAM) sont créées dans le but de développer une stratégie commune de gestion du risque, d'appliquer les programmes de prévention de l'Assurance Maladie, de favoriser l'organisation de réseaux de soins coordonnés initiés par des professionnels de santé libéraux.

[1183] Ordonnance n°96-644 du 24 avril 1996 portant mesures relatives à l'organisation de la Sécurité Sociale

[1184] Un conseil de surveillance de chaque régime, composé de parlementaires, de représentants des collectivités territoriales, du secteur associatif et de personnalités qualifiées, est également créé.

[1185] Loi n°99-641 du 27.7.1999 portant création d'une couverture maladie universelle.

siècle qui, en restructurant les conditions de l'offre de soins, intègrent les organismes de l'Assurance Maladie au programme de régulation du système de santé conduit par l'Etat. Elle rapproche objectivement notre système de celui des systèmes nationaux de santé.

2. La réforme de l'Assurance Maladie de 2004 et les réformes du système de santé (de 2009 à 2019) : nouvelles avancées de l'Etat ?[1186]

La LFSS pour 2000 a marqué une nouvelle avancée du rôle de l'Etat en lui transférant la compétence de négociation tarifaire avec l'hospitalisation privée à but lucratif qui relevait jusqu'ici des attributions de l'Assurance Maladie. Celle-ci ne conserve plus que le pouvoir de négocier les conventions régissant les relations avec les professions de santé en exercice libéral. Avec la création de *l'Union nationale des caisses d'Assurance Maladie* (UNCAM), la loi du 13 août 2004 rationalise une forme de copilotage du système de soins par l'Etat et l'Assurance Maladie : au premier, la gestion de l'hospitalisation, à la seconde un pouvoir renforcé de gestion des relations avec les professions libérales. L'Union forme également un interlocuteur unique pour l'Etat dans le pilotage du système de soins et de couverture des soins par l'assurance obligatoire.

C'est désormais le fonctionnement du système de soins en ce qu'il commande les conditions et le niveau de financement de l'Assurance Maladie, qui est au cœur des réformes. L'impératif est la structuration et la coordination de ce système de telle sorte qu'il soit plus efficient. La qualité et la pertinence des soins sont les conditions de la maîtrise de leur financement. C'est pourquoi les dispositions les plus importantes de la loi sont celles qui créent le *« médecin traitant »* et qui prévoient l'organisation d'un *« parcours de soins coordonnés du patient »* destiné à éviter la redondance des actes.

Pour qualifier le rapport nouveau qui s'instaure ainsi entre l'Etat et l'Assurance Maladie, Didier Tabuteau a évoqué une sorte de « dyarchie », ce qui donnerait à entendre que s'est instauré un équilibre entre deux pouvoirs d'égale force. Au plan politique, il apparaît que l'Etat n'a cessé d'accroître son emprise sur le système de santé et de l'Assurance Maladie. Mais au plan de la gestion du système, on peut effectivement évoquer une sorte de copilotage qui apparaît comme une (ultime ?) tentative pour réduire les tensions existant entre les administrations de l'Etat et la CNAMTS dans la gestion du système de santé. L'Assurance Maladie dispose notamment d'un capital d'informations et d'expertise, et donc d'un pouvoir, dont ne dispose

---

1186 Loi n°2004-810 du 13 août 2004 relative à l'Assurance Maladie

pas toujours le Ministère de la Santé. Le « copilotage » des services de l'Etat et des Caisses est censé mettre fin aux dysfonctionnements ou aux conflits qui, plus d'une fois, ont fragilisé une régulation déjà insuffisante du système de santé. L'une des illustrations de ce modèle de cogestion est le Conseil national de pilotage des Agences régionales de santé. La limite de ce modèle est sa lourdeur et la complexité d'une relation rendue ambigüe à cause des enjeux de pouvoir qu'elle recèle. Tôt ou tard, la question du pilotage du système se reposera, soit en optant définitivement pour un service public de santé (équivalent au système national de santé anglo-saxon ou scandinave), soit pour une délégation de la gestion du système de santé à un organisme d'assurance maladie dont la gouvernance emprunterait à la démocratie sanitaire autant qu'à la démocratie sociale. Ce qui ne serait pas très différent du modèle de l'agence.

IV. L'organisation administrative et financière de l'Assurance Maladie

La branche maladie de la Sécurité Sociale comprend le régime général des travailleurs salariés, auquel est rattaché depuis 2020, le régime social des indépendants (professions artisanales, commerciales, libérales). Mais des régimes particuliers demeurent (régimes des professions agricoles, régimes spéciaux).

Le régime général, interlocuteur principal de l'Etat, regroupe près de 90% des cotisants aujourd'hui (les fonctionnaires de l'Etat y sont rattachés). Mais, du point de vue politique, certains régimes particuliers, notamment le régime agricole, sont des interlocuteurs importants. La CNAMTS est le noyau stratégique de cet ensemble et l'instrument d'un copilotage de gestion aux mains du pouvoir central puisque son directeur général, nommé en conseil des ministres par le Président de la République, est, de droit, directeur de l'UNCAM. Même si, d'un double point de vue politique et juridique, le système central des Caisses nationales ne peut être apparenté au système des agences, d'un point de vue fonctionnel le rapprochement peut être suggéré.

Avant de décrire succinctement l'organisation des régimes d'assurance maladie, il convient d'évoquer le rôle des instances appelées à conseiller les pouvoirs publics sur la politique de sécurité sociale. Ils sont de trois ordres : celui du long terme, stratégique et prospectif avec le Haut conseil pour l'avenir de l'Assurance Maladie, celui du court-moyen terme avec les évaluations de la Cour des Comptes, celui du court terme avec la procédure d'alerte et de correction de la trajectoire financière.

1. Les instances de conseil, d'évaluation et d'alerte

A. Le Haut conseil pour l'avenir de l'Assurance Maladie (HCAAM)

Cet organisme a pour mission l'évaluation du système de l'Assurance Maladie, l'analyse de son évolution, des perspectives financières des régimes et des conditions nécessaires pour assurer leur pérennité. Il formule des recommandations permettant de répondre à la fois aux objectifs de cohésion sociale et d'équilibre financier des régimes. Il est composé des représentants des principales institutions de l'Assurance Maladie et du système de soins. Il peut être saisi par le Premier ministre ou le ministre chargé de la Santé et de l'Assurance Maladie ou s'autosaisir des questions relevant de sa compétence.

Dans le cadre de la préparation de la loi sur la transformation du système de santé de 2019, le HCAAM a ainsi rendu un rapport important dans lequel il souligne l'inertie du système de santé due à son cloisonnement (hôpital/médecine de ville/secteur médico-social) et alerte les pouvoirs publics sur son coût de plus en plus élevé. Il estime que, dans ces conditions, le système ne sera pas capable de prendre en charge les coûts liés au vieillissement de la population et à l'accroissement des maladies chroniques. Rejetant la classique vision hospitalocentrée qui ferait de l'hôpital le centre de gravité des traitements des malades chroniques, il suggère d'en finir avec un raisonnement de la chaîne de soins à partir d'un « amont » et d'un « aval » de l'hôpital et d'opter résolument pour un système de soins recentré sur l'ambulatoire auquel les hôpitaux apporteraient leur collaboration, notamment dans le cadre de contrats avec les communautés professionnelles territoriales de santé. A terme, en effet, les professionnels de santé devraient pouvoir exercer dans des structures collectives.[1187]

B. La Cour des Comptes

La Cour remet au Gouvernement et au Parlement un rapport annuel dressant le bilan de l'exécution de la LFSS. Sa mission est également de développer une évaluation approfondie du fonctionnement du système de santé. Ses observations peuvent donner lieu à des mesures législatives ou règlementaires destinées à améliorer l'efficience du système de soins et/ou du système de couverture des soins.

Une commission des comptes de la Sécurité Sociale est chargée de l'analyse détaillée des comptes des différents régimes. La complexité et l'instabilité

[1187] Haut Conseil pour l'avenir de l'Assurance Maladie (HCAAM) « Contribution à la stratégie de transformation du système de santé ». Rapport (2 vol.) 2018.

des règles de financement, politiquement sensibles, font souvent de l'examen de ces comptes une question polémique.

C. Le « Comité d'alerte sur l'évolution des dépenses d'assurance maladie »

Composé du secrétaire général de la Commission des comptes de la Sécurité Sociale, du directeur général de l'INSEE[1188]et d'une personnalité qualifiée[1189]ce comité a pour mission de notifier avant le 1er juin au Parlement, au Gouvernement et aux Caisses nationales un dépassement supérieur à un seuil (généralement de l'ordre de 1%) des objectifs fixés par l'ONDAM. Les autorités sont censées proposer des mesures de redressement, opération évidemment dépendante de la conjoncture politique et économique.

Le Comité d'alerte exerce sa mission. Mais on ne peut que constater l'indifférence de l'opinion à l'égard du célèbre « trou de la sécu ». Conscients de son attachement à l'institution et à ses bienfaits, rares sont les responsables politiques qui entreprennent d'expliciter clairement les effets pervers d'une dérive de ces dépenses, notamment pour les autres fonctions collectives.

2. Les organes de gestion

A. L'Union nationale des Caisses d'Assurance Maladie (UNCAM) : le lieu du copilotage stratégique ?

Face à la multiplicité des régimes, la formation d'une structure fédérative est apparue comme le moyen de conforter ceux-ci dans la négociation avec les professions de santé, de renforcer la coordination de la gestion des principaux régimes et, pour l'Etat, de disposer d'un interlocuteur privilégié pour le copilotage du système de soins. Elle associe le régime général, le régime agricole et celui des indépendants.

L'Etat transfère certaines de ses prérogatives à la nouvelle institution mais la répartition des pouvoirs en son sein montre bien un nouveau recul de l'influence des conseils d'administration des organismes puisque, s'agissant du domaine essentiel de la négociation des conventions liant l'Assurance maladie et les professions libérales de santé, sa conduite et sa conclusion sont confiées au directeur général de l'UNCAM nommé par le Gouvernement. L'UNCAM est liée à l'Etat par un contrat pluriannuel de gestion du risque (commun aux trois régimes qui la composent).

[1188] Institut national des statistiques et des études économiques
[1189] Nommée par le président du Conseil économique, social et environnemental

L'UNCAM est également le lieu de la coordination stratégique entre assureurs-santé. La loi a en effet créé son pendant avec l'Union nationale des organismes complémentaires d'assurance maladie (UNOCAM), entérinant ainsi le rôle important des organismes mutualistes et des compagnies d'assurance privée en matière de couverture des soins et d'orientation du système des soins de santé.[1190] L'avis de l'UNOCAM est requis à l'égard des décisions de l'UNCAM en matière d'admission au remboursement et de détermination des taux de remboursement des actes et des prestations. Les deux organismes doivent examiner conjointement leurs programmes annuels de négociation avec les professions de santé et déterminer des actions communes de gestion du risque. Depuis 2009[1191] l'UNOCAM est obligatoirement associée à la négociation des conventions nationales avec les professions de santé dès lors que les actes et prestations de ces dernières sont principalement remboursés par les organismes de protection complémentaire : en ce cas, la signature de l'UNOCAM est nécessaire à la validation de l'accord. Celle-ci rend un avis public et motivé sur les projets de loi relatifs à l'Assurance Maladie et à la LFSS.

L'UNCAM est un établissement public à caractère administratif. Son conseil d'administration (18 membres) est formé des représentants des régimes qui le composent. Il délibère sur les orientations générales mises en œuvre par le collège des trois directeurs des caisses nationales des régimes associés. Le directeur de la CNAMTS est de droit directeur général de l'UNCAM et préside ce collège.

Les principales missions de l'UNCAM sont :

- La négociation et la signature de l'accord-cadre, des conventions et contrats établissant les rapports entre les professionnels et centres de santé, d'une part, les organismes d'Assurance Maladie obligatoire d'autre part.
- La décision d'inscription des actes et des prestations sur les listes conditionnant leur prise en charge par l'Assurance Maladie.
- La détermination des conditions d'inscription, et de radiation après avis de la HAS et de l'UNOCAM.
- La fixation des taux du « ticket modérateur » et du montant de la franchise après avis de l'UNOCAM

[1190] L'UNOCAM est gérée par un conseil de 33 membres dont 17 représentants de la Fédération nationale de la Mutualité française, 8 de la Fédération française des sociétés d'assurances, 7 du Centre technique des institutions de prévoyance et un du régime complémentaire d'Alsace-Lorraine.
[1191] LFSS du 17.12.2008 (n°2008-1330)

- Le classement de chaque médicament dans une des catégories de taux de remboursement prévues en fonction de l'avis émis par la HAS sur le service médical rendu.

Ces missions ne recouvrent toutefois pas le secteur de l'hospitalisation, sinon indirectement[1192]mais leur importance fait du directeur général de l'UNCAM une des autorités centrales du système de santé. Les conditions de sa nomination, le contrôle qu'exerce le Gouvernement sur son action, sa position de directeur de la CNAMTS en font aussi un acteur-charnière entre les exigences des pouvoirs publics et celles gestionnaires des régimes.

B. L'administration du régime général

La Caisse nationale d'Assurance Maladie des travailleurs salariés (CNAMTS) est un établissement public national « à caractère administratif » investi d'une mission de service public et placé sous la tutelle de l'Etat.[1193]

L'organe délibérant de la CNAMTS n'est plus, depuis la loi de 2004, qualifié de conseil d'administration mais de « conseil ». Cette formule imprécise ne l'assimile pas, pour autant, à un simple conseil de surveillance, la loi prévoyant, par ailleurs, l'existence d'une telle structure, composée de parlementaires. Le conseil prend effectivement des délibérations, qui ne sont toutefois exécutoires qu'en l'absence d'opposition formulée par les ministres chargés de la Sécurité Sociale et des Finances. Il est composé des membres désignés par leurs organisations pour un mandat de 4 ans : 13 représentants des employeurs,[1194]13 représentants des assurés sociaux,[1195]2 personnalités qualifiées nommées par le ministre de tutelle, 3 représentants de la mutualité et 4 représentants d'institutions d'assurance maladie désignés par le ministre

---

[1192] Les médecins libéraux qui interviennent au sein des cliniques privées à but lucratif, dont le rôle est très important, notamment en chirurgie, relèvent, en raison de leur statut libéral, de la médecine de ville et sont donc partie à la négociation conventionnelle des libéraux avec l'AM. D'autre part, les décisions de l'UNCAM en matière d'inscription d'actes et de classement des médicaments et produits médicaux ont une incidence pour l'hospitalisation.

[1193] Les institutions d'assurance maladie obligatoire ne peuvent être considérées comme des « entreprises » au sens du Traité de fonctionnement de l'Union européenne. Si tel avait été le cas, elles auraient été soumises au régime de la concurrence et les assurés auraient été libres du choix de l'assureur. L'arrêt de la CJCE du 17.2.1993 a jugé que les régimes de sécurité sociale ayant une mission de solidarité ne pouvaient entrer dans la catégorie des activités économiques soumises à la concurrence. (CJCE 17.2.1993, Poucet et AGF, Pistre et CANCAVA, aff. C-159/91 et C-160/91, RJS, 3/93, n°336, Dr.soc.1993.492, com.P.Laigre). La Cour de Cassation a abondé dans le même sens : Cass. Com, 6.4.1993, Dr soc 1993, 494.

[1194] MEDEF (Mouvement des entreprises de France), CGPME (Confédération générale des petites et moyennes entreprises), UPA (Union patronale artisanale).

[1195] Les organisations syndicales dites « représentatives » sont réparties au prorata des résultats des élections professionnelles : actuellement 3 CGT, 3 CFDT, 3 FO, 2 CFTC, 2 CGC.

chargé de la Sécurité Sociale.[1196] Il élit son président et son bureau, établit son règlement intérieur et crée des commissions spécialisées Selon le principe général de la législation de sécurité sociale, le conseil règle par ses délibérations les affaires de l'organisme, son fonctionnement administratif et financier. Il délibère sur les projets et rapports présentés par le directeur, contrôle son activité.[1197]Il détermine les orientations, les principes et les objectifs généraux relatifs aux missions de la branche maladie et à l'organisation du réseau des caisses locales. Il participe à l'élaboration des lois et règlements en matière d'assurance maladie obligatoire. Il est obligatoirement saisi par le Gouvernement, de tout projet de texte ayant une incidence sur l'équilibre financier de la branche, en particulier du projet de LFSS. Les avis du conseil sont motivés et transmis au Parlement.

Le directeur général de la Caisse nationale a la responsabilité de l'exécutif. Nommé pour 5 ans par le Président de la République, il est de droit directeur général de l'UNCAM.[1198] Il a une compétence générale et exclusive de gestion de l'organisme, notamment en ce qui concerne le personnel. Il a autorité sur le réseau des caisses locales et régionales depuis la réforme de 2004, ce qui représente un profond changement par rapport à la tradition d'autonomie des caisses locales.[1199]

a) Les missions de la CNAMTS

Elle assure le financement, en deux gestions distinctes, d'une part des assurances maladie, maternité, invalidité, décès et d'autre part des accidents du travail et maladies professionnelles. Elle dispose d'une fraction, fixée légalement, de la masse des cotisations, en vue de gérer les prestations légales et extra-légales du Fonds national de prévention, d'éducation et d'information sanitaire (FNPEIS) [1200] et le financement des programmes concourant à la qualité et à la coordination des soins de ville.[1201]

[1196] 1 Fédération nationale des accidentés du travail et des handicapés, 1 UNSA (Union nationale des syndicats autonomes), 1 UNAF (Union nationale des associations familiales), 1Fonds de financement de la protection complémentaire CMU, 1 représentant du collectif inter associatif sur la santé.

[1197]Il peut s'opposer au projet de budget présenté par le directeur mais doit réunir une majorité des 2/3 sur une seconde proposition.

[1198] La nomination est faite sur rapport du ministre chargé de la Sécurité Sociale, après avis du président du conseil de l'organisme. Le conseil peut s'opposer à la proposition du ministre s'il réunit une majorité des 2/3.

[1199]Dans les 15 jours de leur réception, il peut suspendre ou annuler toute délibération ou décision prise par une caisse locale qui méconnaîtrait les dispositions de la convention d'objectifs et de gestion (COG), signée avec l'Etat.

[1200]Loi n°88-16 du 5.1.1988 instituant un Fonds national de prévention, d'éducation et d'information sanitaire de l'Assurance Maladie (J.O du 6.1.1988)

[1201]La négociation et la signature des conventions liant l'AM et les professions de santé relève de l'UNCAM mais leur gestion est assurée par les Caisses.

Elle exerce ses missions dans le cadre de la convention d'objectifs et de gestion qu'elle signe avec l'Etat. Il est remarquable de constater que dans ce cadre, elle exerce à l'égard des caisses locales des attributions très comparables à celles d'une administration centrale de ministère à l'égard de ses services déconcentrés. Elle coordonne et contrôle l'activité des organismes locaux, notamment des Caisses primaires d'Assurance Maladie. Elle peut leur prescrire des mesures d'amélioration de leur gestion, les mettre en demeure de les appliquer et, en cas de carence, se substituer à elles. Elle répartit entre elles les dotations budgétaires de fonctionnement et approuve leur budget. Elle définit et met en œuvre les schémas directeurs informatiques et contrôle la compatibilité des applications locales avec ces schémas.

b) L'organisation des Caisses primaires d'Assurance Maladie (CPAM)

L'organisation des CPAM - une centaine - est proche de celle de la Caisse nationale. Mais leur statut demeure celui d'un organisme privé investi d'une mission de service public.[1202] Leurs compétences sont : 1 l'affiliation des assurés sociaux, 2 le service des prestations maladie, maternité, invalidité, décès, 3 la gestion de l'action sanitaire et sociale du régime général en matière de prévention. Elles sont gérées par un conseil d'administration dont la composition est quasiment identique à celle de la Caisse nationale.[1203]Le directeur et l'agent comptable sont nommés par le directeur général de la CNAMTS.[1204]

Comme le soulignent M. Borgetto et R. Lafore, le contrôle des organismes de Sécurité Sociale par l'Etat est passé en trois décennies d'un pouvoir de

---

[1202] En pratique, les rapports entre les caisses locales et les tiers, dès lors qu'ils ne mettent pas en jeu la situation de l'usager de leurs services, sont régis par le droit privé. Leurs rapports avec les assurés ou les prestataires de services de soins remboursables relèvent d'une situation régie par des règles statutaires comparables à celle de tout usager d'un service public. Paradoxalement, le Législateur a entendu confier le contentieux relatif aux litiges nés de l'application de la législation de sécurité sociale « ne relevant pas, *par nature,* d'un autre contentieux » à l'ordre judiciaire. Cela concerne essentiellement les décisions de caractère individuel se rapportant à l'application des règles de sécurité sociale (assujettissement, cotisations, prestations). Le contentieux des actes règlementaires relèvent des juridictions administratives. Voir « Droit de la sécurité sociale » Michel Borgetto et Robert Lafore, op cité pp 831-838.

[1203] Le conseil d'administration constitue en son sein plusieurs commissions : commission permanente de contrôle des comptes, commission d'action sanitaire et sociale chargée de répartir les financements en matière de prévention, et commission de recours amiable, appelée à connaître des réclamations des usagers à l'égard des décisions prises par l'organisme à leur endroit.

[1204] Leur nomination ne devient effective qu'après agrément de l'autorité compétente de l'Etat. Il peut mettre fin à leurs fonctions dans l'intérêt du service après avoir préalablement informé le conseil d'administration, qui doit donner son avis sur ce projet de décision. Il peut s'opposer à une nomination à condition de réunir les 2/3 des voix.

tutelle très formalisé à une forme de partenariat. La première étape a été le transfert de l'essentiel de la tutelle sur les organismes de base aux caisses nationales. La seconde a été le passage d'une tutelle a priori (lourde et formelle) à un contrôle a posteriori. La troisième, la plus importante, a été le passage au partenariat avec l'institution du COG.[1205]

c) L'administration du service médical du régime général

La CNAMTS organise et dirige le contrôle médical des prescriptions et prestations remboursées par le régime. Après des décennies de contestations, un relatif accord a pu s'établir entre les professions libérales de santé, les organismes d'assurance maladie et l'Etat sur un contrôle basé sur la « maîtrise médicalisée des dépenses de santé ». L'idée qu'il est nécessaire d'évaluer la pertinence des soins est mieux admise. La contractualisation des relations entre les caisses et les professionnels de santé sur des objectifs prioritaires de santé publique a contribué à l'évolution des missions du contrôle médical.

Il faut attendre la réforme de 1967 pour que soit constitué un service médical national.[1206] Placé sous la responsabilité du directeur de la Caisse nationale, il comprend des médecins, des chirurgiens-dentistes et des pharmaciens. Il est dirigé par un Médecin-conseil national nommé par le Ministre chargé de la Sécurité Sociale après avis du Haut comité médical de la Sécurité Sociale.[1207]Chaque région dispose d'un service de contrôle médical assurant une coordination des activités des services de contrôle médical des différents régimes sociaux dans le cadre de l'union régionale des caisses d'assurance maladie (URCAM). Chaque Caisse primaire dispose d'un service médical assurant le contrôle médical des prestations.

Le service médical de l'Assurance Maladie est régi par les règles du code de déontologie médicale, notamment en matière de secret médical. Son positionnement a longtemps été difficile puisqu'il est au cœur du conflit d'intérêt entre la médecine libérale et le payeur. Pourtant moins rigoureux que le contrôle des compagnies d'assurance privées dans les économies libérales, le contrôle de l'Assurance Maladie n'a cessé de susciter la méfiance des organisations professionnelles, et l'hostilité d'un certain nombre de praticiens, enclins à contester la compétence de confrères qui ne peuvent exercer une activité clinique. Le contrôle médical a eu longtemps un

---

1205 Depuis la loi HPST de 2009, le pouvoir de contrôle de l'Etat sur la gestion des Caisses a été transféré des anciennes DRASS à une Mission nationale de contrôle et d'audit placée sous l'autorité du directeur de la Sécurité Sociale. Celle-ci dispose de 9 antennes interrégionales.

1206 Ordonnance n°67-706 du 21 août 1967 réformant la Sécurité Sociale

1207 Le Haut comité médical de la Sécurité Sociale comprend des membres du corps médical désigné par arrêté ministériel et a pour mission de définir les principes de fonctionnement du contrôle médical et de proposer toutes mesures susceptibles d'améliorer son efficacité.

rôle limité essentiellement au contrôle des prestations exigeant une entente préalable. Les soins étaient présumés nécessaires dès lors qu'ils étaient prescrits et la jurisprudence s'est attachée à réduire constamment les possibilités de refus de prise en charge de prestations dont le remboursement était prévu par la loi. Enfin le service médical ne disposait d'aucune base légale l'autorisant à apprécier la pertinence des prescriptions. C'est l'ordonnance du 24 avril 1996 qui a considérablement renforcé son rôle.[1208]Une compétence générale de vérification de la justification médicale des prestations lui est attribuée, que celles-ci soient délivrées en ville ou en établissement de santé. Son avis s'impose désormais à la caisse et le refus de prise en charge est opposable à l'assuré.[1209]La nette amélioration des conditions de recrutement et de formation du corps des médecins-conseils a permis d'étendre leur mission à l'évaluation du fonctionnement et des pratiques médicales des établissements de santé et leur collaboration à l'action des ARH puis des ARS.

C. Les régimes spéciaux et particuliers d'assurance maladie obligatoire

Ces régimes, pour la plupart antérieurs à la création de la Sécurité Sociale, ne sont plus qu'un petit nombre : SNCF, RATP, industries électriques et gazières, mines, notamment.

a) Le régime des professions indépendantes

Après le refus de ces professions d'intégrer un régime unique, ce n'est qu'à partir de 1966 que se met en place une assurance maladie pour ces professions et qu'à la fin des années 70 qu'une relative harmonisation s'opère avec le régime général. L'hostilité d'une forte fraction de ces professions à l'obligation d'affiliation, l'émiettement des institutions d'assurance et surtout une évolution démographique très défavorable ont conduit à une impasse dans la gestion du régime. La création, par regroupement des nombreux organismes gestionnaires, du Régime social des indépendants (RSI) en 2005 a été un nouvel échec qui a abouti au transfert de ses attributions au régime général depuis le 1er janvier 2020.[1210]

[1208] Ordonnance n°96-345 relative à la maîtrise médicalisée des dépenses de soins. La loi du 13.8.2004 a encore accru les pouvoirs d'investigation du contrôle médical de l'Assurance Maladie notamment dans le domaine des affections de longue durée (environ 60% des dépenses de l'AMO), des prescriptions d'arrêt de travail et de transports sanitaires, la caisse pouvant subordonner sa prise en charge à l'accord préalable du contrôle médical.

[1209] L'assuré peut toutefois contester, en recourant à une contre-expertise médicale, le refus devant le pôle social du Tribunal judiciaire.

[1210] LFSS n°2017-1836 du 30.12.2017 Ce transfert de gestion n'implique pas un alignement sur les cotisations et les prestations du régime général. Au sein du régime général un conseil de la protection sociale des travailleurs indépendants (national et régional) veille à

b) Le régime agricole

La place du régime agricole est à la mesure de la place des exploitants agricoles dans l'histoire, la sociologie et la politique française. La structure de l'économie agricole pèse lourdement sur son évolution. En premier lieu, l'évolution démographique est très défavorable : le nombre de personnes qui sont couvertes par le régime agricole dépasse les 3 millions pour 800 000 actifs seulement. Le déséquilibre financier est accru par le fait que la population couverte est vieillissante (près de 65% ont plus de 60 ans). En second lieu, le caractère aléatoire de l'activité économique agricole et l'inégalité entre producteurs, selon les types de production, expliquent que tous les gouvernements ont admis le principe d'un subventionnement par l'Etat du régime agricole et d'une compensation par le régime général pour la couverture des salariés agricoles.

Le régime agricole ne connaît pas la séparation des risques : il gère l'ensemble des prestations de sécurité sociale pour les catégories affiliées et offre d'importants services, dont la gestion de la médecine du travail en agriculture. Le monde agricole ayant été parmi les premiers à développer des institutions mutualistes, le régime agricole est géré par la Mutualité sociale agricole.[1211]Chargée d'une mission de service public, elle est placée sous la tutelle de l'Etat (assurée par le ministère de l'agriculture). Cette tradition mutualiste s'exprime par l'élection au suffrage direct ou indirect de trois collèges distincts qui constituent une assemblée générale de délégués cantonaux appelés à élire, en assemblée générale départementale, le conseil d'administration de la caisse locale.[1212] En matière d'assurance maladie, les salariés agricoles bénéficient des prestations du régime général, gérées par la MSA (Mutualité sociale agricole). Les exploitants ont droit aux prestations en nature uniquement dans le cadre de l'AMEXA.[1213]La Caisse centrale de la Mutualité sociale agricole (CCMSA) coordonne l'action des caisses départementales et assure la compensation des charges. Son organisation est

---

l'application des dispositions spécifiques à ce régime. En matière d'assurance maladie subsistent un niveau des prestations de base, proche de celui du régime général, et des prestations complémentaires différentes selon les groupes professionnels composant l'ensemble des indépendants. Globalement, le niveau de cotisation demeure sensiblement inférieur au niveau du régime général.

[1211]La MSA n'a le monopole des assurances sociales obligatoires que depuis la LFSS pour 2014. En pratique, la MSA gérait déjà 90% des prestations d'assurance maladie mais, en matière d'accident du travail, ce pourcentage tombait à 30%. Auparavant, la MSA était en concurrence avec plusieurs regroupements d'assureurs privés.

[1212] Exploitants, artisans ruraux n'employant pas de personnel permanent, collaborateurs familiaux, salariés agricoles et leurs conjoints, exploitants agricoles employeurs de personnel permanent et leur famille. S'y ajoutent les 2 membres désignés par l'UDAF.

[1213] L'AMEXA : assurance maladie-maternité-invalidité des exploitants agricoles. Le bénéfice de l'assurance maternité et de l'assurance invalidité est acquit à des conditions spécifiques.

proche du schéma du régime général tout en préservant sa tradition mutualiste.[1214]

D. L'organisation financière de l'Assurance Maladie

Selon l'article 34 de la Constitution les lois de financement de la sécurité sociale déterminent les conditions générales de son équilibre financier et, compte-tenu de leurs prévisions de recettes, fixent ses objectifs de dépenses.[1215] Cet équilibre est déterminé en fonction de l'évolution des principaux indicateurs macro-économiques - essentiellement le PIB - et des besoins de financement des services de santé.

Le Parlement peut déterminer les conditions et les objectifs de l'équilibre financier de la Sécurité Sociale mais ne dispose pas du pouvoir, qui est le sien en ce qui concerne les dépenses de l'Etat, d'autoriser le prélèvement des cotisations sociales, ni de fixer leur taux. Il n'a pas le pouvoir de décider directement de l'équilibre financier des branches. Cependant, la LFSS établit un cadre financier qui s'impose au pouvoir réglementaire : les décisions relatives aux cotisations et prestations ne peuvent compromettre les objectifs fixés par le Parlement. Le Conseil constitutionnel tend à conférer au principe de l'équilibre financier le caractère d'une exigence constitutionnelle tout en veillant à ce que l'autonomie financière de l'institution soit préservée. Il a notamment considéré que seule une loi organique peut déterminer le contenu de la LFSS et de ses annexes.[1216]

En vertu d'une loi organique du 2 août 2005,[1217]conçue selon la même logique que celle qui a réformé la loi de finances de l'Etat (loi organique du 1er août 2001 relative aux lois de finances), la LFSS fait l'objet d'une prévision pluriannuelle fondée sur des hypothèses macroéconomiques à moyen terme (en principe 4 ans). Elle intègre, comme la loi de financement de l'Etat, une méthode de gestion par objectifs et comporte des annexes dans lesquelles doivent figurer des programmes d'amélioration de la qualité et de l'efficience des politiques de sécurité sociale. Autrement dit, *la LFSS est l'instrument privilégié d'adaptation permanente des prestations sociales et de leurs conditions de financement.* Parce que l'incidence macro-

---

[1214] Ses 27 membres sont élus, suivant la même répartition qu'au niveau local, par les délégués des trois collèges désignés par les conseils d'administration des caisses départementales réunis en assemblée générale centrale de la MSA. Le conseil d'administration comprend également deux représentants de l'union nationale des associations familiales (UNAF).

[1215]« Droit de la sécurité sociale », Borgetto et Lafore, op cité pp 325-335

[1216] Cons.Consti. 16.12.2010, n°2010-620 DC. Le Conseil constitutionnel veille à ce que le Gouvernement ne déroge pas au principe de l'équilibre financier en exerçant son pouvoir réglementaire. Voir Borgetto et Lafore, op cité pp 331-332.

[1217] Loi modifiée par celle du 13.11.2010 (n°2010-1380 du 13.11.2010).

économique du financement de la Sécurité Sociale est très importante, la LFSS est, comme la loi de finances de l'Etat, transmise à la Commission européenne chargée de veiller au respect des règles qui gouvernement l'UE et particulièrement la zone euro.[1218]

L'une des principales dispositions de la LFSS est la détermination de *« l'objectif national d'évolution des dépenses de l'Assurance Maladie »* (ONDAM). Il s'applique à l'enveloppe globale des dépenses d'assurance maladie et se décline en une série de sous-enveloppes auxquelles sont affectés des objectifs quantifiés tenant compte des trajectoires variables des secteurs concernés : hospitalisation publique, hospitalisation privée, médecine de ville et professions de santé libérales, établissements et services médico-sociaux. L'ONDAM est fixé par le Gouvernement au vu des propositions que lui transmettent, ainsi qu'au Parlement, chaque Caisse nationale. Celui-ci consulte au préalable les commissions des affaires sociales des assemblées parlementaires.

L'ONDAM n'a presque jamais été respecté depuis sa création. Le déficit annuel de l'Assurance Maladie oscille entre 2 et 5 milliards d'euros par an. Après le pic observé au lendemain de la crise économique mondiale de 2008 (11 milliards), celui-ci tendait à se réduire depuis 2010 sous l'effet de mesures conjoncturelles et de réformes structurelles du financement du système des soins, (particulièrement l'introduction de la tarification à l'activité). La crise sanitaire du SARS-CoV-2 l'a accru dans des proportions sans précédent.[1219]

Avant cette crise, tendanciellement, les dépenses de soins s'accroissaient deux fois et demi plus vite que le PIB (l'évolution est de l'ordre de +4,4%/an).[1220]Le freinage opéré à partir de 2010, notamment dans les dépenses d'hospitalisation, a provoqué un très vif mouvement de contestation. La question du financement de l'hospitalisation publique sera

---

[1218] La loi de révision constitutionnelle du 23.7.2008 a introduit dans l'article 34 de la Constitution le principe d'une « loi de programmation des finances publiques ». Cette loi ne remet pas en cause le principe de l'annualité budgétaire et n'a pas de valeur constitutionnelle. Elle fixe la trajectoire pluriannuelle (3 ans) globale de toutes les dépenses publiques – y compris de sécurité sociale - devant être soumises aux autorités européennes chargées de vérifier que celles-ci respectent l'objectif de moyen terme (OMT) de stabilité budgétaire. La « trajectoire » que doit préciser la loi est celle des soldes « effectif et structurel », c'est-à-dire les soldes effectifs corrigés des variations conjoncturelles. L'objectif européen de « stabilité budgétaire » verra probablement ses critères d'évaluation révisés à la suite de la crise provoquée par la pandémie du SARS-CoV-2.

[1219] De l'ordre de 30 milliards en 2020 et 2021, probablement encore 20 milliards en 2022.

[1220] Données sur l'ONDAM (CNAMTS-DREES) et rapport IGAS-IGF sur la maîtrise de l'ONDAM (2013-2017).V. Lidsky, P-E Thiard, M. Le Brignonen, J. Thomas, M. Olivier, Q. Jeantet (IGF) D. Giorgi, H. Garrigue-Guyonnard, M. Jeantet, V. Cayre, J. Davenel (IGAS). Juin 2012.

probablement un thème important des prochaines élections. Le Gouvernement a consenti, comme nous l'avons vu précédemment, un effort conséquent en faveur des personnels hospitaliers et de l'investissement dans ce secteur. Cet effort sera vraisemblablement poursuivi. Par ailleurs, le besoin de financement de la prise en charge de la dépendance et des soins des personnes âgées devra être couvert dans le cadre fixé par une prochaine loi et de la cinquième branche de la Sécurité Sociale créée en 2020. Le financement collectif de la perte d'autonomie est actuellement d'environ 66 milliards d'euros (couvrant 80% de la dépense) mais il est à prévoir un supplément de financement pouvant atteindre 9,2 milliards en 2030.[1221] Guère plus d'un quart de ce surcroît de financement est actuellement assuré par une fraction de la CSG. [1222]

Afin d'apurer l'endettement élevé de la Sécurité Sociale, la réforme Juppé de 1996 a créé la Caisse d'amortissement de la dette sociale (CADES). Cet établissement public national, a reçu pour mission le remboursement sur le long terme de la dette grâce à un nouveau prélèvement sur tous les revenus, la CRDS (contribution au remboursement de la dette sociale) et à une capacité autorisée d'emprunt sur les marchés financiers.[1223]L'échéance initialement fixée à 2009 pour le remboursement de la dette sociale a été repoussée à 2025. L'endettement exceptionnel provoqué par la crise du SARS-CoV-2 a conduit les pouvoirs publics à transférer à la CADES une dette globale de 136 milliards d'euros (qui sera probablement sensiblement augmentée) et à prolonger son action jusqu'en 2033.[1224]

Il est à noter que le « reste à charge » des ménages, c'est-à-dire la part non couverte par l'Assurance Maladie et les assurances complémentaires, est en diminution, contrairement à une idée répandue. Il est passé de 9,4% en 2008 à 7,5% en 2017 (soit 14,9 milliards ou 223 euros/habitant/an). Cette part devrait continuer à baisser eu égard aux mesures récentes prises dans le cadre du « plan 100% santé ».[1225] Ce « reste à charge » est un des moins élevés parmi les systèmes d'assurance maladie européens.

Le régime des prélèvements effectués au titre de l'Assurance Maladie n'a cessé d'évoluer en fonction des considérations politiques et économiques conjoncturelles. Le régime général, initialement fondé sur la cotisation

---

[1221] Rapport « Grand Age et autonomie ». D. Libault (mars 2019).

[1222] La prochaine loi devrait préciser les conditions du financement de la cinquième branche gérée par la Caisse nationale Solidarité-autonomie.

[1223] S'est ajoutée à ses ressources une part de la CSG (contribution sociale généralisée).

[1224] Sur cette somme de 136 milliards, 31 sont une reprise de l'ancienne dette, 92 correspondent au déficit prévisionnel 2020-2023 et 13 au plan d'urgence de l'hôpital (dont 1/3 de reprise de la dette hospitalière).

[1225] Prise en charge intégrale des principaux frais dentaires, d'optique et de prothèses auditives, jusqu'ici peu remboursés.

salariale et patronale assise sur le salaire, repose désormais sur la contribution sociale généralisée (CSG) pour les salariés (elle remplace la part salariale des cotisations) cependant que l'employeur acquitte la part patronale à hauteur de 13% du salaire.[1226]Le processus de fiscalisation des ressources s'observe aussi à travers une multiplicité de taxes, acquittées notamment par l'industrie pharmaceutiques mais aussi perçues au profit de l'Assurance Maladie sur des produits dont la consommation génère des frais de soins importants.[1227]

Il y a très peu de possibilités d'augmenter le niveau des prélèvements eu égard à leur niveau global très supérieur à la moyenne des pays comparables. Contrairement à l'optimisme soudain d'un certain nombre d'économistes, qui se réfèrent au faible niveau du coût des emprunts, il faut avoir la lucidité de reconnaître qu'il est impossible de maîtriser le long terme. Le niveau global d'endettement est un risque très sérieux pour les générations à venir. La seule voie qui semble envisageable est celle d'une réforme structurelle profonde du système de santé. Elle implique une forte politique de prévention, de sélection des soins remboursables selon leur degré de pertinence, de restructuration, suivant les recommandations des spécialistes de santé publique et du Haut Conseil pour l'avenir de l'Assurance Maladie, du système de santé.

V. La place et le rôle de l'assurance maladie complémentaire

Le mutualisme et les institutions de prévoyance ont précédé la Sécurité Sociale. Les limites imposées à cette dernière à sa création expliquent leur maintien. Le développement d'une offre de couverture santé complémentaire par les compagnies d'assurances privées, plus récent, correspond à la baisse du taux de remboursement des soins courants par l'Assurance Maladie : globalement, celui-ci est de l'ordre de 77 à 79% mais cette moyenne recouvre aussi bien un taux de couverture intégrale pour les ALD qu'un taux de remboursement des soins courants ne dépassant guère les 50%. Le principe de libre concurrence du droit européen de l'assurance a ouvert un nouveau marché pour l'assurance santé volontaire.

La France a le taux d'adhésion à un régime d'assurance complémentaire-santé le plus élevé de l'UE (96% de la population en 2010). Le secteur couvre environ 14% des dépenses de soins en 2017. Ce marché se répartit entre les organismes mutualistes (environ 54%), les compagnies d'assurances privées (environ 28%) et les institutions de prévoyance

---

[1226] 7% pour les entreprises employant des personnels rémunérés jusqu'à 2 fois ½ le smic.

[1227]Taxes sur les boissons alcoolisées d'une teneur supérieur à 18,°sur les boissons mélangeant produits alcoolisés et non alcoolisés (« premix »), sur la consommation de tabac, sur des produits fortement sucrés.

(environ 18%). Les 2/3 des salariés adhèrent à un contrat collectif conclu entre une mutuelle et leur entreprise. Les non-salariés et retraités adhèrent à un contrat individuel (mutualiste ou autre).

L'adhésion de la France aux traités européens impliquait une mise en conformité du droit français avec les directives européennes sur les assurances. Le droit européen exclut les régimes de sécurité sociale obligatoire des règles du marché. En ce qui concerne les régimes de protection sociale complémentaire un problème se posait avec les organismes mutualistes qui n'ont pas de but lucratif. La politique sociale étant de la compétence de chaque Etat membre, le problème ne se pose qu'indirectement quand l'UE émet des directives sur les assurances.[1228]En conséquence, l'ordonnance du 19 avril 2001 a transposé dans le Code de la Mutualité les directives européennes de 1992 en séparant la gestion des assurances et la gestion des activités (établissements et services) offertes aux adhérents mutualistes tout en permettant l'existence de liens entre elles.[1229] Ce compromis ménage à la fois les règles prudentielles exigées par le droit européen des assurances et les principes solidaristes de la mutualité. Cela a n'a été possible qu'au prix d'une profonde restructuration du secteur mutualiste afin qu'il puisse, en principe, gérer son offre d'assurance dans un contexte concurrentiel sans renoncer à ses principes de non-sélection des risques.

Le transfert de prise en charge effectué depuis un quart de siècle vers les complémentaires-santé a nécessairement entraîné une hausse des cotisations et accru, par là même, l'inégalité d'accès aux soins. L'accord national interprofessionnel (ANI) signé le 11 janvier 2013 entendait répondre à cette situation en généralisant la couverture maladie complémentaire pour les salariés des entreprises. Son caractère obligatoire a été confirmé par une loi du 13 juin 2013. Mais il concerne une population généralement déjà couverte et ne règle pas le cas des adhérents individuels.

La création de la couverture médicale universelle (CMU), visant une population affectée par la précarité économique, ne pouvait atteindre son but sans lui ouvrir un accès à la couverture maladie complémentaire. Le

---

1228 L'adaptation du droit français au droit européen s'est effectuée, non sans difficultés (la France a été condamnée par la Cour de justice des communautés européennes pour sa non-transposition des directives européennes : CJCE 1612.1999, aff.C-239/98, Commission c/Rép.française). Une première loi - loi Evin - est intervenue le 31.12. 1989 en vue de soumettre les institutions de prévoyance et les organismes mutualistes aux mêmes dispositions (règles prudentielles) que les entreprises régies par le Code des assurances. La loi du n°93-121 du 27.1.1993 et celle du 8.8.1994 se sont attachées à l'adaptation des règles de gestion des institutions de prévoyance aux directives européennes.

1229 Ordonnance n°2001-350 du 19.4.2001 relative au Code de la Mutualité transposant les directives 92/49/CEE et 92/96/CEE.

dispositif d'aide au paiement de la complémentaire santé (ACS) n'était accessible qu'à des conditions dissuasives. C'est pourquoi la LFSS pour 2019 a substitué la « protection universelle maladie » (PUM) à la CMU. Elle prévoit que les organismes d'assurance complémentaire acceptant de gérer la PUM s'engagent à respecter les obligations de service public. Dans le même sens, un « contrat responsable de la complémentaire santé » instauré en 2015 plafonne le taux de remboursement de certains actes médicaux et assouplit les règles de résiliation des contrats d'assurance complémentaire santé.[1230] La LFSS pour 2020 marque une nouvelle évolution dans la mesure où les assurances complémentaires sont appelées, dans le cadre du « plan santé 100% », à contribuer au remboursement des soins dentaires, optiques et auditifs figurant sur une liste préétablie.

Les Mutuelles, régies par une législation spécifique consignée dans le Code de la Mutualité, sont fondées sur les principes de non-sélection médicale, de non-individualisation des cotisations en fonction de l'état de santé et sur le principe d'une gestion sans but lucratif. Chaque adhérent participe à son fonctionnement dans le cadre de l'assemblée générale qui est seule habilitée à modifier les garanties offertes et les taux de cotisation. Le principe de spécialité, imposé par le droit européen, signifie que l'organisme mutualiste ne peut exercer d'autre activité que l'activité d'assurance pour laquelle il a été créé. Il ne lui interdit pas de développer des activités de prévention et de gestion d'établissements et services sanitaires et sociaux mais celles-ci doivent demeurer des activités accessoires et accessibles aux seuls adhérents mutualistes.[1231]

Les institutions de prévoyance sont des personnes morales de droit privé sans but lucratif ayant pour objet d'assurer leurs adhérents contre les risques de la vie. Les dispositions les régissant figurent au Code de Sécurité Sociale mais, s'agissant d'organismes d'assurance, elles relèvent des directives européennes en matière d'assurances. Ce qui les différencie des mutuelles et des sociétés d'assurances privées c'est essentiellement le fait qu'elles gèrent des contrats collectifs d'assurance. Elles sont en effet créées par l'entreprise ou une branche professionnelle ou interprofessionnelle. Leur gestion est

---

[1230] Selon une enquête BVA-Asso Santé (rapportée dans « le Monde » du 5.3.2020) 41% des français auraient renoncé à des soins en raison de l'importance du « reste à charge ».

[1231] On dénombre environ 1200 organismes mutualistes regroupant environ 38 millions d'adhérents. Ils gèrent 2000 centres de soins et établissements de santé. La plus grande partie est regroupée au sein de la puissante Fédération nationale de la mutualité française ((FNMF). Plusieurs autres fédérations pèsent également d'un poids certain : Fédération des mutuelles de France (FMF), Fédération nationale de la mutualité interprofessionnelle (FNMI). Sur les 20 milliards d'euros annuellement récoltés par les mutuelles, plus de 16 milliards le sont pour la complémentaire santé.

paritaire (employeurs et salariés).[1232] Comme les mutuelles, ces institutions développent une action sanitaire et sociale importante.

Les sociétés d'assurances privées sont des sociétés anonymes à but commercial offrant des garanties d'assurance complémentaire santé dans le cadre de contrats individuels. Leur puissance économique leur a permis d'accroître sensiblement leur part du marché de l'assurance complémentaire.

VI. L'épuisement des réformes conjoncturelles ouvre-t-il la voie à une réforme structurelle ?

Le transfert de charges opéré vers un système d'assurances complémentaires - obligatoire pour les salariés des entreprises - équivaut à un alourdissement important des prélèvements en contrepartie d'une extension de la prise en charge des frais de soins. Le système de protection sociale obligatoire contre la maladie repose sur une mosaïque complexe d'institutions, une « architecture baroque » pour reprendre l'expression de Brigitte Dormont.[1233] Il en résulte un problème de lisibilité de l'organisation pour les usagers, une série d'effets pervers dont sont victimes les plus vulnérables, mais aussi un coût supplémentaire pour la collectivité (le coût de fonctionnement de l'assurance complémentaire est évalué à six milliards d'euros, dont d'importantes dépenses de publicité.

L'évolution de la Sécurité Sociale est marquée par un double mouvement. En premier lieu, son principe assurantiel s'est trouvé fortement remis en cause par l'introduction de mécanismes d'aide relevant de la solidarité nationale. En second lieu, la spécialisation de chacune des branches de la Sécurité Sociale les a fait évoluer vers des logiques qui, tantôt conservent leur caractère d'assurance sociale (régime des retraites notamment) tantôt acquièrent le caractère d'une mission classique de l'Etat (les régimes d'assurance maladie obligatoire au titre de la politique de santé).

La création de la CMU et les lois empruntant des instruments de régulation aux systèmes nationaux de santé posent la question de la viabilité de l'actuel système, beaucoup trop complexe. Faut-il poursuivre dans la voie de constants réaménagements, toujours possibles, mais qui d'une efficacité de moins en moins démontrée ?

[1232] Le nombre des institutions de prévoyance est passé de 75 en 2004 à 36 en 2018. Elles sont elles-mêmes intégrées dans une gestion fédérative par quelques grands groupes. Comme les mutuelles, qui ont connu au cours des vingt-cinq dernières années de très importants regroupements, la pression de la concurrence sur le marché devenu européen a obligé les institutions de prévoyance à ce mouvement de concentration. Elles assurent environ 13 millions de salariés.

[1233] « En finir avec l'architecture baroque du système de santé ». B. Dormont. « Le Monde » 28/29.11.2021

Le Centre d'analyse économique, organe de conseil du Gouvernement, préconise de scinder la Sécurité Sociale en deux pôles : le pôle « contributif » reposant sur les contributions sociales (retraites, chômage, indemnités journalières) géré par les partenaires sociaux, le pôle « non-contributif » transféré à l'Etat (branches famille et maladie).[1234]Cette proposition nous rapproche encore plus du modèle du système national de santé sans le préconiser ouvertement. Didier Tabuteau et Martin Hirsch suggèrent une Assurance Maladie véritablement « universelle » (fusion de l'Assurance Maladie et des Mutuelles), permettant une simplification de l'organisation, des gains de productivité importants et une meilleure répartition des financements au profit tant des patients que des médecins conventionnés.[1235]Le Haut Conseil pour l'avenir de l'Assurance Maladie a entrepris une étude (encore en cours) sur la place de l'assurance maladie complémentaire qui se traduit, en l'état provisoire de sa réflexion, par l'énoncé de quatre scénarios, dont l'un prévoit la suppression du « ticket modérateur » et du forfait hospitalier. Le périmètre d'intervention de l'assurance complémentaire s'en trouverait fortement réduit mais celle-ci pourrait prendre en charge les dépassements d'honoraires, des soins ne relevant pas des soins indispensables, les éléments de confort demandés par le patient lors d'une hospitalisation, tels que l'attribution d'une chambre particulière. Ce scénario appelle une étude approfondie tant l'enchevêtrement des deux systèmes d'assurance obligatoire et complémentaire est complexe.

Il reste que les assurances complémentaires, placées en situation de concurrence entre elles, doivent produire une offre de prestations et de services qui exige un montant moyen de primes important et des critères d'admission éloignés du principe de solidarité de l'Assurance Maladie obligatoire (niveau du montant de la prime en fonction de l'âge, notamment). B. Dormont, dans l'article précité, fournit des exemples éloquents de la fermeture de l'accès aux soins (en l'occurrence essentiels) qui en résulte pour des populations à faibles revenus. Néanmoins, une réforme aboutissant au transfert à l'Assurance Maladie obligatoire de l'essentiel des prestations actuellement prises en charge par l'assurance maladie complémentaire constituerait un projet politique audacieux et risqué, à la fois parce qu'elle remettrait en cause le mutualisme, profondément lié à l'histoire sociale de notre pays, et parce qu'elle exigerait une refonte de grande ampleur des modalités contributives au nouveau régime, universel, d'Assurance Maladie.

[1234] Note du CAE 20.01.2020. Antoine Bozio et Brigitte Dormont.

[1235] Dans une « Tribune » parue dans « Le Monde » du 16.01.2017, ils observent que les frais de gestion des Mutuelles sont aussi élevés (pour 32 milliards de remboursements) que ceux de l'AM (pour plus de 150 milliards). Des centaines de millions d'opérations administratives sont effectuées en double. La fusion, qui s'accompagnerait de la suppression des régimes particuliers, permettrait de dégager 6 milliards.

Titre II
L'organisation territoriale de la santé : le projet de santé publique sous des vents contraires

Depuis une vingtaine d'années, la notion de « territoire » s'est imposée dans le vocabulaire politique, désignant implicitement une opposition entre les centres de décision et les lieux de vie d'une population qui en serait plus ou moins éloignée. La « territorialisation » englobe, dans le discours politique et médiatique, ce qui, dans la langue juridique, correspond en partie aux notions de décentralisation et de déconcentration administrative mais elle ne se confond pas avec elles, en ce qu'elle décrit un rapport entre une population et un lieu, dont les responsables des collectivités territoriales ne sont qu'une partie.

La « territorialisation de la santé » correspond sans doute à l'emploi de ce qui est une image en termes de communication politique. Mais elle ne s'y résume pas. *Elle correspond aussi à un projet de santé publique.* Il s'agit de traiter, selon une méthodologie propre à la santé publique, les problèmes de fonctionnement du système de santé à partir de réalités socio-sanitaires et géographiques qui ne correspondent pas nécessairement à la délimitation du territoire des collectivités territoriales. La réalité territoriale du système de soins est spécifique. Elle associe la notion de *zone d'attractivité des niveaux de soins*, qui ne correspond pas toujours aux découpages administratifs et les concepts de *maillage* et de *graduation de l'offre de soins* selon un zonage fonctionnel dans un équilibre qu'il revient au projet régional de santé de trouver.

Avec la notion de *« territoire de démocratie sanitaire »* apparue dans la loi de modernisation de notre système de santé de 2016 une intention nouvelle s'affirme : le territoire n'est plus seulement un espace fonctionnel de santé publique*, il devient le lieu d'expression de sa population en vue de participer à l'élaboration du projet de santé lui-même.* Le projet s'inspire largement du modèle anglo-saxon et scandinave de gestion démocratique des institutions de proximité (écoles, services de santé), que l'OMS qualifie de « communautaire ».

Le problème que pose ce modèle est qu'il est étranger à la tradition française héritée de la Révolution. Il traduit un pilotage sectoriel (il y en bien d'autres, au demeurant) par une institution - l'Agence régionale de santé - qui n'entre pas, a priori, dans le système institutionnel classique, historique, fortement implanté, de gestion des « territoires » : celui des collectivités territoriales et du rapport qu'elles entretiennent avec le représentant de l'Etat, le préfet.

L'ARH était déjà un objet de méfiance en ce qu'elle dépossédait les acteurs locaux traditionnels de leur influence. L'ARS est, en tant qu'animatrice d'un réseau territorial spécifique, un sujet d'inquiétude. Il est significatif, à cet égard, que la vive contestation des ARS pour leur gestion de la pandémie du SARS-CoV-2 s'accompagne d'une revendication de leur contrôle et de leur « départementalisation » par un certain nombre d'élus locaux influents. Il faut aussi observer que les « territoires de santé » définis par les ARS s'affranchissent finalement peu des découpages institutionnels classiques (départements, notamment), ce qui montre la difficulté de construire des schémas fonctionnels qui ignoreraient la géographie imposée par les centres de décision politiques locaux.

Chapitre I
L'Agence régionale de santé au cœur des interrogations sur la place et le rôle de l'Etat

I. Le sens et la portée de la création de l'ARS

La création des Agences régionales de l'hospitalisation (ARH) a été la première manifestation d'une volonté de l'Etat de réguler le secteur hospitalier. Rompant avec le schéma classique du service déconcentré placé sous l'autorité préfectorale, la nouvelle institution était constituée en groupement d'intérêt public associant l'Etat et l'Assurance maladie. Sa mission de pilotage et de restructuration du secteur de l'hospitalisation publique et privée était bien engagée dans certaines régions. Elle a tourné court, une nouvelle majorité politique ayant décidé de replacer les ARH dans une logique de forte centralisation et de retrait à l'égard de ce projet de restructuration.

Par ailleurs, une série de réformes accentuait en quelques années l'éclatement du pilotage du système de santé. Parallèlement à la création des ARH, une ordonnance de 1996 instituait les « unions régionales des caisses d'assurance maladie » (URCAM), chargées de gérer les rapports avec les professions libérales de santé. L'autorité préfectorale conservait le contrôle du secteur médicosocial ainsi que les attributions de prévention sanitaire.[1236] La loi de santé publique de 2004 a ensuite créé le « groupement régional de santé publique » (GRSP), réunissant sous la présidence du préfet de région, les différents organismes et collectivités disposant de compétences en matière de promotion de la santé et de prévention, dont l'ARH et l'URCAM. Elle a aussi institué une « Mission régionale de santé » (MRS) associant l'ARH et l'URCAM pour coordonner les financements des réseaux « ville-hôpital », gérés par les ARH, et des réseaux de médecine de ville gérés par l'URCAM...

En substituant l'Agence régionale de santé (ARS) à toutes les structures précitées la loi « Hôpital, patients, santé et territoires » de 2009 [1237]n'a pas opéré seulement une simplification de la structure administrative, elle a entendu promouvoir *une approche globale de la santé* et favoriser une possibilité d'arbitrage entre les différentes fonctions du système de santé. La

---

[1236] Attributions exercées par les DDASS et DRASS.

[1237] La loi HPST n°2009 du 21 juillet 2009 (J.O du 22.07.2009 supprime l'ARH, l'URCAM, le GRSP, la MRS, les DRASS et DDASS, auparavant partiellement mises à disposition des ARH, et placées sous l'autorité du préfet de région ou de département. Elle recentre les Caisses régionales d'Assurance Maladie, sur les régimes vieillesse, accidents du travail et maladies professionnelles.

nouvelle institution recevait un statut censé lui accorder l'autonomie et lui permettre de définir des priorités d'action selon les données de la situation sanitaire des territoires de son ressort.[1238]

Sa création a été souhaitée dès la formation de l'ARH par un large éventail de responsables publics, qu'ils soient élus ou experts. Elle avait d'ailleurs été préconisée dès le début des années 90 dans un rapport de référence.[1239] Un certain nombre de juristes ne cachent cependant pas leur perplexité devant ce nouvel objet de gestion « territorialisée » de la santé qu'est l'ARS. Beaucoup doutent de l'autonomie que lui confère, en principe, son statut d'établissement public. L'ARS a pour mission essentielle d'adapter la politique nationale aux problématiques sanitaires locales, ce qui nécessite un certain degré d'autonomie d'action. Si la nouvelle institution voit cette capacité d'adaptation entravée par une recentralisation, ses buts fondamentaux ne peuvent être atteints. C'est bien le sens de son érection en établissement public plutôt qu'en service déconcentré. Et si l'expérience montre la persistance de la tentation centralisatrice des administrations centrales, ce n'est pas tant l'outil ARS qui est en cause que la culture du niveau central de l'Etat.

Le plus problématique pour l'ARS est l'écart entre la mission qui lui est confiée et les compétences qui lui sont reconnues. Si elle reprend, avec la planification des structures d'hospitalisation, l'important levier d'action dont disposait l'ARH, elle ne dispose pas de levier comparable avec la médecine libérale. L'orientation de santé publique que pouvait signifier sa création ne s'est pas accompagnée de moyens d'investissement à la hauteur des enjeux. Le cloisonnement entre institutions sanitaires, sociales et médicosociales perdure, continuant à rendre difficile le « parcours de soins coordonnés ». D'une manière générale, la quasi-absence de fongibilité entre les différentes enveloppes de la LFSS est un facteur de rigidité du système de santé que l'ARS ne peut corriger qu'à la marge.

En dépit de ces limites sérieuses, l'ARS peut-elle se réduire à un avatar technocratique, exprimant l'idéologie néo-libérale dominante comme tend à l'affirmer le courant de la sociologie critique ? Notre expérience nous conduit à penser que de nombreux écrits sur le sujet méconnaissent la culture de santé publique qui a apporté sa contribution à ce projet et les stratégies

---

[1238] Dès 2000, l'ancien ministre C. Evin prônait l'ARS (revue Hospitalisation nouvelle n°280, août-septembre 2000). Plusieurs rapports préparant la réforme de la loi HPST préconisaient sa création : rapport Larcher (commission de concertation relative aux missions de l'hôpital) du 14.12.2017, rapport d'information n°697 de la commission des affaires culturelles, familiales et sociales de l'Assemblée nationale présenté par Yves Bur (8.2.2008), rapport Ritter au Ministre de la Santé (30.1. 2008).

[1239] « Rapport « Santé 2010 » par le Groupe de prospective du système de santé présidé par Raymond Soubie. Commissariat général au Plan. La Documentation française. Paris 1993.

développées par les acteurs locaux de l'Etat. Les médecins, ingénieurs et techniciens de santé publique n'occupent certes pas une position « dominante » au sein de la sphère du pouvoir d'Etat mais elle n'est plus aussi marginale. L'ARS porte, en dépit de ses limites, un projet de santé publique qui peut mettre l'expertise au service de l'expression démocratique pour peu que les moyens lui en soient donnés.

La gestion de la pandémie du SARS-CoV-2 a néanmoins rouvert le débat sur la décentralisation de la gestion territoriale du système de santé. C'est une option qui mérite réflexion. Elle a été réalisée dans les pays scandinaves (pays à système national de santé) au début des années 90. Mais il est difficile de reproduire sans examen approfondi des modèles élaborés par des pays dont la culture diffère très sensiblement de la nôtre.

Le Gouvernement entend répondre aux attentes des organisations d'élus territoriaux par plusieurs dispositions contenues dans le projet de loi dit « 3 DS », soumis au vote du Parlement (automne 2021)[1240]. Il maintient l'ARS mais établit un nouvel équilibre des pouvoirs en son sein, plus favorable aux collectivités territoriales. En prévoyant de transformer le conseil de surveillance de l'ARS en conseil d'administration comprenant un tiers de représentants des collectivités territoriales et en permettant à ces dernières de financer les investissements en santé, d'une part, de recruter des personnels médicaux et paramédicaux, d'autre part, le projet de loi leur accorde un pouvoir accru (du moins si elles consentent à financer, non seulement des investissements mais les coûts de fonctionnement induits par les personnels qu'elles recruteraient, ce qui peut vite s'avérer très lourd pour elles). La réforme crée, en tout état de cause, un nouvel équilibre des pouvoirs au sein de l'ARS. La mission du directeur général de l'ARS était d'exercer l'autorité enfin capable de rendre un arbitrage entre les intérêts contradictoires des institutions et professions du système de santé. Guère plus de dix ans après son institution - ce qui est peu au regard de l'ampleur de la tâche et des limites qui lui sont imposées- elle se trouve remise en cause. Il y a tout lieu de penser, en effet, que le responsable de l'ARS sera demain placé « ente le marteau de la centralisation et l'enclume des collectivités territoriales ». Il n'est pas certain que le citoyen cotisant et contribuable y gagne.[1241]

Evoquant cette évolution, Frédéric Pierru la qualifie de « stratégie d'évitement des blâmes politiques ». C'est, comme il le souligne, le retour à

[1240] Projet de loi relatif à « la différenciation, la décentralisation, la déconcentration et portant diverses mesures de simplification de l'action publique ».

[1241] Le projet de loi 4 D et la santé. Institut Sapiens (C. Pamier, JL Davet, V. Diebolt, J. Guéniau, G. Johanet, G. Vallancien). 19.4.2021 (devenu « 3DS ».

la « régulation croisée » préfectorale et électorale.[1242]La crise sanitaire a vu la reconstitution du tandem élu local-préfet bien analysée, en effet, par la sociologie de l'administration. On voit aussi qu'une certaine « départementalisation » des ARS est souhaitée par un certain nombre de grands élus territoriaux. Le renforcement du rôle des délégations territoriales des ARS est certainement souhaitable s'il facilite le dialogue quotidien et la prise de décisions, non stratégiques, de gestion courante. Mais il ne doit pas aboutir à la reconstitution d'une gestion des arrangements préservant le localisme hospitalier, qui s'est traduite par une coûteuse paralysie de notre système de soins hospitaliers.

Le projet de loi prévoit la possibilité qu'un dixième des électeurs d'une collectivité puisse, par pétition, obtenir l'organisation d'une consultation citoyenne. L'idée apparaîtra comme un progrès démocratique. Est-ce si sûr ? Par expérience, nous savons que la pétition est, le plus souvent, un instrument de protestation plutôt qu'un outil de construction. Pour que des initiatives référendaires ne soient pas instrumentalisées par des intérêts sans rapport avec le problème soulevé, pour qu'une décision référendaire produise une rationalité en rapport avec le sujet traité il faut que les citoyens soient éclairés. En l'occurrence, on ne peut faire l'économie de l'expertise en santé publique, seule à même d'informer sur les réalités sanitaires et sociales et sur les actions susceptibles de les traiter sans qu'interfèrent d'emblée des intérêts d'un autre ordre.

La question qui se pose est celle des procédures capables de garantir des choix. Nous y reviendrons dans les prochains développements à propos des dispositions, encore manifestement méconnues de la loi, relatives au territoire de « démocratie sanitaire », au projet régional et aux projets locaux de santé. Fondamentalement, le projet d'une gestion démocratique de la santé ne peut produire une rationalité sanitaire que si la décision est éclairée par l'analyse des réalités épidémiologiques et sociales. Si les besoins à satisfaire sont essentiellement des besoins en santé mentale, des services médico-sociaux d'aide à domicile, des reconversions d'établissements de santé de nature à mieux répondre aux besoins réels, cela doit pouvoir être débattu de manière approfondie. Les procédures référendaires simplificatrices le permettraient-elles ?

II. Les missions et les compétences de l'Agence régionale de santé (ARS)

L'ARS a pour mission de « définir et mettre en œuvre un ensemble coordonné de programmes et d'actions concourant à la réalisation, à

[1242] F. Pierru « ARS, mission impossible », Revue française d'administration publique n°174 « L'administration hospitalière ; réformes permanentes et crises sans fin ». Décembre 2020.

l'échelon régional et infrarégional des objectifs de la politique et de la stratégie nationale de santé, des principes de l'action sociale et médico-sociale, des principes fondamentaux de la Sécurité Sociale ».

Elle « contribue au respect de l'objectif national de dépenses de l'Assurance Maladie ».[1243]L'exercice exige des procédures de coopération et de coordination avec les collectivités territoriales décentralisées, les caisses d'assurance maladie, un certain nombre d'administrations et l'autorité préfectorale.

On peut classer les missions de l'ARS en cinq grandes catégories : les missions de santé publique (observation, promotion de la santé), les missions de régulation (système des soins de santé, protection sanitaire), les missions d'allocation des ressources, les missions de contrôle et la mission de gestion du risque maladie.

1. Les missions de santé publique : des moyens limités pour un éventail très large d'obligations

Elles englobent l'organisation de l'observation de la santé, de la veille sanitaire, du contrôle des règles d'hygiène, les actions de promotion, d'information, d'éducation et de prévention en santé.

A. La fonction d'observation de l'état de santé dans la région.

L'ARS peut conclure avec l'observatoire régional de la santé (ORS) un contrat d'objectifs et de moyens (CPOM) dans le but de développer les études épidémiologiques nécessaires à l'accomplissement de sa mission, notamment pour l'élaboration du projet régional de santé (PRS). L'ORS exploite les données existantes, les valide et les analyse mais poursuit également des recherches ciblées sur des problématiques régionales spécifiques. L'ARS peut recourir à des sources complémentaires d'information et d'analyse (notamment hospitalières). Mais, si l'on excepte l'accès aux données sanitaires de base, de quels crédits dispose l'agence pour effectuer des études épidémiologiques fines *à un niveau local ou au niveau d'une population spécifique* pour mieux cerner les déterminants socio-sanitaires d'un contexte pathologique ? Depuis quelques années, elle gère les crédits d'un Fonds d'intervention régional mais ceux-ci demeurent limités au regard des besoins.

[1243] Art. L.1431-1 CSP

B. La mission de veille sanitaire

Cette mission consiste à recueillir, transmettre et traiter le signalement des « évènements sanitaires » nécessitant une réponse locale ou nationale spécifique en raison de leur caractère exceptionnel (accident grave dans l'industrie ou les transports, pollution, épidémie). La fonction de veille et d'alerte sanitaire de l'ARS repose sur le pilotage de réseaux d'alerte épidémiologique coordonnés par une cellule spécialisée (voir partie II, Titre I, chapitre II).

Dès lors qu'une situation de crise sanitaire impose une « réponse sanitaire d'urgence » l'autonomie de l'ARS est suspendue : elle est placée sous l'autorité préfectorale compétente pour prendre toutes mesures d'ordre public, tout en restant sous l'autorité fonctionnelle de son directeur pour l'exécution des plans de gestion de crise. Cette mise à disposition est renforcée, si nécessaire, par l'exercice des attributions du préfet responsable d'une « zone de défense ». Dans chaque département, le préfet et le directeur général de l'ARS établissement un protocole fixant très précisément les modalités d'intervention de l'ARS « pour préparer et mettre en œuvre les décisions relevant de la compétence du préfet ».[1244]

C. La mission de contrôle de l'hygiène.

Elle s'applique aux règles générales d'hygiène et à toutes mesures propres à préserver la santé humaine : prévention des maladies transmissibles, salubrité des habitations, des agglomérations et de tous les milieux de vie. L'ARS a notamment un pouvoir de contrôle de l'état d'insalubrité des immeubles d'habitation et est habilitée à proposer les mesures (réparations ou démolition) au conseil départemental de l'environnement et des risques sanitaires et technologique (CODERST).[1245]Elle exerce une mission d'alerte particulièrement importante en veillant à la qualité sanitaire de l'eau (eau destinée à l'alimentation, eaux de baignade), traitement, élimination et utilisation des eaux usées. Elle contrôle également la préparation, distribution, transport et conservation des denrées alimentaires, [1246] l'état de

---

[1244] Art.R.1435-2 à 5 CSP.

[1245] Les lois de décentralisation de 1982-83 ont eu pour effet la disparition du règlement sanitaire départemental. Toutefois, la jurisprudence a considéré qu'en l'absence des décrets en Conseil d'Etat prévus pour l'application de l'art. L.1311-1 CSP, les textes antérieurs, dont les règlements sanitaires départementaux, demeuraient applicables (Crim.15.11.1990, n°90-80.147. Crim 28.6.2005, n°05-80.551. CAA Lyon, 11.5.1999, n°98LYO1435. Le comité départemental d'hygiène a disparu en 2006. Il a été remplacé par le CODERST par l'ordonnance n°2010-177 du 23.2.2010.

[1246] En vertu de l'art. L.1311-1 CSP précise que les missions de l'ARS s'exercent dans le respect des législations spéciales (dont le contrôle peut relever d'administrations spécialisées) et des pouvoirs de police sanitaire des maires.

la pollution atmosphérique, la gestion sanitaire des déchets, le respect des normes de protection contre le bruit, la plombémie, les installations comportant de l'amiante.

Le directeur général de l'ARS peut saisir l'autorité préfectorale s'il estime, au terme d'un contrôle sanitaire, qu'il est nécessaire de prendre un arrêté enjoignant à une autorité ou un particulier de prendre des mesures garantissant la sécurité sanitaire des milieux physiques précités ou de prendre un arrêté de retrait d'autorisation d'exploitation. Le pouvoir de police sanitaire appartient en effet en matière de santé environnementale au préfet de département ou au maire, le préfet pouvant se substituer au maire en cas de carence de ce dernier après mise en demeure d'agir.[1247]

Un texte récent prévoit l'établissement dans chaque région d'un « centre régional de pathologies professionnelles et environnementales » chargé de la prévention, du diagnostic et de la prise en charge des affections qui leur sont liées, de l'appui aux professionnels de santé concernés, de l'animation de réseaux de professionnels de santé au travail, de l'enseignement et la recherche dans ce domaine.[1248]Le directeur général de l'ARS désigne un établissement public de santé compétent pour accueillir un tel centre. Il établit, conjointement avec le directeur régional des entreprises, de la concurrence, de la consommation, du travail et de l'emploi et le responsable du centre un programme annuel de travail. Une convention entre l'agence, le centre et l'établissement d'accueil définit ses modalités de fonctionnement.

Ce large ensemble de missions est réparti entre plusieurs administrations. L'ARS, qui dispose d'un corps d'ingénieurs, médecins et techniciens spécialisés, en exerce une part essentielle mais ne dispose, à l'évidence, pas de moyens suffisants au regard de l'ampleur des missions précitées. Le directeur général de l'Agence arrête, dans le cadre du PRS, les objectifs du plan national de prévention des risques pour la santé liés à l'environnement qu'il adapte à la situation spécifique de la région. Ce plan quinquennal repose sur un ensemble d'actions et de recommandations fondées sur une approche prospective et qualitative. Mais, quelle que soit l'importance de ces

---

[1247] Le maire dispose d'un pouvoir de police général en matière de « sûreté, sécurité et salubrité publiques » au sein de sa commune. Mais le préfet dispose d'un pouvoir de police spéciale dans plusieurs domaines touchant au pouvoir du maire. C'est le cas, en particulier, en matière d'habitat insalubre (art. L.1331-26 CSP). La jurisprudence a eu à se prononcer à plusieurs reprises sur la délimitation des compétences préfectorales et municipales (CAA Nantes, 4.5.2010, n°NTO1153. CE 21.2.1947, n°77.165 A ; n°74.059 et 76.589 A. CE 10.3.1954 n°4 853 A. Il ressort de l'arrêt CAA Nancy, 6.5.2013, n°12NCO1517 que le maire ne peut par lui-même prononcer l'interdiction temporaire d'habitation d'un logement insalubre que s'il établit l'existence d'un *danger immédiat.*

[1248] Décret n°2019-1233 du 26.11.2019, art 1er (art. 1339-1 à 4 CSP).

attributions, il n'échappera pas à leur lecture que le pouvoir de l'ARS est plus un pouvoir de contrôle et de proposition qu'un pouvoir de décision.

D. La promotion de la santé et la prévention en santé

L'ARS définit et finance les actions de promotion de la santé, d'information et d'éducation à la santé, de prévention des maladies, des handicaps et de la perte d'autonomie « en veillant à leur évaluation ». Le directeur général de l'Agence arrête, dans le cadre du PRS, les priorités dans ce domaine après avoir recueilli l'avis de la commission de prévention et de la promotion de la santé qui est l'une des trois commissions exerçant au sein de l'ARS un rôle de coordination des acteurs de la politique de santé.

L'ensemble de ces missions représente environ 13% des effectifs d'une ARS.[1249]On retrouve ici le paradoxe constant de l'action publique dans le domaine de la santé. Les missions de veille, de sécurité sanitaire relèvent de la fonction « régalienne » de l'Etat mais n'en ont pas moins été soumises à la politique de réduction des effectifs de la fonction publique d'Etat dans le cadre de la politique dite de « révision générale des politiques publiques » à partir de 2007.

2. La régulation, l'orientation et l'organisation de l'offre de services de santé

La mission de l'ARS est large : réguler, orienter et organiser l'offre des services de santé destinée à répondre aux besoins en matière de prévention, de soins et de services médico-sociaux et garantir l'efficacité du système de santé.[1250]Son directeur général a le pouvoir d'arrêter le projet régional de santé (PRS) et le schéma régional de santé (SRS). De ces documents réglementaires découle un ensemble de pouvoirs importants qui en sont la déclinaison logique. Le premier est le pouvoir d'autorisation des activités de soins. Le second est le pouvoir de conclure des contrats d'objectifs et de moyens avec les acteurs du système de santé en vue d'orienter leur action selon les priorités définies par la stratégie régionale de santé.

Aussi importants soient-ils, les pouvoirs de l'ARS comportent des limites sérieuses dans sa mission de régulation de l'offre de soins. La première limite est que le schéma régional de santé n'est pas juridiquement opposable aux professions de santé libérales. Comment, dès lors, organiser, selon les termes de la loi, « une répartition territoriale de l'offre de soins qui permette de satisfaire les besoins de santé de la population » ? Celle-ci se borne à

[1249] Rapport « La mise en œuvre par les ARS des politiques de santé environnementale ». B. Bugnet, A. Burstin, B. Dermie, D. Louis. Inspection générale des affaires sociales. Déc. 2011
[1250] Art.L.1431-2 CSP.

prescrire à l'ARS une mission de « contribution » à la mise en œuvre d'un service unique d'aide à l'installation des professionnels de santé qui ne peut faire illusion. La méthode incitative n'est pas parvenue à corriger la répartition déséquilibrée des professionnels de santé.

Le pouvoir de l'ARS est également limité dans un domaine important : celui de la détermination du nombre et de la répartition par spécialité, des étudiants en santé. La loi prévoit qu'elle « contribue à évaluer et à promouvoir les formations des professionnels de santé ». Elle participe *« en lien avec les universités et les collectivités territoriales »* à l'analyse des besoins et de l'offre en matière de formation pour les professionnels des secteurs sanitaire et médico-social. Elle se prononce sur la détermination *par* les universités des objectifs pluriannuels d'admission en première année du deuxième cycle des études de médecine, pharmacie, odontologie et maïeutique. L'enjeu principal est la détermination du nombre, par spécialité, des internes puisque c'est autour de chaque médecin que se structure le système des soins de santé. En pratique, ces choix sont largement déterminés par les universités. Le pouvoir d'influence des associations d'internes s'y exerce particulièrement. La formation des auxiliaires médicaux implique, quant à elle, une concertation entre l'ARS et la collectivité régionale. Elle est financée par les collectivités régionales au titre de leur compétence en matière de formation professionnelle tandis que le ministère de la Santé définit son contenu.

Une troisième limite réside dans la complexité de la répartition des compétences entre l'Agence régionale de santé et les départements principalement, les préfets secondairement, dans trois domaines : la planification, le pouvoir d'autorisation des activités, la tarification des activités médicosociales (voir chapitre IV).[1251]

Une quatrième limite (ou complexité supplémentaire) risque d'apparaître avec le projet de loi « 3 DS » précité qui prévoit que le conseil départemental pourra « promouvoir (…) l'accès aux soins de proximité sur le territoire départemental, dans le respect des compétences de l'Etat, dans le respect de l'intégrité, de l'autonomie et des attributions des régions et des communes ». Progrès dans la décentralisation ou pas de plus vers la confusion ? Cela laisse songeur quant au projet affiché de « dé-complexification » affiché par la loi.

[1251] Ainsi des institutions à vocation principalement sanitaire (centres d'action médico-sociale précoce, centres d'accompagnement et de prévention en addictologie, par exemple) sont considérées comme établissements ou services sociaux ou médico-sociaux cependant que les établissements et services d'aide par le travail, initialement « sociaux » sont désormais pris en charge par l'Assurance Maladie…

3. L'allocation des ressources aux établissements et services sanitaires et médico-sociaux

L'introduction de la tarification à l'activité a restreint le champ de la négociation entre l'ARS et les établissements de santé puisqu'il s'agit d'une tarification nationale. Néanmoins, nous verrons que le CPOM que le directeur général de l'ARS signe avec chaque établissement constitue un outil important pour l'allocation des ressources. Par ailleurs, 25 à 30% des ressources des établissements (publics, essentiellement) sont constituées de dotations d'intérêt général allouées sur des critères qui impliquent un dialogue budgétaire. Enfin, l'ARS dispose d'un Fonds régional d'intervention (FIR) qui finance des projets, éventuellement des structures, selon un éventail large : promotion et prévention sanitaire, organisation du parcours de santé coordonné, qualité et sécurité des soins, permanence des soins, répartition des professionnels et des structures de santé sur le territoire, efficience des structures sanitaires et médico-sociales.[1252]Mais, là encore, l'écart entre les intentions et la réalité est grand : alors que le FIR pourrait être un outil déterminant pour une prise en compte des besoins territoriaux (et un objet réel de démocratie sanitaire), la dotation nationale qui lui est consacrée ne représente qu'environ 0,5 % des dépenses de l'Assurance Maladie.

En règle générale, les crédits alloués aux ARS leur imposent d'affecter ceux-ci aux catégories d'établissements et services ou aux programmes d'action pour lesquels ils ont été prévus. Mais en cas de conversion d'activités relevant du secteur « sanitaire » en activités médico-sociales, les crédits de l'Assurance Maladie ainsi dégagés pourront être affectés à ces dernières.[1253]Cette règle de « fongibilité » limitée des enveloppes constituant l'ONDAM est destinée à faciliter la reconversion d'un certain nombre de services hospitaliers en services médico-sociaux, le secteur médico-social ayant d'importants besoins non satisfaits.

4. Le pouvoir de contrôle

L'ARS dispose d'un pouvoir de contrôle de l'application des lois et règlements de santé publique par les établissements et services sanitaires et médico-sociaux. Il est exercé, à l'initiative du directeur général de l'agence,

---

1252 Loi n°2014-1554 du 21 décembre 2014. Art. L.1435-8 à 10 CSP. La dotation globale des FIR, fixée annuellement par arrêté interministériel, évolue en fonction de l'ONDAM. Elle provient à 90% de l'Assurance maladie, le reste étant alloué par la CSNA et l'Etat. Sa répartition entre les régions est fixée annuellement par arrêté interministériel après avis du Conseil national de pilotage des ARS. Depuis 2016, les crédits délégués au titre du FIR à chaque ARS sont une ressource de leur budget (budget annexe).

1253 Art.L.1434-8 CSP

par les pharmaciens et médecins inspecteurs de santé publique, les inspecteurs de l'action sanitaire et sociale, les ingénieurs du génie sanitaire et les ingénieurs d'études et techniciens sanitaires. Le directeur général de l'ARS peut adjoindre, en raison de sa qualification spécifique, un expert à une mission de contrôle (par exemple un professeur hospitalo-universitaire). Il peut, pour assurer des missions de contrôle du recueil des indicateurs de qualité et de sécurité des soins, associer aux inspecteurs précités des médecins et pharmaciens-conseils des organismes d'assurance maladie, des médecins choisis parmi les experts de la Haute Autorité de santé.[1254]

Les établissements et services sanitaires et médico-sociaux sont tenus de transmettre à l'ARS « les informations relatives à leur fonctionnement, à leur activité, à leurs données sanitaires, démographiques et sociales nécessaires à l'élaboration du PRS, à la détermination de leurs ressources, à l'évaluation de la qualité des soins et à la vigilance sanitaire ainsi qu'au contrôle de leur activité de soins et de leur facturation ».[1255]En cas de non-respect de ces obligations, le directeur général de l'ARS peut prononcer une pénalité à l'encontre de l'établissement (pouvant aller jusqu'à 5% du montant de ses recettes annuelles tirées de l'Assurance Maladie).

Nous verrons que le directeur général de l'ARS dispose du pouvoir de vérifier que l'établissement ou le service dont il a autorisé les activités en respecte les conditions. Il peut, au terme d'une procédure contradictoire, suspendre ou retirer l'autorisation s'il n'a pas été répondu à son injonction. De même, un établissement ne respectant pas ses engagements contractuels avec l'ARS peut, après mise en demeure, se voir imposer des pénalités d'exécution ou voir son contrat dénoncé.

L'étendue de ce pouvoir ne fait pas obstacle au pouvoir général de police détenu par le préfet de département, qui peut, le cas échéant, diligenter toute enquête et prendre toute mesure d'ordre public, notamment pour garantir la sécurité et la santé des personnes hébergées.

5. Le plan national et régional pluriannuel de gestion du risque et d'efficience du système de soins

Le directeur général de l'ARS signe avec le représentant des organismes d'Assurance Maladie désigné par le directeur général de l'UNCAM une convention fixant les objectifs d'application du plan national et les objectifs régionaux de gestion du risque et de l'efficience du système de soins.[1256] Il

---

[1254] Art.L.6116-1 à 3/art.L.1421

[1255] Art.L.6113-8 CSP

[1256] La mission de gestion du risque est confiée à l'Union nationale des caisses d'Assurance Maladie par l'article L.182-2-1-1 du Code de Sécurité Sociale.

s'agit de contrôler et d'améliorer les modalités de recours aux soins et des pratiques des professionnels de santé.[1257]Cette mission a une particulière importance. Le terme essentiel qui la guide, c'est *l'efficience* du système de soins. Nous avons évoqué précédemment les écarts parfois très importants quant à la production d'actes médicaux ou à la prise en charge des patients selon les régions pour une même pathologie ou un même type d'acte sans raison médicale avérée. C'est cette mission visant à contrôler la pertinence des soins qui incombe à l'ARS en collaboration avec les organismes d'Assurance Maladie.

III. L'organisation et le fonctionnement de l'ARS

L'ARS est « un établissement public de l'Etat à caractère administratif » placé sous la tutelle des ministres compétents en matière de santé publique et d'assurance maladie.[1258] Elle comporte une structure centrale au niveau régional et des délégations territoriales. Initialement, la loi prévoyait la possibilité que l'ARS instaure des « délégations territoriales dans les départements ». Privilégiant une conception « fonctionnaliste », le législateur lui laissait assez d'autonomie pour apprécier, au niveau territorial, les formes que son organisation territoriale devait prendre. Depuis un décret de 2015 les délégations territoriales sont « départementales ». Cette « réintégration » des échelons déconcentrés de l'ARS correspond à la réalité du lien étroit et permanent qu'elle entretient avec le secteur de l'action sociale et médico-sociale piloté par les départements et avec les préfets de départements, notamment en ce qui concerne les questions de sécurité sanitaire. Elle illustre aussi les limites des découpages territoriaux conçus selon des critères fonctionnels au regard du découpage institutionnel des pouvoirs locaux. .[1259]

L'Agence comprend trois commissions associant à son action les différents acteurs sanitaires et sociaux, notamment les élus locaux : commission de coordination des actions de promotion de la santé, de prévention (y compris des services de protection maternelle et infantile, de santé scolaire et de santé au travail), commission de coordination des prises en charge et des accompagnements médico-sociaux, commission de l'organisation territoriale des soins.

Une loi de 2019 a institué à cette fin le principe de la concertation régulière entre le directeur général de l'ARS et les élus territoriaux :[1260]Mais le projet

---

[1257] Art.L.182-2-1-1 Code de Sécurité Sociale. Art.L.1431-2 CSP.

[1258] Art. L.1432-1 CSP

[1259] Décret n°2015-1689 du 17 décembre 2015.

[1260] Loi n°2019-774 du 24 juillet 2019. Art. L.1434-15 CSP. Afin d'assurer une bonne coordination de l'action des collectivités territoriales et des ARS, la loi prévoit au moins une réunion annuelle entre les élus et le directeur général de l'ARS. Les élus participant à cette

de loi « 3D » va plus loin en transformant le conseil de surveillance de l'Agence en un conseil d'administration intégrant davantage les élus locaux. Par ailleurs, il est constitué auprès de chaque ARS une « conférence régionale de santé et de l'autonomie », qui participe par ses avis, à la définition de ses objectifs et de ses actions.

1. Le rôle du directeur général de l'ARS

Le directeur général de l'ARS est nommé par décret du Président de la République en Conseil des ministres. Le Conseil d'Etat a estimé que, bien que responsable d'un établissement public administratif, il est, eu égard aux compétences qu'il exerce « au nom de l'Etat », une autorité soumise au pouvoir hiérarchique des ministres concernés par ses attributions, lesquels peuvent donc lui adresser leurs instructions. Il n'est en revanche pas soumis à ce pouvoir dans l'exercice de ses compétences de gestion de l'Agence, qui ne relèvent pas des missions de l'Etat.[1261]

Il s'engage à l'égard de l'Etat en signant un CPOM qui fixe les priorités d'action assignées à chaque ARS pour la mise en œuvre de la stratégie nationale de santé et des plans nationaux de santé déclinés dans le projet régional. Ce contrat comporte un volet consacré à la maîtrise des dépenses de santé qui fixe les objectifs chiffrés d'économies à réaliser. Il est conclu pour une durée de cinq ans et est révisable annuellement. Il fait l'objet d'un suivi et d'une évaluation par le Conseil national de pilotage des ARS.

Une politique nationale ne pouvant qu'établir des priorités globales, celles-ci prennent corps quotidiennement dans les choix faits dans le cadre du projet régional de santé et de la politique contractuelle conduite avec les acteurs de la santé. A cet égard, au-delà de ses compétences administratives, le directeur général de l'ARS a un rôle essentiel de concertation avec

---

concertation sont le président du conseil régional, le président du conseil départemental, les présidents des établissements publics de coopération intercommunale et au moins cinq maires désignés par l'association des maires. Les élus peuvent demander à inscrire une question à l'ordre du jour et solliciter l'organisation de réunions spécifiques lorsque les circonstances le justifient.

[1261] CE 12.12.2012 n°350479 A. Les instructions ministérielles peuvent légalement émaner du directeur général de l'offre de soins sous la forme de messages électroniques (CE 3.2.2016, n°381203 B). Le Conseil d'Etat a, en revanche, annulé une circulaire ministérielle qui entendait fixer les règles d'organisation des astreintes au sein des ARS dès lors que ces règles relevaient du pouvoir d'organisation des services appartenant au directeur de l'Agence (CE 12.12.2012, n°354635 A). Le Ministre des Affaires Sociales et de la Santé n'est en conséquence pas compétent pour régulariser une requête de l'ARS déclarée irrecevable par le juge (CAA 25.1.2013, n°12NTO1379). Mais si le directeur général de l'ARS est compétent pour ester en justice, le ministre est seul compétent pour faire appel d'un jugement annulant l'arrêté par lequel un directeur général d'ARS rejette une demande de transfert d'officine de pharmacie (CE 4.6.2014, n°367298 B).

l'ensemble des acteurs locaux et d'animation des équipes et des projets de santé publique.

Parmi les pouvoirs du directeur général de l'ARS, le plus important est celui d'arrêter le « projet régional de santé » (PRS) et le « schéma régional de santé » (SRS) qui définissent la stratégie régionale de santé et l'organisation du système de santé dans ses différentes composantes. Il doit au préalable délimiter les « territoires de démocratie sanitaire » et constituer le conseil territorial de chacun de ces territoires, tâche essentielle puisque le PRS résulte d'une double démarche, « ascendante » rassemblant les avis et propositions des conseils territoriaux et « fonctionnelle » réunissant les avis des experts. Ces décisions, de caractère règlementaire, sont d'autant plus importantes qu'elles guident celles que devra prendre le directeur général de l'Agence en matière de création, suspension, transformation, suppression d'activités de soins, d'élaboration des projets des établissements et services de soins, de contractualisation avec les acteurs du système de santé, d'allocation de ressources et d'évaluation des résultats des activités.

Il lui revient aussi, comme nous venons de le voir, d'arrêter, après concertation avec les organismes d'assurance maladie obligatoire et complémentaire, le « plan pluriannuel régional de gestion du risque et d'efficience du système de soins ».

Il a compétence pour négocier et signer les CPOM avec les établissements et services de santé en vue de réaliser des objectifs de santé prioritaires au plan régional et/ou national. Il lui revient d'arrêter et signer les contrats-types régionaux relatifs à l'installation de professionnels libéraux de santé (ou centres de santé) dans des zones sous-médicalisées.[1262] Il conclut avec les collectivités territoriales des conventions définissant les conditions de leur participation aux programmes de prévention[1263]et de vaccinations.[1264]

Il dispose du pouvoir d'autorisation des activités de soins et du pouvoir de retrait de cette autorisation, soit en raison de la non-application de clauses essentielles d'un contrat par le cocontractant, soit en raison d'une défaillance grave dans le fonctionnement d'un établissement ou service de santé, mettant en danger la santé ou la sécurité des patients.[1265] De même, est-il compétent pour décider d'autoriser une demande de création d'officine de pharmacie en lui assignant une localisation correspondant aux besoins, d'autoriser ou provoquer un regroupement d'officines, ou de refuser les demandes

[1262] Art. L.162-14-1 Code de Sécurité Sociale.
[1263] Art.L.1423-2 CSP, notamment en matière de prévention de dépistage des cancers.
[1264] Art.L.3112-2, 3111-11, 3112-3, 3121-1 CSP.
[1265] Sixième partie, livre I, titre II, chapitre 2 CSP

présentées.[1266]Détenteur d'importants pouvoirs de police sanitaire, il est soumis comme tel au pouvoir hiérarchique de l'autorité ministérielle.[1267]Certains y voient ce « préfet sanitaire » imaginé par des administrations centrales craignant toujours de perdre le contrôle de leur action en concédant trop de marge de manœuvre aux échelons locaux.[1268]

Il arrête la tarification des activités de soins et des activités médico-sociales. Il désigne la personne chargée de l'intérim des fonctions de directeur et de secrétaire général dans les établissements publics de santé.

Il arrête le budget et le compte financier de l'agence, peut recruter des agents contractuels de droit public ou privé, à durée déterminée ou indéterminée. Il peut ester en justice et représente l'agence en justice dans tous les actes de la vie civile.

Il rend compte au moins deux fois par an de son action devant le conseil de surveillance et au moins une fois par an, dans une communication publique, devant la conférence régionale de santé et de l'autonomie en l'informant des suites données à ses avis.

2. Le conseil de surveillance (dans l'attente de son remplacement par un conseil d'administration).

Le conseil de surveillance est présidé par le représentant de l'Etat dans la région. Ses membres sont nommés par arrêté ministériel. Sa composition comporte trois représentants de l'Etat dans la région, dix représentants des organismes d'assurance maladie, quatre des collectivités territoriales, trois (seulement) des associations de malades, personnes âgées et handicapées et quatre personnalités qualifiées. Le président de la conférence régionale de santé et de l'autonomie y siège avec une voix consultative. Autrement dit, la place réduite accordée à la « démocratie sanitaire » dément le discours qui voudrait l'affirmer depuis vingt ans.[1269]

Le conseil de surveillance a le double rôle de contrôle de l'action de l'ARS et de son directeur général et d'avis sur les principaux actes touchant à

[1266] Art. 5125-18 CSP.

[1267] D. Tabuteau « Les agences régionales de santé : cadre et limites juridiques d'une nouvelle autorité sanitaire ». Revue de droit sanitaire et social. n°7 Nov-déc 2017. Ed Dalloz. Paris. Egalement, C. Chauvet « La nature juridique des ARS », op cité.

[1268] J.L Vidana « Les agences régionales de santé : de l'usage du mythe du préfet sanitaire ». Revue de droit sanitaire et social n° 2, mars-avril 2012. Ed Dalloz. Paris. Ch. Rolland et F. Pierru : « les agences régionales de santé deux ans après : une autonomie de façade ». Revue de Santé Publique 2013/4 (vol.25).

[1269] Art.L.1432-3 et D.1432-15 et s CSP. Chaque représentant d'un service de l'Etat dispose de trois voix, de même que le président. Assistent aux délibérations du conseil, avec voix consultative, le directeur général et des représentants du personnel de l'agence.

l'organisation du système régional de santé : PRS et SRS, CPOM établi entre le directeur général et les ministres compétents, avis sur ses résultats. Le directeur général lui présente l'état financier annuel retraçant l'ensemble des dépenses de santé dans le ressort de l'ARS, à la charge de l'Etat et des régimes sociaux obligatoires. Il présente également un rapport sur la situation financière des établissements publics placés sous administration provisoire. Par ailleurs, le conseil de surveillance approuve le budget de fonctionnement, le budget annexe et le compte financier de l'ARS (un rejet du projet de budget requiert un vote à la majorité des 2/3).

Les délibérations du conseil de surveillance sont exécutoires 15 jours après réception par les ministres de tutelle, sauf opposition motivée de ceux-ci dans ce délai. En cas d'opposition, le président du conseil de surveillance soumet à un nouvel examen une délibération tenant compte des observations ministérielles. A défaut d'approbation par celui-ci, la délibération modifiée peut être rendue exécutoire par les ministres.

Nous avons évoqué à diverses reprises le projet de loi « 3D » qui prévoit le remplacement du conseil de surveillance par un conseil d'administration. A priori toujours présidé par le représentant de l'Etat dans la région, il comprendrait trois vice-présidents dont deux désignés par les représentants des collectivités territoriales. Ces derniers formeraient le tiers des membres de la nouvelle instance. Le projet de loi précise que « le conseil d'administration fixe les grandes orientations de la politique contractuelle de l'ARS sur proposition de son directeur général ».

3. Les délégations territoriales de l'ARS : une nécessaire et large déconcentration

L'ARH n'était qu'une structure légère de pilotage s'appuyant sur les administrations régionales et départementales de l'Etat et des organismes d'assurance maladie pour la mise en œuvre de sa stratégie. En absorbant les services concernés au sein d'un établissement public l'ARS représente un changement de dimension. Il est nécessaire, pour l'efficacité de son action, qu'elle soit largement déconcentrée au niveau local. C'est sur l'insuffisante étendue de cette délégation de responsabilité qu'a porté l'essentiel des critiques récentes. Le choix ayant été fait d'instaurer des délégations départementales, le délégué départemental doit disposer d'un mandat suffisant et précis du directeur général afin de gérer ses relations avec les responsables des dizaines, voire centaines, d'établissements, services et professions du secteur sanitaire et médico-social et avec les autorités locales, élues ou préfectorales.

Plus l'ARS s'en tiendra à ses missions stratégiques d'élaboration, de conduite et d'évaluation des projets de moyen-long terme, sans interférer dans la conduite quotidienne des affaires, mieux elle accomplira sa fonction. Les responsables des délégations départementales doivent, en revanche, participer pleinement au comité de direction présidé par le directeur général de l'ARS puisqu'ils sont les garants de la bonne circulation de l'information entre le niveau stratégique et le niveau territorial opérationnel et ceux qui peuvent porter les problématiques locales.

4. L'organisation interne de l'ARS

L'organisation interne de l'ARS peut varier puisqu'il appartient à son directeur général de l'organiser selon ses conceptions. En pratique, prévaut généralement une organisation et un mode de fonctionnement privilégiant des formes de collégialité nécessaires aux échanges d'informations et d'avis avant toute décision importante. Celle-ci est plus ou moins proche de ce qu'on appelle dans la doctrine du management une structure « matricielle » permettant le croisement des fonctions spécialisées et des fonctions territoriales. Cela se traduit habituellement par la formation de deux comités présidés par le directeur général : le comité de direction composé des délégués territoriaux et des responsables des politiques spécialisées, et le comité exécutif qui ne réunit que ces derniers autour des projets stratégiques.

5. Le régime financier de l'ARS

Le budget de fonctionnement de l'institution est arrêté en équilibre par son directeur et devient exécutoire dans les 15 jours à compter de sa réception par les autorités ministérielles. Ses ressources sont constituées essentiellement par une subvention de l'Etat, des contributions des régimes obligatoires d'Assurance maladie et de solidarité-autonomie. Elle peut bénéficier de versements volontaires des collectivités territoriales ou établissements publics. Le Fonds d'intervention régional (FIR) figure dans un budget annexé au budget de l'Agence.

6. Le personnel de l'ARS

Les personnels administratifs, médicaux et techniques de l'ARS sont les personnels des anciennes directions régionales et départementales des affaires sanitaires et sociales qui y exerçaient les missions correspondant à celles de l'Agence et ceux des personnels des organismes d'Assurance Maladie qui avaient en charge les missions reprises par la nouvelle institution. Une ARS de taille moyenne comprend environ 5 à 600 agents.

IV. Les instances de consultation et de concertation au sein de l'ARS

L'ARS comprend trois commissions importantes associant les services de l'Etat, des collectivités territoriales et les organismes de protection sociale sous la présidence du directeur général de l'ARS :

1. La commission régionale de la promotion de la santé et la prévention.

Elle est chargée d'émettre un avis et des propositions sur les priorités régionales en matière de promotion de la santé et de prévention, sur les moyens de coordination et d'évaluation des actions, sur les critères d'éligibilité des appels à projets auxquels doivent répondre les promoteurs. Elle associe à ses travaux les services de santé scolaire et universitaire et les services de santé au travail, qui n'ont pas été intégrés aux ARS.

2. La commission régionale de coordination des prises en charge et des accompagnements médico-sociaux

Son but est d'examiner les projets de schémas régionaux de santé et d'action médico-sociale, mais également des schémas départementaux d'organisation sociale et médico-sociale, de veiller à la cohérence des différentes planifications et à la complémentarité des actions et des équipements médico-sociaux au sein du système global de santé. Elle procède à l'adoption d'outils d'analyse partagés des besoins et de l'offre en services médico-sociaux et à l'évaluation du fonctionnement des dispositifs mis en place.

3. La commission régionale de coordination des actions de l'ARS et de l'Assurance Maladie

Cette instance a pour mission d'organiser la participation des organismes de l'Assurance maladie à l'action de l'ARS, de donner un avis sur le plan pluriannuel de gestion du risque et d'efficience du système de soins et sur le plan pluriannuel d'amélioration de la pertinence des soins, d'élaborer les conventions liant l'agence et les organismes pour la mise en œuvre de ces plans, de donner un avis sur les projets de convention entre l'agence et les organismes de protection complémentaire.

La loi d'organisation et de transformation du système de santé de 2019 lui permet, sous réserve de l'avis conforme d'une majorité qualifiée de leurs membres, de fusionner les trois commissions prévues au sein de l'agence en matière de coordination.

V. La conférence régionale de la santé et de l'autonomie

Nous avons évoqué précédemment (partie I, titre III, chapitre I) le rôle, la place et la composition de la conférence régionale de santé et de l'autonomie dans le processus de la « démocratie sanitaire ».

La conférence élit en assemblée plénière son président et fixe les modalités de fonctionnement de ses commissions et des groupes de travail ad hoc qu'elle peut créer. Elle comprend une commission permanente et quatre commissions spécialisées (prévention, organisation des soins, accompagnement et services médico-sociaux, droits des usagers).

Elle peut faire « toute proposition au directeur général de l'ARS sur l'élaboration, la mise en œuvre et l'évaluation de la politique de santé dans la région et sur les territoires ». [1270]Elle rend un avis sur le projet régional de santé et sur le projet de schéma régional de santé. Elle procède, en lien avec les conseils territoriaux de santé, à l'évaluation des conditions d'application des droits des usagers et de la qualité des prises en charge et des accompagnements et formule des recommandations permettant d'améliorer l'application de ces droits et la qualité des prestations dans un rapport annuel transmis au directeur général de l'ARS et à la conférence nationale de santé. Elle peut organiser un débat public sur les questions de santé de son choix. Ses avis sont rendus publics.

La conférence n'a qu'un rôle consultatif mais on conçoit mal qu'il ne puisse être tenu aucun compte de ses avis - publics - en la matière. Ses propositions annuelles relatives aux droits des usagers des services de santé ont déjà eu des débouchés concrets, notamment dans les dispositions prises dans le cadre de la LFSS.

VI. L'union régionale des professions de santé (URPS)

Cette instance réunit les représentants des professions de santé exerçant une activité libérale conventionnés avec l'Assurance Maladie. Ceux-ci sont élus sur une liste présentée par leurs organisations syndicales pour un mandat d'une durée de cinq ans.

L'URPS a pour mission de participer à l'élaboration et à la mise en œuvre du projet régional et du schéma de santé. Elle organise également l'exercice professionnel : permanence des soins ambulatoires, mise en place des nouveaux modes d'exercice tels que les communautés professionnelles territoriales de santé, éducation thérapeutique, promotion de la santé. Elle contribue enfin à la mise en œuvre du développement professionnel continu.

[1270] Art.L.1432-4 CSP.

L'URPS peut conclure un contrat d'objectifs ou de mission particulière avec le directeur général de l'ARS. Elle peut également conduire des études relevant du cadre conventionnel de l'Assurance Maladie.

Son financement est assuré par une contribution obligatoire de chaque professionnel conventionné et par des subventions ou fonds de concours finançant ses programmes d'actions.

VII. La coordination des ARS

Dans le cadre des travaux préparatoires à la loi HPST, il fut envisagé la formation d'un réseau d'ARS piloté par une agence nationale. Ce scénario ne fut pas retenu. Il ouvrait sans doute la voie à une réforme structurelle du système de santé en modifiant le rapport entre l'Etat et les régimes d'Assurance Maladie. Une agence nationale pose, en effet, la question de la place des Caisses nationales dans la gestion du système de santé. En pratique, un tel dispositif limiterait celles-ci à une structure de remboursement du soin, proche du modèle québécois de la régie de paiement. Ce serait une évolution vers un quasi-système national de santé. Cette évolution ne serait pas impensable mais ne pourrait se faire qu'à l'issue d'un débat politique relevant des choix fondamentaux de société. Une telle réforme structurelle n'était certainement pas envisageable au moment de l'adoption de la loi HPST de 2009. Le système des ARS est un système de gestion de territoires qui renvoie à la problématique politique des rapports entre l'Etat et les collectivités territoriales. Une agence nationale devrait nécessairement associer l'Etat, les collectivités territoriales et les régimes d'assurance maladie.

Le choix d'une instance de copilotage Etat-Assurance Maladie entend mettre un terme aux dysfonctionnements fréquents qui, par le passé, ont résulté de cette « dyarchie », ou système de « double commande » en quelque sorte, qui a caractérisé longtemps les relations entre les administrations centrales de l'Etat et la Caisse nationale d'Assurance Maladie. Le Conseil national de pilotage des ARS a donc été institué en vue d'assurer la coordination des directives de l'Etat et des Caisses nationales aux nouvelles institutions[1271]Il réunit, sous la présidence du ministre compétent ou de son représentant, les représentants de l'Etat, des organismes d'Assurance Maladie membres de l'UNCAM et de la CNSA. Ses travaux sont préparés par un comité permanent présidé par le secrétaire général des ministères des affaires sociales.[1272]

[1271] Art.L.1433-1 CSP

[1272] Les ministres compétents sont ceux de la santé et de l'assurance maladie, des personnes âgées et des personnes handicapées. Le Ministre du Budget assiste au conseil ainsi que, le cas

Le Conseil national de pilotage a une mission générale d'animation du réseau des ARS. Il donne aux ARS les directives pour la mise en œuvre de la politique nationale de santé sur le territoire, veille à la cohérence des politiques qu'elles ont à appliquer, notamment quant à la répartition des moyens de financement entre elles, et valide toutes les instructions qui leur sont données. Il assure le suivi et la comparaison des indicateurs de performance des ARS, la diffusion des bonnes pratiques et des outils méthodologiques de gestion de ces structures ainsi que la mutualisation de leurs moyens.

Il propose aux ministres compétents le projet de CPOM fixant les priorités d'action assignées à chaque directeur général d'ARS pour la mise en œuvre de la stratégie nationale de santé et des priorités régionales. Il évalue périodiquement les résultats de l'action des ARS et de leurs directeurs généraux sur la base du contrat auquel ils ont souscrit. Il définit le contrat-type déterminant les objectifs pluriannuels de gestion du risque et fixant les modalités de leur mise en œuvre par les plans régionaux de gestion du risque et d'efficience du système de soins.

Les directeurs généraux des ARS lui présentent le bilan annuel de leur action et les priorités qu'ils s'assignent pour l'exercice suivant. Le secrétaire général des ministères des affaires sociales les réunit périodiquement, assisté de membres du Conseil national de pilotage.

Le Conseil national de pilotage des ARS détermine les orientations du fonds régional d'intervention et veille à ce que la répartition entre les ARS des financements qui leur sont attribués prenne en compte l'objectif de réduction des inégalités.

échéant, celui de la Défense. Les membres sont les directeurs du Ministère de la santé et ceux des organismes d'AM et de la CNSA.

Chapitre II
Le projet régional de santé, expression des « territoires de démocratie sanitaire »

Le « projet régional de santé » (PRS) structure le territoire régional en trois niveaux fonctionnels de recours aux soins, le premier étant celui des services de santé primaire (promotion et prévention sanitaire, soins généralistes), les deux autres étant définis par une spécialisation croissante. Le schéma d'organisation et de répartition des activités spécialisées détermine leur répartition en second et troisième niveau selon des critères de flux de patients et de volume d'activité d'une part, de complexité croissante des modes de prise en charge d'autre part. Les spécialités sont régulées selon le concept de « masse critique » en deçà de laquelle une activité ne peut être assurée selon les standards de qualité et de sécurité fixés par consensus d'experts. Des services hautement spécialisés, exigeant un niveau élevé de qualification, traitant un nombre limité de cas, ne se conçoivent que pour des territoires de la taille d'une région, voire d'une inter-région. Cette organisation fonctionne selon le principe de subsidiarité, ce qui implique un degré important de coopération entre les acteurs des différents niveaux qui la constituent.

En application des lois de 2016 et de 2019 relatives au système de santé, la « stratégie nationale de santé 2018-2022 » fonde sur le *« territoire de démocratie sanitaire »* et le *« niveau de premier recours en soins de santé »* une organisation qui, moins centrée sur l'hôpital, se rapproche - prudemment - des modèles d'organisation préconisés par l'OMS et mis en œuvre par les pays qui ont privilégié avec des résultats intéressants leur effort sur les structures de santé primaire, la promotion de la santé et la prévention, d'une part, la participation de la population à la gestion du système de santé, d'autre part.

I. Les « territoires de démocratie sanitaire »

La loi précise que le directeur général de l'ARS délimite les territoires de démocratie sanitaire à l'échelle infrarégionale et les zones donnant lieu à la répartition des activités et équipements de soins.[1273] Les dispositions qui explicitent le fonctionnement des territoires de démocratie sanitaire esquissent un schéma d'organisation ascendante : le niveau local est celui d'où partent les propositions qui remontent au niveau régional et contribuent à l'élaboration du projet régional. Ce schéma est confirmé par la place - encore restreinte - faite aux délégués des conseils territoriaux de santé au sein de la conférence régionale de santé et de l'autonomie.

[1273] Art. L.1434-9 CSP

Trois instruments donnent consistance à la notion de « territoire de démocratie sanitaire » : le conseil territorial de santé, le diagnostic partagé de la situation sanitaire du territoire et le projet territorial de santé.

II. Le conseil territorial de santé

Le législateur instaure une responsabilité collective des acteurs de chaque territoire de santé dans « l'amélioration de la santé de la population » et « la prise en charge optimale des patients ». Instaure-t-il pour autant une forme de « démocratie sanitaire » ?

Un « conseil territorial de santé » est constitué par le directeur général de l'ARS sur chacun des territoires de santé. Il est composé des députés et sénateurs élus dans le ressort du territoire concerné, des élus des collectivités territoriales, des services départementaux de protection maternelle et infantile et des représentants des différentes professions et services sanitaires et médico-sociaux. Outre que, comme dans toutes les instances de ce type, il n'est pas prévu de mandat électif (ses membres sont, sauf les élus locaux ou nationaux, nommés par arrêté du directeur général de l'ARS sur proposition de leurs organisations), la place accordée aux usagers des services de santé est nettement minoritaire.[1274] Suffit-il que la loi précise que le conseil doit veiller à conserver « la spécificité des dispositions et des démarches locales de santé fondées sur la participation des habitants » et organiser une formation réservée à l'expression des usagers des services de santé, « en intégrant celle des personnes en situation de pauvreté et de précarité » ? Du moins la loi prévoit-elle que le conseil comporte - reconnaissance de l'importance et de la complexité du problème - une commission spécialisée en santé mentale.

Ce qui est plus intéressant est que la première mission de ce conseil est de participer à la réalisation du « diagnostic territorial partagé ». Elle doit s'appuyer sur les projets des « équipes de soins primaires » (ESP) et des « communautés professionnelles territoriales de santé » (CPTS) ainsi que sur les projets médicaux partagés des « groupements hospitaliers de territoire » (GHT), les contrats locaux de santé, les projets médicaux des établissements de santé privés et les projets d'établissement des établissements et services médico-sociaux ». Ce qui est novateur c'est l'introduction des formes nouvelles d'action collective que sont les ESP, les CPTS, les GHT et les contrats locaux de santé. C'est sur ces nouvelles institutions ou formes de contrats collectifs que repose le pari de l'évolution structurelle du système de santé à sa base. Le rôle du conseil territorial est donc de favoriser leur création et leur fonctionnement coordonné. Sa

[1274] Art.R.1434-33 CSP.

seconde mission est de contribuer à l'élaboration du projet régional de santé, à sa mise en œuvre, à son suivi et à son évaluation. Il doit porter une attention particulière à l'organisation du parcours de santé, aux problèmes des quartiers urbains prioritaires de la politique de la ville, aux zones rurales à revitaliser, aux projets de prise en charge sans hébergement, qui sont au cœur des problématiques de santé publique.

III. Le « diagnostic partagé » de la situation sanitaire du territoire

Le diagnostic territorial partagé a pour objet « d'identifier les besoins sanitaires, sociaux et médico-sociaux de la population ». Il nécessite une analyse des données épidémiologiques, géographiques, socio-économiques, de l'incidence des différentes pathologies et de leurs déterminants, des conditions de leur réduction Il comprend également une analyse de l'organisation sanitaire, de ses éventuelles insuffisances en matière d'offre de services (notamment en soins palliatifs et en soins ambulatoires), d'accessibilité, de coordination et de continuité des services sanitaires sociaux et médico-sociaux. Le conseil territorial de santé élabore, en s'appuyant sur les travaux des conseils locaux, le diagnostic de la situation sanitaire de son territoire avec le concours des différents acteurs de la santé. Considérant l'importance des pathologies psychiques, la loi prescrit un examen spécifique des travaux des conseils locaux de santé mentale. L'attention portée à la qualité du diagnostic et à l'importance d'un *diagnostic partagé par l'ensemble des acteurs* illustre l'influence tardive mais significative, des modèles de gestion des systèmes de santé inspirés des travaux de l'OMS. Elle est essentielle : un diagnostic partagé fait souvent la moitié du chemin et surtout conforte les solutions par la légitimité du consensus. Est relativement nouvelle également la réintégration de la *dimension sociale* dans un système longtemps conçu selon une étroite acception médicale.

1. Le projet territorial de santé (PTS)

Le PTS définit le territoire pertinent pour l'organisation de l'accès à la prévention, aux soins de proximité, aux soins non programmés et aux soins spécialisés.[1275] Il décrit les modalités d'amélioration de la coordination des parcours de soins et de la coopération interprofessionnelle.

La mise en œuvre du PTS peut faire l'objet de *contrats locaux de santé* conclus entre l'ARS et les collectivités territoriales, ayant pour objet la promotion de la santé, la prévention, les politiques de soins et d'accompagnement médico-social et social. Un PTS peut être élaboré et mis

[1275] Les hôpitaux et services de santé des armées peuvent participer à l'élaboration et à la mise en œuvre des projets territoriaux de santé (art. L.1434-10 CSP).

en œuvre par des CPTS, des établissements et services de santé, sociaux et médico-sociaux. Il peut être initié par au moins une CPTS dont le projet de santé a été validé avec le concours de l'URPS et un établissement ou service de santé, social ou médico-social.

Le PTS est soumis à l'approbation du directeur général de l'ARS, qui se prononce au regard des objectifs du PRS et de la pertinence des données de son territoire, après avis du conseil territorial de santé. S'agissant d'un projet de santé mentale, le diagnostic et le projet lui-même sont arrêtés par le directeur général de l'ARS après avis des conseils locaux de santé et du conseil territorial de santé. Les PTS font l'objet d'une évaluation par le conseil territorial de santé.

2. L'échec du projet de service public territorial de santé : quelles conséquences ?

La formation des « territoires de démocratie sanitaire », la possibilité de créer des CPTS et, plus encore, *d'élaborer des projets locaux de santé* constituent des avancées dans le processus de participation des citoyens à la gestion du système de santé. Mais elles ne garantissent pas que les objectifs de la loi, notamment l'égalité d'accès aux soins, la permanence des soins et la coordination des acteurs du système puissent être atteints.

Ce dispositif est un compromis entre l'Etat et les organisations professionnelles médicales qui l'ont contraint à renoncer à la création d'un véritable service public territorial de santé selon les recommandations du rapport Devictor.[1276]Ce document important ne manquait pas pourtant de rappeler que la notion de service public ne signifiait pas l'étatisation ou la fonctionnarisation des professions de santé. Y voyant le moyen de mettre fin à la longue série d'échecs des législations établies sur la base d'une collaboration volontaire entre secteur public et secteur privé, il faisait du service public territorial l'instrument capable de garantir les droits fondamentaux à la protection de la santé de la population et des citoyens. La contrepartie était une obligation de coordination de leurs actions faite aux professionnels de santé. Devant l'hostilité résolue des principales organisations des professions médicales libérales, le choix des pouvoirs publics a été le pari de la concertation locale et de la contractualisation sur des objectifs de santé publique avec ces professions, et plus particulièrement, comme nous le verrons, avec des communautés professionnelles territoriales de santé librement formées par des praticiens libéraux. Il sera important d'observer le développement des structures formées à partir des propositions

[1276] Rapport établi à la suite de la lettre de mission ministérielle du 26.6.2013 et remis le 22.4.2014 au Ministre de la Santé par Bernadette Devictor, présidente de la Conférence nationale de santé.

des professionnels eux-mêmes. S'il devait devenir une réalité tangible, ce serait le signe d'une évolution profonde qui autoriserait une nouvelle étape vers un schéma de santé primaire comparable aux modèles de référence présentés par un certain nombre de pays. Mais, en l'état, la législation n'apporte pas de solution pleinement satisfaisante aux problèmes d'accès à la médecine spécialisée, notamment ceux qui sont liés au secteur à honoraires libres et à la liberté d'installation.

Chapitre III
Le projet régional de santé et le schéma régional de santé

I. Le « projet régional de santé » (PRS) : un projet global de santé

Le PRS est le document définissant la stratégie de santé au sein de chaque région. Il détermine les conditions d'application des priorités de la stratégie nationale de santé mais il n'en est pas une simple déclinaison. Il élabore une stratégie régionale correspondant aux besoins spécifiques de chaque région et en fixe les priorités. Il doit cependant être arrêté « en cohérence avec les priorités de la stratégie nationale » et « dans le respect des lois de financement de la Sécurité Sociale ».[1277] Il est arrêté par le directeur général de l'ARS après avis de la conférence régionale de la santé et de l'autonomie, des conseils départementaux de la citoyenneté et de l'autonomie, du préfet de région, des collectivités territoriales et du conseil de surveillance de l'ARS.[1278]

Il est constitué :

- d'un *« cadre d'orientation stratégique »* (COS) qui détermine les objectifs généraux et les résultats qui en sont attendus à dix ans pour améliorer l'état de santé de la population, agir sur les déterminants de santé et promouvoir les droits des usagers.
- d'un *schéma régional de santé* (SRS) qui détermine, pour une période de cinq ans, sur la base d'une évaluation des besoins sanitaires, sociaux et médico-sociaux, des prévisions d'évolution et des objectifs opérationnels pour l'ensemble de l'offre de soins, des services de santé et d'accompagnement médico-social.
- d'un *programme régional d'accès à la prévention et aux soins des personnes les plus démunies* (PRAPS)

II. Le schéma régional de santé (SRS), application du PRS

Le SRS est le document opérationnel déclinant la stratégie régionale de santé en un ensemble d'opérations nécessaires à la réalisation des priorités définies par le projet régional. Il succède au schéma régional de l'organisation sanitaire (SROS) créé par la loi hospitalière de 1991.

[1277] Art.L.1434-1 CSP.

[1278] Le COS, le SRS et le PRAPS peuvent être arrêtés séparément selon la même procédure consultative. En cas d'absence de réponse des institutions tenues de donner leur avis dans les délais fixés par le Code de santé publique (3 mois pour les documents révisés tous les 5 ans, 2 mois dans les autres cas), l'avis est réputé rendu.

La première génération de SROS avait un caractère expérimental. En laissant aux acteurs régionaux une grande liberté méthodologique, le projet a permis de tirer d'utiles enseignements pour la préparation de la génération suivante (1999-2004).[1279] Le SROS II a bénéficié de la mise en place des ARH, qui ont effectivement engagé un certain nombre de restructurations permettant une meilleure complémentarité entre les activités hospitalières dans un certain nombre de régions. Il a également donné une forte impulsion au développement de réseaux de soins coordonnés ville-hôpital. Le SROS III (2006-2011) a apporté un nouveau développement avec la suppression de la carte sanitaire, l'institution du « territoire de santé » et l'élaboration des objectifs quantifiés de volumes d'actes définis comme un rapport normatif entre l'activité et les besoins, à la fois médico-économique et qualitatif en termes de pertinence et de sécurité des actes. Le champ de la planification est élargi à la prévention, et aux soins palliatifs. Enfin, la méthodologie du système de soins conçu en niveaux - l'organisation en soins gradués - expérimentée dès le SROS II avec l'organisation des réseaux de soins (cancérologie, périnatalité...), est consolidée.

Le SRS est fondé sur une série d'analyses approfondies de la situation sanitaire de la région : la situation démographique et épidémiologique et ses perspectives d'évolution, les déterminants favorables et défavorables à la santé, les risques sanitaires, les inégalités sociales et territoriales, la démographie des professionnels de santé et sa projection. Il est procédé à l'évaluation des résultats des schémas antérieurs, des besoins sanitaires, sociaux et médico-sociaux et des réponses existantes. Ce diagnostic porte également sur « le degré de continuité des parcours de santé » et sur « les difficultés de coordination entre les acteurs du système de santé ». Il a une dimension prospective à l'égard des changements potentiels, qui peuvent être sociodémographiques, économiques, techniques.

Le SRS doit :

- Indiquer les besoins en implantations pour l'exercice des soins de premier et second recours.[1280]
- Fixer pour chaque zone donnant lieu à répartition des activités :
  - les objectifs quantitatifs et qualitatifs de l'offre de soins, par activité et par type d'équipement matériel lourd
  - les créations et suppressions d'activités de soins et d'équipements matériels lourds

---

[1279] Circulaire ministérielle DH/EO n° 98-192 du 26.3.1998 relative à la révision des SROS

[1280] L'art.L.1434-3 CSP apporte une précision capitale : cette « indication » des besoins s'effectue « dans le respect de la liberté d'installation », les dispositions du SRS *n'étant pas opposables* aux professionnels de santé libéraux.

- o les transformations, les regroupements et les coopérations entre les établissements de santé
- Fixer les objectifs quantitatifs et qualitatifs de l'offre des établissements et services médico-sociaux (en coordination avec les collectivités départementales)
- Définir l'offre d'examens de biologie médicale
- Développer les objectifs de prévention et de promotion de la santé.

Le SRS peut également définir les programmes répondant à des besoins spécifiques (plan régional d'accès à l'IVG, organisation sanitaire de la défense nationale et contribution du service de santé des armées, notamment dans les situations sanitaires exceptionnelles).

Le directeur général de l'ARS fixe par arrêté, après concertation avec les représentants des professionnels de santé concernés :

- les zones ayant une offre insuffisante, éligibles à une aide à l'installation des professionnels de santé
- les zones dont l'offre de soins élevée justifient une limitation de l'accès au conventionnement par accord entre l'Assurance Maladie et les organisations professionnelles.

Dans ces zones, sont mises en œuvre les mesures visant à une meilleure répartition géographique des professionnels, maisons ou centres de santé.

III. Le PRAPS, instrument spécifique de lutte contre la précarité sanitaire induite par la précarité sociale

Le SRS comporte un volet programmatique de lutte contre l'aggravation des pathologies liées à la précarité sociale : maladies chroniques, addictions, souffrances psychiques, déséquilibres nutritionnels. Le programme a pour but d'améliorer la coordination entre les secteurs sanitaire et social, tant dans l'action préventive que dans l'organisation des soins et de l'accompagnement social. Il permet la création de « lits halte soins santé », d'équipes mobiles de psychiatrie, la conclusion de « contrats urbains de cohésion sociale » pour la prévention et la prise en charge des souffrances psychiques, la constitution de groupes d'entraide mutuelle (GEM), la conclusion de conventions avec des offices HLM pour la création de « maisons relais » et l'appui à des « ateliers santé-ville » (ASV).

IV. La coordination entre les schémas d'organisation sociale et médico-sociale et le SRS

Le SRS inclut dans son champ une catégorie hybride, importante, d'établissements et/ou services, intermédiaire entre les structures « sociales » et les structures « sanitaires » : les établissements et services médico-sociaux.[1281] Pour beaucoup, il s'agit d'établissements et services dispensant des prestations d'action sociale (animation et hébergement) financés par les départements (ou l'Etat) et des soins, remboursés par l'Assurance Maladie.

Le directeur général de l'ARS arrête le SRS après consultation de la commission de coordination des politiques sociales et médico-sociales, formée de représentants des collectivités départementales, compétente pour émettre un avis et des propositions garantissant la synergie entre structures sanitaires et médico-sociales.

Le Code de l'Action Sociale et des familles prévoit l'établissement de schémas d'organisation sociale et médico-sociale votés par le conseil départemental et arrêtés par son président. Ces schémas, qui doivent tenir compte des orientations fixées par le représentant de l'Etat dans le département, portent sur tous les établissements et services dispensant des prestations d'action sociale.[1282] Les schémas d'action sociale relatifs aux personnes handicapées ou en perte d'autonomie sont arrêtés par le président du conseil départemental après concertation avec le représentant de l'Etat dans le département et avec l'ARS dans le cadre de la commission précitée de coordination des services sociaux et médico-sociaux. Par ailleurs, le préfet de région établit les schémas régionaux relatifs aux centres d'accueil pour demandeurs d'asile (CADA) et aux services de protection judiciaire des majeurs.

Enfin, pour les établissements et services médico-sociaux accueillant des personnes handicapées ou âgées, le directeur général de l'ARS établit un « programme interdépartemental d'accompagnement des handicaps et de la perte d'autonomie » définissant des objectifs de programmation pour la mise en œuvre du schéma régional de santé. Ce programme dresse, pour la part des prestations financées par l'Assurance Maladie,[1283]les priorités de financement des créations, extensions ou transformations d'établissements ou de services au niveau régional.

[1281] La palette est large : IME, ITEP, CMPP, SESSAD, CAMSP, ESAT, structures de réadaptation, pré-orientation et rééducation professionnelles, FAM, appartements thérapeutiques, CAARUD, CSPA, lits halte soins santé, EHPAD, services d'aide et de soins à domicile…

[1282] Schéma des services de protection de l'enfance, y compris des services mettant en œuvre les mesures de protection judiciaire de la jeunesse, les services sociaux mais aussi les services aux personnes handicapées ou âgées, tels que des logements adaptés.

[1283] Leur tarification est de la compétence du directeur général de l'ARS.

V. Le projet régional de santé en tant qu'organisation fonctionnelle du territoire

Depuis la loi HPST, premier texte organisant un système de soins de premier recours, l'organisation des soins est fondée sur un critère d'accès associant les deux *dimensions de temps et de distance*, d'une part, la *nature des activités*, d'autre part.[1284] Il en résulte une architecture fonctionnelle du système des soins *en niveaux correspondant à une graduation allant du premier niveau, celui des « soins de premier recours », au troisième niveau, celui des soins hautement spécialisés.*

1. Le niveau de premier recours : un projet de « santé primaire » aux moyens incertains

L'accès au niveau de premier recours ainsi que la prise en charge continue des malades sont définis par le SRS selon des critères de *proximité*. Ce niveau est défini selon une conception proche du niveau de santé primaire développé par l'OMS sans être, pour autant, aussi structuré que dans le modèle rencontré dans les systèmes nationaux de santé. Il est censé exercer toutes les activités de prévention et d'éducation sanitaires, de dépistage, diagnostic, traitement et suivi des patients, de dispensation, administration des médicaments et dispositifs médicaux ainsi que le conseil pharmaceutique, enfin l'orientation des patients dans le système de soins et le secteur médico-social. Il assure une prise en charge coordonnée des personnes âgées, des personnes handicapées et le suivi des malades chroniques. Sa mission est primordiale. Mais, là où il repose, dans la plupart des systèmes nationaux de santé, sur une structure pluridisciplinaire bien identifiée, médico-psycho-sociale, sans cloisonnement budgétaire et institutionnel, ce niveau ne peut fonctionner en France que sur l'accord entre une multiplicité d'intervenants aux statuts et aux financements différents, inégalement implantés sur le territoire. Il emprunte la logique d'un niveau de santé primaire mais ne s'en donne pas les moyens.[1285] Son efficacité est donc variable.

Les services de santé du niveau de premier recours reposent sur les médecins généralistes, les auxiliaires médicaux, salariés ou libéraux, les pharmaciens en officine, qui contribuent à la permanence des soins. Ils comprennent également les établissements de santé de proximité et les services de soins infirmiers à domicile (SSIAD).

[1284] Art.L.1411-11 à 13 CSP

[1285] Voir, notamment, dans « comparaisons internationales sur la prévention sanitaire », Rapport IGAS, op cité, le rôle des centres locaux de santé en Finlande, Norvège, Suède, au Royaume Uni, au Québec…

L'organisation, en cours, d'un service d'accès aux soins (SAS) pourrait constituer le chaînon manquant dans la relation ville-hôpital. Son but est de répondre aux demandes de soins non programmés et de limiter le recours inadéquat aux services d'urgence (environ 40%). Son rôle est d'orienter les demandes vers une prise en charge ambulatoire par la médecine de ville, soit vers les structures d'aide médicale urgente, soit vers des filières spécialisées (gériatrie, psychiatrie, pédiatrie…). Son fonctionnement repose sur la constitution d'un guichet unique, plate-forme téléphonique et numérique, travaillant en réseau avec tous les professionnels de santé (notamment ceux qui assurent la permanence des soins en médecine de ville), capable d'identifier rapidement une urgence vitale et d'orienter la demande vers le soignant adéquat.

A. Le médecin généraliste, pivot du système de soins

Plusieurs lois depuis un quart de siècle ont sensiblement repensé la place et le rôle du médecin généraliste au sein du système de soins. La loi HPST les précise de manière exhaustive.[1286] Il doit :

- Assurer les activités de prévention, éducation sanitaire, dépistage, diagnostic, traitement et suivi des malades, y compris dans les établissements de santé ou médico-sociaux
- Orienter ses patients, selon leurs besoins, dans le système de santé et le secteur médico-social
- S'assurer de la coordination des soins nécessaires à ses patients
- Veiller à l'application individualisée des recommandations pour les affections nécessitant des soins prolongés, contribuer au suivi des maladies chroniques en coopération avec les autres professionnels concernés.
- S'assurer de la synthèse des informations transmises par les différents professionnels de santé
- Administrer et coordonner les soins contre la douleur et assurer, en cas de nécessité, le lien avec les structures spécialisées
- Contribuer aux actions collectives de prévention et de dépistage
- Participer à la mission de service public de permanence des soins
- Contribuer à l'accueil et à la formation des étudiants en médecine.

Une telle définition fait du médecin généraliste le pivot du système de soins et rapproche ce dernier de la logique d'un système national de santé. Mais il n'en comporte ni les obligations, ni les moyens, ni les avantages. L'expérience des systèmes nationaux de santé montre l'importance des auxiliaires médicaux et psychosociaux, notamment dans les actions de

[1286] Art.L.4130-1 CSP

prévention (particulièrement d'éducation sanitaire), difficile à conduire dans un système éclaté de professions libérales.

B. Les « équipes de santé primaire » et les formes de leur structuration

La loi fait cependant un pas de plus dans le renforcement du niveau de soins de premier recours en introduisant la notion d'équipe de soins primaires.[1287] Il s'agit de promouvoir des équipes pluri-professionnelles constituées autour de médecins généralistes « de premier recours » afin de structurer les « parcours de santé ». Ces équipes organisent et coordonnent leurs activités dans le cadre d'un projet de santé qui peut prendre la forme d'un centre de santé ou d'une maison de santé.[1288] Il est trop tôt pour mesurer le degré d'évolution du niveau actuel de premier recours vers un modèle qui le rapprocherait du modèle préconisé par l'OMS.

Il existe plusieurs types de structures qui pourraient favoriser cette évolution mais la législation se borne à leur reconnaître des statuts différents les uns des autres sans déterminer une structure de santé primaire clairement identifiable. L'inégalité de répartition et de moyens de ces structures ne permet pas, en l'état, d'offrir un maillage cohérent du territoire.

Les « centres de santé » - qui emploient un personnel salarié - ont été créés par des organismes mutualistes ou d'assurance maladie, des entreprises également, des associations ou des municipalités, ils peuvent être médicaux, dentaires ou infirmiers. Ils sont au nombre de 1900 environ mais 350 seulement sont polyvalents. Les maisons de santé (environ 800, dont une part importante est en milieu rural)[1289] regroupent différentes catégories de professionnels de soins, dont au moins deux médecins et un professionnel paramédical. Les praticiens qui l'animent relèvent du statut libéral.

Les maisons de garde médicale sont à distinguer de ces structures. Elles sont généralement animées par des médecins libéraux et, assurant des soins hors des horaires d'ouverture des cabinets, elles représentent une alternative au service d'urgence hospitalier. Leurs conditions de fonctionnement sont largement tributaires du degré de participation à la permanence des soins des médecins libéraux.

[1287] Loi n°2016-41 du 26.1.2016, art.64

[1288] La loi prévoit la constitution de « pôles de santé » qui fédèrent plusieurs sites de santé primaire.

[1289] La loi prévoit également des maisons de santé pluri-professionnelles universitaires comprenant des praticiens hospitalo-universitaires. Ces maisons ont une vocation aux soins de premier recours mais aussi un rôle formateur.

C. Les communautés professionnelles territoriales de santé

L'évolution récente, outre la multiplication des cabinets médicaux de groupe et des maisons pluri-professionnelles de santé, est marquée par la formation des « communautés professionnelles territoriales de santé » (CPTS). L'objectif des pouvoirs publics est de passer d'un millier en 2018 à 3000 en 2022.

La CPTS se constitue à la libre initiative de professionnels de santé (médecins, professionnels paramédicaux, médico-sociaux) assurant des soins coordonnés de premier ou de second recours. Elle établit un projet de santé pour sa zone d'intervention territoriale qu'elle soumet à l'approbation de l'ARS. Celle-ci peut conclure avec elle un « contrat territorial de santé » définissant ses missions, ses engagements, ses moyens, les modalités de financement, de suivi et d'évaluation de ses actions.

Alternative, dans une certaine mesure, au projet avorté de service public territorial de santé, construite sur la base du volontariat, elle représente un progrès potentiel certain, qui reste à confirmer.

D. Les équipes de soins spécialisés à la charnière entre les différents niveaux de recours aux soins

C'est une loi récente qui vient compléter la définition des missions des acteurs de la santé primaire par celles des professionnels spécialisés avec la notion d'équipe de soins spécialisés.[1290] Elle avait précédemment défini les missions du « médecin spécialiste de premier ou de second recours ».[1291] Si le cœur de ses obligations est constitué par son expertise spécifique, la loi lui assigne également une obligation de participer aux actions de prévention et d'éducation pour la santé, à la mission de service public de permanence des soins, à l'accueil et à la formation des stagiaires de deuxième et troisième année des études médicales. Il assure, en coopération avec le médecin généraliste, l'élaboration et l'exécution du « plan de soins » arrêté avec le patient, cette notion de « plan de soins » ayant une particulière importance dans la prise en charge des maladies chroniques. Il lui est demandé de contribuer à la prévention des hospitalisations inutiles. L'équipe de soins spécialisés réunit un ensemble de professionnels de santé autour de médecins spécialistes d'une ou plusieurs disciplines, hors médecine générale, afin de coordonner leurs activités et celles des équipes de soins primaires sur la base d'un projet de santé qu'elles ont élaboré.

1290 Loi n°2019-879 du 21.7.2019, art.66-1.

1291 Art.L.4130-2 CSP.

Le niveau de proximité est appelé à développer, selon la nature des pathologies, des structures et services de soins ambulatoires : l'hospitalisation à domicile (HAD), les soins palliatifs. Il correspond en psychiatrie aux consultations médicopsychologiques (CMP), aux activités d'hospitalisation de jour et aux activités de liaison entre services sociaux, médicosociaux et hôpitaux de proximité, au développement des ateliers et appartements thérapeutiques ou au placement familial thérapeutique.

2. Le rôle et la place des établissements de santé et des services médico-sociaux dans l'architecture fonctionnelle de la loi

S'agissant des second et troisième niveaux de recours aux soins, la loi se borne à indiquer qu'ils correspondent à ceux qui ne sont « pas couverts par l'offre de soins de premier recours ». Ils doivent être accessibles, en fonction des besoins, selon les critères de distance et de temps d'accès communs à tous les services de santé en fonction de leur nature. La loi relative à l'organisation et à la transformation du système de santé de 2019 restructure le secteur de l'hospitalisation autour des trois niveaux de recours aux soins :

- Le niveau des soins de proximité correspond à la principale innovation dans cette organisation. Il repose sur les établissements de santé qui, eu égard à leur aire d'attraction, à la nature de leur activité et à leurs moyens, ont vocation à répondre à des besoins de soins du premier niveau. Ces besoins sont principalement ceux d'une population âgée, notamment du traitement épisodique des pathologies chroniques. Ils ne nécessitent pas de plateau technique et d'activités chirurgicales et gynéco-obstétricales. Ces établissements sont conçus pour être des centres médico-sociaux développant des activités de prévention et de dépistage, de soins médicaux, de soins de suite et de réadaptation et des services médico-sociaux. Les pouvoirs publics prévoient la formation, notamment par reconversion d'un certain nombre d'établissements de niveau 2, de 6 à 700 établissements de proximité, qui pourraient ainsi bénéficier du redéploiement de moyens sous-employés au profit d'activités correspondant à des besoins insuffisamment pris en charge.
- Le niveau des soins spécialisés courants comprenant les établissements de santé offrant notamment les plateaux techniques et les qualifications nécessaires à l'exercice des disciplines de médecine (cardiologie, pneumologie, gastro-entérologie, pédiatrie...) chirurgie (viscérale, orthopédique, vasculaire...) et gynéco-obstétricale selon les standards de qualité et de sécurité élevés qu'exigent la pratique de ces spécialités. Ce niveau comporte également un service d'accueil des urgences. Sauf exception, ces établissements sont accessibles en moins de ¾ d'heure (généralement ½ heure).

- Le niveau de l'hyperspécialisation autour des cas complexes et nécessitant les plus hautes qualifications et des plateaux techniques de haute technologie : transplantation d'organes, maladies rares, maternités de niveau 3, neuro ou cardio-chirurgie, traitement des grands brûlés, fonctions de recours et d'appui aux autres niveaux (CHU, Centres anticancéreux…).[1292]

VI. Le « parcours de santé » du malade : un système de soins centré sur l'usager des services de santé

Le Code de santé publique dispose que *« les parcours de santé visent, par la coordination des acteurs sanitaires, sociaux et médico-sociaux (...) à garantir la continuité, l'accessibilité, la qualité, la sécurité et l'efficience de la prise en charge de la population... »*. En l'occurrence, il s'agit de garantir, particulièrement aux malades chroniques, un projet de soins cohérent, prenant en compte les poly-pathologies éventuelles, veillant à ce qu'il n'y ait pas de rupture dans la prise en charge, à ce que tous les aspects - psychologiques, sociaux et médicaux - soient bien pris en considération.

Le « parcours de santé » correspond à l'objectif de fluidification des circuits de prise en charge des patients, et particulièrement au développement des formes d'hospitalisation de jour, des programmes d'éducation thérapeutique. Ce qui implique un projet défini et exécuté par une équipe interdisciplinaire et pluri-professionnelle. L'idée centrale du « parcours de santé » est que la coordination des acteurs s'opère *autour de la personne même du malade* de sorte que le séquençage des interventions des différents professionnels ne crée pas des discontinuités. Sa bonne exécution suppose une profonde refonte des modalités d'organisation des établissements, de leurs rapports avec la médecine de ville et les services médico-sociaux et notamment la mise en place d'un système d'information permanent capable de gérer le parcours du dossier médical du patient. Le leitmotiv de la coordination qui parcourt tous les textes législatifs sur l'organisation sanitaire depuis un quart de siècle (au moins) est comme l'aveu implicite d'une difficulté, pour ne pas dire une impuissance, à réaliser, sauf exception, cet objectif, pourtant primordial. Le « parcours de soins coordonnés » est-il l'ultime tentative d'amendement d'un système de soins cloisonné avant une inéluctable réforme structurelle ? Le pari n'est pas perdu mais il suppose des vertus humaines particulières suppléant l'insuffisance des conditions structurelles de coopération.

1292 Les CHU, qui assurent l'essentiel de ce niveau, ne sont pas limités à cette fonction d'hyperspécialisation. Ils assurent également les fonctions de premier et second niveau.

VII. La spécificité du « projet territorial de santé mentale »

La loi prescrit l'élaboration d'un « projet territorial de santé mentale » et, sans le séparer du projet territorial de santé, lui consacre des dispositions reconnaissant l'importance et la nature spécifique de ce problème de santé publique. La sectorisation psychiatrique ne disparaît pas mais doit s'intégrer aux projets territoriaux de santé pour participer à une stratégie globale de santé mentale qui s'étend au-delà des cas relevant de la clinique psychiatrique stricto sensu.

Le projet territorial de santé mentale a une visée préventive primordiale. Il a pour but d'établir des programmes d'actions fondés sur un « diagnostic partagé » des situations de souffrances psychiques repérés au sein d'un territoire (dans les différents milieux de vie : école, université, entreprise, quartiers ou zones rurales, familles ou professions fragilisées, personnes isolées ou socialement stigmatisées). C'est pourquoi il associe à son élaboration tous les acteurs du territoire afin de développer un projet global de prévention primaire et de promotion de la santé dans ce domaine qui recouvre tous les aspects de la vie individuelle et sociale.[1293]

La dimension territorialisée est confirmée par la nécessité de tenir compte *« des projets des équipes de soins primaires »* ou des *« communautés professionnelles territoriales de santé ».* C'est au niveau local - infra-départemental - que se jouera probablement l'avenir de cette nouvelle politique de santé mentale, même s'il est très important que le projet régional de santé ait une dimension de santé mentale capable d'orienter et synthétiser les projets locaux.

Le directeur général de l'ARS arrête le projet territorial de santé mentale après avis d'un conseil territorial du territoire réunissant les différents acteurs précités.[1294]Ce projet comporte les actions faisant l'objet d'un *« contrat territorial de santé mentale »* conclu entre le l'ARS et les promoteurs de ces actions. Le projet territorial de santé mentale doit être, selon les dispositions de la loi, élaboré à un *niveau territorial suffisant* pour permettre aux différents acteurs d'accéder à des modalités et techniques de prise en charge *diversifiées.* Le rôle des délégations territoriales de l'ARS

1293 Notamment les représentants des usagers, les professionnels et les établissements et services de santé, d'action sociale et médicosociale, les établissements et services de l'Etat « concernés » (l'emploi, l'éducation, le logement...), les collectivités territoriales, les organismes d'assurance maladie, les conseils locaux de santé, en particulier les conseils locaux de santé mentale ou toute commission créée par les collectivités locales à cette fin dès lors qu'elle comprend des usagers et des professionnels de la santé mentale.

1294 Le conseil territorial de santé comprend une commission compétente en santé mentale dont la mission est de proposer et suivre, avec les conseils locaux de santé mentale, les actions prévues au contrat

peut être important pour aider ou initier des projets locaux pensés et animés par les comités locaux.

La loi dispose que « le projet territorial de santé mentale organise la coordination territoriale de second niveau ».[1295] Elle doit garantir à l'ensemble de la population : 1 un recours de proximité en soins psychiatriques, notamment en soins ambulatoires, y compris sous forme d'interventions à domicile, assuré par des équipes pluri-professionnelles en coopération avec les équipes de soins primaires et les communautés professionnelles territoriales ; 2 l'accessibilité territoriale et financière des soins psychiatriques ; 3 la continuité des soins psychiatriques. L'objectif de soins de qualité centrés sur les besoins des patients est décliné en plusieurs propositions tendant à « développer un niveau de recours spécialisé, multidisciplinaire et personnalisé ».[1296]Dans chaque territoire de santé, l'ARS organise un dispositif de réponse aux urgences psychiatriques.[1297] Elle organise avec les établissements les modalités de réponse aux besoins des personnes en situation de précarité. Elle met en œuvre un programme d'accès au logement et à l'hébergement accompagné qui illustre ce passage à une politique de santé mentale globale, important pour éviter des hospitalisations longues conduisant à la « chronicisation » de la personne hospitalisée.

En prescrivant à l'ARS de veiller à la qualité et à la coordination des actions de soutien aux familles et aux aidants des personnes en soins psychiatriques, la loi entend préserver la possibilité d'un lien familial avec ces dernières. Ce lien apparaît, à l'expérience, comme un facteur de réinsertion sociale dans un certain nombre de cas.[1298] Il est devenu indispensable d'introduire dans la formation des personnels de soins, la connaissance des méthodes qui s'attachent à développer les expériences de « groupes d'entraide mutuelle » (GEM), à promouvoir les méthodes d'écoute des proches en fonction de la situation. Le rôle des associations de familles de malades ne doit pas être limité à une fonction classique de représentation auprès des institutions de soins. Leur participation à l'organisation des soins peut, sous réserve d'une compréhension préalable des choix thérapeutiques, s'avérer précieuse.

[1295] Art.L.3221-1 à 3 CSP.

[1296] Cette spécialisation dite de niveau 3 développe une activité clinique spécialisée liée à la recherche et à de réseaux d'expertise.

[1297] En relation avec les services d'aide médicale urgente, les services départementaux d'incendie et de secours, les services de police nationale et de gendarmerie nationale, les établissements de santé compétents pour accueillir des malades sous contrainte et les groupements de psychiatres libéraux.

[1298] « Psychiatrie : l'état d'urgence ». D. Peljak « Empowerment en santé mentale : pour une évolution du droit sanitaire français ». Revue française des affaires sociales. 2016

Il reste que la coexistence de la médecine libérale et de la médecine publique dans le domaine de la psychiatrie consacre, peut-être plus que dans aucun autre secteur de la médecine, une forme relative de ségrégation sociale. L'effet de stigmatisation sociale que produit la maladie mentale, ou même un épisode de dépression, persistant fortement, les usages sociaux de l'hospitalisation en soins psychiatriques diffèrent selon les classes sociales. Les classes sociales aisées et moyennes s'adressent à l'hospitalisation privée, avec l'aide du médecin traitant. L'hôpital public, tenu d'accueillir et traiter tous les patients, doit gérer des situations très hétérogènes souvent en urgence. C'est lui qui concentre les cas les plus lourds, associés à des situations de forte précarité sociale et à des comorbidités sévères.[1299]

Enfin, alors que les pathologies en santé mentale représentent la troisième cause de morbidité, l'écart entre les besoins et les moyens ne cesse de s'agrandir (voir partie II, titre II, chapitre II). La discipline psychiatrique est, avec celles de gériatrie et de santé publique, si peu prisée des étudiants que, depuis 2012, entre 4 et 17% des postes d'internes en psychiatrie, selon les années, ne sont pas pourvus. La problématique de santé mentale est marginalisée à l'université, la psychiatrie reste entourée de nombreux préjugés et les étudiants préfèrent les disciplines d'organes affichant leur « efficacité » et les avantages sociaux et économiques qui en découlent. Mais, au regard de la santé publique et du coût social et économique exorbitant qui en découle pour la collectivité, le besoin en professionnels devrait être très difficile à satisfaire dans les prochaines années, eu égard à la pyramide des âges des psychiatres. Dans ces conditions, le projet de santé mentale ressemble à une bouteille à la mer (partie II, titre I). Il pose clairement la question de la portée des politiques de prévention primaire dans un modèle de société exigeant une forte compétition entre les individus.

1299 Le secteur psychiatrique des cliniques privées (dont la taille moyenne avoisine une centaine de lits) assure environ 25% de l'activité globale en psychiatrie avec la collaboration d'un millier de psychiatres d'exercice libéral. Il dispose d'un total de 16 000 lits et places (14 000 en hospitalisation complète et près de 2000 en hospitalisation de jour, celle-ci se développant nettement).

Chapitre IV
Les instruments de régulation du système régional de santé : entre la règle et le contrat

L'ARS dispose de plusieurs instruments qui, correspondant au critère d'adaptabilité du service public, permettent de structurer le système régional de santé afin de répondre, pour autant que les moyens soient disponibles, à l'évolution des besoins de santé identifiés dans le cadre du PRS et du SRS. A cet égard, trois d'entre eux ont une portée importante : la procédure d'autorisation des activités de soins, les dispositifs de coopération, la procédure de contractualisation avec les acteurs.

I. Les règles essentielles de l'autorisation des activités de soins des structures sanitaires et médico-sociales

La loi de 1991 réformant l'hospitalisation a réalisé un changement d'une grande portée en instaurant *le principe de l'autorisation pour une durée déterminée*, son renouvellement dépendant des résultats d'une *évaluation de l'activité*. Elle mettait ainsi fin à un régime d'autorisation pour une durée indéterminée qui avait permis le maintien de services ayant une très faible activité, inadaptés aux besoins, parfois de qualité très médiocre. La durée d'autorisation, variable selon les activités, ne peut toutefois être inférieure à sept ans

1. Les activités sanitaires soumises au régime de l'autorisation

Sont soumis à l'autorisation du directeur général de l'ARS, « les projets de création de tout établissement de santé, la création, la reconversion et le regroupement des activités de soins, y compris sous la forme d'alternatives à l'hospitalisation ou d'hospitalisation à domicile et l'installation d'équipements matériels lourds ».[1300] L'éventail des activités visées est très large (médecine, chirurgie, gynécologie-obstétrique, psychiatrie, soins de suite et de réadaptation soins de longue durée et toutes les spécialités de niveau II et III.[1301]

[1300] Le régime des autorisations est précisé par les articles. L.6122-1 à 6122-21 et L.6123-1 6125-2 CSP.

[1301] Notamment néonatalogie, réanimation néonatale, greffes d'organes et de cellules hématopoïétiques, traitement de grands brûlés, chirurgie cardiaque, activités interventionnelles sous imagerie médicale, par voie endovasculaire, en cardiologie, neurochirurgie, activités interventionnelles par voie endovasculaire en neuroradiologie, médecine d'urgence, réanimation, traitement de l'insuffisance rénale chronique par épuration extrarénale, traitement du cancer, activités cliniques et biologiques pour l'assistance médicale à la procréation, examens génétiques. Parmi les équipements « lourds » soumis à autorisation

L'autorisation est accordée par le directeur général de l'ARS après consultation d'une commission spécialisée de la conférence régionale de la santé et de l'autonomie.

2. Les critères de l'autorisation

L'autorisation est accordée si :

- Elle répond aux besoins de santé de la population identifiés par le schéma régional de santé (SRS)
- Elle est compatible avec les objectifs fixés par le SRS
- Elle satisfait aux conditions d'implantation et aux conditions techniques de fonctionnement définies, par voie règlementaire, pour chaque type d'activité ou équipement.

Il s'agit des critères fondamentaux de l'autorisation. Celle-ci peut être subordonnée, comme nous le verrons ci-après, à d'autres conditions. Le directeur général de l'ARS peut, exceptionnellement, déroger aux deux premiers critères *« dans l'intérêt de la santé publique »* pour autoriser une activité, après avoir pris l'avis de la commission compétente de la conférence régionale de la santé et de l'autonomie. Les autorisations correspondant à des activités devenues incompatibles avec les priorités de l'organisation des soins, notamment du SRS, doivent être révisées. La révision peut conduire au retrait de l'autorisation.

3. La qualification juridique du titulaire de l'autorisation

L'autorisation ne peut être accordée qu'à un ou plusieurs médecins, à un établissement de santé ou à une personne morale exploitant des établissements ou activités de soins ou des équipements matériels lourds en santé.

4. Conditions d'autorisation liées aux objectifs de la politique de santé et d'Assurance Maladie

L'autorisation est subordonnée au respect d'engagements relatifs aux dépenses de l'Assurance Maladie ou au volume d'activité. L'autorisation de dispenser des soins remboursables aux assurés sociaux peut être refusée si le prix prévu est hors de proportion avec les conditions techniques de fonctionnement. Elle peut être subordonnée à la réalisation d'une évaluation de l'activité suivant les critères établis par les « référentiels de pertinence » ou de « seuils », nationaux ou arrêtés par l'ARS dans le cadre d'un plan

---

figurent les appareils d'imagerie à résonnance magnétique (IRM), les scanners, caméras à scintillation, tomographes à émissions, caméras à positons, cyclotrons.

régional de pertinence des soins, exprimés en volumes ou en dépenses pour certains actes ou prescriptions. [1302]L'autorisation peut également être assortie de conditions imposées dans l'intérêt de la santé publique et/ou subordonnée à l'engagement de mettre en œuvre des mesures de coopération, de mutualisation de moyens, ou favorisant la permanence des soins. Elle fixe les objectifs quantifiés et qualitatifs des activités de soins lorsqu'ils n'ont pas été fixés dans le cadre du contrat d'objectifs et de moyens.

5. Renouvellement, modification, suspension ou retrait de l'autorisation

Le renouvellement de l'autorisation est subordonné au respect des conditions qu'elle a fixées et aux résultats d'une évaluation effectuée sous la responsabilité du titulaire de cette autorisation. Elle porte notamment sur les résultats, quantitatifs et qualitatifs, des objectifs du SRS et du projet d'établissement. Le cas échéant, le renouvellement peut aussi être conditionné à l'engagement de mettre en œuvre des procédures de coopération et de mutualisation de moyens et de participer à la permanence des soins.

Deux catégories de situations sont susceptibles de provoquer une suspension et, en dernier ressort, un retrait de l'autorisation. Dans les deux cas, la procédure comprend des délais stricts et obéit aux règles classiques du droit visant à garantir au titulaire de l'autorisation toute possibilité de s'exprimer et d'intenter un recours devant la juridiction administrative s'il estime que la décision prise à son encontre constitue un excès de pouvoir.

La première situation est relative à l'application des objectifs assignés à l'établissement pour l'activité autorisée dans le cadre du CPOM qu'il conclut avec le directeur général de l'ARS.[1303] Si celui-ci constate que les objectifs, quantitatifs et qualitatifs sont insuffisamment atteints en fonction des critères fixés par voie règlementaire, il peut réviser l'autorisation. Le titulaire de l'autorisation auquel le projet motivé de révision est notifié adresse ses observations et propositions d'évolution de l'activité à l'ARS dans le cadre d'une procédure contradictoire qui peut se conclure par un accord : le directeur général de l'ARS, après avis de la commission spécialisée de la conférence régionale de santé et de l'autonomie, prononce la modification de l'autorisation sur les bases de l'accord. Dans le cas d'absence d'accord, le directeur général de l'ARS prononce la modification ou le retrait de l'autorisation après avis de la commission précitée.

[1302] Art. L.162-30-3 CSS.
[1303] Art. L.6122-12 CSP

Le second cas de figure est celui du constat d'un « manquement aux lois et règlements pris pour la protection de la santé publique ou à la continuité des soins médicaux, imputable au titulaire de l'autorisation ».[1304]Le directeur général de l'ARS lui notifie son constat et lui demande de lui faire connaître, dans les huit jours, ses observations et ses propositions de correction de la situation. En l'absence de réponse ou en cas de réponse insuffisante, il lui adresse une *injonction* de prendre les dispositions de nature à faire cesser les manquements constatés. En cas d'urgence, tenant à la sécurité des patients ou du personnel, et s'il n'a pas été satisfait aux mesures énoncées dans l'injonction, le directeur général de l'ARS peut prononcer la suspension immédiate totale ou partielle de l'autorisation ou l'interruption immédiate du fonctionnement de l'activité concernée. La décision est notifiée au titulaire de l'autorisation accompagnée d'une *mise en demeure* de remédier aux manquements constatés. Si cette mise en demeure n'est pas suivie d'effet, le directeur général de l'ARS, après avis de la commission précitée, se prononce, à titre définitif, soit sur le maintien de la suspension jusqu'à la réalisation des mesures exigées soit sur le retrait de l'autorisation soit sur sa modification. Les cas de suspension et de retrait d'autorisation sont relativement peu nombreux. Par expérience, nous pouvons affirmer que les décisions sont très généralement motivées par des faits ayant eu des conséquences graves (décès et/ou séquelles très invalidantes).

6. Le régime de l'autorisation des activités médico-sociales

La règle générale résultant des lois de répartition des compétences entre l'Etat et les collectivités décentralisées est que l'autorité disposant du pouvoir d'autorisation est celle qui est responsable du financement de l'activité autorisée. Le président du conseil départemental est donc seul compétent pour autoriser un établissement ou service financé par l'aide sociale départementale. De même, l'autorité préfectorale est seule compétente pour autoriser un établissement ou un service d'action sociale relavant de la compétence de l'Etat. Enfin, le directeur général de l'ARS dispose du pouvoir d'autoriser tous les établissements ou services d'action médico-sociale financés par l'Assurance maladie.[1305]Mais dès lors que l'institution dispense des prestations d'action sociale, d'une part, des prestations de soins d'autre part, l'autorisation délivrée est une *autorisation conjointe* du directeur général de l'ARS et du président du conseil

---

[1304] Art.L.6122-13 CSP.

[1305] C'est notamment le cas des établissements d'éducation spéciale accueillant des enfants handicapés, des centres d'action médico-sociale précoce, des centres de réadaptation et rééducation professionnelle, des maisons d'accueil spécialisées pour adultes handicapés, des lieux de vie, des établissements d'hébergement d'accueil de personnes âgées (EHPAD) ou handicapées (foyers d'accueil médicalisés) au sein desquels sont dispensés des soins remboursés par l'AM.

départemental (le même schéma d'autorisation conjointe prévaut quand la double compétence est celle de l'autorité préfectorale et de l'autorité départementale).

Les projets de création, de transformation ou d'extension d'établissements et services sociaux et médico-sociaux répondent à une procédure d'appel à projets lancée par les autorités compétentes, ce qui permet une maîtrise de leur développement en fonction, non seulement des besoins mais des dotations dont elles disposent, contrairement au passé où l'on a pu autoriser des activités sans disposer immédiatement de leur financement.[1306]Les critères de l'autorisation sont comparables à ceux qui déterminent l'autorisation des activités sanitaires mais les projets sociaux et médico-sociaux examinés par une « commission d'information et de sélection » doivent respecter le *cahier des charges* établi dans le cadre de l'appel à projets. Ce document précise les obligations fixées au promoteur du projet : réponse aux besoins, insertion et coopération au sein du système sanitaire et social, coûts de fonctionnement compatibles avec les dotations allouées au secteur social et médico-social.

L'autorisation vaut, sauf mention contraire, *habilitation* à recevoir des bénéficiaires de l'aide sociale et, lorsqu'elle est accordée par le directeur général de l'ARS, ou l'autorité préfectorale (ou conjointement avec le président du conseil départemental), autorisation de dispenser des prestations prises en charge par les organismes de sécurité sociale ou par l'Etat.[1307] Cette habilitation (ou autorisation de dispenser des prestations sur financement public) peut être refusée si « les coûts de fonctionnement sont manifestement hors de proportion avec le service rendu par des établissements fournissant des services analogues » ou s'ils sont susceptibles « d'entraîner des charges injustifiées ou excessives » pour les organismes ou collectivités concernés. L'autorisation est accordée pour une durée de quinze ans en principe. Son renouvellement est soumis aux résultats d'une évaluation préalable de l'activité.

Les règles de suspension ou de retrait des activités sociales et médico-sociales sont adaptées à la situation d'un secteur géré essentiellement par des organismes privés sans but lucratif (de statut associatif le plus souvent) même si, surtout dans le domaine des établissements accueillant des personnes âgées, les organismes à but lucratif prennent une place importante.

[1306] Toutefois l'art.L.313-1-1 du Code de l'Action Sociale et des familles établit un régime dérogatoire important conditionné à des seuils ou à la conclusion de contrats d'objectifs et de moyens avec les autorités compétentes.

[1307] L'habilitation à recevoir des bénéficiaires de l'aide sociale peut être assortie d'une convention précisant les conditions de fonctionnement de l'institution au regard de l'aide sociale (art.L.313-8-1 CASF).

Le principe en la matière est que l'autorité qui a délivré l'autorisation est celle qui assure le contrôle de son exécution et est habilitée à prendre des mesures pouvant comporter des sanctions financières, ou bien la suspension ou le retrait de l'autorisation. Dans les cas où l'autorisation est conjointe, les deux autorités l'ayant accordée doivent s'entendre sur les mesures à prendre. En cas de désaccord, il revient à l'autorité préfectorale de décider (celle-ci peut également se substituer au président du conseil départemental dans les cas où, étant compétent pour décider, il s'abstient de le faire).

Un premier cas de figure correspond à la situation dans laquelle « les conditions d'installation, d'organisation ou de fonctionnement de l'établissement, du service ou du lieu de vie, en méconnaissant les lois et règlements, risquent d'affecter la prise en charge des personnes accueillies ou le respect de leurs droits ». [1308]La procédure prévoit, si nécessaire, la mise en œuvre du pouvoir d'injonction dont dispose l'autorité compétente. Celle-ci peut également imposer des sanctions financières au titulaire de l'autorisation. Elle peut enfin nommer un administrateur provisoire en cas de carence manifeste du gestionnaire.

Un second cas de figure est celui de « l'organisme de droit privé sans but lucratif dont la situation financière fait apparaître un déséquilibre financier significatif et prolongé ou des dysfonctionnements dans la gestion financière ».[1309]L'autorité compétente peut adresser une injonction au titulaire de l'autorisation (généralement l'association gestionnaire) d'avoir à prendre les mesures permettant d'y remédier. Les modalités de retour à l'équilibre financier donnent lieu à un contrat d'objectifs et de moyens. S'il n'est pas satisfait à l'injonction ou en cas de refus de signer un contrat de retour à l'équilibre, l'autorité compétente peut nommer un administrateur provisoire.

« Lorsque la santé, la sécurité ou le bien-être physique ou moral des personnes accueillies ou accompagnées sont menacés ou compromis, et s'il n'y a pas été remédié dans le délai fixé par l'injonction précitée ou pendant la durée de l'administration provisoire, l'autorité compétente peut décider la suspension ou la cessation de tout ou partie des activités de l'établissement ou service concerné ». En cas d'urgence, ou lorsque le gestionnaire refuse de se soumettre au contrôle, l'autorité peut, sans injonction préalable, prononcer la suspension de l'activité pour une durée maximale de six mois.[1310] Elle

[1308] Art.L.313-14 CASF.
[1309] Art.L.313-14-1 CASF.
[1310] Art.L.313-16 CASF.

prend, dans ce cas, toutes les mesures nécessaires à la continuité de la prise en charge des personnes accueillies ou accompagnées.[1311]

La gestion des services sociaux et médico-sociaux repose essentiellement sur le savoir-faire des professionnels en matière relationnelle, aussi bien avec les usagers qu'avec leur entourage et sur la capacité à travailler en équipe. Ce savoir-faire s'adresse à des situations souvent éprouvantes sur le plan psychologique. Il peut faire appel à des conceptions médico-psycho-éducatives innovantes et bénéfiques aux personnes aidées mais exigeant souvent un fort investissement personnel. Quelle que soit la qualité du projet d'établissement (élément essentiel), des tensions plus ou moins fortes peuvent en résulter, qui expliquent des situations de crises affectant le fonctionnement de l'institution. Beaucoup d'établissements et services sont gérés par des associations de bénévoles, ce qui suppose réunies les conditions du dialogue entre des professionnels et ces derniers. La plupart des associations sont membres de grandes fédérations qui leur apportent un appui très important. Mais certaines ont pu par le passé éprouver des difficultés à maîtriser les exigences techniques, administratives et financières qui garantissent la pérennité d'une institution. La politique publique de regroupement et de fédération des institutions suivie depuis l'adoption de la loi de 2002 sur les institutions sociales et médico-sociales, réformant celle de 1975, s'est fixée comme objectif principal une meilleure coordination de l'action sociale et médico-sociale et une rationalisation de leur gestion. Elle a sans doute permis de prévenir les risques liés à l'isolement doctrinal et administratif de certaines petites structures dont la fragilité hypothéquait l'action. Mais elle peut aussi former, en normalisant le système, un obstacle à la création de structures innovantes.

II. Des dispositifs de coopération et de mutualisation volontaristes

L'histoire hospitalière est marquée par un fort attachement des établissements à leur autonomie, une forte prégnance du pouvoir municipal sur les établissements publics et une vive concurrence entre établissements publics et privés à but lucratif. Cette revendication d'autonomie rencontre ses limites. Des parlementaires ayant saisi le Conseil constitutionnel au motif que plusieurs dispositions de la loi HPST « limitaient l'autonomie des établissements publics de santé en méconnaissance des exigences constitutionnelles en matière de liberté contractuelle », celui-ci a rejeté leur requête considérant « qu'aucune exigence constitutionnelle ne garantit l'autonomie des établissements publics de santé et que les pouvoirs de l'ARS ne portent pas, en eux-mêmes, atteinte à la liberté de contracter de ces

[1311] Art.L.313-17 CASF.

établissements ».[1312]Cette décision tend à établir que l'autonomie des établissements est limitée à leur pouvoir de gestion interne. Le législateur est donc fondé, dans un souci d'efficience du service public, à imposer une obligation de coopération entre établissements et services.

1. Les pouvoirs d'organisation de la coopération du directeur général de l'ARS

La loi confère au directeur général de l'ARS des pouvoirs spécifiques en vue d'inciter les acteurs du système de santé à la coopération, et même à la leur imposer pour « garantir la qualité et la sécurité des soins, améliorer l'organisation et l'efficacité de l'offre de soins, maîtriser son coût, améliorer les synergies interrégionales en matière de recherche, associer les hôpitaux des armées à l'organisation sanitaire régionale ».[1313]Il peut demander à des établissements de santé de conclure une convention de coopération, de créer un groupement de coopération sanitaire ou un groupement d'intérêt public. Il peut enfin leur demander de prendre une délibération tendant à la fusion des établissements concernés.[1314]

2. Les modalités juridiques de la coopération

Les modalités juridiques de la coopération ont longtemps reposé, et reposent encore largement, sur la convention de coopération librement établie entre établissements et/ou services sanitaires et sociaux en vue de réaliser un objectif limité. La loi de modernisation de notre système de santé de 2016, complétée sur ce point, par la loi d'organisation et de transformation du système de santé de 2019, franchit un pas qui pourrait être décisif en créant le *« groupement hospitalier de territoire » (GHT)* et en le rendant obligatoire. Par ailleurs, depuis l'ordonnance de réforme hospitalière de 1996, la formule du *« groupement de coopération sanitaire » (GCS)* a évolué et contribué à la mutualisation d'un grand nombre d'équipements lourds.

[1312] Conseil constitutionnel. Décision n°2009-584 DC 16.7.2009

[1313] Art.L.6131-1 à 5 CSP.

[1314] Si sa demande n'est pas suivie d'effet, et après concertation avec les conseils de surveillance des établissements, il peut décider de mesures appropriées et notamment la réduction de dotations de financement pour que, selon les cas, les établissements concluent une convention de coopération ou forment des groupements de coopération dont il fixe les compétences (Art.L.6131-2 CSP). Il peut également prononcer la fusion des établissements en cause (Art.L.6131-4). En l'occurrence, les pouvoirs conférés au directeur général de l'ARS correspondent à des situations généralement exceptionnelles où il apparaît que les décisions à prendre sont pratiquement les seules qui puissent assurer la pérennité d'une activité.

A. Le groupement hospitalier de territoire (GHT)

Chaque établissement public de santé est désormais, sauf dérogation tenant à sa spécificité, obligatoirement partie à une convention de groupement hospitalier de territoire. (GHT)[1315] Celui-ci fédère et répartit les activités des établissements membres. Ces derniers ont les droits attachés à leur qualité de partie à la convention constitutive du groupement mais la loi prévoit que son pilotage repose largement sur un « établissement-support ». [1316]

L'objet du GHT est de permettre aux établissements de mettre en œuvre *« une stratégie de prise en charge commune et graduée du patient », dans le but d'assurer une égalité d'accès à des soins sécurisés et de qualité.* Il assure la rationalisation des modes de gestion par une mise en commun de fonctions ou par des transferts d'activités entre établissements. Dans chaque GHT les établissements membres élaborent un *« projet médical partagé »* garantissant une offre de proximité ainsi que « l'accès à une offre de référence et de recours », y compris en mettant en place des équipes médicales communes.[1317] On retrouve dans cette définition le principe du *parcours de soins coordonnés* et d'une répartition efficiente des activités hospitalières garantissant la continuité de la prise en charge. Le projet médical partagé définit une organisation en filières par pathologie de l'offre de soins graduée et sa déclinaison pour chaque établissement.[1318] A l'illusoire polyvalence de l'établissement se substitue une spécialisation des fonctions dans le cadre global de la fédération. L'adossement des établissements de proximité à un établissement-support leur offre la possibilité de proposer des activités et des consultations spécialisées avec le concours de ses praticiens tout en lui laissant exécuter les interventions les plus complexes. Les établissements et services médico-sociaux peuvent être partie à un GHT, de même que les établissements privés. En ce cas, est signée entre les parties une convention de partenariat qui prévoit l'articulation de leur projet médical avec celui du GHT.

La loi prévoit que tous les GHT s'associent à un CHU afin d'organiser leur coopération médicale. Le projet médical partagé définit les contenus et les procédures de cette coopération. Le CHU coordonne au

---

1315 Art.L.6132-1 CSP. Par ailleurs l'attribution de la dotation pour les missions d'intérêt général et l'aide à la contractualisation est subordonnée à la conclusion de la convention constitutive du GHT (art.L.6132-5 CSP).

1316 Art.L.6132-3 CSP.

1317 Cette mutualisation inclut l'organisation commune de la pharmacie, de la biologie, de l'imagerie, et de la télémédecine.

1318 Chaque filière organise la permanence des soins, les consultations externes, les consultations « avancées » (de spécialistes auprès du niveau de proximité), les activités ambulatoires, d'hospitalisation partielle ou complète, les plateaux techniques, la prise en charge des urgences, les activités d'HAD, les prises en charge médico-sociales.

profit des établissements du GHT, les missions d'enseignement et de formation des personnels médicaux, de gestion de la démographie médicale, de recherche, de référence et de recours. Une convention d'association entre l'établissement-support et le CHU en fixe les modalités.

La convention constitutive du GHT est approuvée par le directeur général de l'ARS qui vérifie sa conformité avec le PRS.[1319]Elle définit le projet médical partagé, les délégations d'activités de soins ou d'équipements lourds, les transferts d'activités de soins ou d'équipements lourds entre établissements, l'organisation des activités et la répartition des emplois médicaux et pharmaceutiques ainsi que les modalités de constitution des équipes médicales communes, les modalités d'organisation et de fonctionnement du GHT.

Le comité stratégique est l'organe compétent du GHT pour arrêter les principales décisions. Il est composé des directeurs des établissements membres, des présidents de leur commission médicale et de leur commission des soins infirmiers, de rééducation, des services médicotechniques. Il peut constituer un bureau auquel il délègue tout ou partie de ses attributions.

Un comité territorial des élus, dont la mission est de veiller à l'égalité d'accès à des soins sécurisés et de qualité sur l'ensemble du territoire du GHT peut émettre des propositions et doit être informé des suites données à celles-ci.

Le rôle de l'établissement-support du GHT fait l'objet de dispositions précises qui soulignent son importance pour le bon fonctionnement de la structure fédérative et pour la mutualisation de moyens difficiles à réunir par chaque établissement. Il assure les fonctions suivantes, pour le compte des établissements membres : la stratégie et la gestion du système commun d'information hospitalier, la gestion d'un département de l'information médicale de territoire, la coordination des de formations des personnels paramédicaux, la gestion des ressources médicales. Il peut gérer pour le compte des établissements membres des équipes médicales communes, mettre en place des activités administratives, logistiques, techniques et médicotechniques.

Le législateur a ouvert des perspectives larges de coopération au sein du GHT puisque le directeur général de l'ARS peut autoriser ses membres à mettre en commun leurs disponibilités déposées auprès de l'Etat, à élaborer un programme commun d'investissement et un plan global de financement

---

[1319] Le cas échéant, l'approbation de la convention constitutive vaut autorisation de changement de lieu des implantations d'activités.

pluriannuel, enfin à conclure un contrat pluriannuel d'objectifs et de moyens unique avec l'ARS.

Le ministère de la Santé dénombrait, fin 2019, 136 GHT de taille variable (entre 2 et 20 établissements parties au groupement) correspondant à des territoires allant de 100 000 à 2,5 millions d'habitants et à des tailles budgétaires allant de 100 millions à plus de 2 milliards d'euros. Un rapport récent de l'IGAS observe que la formation des GHT est un réel progrès dans la coopération inter-hospitalière, même si ce progrès demeure inégal selon les régions. Il note que deux facteurs contribuent particulièrement au bon développement de la formule : l'existence d'un établissement-support disposant de ressources adéquates et un fonctionnement comportant le maximum d'intégration des fonctions. Le rôle de l'ARS est jugé important, notamment à travers l'outil contractuel et l'autorisation des activités et des équipements matériels lourds.[1320]L'étude souligne qu'à court terme, la priorité est que les synergies offertes par le GHT renforcent le rôle des établissements de proximité, notamment dans leurs fonctions médico-sociales et dans leur coopération avec la médecine de ville. A moyen terme, les auteurs du rapport envisagent l'hypothèse de l'évolution des GHT les plus intégrés vers un établissement public de santé territorial, ce qui suppose une plus grande association des élus locaux, de la communauté médicale et des usagers. Il n'est pas certain que le projet de loi « 3DS » emprunte cette voie...

B. Le groupement de coopération sanitaire (GCS)

La formule du GCS instituée en 1996 pour favoriser la coopération entre institutions publiques privées a connu une sensible évolution, en particulier avec la loi HPST qui a créé deux catégories de GCS : le « GCS de moyens » et le « GCS - établissement de santé ». Assez peu nombreux dix ans après l'institution de ce mode de coopération (65 en 2006) les GCS sont aujourd'hui plusieurs centaines (491 en 2012). Il s'agit majoritairement de « GCS de moyens » créés en vue de gérer en commun un équipement matériel lourd. La formule s'est développée plus récemment pour la gestion de réseaux de soins ou pour permettre l'association de praticiens libéraux au secteur public, notamment dans les établissements de proximité, souvent affectés par des vacances de postes médicaux. C'est la raison pour laquelle la loi prévoit que, dans le cadre d'un GCS accueillant des médecins libéraux, ceux-ci peuvent intervenir au sein d'un établissement public membre en percevant les honoraires conventionnels de l'Assurance maladie. Les « GCS-établissements de santé », encore peu nombreux, associent plutôt des

---

1320 Bilan de trois années de fonctionnement des GHT. C. Dagorn, D. Giorgi, A. Meunier, Rapport IGAS. Ministère des solidarités et de la santé. Déc.2019 (2019-034 R).

établissements publics et des établissements de santé privés d'intérêt collectif pour une prise en charge pluridisciplinaire à un niveau très spécialisé d'une pathologie (l'exemple-type est l'association d'un CHU et d'un centre anticancéreux).

a) Le « GCS de moyens »

Le GCS de moyens peut être constitué pour :

- organiser ou gérer des activités administratives, logistiques, techniques, médicotechniques, d'enseignement ou de recherche
- réaliser ou gérer des équipements d'intérêt commun (il peut être titulaire de l'autorisation d'installation d'équipements matériels lourds).
- permettre les interventions communes de professionnels médicaux et non médicaux exerçant dans les établissements, centres de santé et professionnels libéraux membres du groupement.
- exploiter sur un site unique les autorisations détenues par un ou plusieurs membres[1321]

Un « GCS de moyens » peut être constitué, avec ou sans capital, par des établissements de santé publics ou privés, des établissements médico-sociaux, des centres et maisons de santé, des personnes physiques ou morales exerçant une profession médicale ou de santé à titre libéral.[1322]Sa convention constitutive signée par l'ensemble de ses membres est soumise à l'approbation du directeur général de l'ARS. Le GCS acquiert la personnalité morale à la publication de la décision de l'autorité précitée. Il est une personne morale de droit public lorsqu'il est formé par des personnes morales de droit public (y compris si des personnes physiques ou morales exerçant à titre libéral s'associent à la personne de droit public). Il est une personne de droit privé lorsqu'il est formé exclusivement de personnes de droit privé. Dans les autres cas, sa nature juridique est fixée par les parties à la convention constitutive. Il peut être employeur. La convention constitutive du GCS de moyens définit son objet et précise la répartition des droits statutaires de ses membres, proportionnellement à leur apport ou à leur participation aux charges de fonctionnement ainsi que les règles précisant leur responsabilité à l'égard des dettes de l'organisme. Elle détermine les modalités d'organisation et de fonctionnement du groupement. Son assemblée générale est habilitée à prendre toute décision prévue par la convention. Elle élit, en son sein, un administrateur (et son suppléant)

[1321] Art.L.6133-3 à 6133-10 CSP.

[1322] Une personne physique ou morale poursuivant un but lucratif à titre principal de fourniture, distribution ou fabrication de produits de santé ou de prestation de services ne peut être membre d'un GCS.

représentant le GCS auprès des tiers et dans tous les actes de la vie civile ou en justice.

b) Le « GCS-établissement de santé »

Un GCS de moyens titulaire d'une ou plusieurs autorisations d'activités de soins acquiert le statut d'établissement de santé, privé s'il est de droit privé, public s'il est de droit public, par décision du directeur général de l'ARS. Lorsque le GCS est un établissement public de santé, ses règles de fonctionnement sont proches de celles de tout établissement public de santé. Néanmoins, l'administrateur du GCS exerce ses fonctions spécifiques aux côtés du directeur de l'établissement. La composition du conseil de surveillance diffère des règles communes pour permettre la représentation des collectivités territoriales concernées, du personnel médical et non médical du GCS et bénéficier du concours de personnes qualifiées. Les règles de financement de l'établissement public gérant le GCS sont celles d'un établissement public mais elles comportent des règles spécifiques assurant la rémunération des établissements privés et des professions libérales parties au GCS.[1323]

3. Une politique comparable de coopération entre institutions sociales et médico-sociales ouverte à la coopération avec les institutions sanitaires.

L'impératif de la coopération s'impose aux institutions sociales et médico-sociales comme aux institutions sanitaires dans le même dessein de favoriser leur coordination, leur complémentarité de garantir la continuité des prises en charge et de l'accompagnement des personnes aidées.

Le secteur social est caractérisé par la diversité de ses modes d'action et par la spécificité du projet d'un certain nombre d'institutions, spécificité qui doit être préservée sauf à renoncer aux objectifs d'aide à la personne qui l'animent. La loi entend tenir compte de ces spécificités. Ses dispositions sont néanmoins comparables à celles du secteur sanitaire. Leur mise en œuvre repose donc sur le discernement des autorités. C'est ainsi qu'elle crée un *« groupement de coopération sociale et médico-sociale »* (GCSMS) permettant des interventions communes des professionnels des secteurs sociaux, médico-sociaux et sanitaires. Le groupement peut être autorisé à exercer les missions assurées par les établissements ou services membres, à procéder aux fusions et regroupements des organismes gestionnaires. Il peut créer des réseaux sociaux et médico-sociaux ou y adhérer. Il peut être constitué entre des professionnels, établissements ou services sociaux et médico-sociaux et des établissements de santé. Peuvent y être associés, par

[1323] Art.L.6133-7- et 8 CSP.

convention, les professionnels médicaux et paramédicaux du secteur libéral ou du secteur public. La nature juridique du GSMS est fixée par ses membres : il est une personne morale de droit public lorsqu'il est constitué exclusivement par des personnes de droit public ou des personnes de droit public et des personnes physiques ou morales exerçant une profession de santé. Il est une personne de droit privé lorsqu'il est constitué exclusivement de personnes de droit privé. Il poursuit un but non lucratif.

III. Le rôle important de la contractualisation dans les rapports entre l'ARS et les acteurs du système de santé

La matière foisonnante de la contractualisation comme mode d'action publique a fait l'objet de nombreuses réflexions tant politiques que juridiques.

1. Les interrogations sur la portée juridique du contrat pluriannuel d'objectifs et de moyens (CPOM)

Les juristes se sont interrogés sur la nature juridique du CPOM et sur sa portée en droit. La jurisprudence lui reconnaît le caractère d'un contrat administratif. Ce caractère est acquis du point de vue organique puisque l'une des parties au contrat, au moins, est une personne publique, en l'occurrence l'ARS. Il l'est du point de vue matériel puisqu'il contient des « clauses exorbitantes du droit commun » : existence d'un pouvoir de contrôle et de sanction de l'ARS à l'égard du cocontractant, du pouvoir de son directeur général de résilier unilatéralement le contrat ou d'imposer l'exécution d'une mission de service public.[1324] Il peut notamment imposer à l'établissement de santé cosignataire, l'engagement de mettre en œuvre les priorités du projet régional de santé et du schéma régional, un certain nombre de transformations de son activité, d'obligations de coopération avec d'autres acteurs du système de santé.

Peut-on souscrire à l'idée que le CPOM n'est qu'un instrument de recentralisation de la gestion du système de santé et qu'il est le nouveau masque de la tutelle ?[1325] Le regard du praticien n'est pas celui d'une doctrine juridique et/ou d'une analyse politique. Il voit dans le CPOM un outil de cohésion du système de santé et d'amélioration de la qualité des soins, ce que la technique juridique de la tutelle administrative ne permettait

---

[1324] Cette reconnaissance du caractère administratif du CPOM prend appui sur la jurisprudence (CE 31.12.1912 société des granits porphyroïdes des Vosges/ CE 20.4.1956 consorts Grimouard). La Cour administrative d'appel de Douai (arrêt « polyclinique de La Louvière ») a d'ailleurs considéré que le refus de signer un avenant tarifaire par un directeur d'ARH était du ressort de la juridiction administrative.

[1325] Voir notamment « Le contrat dans la réforme hospitalière du 21 avril 1996 ». Jacques Hardy. Revue de droit social n°11. Novembre 1997.

pas. Ce dernier point, crucial, est au centre des négociations contractuelles sur la base de l'évaluation des activités et du fonctionnement des structures. Par expérience, nous pouvons aussi témoigner que le CPOM est un outil de dialogue et d'action beaucoup plus approfondi et pertinent que la méthode classique de la tutelle administrative. Il est le fruit d'une réelle négociation, sur la base d'un *diagnostic partagé*, au terme de laquelle les priorités du projet de l'établissement, pour autant qu'elles ne s'opposent pas au PRS et au SRS, sont prises en compte, et bénéficient d'engagements financiers pluriannuels. Cette procédure ne peut pas davantage être confondue avec la caricature qui en est faite par les contempteurs du management public. Bien sûr, un usage dénaturé peut être fait du CPOM mais que dire de l'usage longtemps fait de la tutelle administrative classique ?

On a évoqué le caractère aléatoire des engagements de l'ARS sur la durée pluriannuelle d'un CPOM alors qu'elle est tenue par les règles de l'annualité budgétaire. Ce risque existe mais est aujourd'hui limité par la stabilité monétaire apportée par la monnaie européenne. Nous pensons également, par expérience, qu'il est possible de constituer un fonds de réserve permettant de gérer les aléas économiques.[1326]

2. Les parties au contrat

Le directeur général de l'ARS conclut avec chaque établissement de santé ou titulaire d'une autorisation d'activité de soins ou d'équipement matériel lourd un CPOM portant sur l'ensemble de l'activité de l'institution concernée d'une durée maximum de cinq ans. Le contrat est révisable par avenant. [1327]Peuvent être partie au contrat des organismes concourant aux soins, des universités et établissements scientifiques ainsi que des professionnels de santé exerçant à titre libéral. Les contrats sont signés ou révisés au plus tard six mois après la délivrance de l'autorisation d'activité. A défaut de signature, le directeur général de l'ARS fixe les objectifs quantitatifs et qualitatifs que doit remplir l'établissement.

3. Le contenu du contrat

Le CPOM « détermine les orientations stratégiques de l'établissement ou du groupement de coopération sanitaire sur la base du PRS et du SRS ».[1328]Il précise :

[1326] Le surgissement d'une situation extraordinaire comme la pandémie actuelle appelle évidemment des solutions politiques dépassant ce cadre.

[1327] Art.L.6114-1 CSP/D.6114-1 à 17 CSP.

[1328] Le cas échéant, du schéma inter-régional de santé lorsque sont en question des activités répondant aux besoins de plusieurs régions (cas de disciplines comme les greffes ou le traitement des grands brûlés gérées par un CHU).

- les conditions d'accueil et de prise en charge des usagers ainsi que les conditions de garantie de continuité des soins
- les conditions de sa participation au réseau de prise en charge des urgences et de prise en charge par ses activités de médecine et chirurgie des patients adressés par les structures d'urgence
- les engagements relatifs à la politique nationale d'innovation médicale et de recours
- les engagements pris en vue de la transformation des activités, le cas échéant, et les engagements en matière de coopération
- les conditions de prise en charge des patients nécessitant des soins palliatifs
- les modalités de prise en charge des patients atteints de cancer
- les engagements relatifs, le cas échéant, à un programme de retour à l'équilibre financier
- les conditions d'exécution et d'évaluation des missions d'intérêt général et de développement d'un système d'information.
- Les objectifs de qualité et de sécurité des soins suivant les recommandations de la HAS
- la maîtrise médicalisée des dépenses et l'évolution des pratiques professionnelles
- le volet social (politique de ressources humaines, formation) et culturel

Sont fixés, dans le respect des règles déontologiques, des indicateurs de performance relatifs aux conditions de gestion de l'établissement, de prise en charge des patients et d'adaptation aux évolutions du système de santé.[1329]Les résultats obtenus chaque année au regard de ces indicateurs sont rendus publics.[1330]

4. Evaluation de l'exécution du contrat

La réalisation des objectifs du CPOM fait l'objet d'une évaluation des résultats de leur mise en œuvre à partir des indicateurs de suivi et de résultats figurant dans l'accord. Elle donne lieu à un « rapport d'étape annuel » débattu contradictoirement lors d'une réunion d'échanges entre l'autorité sanitaire et les responsables de l'établissement. Le but de cette réunion est de mettre au point, par accord entre les parties, les actions correctrices éventuelles ou les projets d'amélioration jugés nécessaires.

[1329] Leur liste est établie par décret après consultation de la Haute Autorité de santé, de l'Agence nationale d'appui à la performance des établissements de santé et médico-sociaux et des fédérations représentant les établissements publics et privés.

[1330] La non-réalisation injustifiée des objectifs ou leur non-publication peut entraîner les sanctions prévues au contrat. Le respect ou le dépassement des objectifs permet au directeur général de l'ARS de verser à l'établissement une contrepartie financière.

5. Renouvellement du contrat

La demande de renouvellement doit être déposée à l'ARS un an avant son échéance. L'agence, qui dispose d'un délai de quatre mois à compter de la réception de cette demande pour y répondre, doit motiver son refus éventuel de renouvellement. La résiliation du contrat est prévue « en cas de manquement grave de l'établissement ou du titulaire de l'autorisation à ses obligations contractuelles ».

6. La démultiplication des contrats

La contractualisation est un outil essentiel pour orienter davantage les acteurs du système de santé vers une action coordonnée avec les secteurs sociaux et médico-sociaux. Elle l'est aussi pour le développement des programmes de prévention, d'éducation thérapeutique ou des projets locaux de santé publique dans le cadre des contrats locaux de santé précédemment évoqués.

L'ARS peut conclure des contrats distincts du CPOM mais cohérents avec les objectifs de ce dernier. C'est ainsi qu'elle est amenée à conclure des contrats tripartites (ARS/AM/établissement) ayant pour but le bon usage du médicament, des produits et prestations (CBUMPP). Elle peut également conclure avec un établissement un contrat de retour à l'équilibre financier (CREF) quand celui-ci est sérieusement menacé. En ce cas, l'impact des mesures qu'il contient pouvant être important pour la réalisation des objectifs du CPOM, un avenant à ce dernier est signé. Enfin, l'ARS peut signer un « contrat de performance » tripartite (ARS/ANAP/établissement) définissant des objectifs et des moyens spécifiques d'amélioration de la qualité des soins et de la gestion des établissements.

Le CPOM n'est pas obligatoire, en principe, pour les structures médico-sociales mais il devrait l'être selon les conditions fixées par un arrêté ministériel à venir fixant un seuil d'activité au-delà duquel il s'imposerait.

Conclusion

Progressivement, depuis trois décennies, l'Etat s'est imposé dans une tentative de réunion des acteurs du système de santé au service d'une politique de santé qui manquait auparavant d'unité. D'un système de santé caractérisé par une large autonomie de ses acteurs, par leurs antagonismes, par une logique essentiellement curative, il s'efforce de faire un système de santé dont l'action est orientée par l'analyse des données de la santé publique et par les priorités qu'il établit en conséquence.

Pour ce faire, il a peu à peu pris le contrôle du système de l'Assurance Maladie, développé des modalités de régulation de l'offre de soins, emprunté un certain nombre d'instruments appartenant à la panoplie des systèmes nationaux de santé en les intégrant à un modèle qui demeure un modèle assurantiel. Il a en quelque sorte, si nous prolongeons le propos de Bruno Palier, associé, dans un attelage improbable, des éléments du modèle de Beveridge au modèle bismarckien. Non sans quelques résultats : nous l'avons mentionné, on observe par exemple une baisse du taux de la mortalité prématurée et évitable.

Cette stratégie, qui s'est traduite par une grande inflation législative et réglementaire, par des textes souvent complexes et ambigus, vise une transformation progressive du système de santé pour le rendre plus efficient. Le maître-mot de cette stratégie, c'est la coordination des acteurs dans un système dont le cloisonnement n'a pas seulement un coût financier mais humain. L'enjeu, c'est l'organisation d'un « parcours de soins coordonnés ». C'est aussi la délivrance de soins pertinents et donc l'acclimatation définitive d'une culture de l'évaluation et de la qualité dans un système qui n'y était guère préparé il y a seulement deux décennies. C'est enfin l'égalité réelle devant la santé, ce qui nécessite des politiques de promotion de la santé et de prévention, dépassant de beaucoup le seul domaine médical.

La question que l'on peut se poser au terme de cet ouvrage est de savoir si cette stratégie d'adaptation empirique, naviguant entre des écueils multiples, est encore possible. De grands observateurs et acteurs du système de santé ne le pensent pas. Un Jean de Kervasdoué, par exemple, prédit la faillite du système de l'Assurance Maladie. Il n'est pas le seul : nous avons évoqué les récentes analyses du Haut Conseil pour l'avenir de l'Assurance Maladie qui montrent qu'en l'état le système ne pourra pas soutenir les effets du vieillissement et l'accroissement considérable du poids des maladies chroniques. Par ailleurs, la gestion actuelle de l'offre de soins suffira-t-elle à effacer les nombreux effets pervers du système liés à la dualité médecine de ville-hôpital, au compartimentage entre le sanitaire, le médico-social et le social ? Les politiques incitatives suffiront-elles à résoudre les déséquilibres de la démographie médicale, les déséquilibres entres généralistes et spécialistes ainsi qu'entre spécialités ? Quant aux politiques de promotion de la santé et de prévention, nous avons vu à quel point, en dépit d'un affichage plus volontariste, elles restent marginales.

On peut se demander si l'ensemble des demi-mesures qui, depuis deux ou trois décennies, insufflent dans notre modèle assurantiel des éléments empruntés aux systèmes nationaux de santé, ne devrait pas favoriser un passage vers ce type de système. L'essentiel est de déboucher sur un système radicalement simplifié, lisible, offrant non l'égalité immédiate - ne versons pas dans l'utopie - mais progressivement *de meilleures conditions d'égalité devant la santé,* grâce à son organisation, grâce à un *budget sanitaire et social commun*, grâce à la *priorité accordée à la promotion de la santé et à la prévention sanitaire et sociale.*

Il ne s'agit nullement de méconnaître l'importance de la Sécurité Sociale dans notre société et d'affaiblir son principe, si précieux, de solidarité mais de reconnaître que *le principe assurantiel a, dans le domaine de la santé, ses limites*, dès lors que la santé publique est bien loin de n'être qu'une logique de remboursement du soin. Comme il ne serait sans doute pas souhaitable d'imaginer une gestion du système de santé par un ministère qui doit conserver - et développer - ses fonctions stratégiques, peut-être faut-il en revenir à ce projet, un temps envisagé, d'une Agence nationale de santé pilotant les ARS. On peut d'ailleurs concevoir que cette agence nationale corresponde à un organisme issu de l'unification des régimes de l'Assurance Maladie et reçoive une délégation de gestion du système de santé par l'Etat. Un tel schéma implique impérativement que l'Etat se dote d'un Ministère de la Santé disposant de moyens de contrôle et d'évaluation autrement supérieurs aux moyens actuels. Par ailleurs, la responsabilité confiée à un tel organisme public ne peut plus reposer sur le système paritaire des actuels organismes de l'Assurance Maladie. Elle nécessite une participation effective et significative, aux côtés de l'Etat et des collectivités territoriales, des organisations syndicales et professionnelles, des usagers des services sanitaires et sociaux. Autrement dit, le passage d'une « démocratie sociale » à une « démocratie sanitaire et sociale ». Peut-être est-ce, en effet, le moment de les associer dans un modèle décentralisé et décloisonné. Décentralisé parce qu'il faut, dans une perspective de promotion de la santé, suivant les exemples des systèmes nationaux de santé qui sont efficients, développer les projets locaux de santé. Décloisonné parce que le coût humain et financier de l'actuel système en démontre l'impérieuse nécessité.

L'analyse de l'évolution politique de notre pays donne pourtant à penser qu'un transfert de compétences de gestion du système de santé aux collectivités territoriales pourrait intervenir à terme. Nous assistons à une remise en cause des compétences de gestion des fonctions collectives relevant de la conception de l'Etat-Providence et à une revendication, encore diffuse mais forte, de transfert de ces compétences de gestion aux collectivités territoriales. Les lignes de partage des compétences entre régions, départements, métropoles ne sont pas encore clairement tracées et risquent, comme ce fut le cas lors de la répartition des compétences intervenue lors des premières lois de décentralisation de 1982-83, d'obéir à des logiques budgétaires plus qu'à des logiques de santé publique. C'est bien pourquoi cette décentralisation ne nous paraît pas souhaitable. Le risque est trop grand de voir se reconstituer autour des stratégies électorales locales un système qui privilégie le localisme hospitalier au détriment des autres priorités de santé publique.

La voie d'une décentralisation « spécialisée », construite sur les problématiques sanitaires et sociales exprimées par les citoyens et usagers des services de santé nous paraît devoir être explorée. La construction de ce modèle doit se fonder non sur le souci a priori de ménager les pouvoirs des organismes sociaux, des administrations centrales, des collectivités territoriales mais *à partir d'une analyse des fonctions du système de santé et des conditions de leur application.* Un exemple, parmi d'autres, peut être fourni à l'appui de cette thèse : l'actuelle majorité entendait développer un « véritable » service de la petite enfance. C'est effectivement un enjeu majeur de la santé publique. Mais la multiplicité des institutions et des financements, quand bien même seraient-ils « coordonnés » fait-elle un service public de l'enfance ?

La formation d'un système national de santé - d'un service public de santé en somme - ne signifie aucunement la « fonctionnarisation » du corps médical, ni une atteinte quelconque aux règles d'indépendance qui garantissent le respect des principes déontologiques. Il est des systèmes de ce type qui privilégient la voie contractuelle. Nous avons assez souligné son intérêt et noté d'ailleurs que la situation des médecins généralistes est plutôt meilleure dans ces systèmes que dans le nôtre. Nous avons également souligné l'importance, pour le maintien d'un service public hospitalier, d'une offre contractuelle attractive pour les médecins hospitaliers publics et, par voie de conséquence, d'une réforme structurelle dans ce domaine, élément peut-être le plus décisif pour la survie du service public. Il sera intéressant, aussi, de suivre et évaluer l'action des communautés professionnelles territoriales de santé qui pourraient offrir une base d'expérimentation et un modèle de coopération au sein d'un tel système. Encore faudrait-il, ce qui n'apparaît plus impossible, préparer avec les professionnels le passage du mode de paiement à l'acte à un mode de paiement forfaitaire et ou à la capitation, plus adapté à un projet de santé publique. Quoiqu'il en soit de ce type de structure ou d'un modèle de centre de santé rénové, le niveau de santé primaire, base de tout système de santé d'avenir, devra développer les métiers de santé qui, aujourd'hui, correspondent à des nécessités : infirmiers en pratique avancée, éducateurs sanitaires, psychothérapeutes, travailleurs sociaux…La structuration effective du niveau de santé primaire doit permettre de rééquilibrer les contributions des différents acteurs, entre l'indispensable système hospitalier et l'aide à domicile qui, à l'exemple des meilleurs systèmes de santé, doit être sensiblement renforcée. Force est de constater que, sur ce point crucial, un système national de santé se trouve mieux préparé à cette évolution qu'un système assurantiel.

Enfin, il en va de la santé comme de bien d'autres domaines de l'action publique : elle ne peut plus être pensée dans le seul cadre national, elle ne l'est déjà plus mais, sur un certain nombre de questions, l'Union européenne devrait élargir le champ de ses compétences. Parmi celles-ci figure en premier lieu la régulation de l'industrie pharmaceutique et des produits de santé. Un Fonds européen de la recherche, alimenté par l'Union et les industriels, devrait soutenir les lourds investissements de ce secteur mais aussi garantir un contrôle public des stratégies et les conditions d'une recherche indépendante. Les domaines de la santé environnementale, de la sécurité sanitaire de l'alimentation, et de la veille contre les épidémies requièrent également un renforcement de l'action européenne. Une plus grande harmonisation des politiques de prévention et de lutte contre les addictions s'impose enfin.

Bibliographie consultée

Introduction générale

Boidin B. « La santé, bien commun mondial ou bien marchand ? », Ed. Septentrion, Paris, 2014

Bourdieu P. « Sur l'Etat », Cours au Collège de France 1989-1992, Ed. du Seuil, Coll. « Raisons d'agir », Paris, 2012

Bourdillon F. Brücker G. Tabuteau D. « Traité de santé publique ».2ème édition. Ed. Flammarion. Coll. Médecine-Sciences., Paris, 2007

Bras P.L. De Pouvourville G. Tabuteau D. « Traité d'économie et de gestion de la santé ». Ed. Sciences Po Les Presses, Coll. « édition de santé », Paris, 2009

Braunstein J.F. Lorenzini D. Revel A. Sforzini A. « Foucault, de l'histoire des sciences à l'épistémologie historique », Ed. de la Sorbonne, Paris, 2017

Braunstein JF. « Bioéthique ou philosophie de la médecine ? » Revue de métaphysique et de morale 2014/2 n°82, Ed PUF, Paris

Chevallier J. « L'Etat-post-moderne », Ed. LGDJ, Coll. « Droit et Société », Paris, 2017

Dardot P. Laval Ch. « Commun », Ed. La Découverte, Paris, 2014

Fassin D. « La vie, mode d'emploi critique », Ed. du Seuil, Coll. « La couleur des idées », Paris, 2018

Fassin D. « Les mondes de la santé publique », Cours au Collège de France 2020-2021, Ed. du Seuil, Coll. « La couleur des idées », Paris, 2021

Foucault M. « Naissance de la clinique », Ed. PUF, Coll. « Quadrige » 8ème éd. Paris, 2009

Foucault M. « Naissance de la biopolitique », Cours au Collège de France 1978-1979. Ed. Gallimard-Le Seuil, Coll. « Hautes Etudes », Paris, 2004

Hassenteufel P. « Les médecins face à l'Etat », Ed. « Presses de la Fondation nationale des sciences politiques », Paris, 1997

Illich I. « Némésis médicale », Ed. du Seuil, Coll. « Points », Paris, 1975

Jaunait A. « Comment pense l'institution médicale ? » Ed. Dalloz, Coll. « Nouvelle bibliothèque de thèses. Science politique », Paris, 2005

Kervasdoué J (de). « Santé. Pour une révolution sans réforme », Ed. Gallimard. Coll. « Débats »; Paris, 1999

Laforcade M. Rapport relatif à la santé mentale. Ministère des Affaires sociales et de la santé, 2016

Leboyer M. Llorca P.M. « Psychiatrie, l'état d'urgence », Ed. Fayard, Paris, 2018

Laude A. Mathieu B. Tabuteau D. « Droit de la santé » Ed. PUF, Coll. « Thémis-droit » 2ème édit, Paris, 2009

Moine-Dupuis I. « Les biens de santé sont-ils privés ou communs ? », Revue « Etudes », avril 2019

OCDE. Panorama de la santé 2019

OMS. « Rapport sur la santé dans le monde 2000 : pour un système de santé plus performant »

Palier B. « Gouverner la sécurité sociale », Ed. PUF, Coll. « Quadrige-essais-débats », Paris, 2002

Ricoeur P. « L'idéologie et l'utopie », Ed. du Seuil, Coll. « Points-Essais », Paris, 1997

Sfez L et al. « L'utopie de la santé parfaite », Colloque de Cerisy. Ed. PUF.Paris, 2001

Tirole J. « Economie du bien commun », Ed. PUF, Paris, 2016

Première partie

André A. « L'hospitalisation à domicile à l'épreuve des politiques publiques de santé », Mémoire. Université de Nantes. Juin 2016

Baudelot Ch. Establet R. « Suicides, l'envers de notre monde », Ed. du Seuil, Coll. « Points ». Paris. 2018.

Bargeton M. « Historique des ministères du travail, de la santé publique, des affaires sociales », Revue française des Affaires Sociales, n°1, 1971, La Documentation Française, Paris, 1971

Bergoignan-Esper C. Sargos P. « Les grands arrêts du droit de la santé », Ed. Dalloz, Coll. « Les grands Arrêts », 2ème éd. Paris, 2016

Bergoignan-Esper C. Dupont M. « Droit hospitalier », Ed. LGDJ, Paris, 2022

Binet J.R. « La réforme de la loi bioéthique. Loi du 7 juillet 2011 », Ed. LexisNexis, Paris, 2012

Bloch-Lainé F. Bouvier J. « La France restaurée.1944-1954 », Ed. Fayard, Paris, 1986

Blumann C. Dubouis L. « Droit institutionnel de l'Union européenne », Ed. LexisNexis, 6ème éd. Paris, 2016

Burgogue-Larsen L. « La Convention européenne des Droits de l'Homme », Ed. LGDJ, Coll. « Systèmes-cours », 2ème éd, Paris, 2015

Cabanel, Stephan et Taïb (Prs). Rapport « Pour une meilleure connaissance de l'état sanitaire des Français ». La Documentation Française.Paris,1981

Canal-Forgues E. Rambaud P. Droit international public, Ed. Flammarion, Coll. « Champs-université », 3ème éd. Paris, 2016

Canguilhem G. « Le normal et le pathologique » Ed. PUF, Coll. « Gallien Histoire et philosophie de la biologie et de la médecine », Paris, 1972

Caniard E. « La place des usagers dans le système de santé » Rapport au Secrétaire d'Etat à la Santé. Février 2000

Canto-Sperber M. (sous dir.). « Dictionnaire d'éthique et de philosophie morale », Ed. PUF, Paris, 1996

Castaing C. (sous dir.) « La démocratie sanitaire : mythe ou réalité ? », Centre d'étude et de recherche sur le droit administratif et la réforme de l'Etat. Université de Bordeaux. 16 avril 2013, Ed. Etudes Hospitalières. 2014

Conseil d'Etat. Dossier thématique « Le juge et le droit des médicaments », Mars 2014

Conseil national de l'Ordre des médecins -DREES (Ministère des Solidarités et de la Santé). Atlas de démographie médicale 2018

Corbin A. « Le miasme et la jonquille », Ed. Flammarion, Coll. « Champs histoire ». 2016

Dubouis L. Blumann C. « Droit matériel de l'Union européenne », Ed. Domat-droit public. LGDJ-lextenso éditions, 7ème éd. Paris, 2015

Durand G. « Un philosophe à l'hôpital », Ed. Flammarion, Paris, 2021

Evin C. « Les droits des usagers du système de santé », Ed. Berger-Levrault, Coll « Les indispensables », Paris, 2002

Evin C. et Giraud F. Rapport n° 3587 de la commission mixte paritaire sur le projet de loi relatif aux droits des malades et à la qualité du système de santé. (11ème législature, 1998-1999)

Evin C. Rapport sur « les droits de la personne malade », Conseil économique et social, juin 1996

Evin C. Rapport à l'Assemblée nationale, au nom de la Commission des affaires culturelles, familiales et sociales, n°3524 du 10.1.2002

Favoreu L. Gaïa P. Ghevontian R. Mélin-Soucramanien F. Pfersmann O. Pini J. Roux A. Scoffoni G. Trémeau J. « Droit des libertés fondamentales ». Ed. Dalloz, Coll « Précis », 2ème éd. Paris 2002

Favoreu L. et Philip L. et al. « Les grandes décisions du Conseil constitutionnel », Ed Dalloz, Coll. « Grandes Décisions »,16ème éd. Paris, 2011

Feuillet-Le Mintier B. « Normes nationales et internationales en bioéthique », Revue française des Affaires Sociales. 2002/3. La Documentation Française, Paris 2002

Fondation de France. Etudes « solitudes » (rapports annuels, notamment 2020 et 2021, en collaboration avec le CREDOC).

Fournier V. « La mort est-elle un droit ? », Ed La Documentation française. « Coll Doc en poche-place au débat », Paris, 2016

Gauchet M. « La démocratie contre elle-même », Ed Gallimard, Coll. « Tel », Paris, 2002

Gherardi C. « La commission des relations avec les usagers et la qualité de la prise en charge dans la loi du 4 mars 2002, « Revue de droit sanitaire et social n°4, Ed. Dalloz, Paris, Octobre-décembre 2002

Grabowski Y. « Innovation et économie circulaire : le cadre juridique de l'Union européenne », Mémoire IEP Strasbourg. Juin 2019

IGAS. Rapport Compagnon C., Ghadi V. « Pour l'an II de la démocratie sanitaire », Ministère des Affaires Sociales et de la Santé, Paris 14.2.2014

IGAS Rapport annuel « santé, pour une politique de prévention durable », Ministère de la Santé, de la Famille et des Personnes handicapées. La Documentation française, Paris, 2003

IGAS Rapport « comparaisons internationales sur la prévention sanitaire » (D. Jourdain-Menninger, M. Lignot-Leloup), N° 2003-003, Ministère de la Santé, de la Famille et des Personnes handicapées, janvier 2003

Jonas H. « Le principe de responsabilité » Ed Flammarion, Coll. « Champs », Paris, 1990

Jones H., Doriolle P., Beer H., « Histoire des institutions médicales internationales » in « Histoire de la médecine ». Éd. Michel Laffont-Tchou, Paris, 1977

Laforcade M. Rapport sur la santé mentale. Ministère des Affaires Sociales et de la Santé. 2016

Leboyer M., Llorca PM. « Psychiatrie, l'état d'urgence », Ed. Fayard, Paris, 2018

Le Bras H. « Se sentir mal dans une France qui va bien », Ed de l'Aube. 2019, La Tour d'Aigues.

Lécu A. « Le secret médical », Ed. du Cerf, Paris, 2016

Lefeuvre K. « La démocratie de santé en questions », Hygée Editions. Paris.2018

Lenoir N. Mathieu B. « Les normes internationales de la bioéthique » Ed. PUF, Coll. « Que sais-je ? », 2ème éd. Paris, 2004

Long M., Weil P., Braibant G., Delvolvé P., Genevois B. "Les grands arrêts de la jurisprudence administrative », Ed. Dalloz, Coll. « Les grands Arrêts », 21ème éd. Paris, 2017

Marrot B., « L'administration de la santé en France », Ed Lharmattan, Coll. « Logiques juridiques », Paris, 1995

Martinez C. et Vialla F. sous dir. « Les grands avis du comité consultatif national d'éthique », Ed. LGDJ (lextenso-éditions), Coll. « Les Grandes Décisions », Paris, 2013

Ménard Pr J. Rapport au Président de la République « Pour le malade et ses proches, chercher, soigner et prendre soins », Paris, 8.11.2007

Morelle A. « La défaite de la santé publique » Ed. Flammarion, Paris 1996

Rey O. « Leurre et malheur du transhumanisme », Ed. Desclée de Brouwer, Paris, 2018

Ricoeur P. « Ethique et morale » in « Lectures 1 », Ed du Seuil, Coll. » Essais », Paris, 1991

Ricoeur P. « Préface au code de déontologie médicale », Ed du Seuil, Coll. « Essais ». Paris, 1996

Ricot J. « Penser la fin de vie », Ed Presses de l'EHESP. Rennes. 2017

Rivero J. « A propos des métamorphoses de l'Administration aujourd'hui : démocratie et administration » in Mélanges offerts à René Savatier, Ed. Dalloz, Paris, 1965

Roques Pr B. « Rapport au Secrétaire d'Etat à la Santé sur les problèmes posés par la dangerosité des drogues », La Documentation Française. Paris, 1998

Rosanvallon P. « L'Etat en France de 1789 à nos jours », Ed. du Seuil, Coll. « Points- histoire », Paris, 1992

Safon M.O. Note sur « L'historique des réformes hospitalières en France », Service documentation de l'IRDES. Paris, Septembre 2008

Sandrin Berthon B. « Apprendre la santé à l'école », Ed. ESF, Coll. « Pratiques et enjeux pédagogiques », Paris, 1997

« Santé publique France » (18.7.2018) Rapport annuel. Paris, 2018

Sassier P. « Du bon usage des pauvres. Histoire d'un thème politique XVIème-XXème siècle » Ed. Fayard Paris, 1990

Société française de santé publique « Pour une politique de santé de l'enfant et de l'adolescent », 15.1.2002. Ed SFSP, 2002

Supiot A. « La Gouvernance par les nombres », Cours au Collège de France (2012-2014), Ed. Fayard, Coll « Poids et mesures du monde », Paris, 2015

Thénard-Duvivier et al. « Hygiène, santé et protection sociale de la fin du XVIIIème siècle à nos jours », Ed. Ellipses, Paris, 2012

Tabuteau D. « Démocratie sanitaire », Ed Odile Jacob, Paris, 2013

Tabuteau D. « La démocratie de santé en questions », Lefeuvre, Hygée Editions, Paris, 2018

Tocqueville A (de). « L'Ancien Régime et la Révolution », Livre II. Ed. Robert Laffont, Coll « Bouquins », Paris, 1986

Truchet D. « la décision en droit de la santé », Institut Diderot. Octobre 2014

Tubiana M. « Histoire de la pensée médicale », Ed. Flammarion, Coll. « Champs », Paris, 1986

Valat B. « Histoire de la Sécurité Sociale », Ed. Economica, Coll. « Economie et sociétés contemporaines », Paris, 2001

Vallancien Pr G. Rapport sur « l'évaluation de la sécurité, de la qualité et de la continuité des soins chirurgicaux dans les petits hôpitaux publics en France ». Ministère de la Santé, Paris, 2006

Vigouroux Ch. « Planification, autorisation, schéma », Revue L'Actualité Juridique-Droit Administratif. 20.9.1995, Ed. Dalloz, Paris

Villey M. « Le droit et les droits de l'homme », Ed. PUF, Coll. « Questions », 2ème éd, Paris, 1991

Deuxième Partie

Abecassis P. Coutinet N. « Politiques d'austérité et politique du médicament en France et au Royaume Uni », Revue IRES2017/1-2 (N° 91-92), Paris, 2017

Berland et Gausseron (Prs) Rapport sur l'état de la démographie médicale Ministère de la Santé. Paris 2002

Berland Pr Y., Rapport au nom de la Commission démographie médicale. Ministère de la Santé et des Solidarités, Paris 2005

Bégué P. « L'origine du refus des vaccinations », Revue Science et pseudoscience n°302, Oct.2012, Assoc. Française pour l'information scientifique

Blandin G. « Le pain du pauvre à Nantes.1789-1799 », Ed. Ouest-Editions. Nantes 1992

Borgetto M. et Lafore R. « Droit de la sécurité sociale », Ed. Dalloz, Coll. « Précis Dalloz », 19ème éd. Paris, 2019

Braconnier S. « Droit des services publics », Ed PUF, Coll. Thémis, Paris, 2003
Burdillat M. « Les nouvelles questions posées à la démographie médicale », Regards croisés sur l'économie. 2009/1, N°5

Cadeau E. « Le médicament en droit public », Ed. L'Harmattan, Coll. « Logiques juridiques », Paris, 2000

Carlet Dr J. et le Coz P. Rapport « Sauvons les antibiotiques », Ministère des Affaires Sociales et de la Santé. Paris 2015

CESAME-CNRS-INSERM. Etude sur la dépendance aux psychotropes Paris, 2004

Chevillard G. Jerber M. « Bilan 2010-2013 des maisons pluri-professionnelles de santé », Commissariat général à l'égalité des territoires. Paris, 2016

Claris Pr O. Rapport au nom de la mission sur la gouvernance et la simplification hospitalière. Ministère des Solidarités et de la Santé, Paris, juin 2020

Clément J.M., « Essai sur l'hôpital », Ed. Berger-Levrault, Coll. « Les cahiers hospitaliers », Paris, 1994

Colonomos A. « Un prix à la vie », Ed. PUF, Paris, 2020

Commission mondiale sur les politiques de lutte contre la drogue. ONU. Rapport juin 211

JJ Courtine J.J. Vigarello G. et al. « Histoire du corps » (tome 2), Ed. du Seuil, Coll. « Points-histoire », Paris, 2005

Courtine JJ. Corbin A. Vigarello G. et al. « Histoire du corps » (tome 3) Ed. du Seuil. Points-histoire, Paris, 2006

Cour des Comptes. Rapport sur « l'évaluation de la politique de lutte contre le tabagisme », Paris 2012

Cour des Comptes. Rapport sur la Sécurité Sociale pour 2017

Couty E. (avec F. Pierru) « Les transformations de l'administration hospitalière », in Revue française d'administration publique n°174 « L'administration hospitalière : réformes permanentes et crises sans fin », La Documentation Française, Décembre 2020, Paris

Crozier M. Friedberg E. « L'acteur et le système », Ed. du Seuil, Paris, 1977

Cyrulnik Dr B. Rapport au Président de la République « Les 1000 premiers jours » au nom de la commission d'experts de la petite enfance. Ministère des Solidarités et de la Santé, (8.9.2020)

Debré Pr B. Even Pr Ph. Rapport au Président de la République sur la refonte du système français de contrôle de l'efficacité et de la sécurité des médicaments. 2011

Debrosse D. Perrin A. Vallancien G. Rapport de la mission « modernisation des statuts et de la gestion sociale de l'hôpital public » Ministère de la Santé. Paris 2003

De Forges JM. « La réforme hospitalière de 1991 », Revue de droit sanitaire et social n°27, Ed. Dalloz, Paris, Oct-déc.1991

Ducassou Pr. D., Jaeck Pr. D., Leclercq B., Rapport de la mission relative aux spécificités des CHU. Ministère de la Santé, Paris 2003

Dupuy J-P., Karsenty S., « L'invasion pharmaceutique », Ed du Seuil, Coll. « Points », 2ème éd. Paris, 1974

Ehrenberg A. « La fatigue d'être soi », Ed. Odile Jacob, Paris, 1998

Etude « Samotrace », Revue Santé et Travail. Paris, Janv. 2006-mars 2008

Even (Pascal) « Les hôpitaux en Aunis et Saintonge sous l'ancien régime », Geste éditions, Coll « Pays d'histoire », La Crèche, 2002

Ewald F. « L'Etat-Providence », Ed Grasset, Paris, 1986

Ewald F. Gollier Ch. Sadeleer (de) N. « le principe de précaution », Ed. PUF, Coll « Que sais-je ? » 1ère éd, Paris, 2001

Faure O. « Les français et leur médecine au XIXème siècle », Ed. Belin, Paris, 1993

Faure O., Dessertine D. « Les cliniques privées. Deux siècles de succès », Presses universitaires de Rennes. Coll. « Histoire », 2012

Faure O. « Pour une histoire de l'hospitalisation privée », Revue de l'hospitalisation privée. 2008

Flajolet A. Rapport au Gouvernement, « Mission relative aux disparités territoriales des politiques de prévention sanitaire », Ministère de la Santé, de la Jeunesse, des Sports et de la vie associative, 28.04.2008

Foucault M. « Histoire de la folie à l'âge classique », Ed. Gallimard, Coll « Tel », Paris, 1972

Frachon Dr I. « Médiator 150 mg, combien de morts ? », Ed. Dialogues.fr 2010

Hatzfeld H. « Du paupérisme à la sécurité sociale 1850-1940 », Ed. Presses universitaires de Nancy, Coll « Espace social ». Nancy. 2004

Hirsch M. « L'hôpital à cœur ouvert », Ed. Stock, Paris, 2017

Hudemann-Simon C. « La conquête de la santé en Europe 1750-1900 », Ed. Belin-De Boeck, Paris, 2000

Honoré B., Samson G. « La démarche de projet dans les établissements de santé », Ed. Privat. Toulouse. 1994

Huguet (Dr) « Antidépresseurs, la grande intoxication », Ed. du Cherche midi, Paris, 2004

IGAS. Bensadon Dr. AC. Marie E. Morelle Dr. A. Rapports sur « la pharmacovigilance et la gouvernance de la chaîne du médicament ». Ministère du Travail, de l'Emploi et de la Santé, janvier 2011/ juin.2011, Paris 2011

IGAS. Rapport annuel 2003 « santé, pour une politique de prévention durable », Documentation française, Ministère de la Santé, Paris, 2003

IGAS. Bruant-Bisson A. Castel P. Panel M.P. « Rapport d'évaluation des effets de la T2A sur le management des établissements de santé » n°RM 2012-011P. Ministère des Affaires Sociales et de la Santé, Paris, 2012

IGAS Bruant-Bisson A. Castel P. Panel M.P. « Rapport d'évaluation des effets de la T2A sur le management des établissements de santé » n°RM 2012-011P. IGAS. Ministère des Affaires Sociales et de la Santé, Paris, 2012

IGAS. Rapport annuel 2012 « L'hôpital ». La Documentation française. Paris, 2012

IGAS. Couty E. Scotton C. Rapport « Le pacte de confiance pour l'hôpital », Ministère des Affaires Sociales et de la Santé. Paris 2013

IGAS. Lopez A. Turan-Pelletier G. Rapport « Organisation et fonctionnement du dispositif de soins, 60 ans après la circulaire du 15 mars 1960 », Ministère des Solidarités et de la Santé, Paris, 2017

Imbert J. « Les hôpitaux en France » Ed. PUF, Coll. « Que sais-je ? » Paris, 1958
Imbert J. « Histoire des hôpitaux », Ed Privat, Paris, 1982
INSERM « Education pour la santé des jeunes. Démarches et méthodes. Expertise collective », Institut national de santé et de la recherche médicale Paris juin 2001

Institut de recherche et documentation en économie de la santé (IRDES) « Atlas des variations de pratiques médicales », Paris 2016

Juvin P.A. Pierru F. Vincent. F « La casse du siècle », Ed. « Les raisons d'agir », Paris, 2019

Kervasdoué. J. (de) « L'hôpital », Ed. PUF Coll. « Que sais-je? » Paris, 2004

Kervasdoué J.(de) « Qui paiera pour nous soigner ? », Ed. Fayard, Paris, 2017

Kervasdoué J. (de) « Acte, salaire, forfait : comment et pourquoi rémunérer un médecin ? » in « Le revenu des professions de santé », Carnet de santé de la France, sous dir. J.de Kervasdoué. Ed Economica-Mutualité française, Paris, 2014

Laforcade M., Rapport relatif à la santé mentale. Ministère des Solidarités et de la Santé, 2016

Launois R. « Qu'est-ce que la régulation médicalisée » ? Actes du colloque CREDES-CES « De l'économie aux politiques de santé », Paris, 16-18.12.1992

Le Pen C. « Les habits neufs d'Hippocrate », Ed. Calmann-Lévy, Paris, 1999

Le Pen C. Lévy E. « L'évaluation économique du médicament au service d'une régulation médicalisée des dépenses de santé », Ed. John Libbey, Paris, 1993

Malâtre-Lansac (Angèle), Rapport « santé mentale : faire face à la crise », (Assises de la psychiatrie et de la santé mentale) Ministère des Solidarités et de la Santé, Paris, 2020

Marescaux Pr. J. Rapport au Président de la République sur « L'avenir des CHU », Ministère de la Santé, Paris, 2009

Méméteau G. « Cours de droit médical », Ed. Les Etudes Hospitalières, 3ème éd. Bordeaux 2006

Méméteau G. «Traité de la responsabilité médicale», Ed. Les Etudes Hospitalières. Bordeaux. 1996

Ministère de la Santé (DREES) Enquête nationale sur les urgences hospitalières. Paris, 2015

Ministère des Solidarités et de la Santé (DREES), Panorama des établissements de santé, Paris, 2018

Ministère du Travail, Note « risques psychosociaux », 15.09.2010, mise à jour le 8.3.2018

Murard L. Zylberman P. « L'hygiène dans la République, la santé publique en France ou l'utopie contrariée 1870-1918 », Ed. Fayard, Paris, 1996

OCDE. « Eco-santé » 2010

Or Z. Penneau A. « Analyse des déterminants territoriaux du recours aux urgences non suivis d'hospitalisation », Document de travail n°72, Septembre 2017, Publication IRDES, Paris 2017

Peretti-Watel P. Moatti J-P. "Le principe de prevention". Ed. du Seuil ; Coll. « La République des idées », Paris, 2009

Pinell P. Revue française de sociologie, 2009/2 Vol. 50, Ed. Presses de Science Po, Paris, 2009

Piquemal A. Rapport de la mission nationale d'évaluation de la mise en place de la RTT dans les établissements de santé. Ministère de la Santé, 2002

Piveteau D. « Réflexions nées du contentieux sur les conventions entre l'assurance maladie et les professions libérales », Revue « Regards », 2015/1n°47, Ed. EN3S.

Polton D. Mission sur « les modalités d'évaluation du médicament », Ministère des Affaires Sociales et de la Santé, Paris, 2015

Revue française d'administration publique n°174 « L'administration hospitalière : réformes permanentes et crises sans fin » Décembre 2020, PSL université de Paris-ENA. La Documentation Française, Paris, 2020

Roques (Pr). « Rapport au Secrétaire d'Etat à la Santé sur les problèmes posés par la dangerosité des drogues », La Documentation française. Paris, 1998

Rosanvallon P. « L'Etat en France de 1789 à nos jours », Ed. du Seuil, Coll. « Points- histoire », Paris, 1992

Saint-Paul G. « Réflexions sur l'organisation du système de santé », Commentaires B. Dormont et F. Von Lennep. Centre d'analyse économique. La Documentation française, Paris, 2012

Steg Pr. A. Rapport « L'urgence à l'hôpital » Conseil économique et social, Paris, 1989

Steg Pr. A. Rapport « La médicalisation des urgences », Commission nationale des restructurations des urgences (1994)

Véran O. « Rapport sur l'évolution des modes de financement des établissements de santé », Ministère des Affaires Sociales et de la Santé, 2016

Zarifian (Dr Edouard) n « Le prix du bien-être », Ed. Odile Jacob, Paris,

Troisième Partie

Basset B. Lopez A. « Planification sanitaire. Méthodes et enjeux », Ed. ENSP. 1997

Bauduret J.F. Jaeger M. « Rénover l'action sociale et médico-sociale », Ed. Dunod, Paris, 2002

Bec C. « La Sécurité Sociale, une institution de la démocratie », Ed. Gallimard, Coll NRF, Paris, 2014

Beveridge. H. M. Rapport. Stationery Office. 1943, Ed. Perrin (préface F. Hollande), Paris, 2012

Bozio A. Dormont B. Note Centre d'analyse économique CAE 20.01.2020

Bur Y. Rapport d'information n°697 de la commission des affaires culturelles, familiales et sociales de l'Assemblée Nationale, Paris, 8.2.2008

Castaing C. et al. «La territorialisation des politiques de santé », Ed. Les Editions Hospitalières. Bordeaux. 2012

Chauvet C. « La nature juridique des ARS », Revue de droit sanitaire et social n°3- Ed Dalloz, Paris, 2016

Chevallier J. « Présentation théorique du modèle français de l'agence » in « Les cahiers du Centre d'études et de recherches en droit européen de la santé (CERDES). Colloque Nantes, février 2001 »

Coldely M. Lucas-Gabrielli V. « Les territoires de santé : des approches régionales variées de ce nouvel aspect de planification », IRDES. Mai 2008

Conseil d'Etat. « Les agences : une nouvelle gestion publique ? », Etudes et documents. Etude annuelle, Paris 2012

Devictor B. Rapport au Ministre des Affaires Sociales et de la Santé sur le service public territorial de santé, (22.4.2014)

Evin C. Synthèse des travaux du groupe de travail régionalisation du système de santé. Revue Hospitalisation nouvelle n°280, août-septembre 2000

Grémion P. « Le pouvoir périphérique », Ed. du Seuil, Paris, 1976

Hardy J. « Le contrat dans la réforme hospitalière du 21 avril 1996 », Revue de droit social n°11.Ed. Dalloz, Paris, Novembre 1997

Haut Conseil pour l'avenir de l'Assurance Maladie (HCAAM) « Contribution à la stratégie de transformation du système de santé », Rapport (2 vol.) Paris, 2018

IGAS. B. Bugnet, A. Burstin, B. Dermie, D. Louis, Rapport « La mise en œuvre par les ARS des politiques de santé environnementale », Ministère du Travail, de l'Emploi et de la Santé, Paris, Déc. 2011

IGAS. C.Dagorn, D.Giorgi, A.Meunier Rapport « Bilan de trois années de fonctionnement des GHT », (2019-034 R), Ministère des Solidarités et de la Santé, Paris 2019.

Institut Sapiens « Le projet de loi 4 D et la santé », (C.Pamier; J.L Davet, V.Diebolt, J.Guéniau, G. Johanet, G. Vallancien), Paris, 19.4.2021

Jaeger M. « L'articulation du sanitaire et du social », Ed. Dunod, Paris, 2000

Johanet G. « Sécurité Sociale : l'échec et le défi », Ed. du Seuil, Paris, 1998

Kovess V. Lesage A. Boisguerin B. Fournier L. Lopez A. Ouellet A. « Planification et évaluation des besoins en santé mentale », Ed. Flammarion, Coll. Médecine-Sciences, Paris, 2001

Larcher G. Rapport au nom de la commission de concertation relative aux missions de l'hôpital (14.12.2007)

Leclerc O. « Protéger les lanceurs d'alerte », Ed. LGDJ, Paris, 2017

Pierru F. « ARS, mission impossible », Revue française d'administration publique n°174 « L'administration hospitalière ; réformes permanentes et crises sans fin », La Documentation Française, Paris Décembre 2020

Picq J. Rapport « L'état de la France ». La Documentation française, Paris, 1995

Rapport « Santé 2010 », Groupe de prospective du système de santé (présidé par R. Soubie), Commissariat général au Plan. La Documentation française, Paris, 1993

Reynaud J.D. « Les règles du jeu », Ed. Armand Colin, Paris

Ritter P. Rapport sur la création des ARS au Ministre de la Santé, de la jeunesse et des Sports, 30.1. 2008

Rolland C. Pierru F. « Les Agences régionales de santé deux ans après : une autonomie de façade », Revue Santé publique 2013/4 (vol.25)

Steudler F. « Regard d'un sociologue sur les agences » Cahiers du CERDES. Février 2001

Tabuteau D. « Les agences régionales de santé : cadre et limites juridiques d'une nouvelle autorité sanitaire », Revue de droit sanitaire et social. N°7 Nov-déc 2017, Ed. Dalloz, Paris

Vidana F. « les agences régionales de santé : de l'usage du mythe du préfet sanitaire », Revue de droit sanitaire et social .N° 2 Mars-avril 2012, Ed. Dalloz, Paris

Structures éditoriales du groupe L'Harmattan

L'Harmattan Italie
Via degli Artisti, 15
10124 Torino
harmattan.italia@gmail.com

L'Harmattan Hongrie
Kossuth l. u. 14-16.
1053 Budapest
harmattan@harmattan.hu

L'Harmattan Sénégal
10 VDN en face Mermoz
BP 45034 Dakar-Fann
senharmattan@gmail.com

L'Harmattan Cameroun
TSINGA/FECAFOOT
BP 11486 Yaoundé
inkoukam@gmail.com

L'Harmattan Burkina Faso
Achille Somé – tengnule@hotmail.fr

L'Harmattan Guinée
Almamya, rue KA 028 OKB Agency
BP 3470 Conakry
harmattanguinee@yahoo.fr

L'Harmattan RDC
185, avenue Nyangwe
Commune de Lingwala – Kinshasa
matangilamusadila@yahoo.fr

L'Harmattan Congo
67, boulevard Denis-Sassou-N'Guesso
BP 2874 Brazzaville
harmattan.congo@yahoo.fr

L'Harmattan Mali
ACI 2000 - Immeuble Mgr Jean Marie Cisse
Bureau 10
BP 145 Bamako-Mali
mali@harmattan.fr

L'Harmattan Togo
Djidjole – Lomé
Maison Amela
face EPP BATOME
ddamela@aol.com

L'Harmattan Côte d'Ivoire
Résidence Karl – Cité des Arts
Abidjan-Cocody
03 BP 1588 Abidjan
espace_harmattan.ci@hotmail.fr

Nos librairies en France

Librairie internationale
16, rue des Écoles
75005 Paris
librairie.internationale@harmattan.fr
01 40 46 79 11
www.librairieharmattan.com

Librairie des savoirs
21, rue des Écoles
75005 Paris
librairie.sh@harmattan.fr
01 46 34 13 71
www.librairieharmattansh.com

Librairie Le Lucernaire
53, rue Notre-Dame-des-Champs
75006 Paris
librairie@lucernaire.fr
01 42 22 67 13

www.ingramcontent.com/pod-product-compliance
Lightning Source LLC
LaVergne TN
LVHW011220061026
849535LV00001BA/116
* 9 7 8 2 3 4 3 2 5 3 4 5 9 *